KB193902

전원시와 광시곡

중국의 농민사회 연구

전원시와 광시곡

중국의 농민사회 연구

친후이·쑤원 지음 / 유용태 옮김

이산

전원시와 광시곡

2000년 4월 11일 초판 1쇄 발행
2012년 3월 11일 초판 2쇄 발행
지은이 친후이·쑤원
옮긴이 유용태
펴낸이 강인황·문현숙
도서출판 이산
서울시 마포구 양화로6길 57-18(서교동 399-11)
Tel: 334-2847/Fax: 334-2849
E-mail: yeesan@yeesan.co.kr
등록 1996년 8월 8일 제2-2233호

편집 문현숙·윤진희
인쇄 한영문화사/제본 한영제책

ISBN 978-89-87608-13-6 03910
KDC 912(중국역사)

가격은 뒤표지에 있습니다.

차례

일러두기

1. 이 책은 秦暉·蘇文, 『田園詩與狂想曲—關中模式與前近代社會的再認識』(北京: 中央編譯出版社, 1996)을 완역한 것이다.

2. 중국어를 비롯한 모든 외래어 고유명사는 한글 외래어 표기법에 따라 표기했다.

3. 본문에서 일련번호가 붙은 주는 지은이의 주이며, 모두 후주로 처리했다. *†# 등의 약물이 붙은 각주는 옮긴이의 주이다.

좁은 의미와 넓은 의미의 농민학

나는 존재한다, 고로 나는 생각한다, 바로 거기서 '문제'가 생겼다.

나는 생각한다, 고로 나는 존재한다, 바로 거기서 '주의'가 생겼다.

5·4운동 이래 중국 지식인은 '주의'와 '문제'의 두 방면에서 열심히 길을 찾고 있다. 5·4운동은 본래, 크기는 하지만 합당하지 않고 그 함의도 불분명한 개념인 '문화'운동이라기보다는 중국인(지식인을 대표로 하는)이 솔직하게 주의를 말하고 문제와 직접 맞부딪치는 운동이라고 해야 옳다. 당시 후스(胡適)와 리다자오(李大釗)가 '문제인가 주의인가'라는 논쟁을 벌인 적이 있다. 그러나 사실이 두 사람을 비롯한 5·4엘리트들은 대부분 주의를 말하고 동시에 문제도 말했다. 단지 차이가 있다면 주의가 달라서 문제에 대한 인식과 해답이 달랐다는 것뿐이다.

그로부터 80년이 지나 세기가 바뀌고 새 천년이 열리는 오늘의 중국은 여전히 대변혁의 시대에 놓여 있으니, 솔직하게 주의를 말하고 문제와 직접 맞부딪치는 정신이 필요하다는 사실에는 변함이 없다. 분명 문제를 회피하는 주의의 설교는 공소할 뿐이고, 주의가 결여된 문제의 연구는 사실나열의 학문에 불과하다. 이와 같은 학문은 과거에도 그랬던 것처럼 앞으로도 있을 수는 있겠지만, 공소화와 사실나열에서 벗어나려는 '문제와 주의'의 토론은 분명히 중국 사상계의 희망이다.

나는 15세에 문화대혁명으로 인해 학업을 중단하고 하방(下放)되어 9년 동안 농민이 되었는데, 그 '올벼 논 대학'(早稻田大學, 한국 독자들은 이것을 일본의 와세다 대학으로 오해하지 말기를)에서 농민학과 인연을 맺게 되었으며, 24세에 그 '올벼 논'에서 나와 벼를 심지 않는 대학에 들어가 대학원생*이 되어 토지제도와 농민전쟁사를 연구방향으로 잡은 이래 농민문제는 줄곧 나의 가장 큰 관심사였다. 이론과 실천 모두를 탐색한 결과 나는, 중국의 농민문제는 과거나 지금이나 농민(peasants)의 문제이지 농장주(farmers)의 문제가 아니라는 것, 그리고 농사짓는 사람에게만 관련된 것이 아닐 뿐 아니라 본질적으로 '올벼 논'의 문제도 아니라는 것을 알게 되었다. 특히 1949년 이후, 중국에 그나마 존재했던

---

* 문화혁명 직후 '올벼 논 대학' 출신, 곧 하방 경력이 있는 사람은 1978년부터 정규대학을 다니지 않고도 시험을 거쳐 대학원에 입학할 수 있었다. 지은이는 이런 케이스로 대학원에 진학한 최초의 대학원생들 가운데 한 명이었다. 대학의 경우에는 77학번이 문화혁명 후 첫 대학생이다.

약간의 시민(citizen) 의식조차 점차 소멸되고 도시인은 시골사람보다 더 농민
화(peasantization) 또는 비시민화(non-citizenization) 되었다. 1978년 이후
에도 여전히 시골사람이 도시인에게 어떻게 하면 시민이 되는지를 가르치고 있
다. 적어도 경제상으로는 그렇다. 9년간의 농사경험은 향촌과 밀접한 관계를 맺
게 해주었고, 수많은 농민 친구들을 사귀었으며, 농사짓는 사람의 문제는 바로
나 자신의 문제라는 것을 인식하는 계기가 되었다. 따라서 좁은 의미의 농민문
제 연구, 곧 과거의 농민전쟁사와 토지제도사에서 오늘날의 농업경제학과 농촌
사회학은 물론 현재 개혁이 진행 중인 3농(농업·농촌·농민) 문제에 이르기까지
모두 나의 관심대상이 되었다.

　그러나 농민학에는 이들 좁은 의미의 농민학 연구 외에 보다 넓은 의미의 내
용, 곧 농민국가·농업문명·전통사회의 연구, 특히 이것들의 개혁과 현대화—
어떻게 시민국가·공업문명·현대사회로 전환할 것인지—에 관한 연구가 있다.
그리고 여기서 다루는 것이 결코 단지 농사짓는 사람의 문제나 이른바 3농문제
만은 아니다. 9년간의 농촌생활은 나에게 농사짓는 사람의 정서를 갖게 해주긴
했지만, 이것이 마오쩌둥의 말대로 "도시인이 농민으로부터 재교육을 받는 것"
이 꼭 필요하다고 느끼게 하지 않았으며, 또한 "엄중한 문제는 농민을 교육하는
것"이라는 마오쩌둥의 말을 곧이곧대로 믿게 하지도 않았다. 그것은 도시인이
나 농민 모두에게 똑같이 부자유스러우며, 또한 공동체의 부속물이라는 사실을
깨닫게 해주었을 뿐이다. 양자간에 차이가 있다면 도시인이 시골사람보다 공동
체의 보호(대약진운동 때도 굶어죽은 사람은 시골사람뿐이었으며, 우리 같은 도시인
은 시골에 하방된 것을 비록 불행으로 여겼지만 여전히 '지식청년' 대우를 받았기 때
문에 시골사람들의 부러움을 샀다)를 더 많이 받는다는 점이며, 동시에 공동체의
속박(자기 몸뚱이조차 제 마음대로 할 수 없는 차두이[揷隊]*를 포함하여 정치적 통
제에서 직장단위의 간섭에 이르기까지)도 더 많이 받는다는 점이다. 따라서 공동
체로부터 벗어나는 개혁시대가 도래하자 역시 시골사람이 훨씬 쉽게 속박에서
벗어났으며, 보호를 상실한 대가도 더 적게 지불했다. 그러나 결국 개혁은 중국
의 도시와 농촌 사회 모두에 대한 일종의 구조재편이며, 도시사람이나 농촌사

---

* 농촌에 하방되어 인민공사의 생산대에 들어가 노동에 종사하거나 그곳에 정착해서 사는 것.

람이나 개혁 중에 농민(peasants)에서 시민(citizen)으로, 곧 의존적인 공동체 성원에서 개성을 지닌 자유인으로 완성되는 과정이다.

그러므로 오늘날 중국에서 좁은 의미의 농민학과 넓은 의미의 농민학을 결합시키는 일은 대단히 중요한 의미를 갖는다. 만일 농민(peasants)이 사라지고 농장주(farmers)만 있는 발달된 국가에서 사람들이 농장의 최적 규모를 핵심범주로 하여 미시농업경제학을 세우고, 농산물가격-공급반응을 핵심범주로 하여 거시농업경제학을 세웠다면, 중국에서는 농업만을 다루는 농업경제학은 매우 작은 의의밖에 갖지 못할 것이다. 고대 중국에서 전제국가와 민간사회간의 모순은 줄곧 농촌 내부의 지주-전호간, 부자-빈자간 모순보다 훨씬 중요했으며 (그토록 많았던 농민전쟁은 모두 관청과 조정에 반대한 것이지 지주에 반대해서 일어난 것이 아니었다), 오늘날 중국에서 "농민에게 문제가 있으나 그것은 농민문제가 아니다"는 말이 생겼다. 그래서 나는 전에 "중국문제의 본질은 농민문제이다"고 말한 적이 있는데, 이 말은 마땅히 "농민문제의 본질은 중국문제이다"로 바꿔야 한다.

따라서 오늘의 농민연구는 좁은 의미의 농민학과 넓은 의미의 농민학을 결합한 것이어야 한다. 좁은 의미의 농민학은 농사짓는 사람, 곧 농사를 직업으로 하는 주민과 서로 연관된 인문사회문제—토지제도, 농민운동, 향촌사회, 마을조직, 농민부담문제, 향토문화, 농민이동 등—에 관심을 두어야 하고, 넓은 의미의 농민학은 전통사회, 전(前)산업사회, 전근대사회, 전시민사회 또는 저발전 사회(전에는 보통 '봉건사회'라 불렸으나 이 용어의 의미는 매우 복잡하다)의 이론, 특히 근대화 발전에 관한 이론을 연구한다. 이런 사회는 보통 농업을 위주로 하지만 그 기본 특징은 직업의 성격에 있지 않고, 그 문제 역시 농사짓는 사람의 문제로만 국한되지 않는다. 또는 좁은 의미의 농민학은 일종의 '문제'의 학(學)이며, 넓은 의미의 농민학은 일종의 '주의'의 학이라고 말할 수도 있다. 전자를 결여한 농민연구는 공소해지기 쉽고, 후자를 결여한 농민연구는 사실나열식이 되기 쉽다.

나는 바로 문제와 주의가 결합되고 좁은 의미의 농민학과 넓은 의미의 농민학이 서로 결합되어 있다는 관점을 가지고 이 책을 썼다. 이 책의 전반부는 '관중(關中) 모델'에 관한 연구로서 문제를 실증하는 데 치중했고, 후반부는 전근대사회에 관한 연구로서 이론 또는 주의에 집중했다. 이 책의 원고는 1988년에 쓴 것이다. 당시 나는 관중의 산시사범대학에 재직하고 있었던 관계로 이 책의 문제는 관중 모델에서 나왔고, 주의는 1980년대 신계몽운동의 특징을 띠고 있다. 그런데 1989년 중국 정치문화의 기류가 급변하자 출판사가 인쇄된 원고본을 폐기해 버렸다. 그 후 1996년 내가 베이징 칭화(淸華) 대학으로 옮겨 가면서 이 책은 내가 주편한 '농민학총서'의 하나로 베이징에서 출간되었다.

지금 보아도, 이 책을 쓰던 1980년대 후반의 문제와 주의에 대한 나의 관점은 여전히 유효하다. 그리고 이와 관련해 최근에 다음과 같은 몇 가지 관점을 발전시켰다. 전통사회의 공동체 본위라는 기본 특징을 강조하는 동시에 중국 전통의 대공동체 본위와 서양 전통의 소공동체 본위간의 차이를 지적했다. 서양은 근대화가 시작될 때 '시민과 국왕의 연맹', 곧 개체인권과 대공동체의 제휴를 통해 먼저 소공동체의 질곡을 타파하는 단계를 거쳤다면 중국은 이 단계에서 개체인권과 소공동체의 연맹으로 대공동체의 속박을 타파할 수 있었다. 이런 관점으로 근대중국 농촌의 수많은 현상, 가령 청말 종족자치(宗族自治)에서 당대 향진기업(鄕鎭企業)에 이르는 현상들을 해석하는 것이 단순히 '봉건의 범람'으로 폄하하거나 '전통의 활력'으로 추켜세우는 것보다 훨씬 합리적이다.

1990년대에 '보수적 문화결정론'이 '비판적 문화결정론'을 대체하고 유행할 때, 나는 두 가지 모두를 거부하면서 '문화결정론의 빈곤'을 지적하고 가치상의 보편주의와 진보주의를 주장했다. 아울러 역사상의 비결정론을 주장하여(역사결정론과 문화결정론 둘 다 반대) "자기 스스로 자신에게 책임지는 역사관"을 제기했다.

나는 일찍이 전통공동체를 해체하고 개성화된 시민사회를 수립하는 개혁과정을 구식 대가정의 '분가'에 비유한 적이 있다. 분가 전에는 분가할 것인가 말 것인가가 중요한 문제이지만, 분가한 뒤에는 새로운 자유 소가정이 직면할 무관심·고립·위험 등이 중요한 문제이다. 하지만 이 양자 사이에서 어떻게 분가할 것인가, 어떻게 공정하게 분가할 것인가야말로 가장 중요한 문제이다. 왜냐하면 나의 경험에 비춰 보건대, 구식 대가정이 위기에 처할 때 가장 격화되기 쉬운 모순은 분가 여부를 둘러싼 싸움이 아니라 분가방법을 둘러싼 싸움이기 때문이다. 그것은 분가과정이 분란을 야기할 것인지 아닌지와 관련될 뿐만 아니라 분가한 후에 도대체 어떤 결과를 낳을 것인가와도 관련되어 있다. 다시 말해서, 공정하게 분가한 후에 여전히 형제간에 우애가 있고 계산을 분명하게 하는 바람직한 형국, 이성적 교류 속에 화목이 유지되는 가족애를 세우게 될 것인가? 아니면 분가가 불공정하여 원한을 낳고 얼마 후 끝없는 분쟁을 일으켜 문제를 훨씬 더 심각하게 만들게 될 것인가? 심지어 그것은 이미 끝나 버린 '분가 여부를 둘러싼 싸움'을 새삼스레 다시 문제 삼는 사태와도 관련되거니와, 이때 불공평한 분가로 인해 격분한 사람들은 도리어 새로운 대가장(大家長)을 찾아 혼란 속에 구식 대가정을 재건하고, 그럼으로써 고통을 또다시 반복시키는 역사의 악순환을 조성하지는 않을까?

그러므로 어떻게 분가할 것인가와 분가의 공정성 문제는 대단히 중요하며, 이것은 분가과정 자체에 대해서만 말하는 것이 아니라 중국과 인류가 육도윤회(六道輪廻)의 괴상한 권역에서 탈출하여 새 천년의 미래에 신문명을 건설할 수 있는가 없는가와도 관련이 있다. 진정으로 구식 가장제(家長制)의 폐단을 없애고자 하는 사람들과 신식 현대병을 염려하는 사람들은 반드시 이 문제를 직시해야 한다.

유감스러운 것은 지금까지도 어떻게 분가할 것인가라는 이 중요한 문제를 제대로 직시할 수 있는 사람이 많지 않다는 사실이다. 그 원인은 크게 두 가지인 것 같다. 첫째, 어떻게 분가할 것인가는 매우 기술적인 문제처럼 보여 분가할 것인가 말 것인가의 문제만큼 형이상학적이거나 이론적이지 않기 때문이라는 것이다. 둘째, 이 문제를 말하는 것조차 기피하기 때문이다. 가산을 훔치거나 강점한 사람은 당연히 공정한 분가를 거론하는 것을 몹시 꺼려하는데다가 더구나 그들은 집안에서 가장 힘 있는 사람이니 그들의 노여움을 사는 것은 위험천만한 일이다. 외부인은 분가 뒤의 새 호주들을 상대로 장사할 생각만 할 뿐 분가의 공정성에 대해 어느 누구도 관심을 두지 않는다. 그 밖의 다른 외부인은 신식 소가정 속에서 오래 살아서 소가정의 무관심과 외로움에 대해 스스로 줄곧 원망하고, 또한 남한테서 같은 원망의 소리를 자주 듣지만 분가가 불공평해서 생기는 고통을 이해하지 못한다.

그러므로 오늘을 사는 중국인은 두 가지 일을 하기에도 바쁘다. 어떤 사람은 열심히 분가의 좋은 점만 논증하고, 자초지종에 대해서는 무관심한 채 분가하기만 하면 된다고 하면서도 실제로는 가산을 훔치고 강점하는 행위를 변호하기 위해 온갖 구실을 찾고 있다. 어떤 사람은 신식 자유 소가정의 무관심과 외로움을 강도 높게 비판하지만 실제로는 구식 대가장을 위한 진혼가를 짓고 있다. 그런데 더러 가산을 강점한 자가 구식 대가장과 동일한 경우가 많기 때문에 위의 두 가지 소리가 하나로 합쳐진, "도처에서 물줄기가 나와 합류하는" 소리를 듣게 된다.

이상의 논의가 전혀 일리 없는 것은 아닐 것이다. 분가의 좋은 점과 소가정의 무관심이나 외로움은 모두 사실이겠지만, 어떻게 분가할 것인가라는 선택의 문제를 떠나서는 그러한 논의의 가치는 크게 줄어들 수밖에 없다.

이런 연유로 공정한 분가, 곧 공정한 개혁의 길을 위해 호소하는 일은 나의 중심과제가 되었다. 1989년 이전 내가 이 책을 쓸 당시(그때는 분가할 것인가 말 것인가의 논쟁이 진정한 중심 문제였다) 우리는 역사상의 아테네식 길과 마케도니아식 길, 미국식 길과 프로이센식 길에 대한 연구로부터 어떤 방식으로 개혁할 것인지를 선택하는 일이야말로 개혁 여부에 관한 논쟁보다 더 중요하다는 명제를 제기했다. 1992년 우리는 공정한 개혁을 호소하면서 "주방장이 다궈판(大鍋飯)*을 사사로이 나누어 갖는 것"을 막아야 하며, "주방장이 다궈판을 사사로이 점유"하도록 놔둬서도 안된다고 주장했다. 1994년부터 나는 「공정지상」(公正至上)이란 글을 연속 5회에 걸쳐 발표했고, 동시에 역사상의 사례 분석과 현실문제 분석의 두 측면에서 현대화와 개혁의 공정성문제가 각 영역에서 어떻게 나타나는지를 연구했는데, 농촌·농민문제도 여기에 포함되었다.

1997년 말, 중국에서 '자유주의와 신좌파'간의 논쟁이 수면 위로 떠올랐다. 그러나 해외에서는 이런 논쟁이 그보다 앞서 벌어졌으며, 국내에서는 이미 '문제'의 논쟁형식으로 수면 아래에서 진행되고 있었다. 나는 이 두 논쟁에 모두 참여했다. 나는 1980년대의 '문화 붐'에서 1990년대의 '주의 붐'(主義熱)에 이르는 과정을 사상해방이 한 단계 진전된 것으로 생각한다. '문화 붐'이 일었을 때는 아직 '문제'와 직접 대면하고 솔직하게 '주의'를 말하는 분위기가 조성되지 않아서 사람들은 단지 문화토론의 형식을 빌려 은유적인 사상논쟁을 진행할 수

---

* 공동으로 밥을 지어 다 함께 나눠 먹는 가마솥밥이란 뜻으로 절대 평균주의를 의미한다.

있었으며, 어디에나 다 공자(孔子) 또는 문화전통을 끌어넣으려 했는데, 오히려 본래 분명하게 표현할 수 있는 수많은 문제를 오리무중으로 만들어 버렸다. 이 제야 '주의'를 토론할 공간이 생겼는데, 이는 실로 커다란 진보이다.

그러나 '문제'를 토론할 공간은 여전히 부족하다. '문제'에 대한 금기가 종종 '주의'에 대한 금기보다 더 엄격해서(이것은 어떻게 분가할 것인가가 분가할 것인 가 말 것인가보다 더 돌출되고, 이익충돌이 신앙충돌보다 더 두드러진 사회동태가 사 상계에 투영된 결과이다) 이번의 '주의'토론을 지금처럼 많은 부분 '사상자원'(思 想資源) 면에서만 전개되도록 만들었다. 그 한쪽은 하이에크와 코즈(R. H. Coase)*이고 다른 한 쪽은 포스트(post-)학과 네오마르크스주의여서 듣다 보 면 마치 서양인끼리의 논쟁 같다. '자원'의 논쟁은 당연히 의미 있는 일이지만 현실을 벗어난 문제의식이나 자원이라면 오히려 '사상'을 가려 버릴 가능성이 있다. 왜냐하면 어떤 심각한 '주의'도 모두 현실의 문제의식을 벗어날 수 없고 학술 전승의 맥락 속에서 탄생하고 발전하는 것이기 때문이다. 하이에크와 뮈 르달의 사상은 서로 조화될 수 없다고 생각하는 사람이 있을 것이다. 기실 어떤 특정한 '문제' 앞에서 서로 조화되지 않는 사상이 어찌 이 둘뿐이겠는가. 둘 다 극단적 자유주의자로 평가받고 있는 하이에크와 미세스(Ludwig E. von Mises)†조차도 서로 조화될 수 없다. 하지만 또 다른 어떤 '문제' 앞에서는 하이 에크와 뮈르달은 말할 것도 없고 하이에크와 마르크스조차 동일한 입장을 취할 수 있다. 중국의 현실에서 하이에크의 이념에도 맞지 않고 마르크스의 이념에 도 맞지 않는 일이 어디 한둘인가.

제정러시아 시대에 사회민주파(마르크스주의자)는 미국식 길을 추구했고 자 유파는 합법적 마르크스주의자를 자처했다. 처음에 사회민주파와 자유파는 대 립하기보다는 서로 조화를 이루었으며, 이 양자는 함께 결합하여 과두주의·인 민주의자를 상대로 첨예하게 맞서 투쟁하였다. 하지만 그 후 스톨리핀 시대에 일부 사회민주파는 날로 인민주의화되고 일부 자유파는 날로 과두주의화됨에 따라 양자의 충돌은 더욱 격렬해져서 과두주의와 인민주의 풍조가 갈수록 뜨거 워졌다. 결국 '불공정한 분가'에 뿌리를 둔 한바탕의 사회동란 속에서 자유주의

---

* 미국의 자유주의 경제학자로서 1991년 노벨 경제학상을 수상했다.
† 오스트리아 출신 미국 경제학자로 하이에크의 스승이다.

와 사회민주주의는 함께 사라져 버렸는데, 인민주의와 과두주의는 오히려 가장 극단적인 형태로 결합하여 러시아를 길고 긴 암흑 속으로 몰아넣었다.

오늘날 중국의 '주의 붐' 속에서 이런 역사를 되돌아보면 마땅히 기억해 두고 참고할 만한 교훈이 수없이 많다. '주의 붐'에 편승한 각 파들은 모두 당대 서양으로부터 사상자원과 부호자원을 흡수했으나 자유질서가 일찍 수립된 서양과 비교해 볼 때, 오늘날 우리가 직면한 상황은 실로 자유질서가 수립되기 전의 제정러시아와 더 유사하다. 그러한 상황 속에서 자유의 결핍은 사회민주가 너무 많기 때문이 아니며 사회민주의 결여 역시 자유가 너무 많기 때문이 아니다. 그러므로 그때의 사회민주파는 자유경쟁의 민주국가, 곧 미국식 길을 동경하고 비스마르크식 사회보장제도를 갖춘 전제국가, 곧 프로이센식 길을 혐오했다. 자유주의 반대파는 적극적 자유의 관점에서 오히려 마르크스를 찬양하고 토리당식 보수주의를 반대해야만 했다. 이와 유사하게 중국의 현실에 입각해서 보면 중국인에게는 현재 자유주의가 너무 많거나 사회민주주의가 너무 많은 것이 아니라 과두주의와 인민주의가 너무 많은 것이다. 그러므로 자유주의 입장에서 출발해 과두주의를 비판하고 사회민주주의 입장에서 출발해 인민주의를 비판하는 것은 꼭 필요한 일이다.

나는 바로 이런 두 가지 전선(戰線) 위에서 '주의' 논쟁에 참가했다. 그러면 사람들은 당신의 입장은 도대체 자유주의인가 아니면 사회민주주의인가라고 물을 것이다. 나는 이렇게 대답하고 싶다. 자유질서가 수립되기 전에는 이 두 입장의 가치가 서로 중첩되는 부분이 많았고, 오직 자유질서가 수립되어야만 비로소 양자의 가치가 중첩되는 부분이 점점 줄어들어 가치대립이 뚜렷해질 것이다라고.(그러나 오늘날 선진국가에서는 이 두 가지가 다시 한 번 새롭게 중첩되기 시작했다.) 그러므로 중국이 당면한 문제상황 속에서 내가 견지하는 것은 자유주의와 사회민주주의가 모두 긍정하는 그런 가치이며, 자유주의와 사회민주주의가 모두 부정하는 가치를 반대한다. 자유주의는 긍정하지만 사회민주주의는 부정하는 것들(가령 '순수시장경제'), 그리고 자유주의는 부정하지만 사회민주주의는 긍정하는 것들(가령 '지나치게 강력한' 노동조합)은 아직 중국에 없다. 그런 것들이 생긴 다음에 자신의 입장을 선택해도 늦지 않을 것이다.

그렇다면 그것은 이른바 '제3의 길'이 아닌가라고 반문할 수도 있다. 그럴지도 모르지만 제1의 길과 제2의 길의 중첩(두 길의 사이도 아니고 두 길의 바깥도 아니다)이라고 하는 편이 더 정확할 것이다. 어쨌든 중국의 당면한 문제는 자유가 너무 많아서 평등을 저해하는 것도 아니고 평등이 너무 많아서 자유를 저해하는 것도 아니다. 더 많은 자유와 동시에 더 많은 평등이 있는 제3의 길을 추구할 뿐, 자유도 없고 평등도 없는 그런 제3의 길을 추구한다거나 반쪽 자유와 반쪽 평등 또는 자유와 평등 사이를 절충한 제3의 길을 추구하지는 않는다. 지난날 히틀러는 앵글로 색슨식 민주주의와 소비에트식 민주주의를 초월한 게르만 민주주의를 실현하겠다고 공언한 바 있는데, 그것이 바로 자유도 평등도 없는 제3의 길의 한 예인데, 당연한 이야기지만 우리가 이것을 배울 수는 없다.

한편 오늘날 영국의 블레어 수상은 그의 제3의 길이 복지국가도 아니고 자유방임도 아니라고 공언했는데, 그것은 그들의 복지와 자유방임이 이미 너무 많기 때문이다. 그렇지만 절대다수 인구(농민)가 손톱만큼의 사회보장도 받지 못하고 자유도 극히 조금밖에 누리지 못하는(도처에서 '농민공'*을 청소하는 광경을 보라) 중국은 더 많은 복지, 더 많은 자유방임의 길로 나아가야 하지 않겠는가? 그러므로 블레어의 모색이 비록 값진 것이긴 해도 중국이 그대로 받아들일 수는 없다.

따라서 중국이 가고자 하는 길은 반(反)자유·반(反)사회민주의 길이나 자유·반사회민주의 길 또는 반자유·사회민주의 길이 아니다. 그렇다고 자유와 사회민주 사이에 놓여 있는 길도 아니다. 오로지 자유와 사회민주 양자의 가치를 합친 길이다. 이런 기본가치가 이미 실현된 나라에서는 자유주의 또는 사회민주주의 각각의 가치를 위해 좌·우 또는 중간의 입장을 선택할 수 있다. 하지만 현재 중국은 위에서 말한 기본가치를 위해 분투하는 과정에 있으므로 사실상 두 가지 입장, 곧 인도적 입장과 반인도적 입장만이 있을 뿐이다. 오늘날 외국의 어떤 사람은 "자유주의 좌파는 자유주의 우파를 반대한다"는 명제를 제기했다. 그들에게는 이것도 하나의 참명제일지 모른다. 그도 그럴 것이 그런 나라의 자유주의 좌파는 자유주의 우파말고는 반대할 만한 대상을 찾으려야 찾을 수 없기 때문이다. 이것은 역으로 말해도 마찬가지이다. 그러나 지금 중국에서는

---

* 농촌에서 무작정 도시로 나와 불법 체류하면서 일용직 노동에 종사하는 농민. 중국의 호구제도는 농민의 도시 이주를 허용하지 않는다.

자유주의 우파만을 반대하는 사람 또는 자유주의 우파를 제1의 적으로 여기는 사람은 자유주의 좌파가 아니라 (제정러시아 시대 사회민주당원의 말을 빌려 표현하면) '경찰인민주의자'*이다. 반면 자유주의 좌파만을 반대하거나 사회민주 원칙만을 반대하는 사람들도 무슨 자유주의 우파가 아니라 '경찰과두주의파'이다. 그러나 플레하노프 등이 지적한 대로 경찰인민주의파와 경찰과두주의파는 아주 쉽게 상호 전환했고 이 때문에 자유주의자와 사회민주주의자도 서로 적대시해서는 안되며 '각자 따로 달려가서 함께 공격하는' 관계여야 했다. 자유파와 사회민주파의 관계가 이와 같은데 "자유주의 좌파는 자유주의 우파를 반대한다"고 말하는 것은 또 무엇 때문인가?

그러므로 '주의' 문제에서 나는 자유-사회민주를 기본적 가치로 하는 입장, 전에 내가 썼던 표현을 빌린다면 '자유가 주의에 우선하는' 입장을 견지할 뿐이다. 이 입장은 서양에서라면 매우 중용적인 것처럼 보일 것이다. 왜냐하면 경제적으로 그것은 대가장이 종법 대가정을 보호하거나 부흥시키는 데(이것은 현재 중국의 일부 좌파들이 찬성하고 있다) 불리하며, 대가장이 가산을 독점하고 자식들을 집 밖으로 쫓아내는 데도(이것은 현재 중국의 일부 우파들이 찬성하고 있다) 불리하다. 정치적으로도 그것은 '옹호만을 허용하는 정부'를 반대하고 '반대할 수 있는 정부'를 지지하길 원한다. 그래서 '자유가 주의에 우선하는' 입장은 옹호만을 허용하는 정부를 무조건 지지하는 보수주의자의 공격을 받는 동시에 반대할 수 있는 정부를 무조건 반대하는 급진주의자의 공격도 받는다. 분명히 이런 입장은 선진국에서는 일반적이며, 오늘의(20년 전이 아닌) 한국에서도 아마 마찬가지일 것이다. 그러나 오늘의 중국에서 이런 입장의 앞날은 많은 사람이 보기에 너무나 암담하다.

그렇다면 우리의 노력은 성과를 거둘 수 있을까? 이는 전혀 문제가 아니라고 생각한다. 나는 문화결정론을 반대한다. 나는 역사가 인과관계를 갖고 있다고 (그래서 역사는 해석이 가능하다) 보지만 역사주체로서의 인간이 주관적 능동성을 갖고 있기 때문에 역사 속의 인과는 단지 확률적인 인과이며, 필연적인 인과

---

* 주바토프가 노동운동을 경찰의 통제하에 두려고 했던 것을 가리켜 '경찰사회주의'라고 불렀는데, 사회민주주의자들은 이 말에 빗대어 인민주의자들이 나중에 경찰력을 이용해 자유를 억압하려는 쪽으로 돌아서자 이를 비꼬는 표현으로 '경찰인민주의'라 불렀다.

가 아니라고 생각한다. 1이 안되는 확률은 아무리 여러 번 곱해 본들 0에 가까워질 뿐이기 때문에 긴 안목으로 보면 인간은 단지 자기 자신에 대해서만 책임을 질 수 있다. 예컨대 만약 사건 A가 사건 B를 일으킬 확률이 80%, 사건 B가 사건 C를 일으킬 확률이 60%, 사건 C가 사건 D를 일으킬 확률이 70%라고 한다면, 사건 A가 사건 D를 일으킬 확률은 겨우 33.6%에 불과하다. 원인의 원인의 원인은 원인이 아니라는 말이다. 그러므로 만약 중국의 앞날이 밝지 못하다면 그것은 공자를 탓할 일도 마르크스를 탓할 일도 아니며, 단지 우리 자신을 탓할 수 있을 뿐이다. 그러나 노력하기만 한다면 좋은 성과를 거둘 수 있다고 나는 굳게 믿는다. 이것이 바로 '주의'에 대한 나의 태도이며, 그것은 농민학 '문제'에 대한 연구에서도 마찬가지이다.

  이 책을 한국어로 번역해 주신 유용태 선생의 노고에 깊이 감사드린다. 한·중 양국은 유사한 역사적 배경을 갖고 있다. 그렇다고 내가 무슨 '대유교문화권' 따위의 거창한 이야기를 하려는 것은 아니다. 한·중 양국은 지난날 동아시아 벼농사의 정경세작(精耕細作) 전통을 가진 농민사회이며, 근대에는 둘 다 밖으로는 열강의 침략을 막아 내고 안으로는 민주주의를 쟁취하는 후발 근대화의 길을 걸었을 뿐만 아니라 그 과정에서 '러시아식 사회주의'도 시도해 보았고 '아시아식 자본주의'도 시도해 보았다. 중국은 시간상 앞뒤로, 한반도는 남과 북에서 각각 이 두 가지 길을 거쳐 왔다. 중국은 아직까지 북한이 안고 있는 문제에서 완전히 벗어나지 못한 상태에서 남한이 안고 있는 문제와 대면하기 시작했다. 남북한 인민도 각기 자신의 문제를 극복하기 위해 분투하고 있다. 요컨대 한·중 인민은 모두 농민국가의 현대화 과정에서 러시아식 사회주의도 뛰어넘고 아시아식 자본주의도 뛰어넘어 공정·자유·민주·인도·번영·부강의 발전방식을 찾기 위해 힘써 노력하고 있다. 그래서 한·중 양국의 학자는 누구보다도 서로를 잘 이해해야 한다. 나는 한국의 학자와 독자들이 이 책에 대해 비평하고, 잘못을 바로잡아 주기를 기대한다.

1999년 12월
베이징에서 친후이

서론: 농민, 농민학과 농민사회의 현대화

1

이미 고인이 된 미국의 농민학자 대니얼 소너(Daniel Thorner)는 일찍이 이렇게 말했다. 당대의 산업화된 선진국에서 '농민과 농민의 자손'은 여전히 인구의 다수를 차지하고 있다고. 하지만 중국에서는 그들이 바로 인구의 거의 전부를 차지하고 있다. 우리는 항상 전세계 경지(耕地)의 7%를 가지고 세계인구의 21%를 부양한다고 자부해 왔지만, 그것의 다른 일면(세계 인구 중 40%의 농민이 세계 인구의 고작 7%에 불과한 '비농민'을 부양하고 있다)에 대해서는 거의 언급하지 않았다.

중국의 국정(國情)을 논할 때 중국인이나 외국인이나 한결같이 맨 먼저 하는 말이 '사람이 많다'는 것이다. 중국 인구가 세계 인구의 1/5 이상이라는 것은 초등학생도 알고 있다. 그러나 중국의 9억 농민이 세계 23억 농민의 약 2/5를 차지한다는 사실에 주목하는 사람은 별로 없다. 물론 이 수치는 중국과 외국의 '농민'에 대한 개념정의의 차이로 인한 부정확한 통계에 근거한 것이라서 현실을 그대로 반영했다고 보기는 어렵다. 따라서 좀 더 정확한 수치를 가지고 말하면 중국의 농민이 얼마나 많은지 실감할 수 있을 것이다. 하나의 직업으로서 '농민'(farmer 또는 cultivator)을 정의하면 세계 농민 중에서 차지하는 중국 농민의 비중은 2/5를 밑돌 것이다. 하지만 일종의 사회신분으로서 '농민'을 정의하면 중국인이 그 중에서 차지하는 비중은 이 수치보다 더 높을 것이다. 후자의 의미에서 보면 세계 농민 중의 절반, 아니 그 이상이 모두 중국인이라 해도 과언이 아닐 것이다. 중국 인구 중 농민이 차지하는 비중은 세계 평균치보다 두 배인데, 선진국보다 훨씬 높을 뿐만 아니라 경제발전 수준이 비슷하거나 중국보다 낮은 국가(예컨대 인도)들보다도 높다. 특히 주목해야 할 것은 개혁·개방 시기 중국의 도시화가 눈에 띌 만큼 빠르게 진행되고 있음에도 세계 농민 중에서 중국 농민이 차지하는 비율이 점점 높아지는 국면이 아직 바뀌지 않고 있다는 점이다. 1981~1985년 사이 세계 농촌인구의 비중은 55.3%에서 48.1%로 7% 이상 감소했으나 같은 기간 중국 농촌인구의 비중은 80.2%에서 79.9%로 겨우 0.3% 감소하는 데 그쳤다.[1] 만일 이런 추세가 계속된다면 세계 농민 가운데 대부분이 중국인인 시대가 머지않아 도래할 것이고, 중국인 대부분이 농민인 시대가 지나가 버릴 것이라고 한다면 아마 그때는 언제일지 모를 만큼 먼 훗날의 일이 될 것이다.

이런 현실 앞에서 농민문제 연구, 또는 날이 갈수록 국제학계에서 받아들이고 있는 용어로 말하면 '농민학'(peasantology) 연구는 응당 중국에서 가장 유명한 학문분야가 되어야 할 것이고, 이것에 대해 이견을 제기할 사람은 거의 없을 것이다. 중국은 농민학을 필요로 한다. 이는 중국의 농민 대국으로서의 영예나 체면과 관련된 문제이기도 하지만, 그보다는 오히려 생존과 발전이 관련된 문제라고 하는 편이 좋을 것 같다.

농민은 산업화 이전 시대에 지구상의 가장 중요한 주민이었다. 그런데 중화민족처럼 전형적인 농업민족은 세계적으로 많지 않다. 중국의 농업문화는 끊임없이 연속되어 왔다는 점에서 세계 제일이라 할 수 있고 중국 농민은 세계에서 보기 드문 '순농업'(단일경작농업) 주민이다. 중국인은 황(黃)*을 숭상하며 스스로 황제의 자손이라 여기고 토지에 대해 지극히 강렬한 감정을 갖고 있다. 중국에서는 인구의 절대다수가 농민일 뿐만 아니라 도시 주민도 대부분 농민의 친족이어서 중국의 도시는 독립된 시민문화의 전통을 갖고 있지 않으며, 장기간 도시-농촌 일체의 농민문화 분위기 속에 있어서 '도시인'은 그 정수인 지식인을 포함하여 마음의 깊은 곳에 얼마간의 농민심리를 갖고 있다. 그러므로 우리는 조금도 과장하지 않고 이렇게 말할 수 있다. 중국의 문제는 사실 농민문제이고 중국문화는 사실 농민문화이다. 중국의 현대화 과정은 결국 농민사회의 개조과정이며, 이 과정은 단지 농업인구를 도시인구로 변화시키는 것만이 아니고 더욱 중요한 것은 농민문화·농민심리·농민인격을 개조하는 것이다. 여러 객관적 조건의 제약으로 인해 중국의 수많은 농민이 신속하게 도시인구로 변화될 수는 없지만 그들이 전원시(田園詩)적인 농업문명에서 빠져 나와 '농촌에 거주하는 현대인'이 되어 자유로운 개성을 마음껏 발휘하여 중국 현대화의 광시곡(rhapsody)을 써내는 것이야말로 시대적 요청이다. 그렇지 않으면 농촌은 희망이 없을 뿐더러 도시도 일종의 '도시 속의 농촌' 상태에 처하게 될 것이다. 이런 상태는 조용하고 안전할지는 몰라도 현대화와 현대화 이후(포스트모던)의 세계에서 설 자리를 찾지 못할 것이다.

---

* 전설 속의 5제 중 하나인 황제(黃帝). 오행에서 황(黃)은 토(土)를 의미한다.

유감스러운 일은 이 농민의 나라에서 신식 농민혁명을 거쳐 수립된 인민정권 시대에 농민에 대한 과학적 연구가 오히려 오랫동안 발전할 수 없었다는 점이다. 중국 공산당은 농민의 역량을 중시하고 농민의 고통을 파악하고 농민혁명을 끌어냈기 때문에 천하를 얻었다. 그러나 "여산(廬山)의 진면목을 알지 못하는 것은 단지 자신이 이 산 속에 있기 때문"이라는 말처럼 역설적이게도 농민을 매우 중시하는 우리는 농민을 과학적으로 인식하기 어렵다. 중국의 지도자는 항상 무의식적으로 농민엘리트의 시각으로 농민대중을 관찰하여 농민공동체의 입장에서 수억의 구체적 농민을 '개조'했다. 최근 몇 년 동안 중국 학계는 농민 문제에 많은 노력을 기울였는데, 한때 역사학계에서 대단한 인기를 끌었던 농민전쟁사 연구가 바로 그 예이다.

그러나 이들 연구는 대부분 시(詩)와 같은 격정을 띠고 있어서 농민의 혁명성을 극단적으로 찬양하고 '소사유자'의 타락을 공격하고 농민의 비참한 생활과 계급투쟁의 격렬한 장면만을 묘사할 뿐, 농민경제의 운행법칙에 대한 이성적 분석, 농민의 사유(思惟)과정에 대한 냉철한 해부, 농민과 농민사회 속의 각종 메커니즘에 대한 과학적 고찰 및 철학적 성찰 등은 극히 보기 힘들다. 그리하여 현실 속의 농민을 개조하는 인민공사화운동이 실패로 끝나자 학계의 농민연구도 심각한 위기에 빠져 버렸다. 농민전쟁사가 이전에 '다섯 송이 금화(金花)' 중의 첫 번째였던 지위에서 추락하여 하루아침에 진흙투성이의 피폐하기 짝이 없는 지경으로 변한 것이 바로 그 명확한 증거이다. 오늘날의 학자, 특히 소장학자는 1950~1960년대에 한바탕 기형적으로 활발했던 농민전쟁 연구에서 농민혁명을 찬양하는 소리에 대해 대개 반감을 갖고 있으며, 오늘의 중국인은 당시 농민의 '개조'가 '너무 지나쳤다'는 비판에 대해 거의 모두 이구동성으로 동의한다.

그러나 이 두 가지 패러다임(적어도 준패러다임) 사이의 엄청난 차이에 대해 주목하는 사람은 극히 드물다. 우리는 과거에 왜 농민을 지나치게 높이 추켜세웠는가(농민혁명에 대해 한없이 높이 평가하게 된다), 아니면 왜 지나치게 농민을 깎아내렸는가(결국 농민은 사정없이 '개조'시켜야 하는 대상이 된다.) 우리는 단지 과거의 패러다임 안에서 농민에 대한 평가를 조금 높이거나 낮추는 것만을 필요로 하는가? 아니면 이런 인식 틀 자체에 대해 근본적으로 반성하고 새로운 틀을 만들어 내야 하는가? 무엇 때문에 신식 농민혁명으로 건설된 국가에서 수억의 농민을 사지로 몰아넣은 공산풍(共産風)이 일어났는가? 왜 이론상으로 농민을 가장 높이 떠받들 때마다 농민에 대한 정책은 가장 살기등등해지곤 했는가? 엄중한 문제는 농민을 '교육'하고 수억의 도시인을 농촌에 보내 농민으로부터 '재교육'받게 하는 데 있다는, 분명히 모순되어 보이는 이 구호가 왜 한 사람의 위대한 지도자에게서 나왔는가? 이것이 설마 개인의 정책결정이나 중국 특유의 '전통'의 산물인가? 소농국가로부터 신식 농민혁명 또는 "농민전쟁과 노동운동의 연합"[2]을 통해 사회주의의 길을 간 국가, 가령 러시아·베트남·캄보디아 등지에서 정도는 다르지만 공통적으로 이와 유사한 문제가 왜 발생했는가?[3] 이것은 마르크스-레닌에 대한 교조주의 때문인가? 레닌주의를 신봉하지 않는 몇몇 나라, 가령 아프리카의 가톨릭 교도를 대통령으로 삼아 "도시인이 시골 농민의 착취자가 되는 것"을 방지한다고 자임하는 국가에서도 왜 '우자마 운동'(Ujamáa)* 같은 열광이 일어나며, 이 열광 속에서 가장 크게 박해받는 사람은 왜 하필 농민인가?[4] 중국 역사상 진(秦) 왕조가 "농업을 중시하고 상업을 배제했"으나 농민은 운명을 감당하지 못했고, 한(漢) 왕조가 "법률로 농부를 존중했으나 농부는 가난하고 천한 존재였을 뿐이다." 또 명대(明代)에 이르러서는 주위안장(朱元璋)이 "우리 농사(農師)†를 받들었"으나 펑양화고(鳳陽花鼓)#라는 비방을 면키 어려웠다. 이런 일련의 사정을 연결해 보면 우리는 약간의 일관되게 흐르는 무언가를 알 수 있지 않을까?

그런데 이들 모든 사정의 배후에는 분명히 훨씬 더 깊이 생각해 보아야 할 기본 문제가 놓여 있다. 사람들이 항상 농민의 생존배경으로 거론하는 '봉건사회'(또는 근래 날이 갈수록 이를 대신해 가는 '전통사회', '전산업사회' 등)는 대체 무엇인가? 사람들은 항상 '봉건경제'는 곧 '자연경제'라 말하며, 또한 '봉건경제'는 지주제 경제라 말하지만 이 두 개념은 논리상으로 사실상으로 어떤 관계가 있

---

* 우자마는 원래 아프리카 토착인의 전통적 농촌공동체인데, 1960년대 탄자니아의 니에레레 대통령이 '아프리카 사회주의'를 실행하면서 곳곳에 우자마 촌을 세웠다. 중국의 인민공사와 비슷하다.
† 송 태조의 지시에 따라 각 현에서 농사 경험이 많고 이치에 밝은 사람을 한 명 추천하여 그 사람으로 하여금 농업 생산을 지도하게 했는데, 이 책임자를 농사(農師)라 했으며, 농사는 면세·면역의 혜택을 받았다.
# 안후이 성 펑양에서 창시된 민간 곡조. 주위안장이 오고 나서부터 10년 중 9년은 흉년이었다고 불평하는 대목이 들어 있다.

는가? 왜 자연경제 속에서는 토지소유권이 분산될 수 없다고 말하는가? 만일 지주 없는 자연경제나 상품경제가 발달한 조건 아래의 지주제가 존재한다면 우리는 이것을 무엇이라고 불러야 하는가? 전통 중국사회나 중국 이외의 '전(前) 산업사회'는 어느 정도의 토지문제를 안고 있다. 그렇지만 그 정도와 성질은 어떠한가? 이런 사회 속의 본질적인 관계를 토지소유자와 토지가 없거나 적은 사람의 관계로 개괄할 수 있는가? 중국 전통사회의 매우 두드러진 이른바 '주기적 동란 문제*'를 포함하여 전통사회의 여러 가지 문제는 지주-전농간 모순과 어느 정도 관계가 있는가? 토지문제가 있으면 곧 토지개혁이 필요하다는 사실은 누구나 다 아는 것이다. 그러나 과연 토지소유권 변동은 전통사회관계의 본질적 변화를 의미하는가? 도대체 '자연경제'란 무엇인가? 그것은 단지 자급자족이나 분업·전문화의 결핍을 의미하는가? 일찍이 누가 지적했듯이 역사상의 분업·전문화는 "애덤 스미스 이래 우리가 습관적으로 생각해 온 것과 달리 시장의 발전과 관계가 없으며, 초기의 전문화는 모두 전형적 관료정치 속에서 상층의 지도에 의한 전문화였다." 이런 전통적 '지령경제' [5]는 '자연경제'의 범주에 속하지 않는가? 또 '상품경제'란 무엇인가? 권력이 시장을 농락하는 것과 시장 메커니즘이 없는 교환은 상품경제에 속하는가? 이런 유의 문제들은 정치·문화·심리 등의 측면에서도 모두 적잖게 제기될 수 있다.

특히 지금처럼 농민을 선봉에 내세워 농촌에서 시작된 개혁의 물결† 속에서 농민문제와 농민연구는 도리어 학계에서 등한시하는 분야가 되어 버렸으니 이런 상황이 당연하다고 볼 수 없다.

오늘날 농민에 대한 사람들의 평가가 높든 낮든 상관없이 분명한 것은 다음과 같은 사실이다. 전산업화시대 농민은 이 지구상의 주요 주민이며, '농민사회'는 모든 유형의 현대사회의 공동 조상이고, 부르주아 계급과 프롤레타리아 계급을 포함한 현대인의 역량도 결국 모두 농민집단 또는 농민신분 속에서 발생했다. 소련군 점령 아래서 사회주의를 수립한 동독·체코 등 몇몇 사례를 제외하면 현존하는 그리고 일찍이 존재했던 절대다수 사회주의 국가의 건국은 모두 신식 농민혁명에 힘입은 것이다. 반면에 북아메리카를 개척한 청교도 농민은

---

* 주기적으로 되풀이된 농민봉기와 왕조교체를 가리킨다.
† 개혁·개방은 인민공사를 폐지하는 일에서부터 개시되었기 때문이다.

메이플라워 정신으로 미국의 자본주의 문명을 일구어 냈다. 그런 점에서 제퍼
슨이 농민을 "아메리카 민주주의의 주춧돌"이라고 찬양하고, 레닌이 농민해방
을 통해 부르주아 민주주의로 나아가는 길을 '미국식 길'이라고 부른 것은 결코
지나친 말이 아니다. 그러나 또 다른 한편, 농민 특히 하층농민은 독일 나치당
의 권력 장악을 지지한 주요 역량이며 '결정적 요소' 중의 하나여서[6] 파시스트
히틀러는 농민을 제3제국의 '제1등급'이라고 부르면서 중소농민이야말로 현대
사회의 모든 죄악을 막아 내는 '가장 좋은 보장'이라고 보았다. 이탈리아 파시스
트도 농민의 사업을 위해 분투한다고 선언하고 이탈리아의 '향토화'[7]를 추구했
다. 일본의 2·26쿠데타*를 주도한 파시스트 소장 군인은 한 걸음 더 나아가 스
스로를 재벌과 투쟁하는 '피압박 일본 농민의 대표'[8]라고 내세웠다. 그 밖에 근
대의 나폴레옹식 제정, 오늘날의 이슬람 근본주의†에 대한 열광 등도 농민적 성
향 및 심리와 무관하지 않다.

전산업화 국가들의 현대화 과정에서 나타나는 농민의 복잡한 표현으로 인해
농민학은 이제 현대화 연구와 발전문제 연구의 기초학문 가운데 하나가 되었
다. 좀 더 넓은 시야에서 본다면 농민은 전산업시대 '사람'(人)의 일반적 존재형
식이다. 그렇다면 문명발전과정에서 농민에 대한 연구는 바로 '인간학'(人學)—
인류는 성찰 속에서 자기에 대한 인식을 끊임없이 심화시킨다—의 불가결한
중요 부분이며 '농민성'은 인간의 개성 발전사 속의 한 단계이며, 농민학은 경제
학·사회학·역사학·문화인류학 등 모든 인문과학의 중요 구성부분인 동시에 교
차영역이다. 확실히 농민연구의 필요성은 그것이 중국과 같은 농민국가의 현실
문제와 당면한 개혁사업에 대해 가지는 공리적 가치를 이미 훨씬 넘어섰다.

2

농민문제에 대한 사람들의 관심과 연구는 오랜 역사를 지니지만 진정으로 농
민학을 독립된 이론체계와 완결적인 내적 논리구조를 갖춘 하나의 연구영역으

---

* 1936년 2월 26일, 천황 중심 친정론을 주장하는 청년장교들이 반란을 일으켜 군부독재정권 수립을 호소했으
나 곧바로 진압되었다.
† 호메이니를 지도자로 하는 당대 이슬람교 부흥운동의 주요 사조. 이슬람 세계의 쇠락은 초기 이슬람교의 순수
한 교의행사를 준수하지 않았기 때문이라고 보고 서구화와 현대화에 반대하면서 이슬람교 신앙만이 인류 구원
의 유일한 길이라고 본다.

로 삼은 것은 20세기의 일이다. 서양의 많은 학자들은 농민학의 창시자를 A. 차야노프로 대표되는 인민주의적 경향*을 띤 일단의 러시아 학자들로 본다. 그들은 제1차 세계대전 발발 후 자본주의 현대문명의 위기가 발생한 연대에 "도시문화의 시대는 이미 지나가 버렸다"고 외쳤으며,[9] 인민주의자의 농민문제에 관한 전통적 관심을 러시아 농민의 촌공동체정신에 대한 낭만주의적 찬양으로부터 비자본주의적 농민사회에 대한 추상적 연구와 이론분석으로 돌렸다. 1918년 차야노프는 '사회농학'을 제기하고 그 체계를 세워 과학기술의 측면에서 농업을 연구하는 전통적 농학과 구별했으며, 그 후 발표한 일련의 저작 속에서 사회농학의 기본이론과 방법들을 구체적으로 논술했다. 사회농학은 자급자족의 소농가정경제 운행 메커니즘의 이론 모델을 연구하는 외에 농촌사회학, 정치·문화·토지문제, 협동화 등의 내용을 다룬다. 차야노프가 볼 때 사회농학은 전통적 농민과 농민사회에 대한 연구체계이자 농민을 조직하여 일종의 새로운 인류문화와 새로운 인류의 자각을 창조하는 도구로서,[10] 바꾸어 말하면 그것은 농민을 인식하고 개조하는 하나의 학문이다.

1930년 '노동농민당 사건'으로 차야노프와 이 학파의 거의 모든 학자들이 체포되어, 스탈린 시대 대숙청의 첫 번째 희생자가 되었다. 이로 인해 소련에서 사회농학의 발전은 중단되었다. 이 시기에 서유럽에서 부크(J. H. Boeke)로 대표되는 몇몇 네덜란드 학자들이 '이원경제' 이론의 지도 아래 자바 농민에 대해 연구한 것을 제외하고는, 대다수 사람들이 산업화시대는 이미 전통적 농민에 대한 최후의 심판을 했으며 농민에 대한 연구는 기본적으로 역사학자들만이 관심을 가질 뿐이고 그 수준도 러시아에 비해 현저히 뒤진다고 생각했다. 이 시기에 농민연구의 지위는 agriology라는 이 학문에 대한 명칭만 보아도 충분히 짐작할 수 있다. 이 용어의 구성형식(agrio = '농…', -logy = '…학')을 보면 그 의미는 '농민학'(農民學)이지만 그 연구대상은 문자 없는 원시민족의 풍속·습관이어서 어떤 사람은 이를 '만속학'(蠻俗學)으로 번역했다. 확실히 이 당시 학계에서는 농민을 어느 정도 야만인으로 간주했다.

제2차 세계대전 후, 특히 1960년대 이래 상황은 분명하게 변화했다. 우선 전

---

* 인민주의란 1860~1870년대 라플로프 등이 '인민 속으로'라는 구호를 내걸고 농민을 추동해서 지주계급의 통치를 반대하자고 주장한 사조. 촌공동체를 발전시키기만 하면 곧 사회주의로 나아갈 수 있다고 생각했다.

후 수많은 저개발국(기본적으로 농업국)이 독립을 하여 개발문제가 날로 사람들의 관심을 끌었다. '저개발 사회학'이 이로 인해 흥성했는데, 이것은 사실상 농민학이기도 하다.

둘째, 양차 세계대전, 서유럽 파시즘, 그리고 1930년대 대공황을 통해 현대사회의 병리현상들이 나타나자 사람들은 현대화 자체에 대해 가치이성과 도구비이성 면에서 반성을 하게 되었다. 그 결과 포스트모더니즘 사조가 서양에서 나날이 고조되었다. 다른 한편 소련공산당 20차 대회 이후 사회주의 구모델의 심각한 병폐도 대중 앞에 공개되었다. 이로 인해 서유럽식 현대화라는 고전적 자본주의의 길과 소련식 사회주의의 길 밖에서 '제3의 길'을 찾으려는 사람이 날로 증가했고 사람들은 "도시문명의 시대는 이미 지나갔다"는 신인민주의자들의 외침을 다시 생각해 냈다. 모더니즘이 중세의 종법농민문제에 의해 부정된 고대 그리스 도시국가 문화의 새로운 발견(르네상스)으로부터 시작된 것과 똑같이 포스트모던주의자들도 자신의 시선을 현대문명에 의해 부정된 농민사회 쪽으로 새롭게 돌렸으며 그리하여 향촌에 대한 새로운 관심과 농민문화 부흥을 불러일으켰다. 날로 활발해지는 '녹색운동'은 산업화와 농업 대형화를 격렬히 비판하면서 그것들이 지구의 생태위기를 가중시켰다고 본다. 녹색운동가들은 생태환경에 훨씬 유리하다고 보는 '농업마을'에 희망을 걸고, "농민과 농촌마을이 선택한 구조 모델을 지지한다"고 선언했다.[11] 포스트모더니즘-신인민주의와 녹색사조는 서로 호응하여 서양농민학 연구를 이끄는 강력한 동력이 되었다.

셋째, 20세기 이래 역사와 현실 속의 농민문제에 대해 이루어져 온 많은 경제학적 연구도 이론상 농민에 대한 인식을 새롭게 했다. 과거에 사람들은, 그리스 도시국가는 상공업으로 나라를 세웠고 고대 로마는 노예제 농장의 천하였으며 중세 유럽은 장원의 세계였기 때문에 일반적인 의미에서 말하는 '소농—농민 가정농장—경제는 극히 좁은 시공간 속에서만 존재했다고 보았다. 그러나 현재 서양의 학계에서는 이미 이런 견해를 대개 폐기했다. 고대 그리스 도시국가는 상공업자의 집합이라기보다는 오히려 소농의 집합이었고, 로마의 '라티푼디움'(대농장)의 발달 정도는 매우 의심스럽다는 것을 알게 되었던 것이다. 중세 장원경제의 시공간 범위도 사람들이 원래 생각했던 것만큼 그렇게 크지 않다.

따라서 소농이 역사상 담당한 역할은 과거에 사람들이 생각했던 것보다 훨씬 크다.

한편, 과거의 경제자유주의자와 마르크스주의자는 현대화된 대생산과 소농 가정경제가 양립할 수 없다고 보았다. 자유주의자는 소농이 장차 적자생존의 사회진화론의 법칙에 따라 도태될 것이라고 보았으며, 마르크스주의자는 소농이 장차 자본주의의 양극분화 속에서 소멸하거나 사회주의 아래서 공유제의 '대농업'에 의해 대체될 것이라고 보았다. 한때 역사의 발전은 마치 이런 가설들을 입증하는 것 같았다. 그러나 날이 갈수록 이런 전망은 어두워졌다. 농업이 고도로 현대화된 여러 서양국가에서 우위를 점한 것은 여전히 가정경영의 소농장이지 공장식 대농장이 아니며, 전에 식민지였던 수많은 국가의 발전과정에서 식민지시대의 플랜테이션 대생산이 농민 소경제에 의해 대체되는 현상이 나타났고, 동시에 많은 사회주의 국가의 '대경영 집단소유'(一大二公)*식 농업도 농민 가정경영에 대한 우월성을 분명하게 보여주지 못했다. 확실히 소농의 앞길은 사람들이 생각했던 것처럼 그렇게 어둡지도 않다. 얼마 전 세상을 떠난 서양의 저명한 농민학자 대니얼 소너가 말한 바와 같이 농민이 머지않아 소멸될 것이라고 기대한 어떤 견해도 현명치 못한 것 같다. 농민에 대한 최후의 심판이 임박했다는 견해가 나온 지 벌써 100여 년이 지났으며 몰락하는 농민들의 절망적인 몸부림을 보여주는 면면들이 우리 눈앞에 펼쳐졌지만, 그럼에도 그들과 그들의 문제는 여전히 매우 중요하며 농민의 '최후의 역량'을 평가절하해서는 안된다.[12]

1960년대 이래 서방의 농민학은 힘차게 발전하는 추세이며, 영국의 힐튼이 말한 대로 농민학은 날이 갈수록 역사학자·경제학자·정치학자·인류학자·사회학자·농학자를 하나의 공동 관심사 속으로 이끌었다.[13] 1960~1970년대는 '농민학의 찬란한 10년'으로 불렸다. '농민학'(peasantology)이란 용어는 바로 이 시기에 만들어졌다. 이 10년 남짓 동안 농민과 관련된 각종 출판물이 참으로 범람이라 할 정도로 쏟아져 나왔다. 농민학 연구 정기간행물로는 네덜란드의 『농촌사회학』(Sociologia Ruralis), 영국의 『농민연구잡지』(The Journal of

* 인민공사를 조직하는 주요 방침으로 '大'는 대규모, '公'은 집단소유를 뜻한다.

Peasant Studies), 미국의 『농민연구』(*Peasant Studies*) · 『농업과 인문가치』
(*Agriculture and Human Values*) 등등이 다투어 창간되었다. 영국의 T. 샤
닌은, 이 시기 농민에 대한 발견과 재발견은 "뉴턴의 발밑에 떨어진 사과와 유
사한 희극적 역량"으로 학계와 사회를 전도시켰다고 보았다.[14] 그는 이것을 사
회과학 영역에서는 좀처럼 보기 드문, 그리고 그 영향 면에서 자연과학 영역에
서의 뉴턴 법칙의 발견에 비견할 만한 중대한 사건이라고 보았다.

　이 말이 과장된 것이건 아니건 상관없이 농민연구가 그때 이래 획기적으로
진전했다. '찬란한 10년'은 농민학이 하나의 과학으로서의 지위를 갖도록 토대
를 다져 주었다. 그때 이후 전통적인 국가별 농민연구와 시대별 농민연구에 새
로운 진전이 있었을 뿐 아니라, 크게는 전체 농민사회제도에 대한 거시적 고찰,
작게는 특정 지역, 마을, 촌락, 가정, 개체 경작자의 수준에서 농민행위에 대한
미시분석에 이르기까지 장족의 발전을 이룩했다. 퍼니발(J. S. Furnivall)의 '다
원사회론', 폽킨(S. Popkin)의 '이성적 소농론', 매리어트(M. Marriot)와 레드필
드(R. Redfield)의 '소공동체론', 샤닌의 '다루기 힘든 계층론' 등 다양한 이론이
제기되어 보는 이의 눈을 어지럽게 할 정도였다. 경제영역에서는 농민경제가
도덕과 생계 우선의 경제인가 아니면 실리 우선의 경제인가에 대한 논쟁, 한계
효용과 한계생산력 분석을 농민경제에 적용할 수 있는지의 여부, 그리고 농민
경제의 운동법칙과 분화·발전 모델에 관한 탐구가 오랫동안 활발하게 이루어
졌다. 사회학 영역에서는 농민공동체, 농민가정 유형, 농민의 결혼과 상속, 농
촌사회 계층분화, 산업혁명과 녹색혁명의 농민사회에 대한 영향 등등이 연구의
초점이다. 정치영역에서는 농민운동, 농민봉기, 농민정당, 농민전쟁, 그리고 이
것들과 민주·전제·현대화와의 관계 등이 주목을 끌었다. 문화인류학 영역에서
는 각 대륙의 100여 개 농민공동체에 대해 사례연구를 했고, 그 범위는 '소공동
체'가 전체로서의 사회관계 속에서 갖는 지위, 향촌의 '소전통'과 민족문화의
'대전통' 사이의 관계, 농민문화와 엘리트문화의 관계 등등에 미쳤다. 역사학
영역에서 농민사는 프랑스의 아날학파가 '역사학혁명'을 일으켜 '새로운 역사
학'을 세운 주요 돌파구였으며, M. 블로크가 전전에 발표한 『프랑스 농촌사회의
기원』의 뒤를 이어 G. 뒤비, 르 로이 라뒤리에 등 제2세대 아날학파 학자들이
농민사 연구를 한 단계 더 진전시켰다.[15]

전체적으로 보아 당대 서양 농민학에는 여전히 세 가지 사조, 곧 고전주의(정통적 자유파 자본주의), 마르크스주의, 신인민주의-포스트모더니즘이 병존하고 있으며 특히 후자가 점차 주류를 형성하는 추세를 보이고 있다. 이는 분명히 러시아 신인민주의파의 '사회농학'이 잊혀진 지 거의 수십 년 만에 다시 새롭게 발견됨으로써 보통 때와 다른 추앙을 받았다. 1966년 서양의 저명한 농민학자 세 사람—미국의 소녀, 프랑스의 케르블레이(Basile Kerblay), 영국의 스미스(R. E. F. Smith)—이 공동으로 차야노프의 대표작 『농민경제이론』[16]을 정리하여 '미국경제협회 번역총서'의 하나로 출판했다. 이 번역총서는 단 두 권만을 선정했는데, 다른 하나는 왈라의 명저 『순수경제학 요의(要義)』(현대 서양경제학의 기초인 한계효용가치설의 기반을 닦은 저작 중 하나)이다. 이들 두 저작은 모두 고전적 텍스트로 간주되고 있다. 그 이듬해 네덜란드 헤이그에서 『차야노프 전집』(8권)이 출판되었고 이로 인해 '차야노프주의'가 한때 성행했다. 오늘날 서양 농민학자는 당연히 신인민주의자와 다르지만 후자의 현대문명 또는 이른바 '도시문명'에 대한 반성이 당대 농민학 속에 포스트모더니즘 사조의 강렬한 공명을 불러일으켰다는 것은 틀림없는 사실이다. 동시에 당대 농민학은 '사회농학'과 마찬가지로 기초 인문과학과 실용개혁이론의 이중 기능을 갖고 있으며 농민에 대한 인식을 농민개조와 긴밀히 결합시키고, '저발전 사회학'을 현실의 발전요구와 긴밀히 결합시켰다. 이 모든 것은 중국을 비추어 보는 거울로 삼을 만한 가치가 있다.

물론 서양의 농민학 이론을 그대로 모방할 수는 없다. 이것은 서양농민학의 어떤 유파가 갖고 있는 관념주의 경향과 서양 중심적 편견 때문이기도 하지만, 그보다도 일반적인 의미에서의 농민문제 외에 중국 농민문제가 특수하기 때문이다. 특히 지금의 서양농민학의 발생배경과 그 기능은 중국과 완전히 다르다. '현대병'으로 괴로워하는 서양인은 현대화에서 벗어나는 것이 시급하고 종법의 굴레와 저개발로 고통받고 있는 중국인은 현대화로 들어서는 것이 급선무이다. 이 때문에 서양인과 중국인이 농민문제를 바라보는 시각과 농민연구의 가치론적 기초에는 매우 큰 차이가 있다. 만일 과거의 중국 사상계가 모더니즘의 서유럽중심론의 영향을 깊이 받았다고 한다면 오늘날의 중국 사상계는 포스트모더니즘의 서유럽중심론의 영향을 받았다. '영향은 곧 교류이며 교류는 결코 나쁜 일이 아니다. 그러나 우리는 반드시 다음의 사실을 직시해야 한다. 서양농민학의 어떤 유파가 갖고 있는 '향촌 이상주의'(rural idealism)와 '향촌 중국의 전통 사조'는 완전히 다른 토양에서 나왔으며 섣불리 서로 '잘 아는 사이'로 여기는 것은 바람직하지 않다. 따라서 우리는 정통적 고전경제학이나 교조적 마르크스주의 농민이론을 그대로 답습해서는 안되며 맹목적으로 시류를 좇아 서방의 포스트모더니즘 농민관에 동조해서도 안된다. 세계농민 인구의 2/5를 차지하는, 지금 한창 세계에서 가장 거대한 농민사회를 개혁하고 있는 중국은 마땅히 자신의 농민학 이론체계를 세워야 한다.

3

농민문제 연구가 당면한 첫 번째 문제는 농민이란 무엇인가라는 농민연구의 논리적 전제라고 할 수 있다. 이 문제는 간단해 보이지만 실제로는 대답하기가 결코 쉽지 않다. 외국 인류학자들은 도대체 무엇이 농민인가를 논의하는 과정에서 큰 곤란에 직면해 있다.[17] 농민의 정의와 관련된 토론은 1970년대부터 1990년대에 이르기까지 줄곧 진행되어 왔다.[18] 이 문제에 관한 견해는 대체로 크게 세 가지로 나눠 볼 수 있다. 첫 번째는 농민을 역사상 모든 시대의 개체 농업생산자로 간주해 고대 그리스의 농민과 도시국가 공민(公民), 중세 농노와 촌락공동체 구성원 및 독립농민은 물론 오늘날의 농장주까지 포함시키되, 비농업 생산자 주민은 포함시키지 않는다. 두 번째 견해는 농민을 저개발사회, 종법식 사회 또는 농업사회의 주민으로 간주해 이 사회의 농업생산자와 비농업생산자를 모두 포함시키되, 비농업사회의 농민(예컨대 선진국의 가정농장주)은 포함시키지 않는다.

첫 번째 견해를 가진 사람은 기본적으로 이른바 고전경제학자인데 그들은 자본주의 시대 경제인의 시각으로 역사상의 모든 농민을 '이성적 소농' 또는 '페니자본가'로 간주한다. 이때 현대 농장주와의 차이는 단지 자본이 상대적으로 적고 생산수준이 낮다는 것뿐이다. 두 번째 견해를 가진 사람들은 대부분 신인민주의-포스트모더니즘의 입장에서 출발하여 농민을 일종의 도시문화와 다른 문화의 체현자로 간주하거나 농민이란 용어를 가지고 전(前) 산업시대 전체사회의 특징을 표현한다. 이 그룹의 대표자인 농민학자 대니얼 소녀는 일찍이 농민

사회의 다섯 가지 기준을 제시했다. ① 농업인구가 전체인구의 절반 이상을 차지한다. ② 절반 이상의 노동력이 농업에 종사한다. ③ 영토를 기반으로 건국된 하나의 국가가 있으며 그것은 적어도 5천 명의 관리와 직원을 거느린다. ④ 도시와 농촌의 대립이 존재하며 전체의 5% 이상의 사람이 도시에 거주한다. ⑤ 개체 가족노동을 위주로 하며 가족 이외의 노동력이 농업에서 차지하는 의의는 반드시 가족구성원의 노동보다 훨씬 작다. 소너가 보기에 약 200년 동안 적어도 25개 국가가 이상과 같은 '농민사회'의 조건을 완전히 충족시켰으며 이 밖에 다른 시기의 수많은 국가들도 부분적으로 이 정의를 충족시켰다. 다른 한편 비록 선진자본주의 또는 사회주의 국가에도 여전히 수백만 명의 농업생산자가 있지만 위의 정의에 따르면 이들 국가는 이미 더 이상 하나의 계층으로서 농민을 갖고 있지 않은 것으로 간주된다.[19]

세 번째 견해는 마르크스주의 학자들이 주장한 것이다. 그들은 농민을 특정 생산관계 속의 한 계급, 예컨대 중세의 농민계급으로 정의한다. 이 정의는 농업사회의 비농업생산자를 포함시키지 않으며 비농업사회의 농민(가령 오늘날 미국의 농민)도 포함시키지 않는다. 그러나 이 정의의 구체적 기준은 봉건사회와 그 생산관계에 대한 이해의 차이에 따라 다른데, 당대 서양의 대표적인 마르크스주의 농민학자라고 할 수 있는 영국의 R. 힐튼은 다음과 같이 일곱 가지 기준을 제시했다. ① 농민은 주요한 경작자로서 농업생산도구 — 자기 소유이든 아니든 상관없이 — 를 점유하고 자급자족하는데 일반적으로 생계유지와 재생산에 필요한 것보다 더 많이 생산한다. ② 농민은 노예가 아니어서 타인의 재산이 아니지만 농노나 예속민일 수도 있고 아닐 수도 있다. ③ 그들은 각기 다양한 조건 아래서 토지를 점유하며 소유자, 소작인(화폐·실물 소작료, 또는 혼성소작료를 납부하며, 노역은 부담하기도 하고 안하기도 한다) 또는 자주적인 소작농(自主佃農)일 수 있다. ④ 그들은 주로 가족노동력을 사용하며 이따금 제한적으로 노예나 고용노동을 사용하기도 한다. ⑤ 그들은 일반적으로 가족보다 큰 단위에 가입하는데 그것은 보통 촌락공동체이다. ⑥ 농촌 중의 보조적인 수공업자는 농민으로 간주한다. ⑦ 농민은 정도는 다르지만 국가조직을 포함한 상층 지배계급의 착취를 받는다.[20]

중국에서 농민의 정의를 둘러싸고 어떤 토론이 벌어진 적은 없었던 것 같다.

이는 아마도 중국의 전통적 사유가 정의와 개념의 엄격성에 별로 주의를 기울이지 않았기 때문일 것이고 이 농민국가에서는 이것이 아예 문젯거리가 되지도 않았기 때문일 것이다. 중국에서는 보통 농민을 소사유자, 소생산자 또는 소부르주아 계급으로 불렀으나 엄격한 정의를 거치지 않은 이런 개념들은 매우 모호하다. 예컨대 '소생산'이란 개념 아래 중국에서는 일찍이 고대 그리스의 아테네식 소농, 종법상태 아래 고립된 소농경제, 자본주의 분화의 논리적 전제로서의 소상품 생산을 사회화된 상품경제 시스템의 한 유기적 구성으로서의 가족경영과 동일시했다. 그 밖에 그러한 자급자족적 농촌 속에서 부르주아 계급(부농), 소부르주아 계급(중농), 반프롤레타리아 계급(빈농)과 농촌 프롤레타리아 계급(고농)을 구분하는 이론은 서양의 마르크스주의 농민이론과 비슷하다기보다는 서양의 고전경제학파 농민이론과 더 가깝다. 고전경제학파 농민관이 농민을 '페니 자본가'로 보는 것은 농민경제 속에 자본주의 기업의 경제적 합리성이 포함되어 있음을 긍정하는 데 의미가 있으나, 우리가 농민을 소부르주아 계급으로 보는 것은 농민의 사악한 사유자 속성을 부정하는 데 의미가 있을 뿐이다.

강조해야 할 것은 이런 모든 개념들 중에서 가장 모호한 내용을 담고 있는 것이 '소사유자' 개념이다. 이른바 소사유자란 대개 부자와 프롤레타리아 사이의 중산계급을 가리킨다. 다수의 견해에 따르면 미국식의 민주주의가 실현될 수 있는 이유는 바로 광대한 중산계급이 있기 때문이다. 마찬가지로 적지 않은 사람들은 히틀러가 파시스트 독재를 할 수 있었던 이유도 중산계급이 나치의 사회적 토대를 이루었기 때문이라고 한다.[21] 이렇게 복잡한 내용을 담고 있는 소사유자 또는 중산계급 개념은 도대체 어떤 의미에서 저발전사회의 농민에게 적용되는가? 이것은 깊이 생각해 볼 문제이다. 이것은 오히려 1950~1960년대 중국 내에서 유행한 이해—농민 중의 빈곤계층은 거의 아무 것도 갖고 있지 않아 프롤레타리아와 별 차이 없고 따라서 사유자의 보수성이 극히 적다—에서 나온 것이 아니라 자연경제의 종법사회에서 어떤 의미로 사유제를 말할 수 있는가라는 중요한 문제로부터 연유한 것이다.

다 알다시피 자연계의 수많은 동물은 자기 욕망을 만족시키는 점유행위, 곧 동물적 개인주의를 갖고 있다. 두 마리의 병아리가 한 마리의 지렁이를 놓고 다툴 때 우리는 닭의 무리 안에 사유제가 존재한다고 할 수 있는가? 아직 말을 할 줄 모르는 어린아이가 젖병을 빼앗겨 울거나 또는 다른 사람 수중의 장난감을 갖고 싶어서 손을 뻗어 빼앗을 때 우리는 아이가 태어날 때부터 사유의식을 갖고 있다고 말할 수 있는가? 물론 그렇다고 말할 수 없다. 자연욕망으로서의 사유욕은 일종의 사회규범으로서의 사유권—사유자의 권리관념—과 본질상 서로 다른 별개의 것이기 때문이다. 전자는 동물적인 개인주의 본능으로 일종의 동물적 역량이다. 후자는 사람의 사회성이 일정 정도까지 발전한 결과이다. 과거의 자본주의 옹호자들은 이 두 가지를 구별하지 않고 동일시하면서 사욕의 영원함을 가지고 사유제의 영원함을 증명했다. 그러나 우리의 이론가는 사유제 영원설을 반박하기 위해, 동물적 사욕이 존재한다는 이 객관적 사실을 감히 직시하지 못했으며, 실제로 마르크스주의를 "사람은 원래 그 본성이 선하다"는 학설로 변화시켰고 원시인을 공평무사한 도덕적 모범으로 간주하고 공산주의를 "사람들이 모두 레이펑(雷鋒)*처럼 행동하는 군자의 나라"로 간주했다.

그러나 사실상 "내 것은 내 것이고 네 것도 내 것이다"는 식의 동물적 점유욕은 종법단체의 개인권리에 대한 박탈과 더불어 종법시대 내내 존재했으며, 둘 다 진정한 사유자권리—그 원칙은 "내 것은 내 것이고 네 것은 네 것이다"이다—와 서로 모순된다. 그것은 바로 마르크스가 말한 것처럼 "권력이 재산을 통치하며", "자의적인 징세, 몰수, 특권, 관료제도, 상공업에 대한 간섭 등의 방법으로 재산을 농락하는"[22] 시대이다. 에리히 프롬은 중세에는 모든 것을 제멋대로 하려는 이기(利己)가 있었을 뿐 개성은 없었다고 한다. 역시 중국 중세에는 사욕이 있었을 뿐 엄격한 의미에서의 사유권은 없었다고 말할 수 있다. 일종의 사회규범으로서의 사유권은 모든 사유자 권리에 대한 동등한 존중을 의미하며 이들 권리주체 사이에 관계가 발생할 때 등가교환이 바로 이 관계의 유일한 원칙이 된다. 따라서 진정한 사유권은 개인권리와 함께 발달해 온 교환경제, 곧 상품경제조건 아래에서만 존재할 수 있다. 그것은 분명 영구적인 것이 아니며 동물계에는 존재하지 않고 자연경제하의 종법사회에도 존재하지 않는다. 적어도 성숙한 형태로는 존재할 수 없다.

---

* 1940년 후난 성 창사 출신으로 여러 차례 모범 노동자, 모범 병사, 모범 공산주의 청년단원으로 선발되었는데, 1962년 차량을 수리하던 중 부상으로 사망했다. 그는 중국에서 죽음과 고통을 두려워하지 않고 혁명에 전념하는 프롤레타리아 혁명정신의 표본으로 추앙받았다.

사유권의 결여는 사람의 사회성의 미성숙, 동물적 개인주의라는 자연적 본능의 범람과 관련이 있을 뿐 아니라 사람의 개체성의 미성숙, 곧 종법식 무리의 통치와도 관계가 있다. 중국 종법사회의 사욕은 "사람이 자신을 위하지 않으면 천벌을 받는다"(人不爲己 天誅地滅)를 준칙으로 삼고 있어서 도리어 서양 근대 개인주의의 "사람이 자기를 믿고 의지하지 않으면(人不靠己) 천벌을 받는다"는 가치준칙과 너무나 거리가 멀다. 이와 반대로 중국의 종법시대에 성행한 것은 "집에서는 부모에게 의지하고 밖에 나가서는 친구에게 의지한다" 따위였다. 중국의 종법시대에 나온 '사'(私) 개념과 영어 private의 함의 사이에는 항상 간과되는 중대한 차이가 있다. 고대 중국어 '私'는 금문(金文)에서 'ㄥ'이며 고증에 따르면 원래 생식기의 형상이다.[23] 반면 private는 라틴어 privatim에서 파생되었고 이 어근의 의미는 독특한, 별도의, 개체, 개성 등이며 그 바뀐 뜻은 독립적인, 비(非)관변의, 비권세적인, 민간의, 평민적인 등등이다.[24] 이를 통해 우리는 중국 종법문화 속의 '私'는 사욕을 강조하고 서양 고전문화의 privatim은 개체와 권리를 강조하고 있음을 알 수 있다. 이로 말미암아 중국인과 서양인 사이의 '사'와 관련된 수많은 개념에 대한 이해에 커다란 차이가 생겨났다. 가령 '사법'(私法)이라는 개념은 중국인이 듣기에는 종종 사설법정, 또는 제멋대로 하고 싶은 것은 무엇이든 한다는 따위를 연상시키지만,[25] 서양에서는 사법이 민법과 기본적으로 같은 의미이며, 통치-복종관계를 배제한 평등한 권리주체간의 관계규범을 가리킨다. 또 예컨대 위진남북조시대에 문벌귀족이 세력을 믿고 벌채를 금지하며 물을 독점한 풍조는 종종 중국학자들에 의해 대토지 사유제가 고도로 발달했음을 증명하는 데 이용되지만, private의 개념에서 보면 권력이 재산을 농락하는 이 같은 현상은 바로 사유제의 발달이 미미했음을 설명해줄 뿐이다.

요컨대 '사유'를 자연인의 동물적 개인주의 본능과 동일시하지 않고 사유자 권리라는 측면에서 문제를 본다면 자연경제의 종법농촌에는 엄격한 의미의 사유자가 존재하지 않는다는 사실을 아주 분명하게 알 수 있다. 물론 종법농업사회가 원시공동체와 자본주의 사유제 사이의 과도기적 유형에서 출발한다면, 또 종법시대의 몽매한 동물적 자연인이 개성과 사회성이 발달한 성숙한 인간으로 전화되는 과정의 어느 한 특정단계에서 출발한다면, 종법농촌에 사유제 요소가 존재한다는 것을 인정해야만 한다. 그러나 종법농촌의 본질적 규정성의 소재 (所在), 곧 종법농촌이 발달하지 못한 이유와 종법농촌이 근대와 다른 점은 바로 엄격한 의미에서의 사유자가 존재하지 않는다는 데 있으며 대사유자인가 소사유자인가와는 관계가 없다. 분명한 것은 소사유자로서의 농민이 존재한다는 사실이다. 마르크스가 지적했듯이 이런 소사유자는 두 가지 의미에서의 자유인—그들은 종법관계의 속박에서 벗어났을 뿐만 아니라 종법관계의 보호도 상실했다—이며 진정한 권리의 주체가 됨으로써 비로소 사유권의 소유자가 될 수 있었다. 오늘날 그들이 바로 상품경제가 발달한 조건하의 농촌 개체 상품생산자, 곧 가정농장주이다. 이른바 농민 '소부르주아', '페니 자본가'는 바로 그들을 가리킨다. 과거에 자본주의 양극분화가 소부르주아 농민을 소멸시킬 것이라는 예언과는 달리 오늘날 소부르주아 농민은 각 선진국의 농업 속에 광범위하게 존재하고 있다. 이와 반대로 전자본주의 시대의 종법농촌, 봉건농촌에 이런 종류의 소사유자가 또 어디 있겠는가?

사람들은 항상 소농의 '소경영 사유제'(一小二私)*를 비판하면서 '대경영 집단소유'(一大二公)로 조급하게 개조하려고 한다. 그러나 중국 역사상 진정한 '소경영 사유제'적인 소부르주아 농민이 대규모로 존재한 적이 있는가? 만일 중국 역사상 정말로 자발적인 소사유자 세력이 오랫동안 존재했다면, 다시 말해 정말로 언젠가 자본주의와 부르주아 계급을 대량으로 발생시킬 수 있는 소상품 생산자의 넓은 바다가 존재했다면, 중국은 왜 근대 세계민족의 숲에서 축출되어 오래도록 종법식 정체상태에 빠져 있었을까?

농민문제에 대한 반성은 바로 여기에서 시작된다. 나는 전통적 종법농민은 소사유자라기보다는 차라리 종법공동체 성원이라고 본다. 이것은 농민문제에 대한 미시적 고찰의 결론이며 동시에 이론농민학 추상분석의 논리적 기점이기도 하다. 현재 학계에서 어떤 이는 공소(空疏)의 폐단을 경계하고 미시분석을 주장하며 또 어떤 이는 쓸데없는 미시연구의 나열을 거부하고 거시적 개괄을 주장한다. 사실 전통학문의 폐단은 그것이 지나치게 거시적인가 아니면 지나치게 미시적인가에 있지 않다. 폐단은 형식화의 과학적 사유를 결여하고 있다는

* 소농은 영농 규모가 작고, 사유에 대한 집착이 강하다는 특징이 있다.

데 있다. 이로 인해 미시분석에서도 형상의 묘사에는 뛰어나지만 종종 엄격한 논리운용과 수치운용을 결여하고, 거시적 개괄에서도 종종 모호한 양시론적(兩是論的)이고 진위를 판별하기 어려운 학설을 형성해 엄밀한 형이상학의 체계를 결여함으로써 연구와 탐색이 거시-미시-거시 또는 추상-구체-추상의 인식순환 속에서 실증 메커니즘을 세워 농민학의 발전을 도모하는 것을 어렵게 만든다는 데 있다. 우리는 이것이 원래 종법농민사회의 사유방식 또는 농민식 학술풍격(風格)이라는 것을 증명할 수 있다. 이런 사유가 그 나름의 장점이 없다고 할 수는 없지만 그것 자체가 농민학 연구의 대상이자 객체가 되어야 한다. 따라서 연구자는, 주체는 객체의 밖에 존재한다는 측면에서든 사유방식의 과학화라는 측면에서든 그것을 초월해야 한다. 그러나 마찬가지로 전통적인 분위기 속에서 생활하는 연구자에게 이것은 결코 쉬운 일이 아니다. 이것은 아마도 중국의 농민학 연구자가 당면한 여러 고민거리 가운데 하나일 것이다.

1장 여산의 진면목: 봉건사회란 무엇인가

1. 농민과 봉건사회

오늘날 사람들은 '신시대의 농민'이라는 말에 대해 특별히 거부감을 갖지 않는다. 농민은 현대화의 버려진 자식이라고 단정하는 말도 전보다 많이 줄어들었다. 그래도 거의 대부분의 사람들은 농민에 대해 말할 때 인류의 농업문명시대를 연상한다. 고대 중국어에는 갑골·금문(金文) 시대에 이미 '농'(農)과 '민'(民)의 두 단어가 따로 있었는데, 한 단어로서의 '농민'은 좀 더 뒤에 나타났다. 『예기』「월령」편에 "농민은 부릴 사람이 없다"(農民毋有所使)는 구절이 있고, 『춘추 곡량전』성공(成公) 원년조에 "옛부터 네 부류의 민이 있다. 사민(士民)·상민(商民)·농민·공민(工民)이 그것"이라고 했다. 『여씨춘추』는 "옛 성인이 농민을 중시한 점"에 관해 언급했다. 이와 같이 비교적 일찍이 '농민'이란 단어가 출현한 전적(典籍)들에서 '농민'의 개념은 이미 직업과 신분등급이라는 이중의 의미를 갖고 있었다.

'농'은 주로 직업개념이다. '農'자의 아랫부분 '辰'은 옛날에 조개껍질로 만든 농기구를 가리켰고 '농'자의 뜻을 나타내는 부분(意符)이다. 윗부분 '曲'은 옛날에 '奴'라 발음했고 음을 나타내는 부분(音符)이다. 그러나 고대 중국어에는 발음이 같으면 뜻이 서로 통하는 경우가 많았으며 따라서 '曲'에는 '奴'의 뜻(훗날 部曲, 委曲 따위의 단어는 여전히 이 뜻의 흔적을 지니고 있다)도 있었다. 그리하여 '농'은 신분이 낮다는 의미를 갖게 되었다.

'민'은 주로 신분개념이다. 民은 옛날에 氓·萌과 같았고 비천한 하인을 가리켰다. 후세에 천민, 하민(下民), 초민(草民), 자민(子民)* 등의 칭호이든 아니면 관민, 신민(紳民), 군민(君民) 등의 대비어이든 모두 '민'의 비천한 신분을 나타냈다. 이런 신분은 자손에게 세습되었다. '농민'을 포함한 '4民'은 애초에 아마도 네 개의 카스트였을 것이다. "농민의 자식은 영원히 농민"(農之子恒爲農)이라는 것이 이를 뒷받침한다. 당시 절대다수의 '민'은 농업에 종사했고, 따라서 '민'은 많은 경우 직업개념도 지니게 되었는데, 가령 "농사짓는 자는 민이다"(農者民)라고 한 경우가 그렇다.[1] '농'과 '민'의 뜻이 서로 가까워진 것이다. 그

---

* 전통적으로 君臣관계를 부자관계로 보아 君父·臣子를 대칭시켰듯이 官民관계에서도 관을 父母官, 민을 子民으로 불렀다.

래서 옛 글자에 관한 책인『육서략』(六書略)은 다음과 같은 해석을 했다. "民字
는 사람이 머리를 숙이고 힘써 (무엇인가를) 만드는 형상을 닮았다."

청대의『강희자전』(康熙字典)은『육서략』의 해석에 이의를 제기하여 "4민은
사·농·공·상을 모두 포함하거늘 어찌 밭에서 일하는 사람만을 민이라 하는가?
『육서략』의 설명은 억지로 끌어다 붙인 것이라서 따를 수 없다"고 했다. 이 비판
은 물론 무게가 있다. 그런데 만일 우리가 어떤 한 글자에 광의와 협의 그리고
옛날의 의미와 근래의 의미가 두루 들어 있다는 점에 주목한다면『육서략』의 설
명도 꼭 견강부회라고만 볼 수는 없다. 우리는 이를 바로 그『강희자전』으로도
방증할 수 있다. 이 자전의 '萌'자 풀이에서 "밭 가는 자를 맹이라고도 한다"(耕
亦曰萌)고 했는데 고대에 '맹'은 '민'과 서로 통했으며 이 점에 대해서는 이 자전
도 언급했다. 곧 자전은『설문』(說文)을 인용하여 "민은 대부분 맹이며 그 말이
어리석고 무식하다"고 했다. 또 '氓'자 풀이에 보면 "『설문』에 이르기를 '氓은
民'이다" "『석경주소』(石經注疏)는 '甿'자 풀이를 두어 甿은 氓과 통한다"고 했
다. 또『한서』「류샹전」(劉向傳)은 "민이 어리석으니 어떻게 타일러서 근면하게
할 것인가"(民萌何以戒勉)라고 한 대목에서 "萌은 甿과 같다"는 주석을 달았다.
이로써 우리는 옛날 民·氓·萌의 뜻은 모두 甿임을 알 수 있는데 '甿'은 바로 농
노이다.『주례』「지관·축인」(地官·逐人) 편은 "무릇 민간을 다스리는 방도는 역
(役)을 가볍게 해서 '甿'을 모으고 밭과 집으로 甿을 편안하게 하며 혼인을 권해
甿을 온화하고 순량하게 하며 그 땅에 적합한 농작물로 甿을 가르쳐 일하게 하
는 것이다. 농사란 김매기로 甿을 이롭게 하고 농기구로 甿을 권하고 유력자로
하여금 甿을 책임지게 하는 것이다"고 했다. 정쉬안(鄭玄)은 이에 주석을 달아
"민을 다른 말로 바꾸면 맹이며 그 겉과 속의 차이가 있다. 맹은 역시 어리석
고 무지하게 생겼다"(變民言甿, 異外內也. 甿, 猶懵懵無知貌也)고 했다.

이상에서 알 수 있듯이 넓은 의미와 근래의 의미에서 보더라도 '民'은 사·
농·공·상의 총칭이다. 하지만 좁은 의미와 옛 의미에서 보면 '民'(甿, 萌)은 본
디 甿과 같아서 농사짓는 하등인을 가리킨다. 그들은 '밭'(田)에서 '바쁘게'(忙)
"머리를 숙여 힘써 일하"니 상등인에 의해 "어리석고 무지하며" "어리석고 무식
한"(萌而無識) 천한 자로 간주된 것이다. 유력자는 고정불변의 신분으로 공동체
에 속해 있는 '民'의 역(役)을 가볍게 하여 그들을 모으고 밭과 집을 마련하여 그

들을 편안하게 하며 그들에게 토양에 적합한 농작물을 알려주고 농기구를 추천한다. 후세에 '民'의 개념이 확대된 뒤에도 앞서 말한 '民'의 좁은 의미는 여러 곳에서 볼 수 있다. 가령 '농시'(農時)를 '민시'(民時)라 한 것(『國語』「齊語」편에 "民時를 빼앗지 않으면 백성은 부유해진다"고 했다), '농사'를 '민사'(民事)라 한 것(『孟子』「滕文公」상편에 "등문공이 나라를 다스리는 방도에 관해 물으니 맹자가 民事를 늦춰서는 안된다"고 했다), '농병'(農兵)을 '민병'(民兵)이라 한 것(『玉海』139권 「慶歷兵錄」에 "무릇 軍에는 네 가지가 있다. ……民兵은 농민 중 건장하고 자질이 있는 자로 등록한다"고 했다), 농구를 '민용'(民用)이라 한 것(『國語』「周語」상편에 "民用은 흔들리고 움직이므로 농사일을 할 때 삼가고 조심해야 한다"라 하고 "用은 곧 田器"라고 주석을 붙였다), 농업을 '민공'(民功)이라 한 것(『國語』「越語」하편에 "民功을 어지럽히지 않고 民時를 어기지 않으면 오곡이 잘 익는다"고 했다) 등등이 그 예이다. 그러나 가장 분명한 예는 호구관리상 명청시기까지 계속하여 농적(農籍)을 '民籍'이라 한 것이다. 명대에는 군호·민호·장호(匠戶)·조호(竈戶, 鹽戶) 등의 호적이 있었는데 세습되어 바뀔 수 없었다. 명대의 둔전(屯田)도 군둔·민둔·상둔(商屯)의 구별이 있었다. 여기서의 '민'은 군인도, 상인도, 장인도, 소금 만드는 이도 아닌 오로지 농호를 지칭한 것이다. 청대에도 역시 마찬가지여서 『청회전』(淸會典) 17권 「호부」(戶部)에 이르기를 "무릇 民을 호적에 나타낼 때는 민적·군적·상적·조적의 네 가지 구별이 있다"고 했으며 또 "무릇 민에는 민호·군호·장호·조호·어호(漁戶)의 구별이 있다"고도 했다. 이른바 민적·민호란 농적·농가를 가리킨다. '농'이 곧 '민'이고 '민'이 곧 '농'이니 직업개념과 신분 등급개념이 뒤섞여 하나가 되었다.

분명히 이러한 의미에서의 '농민'은 단지 전근대의 개념일 뿐이다. 근대문명에서는 농업이라는 직업은 있을 수 있지만 신분등급제는 있을 수 없기 때문이다. 사람들은 일반적으로 '농민'이라는 용어를 가지고 영어의 'peasant'(총칭 peasantry)와 'farmer' 두 단어를 번역하기 때문에 이 두 단어의 차이가 무시된다. 서로 다른 문화적 배경으로 인해 중국어와 영어의 단어를 정확하게 대응시켜 번역하기가 어려운 것이다. 그런데 서양에도 신분등급제의 농업문명시대가 있었고 따라서 서양의 '농민'이란 말은 직업개념과 신분개념이 결합된 것이다. 그 중 farmer는 farm(농업, 농장)에서 파생된 말이어서 주로 직업개념이고 보통

fisher(어민), artisan(장인), merchant(상인) 등의 직업과 병렬된다. 현대사회에도 여전히 농업이 존재하므로 farmer가 존재하는 것은 당연한데 발달된 국가의 농업은 주로 시장경제 속의 농장으로 구성되어 있으므로 현대어 속의 farmer는 이미 점차 '농장주'의 의미를 띠게 되었다.

주의해야 할 것은 farm은 프랑스 고어 ferme에서 유래되었고 이 용어가 원래 '소작하다'(租佃)는 뜻이었다(이에 상응하여 farmer도 fermier, 곧 소작인에서 유래되었다)는 사실이다. 이로써 토지소작과 농업의 관계는 서양에서도 중국과 마찬가지로 그 유래가 오래된 것임을 알 수 있다. 그러나 서양의 소작은 순수한 경제행위로서 신분적 의미를 갖고 있지 않기 때문에[2] 시대적 의미도 갖고 있지 않다. 사실상 협의의 farmer, 곧 차지농장주(借地農場主)는 여전히 오늘날 발달된 국가에서 농민의 주요 구성원이다.

그러나 peasant란 용어는 신분등급의 뜻을 더 많이 내포하고 있어서 보통 lord(주인, 이 용어도 옛날에 주로 신분을 나타냈고 토지와는 별로 관계가 없었다. 다만 근대에 와서 사람들이 lord 앞에 land를 덧붙여 landlord, 곧 지주라는 단어를 만들었다[3])와 대응하여 쓰인다. 역사상 peasant는 프랑스어 paysant의 영어화된 표기이고 paysant은 라틴어 pagus에서 파생되었다. pagus는 "이교도, 미개인, 타락한 자"를 뜻하므로 심한 폄하의 뜻을 갖고 있다. 따라서 프랑스어 paysant 역시 비천한 사람을 낮잡아 부르는 호칭이다. 13세기 작품 『비켜라 시골뜨기』는 '농민'이란 어휘의 여섯 가지 어미변화를 각각 "촌민, 시골뜨기, 악마, 강도, 토비, 도적"이라고 해석하고 어휘 전체를 "도둑, 거지, 거짓말쟁이, 악당, 폐인, 이교도"라고 바꾸어 버렸다.[4] 영어의 peasant는 18세기에 명사로 쓰일 경우 "한 마리의 가축과 한 명의 무식쟁이"를 의미했고, 동사로 쓰일 경우(이 용법은 근대에 이미 없어졌다) "예속되어 노예가 되다"(subjugate and enslave)를 의미했다.[5] 그 밖에 적지 않은 유럽어 중의 '농민'도 일종의 직업을 뜻하기보다는 낮고 천한 신분과 출신을 나타내는 단어였다. 가령 초기 러시아어의 '농민'은 '구린내를 풍기다'는 뜻의 동사 '스메르드'에서 변형되어 형성되었고, 폴란드어의 '농민'(cham)은 원래 신화 속에서 귀족과 뿌리가 다른 야만인을 가리켰으며, '상스러운 사람과 잡종'이란 뜻을 내포하고 있다.[6]

물론 중국의 전통에서 한편으로 현실 속의 구체적 농민을 농사짓는 '망'(氓,

어리석다)이라고 천시하지만 다른 한편으로 농업문명의 상징으로서의 추상적 농민 또는 농민정신에 대해 극구 찬양하여 중농(重農), 상농(上農), 농본(農本), 농사(農師), 신농(神農) 따위의 호칭이 각종 기록에 두루 보이는 것처럼 앞서 말한 유럽 각국도 중세에 '중농억상' 전통이 있었으며 결코 무슨 타고난 '상공업 민족'인 것은 아니다.(이 점에 관해서는 뒤에서 서술한다.) 플라톤·세네카에서부터 중세 신학자들에 이르기까지의 농업과 농촌을 찬양하고 상업과 도시를 천시하는 언설은 중국인 못지않았다. 중국과 마찬가지로 이들 언설 속에서 다음과 같은 기본적 사실은 변함없이 지속되었다.

　농민의 개념은 그 주요한 의의 면에서 볼 때 공업, 상업, 목축, 어업과 병렬되는 일종의 직업도 아니고 업주(業主),* 고용주 또는 수매상(收買商)과 대칭되는 순수한 경제행위의 또 다른 한쪽(소작인, 피고용인, 또는 재화의 공급자)도 아니며 대농장 따위와 대칭되는 일종의 경영형식(가족경영 따위)도 아니다. 농민은 우선 일종의 비천한 사회적 지위이며 쉽사리 벗어날 수 없는 밑바닥 신분이어서 설사 어느 한 농민이 경영형식을 바꾸고 경제행위 속에서의 자신의 역할을 바꾸거나 직업을 아예 바꿨더라도 그가 여전히 이 같은 밑바닥 신분을 바꾸지 못했으면 그는 여전히 peasant인 것이며, 사회가 그를 향해 "어이, 넌 시골뜨기야!"라고 하는 소리를 들을 수밖에 없다. 하나하나의 구체적 농민이 '공동체의 재산'이라는 지위에서 벗어나 개인의 존엄을 확립해야만, 그리하여 사회집단으로서의 농민들도 그 밑바닥 신분을 바꾼 후에라야 '농민' 개념의 직업으로서의 의미, 경제행위의 의의와 경영형식으로서의 의의가 비로소 드러날 수 있다. 그러나 그들은 이로 인해 시민, 곧 공민(公民, citizen)의 권리와 인격을 갖게 되어 다시는 peasant가 아니게 된다. 설사 그들이 여전히 farmer, 곧 농업종사자 또는 농장주일지라도.

　peasantry에 대한 『브리태니커 백과사전』의 해석은 다음과 같다. "소규모 농업생산자의 일종의 하위 문화군(文化群)인 peasant가 그 밖의 농업생산자와 다른 점은 외부세력의 지배를 받게 되어 있다는 데 있다. peasant를 보다 큰 사회로 통합하는 이와 같은 방식이 보통 peasantry를 정의하는 표준으로 일컬어진

---

* 지주 또는 그 대리인.

다. 비록 일부 사람들은 peasant를 정의할 때 자급자족이나 소규모 생산 따위의 특징을 강조하기도 하지만 말이다. peasant사회에서 생산수단의 최종 지배권은 보통 주요 생산자의 수중에 있지 않다. 생산품과 역무(役務)는 생산자가 직접 교환하는 것이 아니고 일단 몇몇 중심으로 제공된 후에 다시 분배된다. 잉여생산물은 통치자와 그 밖의 비농업인의 수중으로 전이되게 되어 있다. ……이런 권력은 종종 하나의 도시 중심으로 집중된다. 비록 영원히 그렇지는 않겠지만."[7]

『브리태니커 백과사전』이 상당한 권위를 갖고 있다 하더라도 이 해석은 서양 농민학의 농민 정의에 관한 여러 관점 중 하나만을 보여준 것에 불과하다. 그렇지만 이 해석에도 취할 만한 점은 있다. 일종의 직업으로서의 농민은 경영형식으로서의 '소농'을 포괄하며 둘 다 현대사회의 적극적 구성분자가 될 수 있지만 "외부세력의 지배를 받음"으로써 "더 큰 사회에 통합되는" 일종의 신분등급으로서의 peasant는 전근대사회의 특징적 현상이다. 그러므로 우리는 '향촌 이상주의'가 부흥하는 포스트모던의 세계에서 '농민(paysant)의 소멸'과 '농민에서 농장주로'(from peasants to farmers)는 여전히 학자들이 열심히 탐구해야 할 문제임을 쉽게 알 수 있다.

peasant는 전근대의 전통적 군집이며 farmer는 일종의 초시대적 직업이다. 그러나 농민학은 "farmerology"가 아니고 "peasantology"인데 이는 이해하기 어렵지 않다. 농민학은 기술적인 면에서 농업의 발전을 연구하는 것(이것은 '농학'의 과제)이 아니라 인문학적인 측면에서 농민사회의 현대화를 연구하며 따라서 전근대[8] 농민과 그 개조가 관심의 초점이 된다. 주로 이런 농민(peasant)으로 구성된 전근대사회는 마땅히 토론해야 할 대상이며, 농민학은 전근대사회학 또는 전근대사회 변혁학이라고까지 말할 수 있다.

'전근대'를 말할 때 사람들은 자연스레 오랜 기간 학계와 이론계에서 근대와 근대 이전에 상응해서 사용해 온 두 개념, 곧 자본주의와 봉건주의에 생각이 미칠 것이다. 근래에 학술연구의 주류(적어도 청장년 학자 중에서)가 '역사단계론'에서 '문화유형론'으로 전이된 데 따라 사람들은 시대성을 강조하는 '봉건주의'에 관해 이야기하는 것을 그다지 좋아하지 않고 갈수록 민족성을 강조하는 '전통사회'를 탐구하는 데 열중하고 있다. 그러나 미국의 중국계 학자 필립 황

(Philip Huang, 黃宗智)은 최근 중국 안팎에서 큰 반향을 불러일으킨 한 논문에서[9] 이 두 가지 논술 모델의 차이는 겉으로 보이는 것만큼 그렇게 크지 않다고 지적했다. 그의 지적에 따르면 마르크스주의에서 나온 중국 학계의 '봉건주의-자본주의' 대립 모델과 비마르크스주의가 주류인 미국 학계의 '전통사회-근대사회' 대립 모델 모두 사실상 동일한 패러다임 체계에 속한다. 앞 모델의 '봉건'과 뒷 모델의 '전통', 전자의 '자본주의'와 후자의 '근대화', 전자의 '자본주의 맹아'와 후자의 '초기 근대'는 서로 매우 유사하고, 또 전자가 말하는 봉건제는 맹아를 거쳐 자본주의로 나아가는 과정을, 후자가 말하는 전통사회는 '초기'를 거쳐 근대화로 나아가는 과정과 매우 흡사하다.

물론 필립 황이 말하는 것처럼 이런 패러다임은 현재 심각한 위기에 직면해 있다. 그의 몇 가지 구체적 논점은 좀 더 다듬어질 필요가 있다고 생각하지만 그가 제창한 패러다임의 혁신은 문제점을 정확히 짚었고 또한 시의적절했다. 따라서 '봉건사회' 또는 '전통사회'에 대한 새로운 인식은 여전히 우리가 맨 먼저 해야 하는 작업이다.

여기서 덧붙여 설명해야 할 것이 있다. 내가 '봉건사회'란 용어를 가지고, 새롭게 인식되기를 기다리는 전근대사회를 가리키는 것은 단순한 부호로서 사용하는 것일 뿐 이른바 "다섯 가지 사회형태가 연이어 발전한다는" 5단계설에 찬성함을 뜻하지는 않는다. 이는 수많은 미국학자가 '봉건사회'란 용어를 사용하지 않는 것이 '다섯 가지 사회형태설'에 포함된 약간의 패러다임을 거부하는 것을 의미하지 않는 것과 같다. 내가 '전통사회'란 용어를 사용하지 않는 것은 '전통'의 개념이 명확성을 결여하고 있을 뿐만 아니라 최근 10년간의 '문화붐'이 이 개념에 너무 많은 문화결정론적 색채를 부여했고 이에 그다지 찬성하지 않기 때문이다.(이 문제에 대해서는 뒤에서 다시 서술한다.) '봉건사회'(feudal society)란 용어는 원래 채읍(采邑, feud) 제사회를 가리키지만 이런 뜻이 전근대사회의 일반상황을 개괄할 수 있다고 보는 사람은 ('다섯 가지 사회형태'론자를 포함하여) 극소수일 것이다. 사실 전근대 서유럽의 상황을 개괄하는 것도 문제를 야기한다. 봉건사회가 가리키는 바가 전화되고 확대되었음은 이미 널리 알려져 있거니와 나는 그것을 '전근대사회'의 동의어로서만 사용할 것이다.

2. 문제가 될 것 같지 않은 문제

봉건사회란 무엇인가? 지금 이 문제를 제기하는 것에 대해 고개를 갸우뚱거릴 사람도 있을 것이다. 수천 년의 봉건역사를 갖고 있으며 수십 년간 반봉건 혁명을 이룩한 중국에서 '봉건사회'가 무엇인지 아직도 모르느냐고.

물론 이와 같은 반문에 일리가 없는 것은 아니지만 인식은 끊임없이 발전하는 것이어서 우리는 이미 봉건사회에 대한 이성적 인식을 획득하여 성공적으로 토지혁명을 완성했으나 오늘의 관점에서 보면 지난날 우리의 봉건사회관은 크게 재고해 볼 필요가 있다.

봉건사회란 무엇인가? 많은 사람들이 지주가 토지를 점유하고 소작방식(노역 소작방식 포함)으로 농민을 착취하는 사회가 곧 봉건사회라고 생각한다. 그렇지만 사실이 증명하듯이 수많은 지역은 소작관계가 없거나 거의 없었는데도 여전히 봉건사회로 간주된다. 이제부터 서술하려는 옛 중국 관중(關中) 농촌이 바로 그러하다. 사실 영주제를 시행한 서양에서 봉건주조차도 토지지배권을 갖고 있었다고 말하기 매우 어렵고(그렇지 않다면 인클로저 운동이 필요 없었을 것이다[10]), 그보다는 차라리 그들의 권리는 주로 노동자의 인신에 대한 지배에서 나오는 것이었다고 해야 옳다. 또 하나의 유행하는 관점에 따르면 봉건사회는 원래 지주의 대토지사유제가 주된 지위를 차지하는 사회이나 그 사회적 기초는 역시 소농경제라고 한다. 소농경제는 비바람을 견디지 못해 반드시 양극분화를 낳고 지주와 빈농을 만들어낸다고 하는데, 이런 인식에 기초하여 우리는 토지개혁으로 지주의 대토지사유제를 없애고 나서 곧〔농업의 집단화로〕소농경제의 개조에 착수했다. 만일 이렇게 하지 않으면 사람들은 "구사회가 부활하여" 농민은 "두 번 고통당하고 두 번 벌 받을"(吃二遍苦, 受二茬罪)* 위험이 있을 거라고 말하곤 했다. 그러나 역사는 우리에게 한바탕의 코미디를 연출했다. '소사유'의 꼬리가 짧게 잘릴수록 봉건잔재는 점점 적어지기는커녕 거꾸로 '소사유'의 꼬리가 말끔히 잘린 연대에 봉건주의가 크게 득세하는 재난국면이 출현

---

* 이것은 농업집단화시기 흔히 쓰인 유행어이다. 당시 사람들은 소농경제는 반드시 지주·부농과 빈·고농으로 양극분화될 것이므로 토지개혁 후에는 반드시 집단화로 소농을 소멸해야지 그렇게 하지 않으면 '해방' 전의 상황이 다시 출현할 거라고 보았다.

했던 것이다.

또 다른 하나의 관점에 따르면 철저한 민주혁명, 곧 토지혁명이 지주계급을 타도한 후 중국의 경제·정치 면에서는 봉건주의 세력이 사라졌으나 관념 면에서는 '중국 전통문화'(그 핵심은 유가문화 또는 유가·도가 상호보완 문화)의 영향으로 인해 봉건적인 것이 아직도 매우 많다고 한다. 그렇지만 우리는 공교롭게도 전통관념과 철저한 결별을 실행했다고 알려진 문화대혁명과 공자비판운동의 광적인 조류 속에서 인의(仁義)와 효제(孝悌)와 중용……, "공부해서 뛰어나면 관료가 된다" 등등의 전통관념에 대한 격렬한 비판 속에서 '4대 구악(舊惡)* 타파'와 "제왕장상(帝王將相), 재자가인(才子佳人), 온갖 잡귀신을 일소하는" 민족허무주의의 함성 속에서 부자간에 파벌을 가르고, 부부간에 비밀이나 약점을 폭로하며, 간부와 대중이 대립하고, 교사와 학생이 반목하는 '전통도덕의 위기' 속에서 신중국 건립 이래 가장 심각한 봉건주의가 횡행하는 한 편의 비극을 보았다.

물론 나는 문화대혁명이 전통의 배경을 갖고 있지 않음을 증명하거나 반봉건이 반전통과 무관하다고 말하려는 것은 아니다. 다만 분명한 것은 봉건주의가 피상적인 '전통'을 가지고서는 잘 보이지 않는다는 사실이다. 실제로 언어철학적으로 볼 때 '전통'으로부터 계승된 어떤 개념, 술어, 명제, 명사도 모두 일종의 언어기호이다. 이런 기호와 그것이 표현하려는 의미는 서로 완전히 일치할 수 없다. '전통'의 기호 아래에서 현대적인 의미를 표현할 수 있고 또 그 역도 가능하다. 그러므로 철저한 반전통의 문화대혁명은 도리어 한바탕 봉건주의 대전통의 부활로 변질되었으나 일본과 '아시아의 네 마리 용' 등 '유교 자본주의문화권'[11]의 신흥공업국은 전통문화를 선양하는 과정에서 전통을 개혁하고 봉건주의 전통의 소멸을 추진하고 있다. 신해혁명 직후 위안스카이(袁世凱)·장쉰(張勳) 등이 전통문화의 기치 아래 봉건주의를 부활시킨 것과 마찬가지로 문화혁명기에 사인방도 전통과의 결별이라는 민족허무주의의 기치 아래 봉건주의를 부활시켰다. 이와 반대로 5·4운동은 격렬한 반전통의 기치 아래 봉건주의를 반대할 수 있었고 일본과 동아시아의 '유교 자본주의'도 마찬가지로 전통문화의

---

* 4대 구악은 문화대혁명 초기에 내건 주요 목표로서 구사상·구문화·구풍속·구습관을 말한다.

기치 아래 봉건주의의 나쁜 근성을 극복할 수 있었다. 역사를 통해 확인할 수 있듯이 공자·묵자·노자·장자의 일련의 개념들은 새롭게 해석된 후에 현대문명에 기여할 수 있는 것과 마찬가지로 자유, 평등, 박애, 인성(人性), 민주, 기율, 또는 사회주의, 계급투쟁, 프롤레타리아 독재 등 서양 근현대문화 속의 범주들도 모두 봉건주의의 해석을 거친 후 굴절된 형태로 봉건주의에 기여할 수 있다. 종법사회에서 우리는 집단무의식 지배하의 '민주', 비이성적 '자유', 종법식 '평등', 인성의 외피를 걸친 중세적 인정(人情), 박애의 깃발을 내건 온정주의적 종법유대, 인신예속 위에서 강조되는 기율, 정전제(井田制)식 '사회주의', 눈에 핏발을 세우고 서로를 원망하는 '계급투쟁', 분서갱유식 '프롤레타리아 독재' 등등을 볼 수 있다. 종법사회의 기본구조가 변하지 않은 조건에서 서양문화의 행위모델의 일면만을 수용하면 다음과 같은 현상이 발생하기 쉽다. 민주를 파종하여 수확한 것은 거꾸로 군중성 히스테리이고, 자유를 파종하여 수확한 것은 방종이며, 평등을 파종하여 수확한 것은 평균주의이다. 그러나 사람들은 그것을 '극단적 민주화' '자유주의' '절대적 평등관' 등등이라고 부른다. 마치 현재 민주·자유·평등이 지나치게 많으니 속박해서 그것이 극단적·절대적으로 되지 않도록 해야만 최고라고 보는 듯하다. 반면 사람들이 '생산품경제(産品經濟)*를 파종하여 자연경제를 수확하고 '계획과 조절'을 파종하여 경제외적 강제를 수확하고, 기율을 파종하여 전제(專制)를 수확할 때는 종종 사회주의의 걸음걸이가 "지나치게 빠르다" "간섭이 지나치다" "집중이 너무 지나치다"라고 놀라 소리 지르는데, 이는 마치 전통에 대해 '양보하고' '후퇴하고' '(관용하여) 풀어주고' '권한을 분산'시키면 개혁의 임무를 해결할 수 있다고 보는 것 같다. 그러나 역사가 우리에게 말해 주듯이 수많은 인신예속형 사회에서 자유방임의 결과는 단지 중앙집권을 한줌의 모래로, 통일국가를 영주들의 병립으로 바꿔놓을 수 있을 뿐 결코 자연경제를 상품경제로 변화시킬 수 없고, 무수한 파벌, 지방세력, 토호를 풀어 내보낼 수 있을 뿐 현대문화를 대표하는 기업가 계층을 풀어 내보내지 못한다.

이상의 논의를 통해 반전통문화도 좋고 개혁도 좋은데 두 경우 모두 우리에

---

* 이는 1920년대 소련의 '사회주의 경제'를 묘사하기 위해 사용된 용어인데, 생산품이 전사회에 유통된다는 점에서 자연경제와 다르지만, 시장교환이 아니라 과학적 안배를 통해 유통된다는 점에서 '상품경제'와도 다르다.

게 봉건주의를 새롭게 인식할 것을 요구하며, '봉건사회란 무엇인가'라는, 사람들이 더러 이미 해결된 것으로 여기는 이 문제를 사람들 앞에 새롭게 제기했음을 알 수 있다.

사실 봉건사회의 현실적 의의를 새롭게 인식하는 문제가 개혁·개방시대에 와서야 비로소 갑자기 튀어나왔다고 말한다면 그것의 이론적 의미는 일찍이 1950년대 학술토론에서 이미 명확히 되었다. 다 아는 바와 같이 신중국의 역사학 발전에 큰 영향을 미친 '고대사 분기 문제'의 토론에서 논쟁의 초점은 봉건사회의 기점이 언제인가 하는 것이었고 그것은 당연히 봉건사회란 무엇인가라는 문제도 다룰 수밖에 없었다. 논쟁에서 주류적 위치를 차지하고 정통적 교과서의 관점이 된 궈모뤄(郭沫若) 학파는 다음과 같은 봉건사회관을 세웠다.

봉건사회는 자연경제화 과정 속에서 형성된 것이 아니라, 이와 반대로 "상품화폐 경제의 발전"이 "봉건제로 전화하는 과정에서의 한 특징이다." 봉건사회는 재산관계에 대한 고대 공동체의 속박이 아니다. 이와 반대로 토지 자유매매의 '진정한 사유재산'제도이다. 봉건화는 인신예속화 과정이 아니다. 이와 반대로 '노예해방'과정이다. 봉건사회는 결코 이성의 쇠락을 의미하지 않는다. 반대로 봉건사회는 '백가쟁명'의 사상 해방운동 속에서 생겨난 것이다.

이와 같은 관점은 중국적 '자유봉건주의' 학설이라 부를 수 있으며 이에 대한 평가는 뒤에서 언급하겠다. 여기서 지적할 것은 학술이론상 '상품화폐경제의 발전' 등등을 봉건화의 특징으로 간주하는 정통관념과 서로 호응하여 우리는 자연경제, 종법농촌경제 속의 중농, 빈농, 고농을 각각 소부르주아 계급, 반프롤레타리아 계급, 농촌 프롤레타리아 계급으로 부르며, 또한 자연경제, 종법공동체, 인신예속관계의 색채가 농후한 현실생활 속에서 줄곧 대대적으로 자본주의를 반대했다는 사실이다. 이로써 학술상 봉건주의에 대한 인식수준과 현실생활은 매우 긴밀한 관계를 갖고 있음을 알 수 있다.

3. 마오쩌둥과 량수밍의 논쟁이 남긴 문제들

1938년 1월의 어느 겨울 밤 옌안(延安)의 한 동굴에서 밤을 새워 등불을 밝헌 채, 농민 출신으로 프롤레타리아 계급 정당의 영수가 된 마오쩌둥(毛澤東)과 그를 찾아온 향촌개혁파의 대표인물이며 도시 출신으로 전통문화를 마음 깊이 새기면서 농민의 대변자를 자임한 량수밍(梁漱溟)이 의미심장한 철야논쟁을 벌였다. 논쟁의 주제는 량수밍의 저서 『향촌건설이론』에서 비롯되었다. 량수밍은 중국 농촌사회의 빈부의 분화가 선명하거나 강렬하지 않고 고정되지 않아서 계급대립도 선명·강렬하거나 고정되지 않았으며, 이로 인해 이른바 봉건사회란 존재하지 않으며 혁명을 발동할 필요도 없고 다만 개량주의적 '향촌건설'만 있으면 족하다고 보았다. 마오쩌둥은 량수밍의 이런 관점에 동의하지 않았다. 마오쩌둥은 중국 농촌은 첨예하고 조화할 수 없는 계급분화와 계급대립이 존재하는, 의심할 여지없는 봉건사회이므로 반드시 철저한 혁명을 진행해야지 개량은 아무런 도움이 되지 않는다고 보았다. 두 사람은 서로 자신의 뜻을 굽히지 않았으며 마지막에 마오쩌둥이 량수밍에게 이렇게 말했다. "오늘의 논쟁은 꼭 성급하게 결론을 내릴 필요가 없으니 다음 번의 설명을 들어 보시오."

11년 후 마오쩌둥이 이끄는 중국혁명은 빛나는 승리를 거두었고 량수밍도 충심으로 혁명의 승리를 축하하고 자신의 주장이 통하지 않았음을 인정했으니 이로써 이 논쟁의 결말이 지어졌다고 볼 수 있다. 그러나 그로부터 수십 년의 풍우가 지나간 지금 우리가 이 논쟁을 회고해 볼 때 새로이 생각되는 점 또한 없지 않다.

마오쩌둥은 중국 농촌은 계급분화가 심각하며 따라서 봉건사회라고 본 반면 량수밍은 중국 농촌은 계급분화가 명확하지 않아 봉건사회가 아니라고 보았다. 그들의 관점은 서로 대립하고 중국 농촌사회 현실에 대한 그들의 고찰도 서로 상반된다. 하지만 자세히 분석해 보면 두 사람 모두 하나의 기본 문제에서 완전히 일치하고 있음을 어렵지 않게 발견할 수 있다. 그들은 모두 봉건사회는 마땅히 빈부 및 계급의 분화와 대립이 매우 선명하고 강렬하며 고정된 사회라고 보고, 그리하여 (만일 필요하다면) 혁명은 바로 이런 계급분화 문제를 해결하기 위한 것이며 이를 해결해야 반봉건의 임무도 완성되는 것으로 보았다. 이런 관점이 결코 그들 두 사람만의 것이 아니었음은 미루어 짐작할 수 있다. 빈부 격차를 극도로 증오하고 그것을 최대의 사회병폐(만일 '봉건사회'만큼 증오스러운 것이 있다면 그 증오스러운 것도 당연히 모두 여기에 있다)라고 보는 것은 실제로 중

국인, 중국 농민과 그들을 대변하는 문화엘리트들의 아득히 오랜 전통적 관점
이다. 따라서 지난 몇십 년 동안 우리가 비록 '평균주의'는 사회주의가 아니라고
생각했다 할지라도 절대 다수의 사람들은 모두 그것을 '철저한 반봉건적' '혁명
민주주의'로 간주해 높이 평가했던 것이다.

재미있는 것은 논쟁과정에서 마오쩌둥과 량수밍 모두 서양사회를 빗대어 참
고했다는 점이다. 마오쩌둥은 중국사회와 서양사회가 각각 다른 특징을 갖고
있지만 본질은 다르지 않다고 본 반면, 량수밍은 반대로 중국사회는 계급간 대
립이 치열한 서양사회와 근본적으로 다르다고 보았다. 여기서는 섣불리 두 사
람의 옳고 그름을 판단하고 싶지 않다. 다만 음미해 볼 가치가 있는 것은 서양
사회에서 살았던 마르크스주의 학자들의 봉건사회 인식이 앞서 살펴본 마오쩌
둥과 량수밍의 논쟁에서 나타난 두 사람의 공통된 인식과는 분명히 다르다는
점이다. 물론 그들은 서양 중세 영주와 농노의 대립 그리고 이로 인해 나타난
암흑을 부인하지 않지만 그들이 인식한 봉건사회의 특징은 다음과 같다. 봉건
사회 안에서는 재산관계의 기초 위에 형성된 계급대립은(통치와 복종관계 위에
서 형성된 등급대립이 아니라) 선명하지도 강렬하지도 않고 고정적이지도 않다.
『공산당선언』에 따르면 부르주아 계급시대에 이르러서야 비로소 계급대립이
단순화되었다. 전체 사회는 날이 갈수록 적대적인 양대 진영으로 분열되고 직
접 대립하는 양대 계급으로 분열되었으며, 그 이전의 중세에는 "봉건적이고 종
법적이며 전원시와 같은 관계가 충만했다"고 한다. 레닌도 일찍이 지적했듯이
봉건시대에 "절대적 우위를 점한 것은 종법적·전자본주의적 특징", 곧 상품경
제가 별로 발달하지 못하고 계급분화가 매우 불명확한 점이다.[12] 여기서 말하
는 봉건사회의 특징은 공교롭게도 량수밍이 중국 농촌은 봉건사회가 아니라는
것을 증명하기 위해 사용한 바로 그 특징이다.

마르크스주의자로서의 마오쩌둥은 당연히 량수밍과 다르며 농촌 종법관계
의 봉건성을 깊이 알고 있었다. 그가 제기한, 중국 농민 신상의 '4대 굴레'(政
權·族權·神權·夫權)라는 것, 그가 징강산(井崗山) 시기 "한 성씨가 하나의
(당)지부를 구성하여 지부회의가 마치 가족회의와 같다"는 등의 현상을 비판한
것, 그리고 문화대혁명에서 그가 종법윤리를 선양한 공맹지도(孔孟之道)를 참
수한 것 등은 모두 이 점을 반영한 것이다. 그러나 마오쩌둥은 다만 종법관계가

(공동체에 의해 이용되는 것이 아니라) 탐욕스런 사유자에 의해 이용된다는 측면에서만 문제를 보았다. 그는 "군자가 야인을 다스리는" 공맹지도를 반대하고, "야인이 군자를 다스리는" 것으로 대신할 뿐 "부족함을 걱정하지 말고 균등하지 못함을 걱정하라"는 공맹지도에 대해서는 반대하기는커녕 오히려 높이 받들었으며, 나아가서 뜻밖에 '공자비판' 운동을 상품경제와 이른바 "부르주아 계급 법권(法權)"을 반대하는 궤도 속에 편입시킴으로써 공자의 죄악은 마치 공자가 법가처럼 전제정치의 수단으로 '상업을 억압'할 것을 주장하지 않은 데 있는 것처럼 되어 버렸다. 확실히 봉건관계와 종법관계의 본질에 대한 마오쩌둥의 이해는 마르크스주의의 창시자와 전혀 다르다. 상품경제가 발달한 서양의 시민사회 토양에서 생성된 마르크스주의는 의심할 여지없이 빈곤계급을 위해 부르짖은 정의의 깃발이다. 그러나 그것은 우선 사람에 관한 하나의 과학이며 계급투쟁이론은 마르크스주의 사회학의 중요 요소이지만 마르크스-엥겔스는 결코 탐욕스런 악인이 근면하고 착한 사람을 착취했다는 식의 추상적 도덕의 입장에서 계급관계를 바라보는 것이 아니라, 계급관계를 사람의 역사, 곧 사람의 개성 발전이라는 역사과정 속에서 고찰했다. 마르크스-엥겔스는 자신의 역사관을 설명할 때 다음과 같이 지적했다. 인류역사의 첫 번째 전제는 생명을 가진 개인의 존재이며 인류사회의 역사는 "이미 질곡이 되어 버린 낡은 교환형식이 비교적 발달된 생산력에 적응하고 따라서 더욱 진보한 개인의 자주적 활동유형에 적응하는 교환형식에 의해 대체되는" 과정이다. 이런 역사관에서 보면 "개성을 가진 개인과 우연적인 개인간의 차이는 논리상의 차이일 뿐만 아니라 역사적 사실이기도 하다." 그리고 이런 역사관의 가치이상은 "완성된 개인을 향한 개인의 발전 그리고 모든 자발성의 소멸"*이다.[13]

일찍이 모건이 원시공동체의 구체적 형식(씨족공동체)을 발견하기 훨씬 이전에 마르크스는 인류가 처음부터 공동체의 형식으로 존재했으며, "우리가 앞 시대로 역사를 거슬러 올라가면 갈수록 개인, 따라서 생산을 진행하는 개인도 더욱더 독립되지 않은 존재, 하나의 비교적 커다란 전체에 종속된 존재로 표현된

---

* 마르크스에 따르면 이상사회란 개인의 자유, 곧 우연적 개인으로부터 완성된 개인으로의 변화를 널리 선양해야 한다. 그런데 그의 자유에 대한 이해는 이성주의와 헤겔주의적 특징을 갖고 있어서 자유를 필연성에 대한 파악으로 이해한다. 따라서 자유는 자발성, 곧 자연성의 소멸을 요구한다는 관점을 갖고 있다.

다"[14]고 보았다. 그러나 이것은 오늘날 일부 이론가들이 장밋빛으로 칠한 무슨 자유·평등의 '원시민주제' 사회[15]가 물론 아니다. 이와 반대로 그것은 자유를 손톱만큼도 말할 수 없고 "한 부락 또는 공동체의 성원으로서의 개인의 일정한 존재를 전제로 한다.(이때 그 자신은 일정 정도 공동체의 재산이다.)"[16]

마르크스는 이런 공동체로부터 개성을 가진 독립된 개인으로 발전하는 것이 기나긴 역사과정이며 근대 자본주의 시민사회에 이르러서야 비로소 발달된 화폐경제와 교환관계가 '물질의 연계'를 가지고 '사람의 예속적 유대'를 대체하고, 따라서 "좁고 한정된 인간 군집의 부속물"을 "자연적 연계에서 벗어난" '개체 인간'으로 변화시킨다고 보았다. 이때가 되면 사회적 연계의 각종 형식은 개인에게 있어서 단지 그 개인의 목적 달성을 위한 수단으로 드러나고 재산관계는 비로소 "일체의 공동체적 외모를 벗어 던지고 순수한 사유재산으로 된다." 이 역사적 변혁이 가져오는 인간 개성의 비약적 성장은 바로 근대문명이 봉건속박을 타파하여 인류역사상 전에 없던 찬란한 공업문화를 조성하는 모든 기초이다. 상품경제는 비록 인간의 자유개성 발전을 위한 전제를 창조하지만, 극단적 발전은 오히려 자신의 반대 방향으로 나아가게 된다. 사유제의 기초 위에서 이루어지는 '자유경쟁'은 인간의 소외, 곧 인간의 자유로운 개성의 소외를 조성하고 사람들은 '자유롭게' 자본의 노예가 되어 '자유롭게' 자유를 상실하게 된다. 그러므로 마르크스는 한 걸음 더 나아가 풍부한 사회관계와 더 높은 사회생산력의 기초 위에서 사회주의 변혁을 실행하고 '자유인 연합체'의 공유제로 사유제를 대체하여 인간의 소외를 극복하고 인간성의 회복, 곧 인간의 자유로운 개성을 회복하여 각 개인의 자유가 모든 인간의 자유로운 발전의 조건이 되도록 해야 한다고 보았다. 그래야만 인간의 자유로운 개성이 진정으로 광활한 하늘을 비상할 수 있다는 것이다.

인간의 발전과정에 대한 이와 같은 이해에서 출발하여 마르크스는 인간의 역사를 세 개의 단계 또는 형태로 구분했다. ①자연경제의 고립과 분산을 기초로 한 인간의 의존관계, ②상품경제가 발전한 조건 아래 '물질의 의존성'을 기초로 한 인간의 독립된 개성, ③개인의 자연적 발전과 공동의 사회생산능력을 기초로 확립된 자유로운 개성.

마르크스가 보기에 봉건사회는 인간의 의존관계가 주도적 지위를 차지하는 사회형태의 하나이다. 인간의 의존 또는 인신예속은 마르크스주의 봉건사회관의 핵심이다. 마르크스-엥겔스-레닌은 봉건사회에 관해 말할 때 "인신예속관계가 그 사회의 기초를 구성하며" 봉건제 아래서 "물질생산의 사회관계 및 이런 생산의 기초 위에 확립된 생활영역은 모두 인신예속을 특징으로 한다"고 무수히 강조했다.[17] 여기서 반드시 지적할 것은 중국 학계에서도 과거에 항상 봉건사회의 인신예속관계에 대한 논의가 이루어졌지만 이런 예속관계에 대한 이해는 마르크스의 이해와 본질적으로 다르다. 우리는 단지 그것을 봉건주에 대한 농민의 인신예속, 곧 농노제로 이해하고 이런 예속을 낳은 원인은 봉건주가 농민을 강제적으로 속박했기 때문이라고만 보았다. 그러나 마르크스가 가리키는 인신예속관계는 개인의 미성숙을 기초로 한 개인의 공동체에 대한 예속, 곧 "개인은 하나의 비교적 큰 전체에 종속되며" 개인은 "협애한 인간군집의 부속물"이어서 개인 자체가 공동체의 재산이다. 이런 예속관계가 항상 농민의 봉건주에 대한 예속으로 나타나는 까닭은 단지 후자가 '천연의 수장', 대가장(大家長) 또는 보호자로서 공동체의 대표이자 체현자로 되기 때문이다. 이런 측면에서 보면 그들 자신도 공동체에 의존하여 존재한다. 그러므로 마르크스가 누차 지적했듯이 봉건적 예속관계는 일종의 '상호적 인신예속'이며 "거기서 우리는 독립된 개인을 찾아볼 수 없고 다만 모든 개개인의 상호의존—농노와 영주, 가신과 봉건제후, 세속신도와 신부—을 볼 수 있을 뿐이다." 그들은 "모든 동시대인과 마찬가지로 본질상 공동체의 구성원이며,"[18] 그 일부는 공동체의 대표인 천연의 수장으로서 특권을 가진 구성원이고 나머지는 공동체에의 예속을 통하여, 실제로는 그 대표자에 예속된 아무런 권리가 없는 성원일 뿐이다.

바로 이 때문에 마르크스는 봉건소유제는 "모종의 공동체를 기초로 삼으며" 농노제도 "일정한 형식의 공동체를 전제로 하는데" 그것은 "공동체를 기초로 하고 공동체 아래서의 노동력을 기초로 하는 그러한 소유제의 필연적이고 당연한 결과"라고 보았다. 봉건제도는 가장제, 길드제와 마찬가지로 개인을 서로 연결시킨 일종의 공동체적 역량이며, 레닌의 표현을 빌리면 "중세적 연합", "연합에 대한 정체된 사회의 협애한 필요"이다.[19] 요컨대 마르크스가 이해한 봉건사회란 자연경제 아래서 사람의 의존관계를 기초로 한 종법공동체이다.

중국 학계에서 오랫동안 유행한 봉건사회관은 마르크스의 봉건사회관과 확실히 다르다. 이 두 가지 봉건사회관은 모두 봉건주의 농민에 대한 억압을 비난하지만, 우리는 그것을 개인('탐욕스런 사유자')의 공동체('광대한 노동대중')에 대한 억압으로 간주하는 데 반해 마르크스는 그것을 공동체(그 대표를 통하여)의 개인(사람의 개성 및 독립된 인격)에 대한 억압으로 간주한다. 우리는 봉건사회 속에서 단지 사유자 개인이 대중을 착취하는 것을 볼 뿐이지만 정통 마르크스주의가 보는 것은 "착취자인 공동체와 착취를 당하는 개인"[20]이다. 중국 학계에서는 단지 농민이 지주에게 속박되었다고 볼 뿐이어서 자연히 지주를 타도하면 인신예속관계도 사라질 것으로 보지만 마르크스는 개인이 공동체에 예속되었다고 본다. 그래서 마르크스는 설령 지주를 타도하더라도 발달된 상품경제의 세례를 거치지 않고 발달된 교환 속에서 '성숙한 개인'을 낳지 못하면 인신예속관계는 계속 존재하며 심지어 지배적 지위를 점할 수도 있다는 결론을 내린다. 중국에서는 '반봉건'을 '빈부의 균등화'(均貧富)로 이해하지만 마르크스는 그것을 공동체의 속박에서 해방되는 것으로 이해한다. 중국에서는 실제로 봉건사회 안에서 '탐욕스런 사유자'가 지나치게 자유를 누린다고 보지만 마르크스는 봉건사회의 병폐란 공동체의 속박 아래서는 모든 사람이 자유롭지 못하다는 점이라고 본다. 중국에서는 사유제가 모든 악의 근원이라는 점에서 봉건사회를 비판하지만, 마르크스의 관점에 따르면 봉건사회에서는 어떤 속박도 받지 않는 자유로운 사유제가 모든 악의 원천이라기보다는 차라리 사유제의 자유로운 발전을 속박하는 농업공동체가 바로 모든 악의 원천이다.

이상과 같은 두 가지 봉건사회관의 차이점을 어떻게 이해해야 할 것인가?

4. 마르크스의 봉건사회관에서 농민적 봉건사회관으로

앞에서 말한 문제에 대한 가장 간단한 대답은 중국의 전통이론이 마르크스학설에 대한 교조주의적 이해를 넘어섰다고 볼 것인가 아니면 중국의 전통이론이 진정 마르크스주의 원리로부터 벗어나지 않았다고 볼 것인가이다. 하지만 이런 해답은 우리를 만족시킬 수 없다.

엄격히 말하면 하늘 아래 진짜 교주주의자는 없을지도 모른다. 실천의 주체로서 인간은 언어기호로서의 '교조'를 이용하여 언어의 의미를 표현할 때 늘 주체적 요소를 개입시킨다. 역사상 유럽 종교운동의 기독교 교의에 대한 각기 다른 해석과 중국의 경학논쟁은 그 배후에 풍부한 사회성을 내포하고 있다. 봉건사회이론의 변천도 마찬가지이다. 마르크스·엥겔스·레닌·스탈린에서 마오쩌둥에 이르기까지 그들의 봉건사회관의 발전은 사실상 그들 각자의 혁명실천의 반영이며 마르크스주의와 동방 신식농민운동의 결합이 그 관건이다.

가장 먼저 마르크스주의를 소농국가의 혁명운동에 적용하여 성공한 사람은 레닌이다. 다 알다시피 레닌을 비롯한 러시아 마르크스주의자들은 원래 인민주의자 진영에서 분열되어 나온 사람들이다. 인민주의자 지식인은 당연히 푸가초프(Pugachov)*식의 전통적 농민반란 지도자와 아예 달랐으나 자체적으로 보면 인민주의 사조의 주류는 여전히 러시아 전통의 '농민 사회주의'이다. 농민사회주의는 전통적 종법농민공동체-농촌공동체의 입장을 띠기 때문에 자본주의 문명의 침입에 대해 강한 반감을 갖고 있다. 농민사회주의는 전통적 농민공동체 속에 귀중한 집단주의, 사회주의 내지 공산주의 정신, 집단노동의 습관이 들어 있으며 촌공동체 안에 확연한 계급 차이는 없기 때문에 러시아에는 봉건사회가 결코 존재하지 않고 다만 '인민제도'[21]만이 존재할 뿐이라고 보았다. 러시아의 병폐는 전적으로 전제국가의 지주가 "냉혹·무정하고 한없이 탐욕스런 이기주의"로 인민을 착취하며 촌공동체 내에 개인주의와 사유재산만을 추구하고 이런 외부의 억압이 본래 자유롭던 촌공동체 농민을 예속상태에 빠뜨린 데 있다고 한다. 그들은 또한 '자본주의 전염병'을 끌어들여 사회정서와 사회습속을 대대적으로 파괴하고 촌공동체의 화목과 안녕을 위태롭게 했다. 그러므로 혁명을 통해 개인주의·이기주의·자유주의 세력을 타도해야 하며, 전국의 촌공동체들을 통해 집단노동, 필요에 따라 분배하는 사회주의 제도로 나아가야 한다는 것이다.

이상과 같은 인민주의자의 관점에 대해 레닌은 마르크스주의 입장에서 날카로운 비판을 가했다. 그는 촌공동체는 일종의 '반(半)농노식' 종법공동체이며

---

* 1742년 돈 강변에서 출생한 코사크인. 1773년 9월 야크 강 일대에서 표트르 3세라 자칭하고 봉기하여 농노해방, 토지분배, 병역과 잡세 면제를 허가하는 '칙령'을 반포하여 광범위한 지지를 받았으나, 이듬해 9월 체포되어 1775년 처형되었다.

농민의 가장 기본적인 공민권리를 박탈하여 농노제와 부역제의 기초가 되었다고 지적했다. 레닌이 볼 때 봉건주의는 자연경제, 분여지제도, 인신예속과 경제외적 강제, 극히 낮은 기술수준 등 4대 특징을 가진 사회이다.(주목할 것은 여기서 그가 사유제를 거론하지 않은 점이다.) 따라서 이 4대 특징과 서로 연관된 '중세적 연합', 촌공동체는 지주제와 마찬가지로 모두 봉건제의 지주(支柱)이다. 민주혁명은 바로 농민을 이런 공동체의 속박으로부터 해방하여 그들로 하여금 "독립적으로 시장과 관계를 맺고 동시에 인격을 제고하도록" 하는 것이어야 한다. 또한 그는 지주를 타도하더라도 여전히 촌공동체제도가 남아 있는 한 설령 토지를 균등하게 분배하더라도 "옛 토지점유제를 영원히 보존하는" 셈이고 적어도 "중세적 토지점유제의 절반을 보존하는 것"이며, 촌공동체의 "집단노동은 일륜차를 가지고 기차에 맞서 싸워 이기려 하는 사기극"이라고 했다. 종법공동체에 대한 혐오에서 출발하여 레닌은 심지어 혁명 후에 토지를 농장주·부농·중농에게 분배해야지 빈농이나 농장주가 될 수 없는 나태한 농민, 게으름뱅이, 폐물에게 분배해서는 안되며 이렇게 함으로써 종법경제를 철저히 일소하여 농장주를 폐물 속에서 분리되어 나오게 해야 한다고 주장했다.[22] 주목할 것은 1885년 러시아의 노동해방운동이 시작된 이래 1906년까지 러시아 프롤레타리아 정당이 민주혁명을 완성하기 위해 제정한 토지강령은 심지어 지주제 폐지의 임무를 제기하지 않았고(단지 분할지의 회수만을 제기) 오히려 촌공동체 속박의 해제와 "농민은 자유롭게 분급지를 방기하고 촌공동체를 나올 권리를 갖는다"는 내용을 중시했다.

이 시기 레닌의 봉건관계에 대한 이해는 마르크스의 그것과 미세한 차이가 있다. 하지만 전체적으로 말하면 레닌과 마르크스, 그리고 이 두 사람 사이 세대의 마르크스주의자, 가령 라파르그(Paul Lafargue, 1842~1911),* 카우츠키, 플레하노프 등의 봉건사회관은 기본적으로 일치하는데, 민주혁명의 대상으로서의 봉건사회는 종법공동체의 개인에 대한 속박이지 무슨 '개인주의'의 '집단주의 정신'에 대한 모독이 아니라는 것이다. 만일 마르크스가 낭만적 인문주의 색채를 띤 인민주의파 이론에 대해 완전히 부정하지 않았다고 한다면 마르

---

* 프랑스 노동운동가로 마르크스의 둘째 딸과 결혼했고 파리코뮌 보위투쟁과 프랑스 노동자당 창건에 참여했다. 제1인터내셔널과 제2인터내셔널에 가입해 푸르동주의와 바쿠닌주의에 맞서 마르크스주의 선전에 공헌했다.

크스보다 더 구조주의에 경도된 레닌의 촌공동체 사회주의에 대한 반감은 그보다 더 심하다. 레닌은 인민주의파가 종법관계를 유지하려는 기도는 대지주와 하나가 되는 것이며, 경찰주의 금령을 위한 변호이며 공개적인 반동으로 전락한 것이라고 누차 지적했다.[23] 확실히 이 시기의 귀족 보수파도 "강자를 누르고 약자를 돕자"는 선전을 하면서 공동체정신을 수호했다. 그러나 수많은 인민주의파 분자들은 농민혁명이 가망없고 개인주의가 날로 퍼져 나가는 것을 지켜보면서 차츰 전향하여 당국과 타협하고 차르의 역량을 빌어 종법공동체를 보호하는 동시에 자본주의 '전염병'에 저항하려 했다. 이들은 무슨 이유에서인지 익살스럽게도 '자유주의 인민주의파'로 불렸지만 사실 그들은 레닌이 말한 '경찰 인민주의' 또는 플레하노프가 말하는 '황제와 국왕의 국가사회주의',[24] 요컨대 봉건사회주의에 더 가깝다.

그러나 1906년 이후 플레하노프 등이 엄밀한 이론과 논리에 따라 이미 정해진 궤도를 가고 있을 때 레닌의 언설은 도리어 극적인 변화를 보였다. 이 변화는 러시아 역사의 희극적 발전에서 연유한다. 19세기의 제정 러시아는 가부장의 사랑과 가부장권은 있되 자유도 없고 위험도 없는 구식종법 대가정에 비유될 수 있다. 그런데 앞서 말한 자유민주파가 사회민주파와 대가정의 해산을 부르짖을 때 가장(차르와 귀족)과 그 자식들(촌공동체 농민)은 처음에 모두 이를 허튼소리로 치부해 버렸다. 그러나 상품경제의 침식이 대가정 내부에 불화를 불러왔다. 자식들은 시장의 흡인력에 휩쓸려 자기 분수를 지키며 속박을 감수하려 하지 않았고 가장들은 시장의 유혹에 넘어가 사욕을 채우느라 가부장의 도리를 지키기 어렵게 되었다. 이에 따라 점차 "아버지가 아버지답지 못하고 자식이 자식답지 못하여" 양쪽 모두 대가정의 담벽을 무너뜨렸으니, 레닌의 말을 빌리면 "지주와 농민이 모두 혁명의 길로 나아간" 셈이다. 러시아의 문제는 이로 인해 점차 '분가'(分家)를 해야 하는가 말아야 하는가의 문제에서 어떻게 분가해야 하는가의 문제로 바뀌었다. 자식들은 대가장을 폐지하고 자기 몫의 유산을 갖고 분가하여 자유롭게 살아가려 하는 데 반해 가장들은 가장권을 적장자 계승권으로 바꾸어 가산을 독식하고 자식들을 모두 대가정에서 쫓아내려고 했다.

만일 문제가 단지 분가 여부에 있거나 또는 위의 첫 번째 분가방식이 우세했다면 러시아의 사회민주당원(레닌을 비롯한 마르크스주의자)은 매우 용이하게 자신의 입장을 선택할 수 있었을 것이 분명하다. 하지만 러시아의 사태는 다름 아닌 두 번째 분가방식에 따라 진행되었다. 1905년 이후 분가는 끝내 치고받고 싸우는 지경에 이르렀다.

이른바 1905~1907년 혁명은 몇 차례의 가두시위사건만 볼 것이 아니라 전체적으로 본다면 하나의 자유주의적 반대파운동이다. 이 혁명과 차르 정권간의 모순은 여전히 분가를 해야 하는가 말아야 하는가의 문제였다. 차르정권은 분가파에 반격을 가하기 위해 처음에는 촌공동체 농민의 전통적 황권주의에 희망을 걸고 '효자'들을 불러 대가정을 지키게 했으며, 이로 인해 제1·2회 두마에서 당국은 모두 농민대표의 의석수를 크게 확대하고 각 도시계층(심지어 귀족까지) 대표의 의석수를 축소했다. 그러나 가장이 예상치 못한 것은 이미 인민주의파가 민중 속에 들어가 있어 농민들 사이에서 큰 난관에 부딪치지 않았으며, 두마 안의 농민대표도 대부분 반대파 쪽에 서버렸고 농촌 내의 소란은 가장이 낭패하여 허둥댈 정도로 더욱더 커졌다.(그러나 동시에 신흥 농촌중산계급을 공격함으로써 자유파로 하여금 반대의 뜻을 표하도록 하기도 했다.)[25]

그리하여 차르 정권은 무력으로 '혁명'을 진압한 후 곧바로 그 자신의 "가장 용감한 혁명"(레닌의 말)을 개시하여 러시아의 한편에서는 가혹한 정치적 억압(이른바 '스톨리핀 반동시대')이, 다른 한편에서는 "가장 철저한" 경제자유화(레닌의 말, 이른바 '스톨리핀 개혁')가 나타났다. 이것은 이론상으로 보면 모순이지만 실제의 논리는 오히려 아주 간단하다. '자애로운 아버지라도 자식이 효도하지 않는 데야 어찌하겠는가? 하물며 아버지가 애초에 자비롭지 않은데, 자유주의 분가파에 반대하기 위해 자식들을 끌어들여 자애로운 아버지'인 양 표정을 지을 수 있겠는가? 1905~1907년 혁명의 희극적 결과는 바로 대가정의 온정주의 면사포를 칼로 찢고 그 찢어진 구멍을 통해 원래 가장과 자식은 모두 오래 전부터 분가를 학수고대했음을 보게 된 것이다. 그러므로 당국의 입장에서는 "가장권을 신속히 가산 소유권으로 변화시켜라"는 것으로 사정이 순식간에 바뀐 셈이다. 스톨리핀의 말을 빌리면 국가란 강자를 누르고 약자를 도와야 하며 공동체정신의 화신이 되어야 하는데, 이제 사정이 변하여 "국가는 강자를 위해 존재하는 것이다."

그러나 반대파의 경우에는 사정이 오히려 매우 복잡하게 변한다. 스톨리핀이 단숨에 농촌공동체를 철저히 파괴하고 '公을 私로 돌리는' 소수인을 국가권력으로 뒷받침함으로써, 만일 도의를 차치하고 보면 이는 의심할 여지없이 매우 진보적인 자본주의 개혁이다. 또 그것은 자유주의자의 '분가' 주장에 부합할 뿐만 아니라 사회민주당원이 '진보적'(설사 비인도적일 수 있을지라도) 자본주의로 봉건주의를 대체하려는 사회민주당원의 부르주아 혁명이념, 그리고 이 이념에 기초하여 농민의 공동체 속박 타파를 지지하는 것을 내용으로 하는 토지강령과도 전혀 모순되지 않는다. 이는 바로 레닌이 우리의 토지강령은 "심지어 스톨리핀의 토지법령을 통해서도 실현되었다"고 말한 대로이다. 그러나 다른 한편으로 러시아 농민은 오히려 이런 불공평한 진보로 심한 고통을 받고 분가가 자신에 대한 박탈로 나타났을 때 그들은 자연스럽게 대가정의 수호자가 되며 대가장에 반대하는 투쟁도 자연스럽게 새로운 대가장을 찾아 그의 인솔에 따라 적장자 반대투쟁을 벌임으로써 적장자가 자기를 대가정에서 쫓아내지 못하게 하는 투쟁으로 변질되었다. 1906년 이후 촌공동체를 수호하는 농민운동이 광범위하게 발전하자[26] 스톨리핀의 개혁은 더 이상 진전되기 어려웠고, 사회적으로 인민주의 정서가 완연하게 확산되었으며 1911년 스톨리핀 자신도 인민주의자에 의해 살해되었다.

한쪽은 '개혁적' 전제당국이고 또 한쪽은 '반동적' 인민운동이니 그 사이에 끼여 있는 반대파가 설 곳이 어디겠는가? 소수의 자유파 인사들은 점차 당국의 분가방식에 동의하면서 반대파의 입장을 포기했다. 또 다른 사람들은 이런 문제로부터 초월하여 (그리스) 정교 문화의 상아탑 속에 들어가 '러시아 고유문화' 정리에 몰두했다. 플레하노프를 대표로 하는 정통 마르크스주의자는 일관되게 자신의 이념을 견지하며 전제당국의 개혁도 부인하고 '반동적' 인민과 인민주의도 부인했다. 그 결과 그들은 이론적으로는 빈틈이 없었지만 실제 정치에 대해서는 갈수록 영향력을 상실하는 순수한 사상가가 되어 버렸다.

한편 레닌은 오히려 정치가의 민첩하고 예리한 판단과 러시아 현실에 대한 깊은 이해를 가지고 자신의 주장을 수정했다. 이런 분가 여부는 사실상 아무런 문제가 되지 않았다. 다만 두 가지 분가방식(레닌이 말하는 프로이센식 길과 미국식 길)간의 싸움에서 명확하게 당국의 방식이 우위를 차지한 조건 속에서 농민과 함께 분가에 반대(사실상 스톨리핀식의 분가법에 반대)하는 것을 통해서만 비로소 자기가 원하는 방식에 따른 분가를 최종적으로 실현할 가능성이 있었다. 이것이 이론적으로 '반동'인가 아닌가 하는 문제는 중요하지 않다. "경제학의 형식에서는 착오인 것이 역사에서는 정확한 것일 수 있"기 때문이다.

이 때문에 레닌은 1907년 전후 제1차 러시아 혁명의 경험을 총괄함으로써 농민문제에 대해 한 차례 전면적인 반성을 했다. 레닌은 당이 과거에 인민주의 파를 덮어놓고 비난만 했을 뿐, 인민주의파가 "선진적·혁명적 소부르주아 민주주의"이며 자유파보다 훨씬 낫다는 사실을 간과했다고 지적했다. 레닌은 과거에 "촌공동체 ……의 폐해가 갈수록 커졌다"고 말한 적이 있으나 이제 "스톨리핀이 촌공동체를 해산하여 더 큰 폐해를 가져 왔다"고 주장했다. 또 과거에는 당이 농민운동의 혁명성을 대수롭지 않게 여겼지만 '러시아의 현상황에서' 농민은 '가장 철저한' 혁명적 민주주의자이고 농민혁명은 부르주아 계급 민주혁명의 '최고 한도'이며 지주와 토지사유제에 반대하는 농민의 토지혁명의 승리가 바로 민주혁명의 완전한 승리라고 보았다. 아울러 그는 당의 토지강령은 촌공동체에 반대해서는 안될 뿐 아니라 마땅히 토지를 국유화해야 한다고 강조했다.[27] 당시 레닌이 이와 같은 말을 한 것은 대단히 실용적으로 판단한 결과라 할 수 있다. 그래서 레닌은 '러시아의 현상황에서'라는 한정어를 강조했을 뿐만 아니라 이 토지강령이 주로 부정적 개념으로서 제기되었음을 지적했다. 다시 말하면 그것은 단지 우리에게 무엇이 필요하지 않다(사실상 스톨리핀식의 분가는 필요하지 않다)는 것을 설명하는 것일 뿐 무엇이 필요하다는 것은 설명하지 않았다는 것이다.

그렇지만 스톨리핀 개혁이 촌공동체 부흥운동을 자극한 희극적 형세와 촌공동체의 문화전통이 사회주의자의 이상주의 정신과 결합해서, 이 실용적 고려에서 내디딘 한 걸음을 수습하기 어렵게 만들고 내디딜수록 더욱 멀어지게 되어 마지막에는 '농민전쟁과 노동운동이 연합하여'[28] 자본주의를 반대하는 10월혁명으로 곧장 치달았다. 그리고 혁명과정에서 효과를 발휘한 토지법령은 일찍이 러시아 마르크스주의자가 오랫동안 반대한 바 있는 인민주의자(사회혁명당원)가 기초한 강령이었다. 이 법령은 스톨리핀식 분가를 전면적으로 부정하면서도 (더구나 스톨리핀 법안을 통해서 실현된, 초기 사회민주당원이 민주혁명을 위해 제정한 토지강령도 부정했다) 또 다른 방식의 분가를 실행하기는커녕 농촌공동체를 전면적으로 부활시켰다. 이를 전후하여 레닌주의자는 여전히 격렬하게 인민주의자를 공격했지만 이미 그들의 공격은 인민주의자의 '경찰' 경향을 겨냥한 것이 아니라 부르주아 민주주의 경향을 겨냥한 것이며, 인민주의자들이 "차르와 국왕의 국가사회주의"를 실행하는 것을 공격한 게 아니고 그들이 소사유에 집착하는 것을 공격했다. 또 인민주의자들이 인민주의를 실행한다고 공격한 것이 아니라 그 실행 정도가 불충분하다고 공격했으며 그들이 스스로 자신의 강령을 배반했다고 공격했다.

이 과정에서 레닌주의자의 봉건사회관은 러시아 초기 마르크스주의의 봉건사회관과 놀랄 만큼 크게 달라졌다. 반봉건적 민주혁명의 '최고 한도'와 '완전한 승리'는 촌공동체 농민의 목표—지주의 소멸과 토지사유제의 폐지—를 기치로 하며 봉건주의는 자연스레 지주제·토지사유제·소작관계 등으로 이해되었다. 경제외적 강제와 인신예속은 가끔 제기되었지만 이것들이 봉건사유제를 기초로 하고 있음을 잊지 않도록 강조했다. 다른 한편 자연경제는 점차 중요하지 않게 되어 버리고(자연경제 상태하에서는 지주를 타도하는 것만이 봉건제의 철저한 소멸과 민주혁명의 철저한 승리로 간주되기 때문에) 종법공동체, 개인의 종법공동체에 대한 예속, 그리고 종법공동체의 재산관계에 대한 속박 등은 봉건주의 개념 속에서 삭제되었을 뿐만 아니라 심지어 항상 "봉건사유제에 반대하는" 농민혁명의 원칙으로서 찬양받기까지 했다.

이런 추세는 스탈린에 이르러 더욱 강화되었다. 공동체나 인신예속관계 같은 마르크스의 봉건사회이론의 기본개념은 스탈린의 봉건사회에 관한 논술 전체를 살펴보아도 전혀 나타나지 않는다. '다섯 가지 사회형태설'에 관한 고전적 저작 『변증법적 유물론과 역사유물론』 속에서 스탈린은 봉건제를 단지 농노제와 개체 '사유경제'로 귀결시켰을 뿐이다. 그는 봉건사회의 공동체를 부인하는 동시에 노예사회의 공동체도 부인하면서 그때는 "공유제가 없었고" "노예주는 거의 순수한 사유자"이며 그 후 봉건제하에서 "사유제는 한 걸음 더 발전했다"고 설명했다.[29] 스탈린은 먼저 '비경제적 강제'라는 개념으로 인신예속관계라는 개념을 대체하고 나중에 한 걸음 더 나아가 "봉건제도의 기초는 결코 비경제적 강제가 아니라" 지주제라고 보았다.[30] 이것은 인신예속관계야말로 봉건사회의 기초라는 마르크스의 논점과 선명한 대비를 이룬다.

　　러시아와 비교해 볼 때 중국혁명의 농민운동 색채는 훨씬 더 강하며 게다가 중국공산당이 실천에는 뛰어나지만 마르크스주의 이론적 준비가 처음부터 부족하여 상당히 오랫동안 기본적으로 스탈린 지배하의 소련으로부터 배워 오는 방식을 취했다. 이로 말미암아 러시아의 봉건사회관도 따라 들어왔다. 한편 중국 전통농민의 종법성과 자연경제성은 러시아 농민보다 훨씬 심하다. 농민혁명은 궁하니까 변화를 꾀하고 죽을 지경에서 살길을 모색한 것이지 시장경제가 발달하여 소농장주가 종법속박을 타파해야 한다는 요구에서 나온 것이 아니다. 중국 농민은 예로부터 '균빈부'의 전통을 갖고 있어 매우 일찍부터 '착취'의 개념을 만들어 냈다. 가령 리쯔청(李自成)은 "왕후와 귀족이 가난한 백성을 착취해 추위와 굶주림에 허덕이게 만든"[31] 이치를 알고 있었지만 자유로운 개성의 발전수준은 아주 낮았다. 그래서 인신예속에 대해 보고도 알지 못하는 '자유봉건주의론'이 생겨났다. 이 봉건사회관의 농민 색채는 소련보다 더 심하다. 그런 점에서 다음의 사실을 지적하는 것은 매우 큰 의미가 있을 것이다. 레닌은 일찍이 농민이 노력하여 농장주가 되는 것을 가지고 반봉건투쟁에서의 농민의 혁명성을 입증했는데, 이때 농민은 상품경제를 반대하지 않기 때문이다. 그런데 마오쩌둥은 "돈벌이 신(財神)에게 가장 열심히 예배드리는" 농민을 싸잡아 비난하면서 "재산을 모을 희망이 끊긴" "한 끼 배부름을 찾으며 힘겹게 한해를 보내는" 농민들이야말로 혁명적이라고 보았다. 이것은 분명히 중국 농민의 '궁하면 변화를 꾀한다'(窮則思變)는 실제상황에 부합한다고 할 수 있다. 이런 분석이 중국 혁명의 승리를 이끌어 낸 원동력이 된 것은 분명하지만, 그것은 공유제 아래 은폐된 전근대 공동체의 잔재와 '사회주의 자연경제'하의 인신예속관계에 대해 무관심했고 보고도 못 본 척함으로써 이후 그만한 대가를 지불했다.

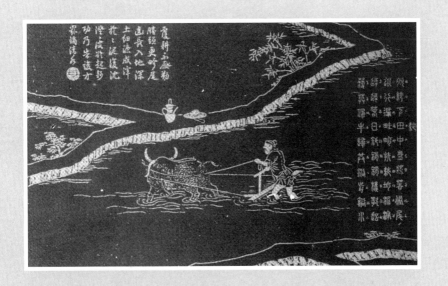

2장 관중 농민사회 분석

1. 봉건사회의 관중 모델

앞에서 우리는 이론분석의 각도에서 마르크스주의 봉건사회관이 중국의 신식 농민운동과 결합하는 과정에서 어떻게 변화·발전했는지 살펴보았다. 그러나 봉건사회관은 추상적 사변의 문제만은 아니다. 이제부터는 이론의 세계에서 경험의 세계로 돌아와 중국 봉건관계의 기초가 도대체 무엇인지를 살펴보려고 한다.

이 문제를 다루려면 마오쩌둥과 량수밍의 논쟁을 다시 한번 언급하지 않을 수 없다. 마오쩌둥은 농촌의 분화가 극렬하다고 보았으나 량수밍은 그렇지 않다고 보았는데 그렇다면 실제상황은 과연 어떠했을까? 전국적 상황으로 본다면 마오쩌둥의 생각이 비교적 사실에 부합한다고 볼 수 있지만 량수밍의 관점도 경험적 근거가 없는 것은 아니다. 실제로 봉건사회의 구체적 유형은 천차만별이어서 중국의 소농제, 서양의 장원제, 인도·자바의 카스트제 촌락, 러시아의 미르제 등 대규모 민족간의 차이는 말할 것도 없고 동일 국가나 민족 내에도 서로 다른 유형이 있다.

가령 러시아에서 쿠반-돈강의 코사크, 우랄의 이민(移民), 중앙 흑토지대의 미르 농민, 발트 해 연안의 개체농가는 사회구조적 유형이 매우 다르다. 프랑스 중세의 랑그독 농민과 노르망디 농민도 매우 다르다.[1] 중국의 경우 일반적으로 말해 마오쩌둥이 태어난 후난(湖南)을 포함한 동남부 중국은 지주-소작농 관계가 고도로 발전하고 상품경제도 상대적으로 번성한 지역이지만 화북의 건조농업지대(량수밍이 향촌건설운동을 벌인 주요 지역) 농민은 어느 정도로 전통적 이론이 묘사하는, 지주의 대립 면으로서의 소작농과 고농으로 이해될 수 있는지 구체적으로 연구하지 않으면 안된다. 당대 몇몇 일본학자와 서양학자가 주로 만철(滿鐵)의 1940년대 허베이(河北)·산둥(山東) 성 33개 촌락 조사에 근거하여 화북의 식량생산지역에는 "지주제가 형성되지 않았다"[2]고 보았으며 중국계 미국학자 필립 황도 화북은 "자작농을 위주로 하는 사회"[3]라고 보았다. 사실상 중국공산당의 몇몇 이론가들, 예컨대 중국 마르크스주의 농민학의 개척자 천한성(陳翰笙)도 화북농민은 자작농이며 화중남 농민은 소작농이라고 보았다.[4] 사실 명대부터 몇몇 역사책에 이와 유사한 견해가 나와 있다. 명말에 북방농민이

2장 관중 농민사회 분석 | 69

세금면제(免糧)를 요구하며 조정에 저항하고 남방농민이 소작료 거부(抗租)를 내세우며 지주에 항거한 바와 같은 선명한 대비도 남북방 농민의 사회학적 유형상의 차이를 반영한다.[5]

그렇지만 뭉뚱그려서 화북농민은 자작농이라고 말하는 것도 사실에 딱 맞는 것은 아니다. 화북의 봉건사회 자체가 각기 다른 여러 유형을 포함하며 심지어 성과 성, 현과 현의 농민집단 사이에도 매우 큰 차이가 있기 때문이다. 예를 들면 산시(陝西) 성에서 남부의 한강(漢江) 유역 쌀농사지대와 메마른 북부 고원지대는 모두 지주-소작농 관계가 고도로 발달한 지역인 데 반해, 이 두 지역 사이에 위치한 관중평원(關中平原, 渭北의 건조한 고원 포함)은 봉건사회 번영기 중국 통치의 중심지이며 봉건관계의 발달 정도가 가장 성숙한 지역이었는데 근대 이래에는 오히려 전국에서 지주제와 소작관계가 가장 발달하지 않은 전형적인 지역의 하나이다.

전근대[6]의 관중 농촌을 하나의 유형으로 삼아 연구하는 것은 다음과 같은 중요한 의의를 갖는다.

첫째, 관중은 중국 황토문명의 발상지이자 봉건사회와 통일국가의 요람으로서 주·진·한·당의 국가적 토대이다. 중국민족이 세계 각 민족을 앞서 가던 때 관중은 중국의 중심이었다. 중국이 세계 근대화 과정에서 뒷전으로 밀려나 있을 때 관중은 정체된 중국의 전형이었다. 중국은 세계에서 선진적 위치에서 낙후된 위치로 변했으며 관중도 중국에서 선진적 위치에서 낙후된 위치로 바뀌었다. 관중 농민은 일찍이 진시황이 천하를 통일한 예기(銳氣)의 근거이지만 근대 이후에는 보수적이기로 유명하다. 중국 국민성의 수수께끼는 아마도 상당 부분 '관중의 수수께끼'의 해답과 서로 관련되어 있을 것이다.

둘째, 관중 농촌은 일반적으로 이해되는 봉건사회와 비교해 볼 때 깊이 심사숙고하게 하는 여러 가지 특징을 갖고 있다. 몇 가지만 보면 다음과 같다. 첫째, 송·원(宋元)시대 이후 관중 농촌은 점차 소농화되어 대지주와 토지 없는 농민은 줄어들고 민국시대에 이르러 소작관계는 거의 사라졌다. 이것은 통상적으로 말하는 양극분화, 토지겸병, 소작경제 유형과 전혀 다르다. 둘째, 명·청(明淸)시대 이래 관중의 소작관계는 부단히 위축된 반면에 고공(雇工) 경영은 오히려 크게 발전했다. 따라서 상품화폐관계가 발달하지 못하고 상대적으로 자연경제화가 갈수록 심화되었다. 셋째, 상품화폐관계가 종법유대를 끊을 것이라는 일반적 추측과 달리 근대 중국에서 상품경제가 가장 발달한 동남농촌은 종족관계와 족권세력이 가장 강대한 반면 상대적으로 외지고 보수적이며 자급자족적인 관중 농촌은 활발한 종족조직과 강대한 족권이 오히려 비교적 적다. 그러나 그렇다고 하여 관중 농민의 자유로운 개성과 독립된 인격이 남방에 비해 발달한 것은 아니다. 넷째, 관중 농민은 예로부터 종교적 열광을 보인 적이 없다. 역사상의 농민종교운동, 예컨대 태평도, 오두미도, 마니교, 백련교, 배상제교 등은 모두 관중에서 반향을 불러일으키지 못했다. 이는 단지 산 하나를 사이에 둔 산시(陝西) 남부지역에서 역사상 여러 차례 종교열풍이 발생한 것과 아주 선명한 대조를 이룬다. 그러나 동시에 관중 구식 농촌의 과학과 새로운 사물에 대한 무관심과 보수적 태도, 세속적 미신과 비이성 역시 극히 전형적이다.(이런 대중문화의 토양 위에서 생겨난 '관학'(關學)은 송명 이학중의 이른바 유물론 유파로서 철학사학계에서 상당한 호평을 받았지만 바로 이 학파가 사회사상 측면에서는 오히려 극히 보수적이고 변혁을 거부하면서 복고를 주장하는 성향이 가장 농후하다.) 이 때문에 관중 소농사회의 연구는 사람들로 하여금 일련의 중요한 이론문제를 새롭게 생각하도록 한다. 바꿔 말하면 관중에 대한 경험적 연구는 초경험적, 곧 논리상의 의의를 가질 수 있다.

셋째, 관중 농촌은 기존의 농촌사회조사와 경험적 농민학 연구가 별로 주목하지 않던 사각지대이다. 중국공산당의 농촌조사는 혁명근거지를 중심으로 이루어졌고 만철 서무부와 향촌개혁파 학자의 허베이·장난(江南)·쓰촨(四川) 등지에 대한 조사는 한때 세상에 널리 알려졌다. 그러나 중국 국민당의 전문가(예컨대 地政學院과 농촌부흥위원회 계통의 여러 학자), 재중국 서양학자(예컨대 L. Buck 등)와 그 밖의 농민학자, 국민당 통치구의 마르크스주의 학자들이 주목한 것 역시 주로 양쯔 강 유역과 화남 농촌이었다. 관중 지역의 학계는 주·진·한·당의 전통 아래 있었기 때문에 근세 및 근대 관중 농촌에 대해서는 별로 관심을 두지 않았다. 그래서인지 중국 농업문화 속에서 중요한 위치를 차지하며 근대 중국에서도 선명한 특징을 갖고 있는 관중 농촌에 대한 체계적인 연구는 턱없이 부족하고 경험자료의 축적과 정리조차 거의 없다시피 하다.

'관중 유형'의 생산 메커니즘은 깊이 연구할 만한 가치가 있다. 우리가 알고 있듯이 관중이 역사상 줄곧 소농세계였던 것은 결코 아니다. 수·당과 그 이전에 중국은 국가가 토지를 분급하는 등급점유제, 곧 평민의 균전제(均田制)와 귀족·관리의 등급점전제(等級占田制)를 시행했다. 당시 관중은 경기(京畿)의 소재지여서 고관이 운집하고 좋은 집이 즐비하며 권세 있는 귀족과 세력 있는 가문이 중국에서 가장 많았다. 그들은 모두 비옥한 관중에서 토지를 점유하여 재산을 모았는데 관중 서부의 치산(岐山)에서 동부의 퉁저우(同州)에 이르는 지역에 장원이 밀집되었다. 사서에 보이는 몇 가지 예를 들면 왕팡이(王方翼)의 펑취안별장(風泉別業), 리충옌(李從曠)의 치양장원(岐陽莊), 관광(關光)의 위안양장원(元陽莊)과 후셴장원(鄠縣莊), 황푸취안(黃甫權)의 원취안별장(溫泉別業), 리먀오(李邈)의 가오링장원(高陵莊) 등이 그것이다. 또한 "타이핑 공주(太平公主)의 전원(田園)은 가까운 교외에 있고 모두 가장 비옥하다."[7] "재상 리린푸(李林甫)가 징청(京城)에 갖고 있는 저택·전원·물레방아 맷돌은 가장 이윤을 많이 올리고 비옥하다."[8] 위안자이(元載)의 "비옥한 청난(城南) 별장은 변두리에 줄지어 있는데 모두 수십 곳에 이른다."[9] 현종(玄宗) 때 환관들의 "수도(京師) 저택·전원은 값 나가는 좋은 것이었는데 이런 전산(田産)을 가진 환관이 16명이나 되었다."[10] "뭇 사람이 가장 비옥한 토지라고 일컫는 것의 절반은 경기(京畿)에 있다."[11] 요컨대 당시의 관중은 대량의 토지·재산을 가진 권귀(權貴)들의 천하였고, 소농에게 남겨진 공간은 얼마 안되었음을 잘 알 수 있다.

그런데 이것은 결코 그 당시 관중에 소작제(租佃制)가 매우 발달했음을 말하는 것은 아니다. 관중의 이들 장원의 주인은 모두 서민지주가 아니라 권세와 지위를 가진 자(權貴)였으며 그들은 재산으로써가 아니라 권세로써 사람을 부렸기 때문에 계약적 성격의 소작제라고는 말할 수 없다. 당시의 관중 농민은 대부분 소작농(佃農)이라기보다는 차라리 농노였던 것이다. 그들은 속박을 받는 동시에 '보호'도 받았다. 창안(長安)의 권귀들은 세상의 모든 재산을 빼앗다시피 했으니, 자연히 자신의 예속민에게 주인의 정을 조금 베풀었을 것이고 그로 인해 관중 농민은 다른 지역 농민에 비해 상대적으로 생활이 안정되었다. 당(唐)말 황차오(黃巢)가 창안을 점령한 후 관중 농민은 이 '계급적 형제'에게 호응하기는커녕 오히려 주인 쪽에 서서 주인을 지키는 군대가 됨으로써 농민군을 인적·물적으로 고립시킨 것은 이런 점에서 볼 때 전혀 이상한 일이 아니다. 그 결과 전국을 유랑하던 황차오의 대군은 마침내 식량을 구하지 못해 붕괴되었다.

당이 멸망한 후에는 통치 중심지로서 관중의 지위는 회복되지 못했다. 이에 따라 큰 재산을 가진 권귀가 운집해 있던 상황도 변하여 소농의 비중이 점차 커졌다. 다른 한편, 관중의 경제지리상의 외진 형세는 그 후에도 계속 강화되어 한·당 시기 유럽-아시아 대륙 교역로의 중심에서 점차 고립되고 궁벽한 분지로 바뀌었다. 관중사회의 상대적인 자연경제화 정도는 날로 심화되고 상품화폐 관계의 상대적 쇠퇴는 농촌경제의 분화를 어렵게 만들어 인신관계의 예속성을 강화시켰다.

북송대에 이르러 관중 인구에서 소농이 차지하는 비중은 이미 전국 평균수준을 넘어서서 계속 상승했다. 이런 사정은 북송의 두 차례 주객호(主客戶) 통계 숫자에서 볼 수 있다.

표1
전체 호수 중 객호의 비율(%)[12]

		북송 초(980년 전후)	북송 후기(1080년 전후)
	전국 평균	42	31~34
관중의 각 지역	융저우	43	(징자오 부) 29
	첸저우	19	
	퉁저우	18	13
	화저우	41	15
	야오저우	24	24
	빈저우	29	10
	펑샹저우	33	26

북송의 객호는 토지 없는 소작농이며 그 수의 많고 적음은 소작관계의 성쇠를 반영한다. 위 표를 통해 대략 송대부터 관중지역에서 자작농 경제가 우위를 점하게 되었음을 알 수 있다. 이 추세가 계속 발전하여 몇 세기 후 중화인민공화국 성립 이전에 볼 수 있었던 그러한 유형을 형성한 것이다.

2. 지주계급이 없는 관중 농촌

토지개혁시기 산시 성에 '관중에는 지주가 없다'는 말이 있었다. 이른바 '지주가 없다'는 것은 지주가 전혀 없다는 뜻이 아니라 지주가 아주 적고 그들이 점유한 토지도 많지 않음을 말한 것이다. 당시 이런 견해는 '관중 특수론'과 마찬가지로 바로잡아야 할 잘못된 인식의 예에 속한다. 그렇지만 실제로 현지 지도자들은 이 문제에 대해 일치된 입장을 갖고 있지 못했다. 1950년 4월 9일, 중국 공산당 웨이난(渭南) 지방위원회는 성(省) 위원회에 보낸 토지개혁 문제에 관한 보고에서 다음과 같이 지적했다

> 본 위원회 관할구역은 지주와 부농이 많지 않다. 극소수의 지주를 제외하면 지주·부농의 토지는 중농의 토지를 약간 웃돌지만 초과량은 많지 않다. 특히 몇몇 지구에서는 부농의 평균 점유토지가 중농과 거의 비슷하다. ……이것은 바로 본 관할구역 내 절대 다수 지구의 토지가 일반적으로 빈·고농의 요구를 만족시킬 수 없으며 설령 부농(의 토지)를 사용해도 별로 도움이 되지 않음을 말해 준다. ……우리가 파악한 바에 따르면 린퉁(臨潼)을 제외한 그 밖의 각 현에 지주는 극히 적고, 화셴·화인(華縣·華陰)의 경우 수많은 향(鄉) 내지 일부 분구(分區) 범위 내에는 지주가 아예 없다. 이런 지구에서 토지개혁의 내용은 도대체 무엇이어야 하는지는 꼭 연구할 필요가 있는 문제이다.[13]

이와 비슷한 견해는 당시 더 높은 기관의 공개된 보고에서도 발견된다. 가령 산시 성 인민정부 주석 마밍팡(馬明方)은 1950년 8월 산시 성 제1차 각계 인민대표회의 토지개혁 공작에 관한 보고에서 "관중 41개 현·시의 토지는 비교적 분산되어 있고, 몰수·징수(徵收)*할 만한 토지는 별로 없어서 농민은 토지개혁을 통해 단지 한정된 토지만을 획득할 수 있을 뿐이며 심지어 몇몇 농민들은 토지를 전혀 얻지 못했다"고 했다.[14] 성 토지개혁위원회 책임자 가운데 한 사람인 쉐허팡(薛和昉)도 관중에는 "토지가 분산되어 있고, 심지어 지주가 전혀 없는 향(鄉)이 확실히 있으며 토지문제가 전혀 없는 향도 많지는 않지만 있다"고 하였다.[15]

통계숫자는 이 문제를 더 잘 설명해 준다. 웨이난 전구(渭南專區) 13개 현 제

---

* 토지개혁 당시 지주의 토지는 전부 몰수했고 부농의 토지는 스스로 경작하지 않는 부분만 징수했다. 그러므로 징수는 일부 몰수에 해당한다.

1기 토지개혁구(區)의 경우 개혁 전 지주점유지는 전체의 5.93%, 부농 점유지는 3.63%이며 중·빈농 점유지는 각각 57.56%·23.8%이다. 반면 이 4개 계층의 인구비중은 지주 2.47%, 부농 1.81%, 중농 50.77%, 빈농 34.0%이다. 제2·3기 토지개혁구의 경우 개혁 전 총인구 중 1.54%의 지주가 4.3%의 토지를, 50.9%의 중농이 57.5%의 토지를, 37.3%의 빈농이 25.2%의 토지를 점유했다.[16] 바꿔 말하면 이 지구의 반수 이상의 인구가 점유토지와 인구비중이 거의 일치하는 중농에 속하며 중·빈농의 인구 합계와 점유토지 합계가 각각 전체의 80% 이상에 달한다. 만일 토지점유 면에서만 보면 이 지구의 양극분화는 실제로 말할 가치도 없을 만큼 미미하다. 한쪽 극의 지주는 불과 2% 내외의 인구로 5% 내외의 토지를 점유하고 지주 1인당 점유면적은 전지구 1인당 평균 점유면적보다 1.5배 많을 뿐이다. 다른 한쪽 극에서 고농으로 분류된 인구는 불과 5% 내외이고 1인당 평균 점유면적도 전지구 평균치의 1/2〜1/3 안팎이었다.[17] 양극의 규모가 작을 뿐더러 극간 거리도 별로 현격하지 않은 것이다. 그 밖에 제시할 만한 통계숫자가 더 있는데, 가령 1951년 1월 15일 웨이난 지구 13개 현 244개 향의 표본조사 통계에 따르면 그 중 '지주 없는 향'이 27개로 조사된 향수의 11%를 차지했다.[18]

관중 기타 지구의 상황도 대체로 이와 비슷하다. 예컨대 서부의 바오지 전구(寶鷄專區) 13개 현 1개 시(老區·洋老區 제외)의 경우 토지개혁 전 지주의 인구는 2.48%이고 그 점유지는 7.58%이며, 중·빈농의 인구는 85.21%(그 중 중농 49.73%, 빈농 35.48%)이고 그 점유토지는 80.21%(중농 56.01%, 빈농 24.2%)이며, 고농의 인구는 5.58%이고 그 점유지는 1.58%였다. 이 전구에서 토지점유가 가장 집중된 곳은 산악지구인 린유(麟游) 현인데 인구의 5.4%인 지주가 토지의 19%를 점유했다. 그러나 이 현의 반수 이상(55%)의 인구는 그에 상응하는 비율의 토지(53%)를 점유한 중농이다.[19] 다른 현의 조사자료에서도 "토지는 결코 집중되지 않았고," (농민은) "단지 약간의 토지를 나누어 가질 수 있을 뿐이며,"[20] "평원지구의 토지는 분산된 반면 인구는 집중되어 있어" "계급대립이 분명하지 않다"[21]는 등의 결론을 흔하게 볼 수 있다.

중공 웨이난 지방위원회는 토지개혁을 모두 마친 후 공개발표한 총결 보고에서 다음과 같이 말했다. "토지개혁 전후 각 계층의 토지점유 상황은 이미 근본적인 변화를 일으켰다. 인구의 2.47%를 점하는 지주계급의 점유토지는 토지개혁 전 5.93%에서 개혁 후 1.33%로 낮아졌고 ……인구의 39.4%를 점하는 빈고농의 점유토지는 토지개혁 전 25.28%에서 개혁 후 31.99%로 늘어났다."[22] 그러나 토지개혁 전후의 근본적 변화를 이들 통계숫자에서 찾기는 어려울 것이다. 사실 토지점유만 본다면 웨이난 13개 현의 절대다수 농가(의 토지)는 토지개혁을 전후하여 늘거나 줄어든 것이 없이 전혀 없었다고 할 수 있다. 토지를 상실한 지주는 극소수에 불과하지만 토지를 얻은 농민인구도 65만 1천여 명, 곧 농민 인구의 29%, 전구(專區) 총인구의 27%에 지나지 않았다.[23] 관중의 다른 지구도 대체로 이와 유사하다. 바오지 전구에서 토지개혁 전과정에서 토지를 약간이라도 분배받은 농가는 총인구의 24.1%, 곧 1/4에 못 미쳤다. 중농의 8.6%, 빈농의 43%만이 얼마 안되는 한 뙈기 토지를 얻었다. 고농의 경우 82%에 달하는 인구가 토지를 얻었지만 앞에서 서술한 대로 이 계층의 인구수는 원래 아주 적었다.[24] 관중 전체 3개 전구의 경우에는 토지를 분배받은 농촌인구는 농민인구의 31.6%, 총인구의 28.85%를 차지했다.(양쪽 모두 각각 약 202만여 명이다.)[25] 토지에 관해서 보면 바로 몇몇 기초자료가 말하는 바와 같이 "일부의 빈농조차 이득을 보지 못했으니" 중농의 경우는 말할 필요도 없다.[26]

　여기서 중요한 것은 관중 토지개혁과정에서 해방 전과 해방 후 토지개혁 전 각지에 분산된 지주의 재산과 토지에 대해 모두 엄격하고 철저한 추적조사를 벌였기 때문에 상술한 숫자는 기본적으로 이런 분산의 영향을 받지 않았다는 사실이다.

　그러면 관중의 토지개혁은 지나치게 우경화된 측면이 있는 것일까? 분명히 이런 견해가 있는 것은 사실이다. 특히 문화대혁명 중 산시 성의 몇몇 지구에서는 일찍이 '시중쉰(習仲勛)의 검은 토지개혁'이라는 해묵은 문제를 추궁하고 일단의 "법망을 피해 도망친 지주"를 전보다 부풀려 분류했다. 그런데 이런 방법과 논조는 문화대혁명 후에 이미 부정되었다.[27] 더욱 중요한 것은, 만약 '지주' 성분을 가르는 기준 문제에 인위적인 또는 정책상의 관대함과 엄격함의 차이가 있다고 한다면 토지분포의 구체적 숫자는 엄밀하든 엄밀하지 않든 관계가 없으며 이런 숫자에 근거하여 우리는 국제적으로 공인된 사회통계학의 방법에 따라 토지분배의 불평등 정도를 완전하게 계산해 낼 수 있다. 다음은 내가 토지개혁

그림 1

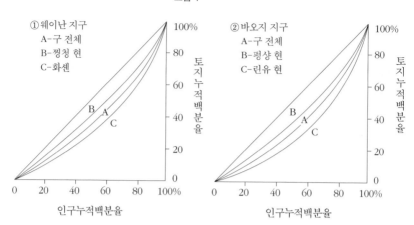

① 웨이난 지구
A-구 전체
B-쩡청 현
C-화셴

② 바오지 지구
A-구 전체
B-평상 현
C-린유 현

당안 중의 관련 숫자에 근거하여 추산한 결과이며 이 계산과정에서 나는 유엔 통계국이 분배의 불평등 정도를 표시하는 공인통계지표, 곧 지니(Gini)계수를 사용했다.

그림 1은 두 전구 토지분배의 로렌츠 곡선인데 분명하게 보이도록 두 전구선과 각 전구에서 불평등 정도가 최고·최저인 두 개 현의 곡선만을 나타냈다.

표2와 그림 1에서 알 수 있듯이 관중지구의 몇몇 현을 제외한 절대다수 지방

토지개혁 전 관중 토지분배의 불평등도[28]

표2

현 (지구)	웨이난 지구		웨이난	화셴	화인	퉁관	린퉁	란톈	푸청	다리	차오이
	1기 토지 개혁구	2, 3기 토지 개혁구									
지니 계수	0.2218	0.1973	0.2419	0.2839	0.1274	0.1361	0.1895	0.1474	0.1603	0.2503	0.1570
현 (지구)	한청	허양	덩청	바이 수이	바오지 지구	바오지	평상	치산	메이셴	푸펑	우궁
지니 계수	0.2310	0.1598	0.1266	0.1554	0.2284	-	0.1612	0.2501	0.2007	0.2074	0.2299
현 (지구)	룽셴	간양	첸셴	핀셴	융서우	창우	린유	바오지 시교외			
지니 계수	0.1979	-	-	0.2309	-	0.1933	0.3263	-			

의 토지분배 지니계수는 모두 0.23 이하인데 이는 상당히 평균적인 분배라고 해야 할 것이다. 1985년 중국 농민의 수입분배 지니계수는 저장 성 0.2554, 장쑤 성 0.25, 랴오닝 성 0.2929, 닝샤 자치구 0.286이다.[29] 토지분배는 물론 수입분배와 별개이지만 만약 봉건관계 속의 분배는 토지소유관계를 기초로 한다는 전통적 견해를 믿는다면 수입분배의 불평등 정도는 논리상 토지분배의 불평등 정도보다 작아야 한다.(이치는 매우 간단한데, 지주의 수입은 단지 그의 토지생산물의 일부인 소작료 또는 고공의 잉여생산물일 뿐이며, 자작농의 수입은 그의 토지생산물의 전부이다. 소작농·고공은 전혀 토지가 없긴 하지만 수입이 전혀 없을 수는 없다.) 정말 이와 같다면 예전 관중 농촌의 수입분배가 어찌 오늘의 농촌보다 더 평균적이지 않겠는가? 그렇지만 다음에 서술한 바와 같이 사정은 결코 이와 같지 않다. 그렇다면 그러한 전통적 견해는 어떻게 평가해야 하는가?

3. 소작이 없는 관중 농촌

앞에서 서술한 대로 토지개혁 전의 관중은 거의 자작농의 세계였고 토지소유권은 몹시 분산되어 있었다. 지주가 없지는 않았지만 분명히 극소수였다. 웨이난 3개 현의 경우 토지개혁 동안 명확히 구분한 지주호가 총 호수 중 차지하는 비중이 가장 큰 곳은 화셴(華縣) 1.43%, 웨이난 1.39%이고, 가장 적은 곳은 화인(華陰) 0.01%, 란톈(藍田) 0.02%이다.[30] 그러나 이들 지구도 대부분 전통적 개념에서 말하는, 토지를 소작 주고 소작료를 받는 지주는 아니었다. 그들은 주로 고공 경영이나 사채놀이를 해서 지주가 되었다. 관련자료는 이 점에 대해 거의 이구동성으로 말하고 있다. 중국 공산당 웨이난지방위원회는 "우리 전구(專區)의 지주는 대부분 경영지주"[31]라 하고, 셴양(咸陽) 전구 책임자 역시 "지주의 토지는 주로 소작을 주는 것이 아니라 사람을 고용하여 경작하고 고용노동을 착취했다. 이것이 관중 지주가 농민을 억압·착취한 주요 방식이다."[32] 관중의 황룽(黃龍)지방위원회도 허양(合陽) 조사보고에서 "토지를 소작 주는 호는 얼마 안되고 그 수도 매우 적다." "지주의 생산방식은 토지를 소작 주는 것이 아니라 노동력을 고용한 경영이다"라고 지적했다.[33]

그렇다고 관중에 소작관계가 전혀 없는 것은 아니다. 그러나 첫째, 그것은 전국에서 소작지 비율이 가장 낮은 지구 중 하나이며 소작관계의 규모도 대수롭지 않을 만큼 미미하다고 할 수 있다. 다리(大荔) 현의 전형적인 향인 평원 4개 향의 조사에 따르면 향의 전체 자경지는 1만 2092.57무인데 소작지는 겨우 579.9무로서 총경지의 4.6%를 점하는 데 그쳤다.[34] 1947년 허양 현 동북구 제11향에는 모두 1만 669.5무의 토지가 있었는데 소작지는 겨우 740.33무로서 6.9%에 불과했다.[35] 이들 조사는 1930년대 국민당 정권의 관중 소작지 비율 통계수치(6% 안팎)와 서로 일치한다. 둘째, 더 중요한 것은 이처럼 미약한 관중 소작관계의 면면들이 매우 복잡하다는 점이다. 바로 『허양 현 동북구 사회조사』가 지적한 대로 (자기 땅을) 소작 주는 자와 (남의 땅을) 소작하는 자 쌍방은 "각 계급에 모두 존재했다." 허양 현 동북구 제11향의 740여 무 소작지 중에서 지주 1호가 30무, 부농 3호가 57무, 중농 5호가 158.3무를 각각 소작 주고 그 나머지 약 500무는 거의 대부분 사전(祠田), 사전(社田)*, 학전(學田)이었다. 이를 통해 지주나 부농이 소작 준 토지가 많지 않고 남의 땅을 소작하는 사람 속에 빈농·중농·부농, 심지어 지주까지 포함하는 각 계급이 들어 있음을 알 수 있다. 다리 현 평원 4개 향의 소작지 중 지주·부농이 소작 준 것은 각각 26.9% · 4.4%, 중·빈농이 소작 준 것은 각각 40.2% · 17.92%, 묘전(廟田)† 10.7%였다. 그런데 셴양 현 전체 지주의 토지 가운데 소작을 준 땅은 고작 4%에 불과했다.[36] 만약 봉건제가 곧 소작제라고 한다면 관중에 봉건관계가 존재했다고 말하기는 어려운 것이다.

고공경영을 위주로 하는 '경영지주'가 비교적 많은 것은 본래 화북지구에서 명청 이래 꽤 보편적으로 존재한 현상이다. 이 사실 자체가 전통적 봉건사회관에 대한 하나의 도전이다. 왜 (상대적으로 말해) 자연경제인 화북에 고용이 많고 오히려 (상대적으로 말해) 상품경제인 장난(江南)에는 소작이 많은가? 자연경제 하의 고용경제를 상품경제하의 소작제와 비교하면 어느 쪽이 봉건제와 더 멀고 자본주의와 더 가까운가? 이런 문제는 학계를 곤혹스럽게 할 뿐만 아니라 실천

* 마을 지신을 섬기기 위한 토지.
† 불교사원, 도관, 마을 공동 사당 등에 딸린 토지. 승려·도사가 직접 관리하는 경우도 있고 마을 유력자들이 관리하는 경우도 있는데 어느 경우이든 소작 또는 고공 경영으로 경작한다. 이와 같은 경영방식은 앞의 祠田·社田·學田의 경우도 마찬가지이다.

가를 더욱 망설이게 한다. 중국 공산당 중앙은 항일전쟁기에 정책을 발표하여 경영지주는 "자본주의 경영방식으로 토지를 경영하는 지주"[37]라고 했으나 토지개혁기에 와서는 고공지주와 소작지주를 구별하지 않고 똑같이 봉건세력으로 간주했다. 관중의 토지개혁에서도 이런 정신이 반영되었다. 당시 한 문건의 해석에 따르면 고공경영은 "지주경영방식의 진보성을 나타내는 것이 아니다. 왜냐하면 촨위안(川原) 지구는 인구밀도는 높고 노동력은 과잉이며 토지는 비옥해 생산량이 특별히 풍부한 곳이라 노동력을 고용해 경작하는 것이 소작을 주는 것보다 지주에게 더 유리했기 때문이다. 지주의 착취는 잔혹해서 ……고농은 자신이 받은 임금·식량을 제외한 70% 이상의 잉여가치를 지주에게 착취당했다."[38] 착취의 잔혹 여부는 생산양식의 진보 여부와 아무런 직접적인 관계가 없고 비옥한 토지와 조밀한 인구는 고공경영의 발달원인이 아니며(그렇지 않다면 토지가 더욱 비옥하고 인구도 더욱 조밀한 장난은 왜 거꾸로 소작이 성행했는가?) 진보적 방식도 아니라고 하면서 자본주의 경제범주의 잉여가치를 끌어다가 그 착취물을 지칭하는 것은 자가당착이다. 그렇지만 관중의 고공경영이 그와 같은 특징을 가진 것은 분명하다.

첫째, 관중의 고공현상도 (소작현상과 마찬가지로) 각 계층에 모두 존재하며 그 면모는 매우 복잡하다. 특히 관중 이서(以西)의 건조한 황토지대인 룽중(隴中) 일대 극빈지구에는 명대 이래 많은 사람이 관중에 와서 품을 팔며 기근을 넘기는 전통이 있었으며 이처럼 인구과잉과 극도의 빈곤화로 인해 나타난 계절성 이농이 아주 값싼 노동력을 형성함으로써 관중 사람을 거의 모두 고용주처럼 만들어 독특한 '마이커'(麥客) 현상을 빚어냈다. 시푸(西府) 사람들은 빈부에 관계 없이 모두 '커'(客)를 고용해 밀을 수확했는데 이는 이미 오래된 풍습이었다. 일찍이 명청시대의 지방지에 이런 풍속이 기록되어 있다. "밀은 가을에 수확하며 반드시 마이커가 있어야 한다. 그들은 모두 산시 룽중인으로 서에서 동으로 와 품을 파는데 좋은 사람과 나쁜 사람이 섞여 있다. ……지난 해 치산(歧山)·첸양(千陽)은 모두 큰일을 당했다."[39] 민국시기 관중 서부에서 마이커를 고용해 밀을 수확하는 현상은 더욱 보편화되었고 종종 집단적으로 마이커를 고용하는 마을도 생겨났다. 이런 방식은 거의 각 계층에게 보편적으로 존재했기 때문에 토지개혁시기 지방당위원회는 일찍이 마이커를 고용하는 것은 착취로 간주하지 않는다고 특별히 규정했다. 당시 이런 규정을 둔 이유는 "착취라고 보든 아니라고 보든 절대 그 호(戶)의 계급성분에 영향을 미치지 않으며 또 본구에서 마이커를 고용하는 것은 보편적 현상이기 때문"[40]이라고 해석했다. 오늘날에도 마이커는 곡식이 익어 가는 가을이 되면 관중 논밭에 변함없이 나타나며 동시에 약간의 사회문제도 초래한다.

둘째, 관중의 고용관계는 상품경제 및 사회적 분업의 발전과 거의 관계가 없다. 고공은 일반적으로 실물보수(밀이나 면화)를 받고 그 생산도 결코 시장을 향한 생산이 아니다. 고용주 경제의 상품률은 보통사람보다 결코 높지 않다. 관중 지역에서 상품가치가 비교적 높은 몇몇 작물(가령 면화)은 경영지주의 경제에서 결코 특별히 중요성을 갖지 못한다. 나는 일찍이 수백 건에 달하는 경영지주의 단행재료(單行材料)*를 조사했으나 결국 전부 또는 주로 면화나 기타 상품작물을 재배한 예를 발견하지 못했다. 이와 반대로 어떤 자료는 고용관계와 상품경제 사이에 심지어 모종의 반비례 관계까지 존재하는 것을 보여주었다. 가령 웨이난 펑위안(豐原) 구는 항일전쟁 개시 이래 교통이 막히고 화폐신용이 무너져 물물교환과 실물경제 상태로 되돌아갔으며 이와 더불어 생겨난 현상은 소작관계가 더욱 위축되고(자료에 따르면 화폐가치가 하락할 때 사람들은 대부분 화폐를 가지고 전당 잡힌 물건이나 차압당한 토지를 되찾기 때문이라고 한다) 고용관계가 더욱 팽창한 것이다.(과잉노동력이 크게 증가했기 때문이다.)[41] 이것은 사람들로 하여금 장난(江南)이 상품경제 면에서는 관중보다 발달했지만 경영지주는 도리어 관중보다 적은 현상을 연상케 한다. 결국 이런 형식의 고공이 체현한 것은 경제의 시장화에 따라 등장한 노동력 상품에 대한 수요인가, 아니 경제의 자연화에 따라 나타난 물화된 노동에 대비되는 더욱 원시적인 자연형태의 노동에 대한 수요인가?

셋째, 관중 '경영지주' 경제의 노동생산성은 소농보다 높지 않다. 과거에 사람들은 경영지주를 일종의 선진적 자본주의 생산이라고 보았다. 또 다른 이들은 이 자본주의설에 반대했지만 여전히 그것을 "해방 전 농촌에서 가장 성공한 경영형식으로서 소작을 주는 지주와 성질이 다르다"[42]고 보았다. 그들은 화북

---

* 토지개혁시기 계급성분을 가르면서 지주·부농으로 분류된 호(戶)의 토지소유면적, 소작 준 면적, 고공수, 재배 작물 등을 파악해 기록한 문건.

경영지주가 소농과 비교해 볼 때 기술수준과 토지생산성 모두 차이가 없으나 노동생산성은 비교적 높다고 보았다. 이것은 인구압력 아래서 소농에게는 한계 노동 보수체감 현상이 존재하지만 경영지주에게는 고공으로 이를 물리칠 수 있어 노동력의 과도한 밀집으로 인해 생기는 '과밀화'(過密化, involution)*문제가 존재하지 않기 때문이다.[43]

그러나 관중의 상황으로 볼 때 우리는 오히려 이런 견해를 지지하기 어렵다. 나는 일찍이 웨이난 2구 충이(崇疑)·핑허(平和)·화원(花園) 등 3개 향의 58호 경영지주의 자료를 분석해 통계를 냈는데, 이 58호는 모두 자영지 2,606무, 고공 127명을 갖고 있어 1인당 평균 겨우 20여 무밖에 되지 않았다.[44] 이것은 그곳 노동력당 평균 가경면적 30여 무 수준[45]에도 훨씬 못 미치는 수준이었다. 그런데 만일 임시로 고용된 일꾼(短工)과 주인가족 성원의 이른바 '부대노동'(附帶勞動)까지 합하면 그곳 노동력당 평균 경지면적 17~18무보다도 낮을 수 있다. 여기서 우리는 경영지주경제 속의 노동밀집화 정도가 소농보다 결코 못하지 않으며 오히려 더 높을 수 있음을 알 수 있다. 이와 같은 이유는 두 가지로 설명할 수 있다. 하나는 관중에 존재하는 특권성의 과중한 토지세가 한계노동 보수체감의 출현을 완화시켰기 때문이다.(과도한 집약화가 가져온 보수체감은 토지 감소로 초래된 세액 인하에 의해 보충된다.) 이 점에 관해서 위 자료 중 노동력 밀집 정도가 비교적 낮은 몇 호가 대부분 부역(賦役)을 계획적으로 피할 수 있는 지방 권귀(權貴)였다는 사실을 증거로 삼을 수 있다.[46] 또 하나는 고공의 극히 낮은 임금수준도 고용주가 비교적 체감법칙에 빠지지 않게 할 수 있었다. 왜냐하면 설사 보수체감이 정상적 한계 이하에 이르더라도 임금과 비교하면 상당히 높은 셈이어서 고용주 입장에서는 유리하다고 볼 수 있기 때문이다. 실제로 이들 고공과 주인간에는 예속관계가 많아서 주인에 의해 친척 또는 친구로 호칭되면서 단지 식사만 제공받고 임금을 8년간이나 받지 못한 사람이 있다.[47] 또 권세가가 폭력세력을 이용해 억압함으로써 아무런 대가도 받지 못한 채 일한 사람도 있다.[48]

요컨대 스스로 '과밀화'와 노동력 과잉에 빠진 소농이 여전히 '마이커'를 불러

* 자본은 최소한으로 투입하고 노동력은 최대한으로 투입해도 노동시간당 생산성이 늘어나지 않는 생산량의 증대를 말한다.

밀을 수확하는 것도, 경영지주의 초한계 고공도 모두 상품경제 조건 아래서는 있을 수 없는 이상한 현상이다. 만일 관중 고농이 대부분 이 개념과 서로 대비해 볼 때 극히 적다고 볼 수 없는 토지를 갖고 있다는 사실과 예속성 고공의 존재를 고려한다면 우리는 관중의 고용이 자본주의도 아니고 화북 여타 지역(필립 황 등이 연구한 허베이·산둥 일대) 경영지주의 고공과 매우 크게 다르다고 단언할 수 있다. 그것은 근대성을 갖고 있지 않을 뿐만 아니라 봉건적 소작경제보다 더 성공한 경영형식이라고 할 만한 것도 갖고 있지 않다. 그러나 관중의 고공은 비록 소작보다 더 흔하지만 대량의 자작농과 비교하면 경영지주도 사실 많지 않으며, 만일 관중사회의 성격이 그 얼마 안되는 소작제에 의해 결정되지 않는다고 한다면 그것은 아마 이 같은 고용제에 의해 결정되지도 않을 것이다.

4. 관중의 봉건관계

이처럼 '지주가 없고' '소작이 없는'(당연히 상대적으로 말해서) 자작농 세계는 어떤 성격의 사회인가? 의심할 여지없이 그것은 현대사회가 아니고 근대사회라고도 할 수 없다. 만일 우리가 근현대화 과정 이전의 사회 또는 전근대사회를 '봉건사회'의 동의어로 간주한다면 우리는 별 수 없이 『바오지 전구 토지개혁 총결』에 나오는, "지주가 없는 향촌에도 마찬가지로 봉건세력이 존재한다"는[49] 말에 동의하지 않을 수 없다. 뿐만 아니라 여러 방면에서 '관중 유형'의 봉건사회는 여타 지방, 가령 타이후(太湖) 유역의 소작형 봉건사회와 비교할 때 전근대적 색채(봉건적 색채라 해도 좋다)가 더욱 강하다. 산시 성 성도이자 고도(古都)인 시안(西安)에서 불과 몇십 km 떨어진 린퉁 현 톄루(鐵爐) 구는 그런 사정을 입증해 준다.

톄루 구는 관중의 대부분 지구와 마찬가지로 대토지소유제가 발달하지 않았다. '삼황'(三皇)이 입신출세한 제5향을 예로 들면 1940년대 지주와 부농까지 합쳐도 인구의 6.8%, 토지의 12%를 점하여 1인당 평균 점유토지는 전구 평균치의 두 배가 채 안된다. 다른 한편 고농가는 총 호수의 0.7%에 불과했다. 토지관계만 보면 분화가 심한 곳이라고 말하기 매우 어렵다. 그렇지만 1930~1940

년대 이곳은 '톄루 왕'(鐵爐王) 한궈장(韓國璋) 통치하에 완전히 중세적 암흑 속에 놓여 있었다.

한궈장은 톄루 구 셰한(斜韓) 촌 사람인데 원래는 땅이 7무밖에 안되는 빈농이었다. 1935년부터 그는 토비(土匪)와 결탁하여 점차 토호가 되었다. 1936년 그는 국민당군에 들어가 시안군관구 병역시찰원이 되었고, 고향에서 세력을 확대해 폭력조직 및 토비무장과 결탁해 아편을 판매했다. 1940년 아편 판매가 들통 나 수배되었고 이듬해 경찰에 체포되었다. 그러나 '윗분'에게 뇌물을 써서 석방되었을 뿐만 아니라 특수공작원(特務)이 되어 귀향한 후 보안단을 장악하여 관을 등에 업고 계속 토비와 결탁했다. 1945년 그는 다시 수배되자 산으로 들어가 토비가 되었는데 이듬해 마치 장기판에서 장군을 살리기 위해 졸을 버리듯이 한 졸개 토비를 총살한 후 하산하여 남의 공적을 가로채 얼토당토않게 현자위총대(縣自衛總隊) 부대장이 되었다. 얼마 후 그는 고발당해 시안으로 압송되었으나 또다시 뇌물을 써서 내통한 후 린퉁으로 돌아와 전보다 더 높은 관직인 현경비단장이 되었다.

이와 같이 흑도(黑道)·백도(白道)*의 두 전제세력에 섞여 들어간 악질 토호는 1930년대 말 이래 톄루의 토착 황제가 되었다. 당시 사람들은 톄루 구를 '한궈'(韓國)라 불렀고, '톄루 왕' 한궈장은 모사꾼 장양짜이(張仰載, 현지 중농 출신으로 1939년부터 현교육국 시학, 톄루 진의 진장·교육과장·田糧處 과장 등의 직책을 맡았다)와 돈을 긁어모으는 솜씨가 탁월하여 '한궈은행'으로 불린 한빙썬(韓炳森)을 각각 오른팔 왼팔로 삼았기 때문에 당시 사람들은 이들을 묶어 '삼황'이라 불렀다. 그 밑에 보장(保長) 한젠마오(韓建茂) 등 오제(五帝)와 주위 각 구·향의 5패7웅(모두 保長) 외에도 크고 작은 앞잡이 수백 명이 있어 톄루 구 1만여 인민에 대해 흑·백 두 세계가 결합되고, 관과 토비가 하나로 되고, 족권·정권·재권(財權)이 일체화된 피비린내 나는 10년 통치를 자행했으며 세력을 톄루 주위 3개 현(린퉁·웨이난·란톈) 8개 구로 확대했다. 그들은 포대와 사설 감옥을 만들고 단(경비단, 보안단 등)이나 토비의 무력을 빌려 강간, 협박, 사기, 약탈, 박해, 아편판매 등 안하는 짓이 없었다. 인명에 관련된 사건만 보아도 톄루 구

* 흑도는 토비·비밀결사 등의 비공식적인 길이고, 백도는 관·군 등의 공식적인 길을 말한다.

에서 52건 61명이고, 주변 8개 구까지 합치면 각종 방법으로 그들에 의해 살해된 수가 합계 100여 명이었다. 그 가운데 진장(鎭長) 한빙썬은 1942년부터 1949년까지 28명을 살해했다.

'한궤' 통치자들은 분명히 권세를 이용해 적지 않은 토지재산을 강점 사취했다. 그러나 그들은 대토지사유자가 되는 데 대해서는 큰 관심을 갖지 않았다. 톄루 왕 한궤장은 10여 년 동안 자기 토지를 7무에서 78무로 늘렸는데 이것은 그 지역에서도 소지주의 수준이었다. 한빙썬은 79무를 갖고 있었고 모두 진장 임기 중에 무력으로 차지한 것이었다. 장양짜이는 닥치는 대로 잔혹한 짓을 해서 토지를 31무에서 103무로 늘렸는데, 이것이 그들 무리 중 가장 많은 것이었지만 역시 소지주에 속했다. 5제 중 우두머리였던 한젠마오는 30무의 토지를 갖고 있어 중농이었다. 그들은 잔혹하고 악질적인 수중의 권세를 휘둘러 10여 년이나 경영했으니 그들이 관심만 있었다면 근 4만 무 경지를 가진 톄루 구와 10여 만 무 경지의 주위 8개 구 세력범위 안에서 1천 무급 또는 더 큰 대지주가 되는 것은 어렵지 않았을 것이다. 그러나 '권세에 따라 분배되는' 사회에서 그들은 결코 그렇게 할 필요를 느끼지 못한 것이다.

한궤장 무리는 3황5제로서 이미 톄루 구 4만여 무 경지와 1만여 인민 전체를 자기들의 동물적 사욕을 만족시키는 도구로 바꾸었다. 그들은 '공가'(公家)*의 신분으로 현지의 토지세 징수와 모든 지방재정에 대한 권한을 장악하고 5패7옹 따위의 앞잡이를 통해 인민에게 양곡과 돈을 할당시키고, 사기와 협박을 자행하고, '선물'과 무상노역을 강요했다. 그 밖에 공금을 착복하고 무장한 채 아편을 판매하며, 보잘 것 없는 몇십 무의 사유토지에서는 도저히 뽑아 낼 수 없는 거액의 재부를 수탈했다. '톄루 왕' 자신은 톄루진(鎭)·린퉁 성(城)·시안·웨이난·푸핑 등지에 많은 건물을 갖고 있었다. 그는 포대가 설치된 구중궁궐에 거주하면서 음란하고 사치스런 생활을 했다. 권세와 위풍이 이와 같은데 그가 어찌 노심초사하는 일개 경영지주에 만족할 수 있겠는가? 한빙썬은 한층 수탈에 능하여 진장 임기중 1년 만에 착취한 재물이 양곡으로 환산해 8,238석에 달했다고 하는데, 이는 전체 톄루인으로부터 1인당 70여 근씩 수탈한 셈이다. 반면

---

* 좁게는 국가나 공공기관을 지칭하지만 넓게는 사가(私家)를 제외한, 예를 들면 종족·학교·향촌자치기구 등도 포함한다.

그의 몇십 무 사유토지에서 착취당한 고공은 단지 두 사람뿐이었다.[50]

옛 관중에서 톄루와 같은 상황은 결코 예외적인 경우가 아니다. 시푸에서 퉁(同)·화(華)에 이르기까지 전체 관중은 토지개혁 때 모두 토지분배에는 냉담한 반응을 보인 반면 악질토호 반대투쟁에는 열성적으로 참여하는 모습을 보였다. 농민은 토지분배에는 별 관심이 없었으나(분배할 토지가 얼마 안되었기 때문이다) 악질토호에 대해서는 뼈에 사무치는 한을 품고 있었던 것이다. 관중에는 확실히 악질토호가 많아서 전통의 3황5제와 5패7웅, 창안(長安) 현의 허둥왕(河東王, 羅田伯)·허시왕(河西王, 張子敬)·샤청황(睱城隍, 劉鎭西) 등 한둘이 아니다. 그런데 악질토호는 주로 재산소유 관계를 기초로 한 계급개념이 아니고 인신예속관계, 곧 통치-복종 관계를 기초로 한 등급개념이다. 관중의 악질토호 중 부동산, 특히 토지를 가진 자는 많지 않다. 예컨대 웨이난 전구 13개 현에서 인민의 원성이 가장 큰 악질토호는 112명이었는데, 그 중 지주 60명, 부농 8명, 농민(중농과 그 이하를 가리킨다) 40명, 기타 4명으로[51] 지주는 그 중의 절반을 약간 넘는 정도일 뿐이다. 대지주는 더욱 적었다. 그런데 이들 중에는 앞서 말한 톄루 왕처럼 처음에 악질토호였다가 나중에 지주가 된 자도 적지 않다. 바오지 전구의 수많은 지역에서 농민들이 제일 먼저 청산을 요구한 대상은 사적으로 잡세를 부과하고 횡령과 사기를 일삼은 포악한 향보인원(鄕保人員)*이었는데 "그러나 이들 역시 대부분 부농·중농, 심지어 빈농이었다."[52]

악질토호는 '흑도' 권세자(실제로 흑·백 결합이 대부분이다)인데 '백도'에 상응하는 권세자는 권세 있고 요직을 차지한 관리와 향장·보장이며, 그 밖에 내놓을 만한 이름은 없지만 권세 있는 자나 무력을 가진 자를 등에 없고 향리(鄕里)를 제멋대로 주무르는 본바닥 건달(관중인은 이를 촌 마개란 뜻의 '춘가이쯔'〔村蓋子〕라고 부른다)도 있는데 모두가 관중 농민에게 재앙을 가져다주기는 마찬가지이다. 평샹 현의 조사는 국민당과 향보인원의 정치적 억압과 경제적 착취가 가장 심해 농민에 대한 지주의 경제적 착취를 능가했으며 "국민당과 향보인원에 대한 대중의 원한은 지주계급에 대한 대중의 원한을 능가했음"을 분명하게 보여준다. 창우(長武) 현의 보고에 따르면 "대중은 단지 직접 사기 친 보갑인원에 대

* 현(縣) 아래의 자치행정구역인 향(鄕)과 호적 편제단위인 보갑(保甲)의 책임자와 그 보조인원.

해서만 원한을 품었고 이들의 노역·양곡·돈 등과 관련한 횡령과 사기는 군중의 큰 불만을 불러일으켜 청산을 요구케 만들었다"고 한다. 다음의 통계는 이런 문제를 잘 설명해 준다.

평샹 현 천춘(陳村) 구 농민이 고통을 호소한 진정서 63건의 원인별 분포는 정치적 억압(권세를 등에 업고 행한 능욕, 구타와 욕설, 강점 등)이 36건, 향보인원의 억압과 수탈이 23건인 데 비해 지주의 경제적 착취는 단 4건이었다. 치산 현 저우위안(周原) 구 농민이 진정한 213건의 고통사례 원인은 국민당의 착취가 121건, 고리대의 착취가 45건, 지주·부농의 정치적 억압이 9건이었으나 지주의 경제적 수탈은 38건에 불과했다.[53]

이와 같은 상황이 토지개혁 초기에 많은 사람들을 당황하게 만들었다. "개혁할 토지가 없는" 상황에서 당시 어떤 지역의 토지개혁은 계급성분의 구분을 중심으로 삼은 결과 토비·권귀·악질토호와 '간부의 태도' 문제는 종종 그 '성분 미달'로 인해 해결되지 않고 미루어져서 농민을 움직이게 할 수 없었다. "그런데 제2향 선자피촌(沈家坡村)에서는 총갑장(總甲長)의 횡령·사기 같은 문제를 해결했기 때문에 이 마을에는 지주가 없었지만 농민을 아주 잘 동원할 수 있었다. 창우 현 제2향 제2지구 역시 지주가 없었지만 강점행위가 있는 보장 후페이위안(胡培元)과 마을 건달 후쓰(胡四)를 상대로 투쟁한 뒤부터 대중들이 움직이기 시작했다."[54] 이 때문에 당시 지방문건은 '성분'에 매달리지 말라고 특별히 지적하면서 이들 지역의 반봉건투쟁은 주로 토비·권귀·악질토호의 문제를 해결하는 것이며 "그 다음은 해방 후 책임을 공정하게 수행하지 못한 것과 간부의 근무태도 불량 문제이다"[55]라고 했다.

여기에 관중 봉건관계 유형의 주요 특징이 분명히 언급되었다. 곧 유산자(생산수단을 가진 자, 주로 토지를 가진 자)와 프롤레타리아의 대립은 모호하고, 유권자(신분적 특권과 정치권력을 가진 자)와 무권자의 대립이 돌출되어 있다. 지주와 소작농의 충돌은 거의 없으며 고용주와 고농의 충돌도 격렬하지 않지만 관(세력가)과 평민의 충돌은 아주 격렬하다. 생산수단의 소유제(특히 토지소유제)에 기초한 계급분화는 모호하고 인신예속관계(통치-복종관계)에 기초한 등급분화는 선명하다. 재산(토지 포함)에 따라 분배하는 양극분화는 매우 발달하지 않았지만 권세와 신분에 따라 분배하는 양극분화는 대단히 첨예하다.

앞에서 말한 대로 관중의 토지분배는 상당히 평등하지만 이 평등의 이면을 들여다보면 관중인의 효용소비는 매우 불균등하며 그 정도는 결코 장난(江南) 못지않다. '톄루 왕' 같은 소황제는 사유토지가 일개 중농보다도 그저 약간 더 많은 정도지만 그의 사치향락은 이를 위해 밑에 깔린 톄루 인민의 고난과 대단히 현격한 차이가 있다. 물론 이것은 하나의 특수한 사례일 뿐이고 전 관중의 소비분배 상황이 어떤지 살펴봐야겠지만 이에 관한 통계가 없다. 당시의 극심한 자연경제화 조건하에서는 통일적 가치척도를 가지고 통계를 낼 방법도 없었을 것이다. 다만 우리가 알고 있는 것은 관중 토지개혁과정에서 토지 이외의 각종 경제적 이익를 분배받은 농민이 토지를 분배받은 농민보다 훨씬 많다는 사실이다. 웨이난 전구에서 전자는 총인구의 46%를 차지한 데 반해 후자는 27%를 점한 데 그쳤다. 또 바오지 전구에서 전자는 총인구의 거의 50%에 육박하지만 후자는 24%를 점할 뿐이며, 전관중 3개 전구에서 전자는 총인구의 51%를 차지한 데 비해 후자는 약 29%를 점했다.[56] 만일 이 두 종류의 분배가 대체로 동일한 평등도에 따라 진행되었다면 전자와 후자 사이의 이런 비율은 효용소비분배 불평등도와 형식상(명목상) 재산 분배 불균도의 비가에 근사하는 수치로 간주될 수 있다. 다시 말하면 토지개혁 이전 관중 사회분화 속의 x 계수는 대략 0.6~0.5 사이였다.[57] 이 두 종류의 불평등도간의 관계는 그림 2와 같이 간략히 나타낼 수 있다.

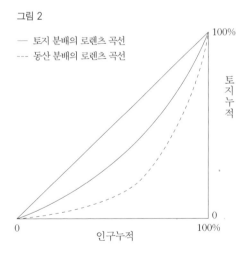

그림 2

─ 토지 분배의 로렌츠 곡선
--- 동산 분배의 로렌츠 곡선

토지누적

인구누적

점선이 나타내는 지니계수는 그림상에서 구할 수 없지만 2장 표2에 근거하여 대략 다음과 같음을 알 수 있다.

$$\frac{\text{토지분배 지니계수}}{\text{x 계수}} = \frac{0.22}{0.6 \sim 0.5} = 0.37 \sim 0.44$$

이런 분화수준은 이미 상품경제가 왕성한 오늘날의 농촌을 훨씬 초과했으며 (제2절에 제시된 1985년도 수치 참조), 세계은행의 표준에 따라 이미 불평등 정도가 상당한 나라로 분류된 미국 같은 선진국도 넘어섰다.

만일 유행하는 견해에 따라 봉건사회 잉여노동의 일반형식은 소작료라 하거나 보다 일반적으로 말해 봉건적 분배관계는 토지소유 관계를 기초로 한다고 보면 위의 상황은 이해할 수 없다. 착취가 소작관계에 기초한 것이든 고용관계에 기초한 것이든 지주계급이 사회총생산물 중에서 점유하는 몫은 그들이 토지 총량 중에서 점유하는 몫보다 반드시 작으며 그 반대상황은 있을 수 없다.

그러나 만일 착취가 인신예속관계, 통치-복종관계에 기초한다면 그 몫은 어떨까? 관중의 상황이 바로 이와 같다.

관중에서 흑도의 권세나 백도의 권세를 갖지 않고서는 지주가 절대 될 수 없다. 민국시대 관중지역 부세(賦稅)는 본래보다 더욱 무겁게 부과되었는데 각종 부세는 "모두 토지 무수를 기준으로 징수되었다."[58] 국민당의 토지 부가세와 장정비(壯丁費) 등을 합치면 1940년대 메이(眉) 현에서 1무당 부과된 세금 총액은 13.435두(斗)였고 당시 소작료는 1무당 16두(소작료율은 평균 42.8%), 최저 11두였다. 평상에서 1무 토지가 부담하는 부세는 이미 총생산량의 42%를 차지해[59] 소작료율과 똑같아져 버렸다. 이상에서 알 수 있듯이 이와 같은 조건 아래서 지주가 되려면 권세에 의지해 마땅히 부담해야 할 부세를 회피하고 그것을 권세 없는 평민에게 전가하는 수밖에 없다. 그렇지 않으면 소작료가 지세와 똑같아서 순소작료율이 0에 가까워진다는 것을 의미한다. 이 때문에 관중의 지주는 거의가 지방의 권세 있는 인물이었다. 현 이상의 관료·군·경·특무·민간수령, 구·향·진·보의 두목, 토지세와 각종 세무 및 병역업무 담당직원, 토비수령·악질토호·족장, 일관도(一貫道) 등 종교비밀결사의 수령(道首) 등이 바로 그런 예이다.

뿐만 아니라 그 중 절대 다수는 먼저 권세를 얻고 나서 나중에 토지를 장만했으며 극소수만이 먼저 지주가 된 후에 권세를 얻었다. 이와 반대로 만일 권세 없는 일개 평민이 지주가 될 경우 설령 중세(重稅)의 압력에 의해 쓰러지지 않는다 하더라도 5패7웅의 유린대상이 될 게 뻔하므로 자신의 재산을 오래 유지하기는 매우 어려울 것이다. 그래서 『메이 현 2기 토지개혁 총결』이 보여주는 바와 같이 현지의 지주는 많지 않지만 "대다수는 국민당 정부에서 향진장·보장을 담당했으며 토비수령이기도 하며 대부분 사람이 외견상으로는 관리이지만 실제는 토비였다."[60] 나는 허양·웨이난 2개 현 토지개혁과정에서 남겨진 '지주성분 단행자료' 당안에 근거하여 통계를 냈는데 허양 현이 남긴 자료의 197호 지주 중 124호는 군정관리(軍政官吏) 및 향·보 등 기층의 권세인물이고 38호는 상업·아편판매·고리대금업으로 집안을 일으켜 세웠고, 21호는 토비·토호·비밀종교 결사의 수령·공당(公堂)과 묘산(廟産) 등 공동재산의 관리자인 반면 '농업에 종사해서' 집안을 일으켜 세운 자, 곧 고공·소작농을 착취하여 저축하고 산업을 일으킨 자는 단지 9호뿐이었다.[61] 웨이난 현에서 내가 통계낸 216호 지주 자료 중 흑도와 백도상의 권세인물이 157호, 상업·사채놀이·아편판매로 집안을 일으킨 자가 51호(앞의 권세인물과 겹치는 경우도 있다)이지만, 농업에 종사하여 집안을 일으킨 것은 16호뿐이며 그 중 5호만이 평민지주 신분의 제2세대였다.[62]

수많은 토박이 건달들의 경우 토지는 많지 않으나 권세는 적지 않아서 직접 부리는 고공과 소작농은 많지 않은데 '공가'의 이름을 빌어 착취하는 예속농민은 적지 않았다. 그들의 토지는 권세와 부정으로 세금대장에서 누락되고, 또는 권세에 의지해 땅을 사들이되 토지세는 여전히 전주인이 물도록 하며, 또는 비록 세금대장에 올리더라도 공공연히 세부담을 힘없는 백성에게 억지로 전가했으니 이 때문에 군중들로부터 '훠줴후'(活絶戶)*라고 욕먹었다.(당시 명의상 오직 대가 끊긴 집, 곧 절호(絶戶) 토지만이 부역을 부담하지 않았다.)[63] 오직 그들만이 토지세가 무거운 관중에서 지주신분을 유지할 수 있었다.(만일 그들이 이런 신분을 유지하고자 한다면.) 그리고 상업·사채놀이로 집안을 일으킨 지주도 사실상 권세에 의지해 치부한 것이나 마찬가지인데, 가령 아편판매 같은 것은 권세자가 아니면 할 수 없었기 때문이다. 오직 토지사유제에 기초해서 경제적 착취를 한 평민지주는 그나마 몇 호가 있었다 하더라도 역시 비바람에 시달려 대부분 다음 세대로 이어지지 못했다. 그러므로 '관중 모델'에서 가장 불안정한 경제는 흔히 양극분화되기 쉽다고 이해되는 소농경제가 아니라 평민지주경제라고 보

* 실제로는 멀쩡한데 명목상으로만 대가 끊긴 집.

는 것은 논리적으로 타당성이 있다.

관중에서 지주는 대부분 반드시 권세를 가진 자이지만 권세자가 반드시 지주가 될 필요는 없었다. 엄밀히 말해서 이와 같은 사회에서는 본래 사법(私法) 관계에서 권리(소유권을 포함하여)의 주체가 될 수 있는 독립된 인격이 존재하지 않는다. 따라서 명확한 사법관계와 사유재산관계도 존재하지 않으며 통치–복종 관계를 벗어난 진정한 사유재산은 존재하지 않는다. 이미 테루 구의 경우에서 '천연수장'은 사유제에 의지하지 않고도 인신예속관계의 기초 위에서 공동체 속의 종법농민을 마음대로 착취할 수 있었다. 권세 없는 사람은 지주가 될 수 없고, 권세 있는 사람은 꼭 지주가 되려 하지 않고 또 굳이 될 필요도 없다. 관중에 지주(의 수)가 적고 (그 규모가) 작은 반면 토호가 많고 크되 토호의 절반은 지주가 아니며, 소농이 쇠락하지 않고 번영하는 오묘한 비밀은 바로 여기에 있다.

권세 없는 자는 축적을 할 방법이 없고 권세 있는 자는 축적을 할 필요가 없다는 바로 이 점이 관중지역에 축적욕은 약하고 소비욕이 고조되며, 경쟁의식은 희박하고 신분의식이 강해서 사람들이 모두 등급장벽 속에서 그럭저럭 살아가는 문화분위기가 만연하게끔 만들었다. 허양 현에서는 "항일전쟁 이래 …… 돈 있는 사람이 땅을 사는 일은 날이 갈수록 줄어들었다."[64] 메이 현의 쌀생산지대 "인민은 매우 사치스럽고 호화롭게 생활하며 맛있는 음식을 즐겨 먹으니 매년 소득 중 남는 것이 없다." "대중의 생활수준은 비교적 높고 특히 모내기할 때 많이 먹고 마신다. 술과 고기뿐 아니라 평소에는 아편을 피우지 않던 사람도 이 며칠 동안은 아편을 피울 정도로 낭비가 심각하다. 비록 생활수준이 비교적 높다고 하지만 일반 대중은 여분의 식량이 없다 보니 겨울이 되면 부잣집을 찾아다니며 식량을 빌리는 일이 허다하다."[65] 뒤에서 보게 되는 것처럼 이런 풍조는 아주 오래 전에 생긴 것이다.

축적과 창업의식의 결핍은 전쟁이 없고 분화가 없는 일종의 목가적 종법분위기를 조성했고, 엄혹한 등급억압이 온정주의적 종법 면사포와 공존하여 "지주·부농은 타향의 가난한 사람에게만 돈을 빌려주고 본향의 가난한 사람에게는 빌려주지 않았다." 해방 후 '생산구재위원회'(生産救災委員會)를 조직하여 "현지 지주·부농을 위원으로 삼고, (당) 간부의 지도 아래 3개 촌에 24개 생산소조를 만들어 수로 보수, 빗자루 만들기…… 집수리, 김매기 등을 하고 이 위원회가 보릿고개에 굶어 죽는 사람이 없도록 보증했다"[66]고 한다. 앞에서 말한 톄루 구는 '반토호투쟁' 전인 1949년 겨울 63.5%의 노동력과 51.3%의 농경용 가축이 호조조(互助組)*에 가입했지만 이때 3황5제 무리에 대한 청산은 아직 시작되지 않았다.[67] 그러다 보니 토지개혁기에 한편에서 "몇몇 지구 각촌의 농민들이 은밀히 회합하여 어떻게 본촌 지주를 비호해서 토지개혁 중에 토지가 다른 촌으로 분배되어 나가지 않게 할 것인지를 연구했고,"[68] 다른 한편으로 토지개혁을 성공적으로 이루고 나서 곧바로 엄격한 절대평등주의를 조성했던 것은 전혀 이상한 일이 아니다. 가령 어떤 지방에서는 소나 말이 끄는 대형 짐수레 1대를 10가구에 나눠 주고 소 1마리를 5개 촌에 나누어 주었다.[69] 그리고 동시에 정부는 막대한 노력을 기울여 가며 농민에게 "노동과 생산으로 돈을 벌고 집안을 일으켜 세우자고 제창하고, 먹기는 좋아하고 일을 게을리 하며 빈털터리로 겉만 번지르한 것을 추구하는 사상에 반대했다."[70]

등급장벽과 종법식 분위기의 존재, 축적·창업·경쟁 의식의 결핍은 자연경제의 결과이며 그것들은 거꾸로 자연경제를 강화하고 교환과 시장 메커니즘의 발전을 억제했다. 게다가 민국시기의 재해와 기근 및 전란의 영향은 산시 농촌경제를 1930~1940년대에 더욱 궁벽하고 더욱 실물화되고 더욱 자급자족적인 것으로 변화시켜 상품경제의 발달은 사실상 후퇴한 면이 있다. 1940년대 후반의 관중 농촌에는 화폐 소작료가 없고, 고공의 보수는 실물(식량, 면화 등)이며, 고리대도 거의 동일한 종류의 '맥류 빚'(麥債)과 '면화 빚'(花債)이었다. 이처럼 화폐는 쓸모가 없어져 적지 않은 점포와 작업장의 상업수입도 몇 위안이 아니라 밀 몇 석으로 청구되었다.[71] 관중지구에서 한때 상품화율이 비교적 높았던 작물, 예컨대 면화도 이때는 대부분 가정으로 되돌아와 '남자는 밭 갈고 여자는 옷 짜는'(男耕女織) 재료가 되었다.

* 노동력 교환을 목적으로 하는 품앗이반.

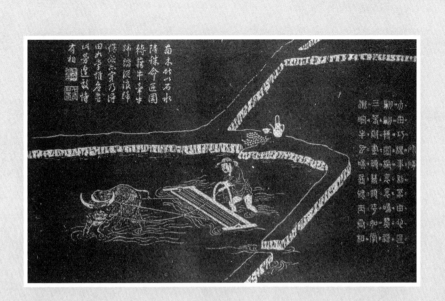

3장 관중 모델의 사회역사적 기원과
종법농민 연구에서의 이성의 재건

1. 1920～1930년대의 관중 모델

앞장에서는 주로 관중 각현 토지개혁 당안을 인용하여 토지개혁 전, 곧 1940년대 후기 또는 민국 말년 관중 농촌경제 모델의 주요한 유형학적 특징을 서술했다. 이 장에서는 '관중 모델'이 생겨난 사회역사적 연원을 서술하고자 한다.

우선 민국시기를 보자. 국민정부 농촌부흥위원회와 일본이 만주국을 조종하던 시기 만철(滿鐵)의 조사에 따르면 1930년대 전국 각지의 소작지가 전경지에서 차지하는 비중은 표3과 같다.[1]

표3

각 성(省) 토지 소작률(전경지 중 %)

성	현	소작 준 땅(%)	타촌에서 소작 얻은 땅(%)	성	현	소작준 땅(%)	타촌에서 소작 얻은 땅(%)
산시	웨이난	6	3	허난	쉬창	14	12
	펑샹	6	5		후이셴	40	16
	수이더	40	32		전핑	58	-53
허베이	쭌화	8	2	윈난	쿤밍	47	46
	미윈	36	-5		루펑	29	14
	펑룬	34	27		위시	41	30
산둥	타이안	23	12	저장	충더	34	16
	칭다오	14	3		둥양	69	67
	웨이셴	78	63		룽유	45	-29
광시	창우	34	18	장쑤	타이창	93	91
	류저우	15	13		창수	82	69
	구이린	37	28		쑹장	87	85
					우시	31	19
					난퉁	33	2
					치둥	64	63

표3에서 알 수 있듯이 중국 농촌에서 소작관계에 들어간 토지는 양쯔 강 유역의 2/3 이상, 황화이하이(黃淮海)* 유역의 1/4～1/3 등으로 각기 다르며 관중 동부의 웨이난과 서부의 펑샹은 소작지율이 6%밖에 안되어 장난보다 적을

---

* 黃河·淮河·海河 유역을 가리키는데, 실은 화북평원을 다르게 표현한 것이다.

뿐만 아니라 일반적으로 자작농이 비교적 많은 곳으로 알려진 화북 절대다수
지구보다도 적고 심지어 같은 산시 성 북부(綏德) 일대보다도 현저히 적다. 또
국민정부가 펴낸 1941년 허양 현 허시(河西) 향 '농회 회원명부'에 기재된 호주
(戶主) 명단에 따르면 제5보(保)는 108명인데 그 중 소작농 1명, 사범학교 졸업
자 1명을 제외한 106명이 모두 자작농이다. 제6보는 107명인데 그 가운데 소작
농 2명(후베이와 허난에서 이주한 자 각 1명)을 제외한 105명이 모두 자작농이다.
제8보 간셴(甘賢)·포자오장(坡趙莊)은 96명인데 그 중 고농 1명을 제외한 나머
지는 모두 자작농이다. 제10보는 150명인데 그 중 고농 1명, 소작농 7명(그 중 4
명은 외지에서 이주한 자로 허난·후베이 성 출신이 각 2명)이다.[2] 여기서 말하는
자작농은 스스로 영농에 참여하는 약간의 자영 지주·부농이 포함될 가능성이
있지만 순수한 자작농이 여전히 절대다수를 차지했을 것으로 보인다. 허양 현
위푸(玉福) 향 제3보에서는 1944년 355호가 1만 1,183무의 토지를 갖고 있어
호당 평균 31.5무였다. 그 중 최대의 토지를 가진 1호의 면적은 100무, 최소의
토지를 가진 1호의 면적은 5무이고, 5~20무를 소유한 가구가 136호, 60~100
무를 소유한 가구가 10호이며, 나머지 209호는 모두 20~60무를 소유하고 있
었다.[3] 이러한 토지소유 분포에서 알 수 있듯이 제3보 역시 자작농이 대부분이
었다.

　허양은 관중 동부에 있고, 관중 서부 각 현을 대표하는 것은 우궁(武功)이라
할 수 있다. 1936년(민국시기 경제상황이 가장 좋았던 해 중의 하나) 지정학자 마
위린(馬玉麟)의 조사에 따르면 우궁 현 4개 구역의 토지소유권 분배상황은 대
략 표4와 같다.[4]

　표4의 통계에서 볼 수 있듯이 민국 중기 우궁 현의 토지소유도 상당히 분산
되어 있다. 토지소유권 분배의 지니계수는 인구통계에 따른다면 터우다오위안
(頭道塬) 구는 0.2256으로 토지개혁 전의 이른바 "관중에는 지주가 없다"고 하
는 상황과 비슷하다. 얼다오위안(二道塬) 구는 0.3073으로 토지개혁 전보다 약
간 높지만 여전히 비교적 분산적이다. 싼다오위안(三道塬)과 웨이허(渭河) 남
안 산록지대(이른바 싼창하오[三廠號])는 수치가 불완전하여 통계를 낼 방법이
없으나 분명히 토지가 집중해 있다고 말할 수는 없으며 동시에 이 두 곳은 우궁
현의 농업에서 차지하는 비중도 크지 않다.

표4

우궁 현 토지소유권 분배

타우다오위안 (1인 평균 4.3무)

순변*	1	2	3	4	5	6	7	8	9	10	지니계수
호수	50	103	146	139	221	175	75	114	11	6	0.3842(호수별 분배)
인수	183	439	681	714	1334	1264	619	1061	152	96	0.2256(인수별 분배)
무수	134.1	734.5	1649	2300	5237	5917	2999	6875	1150	1280	

얼다오위안 (1인 평균 3.1무)

순변	1	2	3	4	5	6	7	8	9	지니계수
호수	90	185	133	98	118	59	35	57	2	0.4498(호수별 분배)
인수	342	851	777	545	730	409	270	623	23	0.3073(인수별 분배)
무수	263.1	1224	1458	1559	2593	1935	1427	3627	245	

셴다오위안 (1인 평균 1.2무)

순변	1	2	3	4	5	6	7	8	9
호수	377	†-	-	42	37	8	2	2	1
인수	1660	1098	589	372	364	63	16	11	17
무수	-	1229.5	944.6	651.2	843.3	258.7	80	115	106

웨이난 선청하오 (1인 평균 1.8무)

순변	1	2	3	4	5	6	7	8
호수	54	35	22	5	4	-	1	3
인수	173	165	115	38	71	-	8	30
무수	142.5	188.5	233	75	82	214	40	150

* 당안 순변

† 비어 있는 칸은 같은 영인본의 상태가 나빠 판독이 안되는 부분이다.

토지소유권의 분포가 이와 같다면 토지의 경영방식은 어떨까? 마위린은 당시 유행한 통계기준에 따라 농가를 자작농(고공 자영호를 포함), 지주(자기 땅을 소작 주는 자를 가리킴), 소작농으로 나누었다. 그 중 순자작농은 전현 농가 총수의 72.6%를 차지하며, 호당 평균 경작면적은 18.80무였다. 이에 비해 순지주와 순소작농의 비중은 무시해도 좋을 만큼 적다. 순지주는 총호수의 0.001%이고 호당 평균 점유지는 29무에 불과하며 자작농의 점유지와 비교하면 그렇게 많은 것이 아니어서 그 중 대다수는 소규모의 토지를 소작 주는 자라 할 수 있다. 순소작농은 농가 총수의 2.54%를 차지하며 호당 평균 소작면적도 5.52무에 불과했다.

실제로 당시 우궁 현의 소작은 주로 자소작농(농가 총수의 23.47%를 차지)과 지주 겸 자작농(1.26% 차지) 사이에서 발생했다. 그러나 이 두 부류의 호의 경우, 소작 주는 호가 소작하는 호보다 자작의 비율이 훨씬 높아서 자소작농의 호당 평균 경작지는 24.66무이고 그 중 5.86무만이 소작지이다. 지주 겸 자작농가의 호당 평균 점유지는 39.79무이며 그 중 남에게 소작 주는 땅은 12무에 그쳤다. 순소작농과 자소작농을 합해 통계를 내도 전현의 토지소작률은 4% 안팎에 불과했다. 따라서 "토지소유면적은 경영면적의 분포상황과 기본적으로 같다."[5] 대체적으로 말해 "지주가 없다"거나 "소작이 없다"는 말은 결코 크게 과장된 것은 아니다.

관중의 통례에 비춰 볼 때 우궁 현 농촌의 고용관계는 소작관계보다 좀 더 많기는 하지만 그렇다고 크게 발달하지도 않았다. 특히 순수 고농은 전체 현 평균 38.38농가당 겨우 1호, 65.13농업인구당 한 명에 불과했다.[6]

마위린의 서술에 따르면 당시 우궁 농촌은 내세울 만한 상품경제가 거의 없었다. 전현 향촌인구 중 96% 이상이 '순수 농가'이고 겨우 3% 정도가 비농가 또는 겸업농가여서 "이른바 겸업자도 가장 1인에 불과하고 그의 형제·자손은 여전히 난우(南畝)에 거주하면서 농사의 대를 잇는 풍습을 바꾸지 않았다." 그 중 터우다오위안 지구는 거의 전부가 순수 농가이고 특기할 만한 겸업농가는 없다. 그 밖의 지방에는 참외 장사, 물물교환, 놋그릇·삼노끈·제사용 초·목제 농기구 제작 등의 부업이 있기는 했지만 모두 하찮은 것이다.[7] 화폐신용이 붕괴된 민국 말이나 관중에 보편화된 물물교환 상황과 비교하면 이 당시의 화폐신용은 아직 상대적으로 안정된 편이었다. 그럼에도 실물경제 경향은 여전히 강해서 고공의 보수와 소작료도 주로 현물형태였고 화폐소작료는 현성(縣城) 소재지인 싼다오위안 지구에서만 이따금 보일 뿐이다. 마위린은 권세와 지위를 가진 자들이 힘에 의지해 경영하는 아편재배를 제외하면 어떤 상업적 농업의 존재도 제시하지 못했다. 이런 목가적 종법 분위기 아래서는 무슨 양극분화 같은 것이 존재하기 어려웠다.[8]

그러나 이것은 평민들 속의 분화에 관해 말한 것일 뿐이다. 만일 관가(官家)에 대해 말하면 사정은 달라진다. 국민당원 학자인 마위린의 지적에 따르면 우궁 현 주민들 중에는 본래 대지주가 없고 다음과 같은 "3개의 특수한 토지소유자"가 있었다.

① 국립 시베이(西北) 농업전문학교(지금의 시베이 농업대학)는 양링(陽陵) 진에 50여 경(頃)*의 토지를 소유하고 있다.

② "시안(西安)의 어떤 주요 인사는 민국 22년 재해와 기근이 닥쳤을 때 우궁 현에서 …… 헐값으로 민전 20여 경을 사들였다. …… 현재 일부는 소작 주고 나머지에는 농민 수십 명을 고용하여 아편 등의 작물을 경작하고 있는데 이곳에서 생산되는 아편의 질은 산시 성에서 최고이다."

③ "이 현의 어떤 주요 인사는 민국 22년 재해와 기근이 닥쳤을 때 바왕(覇王) 촌에서 민전 50여 경을 사들여 농민에게 소작 주어 경작시켰는데 일설에는 현재 이미 학전으로 편입되었다고 하나 정확한 사정은 모르겠다."

시베이 농전 사례를 따로 논하기로 하면 그 밖의 두 '주요 인사'는 "특수한 토지소유자"가 되어 둘 다 각기 전체 현 모든 평민지주 소유지의 합계를 초과했는데 이는 권세 없는 자는 지주가 될 수 없다는 '관중 모델'의 특징을 잘 보여준다. 그러나 더 많은 '주요 인사'의 탐욕은 반드시 지주가 됨으로써 충족되는 것이 아님이 분명하다. 이 때문에 마위린은 우궁 현의 토지소유권 이전은 봉건성을 띠고 있으며 상업사회 및 자본주의 사회와 다르다고 지적했을 뿐만 아니라 다음과 같은 남방의 사례를 들어 대비시켰다. "가령 푸젠·광둥 성에서는 수년 전에 농촌 토지에 대한 동남아시아 화교의 대대적인 투자가 이루어졌다. …… 우궁

---

* 1경은 100무(畝). 보통 1무는 1/16헥타르, 1/6에이커에 해당한다. 그러나 실제 1무의 크기는 지역마다 달라서 화남의 350m²에서 화북의 925m²까지 다양하다.

현은 이와 다르다. ……우궁 현의 토지소유권 취득자는 군·정·상·농 등 각계
로 나눌 수 있고 그 중 군·정계의 토지소유권 취득자가 대부분 비교적 대지주인
데 이는 군·정계 인사들이 돈을 마련하기 쉽고 토지를 사들일 때도 비교적 싸게
살 수 있었기 때문이다." 토지소유권 이전에서 정치적 영향력이 크게 작용하여
"개인과 단체일 경우 절반 정도가 강제 징발한 것이었다. 이때 개인은 정치권력
을 가진 자였다. 몇몇 주요 인사와 여타 신사계급 등 관료일 경우 전부가 강제
징발한 것이다. ……그들의 토지세 완납과 잡세 납부, 그리고 부정한 정치의
가렴주구" 등은 모두 인민에게 크나 큰 해악이었다.[9]

　관중의 다른 지방도 우궁과 별반 다르지 않다. 천한성은 당시 「붕괴하고 있는
관중 소농경제」,[10] 「파산하고 있는 관중 농민」[11] 등의 논문을 써서 민국 중기
관중 농민의 고통에 대해 상세하고 확실하고 생동감 있게 서술했다. 주목할 만
한 것은 관중 소농경제의 붕괴와 파산은 결코 평민지주 경제의 부상, 민간 분화
의 가속을 수반하지 않았다는 점이다. 극소수의 벼락부자 권귀와 절대 다수의
빈곤하되 분화되지 않은 민간이 서로 대비를 이루고 있으며, 이 같은 관중 모델
의 특징과 유형 자체는 민국시기 내내 존재했다.

2. 청대의 관중 모델

　이제 민국 이전 '관중 모델'의 상황을 살펴보자. 명청시기 관중지역의 토지겸
병과 양극분화를 입증하는 문헌자료는 쉽게 찾을 수 있다. 가령 어떤 사람은 청
옹정제(雍正帝, 1723~1735) 이전 산시 후현(戶縣)에서 "정세를 지세에 포함
시킬" 때 몇몇 지방관리의 반대 의견을 인용한 적이 있다. "한 읍에서 토지소유
자가 2할이고, 토지 없는 자가 8할인데 부호의 지세에 전적으로 책임을 지워 빈
호의 정세를 배상하려 한다면 장차 모두들 빈둥빈둥 놀게 될 터인즉 다시 어떻
게 벌을 줄 수 있겠는가?"[12] 그러나 만일 이를 근거로 그 지역 80%의 농민이
정말 전부 다 토지 없는 소작농·고농이라고 본다면 이는 사실과 너무 동떨어진
것이다.

　실제로 국가가 스스로 겸병하는 유구한 전통을 가진 중국의 각종 관·사(官

私) 문헌에는 백성의 겸병행위가 종종 신경과민적으로 기술되어 있다. "삼대의 백성은 공적으로든 사적으로든 달리 재산이 없었다. 군주가 마음대로 권력을 장악하고 나서 마치 하늘이 북두칠성의 네 별을 관장하듯 빼앗고 주는 것을 제 마음대로 하니 겸병이 교활해졌다." 이런 전통관념에서 본다면 "논밭이나 골목의 비천한 사람들이 모두 빼앗고 주는 권세를 사사로이 하고 만물의 이(利)를 제 마음대로 하며 군주와 더불어 백성을 다투고 끝없는 욕심을 부리는" 것이 정말로 최대의 재난이다. 그러므로 역사문헌 속에, 겸병하여 "땅이 논밭둑을 연이어 있다"거나 "송곳 하나 꽂을 만한 땅도 없다"고 놀라 외치는 소리는 곳곳에 많지만 백성에게 '겸병'할 의지가 없다는 데 대해 염려를 나타낸 사람은 여태껏 거의 없었다. 만일 이 같은 경악의 소리를 모두 통계학적으로 수용할 수 있다면 중국은 아주 일찍부터 자작농의 존재 따위를 거론할 수 없었을 것이다. 최근에 몇몇 논저가 지적한 대로 설령 토지가 확실히 상당 정도로 집중된 장난 일대라 하더라도 구옌우(顧炎武)가 말한 바와 같은 "우중(吳中)*의 백성은 토지소유자가 1할, 토지 없는 자가 9할이다"는 따위의 말도 사실로 받아들이기엔 과장된 면이 있다. 그리고 명청시기 관중에서는 앞서 인용한 지방관리의 견해와 같은 것도 아주 드물고 오히려 백성에게 겸병의지가 없음을 염려하는 표현이 문헌 곳곳에서 보이는데, 이는 명청시기 관중 농촌의 특징 중 하나라 하지 않을 수 없다.

청초의 징양(涇陽) 현에서는 "예전의 재산은 부자에게 있었고 지금의 재산은 빈자에게 있다"고 한다. 여기서 말하는 재산은 토지를 가리키는 것으로 당시의 가난한 사람은 대부분 토지를 가진 자작농이며 부자의 토지는 오히려 많지 않아서 "돈은 천금을 모았으되 땅은 100무가 안되는 집이 있었으며" 땅값이 하락하여 "명말의 1할밖에 안되었다."[13] 이런 현상은 청 전성기를 거쳐 말기에 이르러 더욱 두드러져서 "부자는 집에 거액의 돈을 모아두고 있지만 땅은 한 뼘도 갖고 있지 않아 나라에 (세금을) 한 푼도 낸 적이 없다"[14]며 당국의 불만이 많았다. 따라서 여러 차례 조치를 취해 "부자에게 논밭을 많이 갖도록 권유했다."[15] "겸병을 억누르는" 전통을 가진 중국 봉건시대에 이것은 비정상이라 하지 않을 수 없다. 그렇지만 역대 중수(重修)된 현지(縣誌)에 유사한 기록이 더러 나오는

* 장쑤 성 남부와 저장 성 북부 일대.

것을 보면 이런 권유도 별 효과를 거두지 못한 것 같다.

관중의 또 다른 큰 현인 싼위안(三原) 역시 토지가 아주 분산되어 있어서 "중간 정도의 집(中人)이 10무를 넘지 못하였고,"[16] "우리 현의 부호는 철저히 무역에 의존하고 있으며 집집마다 단지 묘전(墓田) 수십 무씩밖에 갖고 있지 않다."[17] 청조 내내 이런 상황은 별로 바뀌지 않았다. 징양 현과 비슷하게 이곳의 당국도 여러 번 생각해서 "부유한 집은 토지를 많이 사들이게 하라. 만금을 가진 사람이 땅 한 평 없다"[18]고 겸병을 독려했으나 큰 성과는 없었다. 중수된 역대 현지는 이 권고를 바꾸지 않고 계속 기록하고 있다. 단지 청초의 "천금을 가진 자가 땅 한 뼘 없다"는 표현이 청 중엽에 이르러 "만금을 가진 자가 땅 한 뼘 없다"[19]로 바뀌었을 뿐이다. 푸핑(富平) 현도 사정은 마찬가지여서 "현은 천가·만가(千·萬家)에 의지하고 있는데 논밭 두둑이 연달아 있을 만큼의 토지를 가진 자는 드물다." "현은 척박해서 10무의 땅을 가진 자가 드물며"[20] 일찍이 명대에도 그러했다. 시안 부근의 웨이닝(威寧) 현도 "흔히 신사는 보기 드물고 많은 땅을 가진 큰 집이 없다"[21]고 한다. 관중 동부의 허양도 명청시대 이래 "사람들은 땅이 많은 것을 오히려 귀찮게 생각하였다."[22] 이와 같은 예는 아주 많다.

물론 이것은 관중에 대토지재산이 전혀 없었다는 말이 결코 아니다. 그렇지만 마위린이 말한 바와 같은 '특수한 토지소유자'를 제외하면 명청시기 관중의 평민지주 중에 수백 무를 소유한 자는 아주 드물고 1천 무 이상을 가진 자를 나는 본 적도 들은 적도 없다.[23] 그리고 관중의 '특수한 토지소유자'도 다음에 언급할 몇 가지 원인 때문에 많지 않았다. 따라서 전체적으로 보아 관중의 "(토지)재산은 빈가에 있다." 곧 절대 다수의 토지재산은 자작농 소유였다는 말은 신뢰할 만하다.

이 방면의 가장 유력한 증거는 원시적인 관중의 지적문서(地籍文書)이다. 다행히도 근년 이래 관중 동부의 차오이(朝邑, 지금의 大荔屬地), 한청(韓城), 통관(潼關) 등지에서 청 전기부터 민국연간에 이르는 어린책(魚鱗冊), 청장책(淸丈冊), 지량책(地粮冊) 등 지적당책(地籍檔冊)이 발견되어 이 문제의 연구에 아주 좋은 1차 자료를 제공했다. 특히 그 중의 적지 않은 촌·장(莊)·사(社)에는 약간 서로 다른 연대의 책적(冊籍)이 더러 있다. 이들은 시대적 연속성이 강하기 때문에 이 지역의 장기에 걸친 토지관계의 발달과정을 연구하는 데 아주 유용하다. 서술의 편의를 위해 나는 일부 책적에 대해 불평등도 분석을 시도하여 각 책적에 반영된 토지분배 지니계수를 계산했다. 표5를 참조하기 바란다.

표5에 나온 지니계수 a항(원값)은 각 책적에 기재된 원시 통계수치(호별 토지소유 무수)를 근거로 계산한 것이다. 그 중 1/3 가까운 통계수치는 0.4보다 크고 약 2/5의 통계수치는 0.3보다 작으며, 31개 항의 분배 총평균 지니계수 원값은 0.3514이다. 2장 표2에서 토지개혁 당안을 근거로 산출한 토지분배 지니계수(각 현은 서로 다르나 대체로 0.2 안팎에서 오르락내리락 했다)와 비교해 볼 때 이들 원값은 분명 높은 것 같다.

그러나 이 수치에 근거해서 청대(와 민국 전·중기)의 토지분배 불평등도가 토지개혁 전 또는 민국 후기보다 더 크다고 단언하는 것은 지나치게 경솔하다. 사실 이러한 차이를 빚어 낸 주요 원인은 양자의 통계 기초가 다르다는 데 있다. 표2의 토지개혁 당안이 열거한 것은 인구계산에 따른 토지분배 상황이고 표3의 자료인 책적에 열거한 것은 호(戶) 계산에 따른 토지분배 상황이다. 분명히 통계학 측면에서 보면 앞의 방법이 문제를 보다 잘 설명해 줄 수 있다. 왜냐하면 많은 사실이 보여주듯이 토지를 점유한 대호(大戶)의 평균 인구 규모는 일반적으로 토지가 없거나 적은 빈호(貧戶)보다 크고 따라서 이때 대호 1인당 평균 토지점유면적과 빈호의 그것과의 차이는 호 계산에 따른 양자간의 차이보다 작기 때문이다. 바꿔 말하면 호 계산에 따른 불평등도 분석은 실제 분화 정도를 과장한 면이 있는 것이다. 따라서 이 원값을 표2의 통계수치와 직접 비교할 수는 없다.

통계수치 분석이 말해 주듯이 일정한 인류학적 배경과 '가정-사회 유형'에서 토지재산 확대와 가족 규모 확대간의 상관성은 확률적인 의미에서 대략 확정함으로써 앞서 말한 과장의 정도에 대해 가치 있는 추산을 할 수 있다. 예컨대 앞의 표4에서 우궁 현 터우다오위안 지구의 인구계산에 따른 토지분배 지니계수는 호 계산값의 58.7%로, 절대수치는 후자보다 0.1586 작은 것으로 산출할 수 있고, 얼다오위안 지대는 각각 68.32%와 0.1425로 산출할 수 있다.[24] 관중 토지개혁 당안에서도[25] 전체 웨이난 전구의 이상 두 항의 수치는 59.75%와 0.13으로 산출할 수 있다. 그 밖의 다른 예를 가지고도 이와 비슷한 대비를 제시할

표5

청대 관중 지적대장에 나타난 토지분배 불평등도

지명	연도	지니계수			계산근거
		a. 원값	b.수정값(1) a×65%	c.수정값(2) a-0.1450	
차오이현 자리장	강희 30(1691)	0.2988	0.1942	0.1538	謄錄舊簿加里莊地冊
	건륭 16(1751)	0.3405	0.2213	0.1955	謄錄舊簿加里莊地冊
	가경 14(1809)	0.2892	0.1880	0.1442	加里莊畛丈冊
	민국 31(1942)	0.2618	0.1702	0.1168	平民縣地籍原圖
차오이현 부창리 샤루포	광서 16(1890)	0.4809	0.3125	0.3359	步昌里八甲下魯坡村魚鱗正冊
	민국 21(1932) 이후	0.4607	0.2994	0.3157	步昌里八甲下魯坡村魚鱗正冊
차오이현 부창촌	민국 31(1942)	0.4172	0.2712	0.2722	平民縣地籍原圖
차오이현 난·베이 우뉴촌	옹정 7(1729)	0.3638	0.2365	0.2188	南北烏牛等九村地畝間尺冊
	도광 19(1839)	0.2737	0.1779	0.1287	南烏牛村河東口岸花名冊
차오이현 레이촌	옹정 7(1729)	0.3503	0.2277	0.2053	河西河東六轉減明淸冊
	건륭 53(1788)	0.3006	0.1954	0.1556	雷村等處地籍明冊
	도광 24(1844)	0.2662	0.1730	0.1212	雷村河西·東魚鱗減明冊
	광서 2(1876)	0.3858	0.2508	0.2408	雷村淸豁地粮花明冊
차오이현 광지촌	도광 5(1825)	0.4029	0.2619	0.2579	廣濟村分戶地籍文簿
	민국 31(1942)	0.4618	0.3002	0.3168	平民縣地籍原圖
차오이현 춘베이사	동치 5(1866)	0.2838	0.1845	0.1388	存北社墾地冊
차오이현 난한	도광 26(1846)	0.2366	0.1538	0.0916	趙渡鎭南韓畛官冊
차오이현 베이한자	가경 10(1805)	0.4409	0.2866	0.2959	北韓畛丈冊
	?	0.3290	0.2139	0.1840	北韓家畛丈冊
차오이현 난베이한	민국 17(1928)	0.2938	0.1910	0.1488	南·北韓家畛丈冊
차오이현 둥린촌	건륭 1(1736)	0.4353	0.2830	0.2903	東林等村灘粮銀冊
	민국 21(1932)	0.3647	0.2371	0.2197	東林村地畝冊
차오이현 잉톈촌	동치 5(1866)	0.2756	0.1792	0.1306	營田莊四社各藏地冊
	민국 20(1931)	0.2898	0.1884	0.1448	營田莊北社地冊
	민국 31(1942)	0.2323	0.1510	0.0873	平民縣地籍原圖
차오이현 ?촌	?	0.4927	0.3203	0.3478	無名地籍冊
차오이현 자오두	민국 17(1928)	0.4763	0.3096	0.3313	東灘丈冊
	민국 31(1942)	0.4398	0.2859	0.2948	平民縣地籍原圖
차오이현 ?촌 ?사	민국 초년	0.2677	0.1740	0.1227	張畛田塊及戶主詳圖
한청현 장다이촌	가경 14(1809)	0.3558	0.2313	0.2108	張帶村黃河灘地魚鱗冊
퉁관현 쓰난리	도광연간	0.2337	0.2104	0.1787	寺南里魚鱗冊
62개의 분배 총평균 지니계수		0.3514	0.2284	0.2064	—

수 있으나 여기서는 생략한다. 요컨대 관중의 경우 만일 우리가 고찰하는 이 시기 농촌의 '가정-사회 유형'은 어떤 인류학적 의미를 지닌 중대한 변화가 아직 발생하지 않았다고 가정한다면(이 가정은 사람들의 통상적 인식에 부합한다), 백분율로 계산할 때 인구분배의 지니계수는 일반적으로 호에 따른 분배 지니계수의 60~70%이고, 절대값으로 계산할 때 중등분화(지니계수 0.5 미만) 이하 구간 안에서 인구에 따른 분배 지니계수는 일반적으로 호에 따른 분배 지니계수보다 0.13~0.16 적다. 우리는 이 두 구간의 중간값을 취해 수정계수(修正係數)로 잡을 수 있는데, 원시지적에 인수에 따른 분배의 기재가 없는 상황에서 a×65%와 a-0.145라는 두 공식에 근거해 지니계수 두 쌍의 수정값 b와 c(b와 c의 차이를 모호구간[模糊區間]으로 볼 수 있다)를 취할 수 있다. 따라서 호에 따른 분배의 불평등도를 인수에 따른 분배의 불평등도로 비슷하게 환산할 수 있고 다시 이를 표2의 상응하는 통계수치와 비교할 수 있다.

표5에서 볼 수 있듯이 위와 같이 환산하고 나면 모두 62개의 지니계수 수정값 중에 거의 절반이 0.2 이하에 있고, 1/7 정도의 통계수치가 0.3을 초과하며, 그 나머지 거의 2/5는 0.2~0.3 사이에 있고, 62개의 분배 총평균 지니계수 수정값은 0.2064~0.2284이다. 토지개혁 전의 관중 토지 분배상황(지니계수는 웨이난 1기 토지개혁구 0.2218, 2·3기 토지개혁구 0.1973, 바오지 전구 0.2284)과 거의 비슷하다. 그 중에 동일 지구에서 몇 개 상이한 시간대의 통계수치를 갖고 있는 자리(加里) 장(莊), 부창(步昌) 리, 난우뉴(南烏牛), 레이(雷) 촌, 광지(廣濟) 촌, 베이한자(北翰家), 둥린(東林) 촌, 잉톈(營田) 장 등에 대해 말하면 적게는 수십 년 많게는 250년 동안 이들 지역의 토지 분배상황은 부단히 변화했으나 점점 집중하는('겸병하는') 장기추세는 결코 없다. 그 중 자리 장, 부창 리, 둥린 촌, 잉톈 장 등지의 가장 늦은 시기 통계수치와 가장 이른 시기의 그것을 비교하면 불평등도는 낮아지는 면이 있고, 레이 촌과 광지 촌은 상승하는 면이 있다. 하지만 하락하든 상승하든 어느 쪽이나 연속불변이 아니라 파동상태를 보여주며 특수한 상황을 제외하면 모두 비교적 평균적이거나 또는 낮은 분화의 범위 내에 있다. 요컨대 이들 책적에 언급된 지구에서 강희연간(1662~1722)부터 민국에 이르는 200~300년간 토지분배 상황은 비록 시기와 지역에 따라 다르지만 토지소유권의 분산이라는 한 가지 특징은 비교적 분명하며 그것은 각

촌에 걸쳐 나타날 뿐만 아니라 각 시기에 공통적으로 나타나고 있다. 이들 지방의 농촌이 주로 자작농으로 구성되어 있고 지주와 소작관계가 매우 적다는 특징은 적어도 청대에 접어들 무렵 이미 나타났던 것이 분명하다.

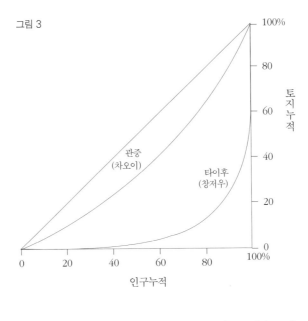

그림 3

이상의 책적은 비록 관중 동부의 몇몇 현에 국한되어 있고 또한 그 일부는 불완전하고 게다가 특수한 배경을 가진 것도 있지만 만일 그것들을 무작위표본으로 본다면 청조에서 민국시기에 이르는 관중 토지분배의 대략적 면모는 그것들을 통해 어림짐작할 수 있다. 가장 신중하게 말하면 토지겸병에 관한 전통적 이론은 최소한 이들 표본에 의해 실증될 수 없다. 우리는 이들 표본을 무작위로 지금까지 다행히 남아 있는 기타 유형의 표본자료와 대비할 수 있다. 그림 3은 동일 자료상에 관중(朝邑縣 加里莊을 대표로 하는)과 타이후 유역(長洲縣 某지방을 대표로 하는)의 청대 토지소유권 분배의 로렌츠 곡선을 나타낸 것이다.[26] 다만 본래 책적에 인구자료가 없기 때문에 두 개의 로렌츠 곡선은 모두 호에 따른 분배 통계수치에 따라 그린 것이다. 앞서 언급했듯이 각 곡선을 개별적으로 보면 현지 토지소유권 분화의 실제 수준에 딱 맞지는 않지만 두 곡선의 상대적 차이는 문제를 아주 잘 설명해 줄 수 있다. 만일 지니계수로 나타내면 차오이(朝邑) 현의 경우는 0.2892(원값, 아래도 마찬가지)이고 창저우(長洲) 현의 경우는 0.8430이다. 양자의 차이는 대다수 지구의 토지개혁 전과 후의 차이보다 훨씬 클 것이다. 그렇지만 설령 창저우 현과 같은 예는 장유이(章有義)의 연구논문에 언급된 대로 "소토지소유자가 여전히 토지의 30% 이상을 점유하고 있다"고는 할 수 있을지언정 구엔우가 말한 바의 "토지 없는 자가 9할이고 토지 있는 자가 1할"이라는 상황은 절대 없었으며 소작농은 심지어 지주보다 약간 적어서 소작 농 대 지주의 비율은 평균 0.98 : 1에 불과했다. 이는 구엔우가 말한 9 : 1과 얼마 나 큰 차이가 있는가.

하지만 관중과 타이후를 비교하면 더욱 현격한 차이가 난다. 만일 창저우의 경우 "사람들이 생각하는 것처럼, 지주소유제 지배하의 토지소유권은 부단히 집중된다는 필연성이 여기서 실증되지 않는다"[27]고 한다면 차오이의 경우에는 지주제 자체의 존재가 여기서 실증되지 않는다고 해야 한다.

요컨대 사료상으로 보든 지금까지 보존된 지적자료상으로 보든 "관중에 지 주가 없다"는 말은—당연히 상대적으로 말해—결코 토지개혁 전과 민국시기 에 나타난 현상이 아니라 적어도 이미 200~300년 전부터 존재한 것이다.

3. 분산된 토지소유와 토지유통

세분해서 보면, 청대 관중 지적대장에 반영된 토지형식은 대체로 두 가지 유 형으로 나눌 수 있다. 하나는 장진전제(長畛田制)이다. 이것은 논밭의 경계, 곧 두렁이 아주 잘 정리된 좁고 길쭉한 모양의 전제(條田制)인데 차오이 현 자리장 을 전형으로 삼을 수 있다. 또 하나는 불규칙한 모양의 땅뙈기로 되어 있는 전 제(地塊制)로서 차오이 현 부창 촌을 전형으로 삼을 수 있다. 이 두 유형은 모두 역사적으로 오랜 안정성을 갖고 있다. 가령 가경 14년과 1942년의 자리 장 지 적도와 광서 16년 부창 리와 1942년 부창 촌 지적도[28]를 비교해 보면 시간상 수십 년에서 100여 년의 간격이 있고 청 왕조와 중화민국의 두 국가에 걸쳐 있 음에도 이들 두 지방의 토지는 분산 정도(지니계수)에 분명한 변화가 없을 뿐더 러 심지어 땅뙈기의 조합도 기본적으로 변함이 없다.

(좁고) 긴 두렁(長畛 또는 長畖)의 역사적 연원을 몇몇 농서는 보통 2천여 년 전 자오궈(趙過)가 관중에서 실시한 대전법(代田法, 1무를 세 두렁으로 나누되 해 마다 그 위치를 바꾼다)으로 거슬러 올라가 찾는다. 현재로서는 이 견해의 타당 성 여부를 판단할 길이 없다. 그런데 이렇게 두렁을 정리하는 전제(田制)는 확

실히 사람들에게 깊은 인상을 남겼다. 논밭둑을 길쭉한 모양으로 경지정리한
결과 이들 지방의 지적 기록은 여타 지방의 그것과 다르다. 관중의 수많은 『어
린책』 같은 토지대장은 땅뙈기(塊田地)에 따라 경계(四至)를 등록하지 않고 단
지 하나의 큰 두렁(畛)으로 이루어진 경계를 등록할 뿐이며, 그런 다음에 두렁
안에서 조전(條田)에 따라 순서를 배열하고(예컨대 동쪽에서부터 서쪽까지) 순서
에 따라 각 조전의 주인, 면적, 지세액 등을 등록했기 때문에 조전 각각의 경계
를 다시 기록할 필요가 없다. 의심할 여지없이 이처럼 대단히 질서 정연한 토지
분포상태는 전통적 관념과 합치되지 않는다. 전통관념은 당·송 이래 중국의 토
지는 자유롭게 매매되고 주인이 자주 바뀌어 결국 경지가 끊임없이 분할·조합
된 결과 우수리가 방종해져서 (반듯한) 토막을 이루지 못했다고 보았다. 어떤
사람은 이것이 소작제가 발달한 원인의 하나라고 보는데 그 이유는 토지가 여
기저기 흩어져 있는 상황은 통일적 경영에 불리하고 오히려 분산하여 소작 주
는 데 적합하기 때문이라고 한다. 정말 이와 같다면 관중 토지의 질서 정연한
분포상태는 바로 "관중에 소작제가 없다"는 원인의 하나가 아닐 수 없다. 실제
로 장진전제가 매우 질서정연할 뿐만 아니라 불규칙한 땅뙈기제 역시 관중에서
는 영세한 작은 조각으로 분할된 경우는 극히 적다. 이런 전제의 전형이 바로
부창 리인데 광서연간(光緖年間)에 이곳 샤루포(魯坡) 촌의 불완전한 지적기록
에 따르면 토지 283.94무를 400뙈기로 나누었으니 한 뙈기가 평균 0.7무였
다.[29] 관중 서부의 땅뙈기는 좀 더 커서 우궁 현의 경우 민국시기 마위린의 조
사에 따르면 이 현의 위안구(塬區, 縣 경계의 대부분을 차지한다)는 한 배미(坯)당
평균 5.97무이고 호당 평균 소유토지는 2.5배미가 조금 넘었다.[30]

이들 지적자료에서 또 알 수 있는 것은 관중지구의 토지 매매가 전통적 관점
에서 상상했던 것만큼 그렇게 빈번한 것이 아니었다는 점이다. 이는 『샤루포촌
어린정책』(下魯坡村魚鱗正冊)을 통해 미루어 알 수 있다. 이 정책은 광서 15년
의 토지측량을 근거로 광서 16년에 편성되었다. 이때의 토지측량 규칙은 이후
에 땅뙈기(田塊)의 주인이 바뀔 경우 반드시 원주인 이름 위에 표지를 붙여 주
인이 바뀐 원인을 표기해야 한다고 규정했다.[31] 이 규정은 정책 자체와 함께 적
어도 민국 21년(1932)까지 계속 적용되었다.[32] 40여 년간 이 정책 전체에 기록
된 400뙈기 토지 위에 표기된 변동상황은 표6과 같다.

표6

샤루포 토지 이전 상황

이전 원인	땅뙈기 수	면적(무)	이전 땅뙈기 수중의 백분율	이전 면적 중의 백분율	총땅뙈기 중의 백분율	토지 총면적 중의 백분율
매매 a*	12	21.153	15.19	31.10	3.0	7.45
매매 b	34	32.74	43.04	48.14	8.5	11.53
상속	22	16.21	27.85	23.83	5.5	5.71
교환	23	19.06	29.11	28.03	5.75	6.71
합계	79	68.01	100	100	19.75	23.95

* a는 '매매'이고 b는 '매매'로 추정되는 것까지 포함한 것이다. 따라서 '합계'에는 a를 더하지 않았다.

이 『어린정책』에 기재된 토지 총면적은 283.94무이다. 40여 년간 매매를 통해 주인이 바뀐 토지는 최소로 잡을 경우(토지 위에 '買'라고 표기된 것만 계산) 매회 21.153무로 총면적의 7.45%이고 최대로 잡을 경우(이전 원인이 불명확한 경우를 모두 '매매'로 간주해 계산) 매회 32.74무, 총면적의 11.53%이다. 땅뙈기 수에 따라 계산하면 매매를 거친 땅뙈기는 최소로 잡아 매회 12뙈기, 총 뙈기의 3%이고, 최대로 잡아도 매회 34뙈기, 총 뙈기수의 8.5%에 불과하다. 이 같은 토지 매매의 빈도에 따라 계산하면 전체 토지가 평균 1회 매매되는 주기는 빨라야 400년 늦으면 1천 년 이상에 달할 만큼 길다. 매매 빈도가 이처럼 장기간 연속된다고 가정하는 것은 의미가 없지만, 적어도 다음과 같은 사실은 말할 수 있다. 사람들이 인용하기 좋아하는 "1천 년에 땅 주인이 800명이나 된다"는 따위의 말과 비교해 보면 이곳의 실제 토지 매매율은 이 기간 동안 사실상 0이라고 볼 수 있다. 지적해야 할 것은 샤루포 촌이 차오이 현성 부근에 위치해 있고 또 불규칙한 땅뙈기제의 전형지구에 속한다는 사실이다. 이 두 가지 점에서 볼 때 샤루포 촌은 관중에서 토지 매매가 비교적 활발한 지방에 속한다. 만일 이런 곳의 토지 매매율이 0에 가깝다면 그 밖의 지방이 어떤지는 더 이상 말할 필요도 없을 것이다.

요컨대 땅뙈기가 질서정연하고 토지소유권이 분산되고 매매율이 낮은 것은 청대(민국시기까지) 지적자료에서 볼 수 있는 관중 토지상황의 특징이다. 앞서 인용한 지적자료 중에 소작률에 관한 명확한 기재는 없지만 이상의 특징에 근거하여 우리는 소작률도 매우 낮았을 것으로 추정할 수 있다.

4. 자연경제 속의 경영지주와 과밀화 문제

토지개혁 전의 관중 민간에 존재한 소량의 대토지재산이 대부분 자연경제하에서 고공경영으로 이루어진 것처럼 청대의 관중에서 발달하지 못한 대토지재산에서도 주로 경영지주제가 성행했다. 고공(경영)이 소작(경영)보다 더 흔했던 것이다. 그러나 고공경영과 상품경영은 반비례(곧 자연경제일수록 고공경영은 소작제보다 더 우세했고, 상품경제가 상대적으로 활발할수록 소작제는 고공경영보다 더 활성화된다) 현상을 나타내며 이는 토지개혁 이전보다 더 명확한 것 같다.

청대 관중의 소작현상은 산시(陝西) 상인과 밀접한 관계를 갖고 있다. 차오이 현의 경우 "본지의 토지재산은 결코 사용하기에 충분하지 않기 때문에 농민은 상업을 겸하지 않을 수 없고 사방으로 분주히 나가서 멀리서 의·식(衣食)할 것을 구해 오는 것이 습관이 되었다. 대개 토지가 있으면 모두 소작인에게 맡기고 가족들은 모두 상업에 종사한다."[33] 싼위안(三原) 현의 경우 "우리 현의 부호(富戶)는 완전히 무역에 의지하여 집집마다 묘전(墓田) 수십 무만을 갖고 있을 뿐인데 이것을 모두 묘지기에게 경작시키되 소작료도 거두지 않고 단지 국가에 세금만 납부케 한다."[34] 이 같은 상황 아래서 산시 상인은 비록 토지재산을 늘리지 않았지만 대부분 "소토지를 소작 주는 자"이며 토지를 소작 주면서도 가계수입은 결코 소작료에 의존하지 않았다. 따라서 심지어 소작료는 받지 않고 다만 소작농에게 토지세를 대납해 줄 것만 요구했다. 이 같은 상황은 당연히 흔히 말하는 지주제 소작경영과 큰 차이가 있다.

그러나 산시 상인이 출현하지 않은 곳에는 옛날 자연경제의 모습 그대로였다. 백성들은 모두 직접 논밭을 경작했기 때문에 소작은 생기지 않고 상대적으로 고공이 활발했다. 가령 백성들이 상업에 종사하는 습관이 없는 시부(西府) 각 현의 경우, 2장에서 서술한 마이커 현상은 명청시기에 줄곧 성행했다. 관중의 3개 부(府) 40여 개 현 중 상업의 풍습이 있는 곳은 징양(涇陽), 싼위안, 푸핑, 차오이 등 몇몇 현에 불과하다. 따라서 위에서 말한 상황은 관중에서 매우 보편적이었다. 산시 상인이 비교적 집중된 몇 개 현의 경우 상업풍습이 일어나기 이전 시기, 그리고 전란과 인플레이션 따위의 영향으로 상업이 상대적으로 침체되었던 시기에, 상인들은 다투어 관중으로 되돌아가 토지를 경영하면서 자급자족을 도모했다.[35] 이때 노동력의 상대적 과잉 때문에 오히려 고공을 고용하는 경영자가 많았다. 그리하여 경제의 상품화는 소작화를 수반하고, 경제의 자연화는 오히려 고용화를 수반하는 비정상적인(전통적 관점과 비교해서 말할 때) 현상이 생겨났다.

청대 관중의 몇몇 농서는 이 같은 자연경제적 경영지주의 행위법칙을 전형적으로 반영했다. 청 전기 싱핑(興平) 현 사람 양선(楊岫)의 『지본제강』(地本提綱)과 『수제직지』(修齊直指)는 관중 자연경제 경영지주의 이론적 안내서이다. 『지본제강』이 제기한 경영목표는 가능한 한 완전히 자급자족하는 것이며, "네 가지 농사(四農)는 반드시 그 큰 완전함에 힘써야 하니 경작으로 식량을 제공하고, 양잠으로 옷을 제공하고, 나무를 키워 재목을 얻고, 가축을 번식시키는 것이다. 고향을 나서지 않고도 적절히 자족하고 기지(機智)에 힘쓰지 않고도 경비(지출)가 다 갖추어지는"[36] 것이다.

그런데 이 네 가지 농사 하나하나에도 각기 힘써 그 완전함을 추구해야 하는데 경작의 경우 각종 곡식·과일·채소·약초에서 화초에 이르기까지 모두 함께 심는다. "아홉 가지 곡식*은 여기저기에 흩뿌려 심고 자기가 직접 키워 부족하지 않으면 그만이며," "땅을 나눠 채소밭을 만들고," "수목 주변에 뽕나무를 심으면 양잠을 얻어 옷과 비단이 생긴다."(양잠은 실을 뽑아 일가족의 의복을 만드는 원천이다.) "가운데는 오두막 정자를 세우고 화초를 가꿔 한가롭게 감상하며 유유자적한다. 각종 과일나무를 널리 심고 계속하여 파종과 수확을 한다.(반드시 여러 종류를 섞어 심어야 한 가지만 심어서는 안되며 이는 종류를 넓게 심는 데 목적이 있지 양을 많이 거두는 데 있지 않다.) 아래에 채소를 심고 아침저녁으로 돌본다."[37] 뽕나무의 경우 뽕나무 심기, 누에치기, 실뽑기에서부터 옷 만들기에 이르기까지 모두 농장 안에서 완성하고 "실을 만들어 옷감을 짜면(누에치기로 이득을 보아도 옷감을 짜지 않으면 결국 의복이 없는 셈이다) 필요한 때 맞춰 의복이 생긴다.[38] 수목의 경우 재목(材木), 과일나무, 꽃나무와 약용나무, 갈대와 대나무를 함께 심을 것을 권하고, "가재도구와 과일·채소·꽃·약"도 자급자족할 수 있도록 했다. "갈대를 베어 들이면 일용(日用)에 적합하고 그것을 옮겨 심

* 피, 수수, 기장, 벼, 삼, 콩, 팥, 보리, 밀.

는 방법은 대나무의 이식과 같다."³⁹⁾ 마지막으로 가축의 경우에는 소와 말, 작게는 개와 닭, 그리고 나귀·낙타에 이르기까지 모두 길러 "가죽은 옷을 만들고 고기는 먹어" "몸을 보양하고 힘든 노동을 잘 견뎌 낼 수" 있도록 했다.⁴⁰⁾

요컨대 모든 일을 남에게 의지하지 말고, 모든 물건은 시장에 의지하지 않고, "실과 곡식을 곱절로 수확하고 채소·과일이 풍성하게 준비되니 의·식이 모두 풍족한데 때로 이 두 가지가 다 떨어져도 해뜨면 나가 일하고 해지면 들어와 쉬니 편안하고 순조로우며 태평하다." "금·은의 사용에 있어서는 단지 백성의 의·식·기·물(衣食器物)의 교역을 편리하게 할 뿐 본디 굶주려도 (그것을) 먹을 수 없고 추워도 (그것을) 입을 수 없어 천명을 좇아 마음의 평안을 얻는 것의 중함과는 무관하니" 이것을 위해 특별히 추구할 가치가 없다. "쓸데없이 많아 봐야 혼란만 생겨 피곤하며, 싸움이 잦아 흉악해져서 결국 몸과 마음이 고통스럽고 편안한 날이 없을" 것이기 때문이다.⁴¹⁾

마찬가지로 양선이 저술하고 건륭연간 린퉁(臨潼) 사람 지줘(齊倬)가 주를 달고 광서연간 셴양(咸陽) 사람 류광펀(劉光賁)이 평한 또 하나의 관중농서 『수제직지』는 자연경제 사상을 체현한 것 외에 당시 관중농업에 노동이 과도하게 밀집되어 한계노동 보수체감이 심각하다는 특징을 두드러지게 반영하고 있다. 초한계적 밀집화를 통해 이른바 '호무저십지법'(好畝抵十之法), "1년에 여러 차례 수확하는 법"과 "2년에 13차례 수확하는 법"을 실현하는 것이 그 책의 기본 주장이다. 호무저십지법은 역사상 이른바 구전법(區田法)이라 하는데 "한 구(區)를 건너뛰어 한 구에 씨 뿌리는 것으로 번잡하고 어려워 사람을 수고롭게 한다."⁴²⁾ 그런데 그 효과는, 이 방법을 실천해본 후현(戶縣) 사람 왕신징(王心敬)에 따르면 "품은 엄청 드는데 무당 5~6석을 수확할 수 있을 뿐"⁴³⁾이라 한다. 그 밖에도 이 책은 (그 注와 評을 포함해서) 고도로 노동을 투입하지만 한계보수가 극히 낮은 여러 방법을 소개했다. 가령 '원숭이 우물'(猴井)이란 방법은

우물의 깊고 얕음을 헤아려 우물의 깊이가 4장(丈)이면 두 개의 우물 사이에 4장의 거리를 둔다. 각 우물에 하나씩 도르래를 설치하고 두레박 끈은 8장 길이로 하여 양 끝에 물통을 달아 한쪽 통은 이쪽 우물에 넣고 또 한쪽 통은 저쪽 우물에 넣어 끈의 중간에서 소나 말이 끌어당기게 한다. 이쪽을 끌어 당기면 저쪽

의 통이 물을 퍼내고 저쪽을 끌어 당기면 이쪽의 통이 물을 퍼낸다. 양쪽에 각각 한 사람씩을 세워 물을 논에 쏟고 한 아이에게 소를 몰고 왔다갔다 하게 한다. 수차(水車)에 비해 인력은 많이 들지만 값은 저렴하다.[44]

이 책은 "논밭을 (새로) 사는 것이 (기존의) 밭에 거름(똥)을 주는 것만 못하다"고 주장한다.(만일 땅이 많고 거름이 적다면 파종을 넓게 해도 수확은 적고 토지세는 많으며 인력만 많이 들 뿐 실제 수확량은 매우 적기 때문이다.) 경지면적의 확대와 노동밀집도의 제고 사이에서 이 책은 후자를 선택한 것이다.

만일 『수제직지』와 『지본제강』이 기본적으로 문인(文人)이 농사를 말하고, 책 속에서 농경을 말한 것이라 본다면 양슈위안(楊秀元)의 『농언저실』(農言著實)은 자연경제하의 경영지주의 경영실록이다. 이 책은 관중 싼위안의 토종 방언으로 쓰였는데, "반반산장(半半山莊) 주인이 자식들에게 보여주기 위한" 저작이다. 말하자면 세상에 펴내려고 지은 것이 아니고 농장의 상속자에게 실제 경험을 전수하기 위해 쓴 것이다. 경험을 기록한 이 책은 『수제직지』 등 농서의 이론 모델과 상당히 일치한다고 볼 수 있다.

『농언저실』이 사람들에게 주는 제일 강렬한 인상은 반반산장 경제의 자급자족성이다. 일찍이 어떤 학자는 이 산장이 "장공(長工)을 사용해 개자리(苜蓿)를 심어 사료를 만드는 대농장"[45]이라고 보았다. 그러나 이 농장은 비록 개자리도 심었다고는 하지만 식량 생산을 위주로 했다. 그리고 개자리와 식량 및 농장에서 경작하는 여러 종류의 작물은 모두 소비를 위한 것이지 시장에 내다 팔기 위해 생산한 것은 아니었다. 개자리를 심어서 그 뿌리는 소의 먹이로 쓰고 줄기와 잎은 베어 들인 후 건초로 쌓아 올렸다가 자가소비로 사용했다. 양식(의 생산)은 맥곡(麥穀) 이기작을 실행하여 만일의 위험을 방지하고 각종 소비수요에 적응했으며, "거친 곡식(笨穀)뿐만 아니라 여린 곡식(穉穀)*도 심어야 한다." 맥곡 외에 메밀, 불콩, 완두, 보리도 함께 심었으니 농사 전체를 종합해 볼 때 식량생산과 관련된 것이 4/5 이상이었다. 양식은 주로 "생활하고, 빚 갚고, 세금 내고, 경조사 부조하고, 교제하는 데 쓸 수밖에 없었다." 시장에 내다 파는 소량의 양

---

* 거친 곡식(笨穀)은 감자·옥수수 등 노동력을 적게 들이는 거친 작물을 말하고, 여린 곡식(穉穀)은 벼·보리 등 노동력을 집약적으로 많이 투입해야 하는 여린 작물을 말한다.

식도 이러한 각종 소비를 위해 온갖 궁리를 다하여 짜낸 것이며, "겨울이 되면 아침에는 쌀죽으로 때우니 떡은 없어도 되고, 보리를 볶아 빻은 가루를 버무려 한 끼 먹고, 점심에는 약간의 밀가루 음식을 만들어 먹고, 여분의 밀이 있으면 팔아서 돈을 마련해 쓸 수 있다." 이런 '상품(성) 양식'의 생산 모델은 일반적인 소농보다 훨씬 더 '전통적'이다. 양식과 사료 외에 이 농장은 직접 심은 유채로 만든 식용기름을 먹고 직접 심은 무·배추·순무 등의 채소를 먹었다. 또 과일나무를 심고 재목을 이용해 직접 농을 짜고 흙벽돌을 찍어 집을 지었으며, 심지어 흰 쑥을 뜯어 불쏘시개를 만들었으니…… 양슈위안에 따르면 안 심어도 되는 작물은 땅만 상하게 하고 수확도 적은 참깨 하나뿐이었다. 이와 같은 경제에서 구매해야 할 물건은 판매할 수 있는 물건과 마찬가지로 얼마 안되며 소량의 철제·목제 농기구를 구매하고 고공의 보수를 지불하는 화폐부분(이런 부분이 클 수 없음은 미루어 알 수 있다)을 제외하면 농장은 그 밖의 어떤 화폐지출도 하지 않았다. 책 전편에 걸쳐서 자연경제 분위기가 생생하게 담겨 있다.

이 책이 사람들에게 주는 두 번째 인상은 노동이 고도로 밀집되어 있다는 점인데, 그 밀집 정도는 말할 것도 없이 현대 농민학에서 '경제인'의 행위 유형을 즐겨 사용하는 '이성적 농민'론자도[46] 이해할 수 없을 정도이며 전통적 소농에 비해서도 더하면 더했지 못하지 않다. 예컨대 당시 쌴위안 농민은 밀 수확 때 큰 벌낫(大釤鎌)을 사용했는데 노동효과는 손낫(手鎌)을 사용하는 것보다 훨씬 나았다. 그러나 양슈위안은 보통 사람들은 큰 벌낫을 이용하려 하지 않았는데, 이는 단지 돈을 아끼려는 계산에서 나온 것이라고 했다. 큰 벌낫이 좋긴 하지만 밀을 상하게 하는 것을 피할 수 없고 (베어 낸 자리의) 그루터기가 높아 밀짚이 낭비된다는 이유로 그는 손낫을 사용해 밀을 벨 것을 권했다. "사람을 부려 밀을 베면 양식을 많이 거둬들일 뿐만 아니라 밀짚도 더 많이 거둬 쌓아 둘 수 있다. 농사꾼이 밀짚을 쌓고 양식을 저장하는 것은 당연한 일 아닌가?" 이와 같이 "한 알의 낟알도 남김없이 거둬들여 창고에 넣는 것"만을 추구하고 노동효과는 전혀 고려하지 않는 농사법은 실제 농사에서 그에게 쓴 맛을 안겨 주었다. 가령 도광(道光) 22년 밀 수확 때 그는 벌낫을 쓰지 않고 고집스럽게 손낫을 사용한 결과 수확이 늦어져 손해를 보았을 뿐 아니라 그루갈이 곡식의 파종도 제때 하지 못하여 탄식했다. "밀을 베어 들일 때 수확이 줄어들었고, 벼 김매기할 때 돈이 더 많이 들어갔으니 후회한들 무엇하리!" 그러나 말은 이렇게 했지만 벌낫 대신 손낫을 사용해야 한다는 그의 기본 생각은 바뀌지 않았다.

또 하나의 예를 들면 현지의 장진전제하에서 농민은 수확 때 써레를 이용해 밀을 거둬들이는데 일반적으로 조전(條田)을 따라 걸어가며 거둬들여서 작업효과를 높인다. 그러나 양슈위안은 오히려 아들 세대에게 이렇게 말한다. "밀을 써레로 거둬들일 때 조전을 따라 가며 해서는 안된다. 두둑(畦子)이 동서로 되어 있으면 남북으로 거둬들이고, 두둑이 남북으로 되어 있으면 동서로 거둬들인다. 두둑 방향을 따라서 하면 깨끗하게 거둬지지 않고 가로질러서 하면 한 톨의 낟알도 남김없이 거둬들일 수 있다." 또 다른 예로 그는 다음과 같이 주장한다. 5월 김맬 때 "사람은 많을수록 좋으니 일당 품값을 아끼느라 일을 그르쳐서는 안된다. 혹 비가 오지 않을 경우 밀 수확이 늦어져서 벼 김매기를 그르치는 일이 생기는 것도 종종 이 때문이다." 그는 또 항상 " '벼는 누런 잎을 솎아 주고 콩은 깍지를 솎아 주는 법인데' 남는 일손이 있으면 벼 김매기를 한다는 게 무슨 소리인가"라고 했다.

이 농장의 전체 토지는 모두 고공경영으로 경작할 뿐 소작 준다는 말은 없으며, 고용되는 노동력에는 머슴(長工), 망공(忙工)*, 날품팔이(日工), 대장장이 (鐵匠) 등이 있었다. 농장주는 매우 성실하여 "조석으로 부모를 섬기는 일 외에 날마다 일꾼들과 함께 아침 일찍 나가 일하고 밤늦어서야 들어와 쉬는데 추위도 더위도 아랑곳하지 않는다. 아주 사소한 일이라도 반드시 직접 시험해 보고 틀림없음을 확인한 후에야 안심한다."[47] 노동력의 투입은 적지 않다고 할 수 있다. 그러나 주의할 것은 이 농서가 쓸데없는 일을 자주 기재하고 있다는 점인데 이럴 때 농장주는 일부러 일을 만들어 고공에게 시킨다. 가령 "정월에는 일이 없으니 머슴을 보리밭에 보내 깨진 기왓장이나 벽돌 따위를 주워서 밭둑에 쌓게 한다. ……해마다 이와 같이 한다. 몇 년을 이렇게 하다 보니 기왓장이나 벽돌이 자연히 없어지는데…… 그래도 늘상 해마다 이렇게 일손을 들여야 한다." 그렇다면 이렇게 큰 농장은 혹 고건축물터였을까? 그런 게 아니라 이것은 다만 토양 정화를 더 잘 하려고 애쓴 것일 뿐이다. 2~3월에는 실제로 할 일이 없어

* 농번기에 일시적으로 고용하는 일꾼.

3章 관중 모델의 사회역사적 기원과 법농민 연구에서의 이성의 재건

서 논밭에 객토를 하거나 여물을 써는데 이는 또 다른 일이었다. 그러나 이 두 일은 "밀보리를 제외하고 할 일이 없을 때 모두 나서서 힘써 하는 일이다." "이후 농사일이 없는, 음력 9·10·11·12월에는 모두 이와 같이 한다." 4월 "김매기가 끝나고 정말 할 일이 없을 때 객토보다 좋은 일은 없다. 11월에도 역시 마찬가지이다. 농사짓는 사람에게 한가한 날이 없다 함은 이를 두고 하는 말이다. 6월의 유일한 농사일은 쥐잡기인데 "만일 회황색 들다람쥐 소동이 있을 경우 머슴을 시켜 대나무 낚싯대 수십 개를 가지고 며칠간 잡도록 한다. 이때 반드시 주인도 직접 그곳에 가서 지켜보아야 한다." 이는 머슴이 한가로이 졸지 못하게 하기 위한 것이며 "여름날 무더우면 머슴은 방심하여 낚싯대를 (건성으로) 내렸다 올렸다 할 뿐 나무 밑에서 잠자기 일쑤이기 때문에 들다람쥐들이 기어 나와 낚싯줄을 쏠아 끊어 버리고 도망가 버리니 어찌 시간이 아깝지 않겠는가?" 이와 같이 신경을 쓰는 "나무를 지키며 쥐를 기다리는"(守株待鼠) 방법에 대해 처음에 나는 회황색 들다람쥐가 혹시 모피 가치가 있는 족제비 종류가 아닌가 생각했는데 쌴위안 향의 친지한테 물어 보고서야 비로소 그것이 논밭에 흔한 들쥐에 불과하다는 것을 알았다. 쥐잡기 외에 "머슴에게 시킬 일이 없으면 크고 작은 나무와 과일나무에 물을 주도록 시킨다." 9월 "추수 이후에는 농사일이 별로 없으니 가축도 역시 한가하다. 이때 머슴에게 가축을 잘 돌보도록 가르쳐야 하며 ……일단 땅이 얼어 버리면 다른 할 일은 없다." "겨울에는 할 일이 없으니 머슴 한 사람을 시키거나 다른 사람을 불러 흙벽돌을 찍어 내게 한다." "12월에 머슴은 할 일이 없으니 6월처럼 나무에 한 차례 물을 주게 한다."

이와 같은 예는 일일이 다 열거할 수 없다. 이런 내용에 대해 사람들은 계산에 밝은 지주(이 방면에서 그들이 '이성'을 말하지 않았다고 할 수 없다)가 고공을 한가로이 쉬지 못하게 하는 것이라고 이해해 왔다. 물론 이런 이해가 틀린 것은 아니지만 문제는 앞서 말한 노동투입 중 많은 경우 그에 상응하는 효과를 거두기 어렵다는 데 있다. 가령 여물썰기의 경우 양슈위안은 3명을 하나의 작두에 배치하여 작두를 잡는 사람과 밀짚을 건네주는 사람을 제외하고 "또 한 사람을 배치해 (썬 밀짚을) 흔들어 떠는 일을 전담케 해서 하루에 적어도 두세 되의 밀알을 거둘 수 있게 했다." 그러나 경제인 또는 이성적 농민의 눈으로 본다면 두세 되의 밀을 얻기 위해 하루의 노동일(勞動日)을 투입할 만한 가치가 있을까?

그런데 이 농장에서는 이 두세 되가 노동수익의 최소치가 아닐지도 모른다. 그렇다면 농장은 왜 한 명의 고공을 해고하여 노동수익률을 제고하지 않을까?

중국 경제사 연구에서 과밀화이론을 제창한 필립 황은 허베이·산둥 두 성의 민국시기 몇몇 자료에 근거해 과밀화는 소작제 또는 소농제의 현상이며 경영지주 경제에는 과밀화문제가 존재하지 않는다고 했다. 경영지주는 고공 한 명을 해고할 수 있지만 소농은 가족구성원 한 명을 해고할 수 없기 때문이라는 것이다.[48] 나는 2장에서 이미 관중 토지개혁 당안에 근거해 민국시기 관중 상황은 결코 이와 같지 않음을 지적했다. 그런데 이제 청대 관중 농서에 의거해 볼 때 민국 이전의 상황도 필립 황이 말한 바와 같지 않다. 반반산장 같은 자연경제하의 경영지주 경제에서 노동의 과다 투입과 한계노동 보수체감은 (적어도 그 책 서술내용으로 볼 때) 현지의 소농보다 훨씬 높을 가능성이 크다. 그러나 이런 조건 아래서 그 토지생산성은 보통의 소농보다 약간 우세하다. "일부러 제초하고 논밭에서 일하는 늙은 농부는 남보다 못한 것을 부끄러워 한탄하네." 이것은 필립 황이 말한 경영지주의 토지생산성은 높지 않으나 노동생산성은 우세하다는 상황과 정확히 상반된다. 그 밖에 필립 황은 경제의 상품화를 경영지주와 연계시키고(이것은 패러다임과 서로 비슷하다) 동시에 이 둘을 '자본주의 맹아'와 구별했다.(이는 패러다임과 서로 모순된다.) 관중의 상황을 근거로 볼 때 이 말은 단지 절반만 (사실과) 일치할 수 있다. 관중 경영지주는 물론 자본주의와 무관하지만 경제의 상품화와 꼭 관련이 있는 것은 아니다.

『농언저실』은 "잘 알고 있는 사람이 평소에 나와 함께 생활하며 일할 경우 사람됨의 충실·온후함과 거짓됨을 살펴보아서 머물게 할 것인지 그만두게 할 것인지를 그때그때 헤아려도 된다"고 설명했다. 여기서 제기된 해고 여부의 기준은 농사일에 필요한지가 아니라 "사람됨이 충실·온후한지"이다. 바꿔 말하면 경제원칙이 아니라 도덕원칙이 이런 고용관계를 지배하고 있는 것이다. 그런데 이상한 것은 단지 임시 고용하는 일꾼(短工)에 관해서만 언급할 뿐 머슴, 곧 장기 고용하는 일꾼(長工)의 고용이나 해고와 관련해서는 책 전체를 통해 한마디 언급도 없다는 사실이다. 이것은 이 책이, 못 쓰게 된 낡은 빗자루는 어떻게 처리하고 마구간에 몇 개의 등을 달고 몇 시까지 불을 켜 둘 것인지 등등 아주 세세한 일에 대해서까지 시시콜콜하게 기록한 점을 볼 때 의외가 아닐 수 없다.

머슴의 고용과 해고가 여기서는 문제도 되지 않으며 적어도 농장주가 '이성적'
으로 고려해야 할 문제는 아니었던 것 같다. 이 책에서 "일이 없으면 일을 찾는
다"는 따위의 일들은 모두 단공에게 시키지 않고 머슴에게 시키는 것으로 보건
대 아마도 이 농장에서 머슴을 해고하는 일은 없었던 것 같다.

　이것은 머슴과 주인 사이에 흔히 좁은 의미로 이해되는 인신예속관계가 존재
한다는 것을 의미하지 않는다. 다른 많은 문헌에서 알 수 있듯이 청대 관중의
고용주와 고공 사이에는 주인과 종의 명분이 존재하지 않았다. 머슴이 장기간
주인집에 머무는 것은 그가 법리상 농노이기 때문이 아니고 농장경제의 합리적
고려에서 나온 것도 아니며, 단지 관습일 따름이다. 머슴에게는 일종의 속박이
라기보다는 차라리 보호의 측면이 더 강하다. 하지만 사람들은 이런 보호를 절
대 낭만적으로 보지 않았다. 책 속에 분명하게 반영되어 있듯이 주인이 머슴에
게 잠시도 쉴 틈을 주지 않고 일이 없는데도 일부러 만들어 내어 시키는 일들이
란 "그냥 놀리느니 무슨 일이라도 시킨다"는 계산에서 나온 것들이 대부분이라
서 얼마나 효과가 있었는지는 말하기 어렵다. 비교해서 말하면 자기가 가진 약
간의 토지를 남에게 소작 주고 (소작료가 얼마인지는 차치해 두더라도) 자기는 외
지에 나가 장사하여 돈을 버는 소작제 지주(租佃制地主) 쪽이 오히려 '이성적
농민'의 색채를 약간이나마 더 띠고 있다.(정확히 말하면 약간의 이성적 색채, 곧
'경제인'적 색채를 띠고 있으나 '농민'이라고 말하기는 매우 어렵다.)

　양슈위안과 같은 경영지주의 경우는 심지어 망망대해와 같은 전통적 관중 소
농이 아니라면 적어도 그들과 똑같이 스콧이 말하는 '도덕경제'[49]나 힉스가 말
하는 "습속경제 더하기 지령경제,"[50] 또는 우리가 말하는 자연경제 범주에 속
한다. 고공은 여기서 주로 노동력 상품으로서가 아니라 노동의 자연형태로서
사용된 것이다. 바꿔 말하면 여기서의 노동력은 전통적 소농이 그 가족노동력
의 투입에 대처하는 것과 마찬가지로 가치가 없는, 아무런 쓸모없는 육체적인
힘일 뿐이다. 바로 차야노프가 지적한 대로[51] 이와 같은 상황 아래서 노동력은
생산비(원가) 요소로서 농가의 계산 속에 고려될 수 없고 노동력의 사용은 한계
노동 보수체감과 비교효과원칙의 제약도 받지 않으며 노동자가 감당해 낼 수
있는 고통의 한도 내에서 총산출이 보다 크기만 하면 사용될 수 있다.

　바로 이와 같은 메커니즘이 관중 경영지주로 하여금 사람들의 주목을 끄는

전통성과 보수성을 갖게 한다. 만일 여러 상황 속에서 자연경제적 토지 출조자 (出租者) 계층이 부지런하고 이득을 추구하는 농장주들을 상궤를 벗어나 도리를 어긴다고 줄곧 공격만 한다면 관중에서는 이와 정반대로 경영지주 및 그 이론상의 대표(가령 양선 등)는 도덕 옹호자의 자태를 취하여, 자기 토지를 남에게 소작 주고 자기는 전력을 다해 상업에 종사하는 자를 다음과 같이 공격한다. "말업을 추구해 곤란에 직면하느니보다 본업으로 돌아가 정도를 추구함이 낫지 않은가?" "밥은 농경에서 나오고 옷은 옷짜기에서 나오거늘" 이 "어찌 돈을 쌓아 놓고 분에 넘치게 영리를 추구해 쓸데없이 혼란스럽고 피곤해하는 것보다 훨씬 낫지 않은가?"[52]라고. "자식에게 독서하게 하고 처첩에게 방적(紡績)을 가르치고 종과 노예에게 경작을 독려한다"[53]는 명청시기 허양(合陽) 사람 양피 멍(楊丕孟)의 한동안 전해 내려온 집안의 대련(對聯)은 사실 이와 같은 경영지주의 전형적인 모습이라 할 만하다.

5. 관중 모델의 몇 가지 배경

이상 제4절의 분석을 통해 알 수 있듯이 토지개혁 전 관중의 봉건경제 모델은 적어도 청대에 이미 형성되었다. 청초부터 민국까지 관중은 여러 차례 격렬한 사회적 변동을 겪었는데, 명말 농민전쟁과 청초 반청운동의 여파, 청 중엽 산시 남부 백련교 봉기의 영향, 청말 회족(回族)·염군(捻軍)의 반란, 광서연간과 민국시기의 수차례에 걸친 대기근, 민국시기의 전란 등이 그것이다. 그러나 이와 같은 변동들이 '관중 모델'에 대해 어떤 근본적 영향을 미쳤는지를 보여주는 증거는 없다.

그렇다면 '관중 모델'이 청대와 민국에 걸쳐 몇백 년간 존재한 배경과 원인은 무엇인가? 심층원인은 청대 이전의 역사에서 찾아야 하는데 이것은 별도의 연구가 필요한 문제이다. 다만 청대에 관해서만 사실(史實)로부터 보면 다음과 같은 요인들을 지적할 수 있다.

첫째는 자연경제이다. 명청시대의 관중은 한·당대의 경기(京畿)지역에서 서북 변경의 궁벽한 구역으로 변하여 비교적 자급자족했다. "순박하기가 그지없구나! 풍속의 순박함이여!" "머리가 흰 노인도 그 발은 현(縣) 경계를 벗어나 본적이 없고 그 눈은 관료와 서리를 알아보지 못한다."[54] "풍년이 들고 사람들이 즐거워하니…… 그 백성의 순박함이 이와 같다. 선비(士)의 아들은 항상 선비가 되고 농민(農)의 아들은 항상 농민이 되니 이것이 바뀌는 경우는 없다."[55] "선비는 대부분 농사를 겸하고 다투어 경쟁하기를 부끄러이 여기고 농민은 부지런히 농사를 지어 자신의 분수를 지키고 그 안에서 편안해한다. ……공인은 제조에 재주가 없으면서도 발전을 추구하지 않으며 다만 부지런히 노력하며 괴로움을 견디는 것이 그 특색이다. ……부유한 대상인이 없으며 상업은 거의 발달하지 않았다."[56] "백성은 선왕의 유풍(遺風)을 간직하고 있어 ……충실하게 본업(농업)에 힘쓰는 자가 경내(境內)에 두루 가득하다."[57] "백성은 오로지 농사에 힘쓸 뿐 방직을 하지 않고 상업을 하지 않으니 백성의 생업이 모자란다."[58] 명청 이래 관중의 몇몇 지방지의 물산지(物産誌)에는 "이렇다 할 특산물이 없다,"[59] "수출은 극히 적어 기록할 만한 것이 없다,"[60] "달리 특산품이 없고 오로지 의복·식량만 생산된다"는[61] 등의 표현이 곳곳에 자연스레 등장한다. 특히 심한 것은 『허양현향토지』(合陽縣鄉土誌)에서 다음과 같이 말한 것이다. 이 현은 "이렇다 할 상업이라는 게 없고," 현 경내를 들고 나는 상품은 가련할 정도로 적고 유일하게 잘 되는 장사는 아편무역이어서 "매년 10만 금을 넘지 못하면 이는 크게 탄식할 만한 일이다."[62]

청대 관중의 몇몇 현(예컨대 징양, 싼위안, 푸핑 등)에는 상인으로 유명해진 사람들이 있는데 이들은 산시(陝西) 상인이라 한다. 산시 상인은 후난, 쑤저우, 쓰촨 등 남방 각성에서 크게 활약했고 얻은 이득도 헤아릴 수 없을 만큼 많다. 그러나 그들은 관중 경제에 대해서는 거의 영향을 끼치지 못하였고 고향에서 사업을 일으키지도 않았을 뿐만 아니라 재산을 늘리지도 않았고 다만 사치와 호사를 일삼았을 뿐이다. 이른바 "상인은 비록 많았지만 징양에 무엇을 가져다주었는가?"[63] 사실 징양의 경우만 그런 것이 아니었다.[64]

물론 청대 관중의 상품경제가 발전했음을 반영하는 몇 가지 사료도 있다. 특히 근대 학계가 패러다임에 대한 반성을 진행하면서 적지 않은 논저가 자본주의 맹아론을 부정하는 동시에 '상품화'를 제기하고, 전통적 자연경제론에 대해 의문을 제기했다. 관중경제의 연구는 당연히 이 문제를 회피할 수 없다. 그런데

'자연경제'란 무엇인가를 다루는 이 이론문제는 다른 글에서 따로 살펴보기로 하고 여기서는 다만 사실(史實)로부터 두 가지를 지적하고자 한다. 우선 현실 속의 자연경제란 단지 상대적 개념일 뿐이다. '관중 모델'을 고찰함에 있어 주로 다른 유형들과 대비해서 말하면 장난 등 상업이 번성한 지역은 잠시 접어 두고, (관중과) 마찬가지로 북방 황토지대 부근에 위치한 쌴시(山西)* 성과 비교해 보더라도 비록 친진상인(秦晉)†이란 말이 있지만 쌴산회관(山陜會館)의 건립은 사실상 청대 관중 농촌의 상품경제가 이미 쌴시에 비해 적지 않게 뒤진다는 것을 보여준다. 쌴시 사람이 지은 『마수농언』(馬首農言)은 별도의 장(章)을 두어 물가에 관해 크게 언급했으나 앞에서 말한 양선, 양슈위안 등의 관중농서는 모두 물가에 대해 전혀 관심이 없고 한마디도 언급하지 않았다. 중국제일역사문서보관소에 소장된 형과제본(刑科題本) 중에 적지 않은 쌴시(山西)·산시(陜西) 농촌의 소작·고용관계 문서가 있는데 그 중 화폐소작료와 화폐임금이 전체에서 차지하는 비중은 쌴시가 산시보다 훨씬 높다. 따라서 자연경제의 개념을 광의로 이해하든 협의로 이해하든 청대 관중 농촌의 상대적인 자연경제화는 부인할 수가 없다.

둘째 청대 관중 농촌의 상품경제는 실제로 상당한 정도가 '숯 파는 노인'형의 상품경제에 속하며 심지어 자급(自給)하되 자족(自足)하지 못하는 '전(前) 자연경제' 유형이다. 이런 종류의 경제는 넓은 의미에서 자연경제의 한 형태에 속할 뿐만 아니라 산시 북부와 남부의 자급하되 자족하지 못하는 지방과 비교해 보면 관중의 이런 경제유형도 발달한 것이라고 말하기는 어렵다. 게다가 역사의 진전에 따라 그것은 '자급하되 자족하지 못하는' 단계로부터 자급하고 자족하는 단계로 나아가는 추세를 보였다. 가령 관중은 당송 이후 뽕·삼 산업이 쇠락하고 대신 면화산업이 원·명시기에 이미 출현했지만 그것이 크게 발전한 것은 청말-민국시기였다. 따라서 이 두 시기 사이에 관중의 수많은 현들은 식량을 가지고 의복을 바꾸는 단계를 거쳤고 이른바 "제반 비용은 농경 한 가지에 의존하는 수밖에 없는데" "의복 비용으로 인해 식량은 절반으로 줄었다"[65]는 말은 이 단계

---

* 山西와 陜西를 한글로 표기하면 중국어의 성조를 나타낼 수 없어 둘 다 '산시'가 되는데, 편의상 둘을 구별하기 위해 山西는 '쌴시'로, 陜西는 '산시'로 했다.
† 秦은 陜西, 晉은 山西의 별칭.

의 특징이다. 그러나 청 중엽 관중 뽕·삼 산업의 일정한 부흥과 청 후기 면화재
배의 보급에 따라 이 단계는 점차 끝이 났다. 그러나 면화가 몇몇 현에서 수출
의 주종을 이루는 상품성 작물로 발전한 것은 그로부터 한참 뒤인 청말-민국시
기의 일이고 보면 청 중·후기 관중 농촌에서 남경여직(男耕女織)의 자급자족
경제는 식량을 가지고 의복을 바꾸는 자급하되 자족하지 못하는 경제로 얼마간
대체되었다. 이런 상황에서 좁은 의미에서도 자연경제적 색채는 더욱 두드러지
는 추세를 보였다. 이때의 향촌시장에서 식량으로 의복을 바꾸는 교환은 점차
면과 포를 서로 바꾸는 교환으로 변했다.

가령 청 중·후기 다리(大荔) 현 등의 '판팡'(飜紡) 풍속이 그런 예이다. 가난
한 집의 여성은 면화 2근을 빌려서 실을 뽑으면 면사 30량을 얻을 수 있고, 옷
감을 짜면 면포 3장(丈) 남짓을 만들 수 있다. 이렇게 만든 면포를 가지고 면화
4근을 바꾸면 처음에 빌렸던 2근을 갚고도 2근이 남는다. 이 2근을 가지고 실을
뽑아 옷감을 짜면 다시 면화 4근을 바꿀 수 있다. 이 4근을 가지고 실을 뽑아 옷
감을 짜면 다시 면화 8근을 바꿀 수 있다. 이 8근으로 실 뽑고 옷감 짜면 다시
면화 16근을 바꿀 수 있다. 면과 포의 서로 바꾸기가 맞물려 계속되는 것을 가
리켜 '판팡'이라 한다. 그러므로 "4~5인으로 구성된 한 가정은 1년 내내 포를
사지 않고서도 얼마든지 옷을 해 입을 수 있다."[66] 이와 같은 면과 포의 맞바꾸
기를 식량과 의복의 교환과 비교해 보면 그 목적은 모두 사용가치(4~5인 가족
의 의복 마련)의 자족을 추구하는 것이어서 둘 다 자연경제의 한 형태에 속한다
고 말할 수 있어 그 성격에는 차이가 없지만 시장의 형식에 변화가 생겼다. 곧
식량으로 의복을 바꿀 때의 포필(布匹)은 남방에서 운반해 온 것이고 식량은 현
(縣) 경계 밖으로 반출되는 것이어서 외순환형(外循環型) 시장이다. 그러나 면
과 포를 맞바꿀 때의 면·포의 생산과 판매는 모두 현지에서 이루어지기 때문에
내순환형 시장이다. 형식상으로 보면 시장관계가 위축되었다고 할 수 있다.

셋째, 전국적인 정치·경제·사회적 변화의 영향으로 관중의 상대적 자연경제
화가 더욱 심화되는 추세를 보인다. 청대 전기에 이미 상당히 활약했던 관중 상
인(이른바 陝商)은 청말에 이르러 여러 원인에 의해 쇠락하는 추세를 보였다. 관
중에서 한때 번영한 몇몇 상품성 지주산업도 대부분 갈수록 상황이 악화되었
다. 예컨대 관중 동부 퉁촨(同川) 부 소속 여러 현의 모피 가공, 중절모 제작과

무역은 명청시기 상당히 흥성하여 멀리 쓰촨 등지에까지 팔려 나갔고, 각 성의 상인과 장인이 다리 현 창바이진(羌白鎭) 등 상공업 중심지에 운집했다. 그러나 이런 호경기는 오래가지 않았고 청 후기에 이내 쇠퇴해 버렸다. "지난 10여 년 동안 상인이 오지 않고 모피옷 중간상도 10명 중 2~3명이 망하여 창바이진의 번성은 쇠퇴의 길로 접어들었다."[67]

따라서 절대량의 측면에서 관중 농촌의 상품경제가 이 시기에 증가했든 아니든 상관없이 사회적으로 자연경제화가 심화되었음은 의심할 여지가 없다. 자연경제는 농업에서의 '관중 모델'에 다각적인 영향을 미쳤다. 한편으로 자연경제 자체가 상품으로서의 토지재산 유통속도를 저하시키고 민간의 경제적 분화를 지연시켜 계급분화가 등급분화보다 우세해질 수 없었다. 다른 한편으로 상업적 농업의 결핍 및 농업과 무관한 상업이득의 병존은 사람들이 토지에 투자하지 못하게 함으로써 토지소유권을 더욱 분산시켰다. 청말-민국 초의 샤오중슈(肖鍾秀)는 허양 현 "사람들이 토지가 많은 것을 피곤하게 여기는" 원인을 싼시의 상품식량 시장의 위축에서 찾았다.

> 허양에는 이렇다 할 특산물이 없고…… 좁쌀류의 생산지가 특이할 뿐이다. 그러나 이전에 싼시에서 매매되고 있는 상품의 집산지였고…… 그렇기 때문에 오곡이 풍성한 해에도 좁쌀값은 그다지 떨어지지 않았다. 1석(石)당 항상 4~5 금(金)을 유지하여 농사에 (손해가) 없었다. 농사에 (손해가) 없으니 땅을 더욱 귀하게 여겼다. ……무인년(戊寅年) 이후 호구가 크게 줄어 싼시 백성의 식량이 배로 실어 온 좁쌀에 의존하지 않게 되었고 이로 인해 수출할 길이 끊겼다. 게다가 동전의 부족으로 은값은 날로 떨어지고 농사에 필요한 인력, 소와 말, 철제·목제 기구 등의 값이 몇 배로 올랐으나 좁쌀 값만 떨어져 1석당 1~2금밖에 하지 않았고, 1년 동안의 수요를 충족시킬 수 없어 사람들은 땅이 많은 것을 피곤하게 여겼다. ……이상에서 좁쌀류의 판매처가 없어서 곤란을 겪은 사정을 알 만하다.[68]

이런 견해는 일종의 중장기에 걸친 역사적 추세를 '무인년 이후'의 국부적인 사태 변화 탓으로 돌렸으나 이는 천박함을 면치 못한 이해라 하겠다. 그런데 상업적 농업의 결핍과 향촌경제의 자급자족화가 토지에 대한 투자를 억제한 것은 분명히 '관중 모델'의 여러 원인 중 하나임에 틀림없다.

자연경제가 토지상품화에 도움이 되지 않는 것은 분명하다. 그렇지만 관중에 대해 말할 경우 더욱 중요한 것은 전통적 종법공동체가 토지에 대해 일으킨 응고와 조절작용이다. 직관적으로 볼 때 관중의 장진전제는 전근대 유럽에서 볼 수 있는 재분배하거나 재분배하지 않는 조전(條田, 좁고 길쭉한 논밭)과 연대보증을 특징으로 하는 촌공동체 토지제도(러시아의 미르, 게르만의 마르크 등)를 쉽게 연상시킨다. 그런데 공교롭게도 관중에서 장진전제를 시행한 지방은 '사'(社)* 조직도 아주 잘 발달되었다.(장진제를 실행하지 않는 지방에도 社가 있으나 그 작용은 그다지 크지 않다.) 청대 관중의 수많은 토지대장은 모두 사에 따라 편제되었고 어떤 것은 명확히 사를 토지세 징수의 단위로 삼았다. 가령 차오이 현 자리 장에는 청 가경연간에 모두 5,400무의 경지가 있었는데 그 중 5,240무가 동사·서사·북사 등 3개 사에 속해 있었다. 그러나 대부분의 진지(畛地)는 호(戶)에 따라 평분(平分)하여 마치 분여지와 비슷했다.[69] 실제로 관중의 옌황(沿黃)·옌웨이(沿渭)·옌징(沿涇) 지구는 강줄기(河道)가 이리저리 이동하고 강물이 범람하는 바람에 자주 토지를 재분배하게 만들거나 또는 사와 사, 촌과 촌, 현과 현 사이, 심지어 성과 성 사이의 토지 분규가 발생하여 사는 재분배와 분규 처리를 진행하는 데 중요한 작용을 했으며, 바로 이 때문에 장기간 질서 있는 조전(條田)체계를 유지하는 것도 가능했다.

비록 장진이 없는 지구라 하더라도 사와 종족조직의 토지에 대한 개입능력은 역시 매우 강하다. 관중은 이런 상황을 잘 보여준다. 가령 바오지 현 난녜(南臬)촌 서사(西社) 왕성(王姓)은 1946년 전후 32회로 나누어 동사(東社) 자오성(趙姓)에게 토지 120.3무를 팔았다.(매회 매각한 토지의 최대 면적은 9.25무, 최소 면적은 0.8무였다.) 1930년 전후 서사의 바이성(白姓)도 9회로 나눠 같은 서사 처성(車姓) 촌민에게 토지 182.7무를 매각했다.(매회 최대 매각면적은 10무, 최소 면적은 1무였다.) 이런 매매는 비록 개인명의로 이루어졌지만 분명한 것은 결코 이것이 개체 사유자간의 진정한 자유거래가 아니라는 점이다. 내가 검토한 청

---

* 국가권력의 관할 범위 내의 토지와 경지를 의미하며 국가를 구성하는 최하위층 지역 위계단위의 생활권을 형성한다. 여기서 토지신을 제사지내는 社祭가 주민의 심리적 단결과 동질감을 형성한다.

대 관중 토지 매매계약서에는 모두 이렇게 쓰여 있었다. "만일 방족(房族)이나 친족 중에 말하는 사람이 있으면 팔 사람은 한 번 만나서 (그 말을) 들어야 한다"[70]고 했는데 이것도 족인이 이런 토지 거래에 대해 '말할' 권한을 갖고 있음을 보여준다.

관중의 민간에는 "아버지와 형제는 한번 법망에 걸리면 즉시 구호하여 결국에는 반드시 벗어나고야 만다"[71]는 풍습이 있다. 종족관계 면에서 관중은 남방처럼 법전화된 족규, 재력이 큰 사람과 족산, 정권에 도전할 만한 족권이 없지만 종족관계에 따라 국가에 대해 집단적으로 차역(差役)을 담당하는 연대책임제는 남방보다 훨씬 발달했다. 청대에 "인정을 토지에 편입시킨"(攤丁人畝) 이후 관중의 많은 지구에서는 이른바 "지정은 토지에 따르고 차요는 사람에 따르는"(地丁屬地 差傜屬人) 제도를 실행했는데 여기서 말하는 "사람에는 종족도 포함된다. 그러므로 어떤 대족(大族)의 이갑(里甲)을 놓고 보면 종가와 지파(支派)의 구분이 생겨 성(姓)은 같아도 종(宗)이 다른 자와의 관계가 때로는 갑을 나누고 리를 나누고 향을 나누지만 서열은 여전히 흐트러지지 않으니 역시 좋은 점이 전혀 없다고 할 수는 없다."[72] 민국 성립 후 속인주의를 속지주의로 바꿔야 한다는 주장이 제기되었으나 실제로 1940년대에 이르기까지 종족 연대책임제는 여전히 많은 지방에서 존속되었다. 집단책임의 개인책임에 대한 제약은 필연적으로 토지재산에 상응하여 집단권리의 개인권리에 대한 제약을 증대시키고 공동체의 간섭능력을 강화시킨다.

마지막으로, 이것은 가장 중요한 것이기도 한데 국가—사실상 최상위의 종법공동체이기도 하다—권력의 영향이다. 명청시대 쑤숭(蘇松)의 토지세는 중국 전체에서 가장 무거웠고 관중의 토지세는 북방에서 가장 무거웠다고 한다. 명청 교체기의 팡샤오뱌오(方孝標)는 "장난, 산시, 후광(湖廣)······ 3개 성은 재화가 많고 토지세가 무거운 지구"[73]라고 했다. 산시는 주로 시(西)·퉁(同)·펑(風) 등 '관중 3부(府)'를 가리킨다. 명대 사람 뤼탄(呂柟)은 "지금 시안의 땅에는 북으로 정(鄭)·바이(白) 등 여러 수로(渠)가 있고 그곳을 육지 속의 바다라 일컬으며 세액은 다른 군(郡), 다른 성보다 유달리 무겁다. 그러나 수로와 방죽이 서로 통하지 않고 비록 통한다 하더라도 두루 통하는 것이 아닌데도 징세는 예전과 같으니 어찌 백성이 가난하여 도망치지 않을 수 있겠는가?"[74]라고

했다. 관중에서 가장 인구가 많고 부유한 몇몇 현이 부담하는 토지세는 특히 과
중해서 가령 웨이난 현의 경우 "웨이난(토지)은 한중(漢中)의 1/20이 못되는데
……그러나 토지세는 한중 1개 군(郡)을 능가한다. ……백성이 가난한 것은
세금이 많기 때문이다."[75]

그뿐만 아니라 명대 산시와 후광, 허난은 여러 왕부(王府)에서 번(藩)을 가장
많이 설치한 3개 성(이 점은 가령 번을 설치하지 않은 장난과 다르다) 중 하나로 불
렸는데 이유 없이 한층 더 많은 세금을 부담했다. 특히 명대 왕부는 황제로부터
하사받은 장원(欽賜莊田)을 보통 수만 경씩 갖고 있었다고 하지만 실제로 그처
럼 많은 토지를 갖고 있었던 것은 아니다. 종종 그처럼 많은 토지에서 이론상
응당 나와야 할 소작료(莊租)를 각 현의 토지세 속에 할당하여 징수해 가지고
왕부에게 발급한 것인데, 산시는 그런 점에서 특히 전형을 이루었다. 이런 상황
아래서 이른바 사전(賜田)은 토지세를 늘리기 위한 것이었고 토지세 역시 토지
에 따라 부과하고 징수했으므로 만일 우면(優免)특권을 갖지 못한 사람은 토지
세가 갈수록 무거워져 토지를 많이 갖고 있으려 하지 않았다. 오늘날 사람들이
종종 왕부의 예를 들어 명대의 토지겸병을 논증하고 있지만 사실 왕부의 잘못
은 이보다 훨씬 크며, 어떤 상황에서는 왕부의 남설(濫設)이 실제적인 토지겸병
(당연히 평민들 사이의 겸병을 말한다)을 저해했다. 청조가 성립된 이후 관중의
무거운 토지세는 경감되기는커녕 오히려 더욱 무거워졌다. 가령 허양 현의 경
우 청초의 토지세(田賦)는 명 만력연간(萬曆年間, 1573~1619)의 평균 경(頃)
당 백은(白銀) 3.18량이던 것이 4.192량으로 늘어났고 정은(丁銀) 총액은
3,071량에서 7,600량으로 배 이상 증가했다. 액파은(額派銀)*은 이보다 더 심
해서 연간 298.2량에서 6,084.4량으로 급증하여 명대의 20배를 넘게 되었다.[76]

인구가 많고 부유한 지구에 대해 토지세를 무겁게 부과해 징수한 것은 중앙
집권제 봉건국가의 일종의 평조(平調)전통을 체현한 것인데, 이런 평조는 인위
적으로 부유한 지구의 우세를 박탈하여 곤경에서 헤어날 수 없게 만드는 한편
이런 지구 내에서 민간 부유계층의 흥기를—만일 그들이 특권(특히 우면권)의
비호를 받지 않는다면—억제했다. 그러나 바로 이 점에서 명청시기 관중은 전

* 호수(戶數)에 따라 할당하여 징수하는 세금.

국의 중추로서 고위관리와 권귀가 운집한 한·당시기의 관중과 다를 뿐만 아니라 명청시기에 재화와 토지세가 많고 무거웠던 장난과 후광과도 다르다. 이때는 문벌시대와 달라서 소수 세습 훈귀(勳貴)를 제외하고는 과거에 합격해 공명을 얻음으로써 우면권을 획득한 진신(縉紳)계층이 이미 권귀의 주체를 형성했기 때문이다. 그런데 관중은 5대(五代) 이후 정치와 문화의 중심지로 복귀하지 못하고 인재 면에서도 무인은 흥성하고 문인의 쇠퇴가 극히 두드러진 양상을 보였으며 이로 인해 진신계층은 장난·후광에 비해 훨씬 발달하지 못했다. 가령 허양 현의 경우 송 이전에 일찍이 "인재가 바야흐로 한창 흥성하는" 곳이었으나 명 만력연간의 현령 류잉부(劉應卜)는 "인문의 성쇠를 조사해 보니 도적만 있고 진사는 거의 없으며 거인을 배출하지 못한 것이 이미 일곱 과(科)이다"[77] 라고 한탄했다. 차오이 현은 관중에서 원래 문화가 발달한 곳이었지만 청조 성립 이후 역시 "과거 합격의 공명이 성하지 못하다"는 말이 생겼다.[78] 문화지리학자 천정샹(陳正祥)은 우궁(武功)과 첸당(錢塘) 두 현을 대표로 삼아 관중과 타이후 유역 진신 성쇠의 변천을 비교했는데 표7[79]과 같다.

그가 예로 든 이 두 현은 의심할 여지없이 극단적인 경우이며, 전체적인 관중과 장난의 대비는 이처럼 사람을 놀라게 할 정도는 아니지만 추세만큼은 분명히 이 표가 보여주는 바와 같다. 극도로 무거운 토지세 아래서 합법적(또는 관례상의) 우면특권을 향유하는 방대한 진신계층이 부족한 상황에서 토지의 집중이 어려운 것은 당연했다. 장난에서는 토지세는 무거우나 진신이 많기 때문에 토지의 대부분이 "그 재산에 세금이 부과되지 않고 몸에 요역이 부과되지 않으며 점포에 세금이 부과되지 않는" 진신계층에게 귀속되었다. 반면 관중에서는 토지세가 무겁고 진신이 적어 흑도의 권귀(이른바 '악패', 곧 악질토호)는 종종 토지를 권세의 물화된 형식으로 여기지 않았고 "사람들은 땅 많은 것을 오히려 피곤하게 여겼다." 평민지주는 무거운 토지세의 고통을 감당하지 못하여 "부자는

표7

역대 진사 합격자 통계

지역 \ 시기	당	송	명	청
우궁 (관중을 대표함)	14	7	2	0
첸당 (동남을 대표함)	0	82	155	270

벌어들인 것을 죄다 써버리고 고통에 이를 따름이다."[80]

이로 인해 명청 이후 토지개혁 전까지(2장에서 서술한 바와 같이) 관중에 보편적으로 존재하는 하나의 전통, 곧 축적욕이 사라지는 경향이 생겨났다. 이것은 관중 농촌의 각 계층에 모두 명확히 존재하여 일반인의 경우 "백성은 땅을 크게 좋아하지 않는다" "땅을 더러운 것으로 여긴다"[81] "옛날의 재산은 부자들에게 있었고 지금의 재산은 빈자들에게 있다" "땅을 사들이라는 권고를 대부분 피곤하게 여긴다"는 생각을 널리 갖고 있었다. 소수의 평민지주의 경우 한정된 토지 위에서 노동을 고도로 투입하는 '과밀화' 경영방법을 실행하면서도 쉽사리 토지를 늘리려 하지 않았다. 산시 상인의 경우는 한편으로 상공업 분야에서 장사가 잘될 때 물러나서 "사람은 지식을 귀중히 여기는 데는 끝이 있어도 부를 충족시키는 데는 끝이 있을 수 없으니 언제까지 허덕거리며 바삐 뛰어다녀도 채울 기약이 없다"[82] "재물은 쓸 만큼 모으면 그만이지"[83] "재물을 많이 쌓는 것을 중요하게 여겨서는 안된다"[84] "진실로 일용(日用)하기에 족하면 되거늘 ……많이 가져 무엇할 것인가"[85] 하는 철학을 받들어 실행했기 때문에 그 자본축적 규모는 싼시 상인(晋商), 안후이 상인(徽商), 장저후광(江浙湖廣) 상인들에 훨씬 못 미쳤다. 다른 한편 고향에서도 토지를 사서 늘리지 않고 "천금(千金)을 가진 자식이 땅 한 평 없고," "수만의 재산을 가진 집안이 땅 한 평 늘리지 않고" 다만 돈을 물 쓰듯 헤프게 쓰는 것— 관부와 결탁하고, 과거시험을 준비하는 데— 을 능사로 한 결과 관중의 "상인들은 대부분 큰 역량이 없고 사치를 다투어 일삼으며 겉으로는 부유한 것 같으나 속으로는 깊이 묻어 놓은 재산이 없는" 풍조[86]를 형성했다. 이른바 푸핑(富平) 현의 "상업관습이 ……조금 여유가 생기면 즉시 나가…… 부자인 척 행동하고,"[87] "10금(十金)밖에 없는 자식이 포의(布衣)를 수치스럽게 여기며," "가벼운 모피옷과 살찐 말과 화려한 비단이 거리를 뒤덮고"[88] "사치에 젖고 향락을 즐겨 ……약간의 은(銀)과 포(布)를 얻으면 곧바로 좋은 음식과 술을 사고 기생을 불러 노닥거리며 악기를 연주하고 돌아다니는데 장로(長老)를 피하지 않는다"[89] 따위는 바로 그런 생생한 모습을 보여준다. 축적을 천직으로 여기는 서방의 이른바 프로테스탄트 윤리와 완전히 상반되는 이 같은 전통은 토지개혁 전까지 지속되었으며, 2장에서 제기한, 빚을 얻어 "많이 먹고 많이 마시는" 모두 함께 가라앉는 현상(齊鎭現

象)을 출현시켰다.

　다년간 중국의 학계는 중국역사에서 소작제(租佃制)와 연계된 '상인의 지주화'를 큰 병폐로 보고 "말업(상공업)으로 치부하여 본업(농업)으로 그 부를 지킨다"는 전통이 상공업의 자본축적을 불가능하게 했다고 보았다. 그러나 만일 부자들이 상공업자본을 축적하기를 원하지 않을 뿐만 아니라 심지어 토지재산조차 축적하려 들지 않고 사치하며 돈을 물 쓰듯 하는 풍조를 제외하고 그들이 유일하게 축적하기를 원하는 것이 바로 권력이라면 그 사회는 장차 어떻게 될 것인가? 이 문제에 대해 관중은 하나의 표본이라 할 수 있다. 권세 없는 자는 지주가 될 수 없고 (또는 되기 어렵고) 권세 있는 자는 지주가 되는 것을 하찮게 여기거나 지주가 될 필요가 없는 이 점이 대체로 관중지구에 있었던 역사적 현상이다. 실제로 "말업으로 치부하여 본업으로 그 부를 지킨다"는 것은 중국 경제사상 아마도 하나의 표상이거나 부차적인 전통에 불과하다. 진정한 전통은 만일 권세로 치부하지 않았다면 본업으로 치부했든 말업으로 치부했든 관계 없이 모두 '권세'로 (그것을) 지킨다는 것이다. 그 동안 중국의 토지는 재산에 따라 분배되는 것이 아니라(또는 주로 그런 것이 아니라) 권세에 따라 분배되는 것이어서 지주가 될 조건을 가장 잘 갖춘 것은 상인이 아니라 권귀, 또는 앞서 인용한 마위린의 용어로 표현하면 '특수한 토지소유자'였다. 권세를 가진 장난의 진신이 토지를 겸병하고, 권세 없는 관중의 산시 상인이 토지를 구입하지 않은 것은 모두 이 전통의 서로 다른 표현일 뿐이다.[90]

　토지세의 과중함이 소작료와 비슷하기 때문에 (그러나 그것의 기초는 소유자의 권리가 아니라 통치자의 권리이다) 사람들의 재산권 관념도 매우 모호하여 명청 이래 관중인은 국유지와 사유지, 토지세와 소작료를 항상 명확히 구분하지 못했다. 앞에서 말한 바와 같이 명대 관중에서는 이미 왕부의 장원 소작료(莊租)를 토지세 속에 할당하여 징수했다. 청 건륭 원년 차오이(朝邑) 지현(知縣) 펑진산(馮盡善)이 서명한 『퉁린등4촌사장진탄량은책』(同林等四村社莊鎮攤粮銀冊)에서는 각 항을 나누어 '탄조은'(攤租銀)이라 했다가 '탄량은'(攤粮銀)이라 했다가 일관되지 않게 기술하고 있으나 각 항을 합쳐서는 모두 '탄량은'이라 했다. 『자리장진장책』(加里莊畛丈冊)은 '무량지'(無粮地)가 몇 경무(頃畝)이고 언제 소작료를 징수해야 하는지에 관해 기록했다. 우궁 현 경내의 웨이난 싼창하오

(三廠號) 일대는 '관지'(官地)라 불렸는데 민국 초 정식으로 민간에 매각되었으나 문서상에는 때로는 경작자를 '전호'라 칭하고 때로는 자작농이라 칭했으며, 또 거기서 징수한 것 역시 때로는 조과(租課)*라 하고, 때로는 전량(田粮)*이라 했다. 그런데 성(省) 당국에서 승과(升科)*로 하라는 지시가 있었다고 하지만 토지학자도 이에 대해서는 분명하게 밝히지 못하고 있다.[91] 이것은 장난의 소작제에서 "전호는 소작료를 납부하고 지주는 토지세를 완납한다"(佃戶交租 業戶完粮)는 명확한 구분과 매우 다르다.

요컨대 관중에서는 통치자의 권력과 소유자의 권리의 관계가 불분명하고 이 때문에 통치권에서 나오는 '토지세'(賦)와 소유권에서 나오는 '소작료'(租) 역시 겉으로는 다른 듯하지만 실은 다르지 않다. 관중인에게는 어쨌든 권세 없는 자가 권세 있는 자에게 바쳐야 할 물건('租'라 하든 '粮'이라 하든 관계 없이)이 백성이 관부에 바쳐야 할 물건보다 적으면 그만이다. 그러나 관중의 '부모관'(父母官)†에게 있어서는 이것을 바로 "무릇 백성의 부모는 백성의 재산을 자기의 재산처럼 여기며 절약하고 있거늘 어찌하여 불편하다고 하는가"[92]라고 말한다. 동시에 소농과 소토지소유가 성행한 관중에서는 전통적 평균주의도 특정한 유형을 갖게 되었다. 곧 지권평분(地權平分)은 결코 중요한 문제가 아니었다. 명말 리쯔청(李自成)은 '균전'(均田)의 구호를 제창했다고 하지만, 사실 별로 신빙성이 없다. 관중에서 시행한 것은 오직 무(畝)를 기준으로 계산해 징세한 것뿐이고 이에 관해서는 역사에 분명한 증거가 있다.[93] 청말 중국동맹회 강령에 '평균지권'이란 말이 있는데, 관중에 전해진 후 산시동맹회는 그것을 '토지국유'[94]로 고쳤으며 이것은 아마도 지방적 특색이라 해야 할 것이다.

6. 관중 모델의 경험적 의의와 논리적 의의

지금까지 논의한 것에 대해 혹시 이렇게 질문할 사람이 있을지도 모른다. 당

---

* 조과는 학교나 관청 소유의 땅을 빌려 쓰고 내는 지세(地稅)이고, 전량은 자기 토지를 근거로 내는 지세이며, 승과는 새로 개간한 토지에 대해 일정기간이 지난 후 정식으로 과세하는 지세이다.
† 지부(知府)·지현(知縣) 등 직접 백성을 다스리는 지방관을 백성의 부모라 하여 부모관(父母官)이라 했고, 백성을 그 자식이라 하여 자민(子民)이라 했다.

신이 말하는 '관중 모델'은 송·원·명·청에서 시작하여 곧장 토지개혁 전까지를 하나로 묶어 이야기한 것인데 그러나 토지개혁 전의 봉건사회는 이미 순수한 봉건사회가 아니지 않은가? 설마 그 시기의 상품경제, 도시상공업, 근대 이래 중국의 여러 변혁은 봉건사회에 아무런 영향도 미치지 않았는가?

영향은 당연히 미쳤다. 하지만 이 장의 목적은 종법농민과 봉건사회에 대해 논리적으로 유형분석을 진행하는 것이지 관중 농촌의 세세한 모습을 묘사하는 것이 아니므로 근대적 요인은 연구의 추상과정에서 제외시켜 버려도 무방하다. 실제로 과학에서의 어떤 순수모델도 모두 혼돈된 표상 속에서 논리적 방법으로 추상해 낸 것이며 그것은 현상과 결코 완전히 일치하지는 않지만 현상 속의 본질적 규정성을 반영할 수 있다. 마르크스가 사회관계를 연구할 때 사용한 전형화 방법에서부터 현재 서양 사회학계에 유행하고 있는 막스 베버의 이념형 방법에 이르기까지 어느 것이나 모두 하나의 기초──비록 무엇을 추상하고 무엇을 버릴 것인지에 대해 각기 다른 자신의 가치기준을 갖고 있지만──위에 수립되어 있다.

실제로 자연경제하의 예속적인 종법소농의 망망대해를 주요 특징으로 하는 '관중 모델'과 서로 구별하여 우리는 그 밖의 여러 봉건사회의 구체적 유형을 찾을 수 있다. 외국은 차치하고서라도 중국 동남지구에도 상품경제가 상대적으로 발달했지만 지주-소작제가 압도적으로 우세한 또 하나의 유형이 존재하며, 그 중에서 특히 타이후(太湖) 유역을 중심으로 하는 장쑤·저장 지방이 그 전형이라 할 수 있다. 이곳의 농민의 상당수는 지역시장과 국내시장에 편입되어 있었을 뿐만 아니라 일정 정도로 국제시장에도 편입되어 있다. 그러나 다른 한편, 이곳은 송·원 이래 자작농이 점차 사라지고 토지의 집중이 심화되었다. 지주토지는 거의 남에게 소작 주고 경영지주는 아주 적거나 거의 없었다. 이른바 "우중의 백성은 토지소유자가 1할이며 남의 땅을 소작하는 자가 9할이다"[95]는 말은 비록 근래의 몇몇 실증분석에 의해 과장된 표현임이 드러났지만 민국시기의 몇몇 통계는 그곳의 토지소작률이 늘 90% 내외였음을 보여주어 관중과 선명한 대조를 이룬다. 우리는 이를 '타이후 모델'이라고 부를 수 있다.

현재 이미 적지 않은 학자들은 다른 지구와 마찬가지로 그 동안 타이후 유역 농촌의 지주제가 지나치게 강조되어 왔다는 점에 대해 의문을 제기했다. 가령 판수즈(樊樹志)는 "농촌 조사자료에 근거하여 쑤난(蘇南) 지역에서는 지주가 30.87%의 토지를 점유하고, 부농이 6.54%의 토지, 중·빈농이 50.51%의 토지를 점유했다. 상하이(上海) 지역의 경우는 쑤난보다 지주 점유지가 더 적어서 난후이(南匯)·촨사(川沙)·상하이 3현의 경우 지주 점유지는 각각 13.29%, 14.98%, 18.00%이고 부농 점유지는 각각 44.78%, 40.12%, 40.30%이며 빈농 점유지는 22.37%, 18.19%, 18.03%였다"[96]고 했다. 이 통계가 반영한 지주제의 비중은 민국시기 다수의 관변 통계가 반영하는 것보다 훨씬 낮아서 완전히 믿기는 어려울 것 같다. 그런데 토지개혁 통계가 지주 점유지에 대해 종종 과장하고 있으며 이것이 장쑤·상하이에 국한된 것이 아닌 만큼 판수즈의 비판은 분명 일리가 있다고 해야 할 것이다.

비록 이와 같다 할지라도 명청시기 사람들의 일반적 기록과 민국시기의 몇몇 권위 있는 조사(가령 앞에 인용한 농촌부흥위원회와 만철서무부의 조사)를 볼 때 타이후 유역 농촌의 소작제는 절대량을 얼마로 계산하든 관계 없이 상대적으로 말해 분명히 전국에서 가장 발달한 전형적인 사례에 속한다. 따라서 우리는 충분히 그것을 논리적으로 '관중 모델'과 서로 대비되는 또 다른 하나의 극으로 설정할 수 있다.

이론 분석에서 '관중 모델'과 '타이후 모델'은 이미 일종의 이념형으로 추상되었고 그것은 현실의 관중 농촌 및 타이후 농촌과 결코 완전히 일치하지는 않는다. 관중 농촌에도 '타이후 모델'의 요소가 존재할 수 있고, 반대로 타이후 농촌에도 '관중 모델'의 요소가 남아 있다.(타이후 지역에도 자연경제의 요소가 없지 않으며 종법식 자작농 역시 완전히 사라지지 않았다.) 그리고 관중과 타이후 이외의 중국의 봉건농촌도 소수민족 토사(土司)지구를 제외하면 기본적으로 이 두 모델의 종합으로 볼 수 있다. 대체적으로 말하면 화북은 관중 모델의 성향이 좀 더 강하고 화남·화중은 타이후 모델의 성향이 좀 더 강하다. 그러나 그 동안 우리가 사용해 온 중국 봉건사회 개념과 농민개념은 기본적으로 타이후 모델을 기초로 해서 형성된 것이다. 예컨대 서양의 농민은 농노이고 중국의 농민은 소작농(佃農)이며, 서양 봉건영주는 귀족영주인데 중국은 '지주·상공업자·고리대업자의 삼위일체'이며, 서양은 농촌공동체인데 중국은 토지의 자유로운 매매가 가능했다고 본 것은 말할 것도 없고, 나아가 사회모순을 지주와 소작농간의 모순으로 귀결시켜 사회위기를 양극분화와 토지겸병 위기로 몰아가 그 속에서 서양이 발전하고 중국이 정체한 각종 원인과 결과를 해설한 것 따위는 모두 '타이후 모델'의 사회를 근거로 한 것이다.

하지만 이런 종류의 해설이 과연 타당할까? '관중 모델'을 제기한 최소한의 의의는 바로 이 문제를 지적한 데 있다. 관중 모델에 대해 사람들은 우선 그것의 경험적 의의에 관심을 둔다. 이 모델은 통계상으로 볼 때 과연 무시해도 좋을 만큼 미미하고 우연적이며 보기 드문 예외인가? 중국 역사상 또는 봉건사회에서 관중 모델이나 준(準)관중 모델은 어떤 지위를 차지하는가? 바꿔 말하면 관중 모델은 전근대사회 연구에서 어떤 경험적 가치를 갖는가?

이 문제에 정확히 대답하기는 매우 어렵다. 잘 아는 바와 같이 중국 역사상 부역(賦役)과 유관한 통계를 제외하고는 사회 통계자료, 특히 믿을 만한 자료는 많지 않으며 전국적인 이런 자료는 거의 없다. 이 때문에 관중 모델의 농촌이 전국에서 도대체 몇 퍼센트를 차지하는지를 확실하게 말할 수는 없다. 그러나 적어도 관중 모델은 중국 봉건사회 각 시기에서 모두 우연적이고 보기 드문 예가 아니며 중요한 경험적 의의를 갖고 있다고 말할 수 있다.

근래 전국의 서로 다른 지역에 대한 근대경제사와 농촌사 통계분석의 새로운 진전은 거의 모두 지난날 지주제에 대한 강조가 정도는 다르지만 과도했음을 밝히고 있다. 가령 앞에 인용한 판수즈의 통계가 사실에 가깝고 또 특수한 사례가 아니라면 그것과 이 책에서 말하는 관중 모델과의 차이는, 실로 그것과 과거에 묘사된(나아가 구옌우가 말한) 바와 같은 타이후 모델과의 차이보다 분명히 적다. 타이후 유역이 이와 같을진대 다른 곳은 더 말할 필요도 없다.

그 밖에 토지개혁사를 연구하는 학자는 아마도 모두 토지개혁 시기 중국의 수많은 지역에서 '지방적 특수론'이 출현했음을 알고 있다. 예컨대 북방의 몇몇 지역에서는 그곳이 남방만큼 발달하지 않았다는 특수성 때문에 지주가 적다고 보았다. 남방의 몇몇 지역에서는 북방이 토지가 많고 지주가 모두 현지에 있었던 것과 달리 토지가 적고 상황이 특수하기 때문에 북방과 나란히 논할 수 없다고 보았다. 간쑤(甘肅)의 몇몇 지역에서는 토지가 너무 척박하기 때문에 지주가 토지를 많이 점유하고 있어도 무익하다는 점에서 특수하다고 보았다. 저장(浙江)의 몇몇 지역에서는 토지가 유달리 비옥하고 사람들이 대부분 땅을 귀중히 여기고 팔려고 하지 않아 부자가 땅을 사들이기 어려웠기 때문에 지주는 매우 적다고 보았다. 토지개혁시기 이와 같은 '자기 지역 특수론'은 대부분 정치적인 면에서 비평을 진행한 것이지 실증적인 면에서 분명하게 밝힌 것이 아니며 실제로 이런 주장을 반박하여 제압할 수도 없다. 그러나 '특수'라는 것은 대다수 사람들로 하여금 그 중의 얼마만큼이 약간의 보편성을 갖고 있는지를 의심하게 만든다.

역사상의 몇몇 자료 역시 사람들을 심사숙고하게 만든다. 중국에서 유일하게 관례적으로 주호·전호(主佃) 통계를 낸 송 왕조의 주호 통계를 보면 일반적으로 주호의 수가 객호(客戶, 佃戶)의 수를 훨씬 능가하여 몇몇 문인의 기록(가령 타이후 유역의 "吳儂 들판에는 초가집이 수없이 많은데 모두 佃戶이다"[97]라는 따위)과 큰 차이가 난다. 과거에 논자들은 어떤 특정한 사유습관에서 입각해서 종종 후자를 믿고 전자를 믿지 않았는데[98] 이제는 아마도 양자에 대해 모두 신중한 태도를 취해야 할 것이며 청대 토지대장과 구옌우의 서술의 다른 점이 사람들의 호기심을 자극할 수 있을 것 같다. 송 왕조 이후에도 주호·전호 통계의 예는 더러 있다. 예컨대 청 건륭 11년 쓰촨 스팡(什邡) 현 호적편심(戶籍編審)에 따르면 재적 총호 6,086호 중 주호가 5,980호나 되고 전호는 겨우 180호였다.[99] 설령 주호 중 소작을 겸한 부분을 고려한다 하더라도 이 현의 '관중' 색채는 바꿀 수 없다.

민국시기 관변 또는 정치적 배경을 가진 비관변의 조사 외에 몇몇 학자들이 학술 목적으로 진행한 실증분석도 있는데, 그 중에 적잖은 관중 모델 또는 관중 모델에 준하는 실례가 들어 있다. 가령 향촌 건설파 학자들의 산둥 저우핑(鄒平) 등지의 조사, 그리고 리징한(李景漢)의 딩(定) 현 사회조사[100] 등이 그것이다. 리징한의 조사에 따르면 1920~1930년대 딩 현 토지소유권 분배의 불평등 정도는 결코 크지 않았으며 자작농이 농가 중 절대다수를 점했고 소작농·고농은 매우 적었을 뿐만 아니라 자작농은 여전히 증가하고 있었던 데 반해 소작농·고농은 점점 감소하고 있었다. 몇몇 학자들의 기본이론과 그들이 이들 조사에 근거해 얻은 결론(중국은 봉건사회가 아니며 따라서 민주혁명이 필요하지 않다는 따위)에 대해 나는 동의할 수 없다. 그러나 이들 조사자료 자체에 대해서는, 그리고 이들 근대 실증사학의 엄격한 훈련을 받은 학자들이 제공한 통계에 대해서는 검토할 만한 가치가 있다. 통계를 낸 사람의 입장과 사상경향이 통계의 객관성에 영향을 미칠 수 있을까? 물론 이런 가능성을 배제할 수는 없다. 그러나 이것은 결코 중요한 것이 아니다. 왜냐하면 우리는 동일한 연구자들이 몇 년 후 쓰촨의 조사를 통해 얻은 결론이 완전히 '타이후 모델'이었음을 당안자료에서 볼 수 있기 때문이다. 예컨대 바(巴) 현 싼샤(三峽) 향의 경우 소작농이 90%를 차지한 반면 자작농·반자작농은 각각 4%와 6%에 불과했고, 허촨(合川) 현의 경우 소작농이 88%를 차지했으나 자작농은 4~5%에 불과했다.[101] 그들은 결코 자신의 '입장' 때문에 이들 지역의 높은 소작률을 고의로 은폐하지 않았다. 따라서 우리는 다만 화북 농촌이 쓰촨 농촌과 확실히 다르다고 볼 수 있을 뿐이며 관건은 단지 이 사실을 어떻게 이해할 것인가에 있을 뿐이다.[102]

실제로 '관중 모델'의 경험적 의의를 증명할 수 있는 자료는 그 밖에도 많이 열거할 수 있다. 선구적인 마르크스주의 농민학자 천한성, 일본의 하타다 다카시(旗田巍)와 요시다 고이치(吉田浤一), 중국계 미국학자 필립 황 등은 이미 각기 다른 곳에서 근대(민국시기를 포함하여) 화북 농촌이 주로 자작농의 바다였음을 지적한 바 있다. 고대의 경우, 적어도 당말 양세법 실시 이전에는 자연경제 하의 전제국가가 통제하는 자작농('관중식'의 농민)이 중국 농민의 주체였음은 의심할 나위가 없다. 그렇지 않다면 논리상으로 우리는 저 "정신을 기본으로 한"(以丁身爲本) 징발제도가 어떻게 수백 년 동안 그토록 유지될 수 있었으며, 또 당말 이후부터 이 제도의 시행이 곤란해지기 시작했는지를 설명할 수가 없다. 비록 이 몇백 년 동안 '겸병의 무리'가 세상에 횡행하여 힘없고 가난한 백성은 한 뼘의 땅도 갖고 있지 않다는 것에 대한 기록이 사서에 끊이지 않고 나오지만 우리는 이 같은 '겸병의 억제'(抑兼幷)를 천직으로 하는 전제국가와 그 문사(文士)의 수사적 묘사를 기초로 일종의 통계개념을 세워서 그 기본 징발제도가 반드시 갖추어야 하는 논리적 전제를 무시하기는 어렵다. 송·원 이래 '타이후 유형'의 비중은 증가했지만 이에 대해 과분하게 평가하는 것은 옳지 않다. 그렇지 않다면 우리는 항조(抗租)가 아니라 항량·항차(抗糧·抗差, 이것들은 주로 자작농의 부담이다)를 목적으로 하고, 반지주(反地主)가 아니라 반관부·반조정(反官府·反朝廷, 이들은 소작농의 직접적인 착취자가 아니다)을 목적으로 한 농민전쟁(그 전형적인 예가 명말 농민전쟁이다)이 왜 계속 반복해서 발생하며 이처럼

두터운 사회적 기초를 갖고 있는지를 이해할 수 없을 것이다. 사학자 왕위촨(王
毓銓)은 일찍이 다음과 같이 전체적인 인상을 밝힌 바 있다. "전국이 하나의 조
정 밑에 통일될 때, 특히 하나의 강력한 조정 밑에 통일될 때 자작농의 수는 개
인 소작농보다 많았고, 적어도 개인 소작농보다 적지 않았다. 지역별로 나누어
말하면 양쯔 강 이남 한족(漢族) 지구는 소작농이 많고, 특히 장난의 쑤쑹(蘇
松)*이 그러하다. 양쯔 강 이북 황허 유역은 자작농이 많을 뿐만 아니라 기본적
으로 자작농이다."[103] 이런 견해는 일리가 있다고 본다.

아무튼 '관중 모델'의 경험적 의의는 무시할 수 없다. 그러나 여기서 중국 봉
건사회의 '타이후식' 특징을 강조하는 논자들과 지나치게 논쟁하고 싶지는 않
다. 설령 그들이 옳다 하더라도(일정 시기, 일정 지역에서는 그들의 견해도 분명히
옳다) 여기서 말하는 '모델'이란 이미 일종의 논리구조로서 추상화된 것이기 때
문에 경험적 의의를 강조하여 중국 농민은 관중형의 농민인가 타이후형의 농민
인가를 논하는 것은 이 연구에서 결코 중요한 문제가 아니다. 이 책에서 '관중
모델'을 제기한 목적은 봉건사회가 반드시 또는 주로 '관중식'이어야 한다는 것
을 증명하려는 데 있는 것이 아니라 봉건사회(또는 사회 속의 봉건관계)는 '관중
식'일 수도 있다는 것, 그리고 꼭 '타이후식'인 것은 아니라는 사실을 증명하려
는 데 있을 뿐이다.

분명히 '관중식'일 수도 있다는 명제를 증명하려면 관중이라는 하나의 경험
사례로는 불충분할지도 모르지만 그렇다고 더 많은 사례를 제시한다고 해서 더
나아지는 것도 아니다. 이것은 마치 당신이 1만 마리의 백조를 보고도 "모든 백
조는 전부 희다"는 것을 논리적으로 완벽하게 증명할 수 없는 것과 같다. 따라
서 모두가 '타이후식'인 것은 아니라는 명제를 증명하려면 관중의 경험사례만으
로도(앞에서 서술한 대로 사실상 이 하나에 그치는 것은 아니다) 충분하다. 이것은
마치 당신이 한 마리의 검은 백조를 발견하기만 하면 "백조에는 검은 것도 있
다"는 것을 충분히 증명할 수 있고 "모든 백조는 희다"는 명제가 거짓임을 증명
할 수 있는 것과 마찬가지이다. 나는 봉건사회의 이론적 연구와 관련해서 '관중
모델'이 갖는 의의는 주로 경험적인 면에 있지 않고 논리적인 면에 있다고 생각

* 쑤저우(蘇州)와 우쑹(吳松)을 말한다.

한다. 그렇게 되면 "봉건주의의 기초는 지주제이다"라거나 "봉건생산관계는 바로 지주가 토지를 점유하고 소작료를 수취하여 소작농을 착취하는 관계이다"라는 아주 중요한 전통적 논점이 거짓임을 증명할 수 있으며, 봉건사회와 봉건주의의 본질적 규정성을 새롭게 인식하고 봉건사회 생태학의 이성적 재건을 위해 논리적인 사유의 길을 열어 줄 수 있다.

현대사회학의 유형분석이 전통적인 사례 서술과 다른 점은 그것이 일종의 경험적 개괄일 뿐만 아니라 동시에 일종의 논리조작이라는 데 있다. 후자의 의미에서 각종 유형(그것이 현실의 경험 속에서 차지하는 통계적 비율이 어느 정도이든 관계 없이)은 반드시 동등하게 취급되어야 한다. 예를 들면 그 동안 사회주의 모델에 대한 연구에서 사람들은 '남슬라브 모델'(과 기타 유형)을 제기한 바 있는데 그 의의는 남슬라브와 유사한 사회주의 국가가 도대체 얼마나 되는가에 있지 않고 그것이 사회주의는 꼭 모두 구소련(이른바 스탈린 모델)과 같지는 않다는 것을 증명할 수 있다는 데 있다. 그리하여 그것은 또 사람들이 사회주의를 새롭게 인식하도록 일깨워 줄 수도 있었다. 만약 이 모델을 분석하기 전에는 사람들이 단지 사회주의를 고도로 중앙 집중화된 계획경제라고만 알고 있었다면, 그 뒤에는 사회주의에 대한 정의를 새롭게 진행하지 않을 수 없게 되었다.

'관중 모델'의 의의도 이와 마찬가지이다. 나는 봉건사회가 모두, 또는 대부분 관중과 같다는 것을 증명할 의도도 증명할 수도 없다. 그러나 봉건사회는 관중과 같은 것일 수도 있다는 것을 증명하기만 하면 우리는 논리상으로 봉건사회에 대한 하나의 재인식과정에 이르게 된다. 과학철학의 엄격한 논리에 입각해 말하면 유한한 수의 사례는 실증이 불가능하고 다만 가능한 것은 하나의 전칭(全稱) 판단이 거짓임을 증명할 수 있을 뿐이다. 1만 마리의 흰 백조도 "모든 백조는 전부 희다"는 것을 증명하기에는 부족하지만 한 마리의 검은 백조는 "모든 백조는 전부 희다"는 명제가 성립될 수 없음을 증명하기에 충분하다. 그렇다면 '관중 모델' 연구는 봉건관계의 이론적 연구에서 한 마리의 '검은 백조'가 될 수 있을까?

이에 대해 사람들이 어떻게 생각하든 상관없이 중요한 것은 관중 모델과 타이후 모델에 대한 분석이 논리적으로 중국의 봉건사회이론과 농민이론에 다음과 같은 일련의 피할 수 없는 문제를 제기했다는 사실이다.

첫째, 비록 관중 모델이 단지 하나의 특수사례라 하더라도 이 특수사례는 봉건사회(전자본주의 사회)인가 아닌가? 만일 봉건사회가 아니라면 무엇인가?

둘째, 봉건사회라면 어떤 의미로, 어느 정도까지 그렇다고 말할 수 있는가? 가령 "관중 농촌에 대토지소유와 소작관계가 전혀 없는 것은 아니다"는 의미에서 그것을 봉건사회로 정의할 수 있는가? 그렇지 않다면 무엇 때문에 관중을 봉건사회라고 말하는가? 그리고 대토지소유와 소작관계는 봉건사회와 필연적인 관계를 갖는가? 만일 그렇다면 관중처럼 자연경제와 인신예속이 절대 우위를 점하는 종법사회를 지주의 대토지소유와 소작관계가 상대적으로 적다는 이유로, 지주제와 소작제가 매우 발달했지만 농업상품화, 시장경제와 화폐관계에의 편입 정도가 더욱 큰 타이후형 사회보다 덜 봉건적이라고 볼 수 있는가?

셋째, 만일 이상과 같은 문제들에 대해 긍정적으로 답할 수 있다면, 곧 관중 모델의 봉건성이 타이후 모델보다 약하다는 것을 인정한다면 논리상으로 우리는 량수밍의 역설로 되돌아가 버리게 된다. 그렇다면 관중의 특징을 조금이라도 갖고 있는 북방의 수많은 지역에서 반봉건 민주혁명은 여전히 필요한가 필요 없는가? 왜 민주혁명은 바로 북방에서 먼저 승리를 얻고 난 다음에 비로소 "100만의 영웅과 장수가 양쯔 강을 건너는" 장거(壯擧)가 일어났는가?

넷째, 이와 반대로 만일 앞에서 제기한 관점을 부정한다면, 곧 관중 모델이 타이후 모델보다 자본주의와 거리가 멀다는 것을 인정하거나 또는 봉건성이 더 농후하다고 말한다면, 타이후형 농촌의 지주제와 소작제를 소멸시킴으로써 상품화폐관계도 소멸시킴으로써 또한 타이후형 농촌을 관중화시켰다고 해서 반봉건투쟁의 완전한 승리를 이루었다고 할 수 있는가? 만일 승리하기는 했어도 불철저하다고 한다면 대사유제를 소멸할 뿐만 아니라, 대사유제를 낳을 수 있는 소사유제나 사유제의 꼬리까지 모두 잘라 버린 후에야 비로소 철저하게 승리하여 봉건주의의 "두 번의 고통과 두 번의 벌"을 받을 위험이 다시는 있을 수 없게 되는 것인가?

다섯째, 이상의 문제는 토지개혁을 어떻게 이해할 것인가의 문제와 서로 연관되어 있다. 앞에서 이미 대토지재산을 몰수하는 것은 관중 토지개혁의 주요 내용이 아님을 지적한 바 있으나 관중 이외의 지역, 특히 타이후형 농촌에 대해 말하면 토지소유권의 재분배는 당연히 토지개혁의 주요하고도 직접적인 결과이다. 그렇다면 토지개혁의 역사적 의의를 어떻게 총체적으로 인식할 것인가? 설마 그것의 의의를 단지 대토지재산을 소멸한 것, 곧 타이후형 농촌을 관중화시킨 것에만 한정지을 수 있겠는가? 동시에 우리는 또 토지개혁의 역사적 한계를 어떻게 이해할 것인가? 설마 그 한계를 토지개혁이 단지 부농에 대해 양보하여 일체의 착취를 소멸하지 못한 데 있다거나 또는 쉽게 양극분화하는 독립소농을 유지·옹호함으로써 '두 번 고통'당하고 '두 번 벌'받게 할 위험성을 제거하지 못한 데 있다고만 할 수 있겠는가?

오랫동안 중국의 적지 않은 학자들은 토지개혁을 언급할 때 흔히 봉건시대 '천연수장'들이 종법공동체정신 또는 공동체(公社)* 정신을 유지·옹호하기 위해 기울인 노력이 마치 러시아 인민주의파가 토지혁명의 임무를 농촌공동체(公社)의 부활로 간주하고 '탐욕스런 사유자'를 징벌한 것과 마찬가지라고 생각했다. 이 학자들은 "해방 후 중국의 토지개혁은 실행의 정도에 관계 없이 토지겸병에 대한 억제란 면에서 당(唐)왕조의 균전제보다 훨씬 철저했다"고 보았다.[104] 이런 견해에 따르면 토지개혁은 바로 철저한 균전제이며, 겸병억제 등의 행위는 불철저한, 정도가 비교적 낮은 토지개혁이었다. 그러나 다른 몇몇 학자들은 역대 봉건 통치자를 사유권의 신성불가침론자로 보고 따라서 그들이 이 같은 준사회주의적 또는 적어도 민주주의적 토지개혁정책을 불철저하게라도 실행하는 것은 불가능하다고 보았다. 그러므로 이 관점에서 보면 역대의 균전과 겸병억제 등의 행위는 당연히 단지 '거짓된 외피'일 뿐이며 "애당초 실행된 적이 없는" 사기에 불과하다.[105]

그렇다면 근대적 의미의 토지개혁은 역대의 균전과 도대체 어떤 차이가 있는가? 단지 철저함과 불철저함, 진정한 것과 허구적인 것의 차이일 뿐인가? 분명히 이 문제는 이미 관중 지역과 타이후 지역 농촌사(農村史)의 경험적 범위를 뛰어넘는다. 그것은 우리를 추상-구체-추상의 보다 깊은 층차에서 이론적 분석으로, 곧 전근대 사회에 대한 재인식으로 나아가도록 만든다.

---

* 지은이는 공동체(共同體)와 공사(公社)의 차이를 밝히지 않은 채 약간 다른 의미로 사용하지만, 공사를 사회주의와 관련지어 사용한 경우만 '코뮌'으로 옮기고 나머지 경우는 '공동체'로 옮겼다.

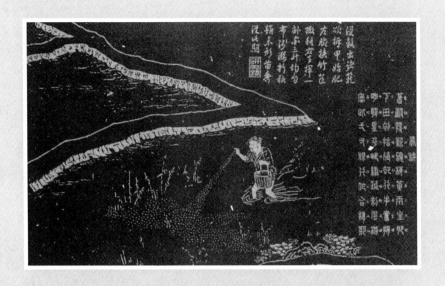

4장 속박과 보호의 협주곡: 봉건관계의 세 요소

어떤 유형의 봉건사회도 반드시 세 가지 상호 인과적인 기본요소를 갖추어야 한다. 자연경제, 종법공동체, 그리고 인신예속이 그것이다. 이 세 개념이 결코 무슨 새로운 언어기호는 아니겠지만 그것들이 진정으로 가리키는 것이 무엇인지는 새롭게 정의해야 할 문제이다.

1. 자연경제와 명령경제

'자연경제'는 우리가 잘 알고 있는 명사이지만 이 용어에 대한 사람들의 저마다의 이해에는 큰 차이가 있다. 서양의 몇몇 경제학자들은 자연경제란 인위적인 간섭과 조절 없이 자연스럽게 법칙에 따라 움직이는 자유경제라고 보았다. 이 경우 자연경제는 바로 상품경제이다. 그러나 우리는 일반적으로 자연경제를 자급자족, 남경여직(男耕女織), 분업의 결여, 모든 일에 남의 손을 빌리지 않는 것과 같은 경제유형으로 이해한다. 이 개념은 두 가지 특징을 갖고 있다. 하나는 잉여가 없다는 점이다. 생산은 단지 자급을 위한 것이어서 교류가 없으며, 경제단위는 자족할 수는 있지만 외부세계와 연계를 맺을 필요는 없다. 이런 자연경제 개념은 의심할 여지없이 종법농민이 동경하는 일종의 이상적 경지이며 마치 시스몽디(J. C. L. S. de Sismondi, 1773~1842)*가 묘사한 '농촌의 행복' 과 마찬가지로 "그러한 행복과 안전과 장래에 대한 믿음, 행복과 미덕을 동시에 보장하는 독립성이 곳곳에 가득한 세계이다. 조상으로부터 물려받은 작은 토지에서 자식들의 도움에 의지해 농사를 완결짓는 농민은 자기보다 높은 지위의 어떤 사람에게도 임대료를 내지 않고 자기보다 낮은 지위의 어떤 사람에게도 임금을 지급하지 않으며 자기의 생산을 자기의 소비에 적합하도록 만들어 직접 만든 빵을 먹고, 직접 만든 술을 마시며, 자기 집에서 짠 털옷과 자기가 생산한 아마로 만든 옷을 입는다."

그러나 실제로 이와 같은 경제는 하나의 현실유형으로서는 거의 존재하지 않는다. 단지 원시공동체의 경제만이 진정으로 잉여 없는 자연경제이고 어떤 문

---

* 자본주의는 경쟁과 무정부 상태로 인해 노동자의 실업과 빈곤을 초래한다고 비판하고 소생산경제를 열렬히 옹호했다.

명시대의 자연경제도 모두 잉여를 갖고 있다. 따라서 바로 그것이 개인의 공동체에 대한 인신예속과 소외를 만들어 내며 마침내 인신노역(奴役)이 되게 했다. 다른 한편 외부세계와 교류가 없는 자연경제, 이른바 '로빈슨 크루소식' 경제도 당연히 『로빈슨 크루소』 같은 소설 속에서나 존재할 수 있을 뿐이지 사회라고 할 수 있는 어떤 인간집단 사이에도 존재하지 않는다.

실제로 봉건사회의 기초로서의 자연경제에는 모두 잉여가 있으며 교류도 있다. 뿐만 아니라 이런 잉여와 교류가 수량 면에서 어떤 유형의 상품경제보다도 반드시 적다고 확언할 수 없다. 역사가 보여주듯이 중국에서든 서양에서든 봉건사회 초기의 자연경제화 과정은 모두 노동이나 상품의 사회적 유동량이 이전의 고대 상품경제시대보다 감소한 것으로 나타나지 않았으며 다만 이런 유동의 성질, 곧 그것을 지배하는 메커니즘만 바뀐 것으로 나타났을 뿐이다. 유럽 중세 장원 내부의 영주권력 지배 아래서의 사회적 분업은 보통 10명 내외의 노예밖에 없었던 로마의 장원보다 훨씬 복잡했고, 중세장원의 삼포제와 쌍날쟁기 경작하의 잉여생산물 비율도 십자(十字) 경작법을 실행한 로마의 농업보다 낮을 리 없지만 상대적으로 로마 시대에 발달한 상품화폐관계와 도시문명은 중세에 이르러 몹시 위축되었다.

중국의 경우 한 말에서 남북조시대에 이르기까지 "노비가 수천 무리이고 하는 일 없이 따르는 자가 수만에 이르며," "문을 닫고 시장을 이루니 구할 것이 있으면 반드시 공급해 준다"는 그러한 대토지재산 내의 강제성 사회분업도 양한(兩漢)의 "식구 다섯에 토지 100무의 가족"과 "12명의 일꾼을 데리고 우물 하나에 집 한 채를 갖춘 논밭을 일구고 5경의 토지를 두 마리 소와 세 사람이 쌍날쟁기를 사용해 경작하는" 소형과 중형 경제간의 자유분업보다 훨씬 더 발달했다. 그러나 전국·진한 시기의 고전 상품경제의 활발한 분위기는 이 시기에 이르러 거의 사라지고 사회는 화폐가 무엇인지 모르는 상황으로 되돌아갔다. 수·당 시대에는 미증유의 규모를 갖춘 방시제(坊市制)* 대도시와 대운하를 핵심으로 하는 물자 운송체계가 있어서 사회적 생산물과 노동의 유동량은 당연히 한대보다 훨씬 크지만 당대의 농민은 오히려 "좁쌀은 경작해서 얻을 수 있고 비단

---

* 직각으로 교차하는 도로에 의해 조성된 성 안의 시가(市街).

은 짜서 만들 수 있으나 돈(錢)은 관이 아니고는 주조할 수 없으니 농사에 종사하는 사람이 어떻게 그것을 얻을 수 있겠는가?" 하는 형편이었다. 한대의 농민이 국가에 납부하는 화폐세금만도 매년 호당 2~3천 전(錢) 이상에 달했던 상황과는 비교가 되지 않는다.[1] 당대 창안(長安)의 도시 규모와 인구는 한대의 몇 배였으나 상업구역은 오히려 한대의 9개에서 2개로 감소되어 사회적으로 자연경제 분위기는 훨씬 심해졌다.

이상에서 알 수 있듯이 봉건 자연경제의 가장 본질적인 특성은 노동력과 생산물의 사회적 유동이 거의 없거나 적은 것이라기보다는 상품유통이 없거나 적은 것이라고 해야 옳다. 이런 경제는 자급자족 경제가 아니라 차라리 부자유(不自由)경제라고 해야 한다. 그것이 수용할 수 있는 노동력과 생산물의 유동량은 상당히 크겠지만, 시장경로를 거치지 않아서 자유로운 인간의 등가교환방식으로 진행될 수 없으며, 단지 인신예속의 기초 위에서 경제외적 강제방식에 의해 진행될 수 있을 뿐이다. 이것은 당시에 인간의 개성이 고도로 발달하지 못하여 인간은 자연의 개체로서 다만 '협애한 인간군집의 부속물' 형식으로서만 존재할 수 있었다는 사실에 의해 결정된 것이다. 그러므로 봉건 자연경제의 진정한 함의는 마땅히 자연인의 경제이며 그 운행 메커니즘에 초점을 두고 말하면 '명령경제'라 해야 할 것이다.

일반적인 상황에서 이런 '명령경제'가 야기하는 노동력과 생산물의 유동은 비교적 분산적이며 항상 하나의 영지, 하나의 장원, 하나의 촌락, 심지어 하나의 대가족 내에서 순환되지만 일정한 조건 아래서는(가령 이른바 아시아적 생산양식 색채가 있는 나라에서) 그 유동이 고도로 집중될 수도 있다. 예컨대 고대 이집트가 그러하다. 고대 이집트의 경제는 전형적인 국유 명령경제이며, 엄밀하게 말해 이집트의 소농은 결코 자급자족적이지도 대외독립적이지도 못했다. 이와 반대로 국가가 경제외적 강제에 의해 생산과 분배과정을 조직하여 노동력과 생산물을 대규모로 조달함으로써 고대 이집트는 화폐와 상인이 거의 없는 상태에서 거대한 건축과 수리(水利)사업 그리고 발달된 사회분업으로 이름을 날릴 수 있었다. 고대 이집트의 도시인구와 비농업 노동력이 차지하는 비중은 당시로서는 기적이라 할 만큼 컸다. 기원전 8세기 이집트는 226km의 나일 강 연안에 19개의 도시를 갖고 있었으니 평균 14km마다 하나 꼴로 도시가 있었던 셈이다. 고대 이집트 농민의 생산물 조달률(노동력을 포함하여)은 대개 50% 이상일 정도로 높았다.[2] 아마도 현재 중국의 몇몇 지역 농업경제의 상품률보다 훨씬 높았던 것 같다. 이 때문에 적잖은 서양학자들은 고대 이집트의 경제는 자연경제가 아니라 인류 최초의 계획경제 또는 농업의 계획화라고 보았다. 중국 명대에 고도로 발달한 둔전제와 역대 왕조의 방대한 관영 상공업도 이와 유사하다. 그렇지만 이런 경제는 당연히 무슨 계획경제나 생산품경제가 아닌 영락없는 자연경제이다. 왜냐하면 이런 유의 경제에는 자유로운 개성은 없고 인신예속만 있으며, 자유인 연합체는 없고 종법공동체만 있으며, 진정한 계획 메커니즘은 없고 '천연수장'의 명령만 존재하기 때문이다.

본질적으로 자연경제인 이와 같은 명령경제는 분명히 계획경제와 약간 닮은 점이 있는 것처럼 보인다. 그것들은 모두 자유상품경제를 배척하며, 특히 시스몽디식의 '농촌의 행복'을 동경하고 계획경제를 양극분화를 배척하는 '속박-보호'체제로 간주하는 종법농민에 대해서 말하면 더욱 그렇다. 러시아 농촌공동체에는 적어도 16~17세기부터 강제성 집단경작 '공동경지'제도가 존재했으며 그것은 세금이 집중된 연대보증제와 마찬가지로 차르의 전제에 일조했고 연대보증제는 경찰수단에 의해 뒷받침되었다.[3] 공동경지를 제외한 일반 가정분여지의 경작도 공동체의 '명령'에 따른 간섭을 받았으며 이것이 바로 이른바 강제경작(Flurzwang)제이다. 이 제도 아래서는 작물의 품종과 면적의 분배, 윤작방식, 농사일정과 내용 등이 공동체의 융통성 없는 규정에 따라 결정되었으며 농가는 반드시 이런 '계획'을 집행해야만 했다. 인민주의자들이 볼 때는 이것이 바로 계획경제이고 "사회주의가 이 메커니즘을 전국에 확대하기만 하면 전체경제는 하나의 단일한 경제체제에 종속되고 이 체제는 단일한 관리의지(管理意志)에 의해 가동된다."[4] 여기에서 생산품경제·계획경제와 자연경제·명령경제체제의 본질적 차이는 무엇인가라는 원칙상의 문제가 제기된다.

현재 구체적인 실례를 들어 '생산품경제'의 특징을 분석할 수는 없다. 그것이 완성된 형태로 오늘날의 세계에 아직 출현하지 않았기 때문이다. 그렇지만 원칙적으로 마르크스가 구상했던 그런 생산품경제는 개인이 자연적으로 발전한 기초 위에서 생겨난 자유로운 개성의 산물이고 자유인 연합체와 각 개인의 자유는 모든 사람이 자유롭다는 조건의 산물이며, 사람의 의존성 또는 개인이 공동체의 부속물로 되는 것과 결코 연관될 수 없다. 역으로 말하면 자유로운 개성과 대립되는 자연경제-명령경제만 있을 수 있으며 자유로운 개성과 대립되는 생산품경제-계획경제는 있을 수 없다. 전자는 예속적인 자연인의 경제이며 후자는 개성화된 사회인의 경제이다. 마르크스가 말한 바와 같이 이처럼 발달된 자유로운 개성을 갖춘 사회화된 인간은 교환가치 위에서 확립된 생산을 전제로 할 때만 만들어질 수 있다. 그러므로 생산품경제 역시 상품경제가 극도로 발달한 끝에 나온 결과물일 수밖에 없으며 상품경제가 고도로 발달하지 않은 상태에서 인위적으로 시장을 폐지하고 행정명령으로 대신함으로써 형성된 것은 결코 생산품경제가 아니다.

생산품경제는 결코 경제외적 강제의 산물이 아니다. 그것은 시장의 기초 위에 형성된 경제구조 자체가 높은 기술 조건하에서 시장절차를 자각적으로 모방하고 게임이론과 선형(線形) 계획법을 통해 효율을 극대화하고 노동력과 자원의 배치를 효율화하는 사전(事前) 조절의 경제이다. 그 이론 모델은 구소련의 수리경제학자 칸트로비치 등이 묘사한 '컴퓨터 유토피아'를 예로 들 수 있으며 그 현실 모델은 구동독 모델에서 단서를 추상해 낼 수 있다. 그것은 경제의 무수한 하위시스템(subsystem) 각각의 수급변동량의 생산·유통·분배·소비 전 과정 속에서 나타나는 상호관계 동태함수에 대해 측량·연산·통제를 진행해야 하기 때문에 그 메커니즘은 매우 복잡하며 따라서 적지 않은 사람들이 그것을 실현 불가능한 것이라고 보았다. 이것은 지나치게 비관적인 견해가 아닌가 싶고, 그것에 대해서는 좀 더 두고 보는 태도를 취할 수밖에 없다. 그러나 어쨌든 만일 그것이 장래에 실현될 수 있다면 그것은 고도로 발달된 정보사회의 일일 수밖에 없다. 다른 한편으로 이런 체제는 사전에 잘못을 수정하는 메커니즘을 갖고 있기 때문에 그것은 시장 피드백을 통하여 그때그때 잘못을 수정하는 상품경제보다 '천연수장'의 권위를 유지·옹호하기 위해 잘못의 수정을 거절하거나 지연시키는 체제를 더욱 용인할 수 없다. 따라서 이성과 민주가 발달하지 않은 관료권귀 체제에서는 시장 메커니즘조차 정상적으로 운행될 수가 없으며, 생산품경제는 더 말할 나위도 없다.

구소련에서는 1920~1930년대에 이른바 '사회주의 자연경제'('사회화된 자연경제' '조직을 갖춘 자연경제' 등등)이론이 유행했다. 이 이론의 본뜻은 '상품 자본주의', 곧 상품경제를 반대하는 데 있었다. 그것은 자연경제는 원래 반드시 봉건적이라는 설을 부정할 뿐만 아니라 그것의 고급형식을 사회주의의 이상적 유형으로 간주하고 그것을 실현하기 위해 상품경제 요소를 희생시켜서 사회주의 원시축적을 진행하려고 했다. 이것은 당연히 완전히 잘못된 이론이다. 그렇지만 다른 의미에서 말하면 초기 사회주의 국가의 경제유형은 '사회주의 자연경제'라고 부르는 것이 오히려 상품경제라 부르는 것보다 훨씬 더 정확할 것이다. 여기서 이른바 '사회주의'란 프롤레타리아 계급이 정권을 장악하고 지주·부르주아 계급의 통치를 타도하여 사회주의 현대화의 발전방향을 개척한 것을 가리킨다. 이른바 '자연경제'란 이 시기에 사회주의를 낳은 봉건사회 또는 저발전사회의 유물이 아직도 존재하고, 봉건적 요소와 종법농민 공동체 요소가 엄중하게 존재하며 그 속에 명령경제의 형식으로 대량생산의 외피 아래 감추어진 자연경제적 요소를 포함하고 있음을 의미한다. 말할 필요도 없이 사회주의는 자신의 발전 속에서 이와 같은 명령경제, 사실은 변형된 종법 자연경제 요소의 잔재를 반드시 소멸해야 한다.

　봉건 자연경제가 경제외적 강제 아래서의 계획, 곧 명령을 결코 배척하지 않는 것과 마찬가지로 권력의 기초 위에 있는 교환이나 시장을 배척하지 않는다. 실제로 엄밀한 의미의 중세사회에서 시장과 상업은 완전히 소멸된 적이 없고 권력에 의해 왜곡된 시장이 봉건경제 속에서나마 아주 번성했다. 아랍세계와 중국의 봉건경제, 특히 중국 봉건경제의 타이후 모델 중에 이런 현상이 적지 않다. 근대 중국의 개방된 사회에서 권세를 이용해 사리사욕을 채우는 현상이 많이 나타났다. 어떤 사람은 이것이, 상품경제의 침식이 권력의 상품화를 조성했기 때문에 생긴 폐단이라고 말한다. 이런 폐단은 원래 '사회주의 자연경제' 체제에 존재하는 것인데, 단지 혁명시대의 이상주의적 도덕이 그것을 한동안 은폐시켜 겉으로 드러나지 않았을 뿐이다. 그런데 그것이 개혁과정에서 범람하는 것은 상품경제의 침식을 체현한 것이라기보다는 차라리 종법 자연경제 세력의 상품경제에 대한 저항과 반격을 체현한 것이라 할 수 있다. 다시 말해서 자급자족적 로빈슨 크루소식 경제를 이상으로 삼고 '천연수장'의 권력의지를 중심으로 하는 명령경제는 봉건 자연경제의 양면이다. 그것들은 봉건공동체의 두 가지 특징, 곧 물질의 고립성과 인간의 의존성을 뚜렷하게 드러냈다.

2. 종법공동체 속의 공과 사

종법 자연경제조건 아래서 인간의 능력은 협애한 범위 내의 고립된 지점에서만 발전할 뿐이며 보편적인 사회적 물질 변환, 전면적 관계, 다방면의 수요, 그리고 전면적 능력체계를 형성할 수 없다. 설령 명령체제 아래서 물질 변환이 존재한다 하더라도 그것은 '물질의 연계'가 아니라 사람에 대한 의존을 통해서 진행되는 것이다. 이처럼 인간의 사회성은 '물질의 연계'가 결여된 상태에서는 발전할 수 없다. 다른 한편 인간의 개체성 역시 자연인의 종법관계라는 탯줄을 잘라 내지 못하면 형성될 수 없다. 인신에 대한 직접적인 통치-복종관계도 이런 종법연계의 기초 위에서 복제되어 나온다. 따라서 이때의 인간은 개체로서가 아니라 '협애한 인간군집의 부속물' 형태로 존재하는 것이다. 이로 인해 '중세적 연합', 곧 개성의 부정을 특징으로 하는 종법공동체가 형성되었다. 그것은 정신적으로는 집단표상 또는 집단무의식이 개인을 지배하고, 정치적으로는 공법(公法)관계가 사법(私法)관계를, 권력이 권리를 간섭하며, 경제적으로는 가지각색의 공동체가 사유재산을 속박하는 형태로 나타난다.

봉건사회에 사유제가 존재하는가? 이런 문제를 제기하는 것은 많은 사람이 보기에 정말로 우스운 이야기일 것이다. 이미 말했듯이 중국에서는 스탈린 시대에 형성된 봉건사회관에 입각해서 노예사회에 이미 존재했던 완전하고도 충분한 사유제가 봉건사회에 이르러서 더욱 발전했다는 점을 수용해 왔다. 그리고 중국 고대사 속에서 사유재산을 가지고 공동체의 속박을 끊어 버린 사람과 사례를 열심히 찾아서 봉건제 역사의 기점으로 삼고, 송대의 "전제(田制)*를 확립하지 않고" "겸병을 억제하지 않는다"는 정책에 대해 심하게 질책하면서 정말로 암흑이 극에 달할 만큼 봉건적이었다고 본 반면 당대 및 그 이전의 균전제와 당 이후 "대부분 빈자를 돕고 부자를 억압하는 내용으로 입법한" 주위안장에 대해서는 극구 찬양하고 그 '봉건적 한계'를 안타깝게 여겼다. 그것은 종법공동체를 흠잡을 데 없이 완전무결하게 짜지 못해서 여전히 사유제가 뚫고 들어갈 만한 구멍을 갖고 있었기 때문이다. 중국에서는 종종 봉건사회의 법칙은 사

---

* 정전(井田)·둔전(屯田)·균전(均田)을 비롯한 국가 간섭하의 토지제도.

유권을 옹호하는 것, 사유재산 관계의 신성성을 옹호하는 것, 부민(富民)의 이익을 옹호하는 것이라고 보았는데, 그렇다면 부르주아 계급의 민법이 확립한 사유재산의 신성불가침 원칙은 무슨 새로운 발명이라고 볼 수 없게 된다.

그러나 매우 이상하게도 많은 국가에서 그리스-로마 시대 사유재산제를 옹호하는 것을 골자로 한 법률이 봉건시대에는 오히려 종적을 감추었다. 마르크스에 의해 "우리가 아는 바의, 사유제를 기초로 한 법률의 가장 완비된 형식"[5]이라 불리는 로마법은 유럽 중세에는 잊혀졌으며, 게르만의 농촌공동체 관습법·교회법, 비잔틴의『농업법』이 그것을 대신했다. 그런데 이들 법률의 목적은 "각 개인에게 속하는 물건을 각 개인에게 주는 것이 아니라 집단적 단결을 유지하는 것"이다.[6] 오직 중세 후기에야 비로소 도시 시민사회를 중심으로 로마법이 부활하기 시작했다. 중국 고대의 법은 비록 독립된 사법(私法)체계와 권리관념을 갖고 있지 않지만 역시 재산 침범에 대한 처벌을 핵심으로 하고 있었다. 『법경』(法經) 6편에서부터 『한율』(漢律) 9장에 이르기까지 모두 '훔치는 것'(盜)을 각 편의 맨 처음에 두고 이른바 "왕의 정사(政事)에 도적보다 더 급한 일은 없다"고 한 것이 그렇다. 『진율』(秦律)은 비록 부분적으로만 전해지지만 그 속에는 의외로 아들이 아버지 것을 훔치고, 아버지가 자식 것을 훔치고, 의붓아버지가 의붓아들 것을 훔치는 것에 관해 노비가 주인의 부모 것을 훔치는 것은 주인 것을 훔치는 것이 아니라고 보고, 남편이 죄를 지으면 처가 먼저 알리고 처의 재산은 몰수하지 않으며, 처가 죄를 지으면 그 재산은 남편에게 준다 등등 후세 예법합일(禮法合一)의 법학자들이 어처구니없어 하는 규정이 들어 있다. 『관자』(管子)「명법해」(明法解)에 이르기를 "빈자는 부자의 재산을 빼앗고 싶은 욕심이 없지 않으나 감히 그렇게 못하는 이유는 법이 허락하지 않기 때문이고, 강자는 약자를 해칠 수 있으나 감히 그렇게 못하는 이유는 법의 처벌을 두려워하기 때문이다"라고 했다. 이것은 입법의 목적이 약하고 부유한 자, 곧 권세 없는 평민을 보호하는 데 있음을 명확히 선포한 것이다. 그러나 위진(魏晋) 이후 중국사회의 자연경제화에 따라 법률도 예를 법에 포함시키고 유가화(儒家化)하는 일대 전환이 일어나 재산침해를 처벌하는 것에서 삼강오륜의 위반을 처벌하는 것으로 바뀌었다. 말하자면, '빈자의 부자 침범'에 대한 처벌에서 '아랫사람의 윗사람 침범'에 대해 처벌하는 것으로 바뀌었던 것이다. 위율(魏律)은 '팔의'(八議)*를 처음으로 제창하여 권귀에 대해 법망을 빠져 나갈 길을 열어 준다고 공개적으로 선포했다. 북제(北齊)는 '중죄십조'(重罪十條)를 처음으로 만들었는데, 나중에 '십악'(十惡)으로 불린 이것은 모두 삼강오륜을 침범하며, 명교(名敎)†를 훼손하고, 몹시 포악하게 구는 "용서할 수 없는" 죄에 속한다. 이후 역대 법률은 모두 십악을 각 편(篇) 맨 앞에 특별히 표시하여 분명한 경고로 삼았다. 이것은 도적질을 각 편 맨 앞에 배치한 중국 고대의 법과 선명한 대조를 이룬다.

분명히 봉건법률은 '천연수장'의 사욕을 옹호하려는 것이었지만 이것은 바로 사법적 의미에서 사유권을 부정하고 공법적 의미에서, 곧 통치-복종 관계의 기초 위에서 재산을 처리함으로써 실현된 것이다. 봉건법률은 재산관계의 존재 자체를 절대 허락하지 않고, 공동체의 기초 위에서 재산관계가 "내 것은 내 것이고 네 것도 내 것이다"는 법칙의 지배를 받아 천연수장의 사욕을 만족시키도록 했다. 이 때문에 봉건법률은 부유한 사람의 이익을 옹호하는 것이라기보다는 권귀의 이익을 옹호하는 것이며, 귀족이 아닌 부유한 자와 권세 없고 부유한 자들, 이른바 '호민'(豪民)이나 '겸병의 무리'는 법의 보호를 받지 못한다. "농촌과 도시의 천인(賤人)은 모두 (남의 것을) 빼앗고 (남에게) 주는 힘을 사사로이 행사할 수 있고 만물의 이득을 제 마음대로 할 수 있어 백성을 놓고 군주와 다투며 끝없는 욕심을 맘껏 부린다"[7]는 현상이 줄곧 제한을 받아왔다. 마르크스가 일찍이 지적한 대로 중세에 "사유재산은 특권, 곧 예외적인 유존재"[8]였다. 물질의 유대가 아닌 인신의 유대로 유지되는 봉건공동체에는 사실상 등급권력으로서의 가부장권·종주권(宗主權)·통치권 등 특권만이 존재할 뿐이고 개인 권리로서의 소유권은 없다. 여기서 모든 민간영역은 정치적 성격을 띠거나 모두 정치영역이다. 여기서 정치제도란 사유재산제도를 의미하는데, 그것은 사유재산제도가 정치제도이기 때문일 뿐 다른 이유는 없다.

따라서 우리는 다음 사실을 어렵지 않게 이해할 수 있다. 봉건주의는 법률형

---

* 죄를 감해 주는 여덟 가지 재판상의 은전. 황제와 황후의 친족(議親), 황실에서 오랫동안 일한 사람(議故), 큰 공훈을 세운 사람(議功), 큰 덕행이 있는 현인군자(議賢), 뛰어난 정치·군사적 능력으로 제왕을 보필하거나 인륜의 모범이 될 만한 사람(議能), 어려움을 무릅쓰고 큰일을 해내거나 열심히 근무한 사람(議勤), 귀족과 고위 관료(議貴), 선대의 뒤를 이어 국빈이 된 자(議賓) 등 여덟 가지 경우에 적용되었다.
† 유가의 명분과 교훈을 준칙으로 하는 도덕관념.

식상의 사유제를 갖지 않을 수 있지만(곧 사유재산은 정치권력 속에 은밀하게 감춰질 수 있으나) 결코 종법공동체를 안 가질 수는 없다. 봉건주의는 형식상의 공유제(公有制, '천연수장'을 위해 복무하는 공유제)를 가질 수 있지만 결코 자유로운, 순수한 사유제를 가질 수는 없다. 만약 지난날 이에 대한 인식이 부족했다면 문화대혁명 10년을 거쳐 "문득 떠오르는 사(私) 관념과 단호하게 투쟁하는" 세찬 물결 아래 봉건주의가 크게 범람한 후에는 분명하게 깨달을 수 있었는가?

종법공동체가 봉건주를 위해 존재한다는 것은 이미 앞에서 서술한 바이지만 만일 그것을 단지 봉건주가 권력에 의지해 창출해 낸 것에 불과하다고 본다면 이는 완전히 잘못된 것이다. 사실 공동체 성원으로서 종법농민의 성격 속에도 종법공동체를 적극 옹호하는 면이 있다. 인간의 개성이 미성숙한 시대에 종법농민이 부권(父權)에 대해 온정을 기울이는 종법질서는 특히 그 가치체계에 대한 불만을 만들어 내기 어렵다. 그러나 탐욕스런 사유자에 대해서는 그렇지 않다. 신분이나 지위가 똑같이 낮은 일반 서민인 평민 사이에 빈부격차가 생기면 공동체 성원들의 반감을 쉽게 불러일으켰던 것이다. 그들은 공동체의 보호를 받기 원하고, 공동체가 겸병억제의 기능을 발휘하여 그들에게 화목하고 평안한 전원시적 생활을 보장해 주길 바란다. 만약 종법공동체가 문란해져 제 역할을 다하지 못하면 그들은 봉기를 일으켜 기존의 공동체를 타도하고 새로운 공동체를 건립할 수도 있다.

이처럼 자연경제하에서 종법공동체를 옹호하는 것은 사회적 집단무의식을 만들어 냈고, 따라서 어떤 봉건사회에서나 제각각 다양한 공동체가 나타났다. 마르크스는 일찍이 봉건소유제는 공동체를 기초로 한 것이며 단지 자본주의 시대에 이르러서야 비로소 재산관계가 모든 공동체의 외피를 벗어 던지고 순수한 사유재산이 되었음을 지적했다. 그가 보기에 봉건제의 재산관계는 사실상 원시 공동체가 자본주의 사유재산제도로 나아가는 과도기적 형태이며 따라서 "일체의 중세적 권리형식은 그 속에 소유권도 포함하며 모든 방면에서 혼합적·이원적·이중적이다."[9] 마르크스 이후의 마르크스주의 이론가들도 이 점에 관해 여러 차례 지적한 바 있다. 가령 폴 라파르그는 "자본주의적 재산은 개인이 소유한 재산의 진정한 형식"이며 "1789년의 부르주아 혁명이 토지사유제를 창조했다. 그 이전의 프랑스의 토지는 …… 토지의 사유재산 성격을 완전히 박탈당했다"고 보았다.[10] 카우츠키는 레닌으로부터 『자본론』을 계승한 마르크스주의 경제학 저작 중 가장 우수한 작품의 하나로 찬양받은 그의 『토지문제』에서 다음과 같이 지적했다. 봉건적 토지관계는 "공동체 토지와 토지사유제가 절충된 것이며" 부르주아 혁명은 그 구체적 형식이 어떠하든 최종 결과는 동일한데 "원시적 토지공산제의 잔재를 폐지하는 것이 토지사유제의 완전한 확립"이라는 점에서 그러하다.[11] 플레하노프와 레닌은 인민주의자와 논쟁할 때 이런 견해를 여러 차례 피력했다. 스탈린에 이르러서, 더 정확하게 말하면 농민혁명파-인민주의파의 영향으로 인해 비로소 봉건주의는 공동체를 필요로 하지 않으며 개인주의 또는 완전하고도 충분한 사유제 위에서 수립된다는 이론이 생겨났다.

그러나 마르크스 시대 사람들의 봉건공동체에 대한 인식은 주로 마우러(Georg L. Maurer, 1790~1872)*와 메인(Henry J. S. Maine, 1822~1888)† 등의 '원시 잔재'설에서 나왔다는 점도 반드시 지적해 둘 필요가 있다. 이 때문에 마르크스는 한편에서 이와 같은 공동체와 봉건적 인신예속관계의 연계를 강조하면서도 다른 한편으로 어떤 경우에는(특히 후기 마르크스와 엥겔스의 경우) 이런 공동체를 봉건제 자체의 요소가 아니라 원시공동체의 유물로 간주하며 심지어 이른바 촌공동체의 '원시적 민주주의'를 농노제와 대립되는 것으로 간주했다. 이것은 오늘날 다시 생각해 볼 가치가 있다. 사람들은 중세에 사유권이 퇴화되는 현상을 아주 일찍부터 인식하고 있었지만 그 원인의 대부분을 원시적 게르만인의 정복 탓으로 돌렸고, 그 결과 "원시적 토지소유권형식, 곧 촌공동체와 가정의 집단재산이 문명화된 서양에서 다시 새롭게 출현했다. 거기에서 로마의 정신은 개인재산이 성행하게 만들었다"고 보았다.[12] 그러나 현대 서양학자의 중세 촌공동체에 대한 연구를 보면 마르크가 게르만인의 원시제도의 잔재라는 19세기 마우러의 관점을 이미 뒤집어 버렸다.[13]

1960년대 이래 수많은 네덜란드 농민학자들은 식민지 시대까지 보존되어 온 자바(네덜란드령 인도네시아) 농촌공동체를 연구한 뒤에 역시 그것은 원시시대의 유속(遺俗)이 아니라 전제시대의 산물이라고 보았다. 구소련과 중국의 몇몇

---

* 고대·중세 게르만 사회제도를 연구한 독일 역사학자.
† 역사전통과 비교방법으로 법률과 문화의 기원을 연구한 영국 고대 법제사학자. 로마법의 원칙은 영구불변이라고 생각했으며, 민법이 형법보다 많은 국가를 선진국이라고 보았다.

학자들도 역시 서유럽·인도·러시아 봉건시대의 촌공동체는 결코 부단히 소멸하는 원시공동체의 잔재가 아니라 봉건 자연경제 아래서 원시공동체의 잔재와는 무관하게 발전했고 더욱 강화되었다고 지적했다.[14] 러시아를 예로 들어 보면 15세기 이전 러시아 농민은 주로 독립호 마을 형식으로 '흑토' 위에 자유롭게 산재해 있었고, 그들이 점유한 토지는 상속과 매매를 할 수 있었다. 집중거주하며 토지를 공유하고 정기적으로 평등하게 배분하는 촌공동체는 16세기 이후 농노화의 진행에 따라 발전되었으며 나중에는 다시 농노제의 쇠락에 따라 해체되었다. 따라서 이 둘은 본디 하나이면서 둘이고 둘이면서 하나였다. 중국 민족학계의 몇몇 소수민족(가령 시솽반나의 타이족) 사회에 대한 연구도 농촌공동체와 농노제 사이에 밀접한 연계가 있음을 밝혔다. 내지(內地)에 대해서는 다 아는 바와 같이 중국 조위(曹魏)의 둔전과 진대(晉代)의 점전(占田), 그리고 북조에서 수·당에 이르기까지의 균전 등 국유 분여지제 내지 "100실(室)이 戶를 합쳐 1천 명의 人丁이 호적을 함께 하는" 대가족 공동체 역시 "매매를 마음대로 할 수 있는 것은 오로지 토지뿐이다"는 양한(兩漢) 토지사유제의 뒤를 이어 출현한 것이다. 뿐만 아니라 이 시기는 바로 중국 농민의 인신예속 상태 또는 농노화 정도가 가장 심한 시기이기도 했다.

과거에 사람들은 '원시 잔재'설에 얽매인 나머지 원시시대로부터 연속되어 오지 않는 공유제를 중세공동체로 보는 것을 부정했는데 이것은 중세 공동체의 본질에 대한 일종의 오해이다. 사실 중세 공동체의 본질은 바로 종법 자연경제의 논리적 결과로서의 종법공동체이다. 그것의 구체적 형식은 천차만별이며 그 기원도 각기 다를 수 있지만(곧 원시공동체에서 소외되어 형성될 수도 있고, 고전노예제 시대를 많이 또는 적게 거친 민족들 가운데 고전 사유제에서 변화되어 나올 수도 있고, 정복 등의 원인에 의해 출현할 수도 있다) 그 기본 특징은 모두 인간이 작은 집단에 종속됨으로써 독립된 소유자의 권리를 부인하게 되었다는 점이다.

과거에 어떤 사람은 점전제·균전제가 권세자의 사욕에 방해되지 않는다는 점을 들어 그것들이 실질적으로 사유제임을 애써 증명하거나 이들 제도는 단지 전혀 의미 없는 한 장의 문서이며 사람을 속이는 선전에 불과하다고 보았다. 확실히 균전제하의 토지점유는 결코 균등하지 않았고, 점전제는 권세자가 토지를 많이 점유하는 것을 막지도 못하고 평민이 토지를 점유하지 못하도록 하지도

못했지만 바로 이 사실이 점전제는 결코 토지사유제가 아님을 증명했다. 봉건
사회 종법공동체의 실제는 다음과 같다. 그것은 부권(父權)이 온정을 베푸는 속
박에 의지해 통치-복종 관계 밖의 순수한 사유권이 형성되는 것을 막고 이 기
초 위에서 종법식 평균에 대한 가치 추구는 오히려 등급 특권과 조화로운 통일
을 이루었다. 이는 마치 종법 자연경제 속의 자급자족적 '농촌의 행복'에 대한
가치 추구가 명령경제하의 경제외적 착취와 조화로운 통일을 이룬 것과 같다.

종법공동체가 순수한 사유제를 배척한다는 것은 앞에서 서술한 대로이지만,
그것을 국유, 공유(公有), 또는 공유와 사유의 이중적 소유제라 부르는 것은 맞
지 않다. 사실 '소유제'란 개념은 원래 인신관계 속에서 독립되어 나온 재산관계
의 산물이다. 근대 자본주의 국가의 국영기업과 사회주의 자유인 연합체 소유
제, 그리고 사회주의 국가와 자본주의 국가 모두에 존재하는 공사(公私)합자·
공사합영 형태의 이중적 기업은 법인으로서 독립된 개인 소유주와 마찬가지로
모두 사법적 의미에서의 소유자이다. 이처럼 발달된 개성을 갖춘 사회에서는
법인으로서 소유권을 행사하는 국가와 통치자로서 행정관리권을 행사하는 국
가가 뚜렷하게 구분된다. 이런 소유자는 봉건시대에는 절대로 존재하지 않았
다. 당시 가부장과 친족의 관계, 국가와 신민의 관계, 그리고 주인과 그 소유물
의 관계는 흔히 인간의 유대를 통해 하나로 뒤섞였다. 이런 상황 아래에서 근대
적인 또는 로마법적인 의미에서의 재산 소유권 개념을 가지고 공유와 사유를
구분하기는 매우 어렵다. 오늘날 사회 속에 남아 있는 종법의 예를 들어보자.
권세자가 소유권이 아닌 통치권을 통해 공유주택을, 화폐를 가지고 와서 교환
하는 평등한 고객이 아니라 자기와 관계를 맺고 있는 '관시호'(關係戶)에게 분
급할 때 이것이 도대체 공유인지 사유인지를 누가 분명하게 말할 수 있겠는가?

당말 이전의 중국에서는 소유권을 체현한 '조'(租)와 통치권을 체현한 '부'
(賦)를 대개 구분할 수 없었고, 비록 송 이후라 하더라도 이런 구분은 상대적이
었다. 명대의 왕족 장원(王莊)은 "국부(國賦)를 내고 나면 종자밖에 남지 않았"
으니 부세를 직접 지조(地租)로 간주한 것이다. 그러나 더 이상 봉(封)할 땅이
없게 되자 흔히 '장원의 조'(莊租)를 민전의 부세에 할당하는 방식으로 해결했
다. 이 왕족 장원의 소유자가 어떤 사람인지 누가 분명히 말할 수 있겠는가? 앞
에서 서술한 관중의 상황으로 보건대 '톄루 왕'은 톄루 인민과 그 토지에 대해

도대체 통치자인지 소유자인지 누가 분명하게 말할 수 있겠는가? 어떤 사람은 조와 세의 합일은 아시아적 생산양식의 특징이라고 말하지만 사실 서양 중세도 마찬가지였다. 단지 중국만이 중앙집권적 황제하에서의 조세합일이었고 서양은 영주가 줄줄이 늘어선 소황제·토황제하의 조세합일이었을 뿐이다. 그런데 영주는 사유자일 뿐 농촌공동체의 보호자가 아니라고 누가 말할 수 있으며, 영주는 인신 통치권이 아니라 오직 토지 사유권에 근거하여 농노를 착취할 뿐이라고 누가 말할 수 있겠는가?

그러므로 종법공동체에서 지배적 지위를 차지하는 것은 인간의 유대이지 물질의 유대가 아니며, 통치–복종 관계이지 재산관계가 아니다. 재산관계를 종법공동체의 인신예속관계 속에서 해방시켜 자유인의 자유로운 재산으로 만들고 공동체의 폐허 위에서 현대적인 자유소유제(자유소유제 또는 자유인 연합체 소유제)를 건설하는 것은 재산관계와 관련해서 실현해야 할 민주혁명의 기본 내용이다.

3. 인신예속관계: 강제된 부자유와 자발적 부자유

19세기 이래 서양 학계에는 봉건제도의 기초가 도대체 토지인가 인간군집인가 하는 논쟁이 있었다.[15] 대체적으로 말하면 구조주의 경향의 학자들은 토지라고 보았으며 인문주의 경향의 학자들은 인간군집이라고 보았다. 마르크스는 일찍이 중세의 토지에 대한 소유권은 단지 인간에 대한 소유권의 부속품이라고 여러 차례 지적했다. 그는 자본주의 소유제와 비교하기 위해서 봉건제를 연구했기 때문에 항상 '소유제'류의 개념을 사용하지 않을 수 없었다. 스탈린에 이르러서는 유물사관에 대한 단편적 이해로 인해 사회문제를 경제문제로 귀결시키고 경제문제를 다시 소유문제로 귀결시켰다. 이것은 아마도 소련의 현실생활 속에 경제외적 강제와 인신예속이 만연해 있다는 사실을 회피한 데서 왔을 가능성이 크다. 따라서 스탈린은 인신예속의 중요성을 극도로 축소하여 한편으로는 인신예속을 일종의 강제행위에 불과한 것으로 말하면서 또 다른 한편으로는 봉건제의 기초는 이와 같은 강제행위가 아니라 토지사유제라고 주장했다.

　　이런 관념은 중국에 전해져서 더욱 뿌리가 깊어졌다. 중국 봉건사회 후기, 특히 청대는 인구팽창으로 인해 사람은 많고 토지는 적은 모순이 극심해서 봉건주는 단지 토지가 없음을 염려할 뿐 사람이 없음을 염려하지 않았다. 과잉인구 때문에 강제수단은 대수롭지 않은 것이 되어 버렸고, 중국인의 인신예속에 대한 관념은 더욱 모호해졌다. 수많은 사람이 모두 인신예속이란 봉건주가 농민을 강제하여 자신을 위해 일하도록 만드는 것이며, 또 그렇게 강제할 수 있는 이유는 그들이 대토지소유자이기 때문이라고 보았다. 농민은 소사유자여서, 아무 것도 가진 것이 없어서 실업하면 살아갈 수 없는 노동자와 달리 강제를 가하지 않으면 봉건주를 위해 노동하지 않는다고 생각했다.

　　이 논리에 따르면 토지가 없는 소작농·고농의 경우에는 이른바 인신예속이 무엇인지 알지 못한다. 그들은 지주의 토지를 소작하거나 지주에게 고용되지 않고는 살아갈 수 없어서 마치 노동자가 노동력을 팔지 않고서는 살아갈 수 없는 것처럼 실제로 강제가 필요 없기 때문이다. 그러니 지주를 타도하고 토지사유제를 폐지한 뒤에는 인신예속이 뿌리 뽑혔어야 한다. 그러나 오늘날 중국인은 복잡하고 해결하기 어려운 '관시의 그물' 속에서 고통스럽게 발버둥 치며 독립된 인격을 외치지만 그것을 획득할 수 없을 때 사람들은 자기도 모르게 자조할 것이다. "인신예속을 벗어난다는 것이 그렇게 간단하겠는가"라고.

　　다른 한편 구소련의 스탈린주의에 대한 비판에 따라 1970년대 이래 일군의 소련학자들은 스탈린의 봉건사회관이 토지소유제를 지나치게 강조한 폐단을 지적하고 '경제외적 강제사회' 개념을 제기했다.[16] 그들은 스탈린의 견해를 뒤집어 봉건사회의 기초는 대토지소유제가 아니라 바로 경제외적 강제라고 보았다. 그들이 보기에 봉건사회에서 지배적 지위를 차지하는 것은 정치원칙이지 경제원칙이 아니다. 봉건주는 정치적으로 통치자의 위치에 있기 때문에 강권을 사용해 농민을 자기에게 예속시키고 착취할 수 있는 것이다. 그 중에 어떤 사람은 생산관계의 경제기초가 상부구조를 결정한다는 유물론은 단지 자본주의 사회에만 적용될 뿐이고 강권적 요소가 지배적 지위를 차지하는 봉건사회에는 들어맞지 않는다고 보았다.

　　봉건사회이론에서 전통적 관념에 대한 위와 같은 견해는 분명히 하나의 돌파구이며, 실제로 앞서 본 많은 사실에서 알 수 있듯이 적지 않은 봉건사회에는 대토지소유제가 없었고 봉건주는 특권에 의지해 명령경제 속에서 농민을 착취했다. 그렇지만 문제는 봉건주의 강권은 어디서 나오는가이다. 스탈린 시대의 관점은 이런 강권이 대토지소유제로부터 나온다고 보았으며 '경제외적 강제사회'론자들은 이 관점을 부정했지만 이 문제 자체에 대한 자신의 해답을 아직 제시하지는 못했다. 더 중요한 것은 경제 결정론의 틀을 가지고 유물사관을 속류화시키는 방법은 비록 낡아 빠진 것이지만 그렇다고 해서 이것이 봉건사회 연구에서 경제 부분을 고려하지 않아도 된다는 말은 결코 아니다. 그리고 경제 결정론에서 강권 결정론으로의 변화는 더더욱 인식방법상의 진보라고 볼 수도 없다. "로빈슨 크루소는 프라이디를 칼로 위협해서 자신의 종으로 삼았다"는 논법*을 가지고 봉건사회를 해석하는 것은 문제를 지나치게 단순화시킨다.

수많은 봉건사회에서 사람들이 자원해서 예속적 지위에 처하는 것에 대해서는 잠시 접어 두기로 하자. 그러한 사회에는 흔히 온정이 넘치고 겉으로 볼 때 가혹한 강제의 색채가 없다. 오히려 부르주아가 폭력을 사용하여 그들에게 자유를 받아들이도록 강제할 때 가혹한 경제외적 수단을 사용했다. 한 가지 꼭 지적해야 할 것은 중국이나 구소련 같은 나라들은 모두 대중적 민주주의운동을 통해 격렬한 수단으로 낡은 봉건 특권층을 철저히 소멸시켰지만 아직도 사회 속에 남아 있는 인신예속관계는 제거하지 못했을 뿐만 아니라 경제외적 강제 자체도 일정 시기에 묘한 형태로 새롭게 확대되었다. 반봉건 민주혁명이 대토지사유제의 타도로 귀납될 수 없다고 해서 반강권운동으로 간주해서도 안되는 것이다. 비록 지주제 반대와 봉건적 강제 반대 둘 다 반드시 필요한 것이라 하더라도 말이다.

사실 '경제외적 강제사회'론자는 비록 스탈린의 봉건사회관을 비판하지만 기본적인 점에서 스탈린과 차이가 없다. 그들은 모두 인신예속관계를 '경제외적 강제'와 동일한 것으로 간주하여 봉건사회의 농민이 부자유한 까닭은 봉건주가 그들에게 강제를 가하기 때문이라고 보고 봉건주를 없애기만 하면 이런 강제는 해제되고 농민은 자연스럽게 자유를 얻는다고 보았다. 그들은 봉건사회에서 인

---

* 『로빈슨 크루소』를 보면 로빈슨 크루소가 무인도에서 야만인을 한 명 잡아서 '프라이디'라고 이름 붙이고 자신의 종으로 삼았다. 엥겔스는 『반뒤링론』에서 이 이야기를 인용해 뒤링은 폭력요소를 가지고 경제관계의 형성을 해석했다고 풍자했는데, 이것은 마치 로빈슨 크루소가 프라이디를 자기의 종으로 삼을 수 있었던 것은 자기가 칼을 들고 있었기 때문이라고 말하는 것과 같다는 것이다.

신예속관계의 가장 심각한 근원이 자연경제 조건하에 있는 개인의 미성숙, 곧 개인은 반드시 공동체에 예속되어야 한다는 사실에 있음을 보지 못했다. 인신예속관계에 대한 이와 같은 이해에는 농민-인민주의의 낙인이 깊이 찍혀 있다. 잘 아는 바와 같이 인민주의파는 농민이 농노주에게 예속되고 탐욕스런 사유자에게 예속되는 것을 단호히 비판했으나 그들은 오히려 종법사회의 강제 윤작, 경찰식 공동경작지, 연대보증 따위도 일종의 인신속박임을 인정하지 않고 반대로 "미르의 연대보증 정신"과 "개인이 미르에 복종하는" 정신을 발양할 것을 주장하고, 나아가 "개인으로서의 나와 개인의 의지가 미르의 집단적 개념 앞에서 점차 모호해져 사라지도록" 할 것을 주장했다.[17] 그러나 애석하게도 바로 이 개성과 독립된 인격을 종법집단 속에서 사라지게 하는 상황이 직접적으로 종법공동체의 보호자—차르와 농노주—에 대한 사람들의 예속을 초래했다. "모든 토지를 차르에게 귀속시킬지언정 지주에게 귀속시켜서는 안된다"는 촌공동체 관념[18]은 러시아 농민의 황권숭배와 일반적 권력숭배 경향을 조성했다.

이와 같이 독립된 인격, 자유로운 개성, 주체의식이 깊이 잠들어 있는 상태에서는 설령 강제를 제거한다 하더라도 그 대신 조성되는 것은 자유가 아니라 종법식 방종일 뿐이고, 낡은 특권자를 타도한다 하더라도 공동체는 여전히 새로운 '천연수장'을 만들어낼 뿐이다.

이상에서 알 수 있듯이 봉건사회의 인신예속관계 또는 예속된 인격은 세 개의 층차를 갖고 있다. 첫 번째 층차는 봉건주의 농민에 대한 경제외적 강제이고, 두 번째 층차는 자연경제 조건하의 모든 사람은 종법공동체의 예속자이다. 첫 번째 층차는 두 번째 층차의 기초 위에 세워진다. 봉건주의 특권은 표면상으로는 단지 폭력이나 강제에 의해 유지되는 것 같지만 그 배후에는 오히려 발달된 교환경제가 결여된 조건하에서의 인간의 미성숙한 개성과 소규모 집단에 대한 인간의 예속이 도사리고 있다. 그러므로 단지 정치투쟁을 통해 봉건주를 타도하고 그들의 강권을 폐지하거나 그들을 탐욕스런 사유자로 간주하여 그들의 재산을 몰수한다 하더라도 종법 자연경제를 사회화된 상품경제로 대체하고 종법공동체를 자유소유제로 대체하지 않으면 인신예속관계 또는 일반적 봉건관계는 소멸될 수 없고 적어도 완전히 소멸될 수는 없다.

봉건사회 속의 개인이 공동체에 예속되는 이유는 한편으로 경제외적 강제를 비롯한 공동체의 속박 때문이다. 가령 러시아 농민은 분여지를 방기할 수 없고 촌공동체에서 탈퇴할 수 없기 때문에 중요한 경작활동도 촌공동체의 통일적 안배를 위반해서는 안되었다. 중국의 균전농민도 토지를 이탈해 자유로이 이사하거나 직업을 바꿀 수 없었다. 다른 한편으로는 '천연수장'의 보호를 포함한 공동체의 보호 때문이다. 종법공동체는 부권(父權)의 일면을 제외하면 궁극적으로 온정적인 측면을 갖고 있다. 그것은 비록 각 등급간에 이렇다 할 평등이 없었지만(이것은 바로 종법관계를 옹호하는 데 필수적인 것이다) 각 등급 내부의 계급분화에 대해서 오히려 엄격한 억제작용을 했다. 종법공동체는 촌공동체 민주주의를 종법전제(宗法專制)와 결합시키고, 촌공동체 평균을 종법착취와 유기적으로 결합시켜 농민에게 경쟁·분화·위험, 동요로부터 보호해 주고 안전·평안·장래에 대한 믿음 따위를 가져다주었다. 종법공동체의 기능이 탐욕스런 사유자에 의해 완전히 파괴되지만 않는다면 농민은 모두 일정 정도의 보장을 확보할 수 있었고 실제로 러시아 농촌공동체와 중국 균전제하의 농민은 분여지를 받을 수 있었다. 분여지는 이론상 누구에게나 공평하게 나누어 주는 토지이며, 실제로 평민들 사이에 불평등을 낳지 못하게 하는 역할을 했다. 따라서 서유럽 중세에 가장 부유한 자와 가장 가난한 자는 대개 자유인이었고 농노(촌공동체 성원)는 중간의 지위에 처해 있었다. 비록 중국 봉건사회 후기에 공동체의 기능이 약화되긴 했지만 공동체는 가(家)−국(國) 일체의 '천연수장'을 믿고서 "빈자를 돕고 부자를 억누르며," "겸병을 억제하는" 기능을 수행할 수가 있었으며, 일종의 새로운 종법 메커니즘하에서 '관중 모델'의 평균에 도달할 수 있었다.

그 밖에 자급자족은 비록 소농의 이상적인 가치이지만 자연경제 조건하의 가족 내에서 생존에 필수적인 분업을 발전시키는 것은 실제로 불가능했으며 매우 낮은 생산력도 이 같은 생산이 공동체의 간단한 협동을 완전히 벗어나 진정으로 개체화되는 것을 불가능하게 만들었다. 교환이 결여된 조건에서 이런 "있는 것과 없는 것이 한 바퀴 돌고," "인력과 축력이 서로 교환되는" 품앗이 상호부조와 수리사업 등 일련의 협동은 오직 공동체만이 나서서 안배할 수 있을 뿐이다. 그러므로 공동체의 명령경제는 농민에 대해 보호의 일면도 갖고 있다.

따라서 봉건사회의 인신예속은 사실상 종법공동체의 개인에 대한 속박−보호의 유대이다. 그것은 속박의 성격을 갖기 때문에 강제적이며 또한 보호의 성격을 갖기 때문에 (사람들이) 자원해서 예속적 지위에 머무는 것인데 봉건시대에는 이것이 너무나 보편적인 일이었다. 유럽 중세 초기의 농노제는 로마법의 자유계약 원칙 아래서 자유인이 '자원'하여 보호를 받아들임으로써 형성된 것이다. 19세기 전반 라인 지역에서 농노제가 폐지(동시에 촌공동체도 폐지)될 때 수많은 지역의 농민들이 다투어 청원하여 계속 예속상태에 있도록 해달라고 요구했다. 그렇지 않으면 누가 와서 그들을 보호해 주겠는가? 러시아 농민은 스톨리핀 개혁을 반대하며 촌공동체제도의 회복을 요구했다. 중국에서 인신예속관계가 가장 공고했던 위진 남북조시대에는 부곡(部曲), 전객(佃客)이 주인에 반대하거나 종주(宗主)*가 감독·보호하는 대가족 공동체에 반대하는 대규모 투쟁이 거의 발생하지 않았다. 오히려 종주·대족(大族) 수령이 그 예속자를 이끌고 이런 예속을 제한하려 하는 중앙정부에 반대하는 일련의 봉기가 발생했다. 요컨대 에리히 프롬이 말한 '자유로부터의 도피'가 봉건시대에 결코 적지 않았다. 따라서 인신예속관계는 결코 경제외적 강제를 전제로 하지 않는다. 비록 그것이 항상 이 같은 강제를 조성하더라도 말이다. 반대로 봉건적 '천연수장'들은 단지 공동체를 대표한다는 이유로 공동체 성원의 공동체에 대한 예속을 그들 자신에 대한 예속으로 전화시킨다. 이런 예속관계는 종법공동체의 존재로 인해 존재하는 것이다. 그런데 '천연수장'들의 지위도 공동체의 존재에 의지하여 존재하는 것이기 때문에 그들 역시 독립된 인간이 아니다. 그리고 그들의 예속자에 대한 경제외적 강제는 반드시 종법공동체의 속박-보호 관계를 위해 이용되어야 하는데 이것이 바로 일종의 봉건적 강제관계이다. 만일 그가 독립된 개인으로서 경제외적 강제를 이용해 종법공동체를 와해시키고, 속박-보호의 유대를 끊어버린다면, 마치 영국의 유혈 입법,† 인클로저 운동 따위처럼 이런 경제외적 강제의 성격은 인신예속관계가 아니라 인신예속관계와 대립되는 것으로 변하고, 폭력수단으로 사람들을 강압하여 공동체의 보호로부터(따라서 공동체의 속박으로부터도) 자유롭게 하는 도구로 변한다.

그러므로 인신예속관계와 경제외적 강제는 동일한 것이 아니다. 비록 이 양자가 연계를 갖고 있다 하더라도 말이다. 인신예속이 있는 곳에 반드시 경제외

---

* 종족(宗族)의 본가.
† 구빈법(救貧法)을 가리킨다.

적 강제가 있는 것은 아니며 경제외적 강제가 있는 곳에 반드시 인신예속이 있는 것도 아니다. 인신예속은 비록 항상 정치적 불평등 형태로 제도화되었지만 그것은 단지 정치현상만은 아니다. 그렇기 때문에 중국처럼 정치적 불평등을 철저히 부정하는—등급을 폐지할 뿐만 아니라 계급도 폐지한—몇몇 국가에서도 종법공동체와 그에 상응하는 문화심리가 존재하기만 하면 인신예속관계는 강고하게 지속될 수 있다.

마지막으로 인신예속관계는 세 번째 층차, 곧 자연계에 대한 예속이라는 가장 깊은 층차를 갖고 있다. 인간이 동물상태에서 벗어나 인간으로 진화하는 과정은 인간 자신이 주위의 자연계와 다른 주체임을 인식하는 과정이다. 그렇지만 이 과정은 대단히 길다. 자연경제 상태에서 사회관계의 협소함으로 인해 인간은 비록 자신의 독립적 존재를 부분적으로 인식했다고 하더라도 여전히 상당히 자신을 자연세계의 일부분, 곧 자연인으로 간주한다. 예컨대 농민의 경우에는 자신을 토지의 일부분으로, 또는 토지의 부속물로 간주한다.

중세농민이 '토지에 속박되었다'거나 농민은 '토지의 노예'라고 하는 것은 사람들이 봉건사회를 논할 때 항상 제기하는 명제 가운데 하나이다. 그러나 그 동안 사람들은 흔히 이 명제 역시 강제와 연계시켜 봉건주가 경제외적 강제를 통해 그들을 토지에 얽매이도록 한 것으로 인식했다. 분명히 수많은 봉건사회에서 "농민의 아들은 항상 농민이 된다"는 것은 일종의 강제성 법률규범 또는 사회규범이다. 유럽 중세 농촌공동체와 중국이 균전제를 시행한 시대에는 모두 농민이 분여지를 방기·양도하는 것을 허가하지 않았고, 마음대로 이사하고 직업을 바꾸는 것은 더욱 허용하지 않았다. 오늘날까지도 중국의 호적제도에서 '농업인구'와 '비농업인구' 사이의 장벽은 세습신분이나 카스트 색채가 농후하다. 그러나 근본적으로 보면 농민이 토지에 예속되는 것도 그 자연인 상태로 말미암아 결정된 것이다. 현재 중국에서 가난하고 낙후된 지역의 수많은 농민이 수주대토(守株待兔)식으로 토지만 기다릴 뿐 거기에서 빠져 나올 수 없는 것은 도시의 부유함이 그들을 흡인하지 못해서일까? 아니면 어떤 법률이 토지로부터의 이탈을 허가하지 않기 때문일까? 둘 다 아니다. 그들을 토지에 속박시킨 것은 바로 자연경제 자체이다. 광범위한 교류와 매스컴, 물질과 에너지의 사회적 교환 등이 없는 관계로 인간의 사회성이 발달하지 못한 지방의 농민은 사실상 토지의 부속물일 수밖에 없다. 노동력 시장이 없고, 장사를 할 여지도 조건도 수완도 없으며, 경쟁에 뛰어들 물질적·정신적 준비가 되어 있지 않은데 농민이 토지를 떠나서 어떻게 살아갈 수 있겠는가?

이윤율의 개념은 그들에 대해 어떤 의미인가? 근대 서양인은 아편을 가지고 중국시장을 개방시키기 전에 이미 면포를 가지고 그렇게 하려고 했다. 그러나 그들은 실패했다. 양포(洋布)는 중국의 토포(土布)와 경쟁이 안되었고 농가여성의 물레가 랭커셔의 기계제 방직품을 물리쳐 버렸다. 이것은 일찍이 농민을 '페니 자본가'로 본 '이성적 소농'론자들에게는 도저히 이해가 안되는 점이다. 농민은 수공방직이 수지가 맞지 않는다는 것을 모른단 말인가. 그러나 그들은 교환가치의 토대 위에 확립된 '수지가 맞는다', '수지가 맞지 않는다'는 개념이 종법농민에게는 존재하지 않는다는 사실을 이해하지 못한다. 농민의 입장에서 볼 때 노동력은 가치가 없고(빈둥빈둥 노느니 무슨 일이라도 한다) 생산수단과 원료도 가치가 없으며(면화는 직접 경작하고, 쪽빛 염료는 직접 재배하고 물레는 그냥 놀리느니 조금이라도 더 짜기 위해 계속 사용한다) 따라서 토포는 흡사 '거저줍는 것'과 같았으니 이것은 돈을 써서(비록 아주 값싸더라도) 양포를 사는 것보다 훨씬 수지맞는 일이 아닌가? 분명히 이와 같은 고센 법칙(H. H. Gossen, 1810~1858)*의 지배를 받는 소농에게 법률상의 자유(근대에 이것의 경제적 의의는 다름 아닌 상품교환의 자유, 경쟁과 분화의 자유이다)는 어떤 실제적인 의의를 갖는가?

토지 또는 자연계에 예속된 자연인은 자연과 결합해 일체화되는 동시에 다른 사람과도 결합해 일체화된다. 그들은 인간과 인간 사이의 원시적 종법 혈연관계의 자연적 탯줄과 여기에서 복제되어 나온 각종 관계에서 벗어날 수 없다. 바꿔 말하면 종법공동체에서도 벗어날 수 없으며, 잉여생산물이 존재하되 교환할 수 없고 단지 '명령'방식으로 유동할 수밖에 없는 조건에서 공동체는 더욱더 소외되어 그들의 대립 면이 되고 '천연수장'에 예속되도록 만들며 이론상 각종 불공평한 제도——이것이 인신예속제도이고 봉건주의이다——가 만들어진다.

* 독일의 경제학자. 정치경제학의 목표는 인간이 최대의 만족을 얻도록 돕는 것이라고 보고 수학적 방법으로 만족의 법칙을 탐구한 결과 한 개인이 어떤 물품을 계속 사용할 경우 그 소비품의 단위당 만족도는 체감하며 일정량의 돈을 써서 최대의 만족을 얻으려면 그가 소비하는 소비품의 최후 1개 단위의 만족도를 서로 같게 해야 한다는 법칙을 세웠다.

4. 속박과 보호의 광대한 그물망

봉건주의는 농민에 대해 무엇을 의미하는가? 농민의 이상 속에서 봉건주의적 인신예속은 당연히 속박이 아니라 보호를 의미하는 것이어야 하며, 그로 말미암아 형성된 종법공동체에는 당연히 종법식 온정만 있어야지 가혹한 부권(父權)이 있어서는 안된다. 또한 전원시적 조화만 있고 나쁜 세력의 억압은 없어야 한다. 이런 공동체 속의 자연경제는 로빈슨 크루소식 경제에서나 볼 수 있는 자급자족적 농촌의 행복만 있어야지 명령경제하의 경제외적 착취가 있어서는 안된다. 만약 봉건사회 속의 광대한 인민이 주로 농민이라면 그리고 이러한 가치 추구가 없다면 이 사회는 봉건주의 포악한 위세에만 의지하게 되어 더 이상 유지될 수 없다. 봉건사회는 단지 일부 극소수의 악인이 저지른 악행의 산물만은 아니다. 이 무거운 십자가는 봉건제를 거쳐 온 각 민족의 각 사회성원이 공동으로 짊어진 것이다.

그러나 인간의 본질에 의해 결정된 사회화·개체화의 발전은 끝내 이런 자연인의 종법식 유대와 양립할 수 없을 것이다. 이런 유대를 지속시키기 위해서는 개성의 발전을 제한하거나 압살해야만 하며, 반드시 등급적 권력이 있어야 하고 지고한 '천연수장'이 있어야 한다. 만약 사회적 생산이 잉여생산물을 제공할 수 있기만 하면 자연인의 사적 욕망으로 말미암아 '천연수장'은 권력을 이용하여 잉여생산물을 착취하고, 광대한 공동체 성원을 속박하고 억압하고 강제로 부릴 수 있다.

그러므로 종법농민이 추구하는 가치로서 봉건주의의 좋은 면과 그들이 반대하는 봉건주의의 나쁜 면은 정확하게 상호 인과관계를 이루며 조화·통일되어 있다. 그들이 보호를 얻고자 한다면 반드시 속박을 받아들여야 하며 그들이 속박에서 벗어나고자 한다면 어떤 외부의 보호에도 미련을 두어서는 안된다. "사람은 자기 자신에게 의지하지 않으면 천벌을 받는다"는 인생철학에 따라 생활해야 하는 것이다. 그들은 속박과 보호를 동시에 박차고 나오는 자유인이 되어야 한다. 그렇지 않으면 어떤 자유도 획득할 수 없다. 인류사회의 발전과 개인의 발전이 새로운 자유인 연합체시대에 완전히 도달하기 전까지 이것은 결코 변할 수 없는 하나의 논리이다.

따라서 현대화 물결의 충격 앞에서 이 십자가를 내려놓으려고 하는 민족과 이런 민족의 구성원은 진퇴유곡에 빠져 시련을 겪을 수밖에 없다. 그들은 경쟁적이고 동요하는 위험한 세계를 알고 그것을 직시해야지 봉건주의 타도 이후에 전원시적 낙원의 재건을 기대해서는 안된다.

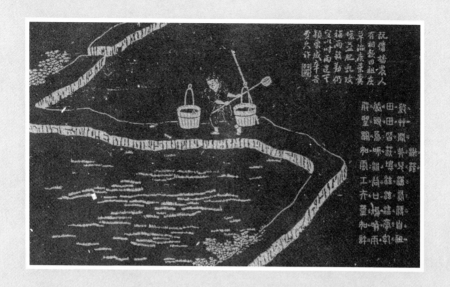

5장 빈곤 속의 평균: 종법시대의 사회계층

1. 등급분화와 계급분화

공동체에 관해 앞에서 많이 언급했는데도 봉건사회는 분화가 격렬한 사회가 아닌가, 소농경제는 비바람을 견디지 못해 매우 빨리 양극분화되는 것이 아닌 가라고 묻는 사람이 있을 수도 있다. 분명 계급분화 관점은 과거에 봉건사회를 이해한 주된 방법이지만 봉건사회를 새롭게 인식하기 위해서는 이 문제를 그냥 지나칠 수 없다.

넓은 의미에서 말하면 분화는 곧 차이이고, 차이가 없으면 모순이 없으며 모순이 없으면 발전이 없다. 신진대사 능력이 있는 사회라면 반드시 이런 저런 성질의 분화가 있게 마련이며 이런 분화로 인해 생겨난 서로 다른 이익집단이 있다. 미래에 공산주의 사회가 여전히 발전한다 하더라도 우리가 과거에 상상했던 바와 같은 차별도 없고 분화도 없는 '대동'(大同)의 경지일 수는 없다.

중국은 과거에 분화와 사회주의를 물과 불처럼 상극적인 것으로 보았고 분화를 얘기하면 정색하면서 온갖 수단을 동원하여 억제했다. 그 결과 경쟁과 진취적 정신이 압살당하고 정체된 '가난한 사회주의'를 조성했다. 개혁·개방 이래 이런 상황은 완전히 바뀌었고 상품경제 발전에 따라 눈앞의 농촌에 분화현상이 있다는 것은 익히 모두가 다 아는 사실이다. 그렇다면 이런 분화는 구중국 농촌의 전통적 분화유형과 어떤 차이가 있는가?

많은 사람들이 구중국 농촌의 분화는 격렬한 양극분화이며 첨예한 계급대립이었으나 현재 농촌의 분화는 먼저 부유해지는가 나중에 부유해지는가, 많이 부유한가 조금 부유한가의 차이일 뿐이라고 대답할 것이다. 요컨대 분화 정도가 구중국 농촌만큼 심각하지 않다는 것이다. 소련이 신경제정책을 시행할 당시 소련인은 신경제정책하의 농촌분화와 차르 시대의 농촌분화간의 차이를 이와 같은 식으로 해석했다.[1]

이런 견해는 많은 경우에 타당성이 있지만 꼭 그런 것은 아니다. 현실을 회피하지만 않는다면 사람들은 어렵지 않게 다음과 같은 사실을 발견할 수 있을 것이다. 첫째, 순수한 경제적 분화에 대해서만 말하면 현재 상품경제가 비교적 발달한 일부 농촌의 양극분화 정도는 이미 해방 전의 수많은 자연경제하의 농촌을 넘어섰다. 2장에서 이미 언급한 바와 같이 1985년 저장, 장쑤, 랴오닝, 닝샤

등 같은 성(省)의 농민 수입분배 지니계수는 모두 해방 전 관중의 웨이난, 바오지 2개 지구 수십 개 현 농촌 토지분배 지니계수보다 높았다. 수입분배 중 순수한 경제 요소는 일반적으로 토지점유의 분화수준보다 낮고 이 때문에 1985년 앞에 든 4개 성 농민 수입분화 정도는 해방 전 관중 농촌(권세에 의한 착취 등 경제외적 요소는 제외할 때의) 수입분화 정도보다 높다는 것을 의미한다. 둘째, 만일 경제외적 분배요소를 계산에 넣는다면 중국의 현재 수많은 지역의 분화 수준은 비록 중국 역사상의 자연경제시대 또는 봉건왕조시대보다 반드시 높지는 않지만 오늘날 공업이 발달한 국가보다 꼭 낮지도 않다. 미국의 한 연구자가 중국 통계연감의 수치에 근거해 계산한 바에 따르면 개혁·개방 전 다궤판으로 중국 전체가 통일되었던 1978년에 중국 수입분배의 지니계수는 농촌이 0.227, 도시가 0.164로 평균적이었다고 할 만하다. 그러나 만일 도시와 농촌을 함께 계산하면 신분적 장벽으로 조성된 도·농 차별은 곧바로 지니계수를 0.331로 확대시켜 이미 미국(1966년에 0.34였다) 수준에 도달했다.[2] 그런데 이것은 여전히 통계연감에 따라 계산한 것으로서 도·농 장벽을 제외한 그 밖의 각종 경제외적 분배요소와 등급차별은 모두 계산에 포함되지 않았다. 그리고 이것은 여전히 개혁·개방 직전의 다궤판 시대의 사정이다. 개혁이 개시된 후 분화는 더욱 현저하게 확대되었다. 어떤 사람은 1989년에 출판한 저작에서 당시 중국의 지니계수가 이미 "적어도 0.5 이상에 도달했다"[3]고 추산했다. 바꿔 말하면 이런 추산이 정확하든 정확하지 않든 관계 없이 적어도 우리는 앞에서 말한 오늘날 4개 성의 농촌과 과거 관중의 수치 대비만 가지고서도 논리상으로 다음과 같이 설명할 수 있다. 곧 봉건사회의 순수한 경제적 의미에서의 양극분화 정도는 오늘날의 시장경제보다 반드시 더 높은 것은 아니다. 이것은 분명히 사람들이 사회주의의 우월성은 공유제하의 무분화(無分化)에 있다고 보는 전통적 관점에 대해 반성을 요구하고 있다.

그렇다면 현재 개혁 중인 사회주의 농촌과 봉건농촌의 본질적 차이는 어디에 있는가? 설마 현재의 농촌이 아직도 봉건농촌만큼 공평하지 못하다고 말할 수 있겠는가? 당연히 절대 그렇지 않다. 이 대비는 경제적 분화에 관해 말한 것이고 만일 우리가 눈을 소유관계에서 인신관계 쪽으로 돌린다면 봉건사회 속의 "권세 있고 부유한 집에서는 술과 고기 썩는 냄새가 나고 길가에는 얼어 죽은 시체가 뒹군다"는 극단적 불평등이 보일 것이다. 량수밍은 구중국 농촌의 분화는 격렬하지 않다고 말했다. 순수한 민간, 순수한 경제관계의 측면에서 보면 적어도 관중과 같은 지방에서는 일리가 있는 말이다. 그러나 권귀와 평민 사이의 관계, 곧 권력에 의한 착취의 측면에서 볼 때는 옳지 않다. 관중처럼 분화가 거의 없는 보편적으로 빈궁한 평민사회에도 소수의 '3황5제' 같은 권세자는 있기 때문이다. 중국 역사상 "부족함을 걱정하지 말고 균등하지 못함을 걱정하라"는 설교와 병존한 것은 한편에서 왕카이(王愷)와 스충(石崇)*이 서로 부를 다투고 허선(和珅, 1750~1799)†의 재산이 나라의 부에 필적하는 행락도(行樂圖)와 한편에서는 굶어 죽은 자가 들에 가득하고 자식을 바꿔서 잡아먹는 지옥편(地獄篇)이었다.

문제는 이와 같은 분화가 이른바 '계급분화'인가 아닌가 하는 데 있다. 이 문제에 답하기 위해서는 먼저 '계급'의 개념을 정의해 보아야 한다. 넓은 의미에서 보면 일부 사람이 또 다른 일부 사람의 노동을 점유하는 것, 또는 일부 사람이 지불한 노동과 그로 인해 얻은 향수(享受) 사이의 비율이 또 다른 일부 사람보다 분명하게 높은 것을 계급이라 할 수 있다. 이런 점에서 우리는 원시사회 이후 사회주의 이전의 문명시대를 모두 계급사회라 부를 수 있다. 좁은 의미에서 보면 우리는 단지 위에서 언급한 현상들 중에서 생산수단의 소유관계를 토대로 수립된 그 일부분만을 계급이라 부른다. 바로 이 의미에서 우리는 착취를 "사회의 일부 사람이나 집단이 그들의 생산수단에 대한 독점을 기반으로 하여 다른 일부 사람이나 집단의 잉여노동, 심지어 일부 필요노동을 무상으로 점유하는 것"[4]이라고 정의하며 "생산수단 소유권을 기반으로 다른 사람의 잉여노동이나 잉여생산물을 무상으로 점유하는 것을 착취한다"고 말한다.[5] 그래서 우리는 공유제가 계급분화를 충분히 제거할 수 있다고 말할 수 있다. 비록 '사회주의 자연경제'의 구모델이 경제분화를 엄격하게 금지하고, 권세자가 공금으로 여행하고, 출국하고, 술과 음식을 사 먹고, 고급 자동차를 굴리고 집을 여러 채 사는 것 등을 방지할 어떤 메커니즘도 갖고 있지 않기는 하지만 말이다.

---

* 왕카이는 서진의 후군 장군을 지낸 거부이고 스충은 서진의 형주자사가 되어 객상을 약탈해 치부한 거부이다.
† 만주족 출신으로 건륭제 때 군기대신 등 고관을 지냈으며 재임 중 지나치게 사욕을 탐해 가경제에 의해 부정축재 혐의로 체포되어 재산을 몰수당하고 처형되었는데, 당시 "허선은 쓰러져도 가경연간 내내 배부르게 먹을 수 있다"는 말이 나왔다.

그러나 봉건사회를 협의의 계급사회로 부르기는 매우 어렵다. 만일 그렇게 불러야 한다면 그것은 다만 계급분화 요소를 가지고 있고, 논리적으로 협의의 계급사회(자본주의 사회)를 향해 발전한다는 점에서만 말하는 것이다. 어떤 사람은 봉건사회를 계급사회라고 부르는 것보다 등급사회라고 부르는 것이 더 정확하다고 말한다.

그러면 등급이란 무엇인가? 과거 중국에서는 이것을 매우 좁게 인식하여 단지 공작·후작·백작·자작·남작 등의 경직된 세습신분적 위계만을 등급으로 간주했다. 따라서 많은 사람들이 서유럽 봉건사회를 등급적 봉건사회라 부르고 중국 봉건사회를 비등급적 봉건사회라 불렀는데 이것은 사실 등급을 카스트와 비슷한 것으로 간주한 것이다. 실제로 현대에 이루어진 서양 중세사 연구는 서양 중세 봉건주 계층이 결코 우리가 원래 생각했던 바와 같은 고정되고 배타적인 것이 아니고 그것은 여타 등급의 성원을 흡수하여 사회의 신진대사를 상당히 원활하게 했음을 밝혔다. 어떤 서양학자의 말을 빌려 표현하면 중세 '귀족의 순환'은 "냇물이 흐르듯 끊임없었다." 그러므로 프랑스 농민사의 태두 마르크 블로크는 일찍이 이렇게 말했다. 서유럽 봉건사회는 '등급제' 사회라기보다는 차라리 '불평등'사회이며, 이 사회의 봉건주는 '귀족'이라기보다는 차라리 '수령'이다. 당시 사회적 위계의 변동은 고정되지 않았으며 카스트의 엄격한 원칙에 맞지 않았다. 그러나 어떤 경우에도 "봉건제도는 다수의 사람이 일부 극소수 권세자에게 가혹하게 경제적으로 예속되는 것을 의미한다."[6) 여기에서는 등급을 종법공동체 속에서 불평등한 권리를 가진 인간군(群)으로 정의한다. 그 중의 일부 사람은 권세에 의지하여 다른 일부 사람을 자기에게 종속시키고 그 노동력과 생산물을 무상으로 점유할 수 있다. 분명히 계급은 재산관계, 주로 생산수단의 소유관계에 근거하여 구분하는 것이고 등급은 인신예속관계와 권리의 불평등에 근거하여 구분하는 것이어서 양자는 각각 두 가지 사회유형에서 이익집단의 조합방식을 대표한다. 등급에서 계급으로 가는 과정은 바로 봉건사회가 근대사회로 대체되는 과정이기도 하다.

봉건사회에는 재산의 불평등이 존재하기 때문에 틀림없이 계급분화의 요소가 있지만 봉건사회의 가장 심각한 불평등은 권리의 불평등이며 재산의 불평등은 주로 그로 인해 파생된 것이다. 봉건사회에서 주도적 지위를 차지하는 것은 물질의 연계가 아니라 인신의 연계이다. 마르크스가 지적했듯이 자본주의의 사유재산 관계를 기초로 한 분배는 "개인 사이의 통치와 복종관계(자연발생적 또는 정치성을 띤)를 기초로 한 분배와 서로 대립한다."[7] 후자의 분배가 바로 봉건사회 분배관계의 본질적 특징이다. 만일 자본주의가 자본에 따라 분배되고 사회주의가 노동에 따라 분배된다고 한다면, 봉건주의는 바로 권세에 따라 분배되고 신분에 따라 분배되는 것이다. "권세 있고 부유한 집에서는 술과 고기 썩는 냄새가 나고 길가에는 얼어 죽은 시체가 뒹군다"는 말이 반영하는 것은 유산자와 프롤레타리아의 대립이라기보다는 차라리 권세 있는 자와 권세 없는 자의 대립이다. 앞에서 분석한 '관중 모델'에서 착취와 억압 관계도 주로 대토지소유제의 기초 위에 성립된 것이 아니라 권세의 기초 위에 성립된 것이다.

과거의 한 견해는 자본주의 사회 잉여노동의 일반형식은 잉여가치이고 봉건사회 잉여노동의 일반형식은 지조(地租)라고 보았다. 이런 견해는 다시 검토해 볼 필요가 있는 것 같다. 서유럽 농노의 봉건주에 대한 각종 부담, 예컨대 부역·대역조(代役租)·사망세·관습적 공납·금제권(禁制權)과 1/10세 등을 '지조'라 부른 것은 고전경제학이 자본주의 지조의 기원을 설명하기 위해 채용한 논법이다. 중세 공동체의 등급 점유관계하에서 봉건주(영주)의 토지는 충성을 조건으로 상급 영주로부터 수봉(受封)된 것이며 그는 똑같은 조건으로 그것을 자신의 '봉신'─농민(농노)에게 넘겨주었다. 그러므로 마르크스는 중세 "농민은 봉건주와 마찬가지로 봉건소유권을 갖고 있다"고[8] 말한 바 있고 서양의 일부 학자들은 분여지를 아예 '농민의 채읍'이라고 불렀다. 그리고 동시에 이들 분여지는 농촌공동체 속에서 공동체 성원이 마땅히 얻어야 하는 또는 반드시 계승받아야 하는 자기 몫이기도 했다. 봉건주는 마음대로 토지를 농노 갑으로부터 회수하여 농노 을에게 넘겨 줄 수 없고 농노 역시 마음대로 이들 분여지를 좀 더 많이 빌릴 수도 없었으며, 빌리지 않을 수도 없었다.

그래서 단지 영주는 '토지사유자'이고 농민은 토지에 대해 아무런 권리도 없다고 말하기는 어렵다. 사실상 봉건적 의무의 기초는 토지 없는 농민이 토지사유자인 영주의 토지를 경작하는 것이 아니라 종법공동체 조건 아래서의 농민의 '수령'에 대한 충성관계, 인신예속관계 또는 통치-복종 관계이다. 봉건농민이 부담하는 의무는 결코 그가 토지를 경작하는가 하지 않는가 또는 토지를 얼마

만큼 경작하는가에 따라 달라지는 것이 아니다. 중세 영국에는 분여지가 없는 상당수의 농노가 있었는데 그들은 분여지가 없다고 해서 농노의 의무를 지지 않았던 것은 아니다. 중고(中古)* 후기 소작제(租佃制)가 출현한 이후 자유인은 영주의 토지를 소작하고 소작료를 납부할 수 있었지만 대역조 등 농노의 의무는 지지 않았다. 반대로 농노는 비록 토지를 방기했다 하더라도 대역조는 여전히 제때 납부하지 않으면 안되었다. 확실히 이런 부담은 '지조'라고 하기보다는 차라리 '인신조'(人身租)라 부르는 것이 더 정확할 것이다. 그것은 결코 토지가 영주에게 소속되어 있다는 것을 전제로 하는 것이 아니라 농민의 인신이 영주에게 소속되어 있다는 것을 전제로 하기 때문이다.

중국의 상황은 서유럽과 다르지만 봉건 잉여생산물은 마찬가지로 인신조의 성격을 띠고 있다. 당말 이전 농민이 국가에 부담해야 할 각종 의무, 예컨대 조용조(租庸調), 호조(戶調) 등은 기본적으로 "정신(丁身)을 기준으로 한 것," 다시 말하면 국가가 통치권을 사용해 농민의 인신복종 속에서 착취해 낸 것이다. 그러나 농민이 개별 봉건주에게 부담하는 의무도 결코 전자가 후자의 사유토지를 경작한다는 기초 위에 성립되어 있는 것이 아니다. 서진에서 남북조에 이르는 300년 동안 중국은 항상 전란으로 형성된 유민풍조(流民風潮)에 휩싸여 있었는데 봉건주는 그들의 방대한 예속민 무리—종족, 빈객, 부곡 등—를 이끌고 일족 전체가 이주했으나 인신예속관계와 이에 상응하는 봉건의무는 그들이 원래의 토지를 상실했다고 해서 바뀌지는 않았으며 일단 새로운 지방에 도착하면 곧바로 "종주(宗主)의 감독과 보호 아래" "방어용 성벽을 쌓고, 울타리용 나무를 심고, 각자가 행한 일의 공적을 평가하며, 자(丈尺)의 길이를 헤아리고, 수고로움과 편안함을 균등하게 하고, 있는 것과 없는 것을 서로 통하게 했다." "힘과 능력을 헤아려 일을 맡기고 재물은 그 마땅함에 따라 분배했으니…… 분배 몫이 이미 분명하여 두 번 호령할 필요가 없도록"[9] 종법공동체의 착취관계를 수립했다. 분명한 것은 여기서 공동체의 성원이 종주의 토지를 경작한다는 이유로 종주에게 예속되고 착취를 당하는 것이 아니라는 점이다. 이것은 바로 '관중 모델' 속의 농민 역시 '3황5제'의 토지를 경작한다는 이유로 압박을 받은 것

---

* 위진남북조에서 당말까지.

이 아닌 것과 마찬가지이다.

중국 봉건사회에서 토지겸병 문제는 분명히 서유럽 영주제하에서는 볼 수 없는 특징이지만 당말 이전의 점전제·균전제하에서 사족지주(士族地主)든 서족지주(庶族地主)든 거의 모두 등급 특권에 의지하여 일정량의 토지를 점유한 권귀였으며 양자의 차이는 다만 '사족'은 구래의 세습적 권귀이고 '서족'은 신형 권귀라는 데 있을 뿐이었다. 경제수단으로 토지자본을 축적한 평민지주*는 당시 극소수였다. 당말 이후 중국의 토지분배 방식에 일정한 변화가 일어나 특히 '타이후 모델'로 발전한 지역에서 더욱 그러했다. 그러나 설령 그때 그곳이라 하더라도 중국의 토지는 여전히 주로 권세에 따라 분배되었지 자본에 따라 분배되지 않았다. 이 점에 관해서는 다음 절에서 상세하게 설명하려고 한다. 따라서 중국의 봉건 토지재산은 결코 진정한 재산이 아니라 단지 등급권력의 물화(物化)일 뿐이며 이른바 '지조'도 재산에서 얻는 수익이 아니고 잉여생산물이 권세에 따라 분배되는 하나의 형식인 것이다. 따라서 "권세 있고 부유한 집에서는 술과 고기 썩는 냄새가 나고 길가에는 얼어 죽은 시체가 뒹군다"는 중국 봉건사회의 본질은 여전히 인신예속관계의 기초 위에서 권세에 따라 분배되는 등급분화이지 자본에 따라 분배되는 계급분화가 아니다. 어떤 봉건사회이든 그 내부에는 모두 계급분화 요인이 존재하지만 일단 이런 요인이 등급의 속박을 타파하고 지배적 지위를 차지하는 분화형식으로 되면 종법공동체는 더 이상 존재할 수 없게 될 것이고 봉건제도는 곧 종말을 고할 것이다.

반드시 염두에 두어야 할 것은 계급분화의 정도는 결코 과거 사람들이 흔히 생각했던 것처럼 반드시 사회 전체 부의 집중 정도와 서로 일치하는 것이 아니라는 점이다. 특히 농촌에서 종법속박을 벗어나 순수하게 소유관계의 기초 위에서 발전한 계급분화는 빈부의 양극화를 가져온다. 빈자가 많고 부자는 소수라 하더라도 사회경쟁의 장에서 필요로 하는 경영에 뛰어난 자의 수는 필연적으로 '천연수장'보다 훨씬 많고, 자본축적의 정상 속도는 사회 평균이윤율이 제약되는 가운데 권력을 통해 가렴주구하는 것보다 훨씬 느리기 때문에 완전한 계급분화는 흔히 상대적으로 확대된(봉건주와 비교해 볼 때) 부유계층 또는 중산

---

* 권귀가 아닌 평민이 대거 지주로 성장한 것은 당말 이후의 일이다.

계층을 조성할 수 있다. 예컨대 독일의 1882~1895년 사이 농경지 면적은 64만 9천 헥타르가 증가했는데 그 중 5~20헥타르의 자영농장이 87%를 차지했고, 영국의 1885~1895년 사이 발전이 가장 빠른 경우가 20~120헥타르의 자영농장과 소규모 자본주의 농장이었고 동시에 대농장과 아주 작은 농장은 감소 추세를 보였다.[10] 러시아 농촌은 종법색채가 서유럽보다 훨씬 농후하지만 중국 농촌보다 계급분화 정도는 훨씬 높다. 일반적인 추정에 따르면 혁명 전에는 20%의 농가가 부농 또는 부유농민에 속했다. 이와 반대로 봉건농촌에서는 흔히 10%도 안되는 권귀가 90% 남짓의 보편적인 빈궁한 예속농민과 대립했다. 가령 11세기 영국의 『최후의 심판서』에 나오는 인구통계는 92%의 인구가 예속 농민(노예·농노·자유 소작농)이고 단지 3%가 귀족이었음을 보여준다. 앞에서 언급한 관중 봉건농촌도 온통 종법소농의 망망대해 위에 일부 극소수 권세자가 존재하는 상황이었다.

　이상에서 알 수 있듯이 재산관계 기초 위에 완전하게 이루어진 계급분화는 민간을 비교적 많은 수의 빈곤계급과 비교적 적은 수의 부유계급으로 분화시키지만 종법공동체의 등급장벽은 보편적으로 빈곤하여 분화하기 어려운 평민사회 위에 일부 극소수 흉포한 부자인 '천연수장'을 방치하고 있다. 따라서 봉건사회의 최대 병폐는 극렬한 계급분화라기보다는 오히려 등급권력의 억압하에서 민간의 계급분화가 발달하지 않은 점이다. 그러나 "권세 있고 부유한 집에서는 술과 고기 썩는 냄새가 나고 길가에는 얼어 죽은 시체가 뒹구는" 중국 봉건사회는 이 점에서 서양보다 더 심했다. 중국에서는 서양 봉건사회 후기처럼 평민등급 속에서 등급장벽을 타파할 만큼 강력한 부유계급이 분화되어 나오지 못했기 때문에 중국사회는 종법공동체의 몸통 속에서 좌충우돌하며 발버둥 쳐도 거기에서 벗어나지 못하고 끝내 근대화 과정의 밖으로 밀려나 버렸다.

　따라서 오늘날 중국인은 농촌에서 발생한 약간의 계급분화(만일 그것이 진정한 계급분화라고 한다면) 때문에 놀라 허둥댈 필요가 없으며, 중요한 것은 권세에 따라 분배되는 등급분화가 다시 창궐하지 않도록 막는 것이다. 사회주의 민주혁명 시기에 약간의 계급분화가 있는 것은 종법공동체의 잔재를 일소하고 인신예속에 기초한 등급분화를 소멸시키는 데 도움을 준다. 신중국 농촌이 구 중국 농촌보다 진보한 점을 말할 때 당연히 이 점도 포함시켜야 하지 않을까.

2. 종법소농의 분화와 차야노프 순환

과거 중국의 학계에는 "소농경제는 비바람에 견디지 못한다"는 학설이 오랫동안 유행했다. 이 학설은 봉건사회의 농민경제가 극히 불안정하여 수시로 양극분화 속에 처하게 되며, 중국의 봉건관계는 마치 소사유로부터 대사유로 분화되어 형성된 것과 같다고 했다. 그래서 인민공화국 수립 후 만일 신속히 집단화를 시행하지 않으면 곧바로 "두 번의 고통을 당할" 위험이 있다고 경고하였다. 지금 보건대 이 주장은 재고해 볼 가치가 있다.

현대 서양 자본주의 농업의 역사가 말해 주듯이 비록 경쟁·분화현상이 비교적 활발한 상품경제 속에서도 가정농장 경제가 여전히 상당한 안정성을 갖고 있으며 극소수 국가를 제외하고 그것은 지금까지도 대다수 발달된 자본주의 국가에서 농업의 중요한 경영방식이다. 봉건시대에는 자연경제 조건하에서 농민이 종법공동체의 성원으로서 속박—보호 관계에 처해 있기 때문에 경제적 분화를 저해하는 종법의 굴레가 숱하게 많았다. 종법소농은 대체로 자급자족적하면서 낮은 생산수준에 머물러 있었다. 그들의 생산조건은 아주 간단하고 대체로 비슷하다. 그들 사이에도 비록 차이가 있기는 하지만 시장과의 연계가 거의 발달하지 않아서 이들의 차이는 경쟁·분화로 확대되기가 매우 어려웠다. 따라서 만일 종법농민이 하나의 집단으로서 파산의 위기에 직면한다면 그것은 주로 명령경제하의 종법공동체의 등급 권세가 억압하여 조성한 것이다. 그러나 이런 권세 자체도 공동체의 기초 위에 성립되어 있으므로 종법공동체는 이런 파산 추세가 무한정 지속되도록 방치하지는 않는다. 바로 그것이 일종의 회복 메커니즘인데, 서양 농촌공동체 속의 즉시성 회복 메커니즘이라든가 중국에서 농민전쟁을 통해 가—국 일체의 종법공동체를 재건하는 주기성 회복 메커니즘이라든가 하는 따위가 그 예이다.

그렇다면 종법농민과 그들의 머리 위에 군림하는 '수령'간의 등급분화를 놔두고 종법농민 자신에 대해 말하면 그들의 경제운행법칙은 어떤가? 그들과 상품경제 조건하의 농민의 양극분화 유형을 비교해 보면 단지 속도·규모 면에서만 양적 차이가 존재하는가, 아니면 법칙성의 본질적 차이가 존재하는가? 이에 대해 현대 농민학 연구에서는 다양한 견해가 제기되었는데 그 중에서도 외국에

서 가장 영향력 있는 것은 러시아 신인민주의 이론가 A. 차야노프가 1920년대
에 제기한 '주기성 인구구조 분화이론'이다.

신인민주의파는, 10월혁명 후 원래 사회혁명당이 제창한 토지강령에 근거하
여 농촌의 공동체화를 실현하고 인민주의파의 이상이 이미 현실로 바뀐 상황에
서 구인민주의에 대한 일종의 발전이다. 그것의 특징 가운데 하나는 구인민주
의처럼 러시아인 특유의 공동체정신 따위의 낭만적 구상에서 출발하여 슬라브
주의 도덕사회라는 한 폭의 그림 같은 경관을 구축하는 것이 아니라, 자신의 주
장을 비자본주의 경제제도에 대한 일반적인 이론분석 위에 수립하려고 힘껏 노
력했다는 점이다. 이 때문에 그 영향은 자연히 러시아 일국의 범위를 뛰어넘었
다. 소련에서 차야노프의 이름은 1930년대에 신인민주의파의 운동이 진압된
이후 거의 완전히 잊혀졌으나 서양의 농민학 연구는 오히려 1960년대부터 한
줄기의 '차야노프주의' 물결을 불러일으켰고 많은 사람들이 그를 현대 농민학과
'저발전 사회학'의 태두로 받들었다. 일부 권위 있는 평론가는 그의 '포스트 마
르크스 농민경제이론'이 "한 세대 내내 농민학 연구자에게 영향을 미쳤다"[11]고
했으며 그의 농민분화 이론도 이로 인해 큰 명성을 얻게 되었다.

차야노프는 자연경제 조건하의 농민공동체는 일종의 등급 없는 '민주' 분위
기에 젖어 있고 농가는 자급자족이어서 대외 경제관계는 거의 없으며 따라서
계급과 등급의 분화는 그가 보기에 무시해도 좋을 만큼 미미하다. 그렇다면 농
가의 경제상황은 모두가 하나같이 똑같은가? 물론 그렇지 않다. 차야노프는 농
민 속에 확실히 분화현상이 존재한다고 보았다. 첫째, 그것은 각 촌공동체들 사
이에서 발생한다. 각 촌공동체가 처해 있는 농업환경과 경지 상황은 서로 다르
기 때문에 어떤 곳은 좀 더 빈궁하고 어떤 곳은 좀 더 부유하다. 둘째, 더 중요한
것은 동일한 촌공동체 내부의 농가 중에도 왜 빈부의 차이가 있는가 하는 점이
다. 그는 주된 원인을 그들이 '인구구조 주기' 속의 각기 다른 단계에 처해 있기
때문이라고 보았다. 그가 보기에 자급자족하고, 대외적인 연계가 없어 생산양
식이 간단하며 기술과 경영조건이 유사한 농가는 주로 가정 내의 생산자와 부
양자의 비율에 따라 경제상황이 주기적으로 개선되고 악화된다. 그는 혁명 전
볼로그다 주의 인구 통계자료에 근거하여 농가의 평균 생산인구와 소비인구의
변화를 표8과 같이 산출해냈다.

표8

인구구조 주기

가정형성 시간(年)	1	2	3	4	5	6	7	8	9	10	11	12	13
호당 평균 소비인구	1.8	1.9	2.1	2.1	2.2	2.4	2.4	2.5	2.9	2.9	3.0	3.4	3.4
호당 평균 생산인구	1.8	1.8	1.8	1.8	1.8	1.8	1.8	1.8	1.8	1.8	1.8	1.8	1.8
소비자/생산자	1.00	1.06	1.17	1.17	1.22	1.33	1.33	1.39	1.61	1.61	1.66	1.88	1.88

가정형성 시간(年)	14	15	16	17	18	19	20	21	22	23	24	25	26
호당 평균 소비인구	3.5	4.1	4.1	4.2	4.8	4.8	5.1	5.7	5.7	6.0	6.6	6.6	6.9
호당 평균 생산인구	1.8	2.5	2.5	2.5	3.2	3.2	3.4	4.1	4.1	4.3	5.0	5.0	5.2
소비자/생산자	1.94	1.64	1.64	1.68	1.50	1.50	1.50	1.39	1.39	1.39	1.32	1.32	1.32

26년 이후에는 이런 추세에 따라 통계를 추산해 보면 37년째에 이르러 소비자/생산자의 비는 1.0에 도달하게 될 것이며, 이것은 하나의 인구구조 주기가 완성됨을 의미한다. 그림 4는 그것을 그래프화한 것이다.[12]

다시 말하면 가정을 이룰 당초 부부가 아직 자녀를 갖고 있지 않으며 부모도 노동능력이 있을 때는 가족 내에 순소비 인구가 없기 때문에 경제상황은 가장

그림 4

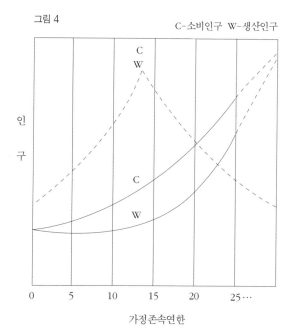

C-소비인구 W-생산인구

인구

가정존속연한

좋다. 그 후 미성년 자녀가 늘어나고 부모가 늙어 감에 따라 점차 쇠락하고, 노인이 죽고 자녀가 성년이 되면 하나의 순환이 완성되어 경제는 다시 회복된다. 이와 같이 가난하다가 부유해지고, 부유하다가 가난해지는 주기성 순환이 끊임없이 되풀이된다. 가령 우크라이나의 체르니고프 주의 경우 1882~1911년의 동태 추적조사에 따르면 30년간 농가 경제상황의 변동은 표9와 같다.[13]

농가 경제 주기

표9   단위: 제샤치나(17무)

1882년 파종면적	1911년 파종면적 변동률(%)					총계
	0–3	3–6	6–9	9–12	> 12	
0–3	28.2	47.0	20.0	2.4	2.4	100.0
3–6	21.8	47.8	24.4	8.2	2.4	100.0
7–9	16.2	37.0	26.8	11.3	2.4	100.0
9–12	6.9	35.8	26.1	12.4	16.1	100.0
12 이상	3.5	30.5	28.5	15.6	21.9	100.0

여기에서 알 수 있듯이 30년의 시차 속에서 전체적으로 빈농은 증가추세를 보이고 부농은 감소추세를 보이지만 본디 중등농가는 기본적으로 여전히 중등호이다. 물론 이것이 이때의 농촌이 30년 전보다 더 평균화되었다는 것을 의미하는 것은 아니다. 새로운 빈농과 새로운 부농은 여전히 계속 생겨나고 있었기 때문이다. 표9는 단지 농가의 경제상황이 주기적으로 변화하고 있음을 설명할 뿐이다. 곧 하나의 주기 안에서 부농은 봉우리 꼭대기에서 계곡 밑으로 향하고 빈농은 계곡 밑에서 봉우리 꼭대기로 향하는데 중농은 봉우리 중턱에서 도중에 봉우리 꼭대기(또는 계곡 밑)에 올랐다가 다음 주기의 봉우리 중턱으로 향한다.

이 같은 농민 분화유형은 서양 농민학계에서 '차야노프 순환'으로 불린다. 차야노프는 이런 이론을 가지고 당시 소련에서 성행한 계급분화설과 서양 자유주의 경제학의 약육강식 분화설에 반대했다. 그가 보기에 이런 '주기성 분화'는 계급착취를 반영하는 것도 아니고 '강자'인 자본주의적 대생산이 '약자'인 소농을 대체하고 있음을 나타내는 것이 아니라 비자본주의 경제의 일종의 자연순환일 뿐이다. 이 순환 속에서 빈농은 자연히 부유해질 수 있고 부농은 자연히 빈궁해질 수 있다. 파동은 주기성을 갖고 있을 뿐만 아니라 일정한 변동폭도 갖고 있어서 양극화가 무한히 발전하는 국면을 조성하지 않는다. 그리하여 그는 '소농경제 안정론'을 역설했고, 나아가 이와 같이 미묘하고 조화로운 전원시적 공동체 속에서 농민은 편안히 살면서 즐겁게 일하고 있으니 사회농학자들이 조직자의 임무를 떠맡아 위로부터 그들의 경제에 대해 과학적 조직을 실행하고 선진적 과학·기술·문화를 그들에게 전파하고, 그들이 촌공동체 정신을 반영하도록 인도하여 집단화를 이룩하면 긍극적으로 현금 없이 계산하는 무화폐 노동조합으로 나아가서 마침내 촌공동체 사회주의의 '농민 유토피아 국가'가 실현된다고 보았다.[14]

차야노프는 소련 농촌에서 계급투쟁을 전개하는 것을 반대하였고 강제적으로 소농을 소멸시키고 스탈린식 집단화를 실현하는 것을 완강히 반대했다. 이것은 뒷날 그가 불행한 말년을 맞이하는 데 원인을 제공했다. 그러나 그가 말한 '무화폐 노동조합'과 전체 경제를 '과학적 조직'을 통하여 '단일한 관리의지' 아래 통일하려는 공동체적 사상은 역설적이게도 바로 스탈린에 의해 실현되었다. 차야노프의 사상을 전면적으로 평가하는 것은 이 책에서 다룰 주제가 아니므로 여기서는 그의 농민분화이론, 곧 '차야노프 순환'에 관해서만 몇 가지 말하고자 한다.

차야노프의 순환설에는 농민-인민주의자의 자연경제하의 농촌공동체에 대한 미화와 종법공동체의 전원시적 분위기에 대한 무한한 동경이 반영되어 있음을 부정할 수 없다. 이와 같은 장밋빛 환상은 그로 하여금 촌공동체 민주주의 위에 성립된 차르 전제, 촌공동체 평균 위에 성립된 등급착취를 망각하게 만들었다. 그가 19세기 농촌공동체 내부에서 끊임없이 일어나는 빈부의 순환에 관해 흥미진진하게 이야기할 때, 그의 눈에는 농민과 등급이 다른 농촌공동체 위에 높이 앉아 있는 지주·귀족·폭력집단·고급 승려 등 권귀층의 끝없는 사치와 탐욕이 보이지 않았다.

그리고 그는 주기적인 파동의 중심으로 경작지 3~6제샤치나(러시아의 토지 단위)를 가진 중등농민을 계급분화 후의 서유럽 자본주의 농촌에 견주어 대단히 빈곤하다고 보았다. 레닌의 뒤를 이어 소련 인민위원회 의장을 역임한 리코프(Rykov)는 감개무량하게 이렇게 말한 적이 있다. "우리의 중농과 벨기에 빈농을 비교하면 (우리 농민의) 빈곤은 이만큼 심했고 우리의 기준에 따르면 벨기에 빈농은 지주가 될 만하다."[15] 그러므로 농촌공동체 속의 빈부 순환은 사실상 특권등급의 억압하에서 분화하기 어려운 종법농민의 보편적 빈곤에 불과할 뿐이다.

그렇지만 만일 가치판단이 아닌 사실판단의 측면에서 본다면 차야노프가 묘사한 모델은 결코 터무니없이 조작된 것이 아니며 많은 통계근거를 갖고 있다. 이것의 의의는, 종법상태하의 농민 속에 흔히 사람들로부터 일종의 계급분화로 간주되는 빈부차이가 존재하는 것이 사실은 진정한 계급분화가 아님을 시사해 준다는 데 있다. 정말로 차야노프 순환은 서양 경제학의 많은 이론모델과 마찬가지로 논리적으로 추상화한 일종의 이념형이며 그것은 자급자족적 로빈슨 크루소식 경제를 전제하고 있어서 실제 상황은 그렇게 간단하지 않다. 19세기의 러시아 농촌이 비록 발달하지 못했다 하더라도 완전한 종법농촌이 아니었던 것은 분명하다. 농민의 빈부를 결정한 것은 인구구조라는 하나의 요인만이 아니며, 진정한 계급분화는 틀림없이 이미 상당 수준에 도달했을 것이다. 차야노프 자신도 인정했듯이 엄격한 순환이란 이상에 불과하며 토지 매매, 고용노동, 소작관계의 존재로 인해 현실 속의 과정은 복잡해졌다. 러시아식으로 토지를 재분배하는 공동체가 없는 그 밖의 민족(가령 중국 같은 경우)의 봉건농촌에서는 차야노프 순환의 작용이 제한받을 수밖에 없다. 왜냐하면 이 순환을 정상적으로 운행될 수 있게 하는 중요한 조건의 하나는 농가의 경제상황이 노동력 부족의 제약만 받지 토지 부족의 제약은 받지 않는 것인데 이것은 정기적으로 토지를 재분배하는 러시아 촌공동체에서는 일정 정도까지는 현실적이어서 가족이 많은 농가일수록 분배받은 분여지 면적도 따라서 커질 수 있지만 중국에서는 그런 일이 있을 수 없었기 때문이다.

그렇다고 하더라도 자급자족적인 중국농촌에서 종법상태는 농민등급의 경제적 계급분화를 저해하는 작용을 하는데 이는 '관중 모델' 속에서 이미 본 바와 같다. 따라서 중국 종법농민 속의 빈부차이에서도 마찬가지로 차야노프 순환의 요소를 볼 수 있다. 송나라 사람 셰이(謝逸)는 "내가 일을 분별할 줄 알게 된 이래 40년 동안 향촌과 도시를 보면 옛날의 부자는 가난해졌고 오늘의 부자는 옛날의 가난한 자였다"고 말한 바 있다.[16] 명청시대 사람들이 빈부의 변천에 관해 언급할 때 항상 말하는 속담으로 "30년은 하동(河東)이고 30년은 하서(河西)이다"*는 말이 있다. 과거에는 흔히 이런 자료를 가지고 당시 계급분화가 극렬했음을 증명했다. 그런데 사실 이들 30~40년을 한 주기로 하는 빈부순환이 등급권세하의 차야노프 순환(이론분석에서는 37년을 하나의 주기로 함)의 요소를 포함하고 있는지 여부는 연구할 만한 가치가 있다. '관중 모델'에서 종법농민의 빈부차이 역시 이와 마찬가지인데 비록 농가에 대한 동태적 추적조사가 부족하지만 옛 관중의 부유한 농가는 대부분 오래 가지 못했고 빈궁농민도 극소수만이 완전한 파산상태에 빠졌으니 그들간의 주기성 대류(對流)는 충분히 상상할 수 있다.

요컨대 봉건사회에는 각기 성격이 다른 세 가지 분화현상이 존재한다. 첫째는 인신예속관계를 토대로 성립된 등급분화로서 이것은 명령경제 속의 경제외적 착취에서 생겨났다. 둘째는 차야노프 순환을 토대로 성립된 인구구조성 분화로서 이것은 로빈슨 크루소식 경제 속의 자연운동에서 생겨났다. 셋째는 재산관계 또는 소유관계를 토대로 성립된 계급분화로서 이것은 상품경제 속의 순수한 경제착취에서 생겨났다. 봉건사회 종법공동체의 속박-보호관계는 자연경제 위에서 명령경제와 로빈슨 크루소식 폐쇄적 자급자족 경제와의 대립통일을 반영한다. 따라서 권귀와 평민 사이의 등급분화와 평민등급 내부의 차야노프 순환도 대립통일을 형성하며 그것들은 봉건사회 내부의 가장 본질적인 분화 메커니즘을 공동으로 구성한다. 물론 여기서 주의해야 할 것은 차야노프가 이 순환에 덧칠한 인민주의적 장밋빛 색채를 반드시 지워 버려야 한다는 점이다. 이런 비자본주의적 분화는 중세 평민등급의 보편적 빈곤상태를 분명하게 보여주는 것에 불과할 뿐이기 때문이다.

완전히 소유관계를 기초로 성립된 계급분화가 봉건사회에 존재한다는 것은 분명하다. 그렇지 않다면 봉건사회는 발전할 수 없으며 나아가 자기 부정으로 나아갈 수도 없다. 그러나 계급분화는 봉건시대에 진행과정에 있었으며 봉건사회의 본질적 특징과 대립하는 것이었다. 앞에서 서술한 것처럼 봉건사회 내부의 재산제도, 상품경제와 교환관계는 종법공동체의 등급권력에 의해 심각하게 왜곡되었으며 따라서 계급분화도 심각하게 왜곡된 형태로만 존재할 수 있었다.

---

* 황허의 하도(河道)가 자주 바뀌는 데 따라 일어난 위치 변화를 말한다.

일단 그것이 자신의 발전논리에 따라 이런 왜곡을 타파하고 자유로운 발전을 실현하면 그것은 종법공동체의 등급 장벽을 무너뜨리는 동시에 차야노프 순환의 과정도 철저히 파괴하고, 종법공동체의 장밋빛 껍데기와 야만적 본질을 한꺼번에 부정해 버릴 것이며 이에 따라 봉건사회의 종말도 곧 임박할 것이다.

단 차야노프 순환과정이 구시대에 나타낸 것이 아직 분명하지 않았다고 한다면 중국·구소련 같은 소농국가에서 토지혁명을 실현한 뒤에는 오히려 그것이 상당히 전형적으로 체현되었다는 것을 기억해 두어야 한다. 구소련에서 토지혁명 후 농촌공동체를 회복했을 뿐만 아니라 그 직능을 대대적으로 강화했고 토지재분배의 빈도와 평균화 정도, 촌공동체의 농가경영과 경작에 대한 간섭은 모두 크게 강화되었다.[17) 중국의 토지개혁 뒤에는 비록 촌공동체화가 나타나지 않았지만 토지점유는 역시 기본적으로 평균화되었다. 당시 농업기술, 경영수준, 상품화율이 매우 낮고 농가와 시장의 연계가 잘 안되고 자연경제 색채가 매우 농후했기 때문에 (중국이 특히 그러했다) 인구구조는 분명히 농가의 경영상황을 제약한 주요 요인이다. 당시의 부유농민은 주로 가족노동력이 많고 강한 이른바 '대장부호'(好漢戶)였다. 비록 이 기간이 너무 짧아서 순환의 주기성이 아직 나타나지는 않았지만 몇십 년 후 중국이 새롭게 소농제(家庭承包制, 가족 단위 농업 생산책임제)를 시행할 때의 상황에서는 차야노프 순환의 존재를 추론해 낼 수 있다. 잘 알다시피 농업생산 책임제에서 나타난 문제 가운데 하나는 인구의 통제 불능이었다. 농가의 경제상황이 가족성원의 구조와 긴밀히 연계되어 있기 때문에 일부 낙후된 지역에서는 농민의 출산욕을 현저하게 증가시켰다. 이것은 확실히 일정한 주기 내에서 그것이 가족성원 구조를 개선할 수 있었기 때문이다. 만약 차야노프 순환이 현재까지 적어도 중국 농촌인구의 재생산과정에 줄곧 일정한 영향을 미치고 있다고 한다면 그것은 토지개혁 후 일정기간 내의 농촌경제에도 당연히 영향을 미쳤다고 할 수 있다.

차야노프 순환이 인민주의자의 안목에서는 촌공동체 '노동유형 경제'의 법칙이지만 그것은 사회주의 자유연합체의 사회화된 생산에 있어서 노동에 따른 분배와 판이하게 다르다. 그것의 존재는 단지 종법소농경제의 '로빈슨 크루소화' 경향을 설명할 수 있을 뿐이며 자연경제와 종법 잔재의 존재 그리고 사회적 연계의 미발달을 설명해 주며, 상품화폐 관계를 대대적으로 발전시키고 심지어 진정한 계급분화(당연히 일정한 역사시기와 일정한 조건 아래서) 발전의 절박한 필요성을 설명해 줄 뿐이다. 그렇지만 전통적 이론모델의 지배를 받는 중국은 실천과정에서 오히려 거꾸로 가고 있으며 종법경제에 존재하는 협의의 계급분화의 모든 맹아에 대해 통렬하게 타격을 가할 뿐만 아니라 차야노프 순환하의 인구구조성 분화까지도 공연히 의심하여 자본주의 양극분화로 간주하고 징벌을 가했다. 구소련은 신경제정책시대에 부하린의 "돈을 벌자"는 구호를 부정했을 뿐 아니라 "노동에 의지하(여 돈을 벌려)는 농민"이라고 부르는 것도 반대했으며[18] 차야노프와 그의 동료들을 탄압함과 동시에 가정노동력이 풍부해서 부유한 많은 농민들도 '부농'으로 간주하고 깨끗이 제거해 버렸다. 중국에서는 "노동으로 치부하자"(勞動致富)는 구호를 재빨리 걷어치워 버렸다. 일부 작품을 통해 과장된 '대장부조'(好漢組)와 '노소조'(老少組) 사이의 투쟁*을 상기해 볼 수 있는데 '대장부'들은 자본주의 세력으로 간주되고 '노소'들은 사회주의의 찬란한 대도(大道)를 대표하는 것으로 간주되었다.

그렇지만 계급분화에 대해 과민하게 반응한 나머지 순환을 계급분화로 간주하여 이를 저지하자, 등급분화라고 하는 종법공동체 고유의 악성 종양은 '사회주의 자연경제'의 조건 아래서 죽었다가 은연중에 되살아났다. 역사는 중국을 형편없이 조롱했다. 지금과 같은 등급의 만연과 권력만능은 이미 심각한 사회적 병폐를 낳았을 뿐만 아니라, 계급개념조차 주화입마(走火入魔)[†]를 당하여 마르크스가 말한 '물질의 연계'를 기초로 성립된 이익집단에서 가장 철저한 등급으로 변질되어 버렸다. 중국의 '계급성분'은 한번 생산관계가 변한다고 해서 바뀌지도 않고 경제지위가 변천한다고 해서 바뀌지도 않는다. 이것은 자신의 운명뿐만 아니라 자손에게 전해질 일종의 세습신분까지 결정하여 '홍우레이'(紅五類), '헤이우레이'(黑五類)[#]와 같은 현대판 카스트제와 천민제로 둔갑하는 데

---

* 토지개혁 후 품앗이 작업반 호조조(互助組)를 만들 때 자본주의 사상을 가진 것으로 간주된 일부 부농은 빈농과 함께 일하기를 거부하고 부유하고 힘센 사람을 중심으로 '호한'(好漢) 호조조를 만들었다. 따라서 가난하고 힘도 없는 일부 빈농은 '노소'(老少) 호조조를 만들었고, 이들의 사상이 진보적이었기 때문에 '노소조'의 성적이 '호한조'를 능가했다.

† 기공단련시 원칙을 지키지 않고 급히 이루려는 마음으로 단련할 경우 나타나는 신체상의 이상현상으로 사망에 이를 수도 있다.

홍우레이는 문화대혁명시기 홍위병의 구성분자인 노동자, 빈·중농, 혁명열사, 혁명간부, 해방군의 자식을 가리키고, 헤이우레이는 문화혁명시기 숙청대상인 지주, 부농, 반혁명분자, 악질분자, 우파분자를 가리킨다.

까지 이르렀다.

3. 종법적 사회의 분화유형과 그 정량분석

이제부터는 한 걸음 더 나아가 앞 두 절에서 서술한 이론적 추상화를 몇 가지 숫자 모형으로 삼고 이를 바탕으로 종법식 분화를 헤아리는 지표의 설정과 계량분석에 관한 문제를 검토하겠다. 그림 5는 세 가지 경우의 분화를 나타낸 로렌츠 곡선이다.[19] 이미 알고 있듯이 이 세 가지 분화 중에서 종법성(전자본주의 성격)이 가장 낮은 것은 미국이고 그 다음은 낙후된 탄자니아이며 가장 높은 곳이 '3황5제' 통치하의 관중 테루 구이다. 그러면 이런 상황을 분화곡선 위에서 해석할 수 있는가? 분명히 지니계수의 계산은 문제를 해결할 수 없다. 그러나 이 세 곡선의 형태는 우리의 연구를 심화시킬 수 있다. 또 다른 자료(생략)를 더 참고하면 변형된 새로운 모형을 생각할 수 있기 때문이다.

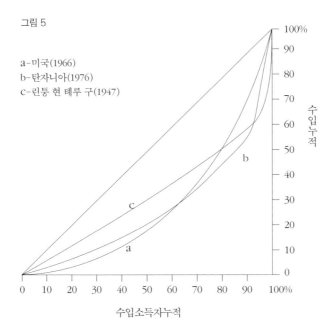

그림 5

a-미국(1966)
b-탄자니아(1976)
c-린퉁 현 테루 구(1947)

1. 문제의 제기

현재 사회분화 정도를 측정하는 방법은 상당히 발전했다. 많이 사용되는 지표로는 이산계수(離散係數), 파레토계수, 지니계수 등이 있으며, 특히 이탈리아 통계학자 라토 지니(1884~1965)가 로렌츠 곡선에 근거하여 정의한 지니계수가 가장 널리 응용되고 있다.(지니계수의 추산방법에도 개선할 점이 있지만 여기서는 생략한다.) 그러나 이들 계수는 분화의 성격을 반영하지 못한다. 분화의 성격은 분명히 분화의 정도보다 더 중요한 문제인데, 그것을 헤아리기가 쉽지 않기 때문에 일련의 문제가 파생되었다. 예를 들면 다음과 같은 것들이다.

첫째, 현재 사회에서 일어나는 분배의 불공정문제이다. 지금의 분화가 심각하다거나 심각하지 않다고 단순하게 말하는 것은 별 의미가 없다. 문제는 분화의 성격에 있는데 그것은 어느 정도까지가 사회주의의 노동에 따른 분배 속에서의 분화(차이)이고, 어느 정도까지가 자본주의적 또는 근대형 분화이며, 어느 정도까지가 중세형 또는 종법식 분화요소를 보존하고 있는가 하는 데 있다.

둘째, 민주혁명 시기에 있었던 마오쩌둥과 량수밍 사이의 유명한 논쟁이 남긴 문제이다. 마오쩌둥은 농촌의 분화가 심각하므로 봉건사회라고 보았으나 량수밍은 분화가 전혀 극렬하지 않으므로 봉건사회라고 할 수 없다고 보았다. 만일 경험자료에만 근거해서 말한다면 양쪽 모두 자신에게 유리한 증거자료를 찾을 수 있겠지만 분명 문제의 본질은 분화 정도의 크고 작음에만 있는 것은 아닐 것이다.

셋째, 역사학상의 여러 가지 관련 논쟁의 문제이다. 가령 태평천국전쟁 후 장쑤·저장 지역 자작농의 증가는 도대체 자본주의적 발전에 유리했는가 아니면 장애로 작용했는가?(실제로 분화 정도가 큰 쪽과 적은 쪽 중 어느 쪽이 자본주의 발전에 더 유리한가를 묻는 것이다.) 이 배후에는 더 일반적인 문제가 감춰져 있다. 역대 농민전쟁과 그로 인해 조성된 보호상황의 변화를 어떻게 평가할 것인가 하는 문제가 바로 그것이다. 유사한 문제는 외국에서도 자주 발생했는데 예컨대 러시아에서는 토지의 평균분배가 자본주의에 도움이 되는가 안되는가에 관한 장기간의 논쟁이 있었다. 그리고 토지개혁에 대한 평가문제는 현재 국제 저발전 사회학계에서도 오래 전부터 논쟁이 되고 있는 문제 가운데 하나이다. 확실히 이들 문제의 핵심은 위에 말한 사건이 분화의 정도를 분명하게 변화시킨 동시에 분화의 성격도 변화시켰는가 그렇지 않은가에 있다.

지니계수 등 통계지표가 발명되기 이전의 사람들도 일찍이 사례를 들어 서술하는 방법(예시 서술법)으로 분화의 정도를 나타낸 것과 마찬가지로 지금 사람들 역시 마찬가지의 예시 서술법을 흔히 사용하여 분화의 성격을 나타내고 있다. 그러나 그 정확성과 논리적 설득력은 확실히 불충분하다.

다른 한편, 나는 로렌츠 곡선을 이용하여 각종 사례의 사회분화 자료를 연구하면서 종법식 사회와 근대사회, 봉건주의와 자본주의 사이에 분화 정도의 높고 낮은 차이가 고정되어 있지는 않다는 사실을 발견했다. 곧 지니계수는 위에서 말한 각종 사회에서 모두 큰 경우도 있고 작은 경우도 있지만 이론상으로는 모두 0과 1사이의 임의 수치로 표현될 수 있다. 그러나 로렌츠 곡선 자체의 모양은 오히려 하나의 사회유형으로부터 또 하나의 사회유형으로 나아가는 데 따라 법칙적 변화를 보이며 특히 효용소비(이 개념은 뒤에서 정의하겠다)의 분배면에서 더욱 두드러졌다.

일반적으로 말해 전형적인 자본주의 조건하에서의 분화유형은 그림 6과 같이 나타나며 비록 최초 상태선(狀態線) a 이하에서 점선들이 갈수록 구부러지고 있지만(곧 분화 정도가 갈수록 커지고 있지만) 그것들은 기본적으로 모두 z축과 대칭을 이루며 마치 활과 같은 모양을 나타낸다.(가령 곡선 t가 보여주는 것처럼 소수의 비대칭인 경우는 활이 좌표의 가로축으로 기울어지는 것으로 나타나지만 세로축으로는 기울어지지 않는다. 설령 얼마간의 자본분배에서 로렌츠 곡선의 활이

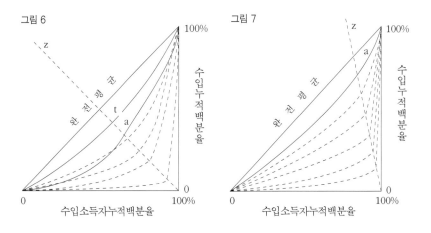

그림 6

그림 7

세로축으로 기우는 것 같다 하더라도 형식상 재부의 분배를 통해 효용소비 분배가 교정되고 나면 그것은 즉시 전형적인 상태로 회복된다.)

그런데 전형적인 종법식 분화 또는 봉건 조건하의 중세형 분화모델은 그림 7과 같이 나타나며 최초 상태선 a 이하의 실선들은 똑같이 아래를 향해 구부러져 있을 뿐만 아니라 이론상으로 그림 6과 마찬가지로 좌표의 두 축(곧 분화의 극단)으로 쏠리고 있다. 그러나 다른 점은 이 곡선들이 기본적으로 비대칭의 '한쪽으로 기운 활'이며 또한 좌표의 세로축으로 경도되어 있다는 것이다.(소수의 예외 중에서 이런 경도는 형식상 재부 분배 중에서는 분명히 나타나지 않지만 효용소비 분배 후에 곧 명확해지는 것으로 교정된다.) 각 곡선의 오목한 지점(완전 평균선으로부터 가장 먼 지점)을 연결하면 z선이 나오는데 그것은 그림 6의 z축과 상응하지만 대칭축이 아니라 좌표의 세로축에 가까이 쏠린 준직선이다.[20]

이상의 서술은 분화가 하나의 불가역적인 과정이라고 가정했지만 실제로 그것은 가역적이다.(곧 분화 정도가 작아질 수 있다.) 그렇지만 어떤 경우이든 '반듯한 활'과 '한쪽으로 기운 활'이라는 유형상 특징은, 만일 분화의 성질이 바뀌지 않는다면 변화될 수 없다. 현실 속에서 가능한 분화는 모두 이상의 두 가지 전형상태 사이에 놓여 있고, 따라서 z선의 기울기가 곧 측량할 수 있는 지표가 되며 그것은 사회분화가 어느 정도까지 종법적 성격 또는 전자본주의적 성격을 갖고 있는지를 반영한다. 우리는 그것을 z계수('종법식 분화계수'의 약칭)라고 부르기로 하자.

2. 이론분석

z계수의 차이는 사회분화에 내재하는 메커니즘의 차이와 연관되어 있다. 종법식 또는 봉건적 사회는 인신예속이나 인간의 의존관계를 기초로 한 사회이다. 인신예속관계의 그물 속에서 공동체는 속박과 보호라는 이위일체적 기능을 갖고 있으며 사회적으로 신분적 장벽과 특권의 속박이 충만해 있다. 독립된 권리의 주체(따라서 소유권의 주체)도 엄밀히 말해 존재하지 않는다. 마르크스가 말한 "권력이 재산을 농락한다" "일체의 개인영역은 모두 정치영역이다" "사유재산제도는 곧 정치제도이다" 재산형태는 "공동체를 기초로 하며" "공동체의 외양을 갖고 있다" 따위는 이를 두고 하는 말이다. 이로 인해 엄격한 등급차별

과 동일등급 내부의 평균화 추세 사이에 공존·상호보완이 결정되었고, 협의의
계급분화(단순히 경제관계, 곧 소유관계를 기초로 하는 분화)는 발달하지 못하고
등급분화(인신예속관계, 곧 통치-복종 관계를 기초로 하는 분화)는 고도로 발달했
다. 그렇지만 자본주의는 이와 반대이다. 자본주의는 상품경제 속의 등가교환
원칙으로 일체의 종법등급, 신분장벽을 일소하고 종법공동체의 모든 속박에서
벗어나 적어도 이론적으로는 모든 사람이 속박에서 해방되는 동시에 보호도 상
실케 하여 형식상 동등한 기회를 부여하는 자유경쟁 상태에 놓이게 했다. 따라
서 계급분화는 등급분화를 더욱 배제하게 되었다.

계급분화와 등급분화의 대립이란 사유재산관계를 기초로 한 분배와 개인간
의 통치-복종 관계(자연발생적 또는 정치적)를 기초로 한 분배가 서로 대립됨을
의미한다. 등급분화는 권세에 따른 분배나 신분에 따른 분배를 취하기 때문에
형식상의 재산수익(지대, 이자 등)은 실제로는 자산의 증식이 아니라 특권의 물
화(物化)이다. 반대로 협의의 계급분화는 자산에 따라 분배되며, 시장 메커니즘
이 작동하는 상태에서는 이윤율 평균화법칙에 따라 같은 양의 자본은 같은 양
의 이윤을 발생시킨다. 그런데 논리상으로는 권리와 기회의 균등으로 인해 자
본이 최초상태에서도 능력에 따라 분배된다. 이른바 '능력'이란 권리가 평등한
조건 아래서의 개인이 이익을 도모하는 모든 수단을 가리키며 그것은 사회주의
의 노동에 따른 분배이론이 단지 노동능력만을 인정하는 것과는 다르다. 하지
만 양자 사이에는 다음과 같은 유사점도 있다. 곧 양자는 모두 사람들이 누구나
봉건특권처럼 소수인에 의해 독점되는 것이 아닌 비독점적인 천부의 특권(바로
이 의미에서 마르크스는 노동에 따른 분배를 '부르주아의 권리'라고도 불렀다)을 갖
는다고 보았다. 일반적으로 말해 사회적으로 저능력자와 초능력자는 소수이며
보통 능력을 가진 사람이 대부분이다. 그러므로 '능력'은 인간군에서 준정상분
포(그림 8)를 나타내며 따라서 자본분포와 자본이 평균이윤율을 통하여 형성하
는 이익분포는 최초상태에서[21] 역시 준정상분포를 나타낸다.

그런데 봉건적 분화 속에서 종법공동체의 각종 천연장벽과 속박은 논리적으
로 위에 말한 최초상태를 배척했고, 따라서 만일 자연경제하의 각기 고립된 경
제단위간에 차야노프 순환으로 초래된 빈부차이를 생략하고 계산하지 않는다
면, 신분적 특권의 최초 분포는 곧 이익의 최초 분화를 결정한다. 특권은 일종

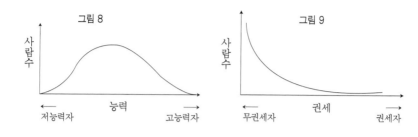

의 피라미드형 등급구조이기 때문에 '천연수장' 밑에는 수많은 권세 없는 예속자와 그 다음 예속자가 있으므로 이런 분포는 비정상이며 지수분포로 나타내면 그림 9와 비슷하게 된다.

만일 분화 정도가 정해진 값이라면 (지니계수가 서로 같다면) 위에 말한 두 가지 최초 분포는 로렌츠 좌표의 3각 속에서 두 가지 로렌츠 곡선으로 전화된다는 것을 수학적으로 증명할 수 있다(그 과정은 생략). 정상분포로 인해 결정된 곡선은 '반듯한 활'(그림 6과 같이)이고 지수분포로 인해 결정된 곡선은 '한쪽으로 기운 활'(그림 7과 같이)이다. 지니계수가 비교적 작을 때 전자는 레닌이 논증한 바 있는 미국식 길, 곧 자본주의 발전의 '기점 평등' 모델을 의미하고, 후자는 종법공동체의 조화상태, 곧 위로는 절약하며 스스로를 규율하는 '자상한 가장'이 있고 아래로는 편안하게 살며 즐겁게 일하는 '효순한 자민(子民)'이 있는 일종의 소강성세(小康盛世)*를 의미한다. 그러나 두 곡선은 모두 아래로 구부러지는 추세를 보이며 전자의 경우 자본이 일단 형성되면 곧 빈부축적의 효과(빈자는 자본의 착취를 당해 더욱 가난해지고 부자는 자본의 이득을 얻어 더욱 부유해진다)를 초래하여 활을 더욱더 구부러지게 당겨 능력에 따라 분배하는 최초 상태에서 심각하게 멀어진다. 이것은 그림 6에서 일련의 점선이 보여주는 바와 같다. 후자의 경우 '자상한 가장' 역시 오욕칠정을 갖고 있으므로 범인(凡人)의 경지를 넘어 성인(聖人)이 되기 어렵고, 제약을 받지 않는 종법특권이, 백성으로부터 조세를 징수하더라도 정도껏 하던 것(取民有度)에서 아예 제멋대로 가렴주구하는 것으로 그들의 욕망을 변화시켜 활도 갈수록 더욱 구부러지게 만든다. 그러나 이 활이 어떤 모양으로 구부러지든 (분화 정도가 어떠하든) 그 분화의 성질은

---

* 『예기』(禮記) 「예운」(禮運) 편에 나오는 말로, 먹고 살 만한 태평성세를 말한다.

영향을 받지 않으며 z선의 기울기로 그것을 나타낼 수 있다.

3. z계수 분석

실제 계산에서 우리는 이미 두 개의 통계수열(수치입력)을 알고 있다.

분배자의 수: N_1, N_2, N_3, ⋯ N_n

상응하는 분배액: M_1, M_2, M_3, ⋯ M_n (모든 n조의 분배자는 분배액이 작은 사람으로부터 분배액이 큰 순으로 수열을 구성한다)

위의 수치를 그림 속의 좌표 n과 m으로 전환하면 다음과 같다.

$$n_1 = \frac{\sum N_1}{\sum N_n}, \quad n_2 = \frac{\sum N_2}{\sum N_n}, \quad n_3 = \frac{\sum N_3}{\sum N_n} \cdots, \quad n_n = \frac{\sum N_n}{\sum N_n} = 1\,(또는\,100\%)$$

$$m_1 = \frac{\sum M_1}{\sum M_n}, \quad m_2 = \frac{\sum M_2}{\sum M_n}, \quad m_3 = \frac{\sum M_3}{\sum M_n} \cdots, \quad m_n = \frac{\sum M_n}{\sum M_n} = 1\,(또는\,100\%)$$

(좌표) 0,0, $n_1 m_1$, $n_2 m_2$, $n_3 m_3$, ⋯ $n_n m_n$ (곧 1,1)의 각 점을 연결해 생기는 곡선, 곧 로렌츠 곡선이 직선 l (곧 완전 평균선)과 가장 먼 거리의 점 $x_0 y_0$를 지나는 접선 l' 는 l과 평행이며, 그 기울기가 마찬가지로 1이며 이를 함수로 나타내면,

$$y = f(x), \quad \therefore f'(x) = 1.$$

그림 10

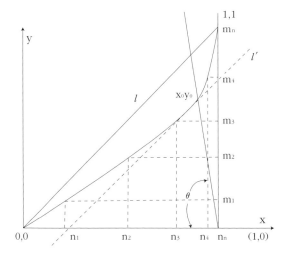

$f'(x) - 1 = 0$의 근 (x_0, y_0)을 계산하면

$$z \text{ 계수} = \tan \theta = \frac{y_0}{1 - x_0} \ ,$$

이상의 계산과정은 파스칼(Pascal) 언어로 계산순서를 편성하여 컴퓨터에서 계산할 수 있다.(상세한 순서는 생략한다.)

4. 쌍 x원리와 계산

앞에서 설명한 대로 어떤 경우에 z계수는 표준에 어긋나는 현상이 생길 수 있다. 다시 말해서 어느 정도 분명하게 종법적인 사회라도 z계수가 반드시 높지는 않다. 이런 상황은 주로 형식적 재산의 분배에서 보인다. 이른바 형식적 재산이란 명의상으로 분배자에게 귀속된 유형채산, 특히 생산수단이다. 통계분석(자료 생략)은 인신예속관계를 기초로 한 사회 속에서 형식적 재산의 분배에서의 z계수가 일반적으로 모두 실제로 향유하는 소비이익(우리는 이것을 효용소비라 부른다)의 사회적 분배에서의 z계수보다 작을 뿐 아니라 전자의 지니계수도 후자보다 작다는 것을 분명히 보여준다. 이것은 그림 11과 같이 나타난다.

효용소비 분배곡선은 형식적 재산분배곡선보다 더 기울어질 뿐만 아니라 더욱 아래로 오목해진다. 그런데 자본주의 조건하에서는 이와 반대로 형식적 재산, 특히 생산수단의 분배 면에서의 사회적 분화는 효용소비의 사회적 분화보다 확실히 더 크며 이것은 그림 12가 보여주는 바와 같다. 그러므로 양자의 비가(比價)는 사회적 분화의 성질을 반영하는 또 하나의 지표이다. 우리는 '형식

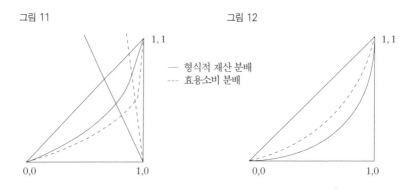

그림 11   그림 12

1,1   1,1

— 형식적 재산 분배
--- 효용소비 분배

0,0   1,0   0,0   1,0

적 재산과 '효용소비'라는 두 용어의 첫째 자모*를 가지고 이런 관계를 쌍x원리라 하고 방금 말한 비가를 계수라 하면,

$$x\ 계수 = \frac{지니계수\ 形}{지니계수\ 效}$$

일반적으로 말해서 이 계수가 1보다 크면 근대형 분화의 색채가 비교적 짙고 수치가 커질수록 분화의 근대성은 뚜렷해진다. 이 수치가 1보다 작으면 종법식 분화의 색채가 비교적 짙고 수치가 작아질수록 분화의 종법성은 더욱 심각해진다. 이 원리에 입각해서 보면 다음의 사실을 어렵지 않게 이해할 수 있다. 프롤레타리아와 자본가로 구성된 근대사회 속에서 생활수준의 차이는 '무산'과 '자본'이라는 두 개념이 사람들에게 주는 인상만큼 그렇게 현격하지 않지만, 각자에게 그 몫을 나누어 주는 촌공동체 분여지제도를 시행하는 중세사회, 또는 중국의 명청시대 관중 같은 자작농의 바다에서는 오히려 형식적 재산의 종법식 평균화 배후에 공동체 성원과 '천연수장' 사이의 엄청난 생활수준의 차이가 있다. 재산이 없는 서양의 취업노동자, 특히 숙련노동자는 록펠러 같은 세계 굴지의 자본가와 비교하면 당연히 가난하지만 이 양자의 실제 생활수준 차이의 정도는, 대부분 20~30무의 토지를 가진 옛 관중 린퉁 현 톄루 구 농민과 명의상 고작 70여 무의 토지밖에 없는 '톄루 왕' 한귀장 사이의 현격한 생활수준 차이에 비한다면 아주 작다. 사람들은 흔히 현대 서양 노동자 생활의 상대적 부유함이 현대 자본주의가 복지정책 같은 조절정책을 시행한 결과라고 생각한다. 그렇지만 조금만 더 분석해 보면, 19세기나 원시적 축적시기에 서양 생활수준의 빈부 분화 정도는 비록 오늘날보다 훨씬 크다 하더라도 여전히 당시 형식적 재산의 분화 정도보다 분명히 작았음을 발견할 수 있다. 바로 그렇기 때문에 플레하노프는 평균적인 러시아 촌공동체가 양극분화의 영국보다 우월하다는 인민주의자의 잘못된 견해를 비판하고 논박할 근거를 갖게 되었으며 러시아 농민의 빈곤은 절대적인 의미에서든 상대적인 의미에서든 영국 노동자보다 훨씬 심하다고 지적할 수 있게 되었다.

---

* '形'자와 '效'자의 중국어 발음을 영문으로 표기했을 때의 이니셜인 x.

두 종류의 분화 메커니즘에 대한 이론분석(생략)은 일체의 근대사회('양이 사람을 잡아먹는' 시대에서 오늘날의 복지국가에 이르기까지)는 비록 각 사회의 분화 정도(지니계수)가 다르다 하더라도 그 x계수는 모두 일체의 종법식 사회(군주가 어질고 백성이 순종하는 태평성세로부터 군주가 탐욕스럽고 백성이 원망하는 난세에 이르기까지, 지니계수 역시 대소의 차이는 있다)보다 크다는 것을 분명히 보여준다. 이것은 모종의 사회조절정책이 아니라 분화 메커니즘의 차이에 의해 결정된다. 따라서 중세에서 근대로의 진전은 지니계수의 증대나 감소와 별로 관계가 없지만 x계수가 증대하고 z계수가 감소하는 것과 필연적인 연관을 갖고 있다.

실제 계산에서 효용소비는 흔히 계량하기 어렵고 특히 자연경제시대의 경우에는 더욱 그러하다. 이 때문에 비교적 계량하기 쉬운 두 가지 수치모형을 이용해 근사하게 x계수를 대표할 수 있다.(그 원리는 생략.) 하나는 생산수단 분배의 지니계수와 생활수단 분배의 지니계수 사이의 비가이고 다른 하나는 특정한 한 항목의 재산(가령 토지)의 형식가치 분배 지니계수와 효용가치 분배 지니계수의 비가이다.

마지막으로 z계수와 x계수 분석은 사회통계학적 기타 지표(가령 지니계수, 엥겔계수 등)와 마찬가지로 한계를 갖고 있으며 일정 조건 아래서 표준과 어긋나는 현상이 생길 수도 있다는 점을 지적해야 한다. 그렇지만 비록 그렇다 하더라도 그것들은 거시적으로 분화 성격의 변화를 파악하는 데는 여전히 중요한 의미를 갖고 있다.

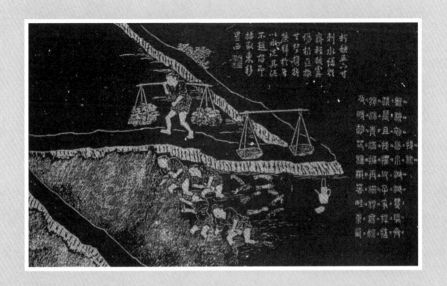

6장 자유봉건주의론에 대한 질의: 중국 봉건사회의 특질문제

1. 아시아적 생산양식, 상업자본주의, 자유봉건주의

앞에서 우리는 봉건주의 자연경제, 종법공동체, 인신예속관계 및 봉건사회의 인간군집의 문화유형문제를 검토했다. 그러면 중국은 서양의 봉건사회와 비교할 때 그 밖에 또 어떤 차이가 있는가? 또는 문화유형설이 크게 유행하고 사회유형설이 침체되고 있는 지금 새삼스럽게 '중국 봉건사회'란 명제를 또다시 논의할 필요가 있는가?

우리는 이미 앞에서 이 문제와 관련해서 '중국 봉건사회'는 분명히 존재한다는 것을 보았다. 그렇지만 근대 중국과 서양 사이에는 사회유형의 차이말고도 문화전통의 차이가 있다. 이런 차이가 사람들로 하여금 중국과 서양 사이의 사회유형적 차이를 논의할 때 가치판단 면에서뿐만 아니라 사실판단 면에서도 전혀 상반된 두 가지 견해를 갖게 만들었다.

학자들은 대개 마르크스의 '아시아적 생산양식' 또는 '동양사회'론에 관해 잘 알고 있다. 이 이론에 근거하여 마르크스는 아시아 또는 동양(당연히 중국을 포함한다) 사회는 정체되었고 유사 이래 이렇다 할 변화가 일어나지 않았다고 보았다. 그는 그 주요 특징을 다음과 같이 지적했다. 사유제가 존재하지 않고 단지 농촌공동체와 토지국유만 존재했다. 농촌공동체 내부의 농업과 수공업은 긴밀하게 결합되었으며 외부에는 대규모 수리사업의 조직화를 통해 수립된 중앙집권적 전제국가가 있었다. 보편적 노예제하에서 전국의 신민은 모두 전제군주의 노예였다. 이러한 특징은 마르크스가 자본주의 유럽에 대비시켜 지적한 것일 뿐만 아니라 중세 유럽을 포함하는 역사상의 유럽에 대비시켜 지적한 것이기도 하다.

이런 관점에 따르면 동양(중국을 포함)사회는 자연경제(농업과 수공업의 결합), 종법공동체(사유제 결여)와 인신예속(보편적 노예제) 등 앞서 말한 봉건사회의 기본 특징 면에서 유럽 중세보다 더했으면 더했지 못하지 않다. 그것은 (유럽의) 봉건사회보다 훨씬 더 봉건적인 일종의 '초봉건사회'라든가 사유제, 상품경제, 인간의 자유로부터 서양 중세보다 훨씬 더 멀리 떨어진 '전봉건사회'라고 일컬어지기도 한다. 이런 견해는 마르크스만 갖고 있었던 것은 아니다. 위로는 헤겔 심지어 아리스토텔레스로부터 아래로는 비트포겔을 대표로 하는 서

양의 '수리사회'(水利社會)론자들에 이르기까지 시민사회의 서양인들이 많든
적든 모두 동서양간의 차이를 그렇게 파악했다. 비록 구소련에 아시아와 유럽
을 두 개의 길 위를 달리는 차처럼 간주하는 두 가지 유형론자, 아시아를 반드시
거쳐야 할 보다 원시적인 단계로 보는 2단계론자간의 장기간에 걸친 논쟁이 있
었지만 그 분기점도 실질적으로 단지 '초봉건주의'와 '전봉건주의'의 차이에 불
과했다.

그런데 중국인이 보기에 상황은 이와 정반대이다. 해방 전의 사회성격논쟁에
서 관변(국민당) 입장을 대표하는 학자들은 이른바 진(秦) 왕조 이래 중국은 '상
업자본주의 사회'라는 설을 강력히 주창하였다. 일찍이 서양인이 분여지제도,
자연경제와 농노신분의 암흑 속에서 발버둥 치던 때보다 훨씬 오래 전에 중국
에는 이미 사유제, 상품경제, 자유가 있었을 뿐만 아니라 상당히 발달했으며 서
양의 자본주의와 비교해서 단지 황제가 하나 더 있고 대공업 생산력이 약간 적
을 뿐 구중국은 봉건사회가 아니며 잘해야 약간의 봉건 잔재가 남아 있을 뿐이
라고 생각했던 것이다.

그들과 대립하는 중국 마르크스주의 사회사학자들은 민주혁명의 입장에 서
서 구중국을 봉건사회로 보았는데 고대는 완전한 봉건이며 근대는 반(半)봉건
인데 '반'이라는 것은 주로 도시와 농촌의 차이를 두고 하는 말로서 농촌은 기본
적으로 여전히 완전한 봉건이라고 했다. 그러나 그들의 논점은 주로 토지재산
과 소작제에 대한 강조에 집중되어 있었다. 중국은 고용노동제가 아니라 소작
제에 의한 착취를 하며 토지가 고도로 집중되어 있고 사용은 극단적으로 분산
되어 있으며 지주와 소농간에는 첨예한 계급대립이 존재하기 때문에 중국은 봉
건사회라고 인식했다. 분명히 그들은 중세 중국의 사유권과 상품화폐 관계 등
이 서양 중세보다 더 발달했다고 보는 '상업자본주의'론자의 견해에 대해 결코
이의를 제기하지 않았다. 그렇기 때문에 이런 경향이 인민공화국 수립 이후에
중·서(中·西)를 비교하여 중국 '자유봉건주의' 학설을 형성하게 된 것은 조금
도 이상할 것이 없다. 물론 '자유봉건주의'란 명칭은 내가 이런 견해에 대해 붙
인 이름이고 실제로는 누구도 '자유'를 봉건주의와 직접 연계시킨 적은 없다. 그
렇지만 어쨌든 이런 관점은 분명히 '상업자본주의'론자의 관점과 마찬가지로
중국 중세는 서양 중세에 비해 자연경제, 종법공동체, 인신예속관계, 나아가 사

회적 분화의 등급성 같은 특징이 훨씬 더 약했다고 보았으며 실제로도 중국 봉건사회는 독립된 개인에 대한 억압이 아니라 '자유매매' 속에서 나타난 '대토지 사유제'와 '자유소작제'를 기초로 한 것이라고 보았기 때문에 서양 봉건사회보다 더 '자유롭다'고 보았다. 확실히 이런 중·서 비교관은 아시아적 생산양식류의 이론과 비교해 볼 때 중·서 특징의 묘사에서 완전히 전도된 것이다.

이와 같이 전혀 상반된 인식이 나오게 된 까닭은 사람들이 갖고 있는 경험자료와 관련이 있겠지만 관념의 차이도 매우 큰 작용을 했으며 전자보다 후자가 더 큰 작용을 했다고 말하기도 한다. '자유'의 개념을 보면 중국 한위(漢魏) 때 '자유'라는 말이 있었다. 예컨대 『예기』(禮記) 「소의」(少儀)의 "만나자고 청하기는 해도 물러가겠다고 먼저 말하지는 않는다"(請見不請退)는 구절에 대해 정셴(鄭玄)은 "가고 멈추는 것을 자유롭게 해서는 안된다"(去止不敢自由)고 주석을 달았다. 또 『삼국지』 「오지」(吳志) 주환(朱桓) 전에는 "환의 성격은 과거의 허물을 감추고 고치지 않으며, 남의 밑에 들어가는 것을 수치스럽게 여기며, 적과 교전할 때마다 절도가 자유롭지 못해(節度不得自由) 갑자기 화를 내고 격분한다"는 구절이 있다. 여기서 말하는 '자유'란 실은 '마음대로 하다'(뜻대로 하다)의 뜻이다. 마오쩌둥이 반대한 홍군 내의 '자유주의'도 이를 가리키는 것이다. 이런 '자유'는 사실 영어의 wantonly, arbitrarily, willfully 및 at will의 의미에 해당한다. 어떤 사회도 사람들이 '제멋대로' 행동하도록 놓아두지는 않는다. 따라서 중국어에서 '자유'는 일반적으로 모두 부정적 용법으로 나오는데 가령 앞에 인용한 '不敢自由' '不得自由' 따위가 그러하며 그 밖에 고시(古詩) 중의 "왕잠자리를 세우려 하나 不自由하다"(道潛, 「臨平道中」), "부평초 꽃을 따려고 하나 不自由하다"(柳宗元, 「酬曹侍御過象州」), "명리는 덧없는 것이어서 스스로 추구한다고 해도 不自由하다"(管仲姬, 「漁夫詞」) 등의 예가 있다. 또는 폄의사(貶義詞)로 사용하는 경우도 있다. 예컨대 청대 관리의 업무 수행을 평가하는 말 중에 '優息自由'란 것이 있는데, 단지 안일을 도모할 뿐 공무를 돌보지 않으며 조금도 절제하지 않고 임의로 행동하는 관리를 평할 때 쓰는 말이었다.[1]

그러나 현재 중국어의 '自由'라는 단어를 가지고 영어의 free(독일어 freiheit, 프랑스어 liberté, 라틴어 libértas 등)에 상응하는 개념을 해석하는 것은 엄밀히 말해 완전히 부합하지는 않는다. 사실 고대 중국어에는 free와 동일한 뜻의 개

넘이 없었다. free는 '自由自在'란 함의 외에 '……으로부터 벗어나 독립하다'는 뜻도 있으나 중국어의 '自由' 개념에는 그런 뜻이 없기 때문이다. 그러므로 이른 바 프롤레타리아는 "아무 것도 가진 게 없어 자유롭다"(自由得一無所有)라고 말하는 것은 중국어에서는 말이 되지 않는다.('제멋대로' 아무 것도 가진 게 없다?!) 중국어의 '自由'는 단지 속박을 받는 것하고만 반대될 뿐이다. free는 속박을 받는 것은 물론 '보호'를 받는 것과도 반대된다. 서양의 개념 속에서는 남의 보호를 받는 사람은 자유롭지 못하지만 중국어에서는 보호를 받는 것과 자유는 결코 모순되지 않는다. 예컨대 많은 중국인이 보기에 국가의 겸병억제는 다만 겸병의 무리를 속박할 뿐 농민의 자유를 방해한 것은 아니며, 심지어 농민을 보호했다고도 말할 수 있다. 하지만 만일 그것이 결국 농민의 자유를 보호하지 못했다고 한다면 그 원인은 오직 사유제를 대표하는 국가의 겸병에 대한 타격이 토지개혁만큼 철저하지 못했기 때문이다. 그러나 서양 시민사회의 자유관으로 볼 경우 이와 같은 국가의 '보호' 아래 있는 소농은 "외적의 침입을 받지 않도록 호전적인 귀족의 보호를 받는"[2] 서양의 농노와 마찬가지로 자유롭지 못하며, 보기에 따라서는 전자가 더 부자유하고 보편적 노예에 가깝다고 말할 수도 있다.

또한 앞에서 이미 지적한 대로 중국 농민사회에서 '사유'(私有)라는 개념 역시 서양 시민사회의 private 개념과 차이가 있다. '사유'는 사욕을 만족시킬 수 있는 모든 것을 가리킬 수 있지만, private는 개성적인, 평민적인, 비권력적인 등의 미묘한 함의를 갖고 있다. 따라서 중국에서 '사유'성의 팽창이라고 보는 현상은 서양인이 보기에는 바로 private성의 결여를 나타내는 표지이다. 예를 들어 과거 서진(西晋)의 점전제와 오늘날의 '관다오'(官倒)* 현상이 모두 그러하다.

그렇기 때문에 중국과 서양의 봉건사회의 차이를 비교할 때 흔히 중국 봉건사회가 서양보다 더 많은 아시아적 성격과 공동체적 성격, 통치-복종관계의 성격을 갖고 있는 것이 아니라 더 많은 사유적 성격과 상업적 성격을 갖고 있음을 종종 발견하게 된다. 따라서 이런 사회 내의 기득권자의 관점에서 출발하면 곧

* 당 또는 국가기관이나 국영기업 등의 공적인 지위를 이용해 거간 노릇을 하고 사리(私利)를 챙기는 것.

바로 '상업자본주의'라는 결론을 얻게 되어 민주혁명을 반대하게 된다. 그러나 그 사회의 피억압자의 이익에 입각한 관점은 '자유봉건주의'론에 경도되어 혁명을 단지 탐욕스런 사유자의 자유를 박탈하고 토지 매매의 자유와 자유소작제 등을 폐지하는 것으로 단순하게 이해한다.

꼭 지적해야 할 것은 '상업자본주의' 또는 '자유봉건주의'는 경험상으로 모두 송 이후의 중국사회, 특히 '타이후 모델'을 향해 발전하는 경우를 실증적 기초로 삼고 있다는 점이다. 그러나 바로 서양인의 아시아 사회관에 나타난 장기정체론의 영향으로 말미암아 그들은 흔히 이런 모델을 공간적으로는 전 중국으로 확대하고 시간상으로는 고대까지 소급시킨다. 비록 이런 모델은 유럽 중세보다 자본주의에 더 접근한 것으로 인식되었지만, 고대 이래 이런 모델을 보급한 중국사회는 도리어 끝내 자본주의에 진입하지 못했고 이 때문에 선조들이 이룩한 상업적인 또는 자유로운 찬란한 문화에 대해 서방보다 우월하다고 느끼는 자부심 속에는 흔히 중국의 장기정체와 추월할 길 없는 민족성에 대한 깊고 깊은 열등감이 삼투되어 있다. 그것은 동서문화의 충돌 속에 처해 있는 종법사회의 중국인의 심리적 특징을 심각하게 드러냈다.

중국은 왜 자본주의를 만들어 내지 못했는가? 이 대단히 복잡한 문제는 이 책에서 해결하거나 해결할 수 있는 것이 아니다. 하지만 내가 보기에 이 문제는 일찍이 사유권, 상업, 자유 또는 이성, 인문주의 등 준근대화의 특징을 갖고 있던 중국인이 왜 장기간 정체되어 근대화의 문을 향한 마지막 일보를 내딛지 못했는가의 문제라기보다 차라리 중국 전통사회의 봉건성과 종법공동체가 왜 특별히 강고했는가의 문제이다.

사실 중국사회는 결코 '타이후 모델'과 같은 자유소작제 봉건주의로 시종일관한 것이 아니다. 나는 앞에서 이미 당말 이전의 중국사회와 당말 이후의 '관중 모델'은 매우 전형적인 종법공동체임을 지적했다. 따라서 이제 진일보한 중·서 비교를 전개함에 있어 주로 근세 중국이 '타이후 모델'을 향해 발전하는 유형, 곧 '자유봉건주의'의 주요한 실증적 근거가 된 소작형 봉건주의를 분석대상으로 삼으려고 한다.

2. 가족-국가 일체의 종법공동체와 사유재산

'자유봉건주의'론에서 보면 중국 봉건사회는 '아시아적' 토지국유 같은 것을 갖고 있지 않을 뿐만 아니라 그 재산, 주로 토지재산은 서유럽 중세의 농촌공동체 및 채읍-분여지제 속의 등급점유 관계보다 더욱 강렬한 사유적 속성을 갖고 있다. 이 관점은 중국의 토지가 매매, 유통할 수 있는 자유로운 토지재산이기 때문에 지주소유제는 주로 경제적 경로 또는 매매경로를 통해 성립되었다고 본다. 지주는 처음에 갖고 있던 토지 위에서 소작계약을 통하여 소작농으로부터 소작료를 착취하고 다시 그것을 토지시장에 투입해 토지를 구매하고 더 많은 소작료를 취득함으로써 토지자본의 순환과 축적과정, 또는 소작료의 토지재산화 과정을 형성했다는 것이다. 이 과정에서 권력 요인은 단지 부차적인 보충수단에 불과하며 "특권지주는 단지 지주계급 중의 한 집단일 뿐이다." 그러므로 토지 점유권과 정치상의 특권은 전혀 별개의 것이다. 중국의 지주는 권귀 성격을 갖고 있다기보다는 상인성격을 갖고 있거나, 지주·상인·고리대업자 삼위일체라고 한다.[3] 이와 같은 묘사에 따르면 중국 지주의 행동방식은 서양 자본주의 조건하의 토지소유자나 현대 도시의 부동산업자의 행동방식과 별로 다를 게 없다.

그렇지만 지주계급의 개인사유제가 지배적 지위를 점한[4] 것으로 일컬어지는 중국 봉건국가는 오히려 세계 봉건역사상 개인재산을 부정하는 가장 명확한 법률규정을 갖고 있다. 이른바 부모가 생존해 있으면 그 자녀는 "감히 그 재산을 자기 것으로 할 수 없다" "개인의 재화가 없고 개인의 저축이 없고 개인의 그릇이 없으니 감히 사사로이 빌리거나 사사로이 주어서는 안된다"[5]는 유가도덕 규범이 조위(曹魏)시기 "예를 법에 포함시키는" 법률개혁에서 정식으로 법전에 수록되었으며 그 후 "조부모와 부모가 살아 있는데 자손이 별도의 자기 재산을 따로 등기하면 3년의 징역형에 처한다"[6]는 류의 조문이 대대로 전승되는 법률규범으로 되었다. 당·송·명·청의 법전은 모두 "지위가 낮고 어린 자가 재산을 사사로이 쓰는 것"(卑幼私用財)을 엄히 다스리는 형벌을 두었을 뿐만 아니라 점차 벌을 가중하는 추세를 보였다. 이로써 봉건시대 중국은 단지 가족의 재산만 승인할 뿐 개인의 재산은 승인하지 않았으며 소유권은 단지 가장권의 부속물이었음을 알 수 있다.

가정의 상위에 있는 족권(族權)의 재산에 대한 간섭도 매우 강해서, 백실(百室)이 호를 합쳐 1천 명의 인정(人丁)이 함께 등기하고 여러 세대가 한 집에 거주하며 함께 밥을 지어 같이 먹는 대가족공동체 및 사창(社倉), 족전(族田) 등 종족재산 외에 개체 가정의 재산에 대해서도 갖가지 간섭을 했다. 가령 토지 매매에서의 친족·이웃 우선권, 유산은 종족의 범위를 벗어나지 못한다는 원칙, 나아가 상속·분가·겸조(兼祧)*는 "반드시 족 전체의 동의서를 작성해야 한다"는 따위가 그러한 예다. 특히 주목할 만한 것은 중국의 종족공동체와 족권이 봉건 후기에 갈수록 더욱 강대해졌고 상업이 발달한 지역일수록 종족관계의 재산관계에 대한 간섭이 두드러졌다는 사실이다. 종족화 경향은 송원시대보다 명청시대에 더욱 심했고 '관중 모델'의 농촌보다 '타이후 모델'의 농촌이 더욱 심했다. 그 후 해방 전에 이르기까지 줄곧 동남 연해의 일부 발달된 지역의 종족 공산(宗族公産)의 비중은 믿기 어려울 만큼 컸다. 예컨대 저장 성 푸장(浦江) 현의 경우 현 전체 토지재산의 1/3이 사묘공산(祠廟公産)이었고 이우(義烏) 현의 경우 족산·묘산은 22만 무나 되었으며 어떤 촌락은 무려 80%의 토지가 '조상'의 수중에 떨어져 있었다. 그래서 어떤 사람은 말하기를, 이들 지역에서 소작제가 발달한 까닭은 족인(族人)이 족산·묘산을 나누어 소작한 것이 "매우 주요한 원인의 하나"[7]라고 했다. 마오쩌둥이 토지혁명 중에 쓴 「쉰마조사」(尋馬調査)에서도 쉰마 현 토지 중 '공전'이 40%에 달했고 지주의 '사유'토지는 30%[8]에 그쳤다고 지적했다. 이와 같은 종법관계하의 소작관계는 당연히 '자유 소작관계'와 전혀 관계가 없다.

중국 봉건사회는 가-국 일체의 종법공동체이며 '국'은 '가'의 확장이고 '충'은 '효'의 연장이고 군(君)은 '부'(父)의 확대이다. 군권-족권-부권의 동일형태 구조가 전국을 하나의 방대한 종법공동체로 만들었다. 황제는 가부장의 신분으로 한전(限田), 왕전(王田), 점전, 균전, 둔전, 공전(公田) 등의 방식을 통해 나아가 폭력적인 수단을 통해 재산관계에 간섭했다. 당말 이전에 전국의 토지는 이론상 모두 점전제, 균전제하의 국가가 수여한 분여지였다. 당말 이후라 하

* 한 사람이 두 집의 대를 잇는 것.

더라도 국유 토지 규모는 여전히 놀랄 만큼 컸다. 명대 주위안장이 (유일하게) 한 일은 아마도 정전제 붕괴 이후 최대 규모의 국유농업인 둔전(의 실시)일 것이다. 구청(顧城)의 고증에 따르면 그 토지는 400만 경(頃) 이상이나 되어 전국 관전·민전의 합계보다 더 많다.[9] 여기에 관전·민전의 1/7을 점한 관용(官用)을 더하면 명초의 토지 국유화율은 60~70% 이상에 달한다. 설령 이른바 민전이라 하여도 실제로는 국가권력 아래 있었다. 예컨대 명대 상품경제가 가장 발달한 타이후 유역 농촌의 경우 주위안장의 "각 호족(豪族)과 부민(富民)의 토지를 관용으로 등기한다"[10]는 정책이 시행된 이후 쑤저우(蘇州) 부는 거의 전체가 관전화되어 민전은 1/15에 불과했다.[11] 국가권력은 토지 외에 호구, 도시상공업, 광업, 외국무역에 대해서도 아주 엄하게 통제했을 뿐만 아니라, 행정력으로 횡포한 권세자(豪强)를 차단하고 겸병을 억제하여 농촌에 "부유한 자는 재물로 돕고 가난한 자는 근력으로 도와 봄부터 가을까지 모든 농사일에 모두가 힘을 합치는" 이사(里社) 조직을 건립했으며,[12] 심지어 "사(社) 내에 질병이나 불행한 일 또는 초상 등의 일로 농사일을 할 수 없는 집이 있으면 모두 힘을 합쳐 돕고 한 사에 재난이나 질병이 들면 두 사가 돕도록"[13] 하여 종법공동체의 온정이 넘쳐흐르는 보호 메커니즘을 형성했다.

그러나 바로 이와 같은 종법 면사포의 배후에서 무소부재(無所不在)의 '수장'(首長)권력은 물화된 형식을 거리낌 없이 취득할 수 있었다. 이 방면에서 중국 봉건시대는 유럽 중세보다 더하면 더했지 못하지 않다고 말할 수 있다. 당말 이전의 '전제'(田制)시대에 중국은 귀족·관료가 자신의 품급(品級)에 따라 그에 상응하는 토지와 예속인구를 점유하는 제도를 시행했고, 송 이후 등급점유제가 비록 완전히 소멸되지는 않았지만 토지 매매가 날로 활발해져 표면상으로는 마치 토지상품화 추세가 분명히 존재한 것처럼 보인다. 그렇다면 그 후의 지주는 단지 경제력에 의지하여 토지재산을 자유롭게 가졌을까? 결코 그렇지 않다. 여기서 다시 비유한다면 현재 중국의 일부 지방에서 정부가 무상으로 주택을 제공하는 '균방제'(均房制)는 종법특권의 왜곡하에서 주택의 '권세에 따른 분배'로 바뀐 것이며 따라서 주택을 상품화하는 개혁을 실행하지 않으면 안된다. 그렇지만 재력이 여전히 특권의 왜곡하에서 실행된다면 비록 상품화원칙에 따라 집세를 올렸다 하더라도 권세자는 오히려 우면권(優免權), 또는 내정된 가격으로 남보다 먼저 집을 구매하는 특권을 향유하게 될 터인데 그러면 어떻게 될까? 그럴 경우 주택이 '권세에 따라 분배되는' 상황에는 어떤 변화도 생길 수 없고, 상품으로서가 아니라 물화된 권력으로서의 주택의 성격 역시 전혀 바뀔 수 없다. 유일한 차이는 단지 권세 없는 주택 거주자는 공동체의 보호를 얻기 위해 이전보다 훨씬 더 많은 대가(집세)를 지불해야 한다는 데 있을 뿐이다.

중국 봉건 말기 토지관계의 본질은 바로 여기에 있다. 균전제의 폐지에 따라 부세의 지세화 정도는 갈수록 높아져서 국가가 토지에서 징수하는 부역량(賦役量)은 줄곧 지조(地租)를 따라잡는 추세를 보였고 부유한 지역일수록 그러했다. 앞에서 말한 관중이 그러하고, '타이후 모델'의 장난(江南)은 더욱 그러하다. "장난의 토지세는 유달리 무겁다"는 말은 역사상 널리 알려져 있다. 관리의 공부집행(吏治)이 조금만 문란해지면 잡세의 가혹한 징수가 그만큼 증가하여 부세율은 지조율에 근접하게 될 뿐만 아니라 그것을 초과하기도 했다. "지조 수입을 헤아려 보면 단지 부역을 납부하는 데 족할 뿐"[14]이고, "땅에서 나오는 수입은 식량의 절반을 해결하기에도 부족하다"[15]는 것은 중국 봉건 말기에 흔히 볼 수 있는 현상이다. 명말 허난의 일부 지역에서는 1무 토지의 지조가 3전인데 관세(官稅)는 5전이고 그 위에 관료·아전·서리의 손을 거치면서 탐오(貪汚)가 덧붙여져서 무려 1량 이상에 달했다.[16] 이런 상황에서 "토지를 받은 자가 토지와 적이 되고"[17] "시골의 어리석은 백성이 토지소유를 화로 여기는"[18] 것은 당연하다. 이때 권세 없는 평민의 입장에서 보면 토지의 가치는 0에 가깝거나 심지어 마이너스 가치밖에 없어서 "땅값은 무당 1~2전에 불과할 만큼 싸고 남에게 주어도 받지 않는 자가 절반 이상이나 될 정도로 가치가 없었으니," "땅을 남에게 넘겨주고 싶어도 줄 방법이 없을" 지경이었다.[19] 비록 좋은 상황일 경우에도 그것은 지가와 지조간의 비율을 적어도 자유로운 토지재산 조건하에서라면 아주 터무니없는 수준으로 떨어뜨릴 수 있다. 나의 통계에 따르면 북송과 남송 시대의 평균지가는 지조의 157%에 불과했으니, 단지 1년 반의 지조만 있으면 땅을 사들일 수 있었다. 이것은 진정으로 토지가 상품화된 조건에서는 결코 상상할 수 없다. 서양 고대에 로마의 평균지가는 지조의 1,666.7%였다.[20] 17년의 지조를 가져야 땅을 사들일 수 있는 것이다. 오늘날 선진자본주의 국가의 농업 지조의 비율은 그보다 더욱 낮다.

중국 봉건시대의 지가가 이처럼 낮은 원인은 하나뿐이다. 당시에는 꼭 돈이 있어야 지주가 될 수 있는 것이 아니었기 때문이다. 권세가 없는 평민은 설령 토지를 매입할 수 있다 하더라도 그것을 안정적으로 점유할 방법이 없었다. 명청시대에는 권귀 입장에서 보면 "땅에서 복스러울 복(福)자가 나오고" 권세 없는 자의 입장에서 보면 "땅에서 번거로울 루(累)자가 나온다"는 말이 있었다. 중국의 토지겸병은 주로 권귀에 의해 이루어진 것이지 부상(富商)에 의해 이루어진 것이 아니었다.

당 이전에 중국의 권귀는 주로 세습귀족이었고 그 특권은 주로 등급에 따라 토지와 예속민(占田, 蔭客)을 점유하는 것이었다. 송 이후 중국의 권귀는 세습귀족을 제외하면 주로 직업관료나 관료예비군, 곧 공명을 가진 사대부였는데 이 둘은 한꺼번에 '진신'(縉紳)으로 불렸고 그 합법적 특권은 주로 부세의 면제이다. 이때 진신 본인은 물론이고 친족과 예속민이나 그 밖의 '관시호'(關係戶)도 부세를 면제받을 수 있었다. 바로 이런 특권(그리고 이 기초 위에서 파생된 기타 특권)이 어떤 경제적 역량보다도 강력하게 대토지재산의 형성을 촉진했다.

우선 비록 진신이 정말로 공평하게 '구매'를 통해 토지를 취득했다 하더라도 이것은 사실상 경제적 역량이 아니다. 왜냐하면 그들이 토지구매에 사용한 자금은 이른바 "청 지부 3년에 10만 설화은"(三年淸知府 十萬雪花銀)이라는 말처럼 어떤 의미에서도 경제적 축적(지조의 축적을 포함하여)이 결코 아니며 정치권력의 체현물이기 때문이다. 그리고 그들이 지불한 땅값 또한 국가권력을 체현하기 위한 부역부담으로 인해 심각하게 왜곡된, 비정상적인 가격, 특권자만이 향수할 수 있는 가격이었다.

실제로 진신의 토지 '구매'는 흔히 상징적인 것일 뿐 그들이 토지를 획득한 원천은 '투헌'(投獻)*이었다. 명청시대 평민 토지소유자(자작농과 평민지주를 포함)는 과중한 부역부담과 권세자의 압박을 피하기 위해 자진하여 토지는 물론 자신의 인격까지도 모두 특권을 향유하는 진신에게 투헌함으로써 진신의 보호를 받거나 또는 심지어 주인의 권세를 빌어 다른 평민을 억압할 수도 있었다. 이 때문에 대량의 토지가 "그 재산에 재산세가 없고, 그 몸에 요역이 없으며, 그

---

* 남의 세력에 의지하여 보호받기 위해 자기 땅을 바치는 것.

토지에 토지세가 없고, 그 가게에 상업세가 없는" '진신지가'(縉紳之家)에 몰렸다. 실의에 빠진 가난한 한 선비가 일단 과거에 합격해 특권적 지위를 획득하면, "곧바로 많은 노복이 땅을 갖고 찾아오며,"[21] 어제까지만 해도 "아침에 저녁 일을 생각하지 못할 만큼 여유가 없었는데" 오늘은 "기름진 고기가 마당에 가득하고, 덩실하게 큰 집이 하늘 높이 솟았다."[22] '타이후 모델'의 형성과정에서 이런 권세에 대한 투헌은 중요한 작용을 했다. 장난의 토지세가 너무 무거웠기 때문에 결국 농민은 권세의 억압을 받는 '자작농'이 되기보다는 차라리 권세의 보호를 받는 농노가 되기를 원했다. 평민지주는 "땅에서 번거로울 루(累)자가 나오는" 토지소유자가 되기보다는 "여우가 호랑이의 위세를 빌어 다른 짐승을 등치는" 앞잡이가 되고자 했다. 그리고 문화가 발달한 장난에는 과거에 합격해 관직에 나간 자가 많고, 진신 수나 권세자가 다른 지역보다 훨씬 많았기 때문에 명대 장난 토지 중 관전을 제외하면 나머지는 거의 진신의 토지였고 이렇다 할 평민지주는 거의 없었다.

　구매와 투헌은 그래도 온화한 방법이며, 직접 권세를 가지고 염가에 강매(强買)시키거나 무상으로 강점하기, 국가에 의한 봉사(封賜), 폭력적인 토지구획, 그리고 겸병억제라는 미명 아래 부유한 평민의 토지를 빼앗아 권귀를 더욱 살찌우는 일 따위는 비일비재하다. 송대는 명목상 "전제(田制)를 세우지 않는다"고 일컬어졌고 국가권력의 직접적인 경제 간섭이 비교적 적었으나 북송의 서성괄전(西城括田)*과 남송 자스다오(賈似道)의 공전(公田)† 등 몇 차례 대규모로 민전을 강탈한 예가 있으며, 명청대에 관해서는 더 이상의 말이 필요치 않다. 그러므로 중국 봉건 후기의 토지겸병은 주로 지조가 토지재산화하는 경제과정이 아니라 종법공동체의 천연수장이 그 특권을 물화하는 과정이다. 평민지주는 당연히 존재하지만 '관중 모델'에서 본 것처럼 '타이후 모델'에서도 그들은 아무런 지위를 갖고 있지 못하다. 구옌우의 말에 따르면 당시 한 현내의 평민지주, 곧 특권이 없는 "자기 능력으로 자립한 집"은 100명 내외인데 진신 중에도 가

---

* 괄전이란 토지면적을 재어 전세를 부과하는 것. 휘종 때 재정 적자를 메우기 위한 방편의 하나로 황무지나 버려진 땅을 국가가 몰수하여 공전을 만들고 백성에게 강제로 경작시켜 조부를 납부케 했는데, 황무지가 아닌 멀쩡한 민전을 강탈한 예도 많았다.
† 이종 때 재상 자스다오가 대관료와 지주의 숨겨 놓은 토지를 저가로 매입하거나 사전을 몰수하여 공전을 만들고 농민에게 경작시켜 조부를 징수했다.

장 하급에 속하는 생원은 한 현에 300명이나 있었고 1천 명 이상 되는 경우도 적지 않았다. 만일 한 현의 토지가 10만 경이라면 생원이 5~9만 경을 차지했다.[23] 명대의 한 소설에 따르면 당시 부유한 집 중에 "붓 한 자루로 공명을 얻고 자손이 그 음적(陰籍)을 이어받는" 진신이 7할이었으나 "호미 한 자루로 호부(豪富)에 의지하며 자손이 그 업을 이어받는" 평민은 겨우 3할이었다.[24] 일반적으로 말해 평민지주는 토지재산이 비교적 적을 뿐 아니라 매우 불안정하여 살아남기 위해서는 권귀 대열에 비집고 들어가든가, 권귀에게 빌붙어 그의 예속민이나 '관시호'가 되는 길밖에 없다. 그렇지 않으면 권세의 탄압을 받거나 항상 종법공동체의 '겸병억제'의 주요 대상이 되는 것인데 그 장래는 그다지 신통치 않다. 권귀지주는 중국 전체 지주의 주체이며 이는 토지겸병의 시공간적인 발전과 종법권세의 분포 사이의 관계에서도 볼 수 있다. 송 이전에는 관중에 권귀가 운집했고 송 이후에는 장난에 진신이 크게 성했으므로 따라서 송 이전 관중과 송 이후 장난의 토지 집중 정도는 매우 높다. 그런데 송 이후 관중의 고급 권귀는 줄어들었고 '3황5제'류의 토착권귀는 아무런 합법적 우면권을 갖지 못했으므로 종법소농이 성세를 누리는 이면에서 더욱 어두운 권력의 착취자였다.

요컨대 중국의 봉건토지재산은 전기든 후기든, 그리고 '관중 모델'이든 '타이후 모델'이든 각각 그 특징을 갖고 있지만 기본 속성은 세계의 다른 봉건 토지재산과 마찬가지로 모두 종법공동체의 등급권력이 물화된 것이며 "특권, 곧 예외권적 유존재(類存在)"이지 순수한 사유재산이 아니다.

3. 가짜 상품경제와 소작제

'상업자본주의'론과 '자유봉건주의'론은 서양 중세보다 고대 중국에서 더 일찍 상품경제가 발달했다고 보았다. 상업자본주의론은 이것을 근거로 중국 전통 사회의 봉건성을 부정했고 자유봉건주의론은 정확하게 이 점을 비판했지만 대개 이로 인해 상품경제와 봉건사회, 특히 중국 봉건사회 사이의 상용성(相容性)에 대해 부정확한 평가를 내렸다.

'상품경제'란 무엇인가? 일부 사람들은 상품경제를 마치 상업이나 상인이 매우 활발한 경제로 보고 자본주의경제는 상업과 상인의 흥성이란 면에서 봉건 종법경제와 구별된다고 보는 것 같다. 그래서 어떤 연구자는 봉건사회 내부의 상품경제를 논할 때 흔히 그것을 '소'상품생산 또는 '단순'상품생산 경제라고 강조하며 그것은 자연경제의 보충이어서 그 규모와 작용은 자본주의 시대의 상품경제에 못 미친다고 강조한다.

이런 견해는 전혀 일리가 없다고 할 수는 없겠지만 문제의 본질을 제대로 파악하지 못했다. 상품경제의 본질은 상인과 상업활동이 활발한 경제라기보다는 가치법칙의 지배와 조절을 받는 경제이다. 따라서 봉건시대 상품경제와 자본주의 상품경제의 본질적인 차이는 규모의 대·소와 단순 여부에 있지 않으며, 상인의 적고 많고나 상업의 유행 여부에는 더더욱 있지 않다. 그것은 가치법칙의 지배와 조절을 전혀 받지 않거나 적어도 극히 조금밖에 받지 않고 항상 또는 주로 인신예속관계 속의 권력의지의 지배와 조절을 받는다는 데 있다. 따라서 봉건적인 상인과 봉건적인 상업이 존재한다고 말할 수는 있어도 봉건적인 상품경제가 존재한다고 말할 수는 결코 없으며, 심지어 상품경제가 자연경제의 '보충'으로서 봉건성을 갖는다고 말할 수도 없다. 실제로 가치법칙의 기초 위에 수립된 경제는 작고 단순한 상태하에 있어도 봉건 자연경제(로빈슨 크루소식 경제와 명령경제의 변증법적 결합)와 대립하며 만일 봉건사회 내부에서 이런 요소가 생겨난다면 그것은 다만 봉건경제에 대한 부정요인일 뿐 결코 보충요인이 될 수는 없다.

분명히 중국 봉건사회의 상인과 상업은 서양의 전형적인 중세의 그것들보다 훨씬 더 활발했지만 이 사실이 중국 봉건사회 속의 상품경제 요소가 서양 중세보다 더 발달했다거나 중국 봉건시대의 가치법칙이 경제생활 속에서 담당한 조절작용이 서양 중세의 그것보다 더 크다는 것을 의미하는 것은 아니다. 오히려 정반대로 '천연수장'의 권력에 기초한 중국의 관상(官商) 또는 관부에 의지하는 특허상과 독점상을 주체로 한 상업자본은 사실상 통치자의 모습으로 인민에 대한 수탈을 진행했다. 이들 권세자와 그들의 '관시호'는 권세를 가지고 이득을 추구하며 국가권력을 장악하여 온 천하를 횡행했다. 그들은 "구름이 길을 가듯 수레를 몰고 나가 공법(公法)을 배격하고 사리(私利)를 펼치며 산택(山澤)을 뛰어넘어 관시(官市)를 제 마음대로 하며"[25] 독점적 지위를 이용해 경쟁 없는 시장에서 가혹한 수탈을 자행했다. 당시의 소금, 철, 차, 술, 반석(礬石) 등의 채굴과 외국무역 등의 상공업은 항상 관부의 독점 아래 있었고, 부역제 생산을 조직하거나 또는 부세식(賦稅式) 징집을 하거나 강제적인 배급판매를 했기 때문에 가치법칙의 조절을 전혀 받지 않았다. 이런 경제는 사실상 종법 자연경제 성격을 띤 명령경제의 한 형식이며 거기에서 취득된 것은 진정한 상업이윤이 아니라 변형된 부세일 뿐이다.

민간 사상(私商)의 경우를 보면, 이들은 항상 '전매금지'(禁榷)라는 그물망에 갇혀 있었고 억상정책으로 활동범위가 극히 제한되어 있었을 뿐만 아니라 뿌리 깊은 종법권세 속에서 활동방식이 심각하게 왜곡되었다. 당국자에게 뇌물을 주지 않으면 상품을 만들 수 없고 권귀에게 빌붙지 않으면 시장을 얻을 수 없으며 은밀하게 청탁을 하지 않으면 무거운 세금을 피할 수 없다는 것은 당시 늘 있는 일이었다. 이런 상황 아래서 가치법칙에 따라 운행되는 정상적인 상업은 발달할 길이 없었고, 연줄이 있는 권상(權商)이 매점매석을 통해 폭리를 취했다. 그리하여 중국에는 예로부터 간상(奸商)이라는 칭호가 존재했던 것이다. 현재 적지 않은 학자들은 이 칭호에 대해 불평을 토로하면서 이것은 전통문화의 천상(賤商)관념이 상인현상을 왜곡한 것이라고 했다. 하지만 사실 다 그런 것은 아니다. 종법식의 명령경제하에서는 간악하지 않고서는 상인이 될 수 없는 현상이 분명히 존재한다. 그렇지만 다른 한편 어떤 학자는 이를 근거로 "봉건통치자의 중농억상 정책이 병적인 상품경제를 반대하고 농업의 발전을 장려하는" 것이며 따라서 진보성을 갖는다고 했다.[26] 이 견해는 좀 더 검토해볼 필요가 있다. 왜냐하면 억상적 봉건권력과 천연수장의 갖가지 봉건적 굴레야말로 상인을 간악하게 만들고 상업을 병적으로 만드는 근본 원인이기 때문이다. 간상은 관상과 권상에게 의존하여 존재하는데 억상정책은 관상과 권상을 억압하기는커녕 여러 가지로 비호했다. 이 때문에 종법 조건하에서 간상현상, 천상관념, 억상정책은 실제로 악순환을 형성했다. 다시 말하면 상인이 간악해질수록 백성은 상인을 더욱 혐오하고 천시했으며, 백성이 상인을 천시할수록 통치자는 한층 억상의 길을 갈 수 있었고 억상을 할수록 상인은 더욱 간악해졌다. 이런 순환은 중국의 봉건 자연경제의 강대함, 종법공동체의 완고함, 상품경제의 허약함을 전형적으로 반영했다.

유럽의 전형적인 중세시기와 비교해 볼 때 거기에는 비록 중국과 같은 활발한 상인과 상업이 없었고 중국과 같은 번화한 대도시도 없었지만 중국보다 훨씬 활발한 상품경제가 분명히 존재했다. 유럽 중세의 상공업은 10세기 이후 대거 출현한 자치도시에서 흥기했으며 비록 그 규모는 작고 단순했으며 시장도 매우 협소했지만 그리스—로마 고대 도시의 자치전통을 상당 부분 계승했다. 이런 자유도시에서 경쟁을 방해하는 것은 주로 길드였으나 길드가 발전하여 비교적 성숙해진 것은 13세기 이후여서 그 속박능력은 중국의 봉건공동체에 비하면 훨씬 덜하다. 따라서 비록 중세유럽의 수공업과 상업경제가 완전히 가치법칙의 지배를 받고 종법의 속박을 받지 않았다고 말할 수는 없지만, 분명히 중세유럽의 그것은 중국 봉건시대의 '가짜 상품경제'보다 진정한 상품경제 성격을 더 많이 갖고 있었다. 유럽 중세에도 억상·천상 풍조는 있었으며 어떤 학자는 중국보다 오히려 더 심했다고 말한다.[27] 그러나 유럽에서의 이런 풍조는 주로 교부철학자와 봉건주(封建主)의 선전이었을 뿐 일반대중, 특히 도시시민 사이에는 심각한 억상정서가 없었으며 따라서 중국과 같은 간상현상, 천상관념, 억상정책의 악순환이나 피드백 강화 메커니즘이 출현하지 않았다. 요컨대 중국 봉건사회에서는 상품경제가 서유럽에서보다 일찍 발달하거나 더 흥성한 것이 결코 아니며, 오히려 자연경제(명령경제와 상업의 외피를 걸친 명령경제의 변종을 포함하여)가 서유럽의 전형적인 중세시기보다 훨씬 더 완고했다.

중국 봉건시대에 "말업으로 치부하여 본업으로 지킨다"는 상인·고리대업자가 재산을 모은 후 토지를 사들여 지주가 되는 현상이 있었으며 이른바 이런 지주·상인·고리대업자의 삼위일체를 학계에서는 흔히 상업자본의 토지자본으로의 전화 또는 상업이윤의 지조로의 전화라고 불렀다. 과거의 천연수장들은 겸병억제의 필요에서 흔히 "상인이 농민을 겸병한다"고 대대적으로 과장함으로써 결과적으로 현대인들이 상업·고리대자본이 토지겸병에서 담당한 역할에 대해 올바른 평가를 내리지 못하게 만들었다. 이미 앞에서 서술했듯이 중국 전통의 가—국 일체의 종법공동체 속에서 토지는 자본에 따라 분배되지 않고 권세에 따라 분배되었다. 송원 이후의 '타이후 모델'에서조차 토지 매매의 표상 배후에 있는 본질은 근본적으로 상품교환관계가 아니라 통치—복종 관계였다. 사람들은 흔히 상인이 지주로 전화된 원인은 상공업 경영이 토지를 사들여 지조를 징수하는 것만큼 안정적이지도 안전하지도 않기 때문이라고 말하지만 사실 꼭 그런 것만은 아니다. 중국 봉건사회의 많은 시기에 평민지주의 불안정성은 봉건적인 특허상과 독점상에 비해 훨씬 더 심했다. 권세에 의지하고 '관시'에 의지하여 "말업으로 치부한" 사람이 순수한 경제적 수단으로 토지를 구매하여 평민지주가 되어 "본업으로 (그것을) 지키"려고 할 경우 그것은 근본적으로 불가능했다. 이 때문에 중국에서 나타난 상인에서 지주로의 전화는 상업자본이 등가교환 방식을 통해 토지자본으로 전화한 것이라기보다는 상인이 종법특권의 비호를 받는 통치–복종 관계의 각기 다른 물화형식 사이의 전화이다. 구체적으로 말하면 '권상'으로 치부한 다음 권력관계(등가교환관계가 아니라)를 통해 권귀지주나 그 앞잡이로 전화하여 그것을 지키는 것이다.

그러므로 중국에서 모든 시대의 상인이 토지구매에 열을 올린 것은 아니다. 청대 황상(皇商)으로 불린 제수판(介休範) 같은 싼시 특권상인 집단은 물론 토지와의 관계가 밀접하지만 명 중엽 이후 매우 활발해진 남방 민간상인과 유명한 휘상(徽商)은 도리어 "남는 돈이 있어도 대부분 토지를 사들이지 않고" "(외지로) 나가서 장사하는 자가 많으며 토지를 중시하지 않는"[28] 태도를 오랫동안 견지했으며, 청 중엽 이후에서야 비로소 휘상은 날로 종법세력을 형성했고 그에 따라 상인이 토지겸병에 참여하는 풍조가 나타났다. 확실히 권상이 토지재산을 사들인 것과 권력의 유력한 비호를 받지 못한 상인이 토지를 사들이지 않는 것은 똑같이 농후한 봉건성을 드러낸 것이라 할 수 있다.

지난날 옳은 것 같지만 사실은 잘못된 하나의 견해가 유행한 적이 있다. 중국에 자본주의가 출현하기 어려웠던 까닭은 토지의 자유로운 사유, 자유매매와 소작 때문에 상공업에서 축적된 자본이 토지구매와 지조착취에 투자되어 자본의 원시적 축적이 이루어지지 않은 데 있다는 것이다. 이 견해에 따르면 중국과 달리 서양은 촌공동체 위에 영주제가 덧붙여져서 토지를 자유롭게 매매하거나 소작할 수 없었으므로 상공업 방면의 축적은 산업자본으로만 전화될 수 있었다고 한다. 그렇지만 역사적 사실은 다르다. 서양에서도 농노제와 토지재산이 경직되어 있던 시대에는 무슨 자본의 원시적 축적 같은 것은 전혀 없었으며 원시적 축적이 시작된 것은 바로 농노제가 와해되고 소작제가 성행하며 토지가 매매되는 16세기 이후였다. 당시의 서양에 "말업으로 치부해서 본업으로 지키는," 상공업 이윤으로 토지를 구매하는 현상이 없었던 것은 아니지만 그것은 결코 원시적 축적을 방해하지 않았다. 원인은 어디에 있는가? 이에 대한 적지 않은 예를 제시할 수 있지만 가장 근본적인 이유는 바로 진정한 자유소작제하의 지조는 사실상 토지자본(지가)의 이자이며, 당사자가 진정한 자유인이 되는 상황하에서 그들은 반드시 경제적 이성에서 출발하여 각종 자본의 이자발생형식에 대해 (가장 유리한) 선택을 하며, 따라서 필연적으로 위험이 비교적 적은 토지자본의 이자율(지조율)은 사회의 평균이윤율보다 훨씬 낮은 메커니즘을 조성한다는 데 있다. 바로 이런 메커니즘이 마치 보이지 않는 손처럼 상공업자본이 대거 토지로 전화하는 흐름을 스스로 저지시켰다. 그러므로 비록 영국에서 인클로저 운동 이후 소작관계를 비롯한 토지관계가 완전히 자유화되었다고 하지만 지조는 지가에 비해 형편없이 낮았으며 토지 매매는 대단히 보기 드문 현상이 되었다.

그런데 중국 봉건사회에는 이와 같은 자유소작제가 존재하지 않았고, 지가와 지조의 관계는 종법공동체의 권력 메커니즘, 예컨대 봉건 후기 타이후 모델하의 진신의 우면권과 비호권의 작용으로 인해 극도로 왜곡되었다. 극단적인 상황의 경우 명청대 상당히 보편적이었던 투헌 풍조 속에서처럼 심지어 지가를 0으로 하고 지조율을 한없이 높게 하는 국면을 조성할 수 있었으며 정상적인 상황에서도 지조율은 놀랄 만큼 높았다. 지조율은 송대에 평균적으로 지가의 63%였고 청대에도 대개 지가의 1/3 내지 1/2 이상이었다. 이것은 고전 고대 로마의 지조율이 지가의 6%였고 근대 자본주의 농업의 지조율이 일반적으로 은행 대부 이자율을 초과하지 않는 상황과 비교하면 엄청난 차이가 있다. 중국의 토지가 이처럼 유한하고 토지의 이윤증식률이 이처럼 높기 때문에 그 결과 전답이나 가옥을 사려는 자가 벌떼처럼 쇄도하게 된 것이니 만일 자유로운 조건하에서라면 이런 추세는 반드시 지가를 깜짝 놀랄 수준으로 급속히 상승시킬 것이고 토지자본의 이윤증식, 곧 지조율을 평균이윤율 이하로 끌어내릴 것이다. 그렇지만 중국의 상황은 왕조 말기로 갈수록, 인구과잉이 심각할수록 토지가 부족해지는데도 지가는 되레 낮았다. 남송말과 명말의 상황이 전형적인 예이다. 왜 이런 현상이 발생하게 되는가? 이유는 간단하다. 중국의 토지소유자는 표면상으로는 구매라는 방법으로 토지를 취득했을지라도 실제로는 주로 돈이 아니라 권세를 가지고 토지를 점유했다. 그렇기 때문에 중국의 지조는 그 주체 면에서 보면 토지자본의 이자가 아니라 권세가 가져온 이익이며, 토지소유권의 경제적 체현이 아니라 통치−복종 관계의 경제적 체현이다.

따라서 봉건관계 속에 존재하는 소작계약에 현혹되어 중국의 봉건제는 곧 소작제이며 소작제를 타도하면 봉건제가 제거되는 것으로 생각해서는 결코 안된다. 그 동안 '소작제'란 용어는 아무런 분명한 개념정의 없이 쓰여 왔다. 나는 소작제가 광의와 협의 두 가지 의미를 갖고 있다고 생각한다. 광의의 소작제는 착취자가 생산을 조직하여 노동자에게 필요생산물을 지불하는 제도(고용제·노예제)와 구별하여 일컫는 말이다. 이 의미에서는 생산자가 독자적으로 경영하여 다른 사람에게 잉여생산물과 노동력을 제공하기만 하면 우리는 그것을 소작제라고 부를 수 있으며 이 제공이 토지소유권에 기초한 것인지, 아니면 인신적 권리나 정치·종교 방면의 종법특권에 기초한 것인지는 따지지 않는다. 이른바 서유럽 중세 농민이 납부한 부역지대라는 것은 이 의미에서만 성립할 수 있다. 협의의 소작제는 순수하게 토지소유권의 기초 위에 성립된 경제관계이며 그 본질은 토지소유권 또는 토지자본의 차용(물론 이자를 지불해야 한다)이어서 일정 시기 내의 토지사용권의 매매라고 이해할 수도 있다. 이 소작관계의 전제는 토지가 상품인 동시에 이자를 낳는 자본이며 소작관계의 쌍방이 반드시 자유인이어야 한다는 점이다. 물론 이런 소작제가 봉건시대에 존재하지 않았다고 말할 수는 없다. '순수 봉건제'란 현실 속에서는 존재하지 않지만 주도적 요인으로서는 말할 수 있기 때문이다. 분명 서유럽 농노제는 이런 제도가 아니었고 중국 봉건시대의 소작관계 역시 이런 관계가 아니었다. 레닌은 일찍이 "농업에서의 자본주의(그리고 半자본주의) 생산양식의 특징은 무엇인가?"라고 묻고 "도처에 발전된 소작제가 존재하는 것"이라고 답했다.[29] 그가 말하는 것은 바로 이와 같은 순수한 경제관계로서의 자유로운 소작제이다. 우리는 이런 소작제가 고전 고대 로마에서 적어도 전형적인 중세시기보다 훨씬 더 성행했음을 증명할 수 있다.[30] 이로써 소작제와 봉건제 사이에는 어떤 필연적인 관계도 없음을 알 수 있다. 중국 전통사회를 봉건사회라고 보는 이유는 소작제가 있기 때문이 아니라 자연경제·종법공동체·인신예속관계가 존재하기 때문이다. 따라서 우리는 이렇게 말해야 할 것이다. 소작제가 사회의 봉건성을 결정하는 것이 아니라 사회의 봉건성이 당시의 소작관계를 봉건소작일 수밖에 없도록, 곧 인신예속을 기초로 한 소작일 수밖에 없도록 결정한다고.

4. 봉건공동체의 세 형태

봉건 소작관계의 부자유에 관해 논할 때 많은 사람들은 이를 흔히 지주의 농민에 대한 강제라는 측면에서 파악한다. 확실히 인민공화국 수립 전 소작관계의 '계약화'의 외형은 상당 부분 청대에 이루어진 전례 없는 인구팽창과 노동력의 과잉으로 강화된 것이다. 그와 같이 사람이 많은 것을 병으로 생각하던 상황에서 지주는 강제수단에 크게 의존하지 않고도, 소작을 얻을 길 없는 농민을 능히 통제할 수 있었다. 그렇지만 이런 현상을 중국 봉건시대 전체로 확대하여 적용할 수는 없다. 당 이전은 말할 것도 없고 송의 방호(旁戶)*와 원의 수전전객(隨田佃客), 그리고 명청대의 "진신이 투헌을 많이 받고 그 투헌한 자를 대대로 예속하는" 현상 등은 오늘날의 학자들이 흔히 지적하는 예들이다. 명청대 소설에 묘사된 지주와 전호의 관계는, 예컨대 누구나 다 아는 『수호전』의 차오가이(晁蓋) 같은 인물과 그의 장객(莊客) 사이의 관계는 분명히 경제적 계약관계가 아니며, 재산의 주인으로서 차오가이의 장객에 대한 통제는 권귀의 그것과 비교하면 당연히 느슨하다고 할 수 있다. 그렇지만 중국 농민의 부자유는 너무나 심각해서 지주의 농민에 대한 강제 정도를 가지고는 헤아릴 수 없다. 앞에서 이미 지적했듯이 봉건시대의 부자유 또는 인신예속의 핵심적인 본질은 한 집단의 다른 집단에 대한 강제가 아니라 개인이 공동체에 종속되어 있다는 점이다. 그렇기 때문에 중국 전통사회관계 속의 인신예속——전농이 지주에게 예속되는 것은 단지 그 중의 하나일 뿐이다——은 대단히 강고한 종법공동체라는 독특한 유형으로 나타난다.

앞에서 서술한 대로 전자본주의 시대의 어떤 공동체도 모두 인간의 사회성이 발달하지 못한 '자연인' 간의 천연적 유대의 사회유지 작용을 특징으로 한다.

---

* 호민(豪民)과 같은 곳에 거주하면서 여러 세대에 걸쳐 노예관계를 맺고 노예처럼 사역하며 조와 역을 호민에게 납부했다.

서양인이 당시 사람들간의 관계의 성격을 나타내는 용어로 사용하는, 우리가 '종법'이라고 번역하는 patriarchal(이에 해당하는 불어, 독어, 러시아어 등 서양언어는 어미만 약간씩 변화할 뿐이다)은 아버지의, 부권적, 가부장제적, 족장적이란 뜻이다. 이 개념과 서양 전통에서 일컬어지는 주교, 귀족, 종주(宗主), 은주(恩主), 사부(師傅), 보호제, 보호인 등의 개념은 모두 라틴어 pater에서 파생된 것이며 원칙상 모두 자연인 혈연공동체의 부권-온정 유대가 문명시대에 이르러 소외된 형식이다.

그러나 서유럽 중세 종법공동체는 자연인 혈연관계의 직접적인 복제가 아니다. 오히려 그와 반대로 그리스-로마 고대문명이 붕괴하고 개체화되는 과정에서 부정의 부정 형식으로 재현된 종법관계이다. 따라서 그것은 자유로운 개체 간의 계약관계의 흔적을 적잖게 지닐 수밖에 없다. 유명한 서양의 고대 법학자 메인에 따르면 원시 부권제의 예속관계는 봉건 예속관계와 형식상 비슷하며 단지 차이는 전자가 혈연관계의 본능에 기초한다는 데 있다고 한다. 그는 "봉건제도와 원시민족의 순수한 관례를 구분하는 중요한 기준은 계약이 그 속에서 담당하는 역할"이라고 보았다.[31] 마르크 블로크도 "혈연관계로 유지하는 친구"는 "봉건주의 인간관계의 특징"이라고 했다. 봉건주의는 "혈연관계의 사회적 낙인을 지니고 있는데 그 이유는 이런 특정한 인신예속관계가 맨 처음 함께 태어난 일부 준가정적 특징을 여전히 남겨 두고 있기 때문이다. 가령 무수한 작은 수령으로부터 훈련되어 나온 정치적 권위와 왕권의 찬탈이 그 예이다." 그렇지만 봉건사회는 혈연관계에 기초한 사회와는 근본적으로 다르며, "비록 혈연관계에서 생겨난 의무가 여기서 매우 중요한 요소이긴 하지만 그것은 단지 친족관계에만 의지하는 것이 아니다. 더 정확히 말하면 친족관계의 의무가 불완전해질 때 비로소 봉건적 유대는 발전하기에 적합하다." 블로크는 봉건관계가 본질적으로 일종의 유사군사공동체, 곧 기사의 보호를 받는 촌공동체와 수령 및 종자(從者) 사이의 상호의존이며 이 관계를 유지하는 것은 똑같이 모종의 계약이라 보고 "이 의존관계는 처음에는 피차 서로 얼굴을 대면한 살아 있는 두 사람 사이에 자유로운 계약을 체결하는 형식"[32]이라고 생각했다. 확실히 계약이라고 하는 이 고대 로마의 인간관계의 표준형식은 서유럽 봉건제 형성과정에서 중대한 역할을 했다. 바로 서양의 몇몇 저술에서 볼 수 있는 것처럼 중세 초기의 사람들은 개인으로서 "자유롭게 자유를 상실했다."

고전문명이 몰락한 뒤의 장기적인 혼란 속에서 이미 일정 정도 개체화한 사람들은 재난을 피하기 위해 자발적으로 개성을 희생하고 군사적 수령의 보호를 찾아 나섰다. 그리하여 엥겔스가 말한 것처럼 '호전적 귀족'이 자급자족적 소규모 농민공동체를 보호하고 "그것이 외적의 침입을 받지 않도록 하고 민족적, 그리고 적어도 정치적 연계를 갖도록 하는"[33] 사회구조를 형성했다. 우리는 이런 종법공동체를 유사군사공동체라고 부를 수 있다. 그 속에서 진정한 혈연관계, 곧 종법 친족관계는 이미 아무런 작용을 담당하지 못하거나 극히 작은 작용만을 담당할 뿐이며 실제적 종법관계는 전우 사이의 연합, 또는 전우와 수령 사이 상호 충성의 서약을 통해 형성된 일종의 의제(擬制)이다. 비록 이런 계약일지라도 일단 체결되고 나면 항상 인정과 도리에 맞지 않을 만큼 강력한 강제력을 갖게 되어 인정을 말살하고 자연경제 조건하에서 수령에 소속된 공동체 성원을 농노의 처지에 놓이게 한다. 그러나 일단 사회구조가 발전하여 교환가치가 협애한 공동체의 몸통을 뚫고 나가게 되면 이런 예속관계는 비교적 용이하게 입법형식을 통해 폐지될 수 있다.

동유럽의 종법공동체는 또 다른 형식을 취한다. 몽골의 정복 이전에 땅은 넓고 인구는 희박하며 기후가 한랭한 동유럽 대평원에서 생활하던 슬라브인의 주거지는 매우 분산되고 문명은 주로 상업로를 따라 이어진 도시에 집중되어 있었으며 광대한 향촌지역은 반(半)무질서 상태였다. 12세기 후반 루시 국가(Rus')*가 무너지자 슬라브인은 뿔뿔이 흩어져 대량의 인구가 서쪽에서 동북쪽으로 이주했으며 거기서 몽골인의 비호 아래 새로운 국가의 중심을 형성했다. 장기간의 혼란과 이주 속에서 슬라브인 고유의 종족적 연대는 많은 부분 파괴되었지만, 서유럽이 발달한 고전문명의 영향과 보호관계에 기초한 계약관념의 외피를 갖고 있었던 것과 달리 그들의 종법공동체는 비록 부권제 가족을 기본 세포로 하고 있었지만 주된 것은 새로운 모스크바 국가가 몽골인 징세제도(八思哈制)의 영향을 받아 강제로 건립한 지역적 납세단체였다. 15세기 이후 농노화 과정의 발전에 따라 지역공동체의 공유요소는 국가의 강제 아래 날로 강화

---

* 여러 공국(公國)들로 나누어진 국가.

되어 토지의 재분배, 공동경작지, 강제윤작, 노동조합, 그리고 연대보증이 잇달아 출현했고 공동체의 행정적 의미도 더욱 중요해졌다.

농민 가부장-촌공동체의 촌장-전제 차르 삼자의 유기적 연계는 러시아 종법공동체의 다음과 같은 특징을 형성했다. 자연인의 종족적 유대가 비교적 느슨하고 계약성 군사보호 색채도 매우 엷지만 전제국가의 한 지역구성으로서 그것의 경제·정치적 직능은 매우 발달했고 특히 공유하는 요소는, 분여지를 고정하고 단지 개방경지제를 실행한 서유럽공동체보다 훨씬 강하다. 러시아의 미르는 게르만의 마르크와 같은 엄격한 조상에 대한 제사를 지내지 않으며 중국의 가-국 일체의 조직과는 더더욱 비교할 수 없다. 미르는 주로 일종의 이웃공동체이며 '공유제'를 공동체 성원을 묶어 주는 주요한 연결체로 삼는다. 따라서 서유럽 종법농민의 예속관계가 입법형식을 통해 해체될 수 있다면, 러시아의 종법농민은 비록 법률상 농노신분에서 벗어났다 하더라도 경제·정치적으로는 여전히 촌공동체에 예속되어 있었다. 당시 러시아인의 말로 표현하면 그들은 '지주의 농노'로부터 '촌공동체의 농노'로 바뀌었을 뿐이다. 이로써 알 수 있듯이 이런 형식의 종법공동체 유대는 서유럽 중세 공동체보다 훨씬 강고하다.

중국의 상황은 서유럽이나 동유럽과 또 다르다. 중앙집권하의 중국 전통사회는 군사적 보호제의 발달을 허용하지 않았으며 통치권과 소유권이 분리되지 않은 국유제를 제외하면 중국 민간은 러시아 미르와 같이 강렬한 공유제 색채를 갖고 있지 않으며 심지어 서유럽 마르크의 개방경지제도 존재하지 않았다. 그러나 중국 종법공동체는 오히려 자연인의 혈연종족을 직접 계승한 부권-온정 유대를 갖고 있으며 소외된 형식으로 그것을 복제하고 극도로 확대하는 두드러진 특징을 갖고 있다. 특수한 역사 조건으로 인해 중국의 종법 혈연유대는 문명시대에 진입한 후 느슨해진 적이 없을 뿐더러 오히려 더욱 강화되었으며 국가는 부권제 족장이 "그 종가를 통솔하고 지파(支派)를 모으고 동류를 거느려서"[34] 형성된 것인데 실제로는 소외된 씨족이다.

춘추 이후 중국에서 고전 상품경제가 혈연공동체에 충격을 가하는 과정이 출현했고 "높은 언덕이 변하여 계곡이 되고 깊은 계곡이 변하여 구릉이 되는," "부모와 자식이 재산을 따로 갖는" 단계까지 도달했으나 이런 변혁은 씨족평민이 부권제 대가장을 타도하는 평민혁명으로 진행된 것이 아니고 장자정치(長者

政治)가 강자정치(强者政治)로 바뀌는 형태로 진행되었다. 따라서 사회의 고전화, 재산의 독립화, 사람들의 개체화 정도는 아테네나 로마와 도저히 비교할 수 없을 만큼 뒤쳐져 있었다. 동시에 중국인은 시종 상대적으로 밀집하여 거주하는 농업민족이어서 봉건화시대에도 그 이후에도 원래 갖고 있던 종법유대의 해체를 초래하는 민족이동은 나타난 적이 없다. 이와 반대로 한(漢)에서 진(晉)에 이르는 시기의 유민운동은 오히려 '종족단위의 이주'방식으로 이런 유대를 강화했다. 그러므로 중국의 가족·종족제도는 비록 성쇠의 변화와 형식의 변화를 보였지만 종래 소멸되지 않았으며 가국일체, 예법합일(禮法合一), 공사불분(公私不分), 부권지상(父權至上)의 체제는 봉건화 이후에 날이 갈수록 완벽해졌다. "토지에는 관과 민의 구분이 있다"는[35] 관념은 "하늘 아래 왕토가 아닌 것이 없다"거나 "토지는 왕이 소유하는 것이고 경작은 농민이 하는 일이다"[36]는 관념과 오랫동안 병존했다. 이 때문에 만일 러시아 미르 속에 종법식 공유제와 사유제의 대립이 존재한다고 한다면 중국의 종법공동체 속에는 강렬한 부권(그것의 확대된 형식인 종주권과 황권 등을 포함하여)·소유권과 인권·물권 사이의 대립, 인신관계와 소유관계(공유제든 사유제든 관계 없이) 사이의 대립이 존재한다.

중국 농민은 러시아 농민 속에서와 같은 토지재분배, 노동조합적 전통을 갖고 있지 않다. 따라서 중국 농민의 사유관념은 러시아 농민에 비해 더욱 강렬하다는 견해가 일찍부터 제기되었는데 이것은 재고할 필요가 있다. 자연인의 사욕에 대해 말하면 중국 농민이 러시아 농민보다 더 강렬한지 아닌지 판단하기 어렵겠지만, 사법적(私法的) 의미에서의 소유권 관념에 대해 말하면 중국 농민은 러시아 농민에 비해 '공유권' 개념을 결여하고 있다. 물론 그렇다고 반드시 더 많은 '사유권' 관념을 가질 수 있다고도 생각되지 않는다. 근대 러시아는 자본주의 발전의 영향을 받아 종법 촌공동체의 바다 속에서 이미 수많은 자유농민이 사유한 독립농장이 분리되어 나왔고 특히 유럽화가 많이 진전된 서부에서 촌공동체는 이미 독립농민으로 대체되었다. 동시에 상품경제가 초보적인 상황에서도 협동제는 고도로 발달했고 종법 촌공동체 성격과 전혀 다른 법인단체 소유제, 곧 자유 상품생산과의 계약성 연합재산이 10월혁명 전에 이미 나타났다. 따라서 러시아 농촌은 비록 서유럽에 비해 여전히 종법사회 또는 반종법사회였지만 중국과 비교하면 통치-복종 관계의 굴레를 벗어난 순수소유제(사유제든 법인소유제든 관계 없이)가 훨씬 더 발달했다. 하지만 중국 농민에게는 법인소유가 생소할 뿐만 아니라 독립농장식의 자유사유제 역시 낯설다. 그들은 러시아의 촌공동체 농민보다 더 강한 자사(自私)관념을 갖고 있었겠지만 반드시 더 강한 개체의식을 갖고 있었던 것은 아니다. 그들은 사유권을 더 중시하였다기보다 소유권관념이나 일반적 의미에서의 권리·의무 관념이 상대적으로 희박했다.

그러므로 전통 중국의 봉건공동체는 서유럽·일본의 유사군사공동체와 동유럽식 이웃공동체보다 그 종법성이 훨씬 강할 수밖에 없다. 우리는 그것을 가-국 일체의 유사혈연공동체라고 부를 수 있을 것이다. 이런 공동체 속에서는 자연인의 종법유대와 고립인의 협애한 의식이 매우 강고하며 인간의 사회화와 개체화가 특별히 곤란하다. 따라서 인간의 예속관계도 매우 강력하다. 그러나 오랫동안 사람들은 이 점을 인식하지 못했다. 예컨대 상업자본주의론자는 중국에는 농노제가 존재하지 않았으며 인민은 유사 이래 자유롭다고 보았고, 자유봉건주의론자는 중국의 전농은 농노와 자유인 사이에 끼여 있어서 절반 정도는 자유롭다고 보았다. 그들은 중국 전통사회 속의 인신예속의 강도를 지나치게 낮게 평가했던 것이다. 그들이 이렇게 본 주요 원인은 바로 앞에서 분석한 대로 인신예속을 단지 지주의 농민에 대한 경제외적 강제로만 간주했기 때문이다.

실제로 경제외적 강제에 대해 말하면 지주-전호 관계의 틀에서 벗어나 관찰해 볼 때 가혹함의 정도는 서유럽이나 동유럽보다 결코 덜하지 않다. 이른바 '겸병억제'란 사실상 바로 종법공동체가 경제외적 강제방식으로 민간이 분화될 수 있는 자유를 박탈한 것이다. 역대 통치자의 호구에 대한 통제는 이처럼 가혹했고 인민의 이주, 직업선택, 분가, 경영활동, 풍속습관 등 모든 것이 엄하게 속박당했으며 호구가 없는 사람은 중국에서 줄곧 사람 취급을 받지 못했다. 역대 '백성의 부모'들*의 괄호(括戶)†, 호적검사(檢籍), 토단(土斷)#, 입산금지, 바다

---

* 부모관(父母官)을 뜻한다.
† 호적에 누락된 호를 파악해 입적하는 것. 이들을 빈 땅에 수용해 불법 토지점유자로부터 몰수한 토지를 경작시키고 일정한 조세를 상평창에 납부케 해서 생활을 안정시켰다.
# 동진·남조 때 僑州郡縣을 폐지하고 타향에 거주하는 호구를 소재지 군현에 편입시킨 것. 당시 대량의 인민과 사족이 남천과 함께 거주했는데 당시 정부는 유민을 안위하고 북방 사족을 불러오기 위해 북방의 원래 거주지명으로 교주군현을 설치했다. 여기서는 조세와 요역을 징수하지 않았으며 사족의 토지겸병이 극심해 재정수입에 악영향을 끼쳤기 때문에 341년 이를 폐지했다.

출입금지, 광산채굴금지, 유민퇴치(驅流民), 대대적인 용모검열, 일제검문에 의한 용의자 색출, 대군점호(大軍點戶) 등은 그들 자신을 위해 아주 넓고 큰 그물을 설치한 것이다. 명대 주위안장의 대군점호는 반원(反元)전쟁에 종사한 방대한 무력을 호적경찰(戶籍警)로 충당하여 호구검사를 단행한 것인데 호구가 서로 부합하면 '좋은 백성'으로 삼고 부합하지 않으면 잡아다가 군대를 만들어 군둔구(軍屯區)로 보내 군사관리의 지배를 받는 농노로 충당했다. 명대 군, 민, 조(竈)*, 장(匠) 등 네 종류의 호적은 사실상 카스트화된 것이며 유럽 농노제보다 훨씬 경직된 인신속박이었다.

유럽 농민은 지연공동체의 속박을 받았고 그들의 부자유는 법률로 규정된 것이었으나 중국의 종법농민은 종법 혈연공동체의 속박을 받았으며 그들의 부자유는 자연인의 본성으로부터 직접 유래된 것이다. 법률상의 부자유는 결국 범위가 한정되지만 자연인의 부자유는 사회 각 구석구석까지 미쳤다. 서유럽의 부자유는 입법을 통해 폐지하거나 봉건법권의 통제를 벗어나(도시로 도망치면) 중지될 수 있었다. 그러나 중국에서는 아무리 깊은 산골이라도 자유로운 구석이 없었다.(화목한 무릉도원은 있을 수 있을 것이다.) '백도'상의 인신예속에서 벗어나면 곧바로 '흑도'상의 인신예속으로 빠져 들었고 그 반대의 경우도 마찬가지였다. '군부'(君父)†의 괄호나 대군점호로부터 탈출하면 반드시 권세가(權豪)의 사적인 지배를 받는 예속지위로 떨어졌고, 설령 군부의 통제에서 벗어나고 권세가의 사적 예속으로 전락하지 않는다 하더라도 그들은 스스로 오두미도(五斗米道)에서부터 의화단(義和團)에 이르는 종법적 비밀결사를 창조하여 또다시 자신을 속박하게 되었던 것이다.

중국 봉건시대에 종법공동체를 유지하는 경제외적 강제는 충분히 강했지만 서양의 봉건시대 후기에 있었던 것과 같은, 종법공동체를 파괴하여 인간의 자유를 강제하는 경제외적 강제는 부족했거나 전혀 존재한 적이 없었다. 사람들이 명청시대, 특히 청대에 개성의 발전이 아니라 인구압력에 의해 그처럼 큰 정도로 조성된 지주-전호간의 비강제적 관계에 대해 흥미진진하게 말하면서 이것을 '인신예속의 해이'와 '자본주의 맹아'의 체현이라고 생각할 때, 서유럽의

* 소금 굽는 사람.
† 백성의 아버지로서의 군주.

자본주의는 바로 탐욕스런 사유자가 종법전통의 속박을 더 이상 받지 않으려고 적나라한 경제외적 강제로 원시축적을 진행했다는 것을 그들은 망각했다. 인클로저 운동, 유혈 입법, 1349년 노동자법규, 그리고 아메리카의 재판농노제 등은 모두 인간의 자유를 위해 한 편의 '쇠와 불의 교향곡'을 작곡한 것이다. 이런 의미에서 보면 중국 농민이 직면한 경제외적 강제는 서양보다 훨씬 약하다고 말할 수 있을지도 모른다.

그러나 그렇다고 해서 중국 농민에 대한 인신예속도 서양 농민보다 약하다고 말하는 것은 큰 잘못이다. 오히려 그와 반대로 중국에서 자본주의가 발생하기 어려웠던 것은 어느 정도로는 중국이 공동체의 밖에 독립하여 경제적·폭력적 수단으로 공동체를 파괴하는 강제적·비강제적 역량을 갖추지 못했기 때문이다. 그 결과 평민 중에서 부유한 제3신분이 생겨나지 못했고 권귀 중에서 촌공동체의 파괴를 천직으로 삼는 융커식 자유귀족이 생겨나지 못했다. 중국처럼 인정미가 넘치는 봉건주의 속에서 부권에 온정을 더한 속박과 보호의 결합은 서양 중세보다 훨씬 견고했다. 종법권귀이든 종법농민이든 독립된 개성 면에서는 몽매한 상태에 처해 있었고 공동체에 의존해야 비로소 생존할 수 있었다. 공동체가 보호기능을 상실하면 농민은 그것을 타도하고 또 하나의 공동체를 건립했으며 공동체가 속박기능을 상실하면 통치자는 그것을 강화하여 붕괴되지 않도록 했다. 종법공동체는 이와 같은 순환 속에서 동태적 평형상태로 지속되었으며 중국인의 예속형 인격도 그에 따라 지속되어 왔다.

5. 겸병억제: 단지 하나의 기만인가

종법공동체의 속박-보호 메커니즘 중에서 매우 중요한 구성요소는 '겸병억제'이다. 서유럽 중세의 장원 관습법과 농촌공동체 관습법을 포함하는 영주재판권은 농민분여지의 안정을 유지하고 토지의 전이를 막고 토지점유의 불균등 추세를 방지했다. 영국의 인클로저 운동도 일찍이 왕실과 종법귀족의 방해를 받았으며 농촌공동체 전통의 방해를 받은 것은 두말할 나위도 없다. 러시아의 경우 스톨리핀 개혁 이전까지는 차르 정부가 줄곧 "강자를 억누르고 약자를 돕는다"[37]고 표방했으며 "공동체는 러시아 인민의 특징이어서 공동체를 침범하는 것은 곧 특수한 러시아 정신을 침범하는 것"이라고[38] 공언했다. 19세기까지 차르 정부는 여전히 촌공동체의 공동경지와 연대보증을 지지했고, 심지어 어떤 때는 경찰력을 동원하여 강제로 유지했으며 촌공동체가 집단보증한 조세총액이 감소하지 않는다는 전제 아래서 가난한 집의 조세를 감면해 주고 그것을 보다 부유한 다른 농가에게 부담시켰다. 그 결과 한편에서는 부농의 발전을 일정 정도 억제하거나 늦추었으며 다른 한편 "노동능력을 가진 절대다수의 공동체 성원들에게는 적빈(赤貧)* 현상이 출현하지 않도록 했다."[39] 그렇지만 겸병억제를 하나의 중요한 국가정책으로 추진하고 수시로 대규모 운동으로 전개한 것은 분명 중국의 전형적인 현상이다.

과거 아주 오랫동안, 특히 '유법투쟁'†을 고취하던 시기에 '겸병억제'는 법가의 사상으로 간주되었고 따라서 겸병을 억제한 역대 저명 인물들, 예컨대 쌍홍양(桑弘羊)·한무제에서부터 왕안스(王安石)·주위안장·장쥐정(張居正)에 이르기까지 모두 법가의 칭호를 받았다. 그런데 사실 정통 유가사상 중의 겸병억제 경향은 법가보다 결코 뒤지지 않는다. "부족함을 걱정하지 말고 균등하지 못함을 걱정하라"는 유가의 설교와 하·은·주 삼대의 정전제에 대한 숭배는 예로부터 중국의 겸병억제운동의 중요한 사상적 기원이며 가장 과격하게 겸병억제를 추진한 것은 바로 왕망(王莽) 같은 공인된 부패한 유가였다. 재미있는 것은 유가와 법가 두 경향의 사상가들은 자기의 주장을 서술할 때 항상 상대방이 겸병을 허용했다고 서로 공격했다는 사실이다. 가령 왕안스는 "속된 유자는 변통할 줄을 몰라 겸병을 막지 못하니 이익이 나오는 구멍이 100개나 생기고 소인이 (그것을) 사사로이 여닫는다"고 공언했다.[40] 한·당의 여러 유자는 겸병을 진대 법가정책의 탓으로 돌리면서도 "겸병의 법을 믿고" "겸병하는 사람들을 받들어 표창했다."[41] 사실 봉건화 이후의 유·법가 이론은 겸병을 막고 종법공동체를 유지한다는 이 한 가지 점에서 전혀 차이가 없다. 단지 차이가 있다면 유가가 예의로, 종법윤리의 제방(堤防)으로 겸병을 저지한 데 반해 법가는 형벌로, 행정수단으로 겸병을 공격한 데 있을 뿐이다. 사실 이 두 가지 수법은 역대 봉건

---

* 약간의 토지나 농기구조차도 갖지 못한 극빈상태.
† 문화대혁명 시기 중국사상사를 유가와 법가의 투쟁사로 보면서 유가를 비판하고 법가를 찬양했다.

왕조의 겸병억제 실천 속에서 항상 동시에 병행되었다. 따라서 겸병억제는 어느 한 학파의 것이라고 말할 수 없고, 더구나 어느 한 봉건국가의 특수한 주장이라고 말할 수도 없다. 그것은 종법공동체, 따라서 봉건사회의 본질에 의해 결정된 하나의 정책인 것이다.

이른바 겸병억제란 빈부문제를 둘러싸고 나온 것이다. 중국의 초기 겸병억제 사상가는 "만민이 다스려지지 않는" 원인은 "빈부가 고르지 못한"[42] 데 있고, 따라서 "빈자를 부유하게 하고 부자를 가난하게" 할 필요가 있다고 했으며 심지어 "부자를 죽여야 한다"고 적나라하게 공언하기까지 했다.[43] 한 대의 쌍홍양은 겸병억제란 바로 "추악한 자와 횡포한 자를 제거한 연후에 백성을 균등하게 하는 것"이며, "남는 것은 덜어 내고 부족한 것은 보충해서 백성(의 빈부)을 같게 만드는 것"이라고 했다.[44] 후세의 봉건통치자는 이런 사상을 일련의 정책으로 발전시켜 "서인(庶人)으로서 부유한 자"를 (잡기) 위해 물샐틈없는 그물망을 쳤다. 균전제시대는 잠시 차치하고서라도 경제적으로 관대하고 느슨한 정책을 실행했으며, 겸병을 억제하지 않았다고 후세 사대부들에 의해 지적되는 양송(兩宋)도 실제로는 "겸병을 분쇄하여 빈자를 똑같이 구제하는"[45] 운동을 여러 차례 전개했다. 지금까지도 수많은 사람들의 칭송을 받는 왕안스의 변법은 바로 그러한 "빼앗고 주는 힘을 사사로이 하며 만물의 이득을 제멋대로 하는" "농촌과 소읍의 천인(賤人)"에 대해 칼을 휘두른 것이다. 명대에 이르러 주위안장은 "법을 세워 여러 번 빈자를 돕고 부자를 억압했으며"[46] 정말로 당시의 '부민'(富民)을 대대적으로 일소했다. 명말에 이르러 악명 높은 삼향가파(三餉加派)*가 여전히 "게으르고 가난하여 스스로 생존할 수 없는 자를 걱정하고 부유한 평민의 죄를 문책한다"[47]고 했으니 "부유한 자는 주구(誅求)†의 가혹함을 감당하지 못했다."[48] 전국을 휩쓴 이 대봉기의 가렴주구도 당연히 "빈자를 돕고 부자를 억압한" 행동이라 할 수 있다.

많은 사람들이 보기에 봉건왕조는 부민의 이익을 대표하는 것인데 그것이 어떻게 "빈자를 돕고 부자를 억압"할 수 있는가? 이렇게 생각하는 사람들은 겸

---

* 명말에 후금의 침입을 막고 농민봉기를 진압하기 위한 군비를 조달하기 위해 전세(田賦)에 부가한 요향(遼餉), 초향(剿餉), 연향(練餉)을 한꺼번에 가리키는 말.
† 관청에서 백성을 문책하여 재물을 빼앗아 들이는 것.

병역제란 하나의 기만이고 거짓이며, 계급모순을 완화하여 부민의 근본이익을
옹호하기 위한 것이라고 주장한다. 그렇지만 사실(史實)은 도리어 이런 견해를
뒷받침해 주지 않는다. 주위안장을 예로 들어보면 그의 "빈자를 돕고 부자를 억
압하는" 정책은 수많은 지역에서 선완싼(沈萬三)*식 평민 대사유자를 거의 모
두 일소해 버리고 "때때로 부잣집을 여러 번 문죄(問罪)하여 그 일족을 위태롭
게 하고" "세력 있는 백성과 거족(豪民巨族)을 모두 베어 없애 버리니"[49] "나그
네가 천지에 널리 퍼지고 부유하고 세력 있는 민가는 전부 파괴되었다."[50] 남들
은 이를 두고 '기만'이라는 한마디로 욕해 버릴 수 있을지 모르지만 당시 홍무제
의 가혹한 형벌과 법률은 결코 장난하는 것이 아니었다. 부민이 가장 많았던 타
이후 유역은 주위안장의 이런 괴롭힘을 겪은 후 마침내 거의 획일화된 토지국
유화단계로 들어갔다. 그가 이런 사람들을 "모두 베어 없애 버린" 것을 그들의
근본 이익을 보호하기 위한 것이라고 보는 견해는 설득력이 약하며, 계급모순
을 완화하기 위한 것이었다는 해석도 전혀 옳지 않다. 실제로 '빈부' 대립을 애
써 과장하는 이런 해석은 거꾸로 '계급'모순을 강조하는 것과 마찬가지이다. 수
많은 겸병억제운동은 사회의 긴장을 완화하기는커녕 대폭 강화했다.

또 다른 어떤 사람은 겸병억제란 일종의 진보적 개혁인데 다만 이런 진보적
개혁가가 봉건통치자의 한계를 벗어나지 못했기 때문에 겸병억제는 늘 유감스
럽게도 철저하게 진행되지 못했다고 주장한다. 이런 주장을 하는 사람들은 마
치 봉건적 한계가 없는 철저한 개혁에서 반드시 소멸해야 할 것은 종법공동체
가 아니라 사유재산의 신성불가침성을 보장한 근대의 민법원칙이라고 보는 듯
하며, 이런 원칙을 확립한 부르주아 입법자가 주위안장 무리보다 더 많은 봉건
적 한계를 갖고 있다고 보는 듯하다.

겸병억제는 빈자를 부유하게 하는 것이다라는 이 한 가지 점에 관해 말하면
그것은 확실히 하나의 기만이지만, 겸병억제가 평민 중의 부자를 타격하는 것
이라는 점에 관해 말하면 결코 기만이 아니다. 겸병억제가 줄곧 부유한 평민으
로의 발전을 막고 제지하지 못한 것은 봉건적 한계를 반영한 것이라기보다는
사유제가 종법공동체의 속박을 깨뜨리고 자유로운 발전을 추구한 혁명성을 반

---

* 명초 장난의 갑부. 홍무제는 그를 죽이려 했다가 나중에 윈난으로 유배시켰다.

영한 것, 또는 겸병억제의 반동성을 반영한 것이라 할 수 있다.

겸병억제의 실상은 종법공동체의 천연수장들이 사회의 계급분화(순수하게 재산관계의 기초 위에 성립된 분화)를 깨뜨리고 등급분화(권귀와 평민간의 종법특권을 기초로 한 분화)를 분식하고 옹호함으로써 극소수 흉포하고 부유한 권귀가 절대다수의 가난한 평민 예속자에 대한 통치를 공고히 한다는 목적을 달성하려 한 것이다. 따라서 역대 겸병억제자가 빈부의 차이를 극도로 과장하면서도 존비의 차별을 억제해야 한다고 주장하지 않은 것은 오히려 전혀 이상한 일이 아니다. 실제로 그들이 주목한 대상은 단지 "마을을 다스리며 부세와 요역을 내는 이른바 부민,"[51] 곧 권세도 없고 특별히 귀한 신분도 아니지만 감히 부를 쌓은 '천인'이었다. 물론 어떤 때는 겸병억제가 우연히 권세자에게까지 미치지만 이것 역시 고급권귀가 감히 주제넘게 등급을 뛰어넘으려는 하급권귀를 응징하는 것, 또는 최고급 권귀─황제─가 각기 자신의 등급에 만족하지 않는 신속권귀(臣屬權貴)를 응징하는 것에 불과했으며, 그 최종 목적은 "이득이 하나의 구멍에서 나오게" 하는 것, 곧 최고의 천연수장이 가-국 일체의 종법공동체에 대한 절대적 지배권을 확립하는 데 있었다.

권세에 따라 분배하는 봉건시대에 부민의 비특권성은 단지 상대적 의미에서만 이해될 수 있을 뿐이며 실제로는 이른바 '간상'이 권상의 앞잡이였던 것처럼 부민도 종종 권세가의 '관시호'로서 그 세력에 의지해 사람을 업신여기며 권세로 치부했거나 그들 자신이 혹도상의 토착권귀─악질토호─였다. 그렇지만 이것 역시 겸병억제가 무슨 진보성을 갖고 있음을 나타내는 것은 아니다. 겸병억제를 위해 사용되는 종법공동체 권력이 바로 이런 상황을 조성하는 근본원인이었기 때문이다. 확실히 겸병을 억제하면 할수록 부민은 더욱더 권세가의 비호를 필요로 하게 되었으며, 이로 말미암아 또 하나의 악순환이 되풀이되었을 뿐이다.

요컨대 겸병억제는 종법공동체의 자유로운 사유권에 대한 부정, 통치-복종관계의 재산관계에 대한 지배, 등급분화의 계급분화에 대한 압제를 반영하며, 종법공동체가 각 등급 내부의 계급분화를 저지하여 이런 분화가 등급장벽을 무너뜨리지 않도록 기능했음을 보여준다. 이것은 봉건사회의 본질적 특징이며 이런 특징은 서유럽 중세보다 중국 전통사회에서 더욱 두드러졌다.

앞에서 말한 대로 과거에 사람들은 봉건사회의 본질에 대한 잘못된 이해에서 출발하여 대개 '겸병억제'와 '균전' 따위의 것들을 토지개혁과 연결시키고 양자 간의 차이는 단지 불철저한가와 철저한가, 제한적인가와 전면적인가, 기만적인 가와 진짜인가의 차이에 있는 것처럼 생각했다. 그러면 토지개혁과 겸병억제의 차이는 어디에 있는가? 그것은 바로 토지개혁이 근대 민주혁명과정의 일부라 는 점에 있으며 그 실체는 자유소유제(일반적으로 말해 부르주아 민주혁명에서의 자유사유제)가 봉건 종법공동체를 타파하는 것인 데 비해 겸병억제나 균전제 등 은 반대로 종법공동체로 소유관계를 속박하는 것이다. 따라서 전자는 반봉건적 이고 후자는 봉건적·반민주적·종법적이다. 종법공동체를 타파하려면 우선 그 대표자(가지각색의 천연수장), 곧 종법권귀를 무너뜨려야 한다. 토지개혁은 종법 권귀를 타도했고 따라서 사회는 필연적으로 권귀재산에 대한 평민화, 재산의 재분배로 이어졌다. 이런 의미에서 말하면 토지개혁의 가장 근본적인 의의는 대사유제를 타도하고 토지재산의 평균화를 실현한 데 있다기보다는 종법권력 의 물화된 체현과 특권을 타파하여 토지재산의 자유화를 실현한 데 있다고 할 수 있다.

그러나 종법공동체의 근원이 자연경제 조건하에서는 인간의 개성과 사회성 이 몽매하여 생겨난 인신예속관계에 있기 때문에 종법공동체를 타파하려면 그 것의 대표자를 타도하는 것은 단지 그 첫걸음에 불과하다. 이 임무를 완수하려 면 사회화된 상품경제와 이것에 기초한 인간의 자유개성을 발전시켜야 한다. 토지개혁은 이 두 가지와 연결될 때, 다시 말해 상품경제와 자유개성의 길을 여 는 열쇠가 되어야만 민주혁명의 성격을 지닐 수 있다. 그렇지 않으면 설령 토지 가 평등하게 재분배되어도 지주와 부농을 깡그리 몰살시켜도(사실 중국 토지개 혁에서는 정확한 정책을 실행했기 때문에 이때 사망한 지주·부농의 숫자는 아마도 주 위안장의 "부잣집을 대부분 문죄하여 그 일족을 상하게 하고" "모두 베어 없애 버린" 겸병억제운동만큼 많지는 않을 것이다) 또 한 차례의 가장 철저한 균전제 또는 겸 병억제운동에 불과할 뿐이다.

7장 농민의 세번과 농민의 방데 :
봉건사회에서의 농민의 위치

1. 농민의 이중성에 대한 질의

우리는 앞에서 봉건사회가 자연경제하에서 인간의 개성이 성숙되지 않은, 곧 인간의 의존성을 특징으로 하는 종법공동체임을 살펴보았다. 공동체는 그 성원에 대해 속박-보호가 대립·통일된 기능을 갖고 있으며, 재산관계를 인신관계에 종속시키고, 자본에 따른 분배를 권력에 따른 분배에 종속시키며, 계급분화를 등급분화에 종속시켰다.

그러면 봉건사회의 주요 생산자, 또는 주요 거주민이라고도 할 수 있는 농민은 어떤 지위에 있었는가? 바꿔 말하면, 이 사회는 농민의 가치세계에서 어떤 지위를 차지하고 있는가? 농민은 보수적인가? 농민은 반역자인가? 농민은 어떤 사회를 건설하려고 했으며, 어떤 사회를 건설할 수 있었는가? 농민이 다른 계급과 함께 새로운 사회를 건설했을 때, 이 새로운 사회에 어떤 영향을 끼칠 수 있었는가? 과거에 이런 문제에 대한 전통적인 답은 이른바 '농민계급의 이중성'설이다. 곧 농민은 노동자이기 때문에 착취와 억압에 반대하는 혁명성을 가지고 있으며, 동시에 농민은 사유재산을 갖고 있기 때문에 보수적이고 낙후된 측면을 지니고 있다는 것이다. 중화인민공화국 성립 후, 몇십 년간 사람들은 농민문제에 대해 이루 헤아릴 수 없을 정도로 많은 글을 발표했고, 농민전쟁사 분야에서 농민의 추동력과 역할, 균등주의, 농민전쟁, 황권주의, 양보정책 등에 관하여 격렬한 논쟁을 벌였다. 그러나 이런 논쟁은 어디까지나 '이중성' 이론 위에서 진행되었고, 궁극적으로는 노동자 속성과 사유자 속성 중 어느 쪽을 경시하고 어느 쪽을 중시하는가라는 차이만 있었을 뿐이다.

1970년대와 그 이전에는 대다수 사람이 농민을 대단히 높게 평가했다. 그들은 농민의 사유재산은 미약하여, 농민의 사유자로서의 보수성도 비교적 약하고 노동자로서의 혁명성이 더 크다고 보았다.[1]

이와 대립하는, 1970년대 이후 영향력이 날로 커지고 있는 또 다른 견해는 농민을 대단히 낮게 평가했다. 이런 견해를 지지하는 사람들은 농민의 사유관념은 뿌리 깊은 것이어서 농민은 입신출세 의식이 강하고, 가난에 시달리면서도 하루아침에 부자·지주·관리가 되어 착취계급의 반열에 오르기를 희망한다고 생각했다.[2] 이 때문에 농민의 보수적이고 낙후된 측면을 늘 경계해야 하며,

농민의 혁명성은 다른 사람의 지도를 받아야 비로소 발휘될 수 있다는 것이다.

또 하나의 의견은 농민에 대해 계층분석을 해야 한다는 주장이다. 이 분석은 신민주주의혁명시기에 마오쩌둥이 농촌계급을 분석한 모델에 따라서 진행되었다. 이에 따르면 상층 농민은 "돈벌이 신(財神)에게 가장 열심히 예배"드리고 사유욕이 커서 혁명성은 가장 약하고 보수성은 가장 강한 반면, 하층농민은 "돈 모을 희망이 끊겨" 사유욕이 작아 혁명성이 가장 두드러지고 보수성은 희박하며, 그 중간의 자작농은 이 양자 사이에 있다는 것이다.[3]

이런 이론은 혁명은 곧 "궁하면 변화를 꾀하는" 것이라는 사람들의 오래된 인식과 부합하지만, 잘 살펴보면 많은 문제점을 발견할 수 있다. 우선 혁명과 보수를 평가하는 문제와 관련해서 최근 들어 혁명숭배를 반대하고 보수주의를 주장하는 목소리가 점차 높아지고 있으나 그들이 말하는 혁명과 보수는 사실 급진과 점진의 차이 또는 혁명과 개량의 차이이다. 이런 주장에 대해서는 이 자리에서 굳이 논평하고 싶지 않다. 다만 한 가지 밝혀 두고 싶은 것은 내가 말하는 혁명과 보수는 방향개념이지 속도개념이 아니라는 사실이다. 현대화를 향한 변혁은 급진적이든 점진적이든 이 책에서는 모두 '혁명'으로 정의하고, 이에 반대하는 것은 급진이든 점진이든 모두 '보수'로 부르기로 한다. 이런 정의를 바탕으로 나는 분명히 혁명을 긍정하고 보수를 부정한다. 다음에 진행할 농민의 이중성에 대한 평가도 이런 정의에 입각한 것이다.

농민의 이중성은 봉건사회 말기 부르주아 계급혁명에서 충분히 드러났다. 잘 알다시피 영국과 프랑스의 부르주아 혁명에서 농민은 혁명의 주력군 역할을 담당했고, 특정 상황에서는 봉건 보수세력의 지주(支柱)가 되기도 했다. 이것이 바로 마르크스가 말한 '농민의 세번'과 '농민의 방데'[4]이다. 그러나 당시의 혁명 농민은 결코 "궁하면 변화를 꾀하는" 극빈자가 아니었다. 크롬웰을 지지하며 왕당파 격멸투쟁의 선봉에 섰던 것은 바로 주로 '소지주'라 불리는 부유한 자작농이었다. 그들이 혁명에 참가한 것은 "결코 군대의 급료를 받기 위한 것이 아니었다"는 말에서 알 수 있듯이 순수하게 열광적인 종교신앙에서 비롯된 것이지 빈곤 때문이 아니었다.[5] 한편 보수파 농민은 무슨 '사유자 자발세력'의 대표가 아니라 정반대로 고대 공동체 전통의 수호자였다. 영국에서 왕당파를 지지한 농민군은 주로 콘월 출신이었는데, 이곳은 농촌공동체의 유제가 비교적 온전히 남아 있어서 "토지재산은 거의 주인이 바뀌지 않았고, 한 신사(gentry)가문이 한 곳에 몇백 년을 거주하여 그 집의 전후좌우는 그들의 농민과 농업노동자였다." 이들은 "충실하고 경건하여"[6] 입신출세할 생각 같은 것은 없었다. 그러나 공교롭게도 바로 이들 예속 농민, 촌공동체 성원과 종법식의 농업노동자가 영국 혁명에서 보수세력의 주요 지주가 되었다. 프랑스 혁명과정에서 보황파의 반란이 발생했던 방데는 가난하고 낙후된 지역의 하나로서, 이곳의 농민은 "학대를 감수하는" 농민[7]이었지 출세 지향적인 농민이 아니었다. 지적해야 할 것은 이들 농민반란은 거의 전적으로 자발적으로 일어난 것이어서 국외의 왕당파에게 무시당했고, 반란의 열기가 소작인으로 파급되지 않았던 그 지역의 귀족들도 반란 후에야 비로소 참가했다.[8] 이런 '농민의 방데'를 단순히 봉건영주의 선동과 기만에 의한 것이라고 해석하는 견해는 옳다고 보기 어렵다.

혹자는 이것이 단지 유럽의 상황이라고 말할지도 모른다. 확실히 영국이나 프랑스의 부르주아 혁명처럼 시민문화의 기초 위에서 발생한 운동이 중국에서는 발생하지 않았다. 그러나 중국 역사에서 우리는 다음과 같은 사실을 목격하게 된다. 천성(陳勝)*이 "밭두둑에서 삯갈이를 할" 때 한탄하며 "진실로 부귀를 잊은 적이 없다"라고 말했지만, 동료들은 "남의 밭에서 삯갈이 하는 주제에 부귀는 무슨 놈의 부귀야?"라며 천성을 비웃었다. 이들 동료들은 분명 "돈 모을 희망이 끊겨" "단지 한 끼의 배부름을 구하며 힘겹게 한 해를 보내는" 사람들이었을 것이다. 반면에 천성은 입신출세의식이 상당히 강했던 것으로 보인다.

그런데 바로 그가 중국 역사상 중국식 고전 평민운동의 색채를 띤 봉기를 일으켰다. 천성을 "영웅호걸의 원대한 뜻을 모르는" 동료들과 비교하면, 그의 고전적인 자유로운 인격은 단연 돋보인다. 후세의 중국인이 이 실패한 영웅을 상당히 존중하여 『사기』「세가」(世家)에 넣은 것이나 정부가 그를 위한 묘(墓)를 만들고, 식읍을 주어 제사를 받든 것은 이상한 일이 아니다. "성공한 자는 왕후(王侯)가 되나 패자는 역적이 되는" 중국에서 실패한 농민이 이런 특별한 영예를 누리는 것은 단지 이 한 사례밖에 없다.

전통적인 이중성 분석에 따르면, 전형적인 '소사유자'인 자작농은 전농 및 부

---

* 진(秦)말 농민봉기의 지도자.

곡·전객과 같은 농노보다 사유욕이 더 강하고 따라서 더 보수적이다. 그러나 중국 역사상 대부분의 중요한 농민전쟁은 파산한 자작농이 일으켰고, 부곡·전객과 같은 농민은 주인의 주위에서 종법적 성벽과 보루를 쌓고 봉기한 농민과 대적했다. 수·당 이전에 이런 사례는 너무 많아서 일일이 열거할 필요도 없다. 수·당 이후 중국 봉건 후기 최대의 농민봉기인 명말 농민전쟁에서도 이런 현상은 얼마든지 볼 수 있다. 이 봉기는 주로 자작농이 비교적 많은 북방에서 만연했으며, "토지소유자가 1할이고, 전농이 9할인" 장난 지방에서는 오히려 아주 산발적인 소요만 있었다. 농민봉기의 핵심 강령은 '토지세의 면제'로서, 예컨대 "3년간 징수하지 않는다," "츰왕(闖王)*을 맞이하면 토지세를 안 낸다"는 따위였다. 이것은 확실히 자작농과 평민지주의 구호이다. 땅이 없는 전농이나 고농은 당시 원칙적으로 토지세와 부가세를 부담하지 않았기 때문이다. 한편 소작료 감면과 같은 전농의 요구는 북방의 농민전쟁 속에 거의 반영되지 않았다. 반면에 수많은 사례가 증명해 주듯이 방책을 둘러쌓은 여러 촌락의 많은 전농들이 토호나 방책 주인의 자위 무장조직에 참가하여 농민군과 대항한 것은 결코 보기 드문 현상이 아니다.[9]

중국 봉건시대의 이른바 '자작농'은 엄밀한 의미에서 사유자가 아니었다. 그들이 반란을 일으킨 것은 "궁해서 변화를 꾀했다"기보다 "죽음 속에서 살길을 찾은 것"이라고 해야 옳다. '자유봉건주의'론자는 종종 '토지겸병→농민전쟁→소농의 태평성세'라는 공식에서 출발하여 농민이 반란을 일으킨 것은 토지를 상실했기 때문이며 그들은 토지소유자가 되기 위하여 싸운다고 단언한다. 그러나 "토지가 없다면 차라리 죽는 것만 못하다"라는 그런 농민은 학자들의 억측에 지나지 않는다. 일반적으로 말해서 중국 봉건시대의 종법농민은 토지를 상실한 뒤에도 전농이나 농노가 되어 계속 생활해 나갈 수만 있다면 굳이 모험을 하려고 하지 않았다. 송대의 소작제도는 한·진(晉)·수당에 비해 훨씬 발달했고, 명대 장난의 소작제는 북방에 비해 더 발달했으나, 장난에서는 송대에도 명대에도 대규모 농민전쟁이 발생하지 않았다. 그 밖의 다른 시대에도 농민들은 대거 권세 있는 가문에 자신을 맡겨 예속됨으로써 보호를 모색했고, 의탁할 곳 없

* 이 농민봉기의 지도자 리쯔청.

는 농민이 들판 가득히 굶어 죽어가면서 반란을 일으켰는데, 이는 항상 동일한 그림 속의 두 화면이었다. 『수호전』에서 차오가이(晁蓋)와 같은 장원주(莊主)가 머슴(莊客)을 이끌고 반란을 일으킨 것은 결코 소설 속의 허구가 아니라 사료에 수없이 많이 나오는 사실이다.

그러므로 중국 봉건시대의 농민전쟁은 미시적으로 볼 때, 천지를 뒤흔들고 귀신을 울리는 장렬한 장면을 수없이 연출했으나, 거시적으로 볼 때 이것은 오히려 상당 부분 가족과 국가가 일체화된 종법공동체의 일종의 자기조절 메커니즘에 지나지 않는다. 농민전쟁이 발생한 것은 종법공동체의 구조가 붕괴했기 때문이 아니라 종법공동체의 기능이 마비되었기 때문이다. 중국 봉건왕조 번영기의 특징은 국가는 부유한데 백성은 가난한 것이고, 말기의 특징은 국가와 백성이 모두 가난하고 관료만 부유한 것이다.[10] 위기의 근본적인 원인은 탐욕스런 사유자가 종법공동체를 파괴하고 계급분화가 등급의 보루를 와해시켰다기보다 국가가 보호기능을 상실한 데 있었다. 따라서 농민은 민간의 보호자에게 의지하여 그를 받들어 종법국가를 재건함으로써 공동체 기능을 회복할 수밖에 없다. 중국 농민전쟁의 규모나 수는 유럽을 훨씬 능가하고, 유럽에서는 러시아 농민전쟁의 규모가 유럽 다른 국가의 그것을 앞지르고, 중부유럽의 독일 농민전쟁과 체코의 후스운동의 규모는 영국이나 프랑스 등 서유럽 국가의 무장청원 성격의 농민투쟁보다 크다. 그러나 봉건사회의 해체는 오히려 서유럽이 중부유럽보다 빠르고, 중부 유럽이 러시아보다 빠르고 러시아는 중국보다 빨랐다. 이런 사실은 무엇을 의미하는가?

어떤 사람은 이것이 동양의 농민이 서양보다 더 혁명적이었지만 아울러 동양의 봉건세력 역시 서양보다 더 강대했음을 보여준다고 말한다. 혁명의 동력이 크다 하더라도 저지력 역시 크면 어떻게 할 방도가 없기 때문에 동양의 봉건사회는 무너지지 않고 완강하게 존재했다는 것이다. 이런 설명은 사실 논박할 가치조차 없다. 봉건주가 더 큰 저지력을 갖출 수 있었던 것은 바로 그가 더 많은 의존자를 거느리고 있었기 때문이 아니겠는가. 또한 어떤 사람은 위에서 설명한 현상으로부터 반봉건과정에서 농민이 혁명세력임을 부인하는 결론을 도출해 내고, 농민투쟁은 아무런 쓸모가 없을 뿐만 아니라 도리어 파괴와 반동 역할을 한다고 인식하여, 동양이 정체한 까닭은 바로 농민운동이 너무 많아 자본

주의 맹아를 완전히 파괴했기 때문이라고 생각했다.* 이런 견해는 영국과 프랑
스 부르주아 혁명에서 농민이 담당한 역할을 무시할 뿐만 아니라, 농민이 고개
를 숙여 가난을 운명으로 받아들여야만 봉건사회가 오히려 빨리 붕괴된다는,
말도 안되는 결론을 이끌어 냈다. 사실 사람들이 동·서양 농민전쟁의 규모를
비교할 때 그들은 농민운동의 성격이 같지 않다는 것을 망각했다. 봉건사회를
파괴한 것은 들판 가득히 굶어 죽어가면서 죽음 속에서 살길을 찾고 보호를 찾
기 위해 싸우는 농민운동이 아니라 아주 순박한 전원시와 같은 종법생활을 타
파하고 뛰쳐나온 농민 '사유자의 자발세력'이 공동체의 속박을 벗어나 자유로운
발전을 쟁취하는 투쟁이다. 바로 사유제의 발전을 위해 싸우는 부유한 농민이
크롬웰을 지지하여 왕당파를 타파했으며, 바로 사유자의 모험정신을 풍부하게
간직한 자발적이고 진취적인 북아메리카 청교도 농민이 합중국의 독립을 획득
했고 미국 민주주의의 기초를 닦았다. 중국의 봉건사회는 '농민혁명'이 가장 활
발했다고 일컬어지지만 진정한 농민 사유자의 운동은 여태껏 활발한 적이 거
의 없었다. 바로 여기에 중국의 비극이 있었던 것은 아닐까?

  과거에 이런 전통적인 이중성 분석이 전자본주의 시대의 농민에게 적용된 것
은 적어도 그 대상 선정이 잘못되었음을 알 수 있다. 사실 마르크스·엥겔스는
당시 국제 노동운동이 당면한 농민문제를 해결하기 위하여 이중성이론을 제시
했는데 그들이 이 이론에서 말한 것은 자본주의 조건하에서 부르주아 계급으로
서의 농민이 프롤레타리아 혁명에서 차지하는 위치이고, 그 출발점은 사회주
의 공유제로 자본주의 사유제를 대체하는 것이다. 따라서 농민은 노동자로서
착취와 압박에 반대하는 일면을 갖고 있어서 프롤레타리아 계급에 경도되지
만, 농민은 사유자로서 자본주의적 자발성을 갖고 있어서 부르주아 계급에 접
근하기도 했다. 이른바 노동자의 혁명성과 사유자의 보수성은 이런 의미에서
말한 것이다. 레닌이 서유럽보다 낙후된 러시아에서 이 이론을 강조한 것은 주
로 1905년 혁명, 특히 스톨리핀 개혁 이후에 당시 스톨리핀의 자본주의 개혁에
반대하는 민간의 농촌공동체 부흥운동에 사회민주당이 적응하고 그것을 이용
함으로써 농촌공동체 농민의 보수운동을 프롤레타리아 혁명의 궤도로 끌어들

* 진관다오(金觀濤)가 이런 견해의 대표격이다. 이 점에 관해서는 金觀濤, 하세봉 역, 『중국사의 시스템이론적 해
  석』(신서원, 1995) 참조.

이려는 실용적인 목적을 상당히 많이 갖고 있었다. 이 이론은 확실히 이런 목적을 달성했다. 그러나 10월혁명 후에 자연경제, 종법공동체와 인신의존의 잔재가 사회주의의 가속적인 발전에 날로 거대한 장애가 될 때도 여전히 이런 종류의 이론을 견지하거나 강화하고, 심지어 농민의 사유성을 반대하고 농민의 종법성과 결합하려고 하여 큰 문제가 되었다. 다음에 설명하겠지만 이런 오류는 사회주의 건설에 심각한 결과들을 초래했다.

이런 종류의 이론을 봉건시대의 종법농민에게 적용하는 것은 일종의 인민주의적 견해이다. 이 이론의 뿌리는 앞에서 지적했듯이 인민주의 또는 종법농민의 봉건사회관이다. 이 이론은 봉건사회의 병폐는 탐욕스런 사유자가 노동하는 농민공동체의 집단주의를 파괴하고 끝없는 재난을 만들어 냈다고 본다.

그러나 마르크스의 봉건사회관에 따르면 이런 견해는 결코 성립될 수 없다. 우리는 마르크스가 일찍이 부르주아 계급과 프롤레타리아 계급의 선구자인 시민이 중세 농민등급에서 나왔다고 지적한 사실을 알고 있다. 프롤레타리아 계급과 부르주아 계급의 계급성은 중세 농민등급과 역사적인 관계가 있다. 어떤 의미에서 프롤레타리아 계급은 농민의 노동자로서의 속성을 계승했고, 부르주아 계급은 농민의 사유자로서의 속성을 계승했다고 볼 수 있다. 노동자이자 사유자인 농민 속에서 순수한 노동자 계급인 프롤레타리아트와 순수한 사유자 계급인 부르주아지가 탄생했다. 만일 농민의 혁명성이 단지 노동자의 속성하고만 연관되어 있고, 사유자의 속성은 단지 보수성만을 나타낸다면, 그리하여 사유성이 강할수록 혁명성은 약하고 보수성이 강하다면, 철저한 사유성만을 지닌 부르주아 계급이 어떻게 혁명성을 띨 수 있겠는가?

2. 필사적으로 속박에서 벗어나려는 사유자: 농민의 혁명성

실제로 영국·프랑스·미국 등의 역사에서 볼 수 있듯이 농민이 봉건시대에 적극적·상승지향적·혁명적 요인이 될 수 있었고, 새로운 문명의 탄생과정에서 부르주아 민주혁명의 주력군이 될 수 있었던 이유는 분명히 그들에게 노동자로서 봉건 영주의 착취와 압박에서 벗어나려는 요구가 있었을 뿐만 아니라 사유자로서 종법공동체의 속박을 벗어나 자유로운 사유권을 추구하는 요구가 있었기 때문이다. 다시 말하면 농민의 반봉건 민주파로서의 역할은 그 노동자적인 속성과 관련되어 있을 뿐만 아니라 사유자적인 속성과도 관련되어 있다. 더 나아가 심지어 농민은 본질상 우선 사유자, 필사적으로 속박을 벗어나려는 사유자로서 자신의 혁명성을 체현하고 있다고 말할 수 있다. 노동자로서 농민의 반착취 요구는 오직 자유로운 사유제가 종법공동체의 속박에서 벗어나려는 과정에 융합될 때 비로소 혁명적이고 적극적인 역할을 발휘할 수 있다.

이렇게 말하는 이유는 사유재산제도가 전(前)자본주의 시대에서 차지하는 역사적인 위치에 의해 결정되기 때문이다.

사유재산이 늘 '만악의 근원'인 것은 아니며, 그것이 막 세상에 나타났을 때는 인류역사상 한 차례의 대혁명—원시공동체에 대한 혁명—을 의미한다는 것을 우리는 알고 있다. 그러나 이 혁명은 결코 한번으로 철저하게 완성될 수 있는 것이 아니다. 낡은 공동체에 대한 사유제의 궁극적인 승리는 상품화폐관계가 발달한 상황에서 사유자의 독립된 인격을 기초로 삼아야 하기 때문에 자본주의 상품생산 조건하에서만 실현될 수 있다. 그 이전의 역사는 여전히 사유제의 상승단계에 속한다. 사유재산은 계급사회에 진입한 이후에 곧바로 썩은 물건이 되어 보수·낙후 내지는 반동성의 근원이 되었다는 관점은 완전히 잘못된 것이다. 이와 반대로 부르주아 혁명에 이르기까지 모든 중세의 역사는 바로 사유제가 상품화폐관계를 무기로 하여 끊임없이 낡은 공동체의 껍질을 깨뜨리고, 종법공동체의 갖가지 천연적인 속박과 온정 가득한 면사포를 파괴하고, 종법적·행정적·종교적 또는 일체의 경제외적 속박을 타파하는 역사이며, 전원시처럼 평온한 생활을 파괴하고 해방을 쟁취하여 사유제의 자유롭고 순수한 형태를 획득하는 역사이다. 그러므로 반봉건 민주혁명은 종법공동체의 인신예속관계로부터 재산관계를 해방시켜 자유인의 자유재산*—부르주아 민주혁명의 경우라면 자유로운 사유재산—이 되게 하는 것이다.

따라서 봉건시대에 이른바 혁명적인 역량, 반봉건적인 역량이란 바로 자유재산을 대표하여 종법공동체를 반대하는 힘이다. 이 자유재산이 노동자의 것

---

* 개인 소유이든 아니든 자유롭게 교역할 수 있는 재산을 말한다. 사유재산도 포함하지만 그것만은 아니다.

인가 착취자의 것인가는 상관없다. 부르주아 계급 자유 사유제의 봉건사회에 대한 혁명작용은 누구나 아는 상식이다. 그리고 농민·노동자의 자유재산은 자본주의 자유 사유제를 위한, 자본주의의 자유분화와 자유경쟁을 위한 전제를 창조한다. 설령 사회주의 민주혁명의 경우라 할지라도 사회주의 자유인 연합체 소유제 역시 상품경제하에서 충분한 발전을 이룩한 자유재산의 기초 위에서만 진정 형성될 수 있다. 농민이 자유로운 사유자가 된다는 것은 과중한 봉건의무에서 벗어남과 동시에 공동체 성원으로서 약간의 권리까지 상실하는 것을 뜻한다. 다시 말해서 공동체의 속박을 벗어남과 동시에 공동체의 보호까지 상실함으로써, 두 가지 의미에서의 자유인이 되어 상품경제 속의 행위주체로서 시장에 나아가 이성적인 경쟁을 통해 자신의 자유로운 개성을 충분히 배양할 수 있는 것이다. 따라서 공동체의 속박을 벗어나기 위해 싸우는 농민 사유자가 봉건사회 속의 적극적·혁명적 역량이라는 것은 당연하다.

농민 사유자의 혁명성은 혁명시대에 그들이 앞장서서 부르주아 혁명운동에 참여한 데서 나타날 뿐만 아니라 주로 중세의 일상적인 사회·경제생활에서 종법공동체의 틈새를 비집고 '사유자 자발세력'을 힘써 확대하고 독립된 소상품생산과 개체경제의 발전을 도모한 데서도 드러나지만, 이것은 흔히 등한시되었다. 중국인은 과거 중국 농민전쟁의 혁명전통을 자랑스럽게 여기면서 중세 영국·프랑스 농민운동이 소규모의 원시적인 형태였다고 다소 깔보았다. 그러나 바로 그런 운동이 일상의 경제생활에서 아주 조금씩 봉건 종법공동체의 담장에 구멍을 내어, 시민운동의 충격을 받았을 때 그 공동체가 급격히 무너지도록 했다. 점점 많은 서양학자들이 도시 경제의 발전은 고립되어 진행된 것이 아니라 농촌의 소농 자발세력의 점진적인 성장과 불가분의 관계에 있음을 주목하고 있다.[11] 14세기에 소농경제, 특히 부유한 농민경제의 성장을 특징으로 하는 농업생산력의 결정적인 상승, 이른바 농업혁명은 이후의 산업혁명을 위한 중요한 전제조건을 만들어 냄으로써 지리상의 대발견이나 가격혁명, 그리고 중상주의 정책에 결코 뒤지지 않는 역할을 했다. 14세기의 영국에서는 이미 광대한 농민의 생산과 교환능력의 보편적인 증대를 기반으로 전통경제와 기존 관계를 유지하면서도 그것에 대한 심각한 부정적 요소를 내포한 부농경제가 이미 자라나고 있었고, 이로써 전통적인 일원화 경제관리 구조는 해체의 길을 걷게 되었다. 중세 영국의 시장구조는 자급자족경제 단계, 영주시장 단계에서 농민-시민시장 단계로 나아갔으며 장차 근본적인 사회변혁을 예고했다. 바로 농민 사유자 자발세력의 성장이 자연경제, 종법공동체와 인신의존관계 해체의 원동력이 되었으며, 그것이 새로운 경제생활과 새로운 교환방식을 창조하고 거기에 참여하면서 초보적이나마 새로운 관념, 새로운 품질, 새로운 요구, 그리고 역량을 갖춘 현실적인 인간을 탄생시켰다.[12] 이들은 단지 몇 명의 선각자가 아니고 몇몇 엘리트도 아니며 전체 인구 중 상당히 큰 비율을 차지하는 대중 집단이다. 오직 이런 기초 위에서만 비로소 전 사회의 문화가치 관념의 갱신과 공동체의 종법유대를 벗어난 성숙한 개인의 출현을 말할 수 있으며, 봉건사회에서 근현대사회로의 변화를 논의할 수 있다.

봉건사회는 본질적으로 하나의 자연경제와 인신의존의 사회였고 등급의 사회였지만, 그 속에 이미 상품경제, 개인재산, 계급분화의 성분을 갖추고 있어서 현실의 사람이 자연상태를 벗어나 개체화의 과정으로 나아가기 시작했다는 점에서, 곧 그 자신의 부정적인 측면을 내포했다는 점에서 원시공동체보다 진일보한 사회였다. 종법관계가 자신에게 강제한 왜곡된 형식에서 벗어나려는 이런 요소들은 경제 방면에서 개성 있는 사유자 자발세력으로 나타난다. 이 때문에 마르크스주의자는 중세 종법농민의 사유자 경향에 대해 긍정적으로 평가한다. 농민은 자본주의와 사유화에 대해 배척하는 태도를 취할 뿐이라는 관점을 엥겔스는 비판한 적이 있다. 그는 "농민들은 오히려 경지 공유가 경지 사유로 대체되는 것이 자신에게 유리하다고 인식하고 있다"고 말했다.[13] 레닌은 더욱 명확하게 농민이 부르주아 혁명에 참가하는 이유는 바로 "농민이 사유자가 되고 싶어하기 때문이며 관료의 지시에 의해서가 아니라 그들 자신의 현재적인 요구에 따라 토지 점유제를 규정하고 싶어하기 때문"이라고 지적했다.[14] 그래서 농민은 "절대로 부르주아 계급제도의 기초를 반대하지 않고 상품경제와 자본을 반대하지 않으며," "부르주아 성격의" "민주혁명의 필연적인 동반자"가 되어, "부르주아 계급 민주공화국의 지주"가 될 수 있다.[15] 바로 이런 의미에서 레닌은 농민을 민주주의자라고 불렀다. "농민은 사유자가 되고 싶어한다"는 이 점을 간과한 채 어떻게 농민의 민주성을 말할 수 있겠는가?

물론 마르크스 등은 농민이 소사유로 대생산에 대항하는 것에 대해 부정적인 태도를 가졌으며 이것이 바로 농민의 보수성이나 반동성을 나타내는 것이라 생각했다. 그러나 첫째, 봉건시대에는 소사유가 사회화된 대생산에 대항하는 문제는 존재하지 않았고, 오히려 이 시기에 존재한 것은 사유제가 종법공동체를 벗어나는 문제였다. 설령 근현대 저발전사회 내에 '소'와 '대'의 모순 아니면 자유재산과 종법공동체 유제 사이의 모순이 존재한다고 하더라도 어느 것이 사회발전에 더 큰 실제적인 의의를 가지는가는 반드시 구체적으로 분석해 보아야 한다. 둘째, 보다 중요한 것은 사회화된 상품경제 속의 소규모 경영 또는 가정경제는 자연경제의 종법소생산과 본질적으로 다르며 자유소사유는 종법관계에 속박된 소사유와 본질적으로 다르다는 사실이다. 농민의 소사유가 만일 후자를 지칭하는 것이라면 그것은 근본적으로 진정한 소사유가 아니라 협애한 인간군집의 부속물이며, 그것의 보수성은 사유성에서 나온다기보다 그 종법성에서 나온다. 만일 이런 종류의 소사유가 자유로운 것이라면 '소'는 사유제의 발전에 장애가 될 수 없다. 소사유는 자유분화, 자유경쟁, 자유계약과 자유연합 속에서 자유 사유제의 대생산 또는 자유인 연합체의 대생산으로 전화되거나 경제적 합리성의 산물로서 사회화 대생산체계 속의 한 적극적인 요소가 되어 기능을 발휘할 것이다. 마르크스, 레닌 그리고 카우츠키 등은 당시의 시대적인 제약으로 말미암아 이후의 전망에 대해 올바른 평가를 내리지 못했다. 그들은 19~20세기 초의 기술 수준에서 출발하여 사회화 대생산은 반드시 대규모 경영이어야 한다고 생각하여 가정경영을 단지 자연경제 또는 단순 상품경제 소생산과 연결시켰다. 두말할 필요도 없이 이런 관념은 이미 시대에 뒤떨어진 것이었다. 현대 자본주의 농업의 발전과 사회주의 국가의 농업개혁은 고도로 발달한 시장체계와 고도로 사회화된 커뮤니케이션 방식을 통하여 소규모 경영이 사회의 정보, 물질, 에너지와의 밀접한 교류 속에 사회화 대생산 체계의 유기적 요소가 될 수 있을 뿐더러 그 효율과 합리성도 대규모 경영에 뒤지지만은 않는다는 것을 보여주었다. 따라서 이제는 기존의 농민 소사유에 대한 평가를 바꿔야 하며, 당연히 역사상의 종법농민 소사유에 대한 평가도 바꿔야 한다.

그 동안 우리는 농민의 혁명성을 노동농민과 연계시키고 사유자 농민을 보수적인 무리로 간주했기 때문에 중국 농민이 역사상 담당한 역할을 제대로 인식할 수 없었다. 중국인 가운데 어떤 사람은 농민전쟁을 하늘처럼 높이 떠받들어 그것만이 유일한 동력이라고 인식했으며, 일부는 소농경제를 아주 낮게 평가하여 중국이 오랫동안 정체된 이유는 농민이 농노화 또는 봉건화되지 못했기 때문이라고 보았다. 전자는 대사유를 극도로 증오하고 후자는 농민의 소사유를 극도로 혐오하면서도 오직 종법공동체에 대해서는 보고도 못 본 체 무관심했다. 사람들은 농민의 계급투쟁, 특히 농민전쟁에 대해 찬양하기도 하고 폄하하기도 하지만 어느 경우에나 농민 자체에 대한 이해를 결여하고 있기 때문에 숱한 왜곡을 낳았다.

예컨대 명청시대 북방에서 대규모 농민전쟁이 발발했을 때 상대적으로 평온했던 장난 각지에서도 분산적인 '농노의 변란'과 '전농의 변란' 풍조가 발생했다. 그 중에는 상품경제 속에서 돈을 번 횡포한 농노(豪奴)와 무뢰한 전농(佃棍), 곧 부유 농노와 부유 소작농이 조직한 경우가 있다. 그들은 경제능력의 향상으로 재산이 커지자 주인을 멸시하고 힘써 자립을 추구했는데, 종종 서양의 농민운동과 마찬가지로 주인에게만 반기를 들 뿐, 조정에는 반대하지 않았다. 그렇지만 현재 일부 연구자들의 관점에서 보면 이처럼 왕조변혁을 추구하지 않는 소동은 농민전쟁과 비교하면 대단히 저급한 것이었다. 더구나 그 영도자가 돈벌이 신에게 가장 열심히 예배드리는 탐욕스런 사유자이니 더 말할 나위가 없다. 그리하여 일부 사람들은 계급관점으로 이런 운동을 선별하여, 이를 노동농민의 혁명투쟁 범주에서 배제하고 단지 착취자 내부의 이전투구식 투쟁으로 간주했다. 사실 부유농노가 의존적인 지위에서 벗어나 자유로운 발전을 추구하려는 투쟁은 이런 부유농민이 설령 '미르의 흡혈귀'라 하더라도 종법농민이 진행한 농민운동의 고급형태였다. 어쨌든 이런 투쟁의 반봉건성은 장원 주인이 장원의 전객을 이끌고, 종족의 우두머리가 예속된 족인을 이끌고 "뤄양으로 돌진하여 제위를 탈취해서" 가-국 일체의 종법공동체를 건설하는 운동에 비해 결코 뒤지지 않는다. 그러나 두말할 필요도 없이 중국 역사상 이런 성질의 농민운동은 발달하지 않았고 오늘날 사람들도 이런 운동을 상당히 업신여기는데, 왜 그러는지는 꽤 음미해 볼 만하다.

특히 심한 경우 사람들은 종종 역사상 사유화 추세에 대한 종법공동체의 반동을 일률적으로 농민혁명의 성과로 간주하여 찬양했다. 그들이 보기에 당초의 균전제 시행과 명초의 겸병억제는 농민에 대한 양보로서 농민전쟁의 역할을 체현한 것이다. 그리고 균전제를 와해시킨 잘못을 지주의 겸병 탓으로만 돌리고, 송대에 겸병을 억제하지 않은 것은 오대의 할거전쟁 속에서 세워진 북송 왕조가 농민전쟁의 교훈이 초래한 나쁜 결과를 인식하지 못했기 때문이라고 했다. 이런 견해가 정말로 타당하다면, 거시적인 역사 관점에서 볼 때 농민은 단지 반동의 무리일 뿐 진보성이란 털끝만큼도 없다고 말할 수 있다. 왜냐하면 봉건사회의 역사는 사유제가 농민전쟁으로 타격을 받아 나날이 쇠락하는 역사가 아니라, 오히려 사유제가 끊임없이 종법공동체의 속박 및 천연수장의 경제외적 권력의 간섭과 싸워 이겨서 날로 흥성하는 역사이기 때문이다. 중국의 특징은 오직 이 과정의 진행이 특별히 어려웠다는 데 있을 뿐이다. 균전과 겸병억제가 만일 그 보호기능으로 인하여 농민의 종법성에 적응하는 일면을 갖고 있다고 한다면 그것도 일종의 진보는 아니다. 오히려 농민의 사유성이라는 일면이 그들로 하여금 이런 종류의 봉건 속박을 파괴하도록 결정한다.

당대 전기에 100년간 지속된 균전농민의 도망운동은 국가의 분여지 농노제 하의 "군대가 있는 곳에서는 호(戶)를 옮길 수 없고, 서울 근교의 사람들은 적관을 바꿀 수 없다"는 질곡을 타파했다. 그들은 "고향을 떠나 여러 해 동안 타지에서 살면서 국역을 부담하지 않고 호적에도 등재되지 않아" "속임수로 재난을 견뎌 낼 수 있었다." 통치자는 애써 이런 흐름을 막으려고 무력을 사용하여 호구를 조사하고 괄호를 하는 외에 연대보증제를 시행하여 이웃끼리 "서로 관찰하여 앞뒤로 숨은 자를 찾아내 모두 자수시키고, 그래도 자수하지 않을 때는 즉시 고발하여 한 명을 잡을 때마다 상을 내리기도" 했지만 농민은 여전히 "도망하여 시정되지 않았다."[16] 바로 이런 농민 도망운동은 균전제·조용조제·부병제가 삼위일체를 이룬 국가의 분여지 농노제에 타격을 가하거나 붕괴시켜 중국의 봉건사회가 당 말기 이후 새로운 단계로 접어들도록 하였다. 균전호의 도망운동 중에는 국가의 억압과 착취를 감당하지 못하고 권세 있는 집안에 투신하여 보호를 구한 농민도 물론 많았지만, 당시 통치자의 도망호에 대한 "그 호구의 등급에 따라 알맞게 조절하여 부호자는 되돌려 보내고, 빈약자는 거주하게 한다"[17]는 규정에서 볼 때, 이런 종류의 도망운동에는 가난한 농민의 유망뿐만 아니라 속박을 견딜 수 없는 사유자 자발세력도 포함되어 있었다. 그런데 나중에는 다름 아닌 천연수장이 가장 견딜 수 없게 되었다.

중국 역사상 농민전쟁, 특히 왕조 교체를 야기한 전국적인 농민전쟁은 죽음 속에서 살길을 찾는 기민운동(饑民運動)과 사적인 보호자가 그 예속민을 이끌고 중앙정권에 반대한 운동이 대부분이었지만 종법사회 내에서 상품경제 자발세력이 공동체의 압박에 반항한 것과도 다소 관련이 있다. 북송의 팡라(方臘)봉기가 그 한 예이다. 『칭시구궤』(淸溪寇軌)에 따르면 팡라의 고향은 "인구와 물산이 풍부하고, 옻나무·닥나무·소나무·삼나무가 무성하여 상인들이 몰려들었다. 팡라는 옻나무 농장을 갖고 있었는데 조작국(造作局)이 여러 차례에 걸쳐 가혹하게 약탈했기 때문에 원한을 품고" 무리를 모아 반란을 일으켰다. 팡라는 상품경제가 발달한 지역에서 시장생산을 하는 '농민기업가'인 옻나무 농장주로서 종법공동체를 대표하는 조작국의 착취와 압박을 견디다 못해 떨쳐 일어나 반항했는데, 그 활동구역은 기본적으로 칭시 지역 상품생산의 시장범위와 일치하며, 통일왕조를 다시 수립하려는 기도는 전혀 없었다. 이것은 중국 역사상 주목할 만한 일이다. 『칭시구궤』 이외의 송대 문헌, 예컨대 『구조편년비요』(九朝編年備要), 『독성잡지』(獨醒雜誌), 『선화유사』(宣和遺事) 그리고 향토조사에서 얻은 민간의 구전과 비각의[18] 기술도 기본적으로 일치한다.

그러나 중국의 수많은 연구서는 이와 같은 믿을 만한 자료를 살펴보지 않고, 오히려 팡성(方姓) 지주 관료가 팡라와 동리동종(同里同宗)인 것을 수치스럽게 여겨 근거 없이 조작된 원대 류펑서우(劉彭壽)의 설명을 편파적으로 취한 나머지 팡라를 칭시로 도망하여 장공(長工)이 된 안후이 사람이라고 설명함으로써 팡라의 형상이 다분히 '무산계급'의 광채를 띠게 만든 것으로 보인다. 이런 분식(粉飾)은 진실로 전혀 필요 없는 짓이다. 진취적인 정신이 풍부하고, 용감하게 스스로 일어나 모험하고 경쟁하는 농민 사유자가 인순고식(因循姑息)하고 안빈낙도하며 단지 한 끼의 배부름을 찾으며 힘겹게 한해를 보내는 전원시와 같은 종법생활에서 떨쳐 일어난 팡라 봉기의 역사적인 의의는 죽음 속에서 살길을 찾는 농민 노동자가 들판 가득 굶어 죽는 과정에서 일어난 봉기에 결코 뒤지지 않는다. 만일 자발성이 강한 청교도 농민이 자본주의 신천지를 열었다고 한다면, 중국은 왜 그 가련한 봉건농민의 사유자 자발성을 난감해하는가?

당연히 봉건시대 농민의 사유성은 부르주아 계급의 그것과 다르며, 당시의 자발성은 자본가를 탄생시키지도 못했다. 그러나 자본주의 자유사유제의 탄생은 본래 양적 변화에서 질적 변화로 전환하는 변증법적 과정이어서, 농민(과 평민지주)의 사유제가 점차 종법관계를 벗어날 때 자본주의 자유사유제의 서광도 나타났다. 그러므로 용감하게 종법공동체의 외피를 공격했던 농민사유자와 부르주아 계급 사이에 결코 넘을 수 없는 경계가 존재했던 것은 아니다.

여기서 과거 유행했던 하나의 명제, "농민은 선진(先進) 생산양식의 대표가 아니다"라는 말을 분석할 필요가 있다. 이 명제가 자본주의 시대에 적용될 경우에는 틀림없이 맞지만, 봉건시대에 적용할 경우 어떻게 이해해야 할지 따로 살펴보아야 한다. 만약 그것이 단지 농민은 '선진 생산력'의 대표가 아니라는 것을 가리킨다면 선진 생산력은 실제로 봉건제도가 전복된 뒤인 산업혁명 과정에서 출현한 것으로 우리는 알고 있다. 봉건시대에 원시 부르주아 계급이 대표하는 생산력은 봉건시대의 일반적인 생산력과 질적인 차이가 없다. 만약 그것이 농민은 '선진 생산관계'의 대표가 아니다라는 것을 가리킨다면, 이 선진 생산관계의 기초는 바로 선진적인 소유관계(종법공동체의 속박을 벗어난 자유 사유제)이다. 농민은 절대로 그 대표가 아니라고 말하는 것도 재고해 볼 필요가 있다. 사실 농민은 사유자로서 종법 속박을 벗어나려고 하는 성향을 분명히 갖고 있으며, 부르주아 계급은 이런 성향을 전형화한 것에 지나지 않는다. 알려진 바로는 미국 독립전쟁(전형적인 부르주아 계급혁명)기의 식민지 주민의 생산조건은 상당히 원시적이었다. 근대화된 기기가 없었던 것은 물론이고 소로 밭 갈고 말로 운반하는 것조차도 보기 힘들었다. 식민지농장의 주요 도구는 호미와 도끼 등이었다. 1769년 버지니아의 10개 농장의 창고를 조사한 결과 단지 4개의 쟁기를 발견할 수 있었을 뿐이다. 한 버지니아인은 1753년에 140마일을 걷는 동안 하나의 쟁기나 한 대의 마차도 볼 수 없었다고 한다. 경작제도에서는 휴경제를 보편적으로 시행하여 거의 화전경작에 가까웠고, 시비와 윤작은 거의 행하지 않았다.[19] 만일 생산력개념을 기계적으로 이해한다면 이런 농민이 구대륙의 봉건장원에 견주어 어떤 진보성을 갖고 있다고 보기는 힘들다. 그러나 누구나 알듯이 이들 농민이야말로 신대륙 자본주의의 개척자로서 선진적 생산양식을 대표했다. 그것은 바로 그들 속에서 일찌감치 일체의 종법적·고대 공동체적·등급적 속박을 일소함으로써 사유자의 자유로운 개성이 충분히 발전할 수 있었기 때문이다. 그들은 농민인 동시에 자본주의 개척자였던 것이다.

　요컨대 봉건시대에 농민의 혁명적이고 적극적인 역할은 우선 그 사유적 속성과 관련이 있으며, 그들이 노동자로서 생산을 발전시키고 착취와 억압에 반대하는 측면에서의 혁명적인 공헌도 사유제가 종법공동체의 속박을 벗어나는 과정 속에서만 실현될 수 있다. 설령 무일푼의 극빈 농민이나 죽음 속에서 살길을 찾는 굶주린 군중이라 할지라도 그들이 권세자를 향해 투쟁을 개시할 때 객관적으로는 사유제의 자유로운 발전을 위해 투쟁하는 것이기도 하다. 도의적인 입장에서 또는 휴머니즘적인 관점에서 우리는 당연히 노동농민에 대한 착취를 반대하는 노력을 무조건 동정하지만, 이성적인 입장이나 사회진보의 논리에서 말한다면 착취에 반대하는 모든 농민투쟁이 필연적으로 혁명성이나 적극성을 띠고 있다고 무조건 인정할 수는 없다. 가령 프랑스의 방데 반란을 농민의 입장에서 보았을 때, '노동농민'이 '탐욕스런 사유자'에 반대하는 투쟁이 아니라고 할 수 있겠는가? 그러나 그것은 반동적이었다. 그 반란이 종법공동체를 옹호하여 재산관계의 자유로운 발전을 방해했기 때문이다. 마찬가지로 영국 농민의 인클로저 운동 반대투쟁이나 종법농민이 자본주의에 반대하는 모든 형식의 투쟁은 농민이 노동자라는 이유만으로 진보적인 의미를 갖는다고 할 수는 없다.[20] 자본주의의 출현 이전에 사유재산이 공동체의 속박을 벗어나는 것은 연속적인 역사과정이며 하나의 진화과정으로서 이런 종류의 과정과 대립되는 모든 농민투쟁은 설령 노동농민에 대한 착취에 반대하는 투쟁이라 할지라도 당연히 진보적인 의미는 없다.

　따라서 노동자로서 종법농민의 반착취투쟁은 무조건적으로 필연적인 진보성을 갖는 것이 아니지만(개인이 종법공동체의 속박을 벗어나는 데 그 투쟁이 유리하게 작용하는가 아닌가를 따져 보아야 한다), 종법공동체의 속박을 벗어나려고 하는 사유자는 오히려 필연적으로 혁명적이다. 적어도 이론 사회학의 의미에서는 그러하다. 설령 그들이 노동자가 아니고 원시 부르주아 계급, 심지어는 지주라고 할지라도 그러하다. 잘 알다시피 레닌은 자유화 성향의 지주가 폭력을 사용하여 농촌공동체를 파괴한 스톨리핀의 토지개혁을 '철저한 혁명'이라고 말했다. 따라서 봉건시대의 농민이 혁명적이고 적극적인 역할을 했다고 하는 것은 본질적으로 오직 그들의 사유자 속성과 관련지어서만 말할 수 있을 뿐이다.

3. 보호를 갈구하는 공동체 성원: 농민의 보수성

봉건적인 종법농민은 분명히 심각한 보수성과 낙후성의 일면을 갖고 있다. 그것은 무엇 때문인가? 전통적인 견해는 이것을 농민의 '소경영 사유제' 탓으로 돌렸으나, 앞 절에서 우리는 이미 이런 관점을 부정했다. 사실상 진정한 '소경영 사유제' 농민, 곧 다시는 협애한 집단에 종속되지 않는 독립 소농민, 공동체의 외피를 벗어난 자유 소농민은 오직 자본주의 시대의 소부르주아 농민뿐이며, 봉건시대에는 이런 종류의 농민이 적어도 전형적인 의미에서는 존재하지 않았다. 종법농민이 보수적인 이유는 그들이 사유자이기 때문이 아니라 그들이 종법공동체의 성원으로서 순수한 자유로운 사유자가 아니기 때문이다. 그들은 천연수장의 속박을 포함한 공동체의 속박을 애써 벗어나려고 하는 측면, 곧 사유성의 측면을 갖고 있는 한편 여전히 공동체의 보호와 천연수장의 보호를 얻고자 하는 측면, 곧 종법성의 측면을 갖고 있다.

중국의 일부 사상가는 항상 농민이 "재신에게 가장 공손히 예배드리는" 것을 비난하는데, 종법공동체시대에 농민이 만약 화폐-교환가치의 숭배로 권력과 '관시'에 대한 숭배를 대체해 버린다면 바로 이것도 하나의 진보가 아니겠는가? "천리를 보존하고 인욕을 제거하는" 시대에 농민이 자발적인 경향을 갖고 있다고 한다면, 어떻게 이것이 저주할 일이겠는가? 그러나 유감스럽게도 종법농민이 가장 공손히 예배드린 대상은 대개 재신이 아니라 오히려 종족의 조상, 좋은 황제나 그의 대리자인 청렴결백한 관리였고, 위대한 구세주였고, 종법공동체의 신비로운 권위와 천연수장의 매력이었으며, 농촌공동체의 전통 관습과 미르 정신이었다. 물론 이것은 농민이 천성적으로 권세를 두려워한다는 말이 아니고, 그들 중에 리쿠이(李逵)* 같은 용감한 인물이 적지는 않았지만, 그들의 미발달된 개성은 그들로 하여금 천성적으로 외부의 보호를 필요로 하는 성격을 갖게 했다. 따라서 그들은 사실상 종법공동체의 성원으로 존재할 수밖에 없다.

농민은 상품과 노동력의 사유자로서 상품경제의 발전을 요구하며 독립적으로 시장을 향해 나아갔다. 중세 농민-시민 시장의 흥기로부터 현재 사회주의 상

---

* 『수호전』에 나오는 인물. 고공 출신으로 량산농민봉기에 참여했으며 농민군에 대한 충성심이 강하고 용맹·강직한 성격으로 묘사되고 있다.

품경제의 흐름에 이르기까지 농민은 모두 상품생산에 뛰어드는 엄청난 열정을 보였다. 그러나 동시에 종법공동체 성원으로서 그들은 자연경제하에서의 전원시 같은 종법생활과 아울러 '도덕경제'의 화목과 안정을 그리워하며, 상품경제가 필연적으로 야기할 경쟁, 분화, 위험, 변동과 파산의 위협으로부터 자신을 보호해 줄 피난처를 찾으려고 했다. 그래서 그들은 옛 것을 묵묵히 따르고, 쉽사리 이주하지 않으며, 상업을 경시하고 억제하는 일면을 갖고 있다. 레닌은 일찍이 종법농민이 "경쟁을 두려워하는 것은 마치 불을 무서워하는 것과 똑같다"[21]고 지적했다. 러시아 농민은 장사를 "유대인이나 하는 창피스러운 생계수단"으로 보았으며, '얼마 안되는 밑천으로 장사를 하는 사람'과 '구두쇠'를 동의어로 간주했다.[22] 중국의 황차오(黃巢)는 본디 모험을 생계로 삼는 소금장수였으나 농민영수가 된 후, 도리어 광저우 등지에서 상인에 대한 대대적인 살육을 자행했다. 리쯔청의 농민봉기군은 "싸게 사고 싸게 판다"는 기율을 갖고 있었지만 군비 마련을 위한 약탈과정에서 도리어 상인을 타도대상의 하나로 삼았다. 태평천국의 『천조전무제도』(天朝田畝制度), 성고제도(聖庫制度)와 백공아(百工衙)·제장영(諸匠營)제도는 상품경제를 부정한 전형적인 모델이다.

오랜 종법생활로 농민들은 종종 상품경제에 필요한 사유방식과 심리요소 및 관념을 결여했다. 러시아 인민주의 사상가 플레로프스키는 볼가 강 유역의 일부 농민이 근본적으로 가격의 개념을 갖고 있지 않다고 말했다. 어떤 농민은 세 필의 말이 먹을 사료값으로 그에게서 25코페이카를 받은 반면 어떤 농민은 여섯 필의 말이 먹을 사료와 여덟 명이 먹을 빵과 우유 값으로 3코페이카를 받고도 스스로 충분하다고 생각했는데, 플레로프스키는 이 때문에 크게 탄식했다.[23] 이런 사례는 근래 중국의 여러 보도에서도 흔히 보인다. 지금도 중국의 일부 낙후지역 농민은 여전히 자급자족을 최고의 가치로 여기고 추구한다. 그들은 산에 올라가 호랑이를 잡을 만큼 용감하지만 시장에 가서 경쟁해야 할 때가 되면 "부모님이 나한테 그런 배짱을 주지는 않았다"는 자세를 취한다.

농민은 사유자로서 농민 사유제에 대한 농촌공동체의 속박을 타파하여 농민 사유자의 행위방식에 대한 천연수장의 간섭에서 벗어나기를 요구하고, 또 노동자로서 분여지의 속박을 벗어나 자유롭게 노동시장에 진입하기를 요구한다. 그러나 자연경제 조건하에서 그들은 동시에 필연적으로 종법공동체 성원의 속성을 갖고 있다. 서유럽의 개방경지공동체(마르크), 동유럽의 토지 재분배공동체 (미르), 남유럽의 가족공동체(자드루가), 인도·아라비아·자바 등지의 농촌공동 체 등은 중세 농민생활에서 중요한 역할을 담당했다.

독일에서 "중세의 생산력과 생산양식은 평등한 사람들의 협동조합이라는 필 요에 적합했으며, 그들은 모두 똑같은 생활방식으로 살았으며 자신의 소비를 위해 생산했다. 모두가 공동체의 토지를 갖고 있었으며, 봄보리·겨울보리와 휴 경지를 끊임없이 돌려 지을 수 있도록 했다."[24] 러시아에서 농민은 줄곧 "토지 는 모두의 것, 하느님의 것이지 네 것도 내 것도 아니다"라고 생각했다.[25] 자바 에서는 식민지시대인 19세기에 이르기까지 소수 식민자의 농장을 제외하면 토 지는 농촌공동체 소유였고, 공동체 성원에게 빈번히 (항상 1년에 한번) 재분배되 었다.[26] 종법공동체가 필연적으로 몰락하는 추세 앞에서 그들은 종종 촌공동체 를 보호하기 위해 역사의 흐름을 거슬러 "분여지 양도를 금지한다는 따위의 반 동적인 요구"를 제출했다.[27] 영국과 프랑스의 부르주아 혁명을 전후한 200여 년 사이에 두 나라에는 공동체 타파를 요구하는 농민운동뿐만 아니라 공동체의 보호를 요구하는 농민운동도 발생했는데, 후자는 대개 왕당파에게 이용당했다. 러시아에서 차르 정부는 오랫동안 미르 정신을 갖고 있는 '종법식 농민'에게 희 망을 걸었다.[28] 중국의 농민전쟁에서도 종법공동체를 유지하자는 요구, 곧 평 균주의 요구가 항상 나타났다. 어떤 사람은 평균주의가 단지 '균산'을 요구할 뿐 '공산(公産)'을 요구하지 않았기 때문에 그것이 사유제를 반대했다고 말할 수 없으며, 단지 대사유를 반대하고 소사유를 보호한 것에 지나지 않는다고 말한 다. 그러나 '사유'를 천연수장 권력의 속박-보호 아래 두어 그 '소'를 유지하는 것은 사실 사법(私法)상의 재산관계에 대한 부정을 의미하며 사유자권리가 더 이상 존재하지 않았음을 의미한다. 따라서 '균산'과 '공산'은 사실상 구별할 방 법이 없다는 것은 의문의 여지가 없다. 명말 리쯔청의 농민봉기군이 일찍이 '균 전' 구호를 내세웠다고 하지만, 실제로 실행한 것은 "세 명의 성인 남자 중에서 군인 한 명을 뽑고, 나머지 두 명에게 30무를 분급하는" 군둔제(軍屯制), 곧 국 유 분여지제였다.[29] 쑨커왕(孫可望) 등의 대서군(大西軍)은 윈난에서 "군·민의 토지를 모두 황제의 장원으로 삼고, 각 영에 장원 관리소(管莊)를 두어"[30] 토지 를 공유(公有)했을 뿐 아니라 생산물도 '황제의 양곡'이라 하여 공유로 했으며,

심지어는 풀 한 포기 나무 한 그루도 모두 '황제의 풀과 장작'에 속했다. "백성이 사사로이 풀 한 다발을 사용할 경우 참수하거나 곤장을 쳤다." 당시의 한 기록에 따르면 "자기가 심은 벼를 여전히 자기 것으로 여겨 임의로 수확할 수 있다고 생각하여 성내의 백성 둘이 자기 땅에서 익은 벼 몇 포기를 베었다"가 체포되어 "황제의 곡식을 훔친 도둑으로 몰려 효시형에 처해졌다"고 한다.[31]

태평천국의 『천조전무제도』는 "백성의 땅은 모두가 천부(天父)의 땅이고" "수확한 곡식은 모두 천부의 것이며" "창고는 성고(聖庫)이고, 양식은 성량(聖糧)"이라는 원칙을 정했다. 어떤 사람은 이런 제도가 공상에 지나지 않는다고 하지만 사실 그렇게 간단한 문제는 아니다. 종법공동체의 보호하에서 "균등하지 않은 곳이 없고 배불리 먹지 못하는 사람이 없도록" 실현한다는 것은 분명 공상이지만, 종법공동체가 재산관계에 대한 속박을 강화하는 것은 충분히 실현 가능한 일이었다. 명초 주위안장의 국유화정책이 그 좋은 예이다. 중국 봉건 후기에, 상품경제와 사유재산의 자유화 추세가 당연히 출현해야 할 시대에 이런 '국가간섭주의'가 극도로 강화되는 비정상적인 현상이 발생한 것은 신중히 생각해 보아야 할 수수께끼이다. 어떤 사람은 금·원(金元) 등 다른 민족의 중국 정복이 초래한 야만적인 유습 탓으로 돌리지만 이 견해는 재고될 필요가 있다. 명초에도 이런 특징이 금·원보다 훨씬 두드러졌기 때문에 결코 사소한 유습이라고 말할 수 없다. 국가 군사농노제, 곧 둔전을 예로 들면 원대의 둔전면적은 17만 4천여 경으로[32] 명초의 수백만 경과 비교하면 아주 작은 규모이다. 주목해야 할 것은 원말의 농민군 내에서 둔전이 상당히 발전하여, 홍건군(紅巾軍) 마오구이(毛貴) 부대가 산동에 둔전 360곳을 두었는데, 원대의 둔전은 전국적으로 120여 곳에 지나지 않았다는 사실이다.[33] 이것을 명말 농민군이 실행한 군둔, 황제장원제도, 『천조전무제도』 같은 병농합일의 군사화된 분여지제와 연결시켜 보면 명초의 비정상적인 현상은 원말 농민전쟁의 종법경향과 연관이 있다고 생각하지 않을 수 없다. 종법공동체를 수호하려는 농민운동이 자유사유권에 대한 부정을 강력하게 주장했기 때문이다.

농민은 사유자이자 노동자로서 자유로운 개성을 발전시키고 종속적인 지위에서 벗어나 자유로운 재산사유자 또는 자유로운 노동력 판매자가 되려는 요구를 갖고 있다. 그러나 종법공동체의 성원으로서 그들은 의존성과 반민주성도 갖고 있다. "노역(奴役)을 달게 받아들이는 현상은 중세 내내 발생했고 ……프로이센은 1806년과 1807년 전쟁에서 패배한 후, 종속관계를 폐지하는 동시에 자비로운 영주들이 가난하고 병들고 노쇠한 예속농민을 돌보는 의무도 없애 버렸다. 당시 농민은 국왕에게 그들이 계속해서 노역을 제공하게 해달라고 청원했다. 그렇지 않으면 그들이 불행을 당했을 때 누가 그들을 돌보겠는가?"[34] 러시아 농민도 "모든 토지를 차르에게 귀속시킬지언정 지주에게 귀속시켜서는 안된다"는 농촌공동체 관념 속에서, 곧 종법적 시각에서 서양민주주의를 멸시했다. 그들은 선거를 통해 구성된 서양의 정부는 오직 부자만 당선되어 빈자에 대한 부자의 통치를 조성하기 때문에 옳지 않으며, 오히려 차르 한 사람이 공동체의 대표로서 빈자와 부자 위에 높이 올라앉아 모든 사람을 공정하게 대해 주는게 낫다고 생각했다.[35] 농민의 이런 인식을 바탕으로, 차르 정부는 "전제제도의 지주는 당연히 귀족이 아니고 부르주아 계급도 아니며 (또한 그럴 수도 없으며) 농민민주파이다"라고 보았던 것이다.[36] 중국 역사에서도 농민의 종속으로부터의 탈피와 자유로부터의 도피라는 두 조류가 오랫동안 병존했다. 태평스러운 시기에 한편으로는 속박에서 벗어나려는 대량의 도망호가 있고, 다른 한편으로는 보호를 찾는 투헌자(投獻者)가 있었다. 변혁기에는 농노의 변란, 전농의 변란풍조와 종족 영수에게 몸을 맡기고 집단을 이뤄 보호를 도모하는 풍조가 동시에 끓어올랐다. 종법농민은 많은 사람들이 상상하는 것처럼 소사유제를 위해 아낌없이 목숨을 내던지는 그러한 존재가 아니었다. 모험을 무릅쓰는 독립 사유자와 보호를 감수하는 예속민 사이에서 종법농민이 반드시 전자를 선택하는 것은 아니었다.

따라서 종법농민은 확실히 양면성을 갖고 있다. 하지만 그것은 전통적으로 말하는 노동자의 혁명성과 사유자의 보수성이 아니라 민주성과 종법성이다. 전자는 노동자적 속성, 더욱 중요하게는 사유자의 속성과 관련이 있고, 후자는 종법공동체 성원의 속성과 관련되어 있다. 이른바 농민은 "선진 생산양식의 대표가 아니다"는 말은 농민의 종법성에 대해서 말할 때만 타당성을 갖는다.

과거에 농민은 반봉건투쟁에서 '사유자의 한계성'을 갖고 있었다는 견해가 있었지만, 이것 역시 잘못된 견해이다. 순수한 사회주의혁명에서는 소부르주아 농민의 사유자로서의 한계성을 말할 수 있으나, 반봉건투쟁에서는 종법농민이 종법공동체 성원으로서의 한계성을 갖고 있다고 말할 수 있을 뿐이다. 농민등급에서 갈라져 나온 프롤레타리아와 부르주아는 그 논리적 조상인 노동자 지위와 사유자 지위를 각각 계승했지만, 진부한 공동체 유대와 철저하게 단절한 사회화 상품경제 대생산의 산물인 이 두 계급은 그 논리적 조상인 종법성과 결별함으로써 종법농민의 한계성을 극복했다. 종법 유대를 벗어난 사유자(부르주아 계급)와 마찬가지로 종법 유대를 벗어난 노동자(프롤레타리아 계급)는 모두 반봉건 혁명을 승리로 이끌 수 있지만, 종법농민은 이 임무를 수행할 수 없다.

4. 종법농민의 계층: 등급 분석

종법농민등급은 봉건시대의 아주 방대한 사회집단이어서 보다 충분한 이해를 위해서는 그것을 세분화된 하위집단으로 구분할 필요가 있다.

지난날 중국에서는 중국 봉건시대의 기본적인 사회관계는 전통적으로 재산관계(소유관계)이지 인신예속관계가 아니기 때문에 가장 기본적인 이익집단의 분화는 등급분화가 아니라 계급분화라고 생각했다. 따라서 순수하게 재산관계를 표준으로 계급을 나눈 후에, 똑같은 기준에 따라 계급 속에서 계층을 구분했다. 곧 재산의 정도에 따라 봉건시대의 농민을 부농, 중농과 빈농으로 나누었고, 상응하여 지주를 대지주와 중소지주로 나누었다. 이것은 어떤 경우에는 우리의 분석에 도움이 되지만 이를 기본적인 구분으로 삼는 것은 적합하지 않다. 이런 분석이 도출해 낸 결론에 따르면 빈곤농민은 진보적이고 부유농민은 보수적이며, 한푼도 소유하지 못한 극빈자는 사유자의 보수성이 없어서 거의 근대 프롤레타리아와 같고, 초기 부르주아 계급은 중소지주보다 더 반동이다. 이와 같이 "가난할수록 혁명적이다"라는 서열화는 중세의 실체와 부합되지 않는다. 이미 앞에서 지적했듯이 중세사회는 순수 경제관계와 소유관계를 기초로 하는 사회가 아니라 인신의존관계와 통치-복종관계를 기초로 하는 사회이기 때문이다. 중세의 가장 기본적인 분화는 재산의 불평등을 기초로 한 계급분화가 아니라 권리의 불평등을 기초로 한 등급분화이며, 종법농민의 빈곤은 재산은 물론 (더욱 중요하게) 인격에도 반영되어 있다. 결국 통치와 복종관계를 벗어나서는 중세의 계급(광의의 계급)을 나눌 방법이 없고, 계급 내부에서 계층을 나눌 방법도 없다. 내가 아는 한 마르크스·엥겔스·레닌은 봉건농민을 부농·중농·빈농과 같은 계층으로 나눈 적이 없으며 단지 자유농민·천한 농민·농노·노복 등으로 나누어 제시했을 뿐이다. 따라서 기본적인 계층 구분은 농민을 종속농민과 독립농민으로 나누고 지주를 권귀지주와 평민지주로 나누어야 한다. 물론 여기서 '독립'과 '평민'이란 모두 상대적인 의미에서 말한 것이다.

독립농민은 가족·농촌공동체·전제국가·천연수장을 포함하는 종법공동체에 대한 의존 정도가 비교적 약하거나 거의 없다. 이 계층의 성장은 봉건사회 내부의 상품경제의 발전, 사유제의 심화와 인신종속관계의 해이 등과 관련이 있다. 독립농민은 소부르주아 계급 농민의 전신이며, 부르주아와 프롤레타리아의 전신이기도 하다. 북아메리카 청교도 농민과 농촌공동체에서 벗어난 러시아의 독립농장 또는 독립된 소토지소유자는 독립농민이 발전한 것이다. 종법농민 중 이 계층의 종법성은 비교적 약하며 민주성은 비교적 강하다. 또한 이 계층은 노동자로서 착취와 억압을 반대하고 사유자로서 자유로운 발전을 쟁취하고자 하는 열망이 크기 때문에 종법농민 가운데 비교적 혁명성이 강한 계층이다. 중세의 역사가 말해 주듯이 중국은 물론이고(당연히 중국의 '독립농민'은 상대적인 개념이어서 유럽의 기준으로 판단할 수 없다) 유럽에서도 대규모 농민혁명운동은 주로 독립농민들이 일으킨 것이다. 그들 중에서도 가난한 독립농민은 부유한 독립농민처럼 조금이나마 착취당할 이익을 가지고 있는 것도 아니고 종속농민처럼 종법관계의 보장을 받아 경쟁의 밖에 있는 것도 아니기 때문에 자신들의 지위를 바꾸려는 요구가 가장 강렬하며, 봉건사회에서 정치혁명의 최선봉이다. 부유한 독립농민은 비록 정치혁명에 대한 요구, 특히 대규모 혁명전쟁에 대한 열정이 반드시 강한 것은 아니지만 그들의 경제상의 혁명성은 대단히 돋보인다. 그들은 봉건관계 내부에서 상품경제와 자유 사유제의 발전에 가장 적극적인 계층이며, 발달한 독립 부유농민 경제는 자본주의 성장에 가장 좋은 토대이다. 침울한 종법 무대의 한 켠에서 벗어난 농민 '사유자 자발세력'의 봉건제도에 대한 타격은 죽음 속에서 살길을 찾는 농민전쟁에 결코 뒤지지 않는다.

상품경제의 발전과 봉건사회의 몰락에 따라 독립농민의 몸에 붙어 있던 종법농민의 이중성은 점차 사라지고, 새로운 이중성——소부르주아 계급의 이중성―이 점차 형성된다. 자본주의 시대에 이르면 이 이중성이 농민 계급성의 주요 내용이 된다.

　종속농민은 비교적 복잡하다. 사람들은 농노를 중세사회에서 가장 고통받고 가장 한이 많은 계급으로 생각하지만, 사실 동서 유럽이나 일본, 그 밖의 국가를 막론하고 전형적인 농노제시대에 농민운동은 거의 발생하지 않았다. 중국에서는 부곡·전객제도가 성행했던 위진남북조시대에 리터(李特), 왕루(王如), 두타오(杜弢), 쑨언(孫恩), 북위 6진(北魏六鎭), 친룽성민(秦隴城民)의 봉기가 있었지만 대부분은 영주가 자신의 토착영역을 지키려고 농노를 이끌고 중앙에 반기를 든 것이었기 때문에 엄밀히 말해서 농민운동이라고 부르기는 어렵다.

　종속농민은 자연경제의 산물이다. 그들은 노동자와 사유자의 혁명성을 갖고 있으나 자유개성이 발달하지 못하여 종법색채가 농후하다. 그들이 받은 착취와 억압은 아주 혹독했지만, 가부장제적·종교적·공동체적·윤리적인 온정으로 가득한 면사포에 둘러싸여 있어 착취관계는 모호하고 알아볼 수 없게 변했다. 그들은 아주 심한 구속을 받는 동시에 모종의 보호도 받고, 주인의 학대를 받는 동시에 높고 귀한 사람과 의존관계를 맺을 수 있었다. 그래서 이런 관계가 없는 사람에게 위세를 부릴 수 있는 위치에 올라 설 수 있었던 종속농민은 종종 '노예'와 '노재'(奴才)*의 양면성을 지니고 있었다. 그들은 항상 구체적인 주인에 대해서는 증오를 보이나 종법관계 그 자체에 대해서는 오히려 환상을 갖고 있었다. 그들은 나쁜 황제, 나쁜 관리, 나쁜 주인에 대해서는 반대하지만 좋은 황제, 좋은 관리, 좋은 주인에 대해서는 옹호한다. 이른바 '황권주의'는 이런 종법사상의 한 표현이다. 따라서 그들에게는 경쟁과 분화를 두려워하고 안분자족하여 진취적이지 못하고 권위를 맹신하는 약점이 있다. 이런 약점은 당연히 진보를 방해한다. 설령 그들이 반항할 때라도 자연경제 조건하에서 각자 자신의 주인에게 종속되어 횡적인 연결이 없기 때문에 하나의 계급으로서 행동하기는 대단히 어렵다. 이와 반대로 주인은 오히려 편리하게 이런 종법 유대를 이용하여 그들을 조직해서 종종 자신의 반동적인 목적을 달성한다. 따라서 그들은 종법농민 중에서 보수성이 비교적 강한 계층이다.

---

* 명청대의 환관과 청대 무신 등이 황제에게 자신을 낮춰 이르는 말에서 유래되었으며, 권세 있는 앞잡이를 지칭한다.

봉건시대에 인신(人身)의 지위는 경제적 지위와 완전히 일치하지는 않았다. 가령 권귀지주는 평민지주보다 반드시 부유했던 것은 아니고, 종속농민도 독립 농민보다 반드시 가난했던 것은 아니다. 현재 서양학자의 연구에 따르면 중세 영국 농촌에서 가장 가난한 자와 가장 부유한 자는 모두 자유인이었고 농노의 경제상황은 항상 그 중간에 위치했다. 이 결론이 믿을 만한 것인가의 여부와 관계 없이, 적어도 이론적으로는 독립농민 안에서 일어나는 양극분화가 종속농민의 그것보다 더 분명하게 나타났다. 물론 종속농민 사이에 빈부의 구별이 없는 것은 아니지만, 가난한 종속농민이 반드시 부유한 종속농민보다 더 혁명적이라고 단언할 수는 없다. 사실 부유한 종속농민이 위세를 과시할 기회는 더 많지만, 그의 부는 종속상황에 대한 불만과 자유발전에 대한 요구를 증가시킨다. 중국 명청시대에 남방의 횡포한 농노와 무뢰한 전농이 이끈 농노의 변란, 전농의 변란풍조가 바로 그 예이다. 반면 가난한 종속농민의 경우 착취에서 벗어나려는 혁명적인 열정은 컸지만, 그 이상으로 종법공동체로부터 보호받기를 원했고, 자발에 대한 요구가 속박을 받는다고 느끼는 사람은 별로 없었다. 잘 아는 바와 같이 청말의 상군(湘軍)*은 구질서를 옹호하는 반동세력이지만, 쩡궈판(曾國藩)은 상군을 만들 때 도리어 특별히 그런 종법 의존관계를 가진 "손발이 닳도록 일하는" "아주 궁벽한 곳의 가난한 백성"을 모집해야지, 먹고 살 만한 집안의 자식을 뽑아서는 안되며 시정(市井)의 무리는 더욱 안된다고 특별히 강조했다. 종속농민의 종법 보수성을 이용하는 측면에서 쩡궈판은 분명히 노련했다. 그가 보기에 가난하면서 독립된 개성을 결여하고 있는 농민은 부유하지만 분수를 지키지 않는 농민에 비하여 훨씬 부리기가 쉬웠다.

요컨대 독립농민은 가난하든 부유하든 종속농민보다 더 적극적인 하나의 세력이다. 다만 농촌사회의 경우 봉건관계를 앞당겨 전복할 수 있는 가능성 여부는 "궁하면 변화를 꾀하는" 세력이 얼마나 많은가에 달려 있는 것이 아니라 강대한 독립농민집단을 형성할 수 있는가에 달려 있다. 봉건제도가 전복된 뒤에 자연경제, 종법공동체, 인신의존관계의 잔재, 곧 봉건잔재를 일소하려면 강하고 힘 있는 독립농민(농장주 세력)을 조성하는 것이 무엇보다 필요했다.

---

* 태평천국 농민전쟁을 진압하기 위해 청조의 지시에 따라 조직된 의용군.

5. 농민과 민주혁명: 동력인 동시에 대상

오늘날 농민이 민주혁명의 주력군이라는 것은 하나의 상식이 되었다. 서유럽 국가의 경우에는 그렇지 않을 수도 있겠지만, 중국처럼 시민문화 요소를 결여한 소농국가에서 농민을 빼놓고는 어떤 민주혁명도 이야기할 수 없다.

그러나 농민 혼자서는 민주혁명의 임무를 완수할 수 없다는 것 또한 누구나 다 아는 명제이다. 그러나 과거에는 이를 농민의 혁명역량으로서의 여러 약점, 특히 소사유자의 한계성 탓으로 돌렸다. 이런 한계성으로 말미암아 역사상의 농민봉기는 진압당해 실패하든가, 아니면 설령 구통치자를 전복하더라도 농민영수 역시 변질되어 새로운 봉건제왕이 되었다. 주위안장이 바로 이런 변질된 전형이었고, 사람들은 그를 '실패한 영웅' 홍슈취안(洪秀全) 류와 비교하여 포폄했다. 과거에 "승자는 왕이 되고 패자는 역적이 된다"는 말이 있었는데, 해방 후에는 전도되어 승자는 '반도'가 되고 패자는 영웅이 되었다. 홍슈취안은 실패했기 때문에 칭송을 받았고, 주위안장은 변질되었기 때문에 비난을 많이 받았다. 최근에는 또다시 부정을 부정하는 조류가 나타났다. 주위안장은 조류에 순응하여 "제때 전화하여" 개명황제가 되어 자본주의 맹아를 위한 토대를 제공하는 위대한 공헌을 했으니 당연히 찬양해야 하고, 홍슈취안은 평균주의를 견지하고 전화를 거부해 정권을 잡아 개명(開明)할 좋은 기회를 잃었으니, 근대 중국이 침략당한 것에 대해 책임을 져야 한다는 것이다.

그러나 현재 우리는 묻지 않을 수 없다. 주위안장과 홍슈취안 사이에 하나를 치켜세우고 하나를 깎아내릴 만큼 그렇게 다른가? 농민혁명 과정에서 '변질'과 같은 일이 정말로 있는가? 전화한 것을 찬양하는 논저이든 변질된 것을 비난하는 논저이든 과거의 모든 논저는 주위안장이 장쓰청(張士誠)*을 토벌하는 격문에서 "구래의 토지재산과 집은 그대로 원래의 주인 것으로 한다"는 한마디 말을 문제삼아 이것을 변질과 전화의 선언으로 간주함으로써 그 이전에는 '봉건 사유제'를 반대한 것으로 인식되었던 주위안장을 이때부터 사유재산의 신성불가침이라는 근대 민법원칙의 화신으로 바꾸어 놓았다.

---

* 원말 타이저우의 염상 출신으로 1353년 봉기하여 쑤저우를 중심으로 한 장난 일대를 10여 년간 지배했다.

사실 내가 보기에 토벌 격문은 그렇게 중시할 가치가 없다. 왜냐하면 과거의 '농민영수' 주위안장은 부자의 재산을 빼앗아 가난한 사람을 돕자(劫富濟貧)고 호소한 적이 없었는데, '봉건황제'가 되고 나서 주위안장은 오히려 법을 만들어 가난한 사람을 돕고 부자를 억압하는 모습을 많이 보였기 때문이다. 그뿐만 아니다. 과거의 주위안장과 그가 격문에서 성토한 장쓰청은 결코 "구래의 토지재산과 집"의 소유권을 부정한 적이 없으며,[37] 그 후의 사실이 증명하듯 '봉건황제' 주위안장은 이런 소유권을 존중하기는커녕 반대로 전제권력의 사유재산에 대한 침해를 대대적으로 감행했다. 홍무(洪武)연간에 이른바 "가난한 자를 돕고 부자를 억압한" 정책은 평민 가운데 부자를 거의 소멸시켰을 뿐만 아니라 호구, 상공업, 광업, 외국무역에 대한 엄격한 통제도 중국의 봉건 후기에만 보이는 매우 드문 일이었다. 가혹한 해금(海禁), 산금(山禁), 광금(鑛禁)은 사유자의 자발세력을 막다른 골목으로 몰아넣어 해적, 산도적, 광산도적이 날뛰게 하는 결과를 초래했고 이것은 명대의 심각한 사회문제가 되었다.

그러나 주위안장과 홍슈취안을 대립시켜 파악하는 논자들이 왜 주위안장은 배반 또는 전화하여 사유제의 수호신이 되었다고 보면서도, 홍슈취안은 지금도 여전히 농민 공유제의 대표라고 생각하는지 모르겠다. 사실 홍슈취안의 사치스런 생활은 주위안장에 전혀 뒤지지 않았고, 사유제를 타파하는 문제에서도 그는 『천조전무제도』와 같이 철저한 강령을 갖고 있긴 했지만, 실제 시행한 것은 "종전대로 현물로 토지세를 납부하는" 것뿐이고, 천조 당국은 "토지에는 각자 주인이 있으므로 둔전(屯田)*할 수 없다"[38]고 깨끗하게 인정했다. 이는 주위안장의 국유화에 훨씬 못 미친다. 『천조전무제도』에서 "균등하지 않은 곳이 없고, 배부르지 않은 사람이 없다"는 식의, 주위안장이든 홍슈취안이든 모두 실행할 수 없는 환상의 베일을 벗겨 내고 나면 중세의 사람들을 "깊이 감동시키는" "모든 좋은 면들을"[39] 모아 가지고 크게 만든 전형적인 종법공동체를 목격하게 된다. 여기에 "천하는 모두가 ……하나의 대가족이고" 천왕에서 군사(軍師), 여수(旅帥)와 양사마(兩司馬)에 이르는 각급 가장은 "생사와 강등 및 승진을 비롯한 모든 일"을 장악하여 임의로 부하를 "죽이거나 벌을 줄 수 있었다." 인민은

---

* 군사 주둔지의 병사들이 직접 경작한 토지.

군사편제 속에 속박되어 천연수장들의 "감독하에 농민이 되어" 농사와 양잠에 종사하고, 닭과 돼지의 사육, 나무와 돌의 가공 등 포함되지 않은 것이 없는 자급자족적인 생산에 종사하고 "농사 지은 것을 나라에 바쳐" "공신들이 대대로 천조의 녹을 먹도록" 해주었다. 이곳에는 종법식의 자연경제, 삼엄한 특권등급, 가혹한 경제외적인 강제와 인신종속관계가 있으며 온정이 넘쳐흐르는 가부장제 관계 밑에 감춰진 착취가 있었으나, 사유제는 없었고 상품경제도 없고 자유로운 개성과 독립된 인격도 없었다. 이런 원칙은 주위안장이 실행한 국유경제 속에서 어느 정도 실현되지 않았는가.

분명히 주위안장은 피압박자에서 억압자로 변할 때 종법공동체의 보호자에서 자유사유제의 보호자로 변하지 않았다. 또한 권귀에 반대하는 투쟁은 방기했지만 종법의 관점에서 반사유투쟁은 포기하지 않았을 뿐만 아니라 오히려 더욱 강화했다. 이런 의미에서 주위안장에게는 근본적으로 '변질' 문제가 존재하지 않았고, 그의 길은 훙슈취안 같은 실패한 영웅의 길과 본질적인 차이가 없다. 주위안장의 성공을 전후하여 무슨 변화가 있었다면, 그것은 고작해야 혁명의 성공 후 아Q가 자오 영감(趙太爺)* 2세로 변한 것에 불과했다.

이상의 분석을 통해 알 수 있는 것은 사유자-노동자로서의 농민은 비록 반봉건혁명의 동력이지만 종법집단으로서의 농민은 본래 봉건적이라는 사실, 다시 말하면 민주혁명의 대상이라는 사실이다. 따라서 농민이 단독으로 민주혁명의 임무를 완수할 수 없는 가장 큰 이유는 그들이 혁명역량으로서 무슨 약점이 있기 때문이 아니라, 순수한 종법농민의 혁명은 실제로 종법집단이 종법을 반대하고 혁명대상이 혁명을 떠드는 격이어서 당연히 어떤 성과도 이룩할 수 없기 때문이다. 사람들로부터 평균주의라고 일컬어지는 『천조전무제도』에 담겨 있는 사상은 본래 일종의 종법사상, 봉건사상이다. 그것을 가지고 봉건주의를 반대하는 것은 봉건주의의 좋은 면으로 봉건주의의 나쁜 면을 반대하는 것이나 마찬가지이므로 당연히 실패할 수밖에 없다.

과거에 어떤 사람은 농민을 철저한 혁명민주주의자라고 보고 농민의 개조는 오직 사회주의혁명의 과제이며, 그것은 공유제로 소사유를 '개조'하고 대경영

---

* 루쉰의 소설 『아Q정전』에 나오는 자오 영감 일가는 복잡한 관시망을 가지고 있어서 혁명의 여파를 피해 갈 수 있지만, 관시가 전혀 없었던 아Q는 혁명과정에서 총살된다.

집단소유제로 소경영 사유제를 개조하는 것이라 생각했다. 지금 중국에서는 이런 종류의 관점이 완전히 잘못된 것이라고 말할 수 있다. 잘 알다시피 태평천국에는 『천조전무제도』 외에 또 다른 하나의 문건, 곧 홍런간(洪仁玕)이 쓴 『자정신편』(資政新編)이 있다. 이 문건에 대한 평가는 일반적으로 대단히 높았다.[40] 그러나 오히려 『자정신편』이 실행되었다면 그것이야말로 철두철미한 타락과 변질이며, 태평천국이 다시는 종법농민의 이익을 대표하지 않고 부르주아 계급의 이익을 대표하는 것으로 전화될 뿐만 아니라 종법 본래의 모습을 지키려는 농민에 의해 분명히 배반으로 간주될 수도 있음을 거의 고려하지 않은 것이다. 사실 천조 내에서 홍런간의 처지는 상당히 고립되어 있었고 개혁을 실행하려고 해도 사사건건 각 왕의 견제를 받았다. 일부 사람들은 공공연하게 『자정신편』 같은 책은 전혀 볼 가치가 없다고 주장한다.[41] 만약 부르주아 혁명과 프롤레타리아 혁명이 모두 자신의 상황에 따라 세계를 개조하는 것이라면, 종법농민의 혁명 참가는 그와 반대로 자신의 민주화 개조(또는 변질)에 의해 조건을 창출해야 하는데, 이와 같은 변질을 배척하고 농민 본래의 모습을 영원히 보존하려는 운동은 절대로 혁명운동이 아니며, 바로 방데 농민반란이 전형적으로 보여주는 것처럼 보수적인 운동이다.

따라서 농민이 근대 혁명운동에서 차지하는 위치는 상당히 복잡하다. 이론적으로 말하자면 종법색채가 짙은 국가에서 근대혁명운동이 발생했을 때 각 주요 사회세력 사이에 형성될 수 있는 관계는 다음 그림과 같다.

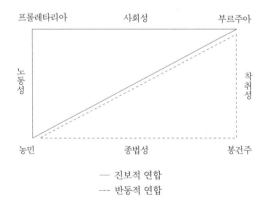

— 진보적 연합
--- 반동적 연합

다시 말하면 프롤레타리아 계급과 종법농민은 노동자이기 때문에 일정한 조건하에서 연합하여 봉건주에 반대하거나(부르주아 민주혁명) 부르주아 계급에 반대(사회주의혁명)할 수 있다. 이것은 분명 하나의 진보적인 연합이다.

프롤레타리아 계급과 부르주아 계급은 모두 사회성의 계급, 곧 종법성을 배제한 사회화 대생산의 대표이기 때문에 일정한 조건하에서 상호 연합하여 종법 봉건관계와 봉건주에 반대한다. 이것 역시 하나의 진보적인 연합이다.

부르주아 계급과 봉건주는 모두 착취자이기 때문에 일정한 조건하에서 연합하여 민주혁명이나 사회주의혁명을 반대할 수 있다. 이것은 분명 하나의 반동적인 연합이다.

종법농민과 봉건주는 모두 종법공동체의 성원이기 때문에 일정한 조건하에서 봉건주는 종법농민을 이용하여 사회화 대생산을 대표하는 혁명세력에 반대할 수 있다. 이른바 '농민의 방대'가 바로 이런 상황이며 러시아 차르 정부도 상당히 오랫동안 이런 상황을 조성하려 했다. 이것도 분명히 반동적인 연합의 일종이다. 농민과 부르주아 계급은 모두 사유자이기 때문에 일정 조건하에서 진보적인 연합을 형성하여 봉건주에 반대하고 자유사유제를 쟁취하거나 반동적인 연합을 형성하여 프롤레타리아 계급에 반대한다.

현실의 투쟁에서는 도대체 어떤 방식의 연합이 형성될 수 있는가? 이것은 구체적인 정치·경제조건과 각종 정책의 우열을 따져 보아야만 알 수 있다. 그러나 어떤 상황에서든 종법농민이 완전히 개조되지 못하거나 농민의 종법성이 소멸되기 전에는 민주혁명이 철저한 승리를 거두었다고 말할 수 없다. 그렇기 때문에 레닌은 일찍이 민주혁명은 지주제를 폐지해야 할 뿐만 아니라 종법공동체를 소멸시켜 농장주가 폐물 속에서 분화되어 나오게 해야 한다고 지적했다. 레닌이 보기에, 지주제를 폐지했다 하더라도 여전히 종법농민공동체를 남겨 놓는다면, 설령 그것이 무슨 평균주의를 실현했다 하더라도 그것은 여전히 중세적, 곧 봉건적인 관계이다. 여기서 주목해야 할 것은 레닌은 종법농민(사유자 농민이 아니다)의 개조를 민주혁명의 임무로 보았지 사회주의혁명의 임무로 보지 않았다는 사실이다.

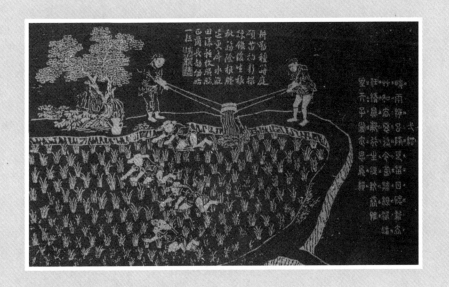

8장 다루기 힘든 계급과 그 심리:
종법농민 문화의 사회통합

광대한 종법농민집단은 '파괴'의 관점에서 보면 거대한 반봉건역량을 잠재하고 있으나, '건설'의 관점에서 보면 의심할 바 없이 현대화 과정에서 반드시 뛰어넘어야 할 거대한 장애물이다. 이 점은 설령 농민 본위에서 출발한 인민주의 농민학이론이라고 할지라도 부정할 수 없다. 시스몽디에서 러시아 사회혁명당의 구인민주의파에 이르기까지 모두 중세에서 벗어나는 과정에서 종법농민을 이상화하는 경향을 면치 못했다고 한다면, 제1차 세계대전 이후 차야노프와 같은 신인민주의자와 1960년대 이후 그 영향을 받아 자유주의와 마르크스주의 사이에서 제3의 입장을 취한 저발전사회학자-농민학자는 농민을 다루기 힘든 계급이라고 느끼기 시작했다. 차야노프는 농민유토피아를 동경하는 동시에 항상 농민의 어리석음을 비판하고, 농민을 '암흑의 군중'과 '교양 없는 사람'이라고 불렀다.[1] 만일 '조직자'가 가르치지 않고 멋대로 소란을 피우게 놓아둔다면 그들은 모든 진보적인 것들을 부숴 버릴 것이라고 했다. 이런 관점은 신인민주의 사상 속에 있는 하나의 모순을 드러낸 것이다. 신인민주의자는 "도시문화의 시대는 이미 지나갔고"[2] 농민에게는 사회발전과 진보의 희망이 깃들어 있기 때문에 어떤 발전계획도 농민의 이익을 위반할 수 없으며, 만약 그렇지 않으면 농민혁명이 이런 계획을 분쇄할 것이라고 인식했다. 그러나 그들은 또한 농민은 낙후된 우매한 군중이어서 어떤 발전계획도 농민의 의지에 따라 진행할 수는 없고, 만약 그렇게 되면 사회는 농민의 낙후성과 보수성과 인순고식 때문에 영원히 폐해를 입을 것이라고 보았다. 1970년대에 영국의 저명한 농민학자 T. 샤닌은 "다루기 힘든 계급"[3]이란 말을 그의 "개발도상 사회의 농민 정치사회학" 저작 제목으로 삼아 이런 농민관을 반영했다.

그러나 어떻게 다루기 힘든가에 상관 없이, 하나의 농민국가가 현대화를 실행할 때 농민군중의 열정적인 참여가 없다면 근본적으로 현대화를 실행할 수 없다. 따라서 정확하게 말하면 다루기 힘든 것은 결코 농민이 아니라 농민사회의 모종의 심리상태이다. 종법식의 전통심리, 정신적 자질과 사유, 행위습관 따위를 종법농민문화라 한다면 농민사회의 발전과정에서 정말로 다루기 힘든 것은 바로 이런 것들이다. 대중문화심리의 하나로서 이런 사회의 모든 성원은 농업에 종사하든 안하든 모두 그 영향을 받지 않을 수 없다. 다른 한편 위기에 직면했을 때 이런 사회의 모든 성원은 농업을 떠나 있든 그렇지 않든 모두가 이런 심리를 벗어나려는 자극을 받아 변화에 대한 바람을 갖지 않을 수 없다. 앞에서 이미 이야기했듯이 종법농민은 종법속박에서 벗어나려는 적극적인 면을 갖고 있다. 만일 인간의 개체화와 사회화 과정, 곧 인간의 이성과 개성발달의 과정을 인류가 야만상태에서 벗어난 후 죽 지속된 과정이라고 한다면, 순수한 종법농민집단이라고 할지라도 어떤 '현대정신'의 씨앗을 전혀 안 가지고 있다고는 할 수 없다. 그러나 이 책의 주제는 농민사회의 발전과 현대화 과정에서 겪게 되는 문화적 곤경 또는 심리적 장애의 문제인 만큼, 상술(上述)한 내용은 제외시키지 않을 수 없다. 따라서 이 장에서 논의하는 농민문화와 심리에는 근면·용감·자유의 쟁취 따위를 포함시키지 않고, 농민문화와 심리를 순수하게 종법군중의 문화심리구조로 간주하여 검토하려고 한다.

1. 동양형 질투와 기타: 종족문화관과 사회문화관

문화는 사람들이 가장 관심을 갖는 화제이지만 문화가 무엇인지에 대해서는 의견이 분분하다. 문화학(文化學)의 본질을 둘러싼 혼란은 필연적으로 문화학의 인식론과 방법론상의 혼란을 야기하기 때문에 농민문화를 논의하기에 앞서 '문화에 대한 반성적 사고'의 방법론과 그 원칙에 대해 한번 생각해 볼 필요가 있다. 사실 현재 문화연구와 사회학연구는 상호 밀접한 관계가 있고 일부 학파(예를 들면 프랑스의 아날학파)에서는 이 양자가 그야말로 하나이면서 둘이고 둘이면서 하나였다고 주장한다. 일반적으로 말해서 문화학은 사회적 존재를 주체에 대한 가치투영으로 간주하여 연구하고, 사회학은 가치체계를 포함한 문화심리를 객관적인 구조로 분석한다. 문화학이 연구하는 것은 사회의 인간이고, 사회학이 연구하는 것은 인간의 사회이다. 사회관계를 떠나서 문화를 이야기하는 것은 무의미하다.

이런 관점에서 보면, 현재의 문화인류학 연구는 의심할 여지없이 엄청난 과학적 가치와 생명력을 갖고 있다. 그러나 현재의 포스트모더니즘적 비이성운동의 물결에서 일부 학파는 체험을 중시하고 해석을 경시하기 때문에 명확한 종족(種族) 문화학 또는 유전자 문화학의 색채를 띤다. 이들은 사회관계를 표피적

인 것으로 경멸하며, 잠재의식과 밑에 깔린 의식의 심층에서 영원한 민족의 본
질을 찾으려고 열중한다. 뿐만 아니라 이런 종류의 본질――중국의 일부 학자는
종종 어색하게도 루쉰(魯迅)의 용어를 전용하여 그것을 '저열한 근성'(劣根性)
이라고 말한다――은 종종 초시대적이며 시간의 흐름에 구애받지 않고 고정적
이기 때문에 운명적으로 정해져서 해석할 수 없는 신비스런 것이다. 유명한 미
국의 문화인류학자 루스 베네딕트는 그의 명저 『문화의 유형』의 머리말에서
"혼돈이 처음으로 열리자 하느님이 각 민족에게 컵을 하나씩 주었고, 그들은 그
컵으로 자신의 생활을 들이마셨다"라는 인디언 속담을 인용했는데 이것은 각
민족의 문화유형은 자기 민족이 탄생될 때 이미 운명지어졌다는 것을 의미한
다. 중국의 많은 학자 또한 전칭판단의 어조를 사용해 중국·서양 문화의 차이의
뿌리는 사회발전단계의 차이가 아니라 인성의 차이, 사람들의 본성 또는 본질
의 차이라고 공언한다.[4] 이것은 문화를 사회현상이 아니라 종족현상으로 간주
한 것이다.

초시대적인 민족전통이 분명히 존재한다는 것을 부인할 수는 없지만(그렇지
않다면 민족이라는 현상도 없다), 꼼꼼히 분석한다면 진정한 전통은 대부분 민속
학 범위에 속한다는 것을 발견할 수 있다. 예를 들면 아주 오랜 옛날부터 중국
의 음식은 끓여 먹는 것을 위주로 하는 '젖은 음식 문화'로서 서양의 구워 먹는
것을 위주로 하는 '마른 음식 문화'와는 다르다. 또 중국사회의 소식 전파매체는
사각형의 표의문자로서 서양의 표음문자와는 크게 다르다.

전통 민속문화는 의심할 여지없이 사람들의 심리적인 바탕, 사유와 행동방
식, 사회구조와 경제적 발전추세 등에 영향을 미친다. 젖은 음식 문화에 고유한
한 솥에서 묽게 또는 걸쭉하게 젓는 관념은 가정(가족) 응집력의 유지에 분명히
유리하고, 사각형의 표의문자는 한족(漢族) 사유방식의 일부 특징을 만들었을
뿐만 아니라 사투리의 발음 차이의 발달로 초래될 수 있는 문화적 분열을 효과
적으로 피하게 하여(잘 알다시피 통일된 로마문화는 라틴어가 방언화되는 과정에서
소멸되었다. 현재 중국어의 방언, 예컨대 베이징어와 광둥어 발음의 차이는 스페인어
와 이탈리아어의 차이에 버금가지만 서면문화(書面文化)는 여전히 통일되어 있다),
중국문화의 대통일에 도움이 되었다. 그러나 이런 요소를 결정적인 것, 심지어
숙명적인 것으로 과장하는 관점은 전적으로 부정확한 것이다. 젖은 음식은 종

족문화의 보존에 유리했지만 상품경제의 발전이 혈연유대에 끼친 충격은 중국에서도(현대나 고대를 막론하고) 하나의 추세로서 똑같이 존재했다. 다만 정도·속도·방식에서 서양과 달랐을 뿐이다. 젖은 음식은 서주(西周) 종법제가 지금까지 유지되도록 하지는 못했지만 동시에 현대의 경제환경하에서 생활하는 중국인이나 화교(華僑)의 가족관념이 약해지는 추세를 막지도 못했다. 사각형 글자는 자연경제 조건하에서 종법식의 대통일에 유리했던 것은 물론이고, 사회생활조건이 변화한 뒤에도 일종의 정보전달 매체로서 상품경제의 통일된 시장 형성에 유리했다.

따라서 문화는 그 본질에서 보자면 사회적인 것이지 종족적인 것이 아니다. 문화현상은 본질적으로 사회현상이기 때문에 사회생활과 사회관계의 변화에 따라 변한다. 현대인들이 거론하는 여러 가지 중·서문화의 차이는 사실은 중국과 서방간의 '인성'의 차이가 아니라 자연경제하의 농민공동체와 상품경제하의 독립된 개성간의 차이이다.

예컨대 현재 '동양형 질투'와 '서양형 질투'에 관한 말이 있다. 동양에서 중국인의 질투는 주로 남을 끌어내리려는 것이지만 서양인의 질투는 논쟁을 거쳐 상대를 능가하려는 것이라고 한다. 그러나 사실 질투는 어디까지나 질투여서 질투할 때의 심리상태는 동서양간에 어떤 차이도 없다. 중국에서든 서양에서든 질투하는 자는 항상 다른 사람이 재수 없기를 바란다. 중국에는 "사람은 이름을 날리는 것을 두려워하고 돼지는 살찌는 것을 두려워한다"는 속담이 있는데, 이것은 라틴 격언 "영예로우면 부담이 무거워진다"와 유사한 뜻을 포함하고 있다. 그리스 신화에 나오는 신들은 항상 질투 때문에 스스로 소진될 뿐이었고, 현대 영국의 경영학자 파킨슨(C. N. Parkinson)도 서방 권력사회 속에 내재한 '무능한 질투 증상'을 묘사한 바 있다. 논리적으로 말하면 어떤 권력사회든지 이런 나쁜 증상은 항상 있게 마련이고, 이것이 이른바 파킨슨 법칙이다. 전통 중국사회의 권력숭배는 서양 현대사회의 권력숭배와 비교가 되지 않을 만큼 발달했고, 따라서 당연히 "나무가 숲속에서 돋보이면 바람이 반드시 그것을 망가뜨린다"는 사회병의 심각함도 현대 서양을 훨씬 뛰어넘는다. 그러나 이것은 서양의 질투자가 중국보다 고상하다는 것이라기보다는 단지 상품경제하의 자유경쟁사회에는 종법공동체로 사람의 개성을 억압하는 사회조건이 없기 때문이다. 자연경제의 종법공동체는 화목을 해치는 개성의 발전을 허락하지 않았고, 이는 중국의 봉건전통과 서양의 중세 모두 마찬가지였다. 문제는 질투자의 인성의 차이에 있는 것이 아니라 질투를 야기하는 사회조건의 차이에 있다.

사람들은 질투에 불타는 농민이 상품작물 재배농가를 큰 소리로 헐뜯는 것을 본 적은 있지만 권세에 의지해 치부한 관료를 대놓고 욕하는 것을 본 적이 있는가? 그러나 사회에서 권세에 대한 추구는 남보다 뒤처지는 것을 달가워하지 않는 이른바 서양형 질투가 만연된 결과가 아닐까. 반대로 자유상품경제의 사회질서 속에서 만일 관료의 자식이 권세에 의지하여 위세와 행복을 맘껏 누린다면 그들은 반드시 남에게 동양형 질투를 불러일으켜 끌어내려질 것이지만, 능력 있는 기업가가 누리는 행복은 오히려 당연하다고 생각하여 어떤 질투도 유발시키지 않거나 또는 이른바 서양형 질투를 야기하여 사람들이 모방하거나 초월하려는 대상이 될 것이다. 문제를 단순히 인성의 차이로 돌리고 사회형태의 차이를 무시하는 것은 사람을 혼란스럽게 할 뿐이다.

다시 예를 들면, 서양문명 중에는 일종의 '개척·진취'라는 유전자가 있으나, 중국문명은 이런 정신을 결여하고 있으며 본디 보수적이라고 많은 사람이 생각한다. 사실 인류의 본성에는 사유와 행위의 습관을 지키려는 일면이 있는 반면에 이를 깨뜨리고 새로운 것을 찾아 변화를 추구하는—특별히 도전에 부딪쳤을 때—측면도 있다. 그러나 사회환경이 다르면 이런 두 가지 측면도 다른 사회적 내용을 갖게 된다. 유럽에서도 사람들이 인정하듯이 영국인의 민족성 가운데 두드러진 특징은 '보수성'이다. 이 보수성은 영국인에게 고전적인 신사의 풍모를 부여하고 앵글로 색슨식의 고집을 낳았으며 '존 벌'(John Bull)이란 별명을 안겨 주었다. 중국은 과거 몇십 년 동안 걸핏하면 우경 보수를 반대하며 전통과 가장 철저한 결별을 단행했고 걸핏하면 아무도 간 적이 없는 길을 가려 했으니 그 속에 체현된 옛것을 버리고 새것을 창조하려는 기개가 적다고 볼 수 있겠는가?

문제는 자유로운 상품경제사회의 가치관념을 지키고 독립인격을 고집스럽게 지키는 '보수'와 종법사회의 가치관념을 지키고 농민공동체를 고집스럽게 지키는 '보수'의 성격이 완전히 다르다는 데 있다. 자연경제하의 인간이 해외시장을 개척하고 투자할 곳을 쟁취할 생각을 하지 못하는 것과 마찬가지로, 사회화 상품경제하의 인간은 우공이산(愚公移山)식 '개척·진취'의 정신 앞에서 단지 하나의 지혜로운 노인이 될 수 있을 뿐이다. 사회관계의 실질을 떠나 추상적으로 보수 여부를 논하고 추상적으로 진취정신을 제창하는 것은 별 의미가 없다. 예를 들어 현재 중국 농촌에서 끊임없이 국가의 관개시설, 기계, 전력설비 그리고 공장·광산 등의 시설물을 갈취하여 폐품으로 팔아먹는 간 큰 모험가, 법을 무용지물처럼 생각하여 대담하게 산림 감시소를 때려 엎고 산림자원을 남벌하여 치부하는 데 혈안이 된 악의 무리, 감옥에 갇히는 것을 두려워하지 않고 용감히 돌진하여 분투 개척하는 도굴꾼들을 보면, 사람들에게 손가락질을 당하는 이들 '개척자'의 담력은 미국 서부 개척 당시의 카우보이나 사금 채취자에 뒤지지 않는다. 종법관계와 그것이 조성한 심리적 제약하에서 어떤 개척·진취 정신인들 왜곡되지 않을 수 있겠는가?

또 하나의 예로, 어떤 사람은 중·서 정치문화의 본질이 다르다는 것을 연구했는데, 이에 따르면 중국문화는 국가가 사회보다 높고 서양은 사회가 국가보다 높다고 한다. 중국의 국가는 사회생활에 대해 멋대로 간섭하고, 서양의 국가는 자유방임한다는 것이다. 이 견해 역시 상당히 피상적이다. 사실 중국 역사상 자유방임의 시기는 결코 적지 않았고, 왕망(王莽)의 국가간섭주의가 실패한 후에 흥기한 후한 왕조는 사회생활 특히 사회경제에 대해 극단적으로 방임했다. 반면 서유럽 중세 후기에 중상주의정책을 시행한 중앙집권 정부는 사회생활을 심하게 간섭했다. 그러나 후한 정부(와 콘스탄티노플 이후의 로마 정부)의 자유방임주의는 자본가를 방출하지 못했고, 서양 중세 후기의 국가간섭주의도 경쟁을 막지는 못했다. 국가와 사회 어느 쪽이 높고 낮은가를 이야기하는 것은 공론(空論)에 불과하며, 관건은 국가나 사회가 어떤 성질의 국가와 사회인가이다. 사실 중국의 중세나 서양의 중세를 막론하고, 정치문화는 종법농업을 기반으로 한 권력-의존형 문화였다. 앞에서 이미 지적했듯이 권력-의존형 사회의 기본구조가 변하지 않는 상황에서 '백도'상의 방임은 '흑도'상의 통제를 의미하며 자유방임의 결과는 단지 무수한 산적과 반란기지 그리고 수많은 토착세력을 양산할 뿐, 현대문화를 대표하는 기업가 계층을 만들어 낼 수는 없다. 계약을 바탕으로 하는 시민사회가 국가기구보다 높은 것은 물론 건강한 것이지만 종법 암흑사회 세력이 국가보다 높은 것은 무엇을 의미하는가?

또 하나 요즘 유행하는 관점에 따르면 중국인은 도덕을 중시하고 서양인은 실용을 중시하며 중국은 어진 사람을 중시하나 서양은 능력 있는 사람을 중시한다고 생각하는데, 이것은 어떠한가? 예컨대 서양의 축구선수나 영화배우는 그들의 사생활과 관계 없이 모든 사람들이 열광하는 우상인데, 중국인은 능력이 뛰어나더라도 '품행문제' 때문에 일생동안 머리를 들고 다닐 수가 없다는 것이다. 사실 이런 논점도 아주 쉽게 반박할 수 있다. 유사 이래 중국의 권력자 가운데 품행이 문제가 되어 타도된 사람이 있는가? 반대로 서양 여론은 항상 정치인의 품행을 예의주시하고, 선거과정에서 생활상의 사소한 문제 때문에 정치생명이 끝나는 사람이 실로 적지 않다. 비교해 보면, 중국인은 '위쪽'(上邊)* 담장의 가시나무가 추한 것에 대해 오히려 무감각했다. 전통적으로 중국 정치계가 도대체 현자의 천하인가 아니면 능력 있는 자(권술가)의 천하인가는 지혜로운 사람이 아니더라도 알 수 있을 것이다.

사실 어떤 사회든지 건전한 사회라면 도덕기준과 공리기준을 동시에 갖고 있다. 문제는 이 두 가지 중 어느 쪽을 중시하고 어느 쪽을 경시하는가에 있는 것이 아니라 도덕관과 공리관은 사회생활의 변화에 따라 변화한다는 데 있다. 자연경제의 농업사회(중국 또는 서방의 중세를 막론하고)의 도덕은 종법공동체가 그 부속물인 사회성원을 속박-보호하는 유대이다. 공리관은 공동체의 안정에 '공'(功)이 되고 '이익'이 되는 것을 표준으로 삼는다. 이와 반대로 사회화 상품경제 조건하에서의 도덕은 독립된 권리 주체 사이의 사회계약이며 공리는 이런 주체 사이의 평등한 경쟁 속에서 실현되는 것이다. 종법사회에서 개인은 주로 공동체의 속박을 받아 "예가 아니면 보지도 못하지"만 공동체의 대표자인 대가장은 그가 하고자 하는 바를 멋대로 할 수 있다. 그는 공동체의 화신이자 도덕의 화신이어서 그에게는 어떤 외재적 도덕 규칙도 존재하지 않는다. 계약사회에서 도덕은 시민의 개성과 자유를 기초로 하지만, 사회의 고용자, 국가공무원은 모든 시민의 자유개성, 곧 유전자 의지의 제약을 받아야 하기 때문에 엄격한 도덕적 자율을 행해야 한다.

따라서 1988년 미국 대통령 선거에서 '라이스 사건'으로 하트의 정치생명은

* 중앙의 영도자를 지칭한다.

치명적인 위기를 맞이했지만, 도나 라이스 양 본인은 어떤 피해도 입지 않은 것은 이해하기 어렵지 않다. 분명히 이런 현상은 결코 '동양의 도덕문화'나 '서양의 공리문화'식의 피상적인 견해로는 설명할 수 없다. 아무리 명교(名敎)가 삼엄한 종법사회일지라도 도덕의 사각지대(예를 들면 '팔대 골목'〔八大胡同〕 따위)와 도덕이 쇠락한 시대(예를 들면 왕조 말기)는 있게 마련인데, 이를 도덕문화가 신문화로 대치되는 조짐으로 간주해서는 안되며 종법사회의 기본구조가 변하지 않은 상황에서 성 해방과 같은 것을 제창하는 것은 더더욱 무슨 문화적 진보행위가 아니다.

개인과 전체의 관계에서 중서문화의 차이를 거론하는 사람은 많다. 흥미로운 것은 이들은 너무나도 상반되는 견해를 제시한다는 점이다. 가령 어떤 사람은 중국문화가 단지 전체의 화합만을 중시하고 개인의 가치를 경시하는 데 비해 서양문화는 개인의 가치를 본위로 하기 때문에 경쟁 속에서 개인의 능력을 발휘할 수 있다고 말한다. 어떤 사람은 이와 정반대로 중국인은 한줌의 흩어진 모래와 같아 집단정신을 갖고 있지 않은 데 비해 서양인은 단결에 뛰어나다고 말한다. 이는 중국인의 저열한 근성을 개조하려면 도대체 집단주의가 더 많이 필요하다는 것인지 아니면 개인주의가 더 많이 필요하다는 것인지 혼란스럽기만 하다.

사회문화관에서 출발할 때, 관건은 집단주의와 개인주의 중 어느 것이 많고 어느 것이 적으냐에 있지 않고 이런 개념은 서로 다른 사회생활 속에서 완전히 다른 성질을 갖는다는 데 있음을 알 수 있다. 집단과 개인의 관계는 종법공동체의 농업사회에서 물질의 고립성을 기초로 한 일종의 인간의 의존관계이고, 상품경제가 발달한 상황에서는 물질의 의존성을 기초로 한 인간의 독립성이다. 보편적인 사회 변환과 물질의 변환, 전면적인 관계, 다방면의 수요 및 전면적인 능력체계를 결여한 종법농민 집단에서 개인·개성의 개념은 고립된 자연인일 뿐 독립된 주체가 아니며, 집단·전체의 개념도 정체된 사회의 연합에 대한 편협한 수요일 뿐 계약을 통해 성립한 천부적으로 독립된 주체들간의 상호관계와 연계가 아니다. 사회관계를 벗어나 중국문화에 집단주의가 너무 많다거나 아니면 개인주의가 너무 많다고 말하는 것은 혼란만을 초래할 뿐이다. 서양 중세의 종법농민문화에서 한줌의 흩어진 모래, 집단주의의 결여와 고여서 썩어 버린

물과 같은 상태, 자유개성의 결여는 모두 중국문화보다 못하지 않았다. 중국문화는 서양문화보다 우월하다든가 열등하다든가 한꺼번에 싸잡아 논평하지 말고 종법농민문화는 사회화 상품경제하의 근대문화보다 열등하다고 인정할 필요가 있다.

마지막으로 어떤 사람은 이상의 예들도 여전히 표면적인 것이라고 보고 중국과 서양의 '인성'이 본질적으로 다른 원인은 심층적인 사유방식에 있다고 생각한다. 이 견해에 따르면 서양인의 사유는 추상적이고 중국인의 사유는 구체적이며, 따라서 서양인은 이미 개체화했지만 중국인은 아직도 개체화하지 못했다고 한다. 또 서양인은 이미 본질에 도달했지만 중국인은 아직도 본질에 도달하지 못했고, 서양인의 본성이 본질이라면 중국인의 본성은 아직도 본질이 아니라고 한다. 이런 말장난은 집어치우고 단지 추상적인 형식논리로 말하자면, 위의 논점과 그 저자가 강조하는 중·서 문화의 차이는 발전 정도의 차이가 아니라 본성의 차이라는 주제와 서로 모순된다. 이른바 '이미 이루었다'와 '아직 이루지 못했다', '그렇다'와 '아직 아니다'의 구별은 바로 발전 정도의 차이가 아닌가?

사실 서양인의 타고난 본성은 추상에 뛰어나고 중국인은 단지 구체적인 것만 알 뿐이어서 서양인은 개체가 되었지만 중국인은 개체가 되지 못했다고 말하기보다는 종법농민사회 속에서 인간의 개성이 발달하지 못한 결과 추상적인 사유가 발달하지 못했다고 말하는 편이 옳다. 프랑스의 사회인류학자 레비 브륄의 '원논리사유'에 대한 연구에 따르면 사유양식의 차이는 사회유형의 차이(종족의 차이가 아니다)와 서로 상응한다.[5] 합리적 정신 또는 논리적 추상정신은 인간의 자유개성이 성숙한 결과이다. 따라서 인간이 여전히 협애한 인간군집의 부속물일 때 그의 사유는 상호침투원칙하의 집단표상 또는 집단무의식의 부속물일 뿐이다. 그가 공동체의 천연적 속박에서 벗어나 진정한 개체가 되고 나아가 주체가 되어 진정으로 자신의 이지(理智)로서 객체를 파악할 수 있을 때 그는 비로소 추상적인 논리구조를 혼란스럽고 비경험적인 집단표상에서 해방시킬 수 있다. 자유개성도 타고난 것이 아니라 결국 생산과 사회교류의 발전으로 형성된 풍부한 사회적 연계의 산물인데, 이것은 바로 교환가치의 기초 위에 성립된 생산을 전제로 한다.[6] 서양의 저명한 합리주의 사회학자 베버와 파슨즈

등도 합리적 정신(추상적인 논리이념)은 시민사회의 생활방식인 경제 합리성의 토양에서 탄생했다고 보았다. 그러나 오늘날 일부 사람들은 도리어 본말을 전도시켰다. 그들에 따르면, 서양인은 타고난 추상태도를 갖고 있어서 그들의 개성을 발전시킬 수 있었고 이로 말미암아 상품경제를 만들어 냈지만 중국인에게는 이런 천성이 없기 때문에 이 모든 것은 운명적으로 정해진 것이고 중국인과는 아무런 인연이 없다고 한다.

나는 중국인과 서양인 사이의 사유방식·개성발달·사회발전상의 차이를 무시할 생각은 없으나 중·서를 막론하고 발전의 기본방향은 다르지 않아서 양자 모두 종법공동체 속박하의 협애한 인간군집의 부속물에서 독립된 개체로 발전하고 더 나아가 자유개성을 낳는 방향으로 나아간다고 생각한다. 또한 사회발전에 대한 사유방식의 반작용을 부정할 생각도 없다. 여기서 다루려는 것은 닭이 먼저냐 달걀이 먼저냐의 문제가 아니라 종족문화관이냐 아니면 사회문화관이냐의 문제이다. 나는 중국 고전논리(예를 들면 묵가의 논리적 인식론 등)의 성과와 서양 중세문화의 원논리사유문제를 묘사할 의도는 없고, 다만 인간의 개성발달에 있어 추상태도의 중요성을 정말 중시한다면 문화연구에서도 이런 태도를 견지해야 한다는 점을 지적하고 싶다. 우리의 문화연구는 당연히 각 민족의 구체적 문화현상을 경험적으로 묘사하면서 그 표상에 관해 왈가왈부하는 수준을 넘어서야 하며, 얼마간 주·객체 상호침투의 원논리 색채를 띤 비이성적 경험을 강조하는 '문화 중심 연구법'도 뛰어넘어 문화역사발전의 논리과정 속에서 문화의 기본형태를 추출해 내야 한다.

요컨대 혼돈되고 초사회적인 종족문화현상, 가령 서양문화니 중국문화니 하는 따위 속에서 논리적이고 초종족적인 사회문화, 예컨대 자연경제시대의 봉건문화나 상품경제시대의 근현대 문화 등을 추상해 내야 한다. 이런 연구는 현재 직면하고 있는 문화적 곤경, 곧 의존적 인격, 비이성적인 집단무의식, 인성이 너무 부족하고 인정이 너무 많은 점 등등은 단지 중국인이라서가 아니다. 수억 인 모두가 공자의 가르침을 힘써 배우고 따라서도 아니다. 바로 중국이 종법공동체 속에 있기 때문이다. 이 공동체는 신비스러운 것이 아니기 때문에 이성적으로 해석될 수 있다. 그것은 생겨난 원인이 분명이 있으니 역시 논리적으로 합당한 원인에 따라 소멸될 것이다. 이런 연구는 역사의 논리가 부여하는 분투방

향을 명확히 보여줄 것이고, 사람들이 한탄스럽게 조상을 욕하고 "옛 길에 서풍
부니 말이 여윈다"(古道西風瘦馬)는 장탄식이나 내뿜도록 만들지 않을 것이다.

2. 아Q의 나쁜 근성 : 종법공동체 문화통합 속의 농민문화

중국 문화를 돌이켜 생각하는 목적은 봉건문화를 반대하자는 것이지 중국문
화 또는 '황색문명'을 반대하자*는 것이 아니다. 다음에 예로 든 사람들도 실제
로 봉건문화를 겨냥한 것이라고 나는 생각한다. 그러나 과학의 가치에서 말하
면 다음의 설명방식은 사실의 본질을 흐리게 했음이 분명하다. 사실 어느 누구
나 다 아는 것처럼 중국문화는 어떤 경우에도 서양문화로 변할 수 없으며 황색
문화가 구체적인 민족성을 지칭한다면, 그것은 '쪽빛문명'으로 변할 수도 없다.
그것이 추상적인 사회문화를 지칭한다면, 유럽문명도 언제나 쪽빛인 것은 결코
아니며 과거에는 황색문명이었다. '전통문화'의 개념도 명확치 않고 모호해서
'전통문화 중의 진수와 껍데기' 또는 '전통문화와 문화전통' 같은 명제간의 갈등
을 불러일으킨다. 뿐만 아니라 더욱 중요한 것은 사람들이 전통으로 간주하는
일련의 상징부호체계는 정말 진부한 사회심리상태와 결코 분리될 수 없는 것이
아니라는 점이다. 후자는 종종 상징부호체계의 대변환 또는 반전통 속에서 유
지되거나 심지어 강화되기도 하는데, 문화대혁명이 바로 전형적인 예이다.

요컨대 문화개조의 실질은 바로 반봉건이며 중국문화의 서양화는 불가능하
지만 자연경제하의 중세문화를 사회화된 상품경제하의 현대문화로 대체하는
것은 가능할 뿐만 아니라 반드시 대체해야 한다. 그러나 현재의 봉건문화 반대
구호는 '중국 전통문화' 반대구호만큼 호소력이 없다. 왜 그런가? 한 가지 중요
한 원인은 우리가 과거에 '봉건문화'의 내용에 대해 아주 좁게 이해했기 때문이
다. 실제로 봉건제를 소작제와 군주제로 이해하고 봉건사회를 지주와 농민이
양극 대립하는 사회로 간주함에 따라 '봉건문화'는 지주계급의 문화, 곧 지주의

---

* 이것은 1988년 6월 중국 중앙 텔레비전에서 방영한 기획시리즈 「河殤」의 관점을 말한다. 황하로 상징되는 중국
문화를 '황색문명'으로, 해양 진출을 바탕으로 한 유럽문명을 '쪽빛문명'으로 대비시켜 전자를 낙후·열등하다고
부정적으로 보고 후자를 발전·선진적이라 보고 전면 수용하자고 주장한 것이다. 이 프로그램을 계기로 중국
'전통문화'를 송두리채 부정하는 경향이 확산되었다.

농민 억압을 비호하는 문화라고 간주했다. 농민의 경우도 이런 문화의 영향을 소극적으로만 받아들였기 때문에 갖가지 한계성을 지닐 수밖에 없었다.

과거의 이런 전통문화관 속에는 하나의 근본적인 결함이 있다. "통치계급의 사상은 각 시대에 통치지위를 차지하는 사상"이라는 명제를 무한히 확대하여, 오직 '계급문화'로 사회문화를 대체하기에 이른 것이다. 이것은 완전히 잘못된 것이다. 사실 모든 사회구조는 서로 다른 사회원소가 일정한 규칙에 따라 조성한 질서체계로서 그 전체의 기능적 특징은 모든 단위 원소의 기능적 특징과 다르며 아울러 모든 원소가 단독으로 존재할 때 갖추지 못한 체계적인 특징을 부여할 수 있다. 이에 상응하여 사회문화체계는 그 사회를 구성하는 각기 특수한 집단의 하위문화가 통합되어 형성된다. 통합은 기계적으로 덧붙이는 것과 달리, 전체는 부분의 합보다 크다는 원칙에 따라 각 특수집단이 고립적으로 다루어질 때는 갖추지 못한 문화요소, 곧 일종의 전사회적 가치추구를 부여한다.

예를 들어 자본주의 사회에서 부르주아 계급을 단편적으로 보면 그가 추구하는 것은 더 많은 이윤일 뿐 그 밖의 것은 조금도 안중에도 없는 것 같다. 그러나 이 이윤은 물질의 의존성을 기초로 한 사회관계에서 등가교환을 통해야만 실현될 수 있고, 그로 인해 부르주아 계급은 논리상으로 반드시 자유주의자가 된다. 이와 마찬가지로 현대 프롤레타리아 계급의 성격도 이런 관계 속에서 형성된다. 그래서 마르크스주의의 자본주의에 대한 부정은 자본주의가 자유개성을 제창하기 때문이 아니라 사유제가 인간의 자유개성을 소외시켜 그 반대쪽으로 나아가게 함으로써 인간을 '자유롭게' 자본의 노예로 만들기 때문이다. 사회주의는 그 길을 되돌아가 자유인 연합체의 기초 위에서 인간 회복, 곧 인간의 자유개성을 회복시키고 각 개인의 자유와 모든 사람의 자유가 통일된 조건하에서 인간의 자유개성의 철저한 해방을 실현하는 것이다.

이상에서 알 수 있듯이 사회주의와 자유주의는 각기 자본주의 시대에 서로 대립하는 양대 계급을 대표하고, 대립된 행위방식을 갖추고 있음에도 불구하고 양자는 사회화된 상품경제 토양의 산물로서, 또 현대문명의 체현자로서 심층심리, 곧 가치취향 면에서—인신의존을 포기하고 자유개성을 숭상한다는—일치점도 갖고 있다. 따라서 부르주아 계급문화는 맨 처음 칼뱅주의 형태로 그 예봉을 드러낼 때 "결정적인 순간에 인간의 자유의지는 중요한 역할을 담당하며,

따라서 누가 구원의 은총을 받을 사람인가는 하느님이 아니라 인간이 결정한다"라고 선언했다.[7] 프롤레타리아 계급도 자신의 문화적 기치를 높이 치켜들 때 "인류의 행복을 창조하려면 전적으로 우리 자신에 의존해야 한다"고 선언했다. 아쉬운 것은 적지 않은 사회주의자, 특히 농민국가의 사회주의자가 자유와 개성을 부르주아 계급의 전유물로 간주했다는 사실이다. 현대문명과 적대한 파시스트는 농민을 사회의 '제1등급'으로 받드는 동시에 "자유주의와 사회주의는 모두 원자론(곧 개체 본위론)에 근거한 사회개념"이라는 점을 간파했다. 이런 '부르주아 계급과 마르크스의 세계관'은 독립된 인격을 부정하는 파시스트의 유기체적 사회관과 국가사회주의와 절대로 양립할 수 없는 것이다.[8]

프롤레타리아 계급문화와 부르주아 계급문화의 충돌은 자유개성을 최고의 가치로 삼는 현대문화의 통합과정에서 나타난 한 운동방식이며, 현대문화는 이런 충돌 속에서 발전하고 강화되어 중세 종법문화의 잔재들을 말끔히 제거하게 된다.

이와 반대로 봉건문화는 본질상 일종의 종법공동체 문화이며 그 핵심은 이른바 공동체 심리이다. 봉건문화는 공동체의 보호 획득을 최대의 가치로 추구하며 인간의 유대를 중시하고 물질의 유대를 경시한다. 구체적인 개인에 대해 말하면 이런 심리는 공동체가 자신을 보호하여 자연인인 자신의 사욕을 만족시켜주기를 희망한다. 따라서 "집에서는 부모에 의존하고 밖에서는 친구에 의존하며" 사회에서 각종 복잡한 인간관계망에 의존하여 자신이 공동체 내에서 안전한 위치를 확정하는 것을 좌표로 삼는다. 전체 사회에 대해 말하면 이런 심리는 공동체가 모든 개인의 주체적 정신을 속박하여 그것이 종법식의 고정된 틀을 파괴하는 데까지 나아가지 않게 해줄 것을 촉구한다. 이런 문화에 대해서 말하면 인간의 개체화와 사회화 그리고 그것과 연관된 모든 것은 무가치하거나 가치에 어긋나는 것일 뿐이다.

의심할 바 없이 봉건시대에는 농민과 지주(봉건주)의 대립이 존재하며, 일종의 계급(엄격히 말해서 등급)문화로서의 농민문화와 봉건주문화는 수많은 사회행위 규범상 서로 대립한다. 봉건주가 지조를 높이고 노역을 강화하려고 하면 농민은 당연히 반대하며, 농민이 소작료를 거부하고 노역을 기피하면 봉건주는 이를 진압하려고 한다. 그러나 우리는 이런 대립을 강조할 때, 이것이 자연경제와 종법공동체의 기초 위에서 발전했다는 사실을 자주 망각한다. 농민은 억압과 착취에 저항할 때 종종 공동체의 보호에 본능적으로 의지하여 공동체의 전통으로 착취자의 탐욕을 속박하려고 하며, 봉건주도 억압과 착취를 할 때 공동체에 의존하여 농민을 속박해서 자신에게 의존하게 만들고 공동체의 전통으로 자신의 천연수장의 지위를 보호하려고 시도한다. 양자는 종종 각자 이익의 관점에서 자연경제와 종법공동체의 일반 가치관과 속박-보호가 대립·통일된 사회적 기능을 체현했다. 그러나 이런 가치-기능 체계는 상품경제와 자유개성을 기반으로 성립된 근현대 문화와 완전히 대립되는 것이다. 따라서 왜 중국 고대의 관변 유교문화는 "부족함을 걱정하지 않고 균등하지 못한 것을 걱정했으며" 역대 농민봉기도 평균주의를 기치로 삼았는지, 왜 러시아의 보수파 귀족은 "강자를 억압하고 약자를 도와주며" 농촌공동체의 신성불가침을 고취했으며 농민도 '공동체 이탈자'에 대한 제재를 주장했는지, 왜 프랑스 대혁명 중에 왕당파와 방데 농민은 일치하여 종법공동체의 입장에 서서 '탐욕스런 사유자'—부르주아 계급—를 반대했는지를 이해할 수 있다. 또 중국혁명 후에 지주를 타도하고 더 나아가 그 자손을 연좌제로 묶어 놓았으며, 몇십 년 동안 '착취계급의식'의 영향에 대한 비판이 때로는 신경과민 지경에 이르렀음에도 불구하고 왜 중국사회에는 봉건문화의 강력한 침전물이 계속 남아 있다가 특정 시기(문화혁명 10년)에 악성적으로 범람했는지를 우리는 이해하기 어렵지 않다.

따라서 우리는 농민이 착취와 억압에 반대하는 입장의 정당성과 그들이 새로운 선진세력의 지도 아래 반봉건의 주력군이 될 수 있음을 긍정하지만, 종법농민문화는 본질적으로 지주문화와 마찬가지로 봉건문화, 곧 자연경제와 종법공동체의 가치-기능체계를 대표하고 상품경제 및 자유개성과 대립되는 문화에 속한다는 점도 반드시 인식해야 한다.

일반적으로 봉건시대 농민의 문화('지식을 배운다'는 의미에서 '문화'를 가리킨다) 수준은 비교적 낮고 당시의 사상가나 엘리트들은 대개 봉건주 또는 천연수장 등급에서 나왔기 때문에 많은 사람들이 흔히 종법농민문화를 일종의 집단무의식의 존재로 표현했다. 설령 그들의 이익과 요구를 대표하는 진정한 엘리트, 예컨대 뮌처(Thomas Münzer, 1490~1525), 훙슈취안 같은 사람은 종법농민의 심리·의도·가치추구를 의식적으로 표현해 낼 수 있었지만 그들 역시 주로 봉건주 진영에 속하는 전통 엘리트들이 창조한 상징부호체계를 도구로 이용하여 이를 실현할 수 있었을 뿐이다. 따라서 비록 종법농민과 봉건주라는 사회학적 의미에서의 등급 구분은 문화학 의미에서의 '대중'과 '엘리트'란 충차 구분과 다르지만, 우리는 종법농민문화를 봉건문화 — 종법공동체문화 — 의 대중화된 형식에 가까운 것으로 간주하여 봉건주 사대부 사상가들 사이에 나타난 엘리트 문화형식과 구별할 수 있다. 따라서 봉건문화 속의 종법농민문화와 봉건주 사상문화의 관계문제는 실제로 종법공동체의 대중문화와 엘리트 문화가 운동 속에서 통합되는 문제이다.

봉건적 엘리트 문화가 제시한 일련의 상징부호체계는 종법공동체 안의 사람들의 행위-사유 표준을 규정하지만, 그것이 이런 역할을 담당할 수 있는 것은 전적으로 대중의 이해를 획득했기 때문이다. 현대의 해석학이 보여주듯이 어떤 이해도 전이해(前理解)의 '선입관'(vorurteile)을 떠나 존재할 수 없고, 따라서 대중의 심리에 잠재된 이 같은 선입관이 문화 통합에서 담당하는 작용은 실제로 엘리트들이 제시한 부호규범에 비해 훨씬 크며 훨씬 안정적이다. 어떤 부호규범도 그것이 통치자의 사욕에 어떻게 영합하든 상관없이 만일 그것이 대중의 심리에 부합할 수 없다면 사회에서 존재할 수 없다. 중세 신학목적론 문화가 유행하도록 만든 결정적인 힘은 성 아우구스티누스의 참회가 아니고 로마 교황의 밀라노 칙령과 니케아 종교회의도 아니며, 고대사회가 몰락한 후에 사람들이 (실제로는 농민들이) 자유를 혐오하고 '보호를 찾는 심리'였다. 유가가 중국 봉건시대에 백가와 싸워 이겨서, 고대에 유행한 자유방임을 주장하는 도가와 강자(强者)로 장자(長者)를 대신하는 법가를 누르고 독점적인 지위를 차지할 수 있었던 어유도 온정과 안정감을 추구하는 종법농민의 심리에 더 잘 부합할 수 있었기 때문이다. 대중문화로서의 유가가 사회에 미친 장기적이고 잠재적인 영향은 지주계급 사상가들의 영향을 초월했다. 이제는 더 이상 홍슈취안처럼 모든 것을 "공자의 가르침이 잘못된" 탓으로 돌릴 수는 없다.

순수한 종법농민은 단지 논리상의 전형 개념일 뿐이다. 사실상 봉건시대의 농민도 봉건사회 내부의 상품경제의 발전에 따라 그 개성과 독립된 인격을 키우고, 마침내 종법성을 벗어나 초기 부르주아와 프롤레타리아로 분화되거나 또는 아메리카를 개척한 청교도 같은 독립적인 소부르주아 농민이 되었다. 이처럼 그들은 새로운 사회문화를 대표하는 가장 혁명적인 세력이 되었다. 그러나 이것이 봉건사회 후기의 유일한 추세는 아니다. 사실 종법공동체는 일종의 속박일 뿐만 아니라 일종의 보호이기도 한 만큼 종법공동체에서 독립된 개성에 이르는 길은 두 가지이다. 하나는 자신의 자유로운 개성을 발전시키려고 노력하는 농민 사유자가 천연수장을 타도하고 공동체의 속박에서 벗어나 자유 농장주가 되는 길이고, 다른 하나는 종법 전통의 속박을 다시는 받지 않으려는 부르주아화한 지주가 농민을 착취하여 농민이 공동체의 보호를 상실케 함으로써 아무 것도 가진 것이 없을 정도로 자유롭게 만드는 길이다. 이것이 바로 레닌이 설명한 미국식 길과 프로이센식 길이다. 둘 중 어느 길을 가는가는 상품경제에 더욱 깊이 편입되어 이를 통해 이익을 얻는 세력이 농민 등급 출신인지 아니면 봉건주 등급 출신인지에 의해 결정된다.

후자의 경우 부르주아화한 옛 봉건주는 종법공동체의 와해를 강행하여 거리낌 없이 농민을 착취하고 농민에게 아주 심각한 재난을 초래함으로써 강렬한 종법정서를 자극하여 프로이센식 자본주의 발전에 반대하는 투쟁물결을 야기했다. 이런 물결은 공교롭게도 프롤레타리아 계급운동과 결합된 상황에서 객관적으로 신민주주의혁명의 성격을 갖고 있다 하더라도 예컨대 이런 물결 자체는 오히려 종법문화의 가치론 위에서 형성된 것이어서, 그것이 도의상 얼마만큼 동정을 얻을 수 있는가와 관계 없이 실제로는 농민문화의 반동이다. 이란 팔레비의 '백색혁명'이 야기한 군중성 이슬람 근본주의운동과 '호메이니 현상', 독일의 프로이센식 발전이 조성한 광대한 '자유로부터의 도피' 현상, 러시아 스톨리핀 개혁이 촉발한 농촌공동체 회복의 농민운동이 그렇다.

근대 중국이 프로이센식 발전과정에 있었다고 말할 수는 없지만, 중국에는 오래 전부터 지주·상공업자·고리대업자 삼위일체설이 있듯이 농민이 상품경제에 편입된(비록 변용된 형태라 할지라도) 정도는 지주에 훨씬 못 미쳤다. 중국 농민은 농장주의 신분으로 봉건속박을 깨뜨리고 상품경제의 발전을 요구한 것이 결코 아니라 "궁하니까 변화를 꾀하고" 죽음 속에서 살길을 찾아 반기를 든 것이다. 이런 문화적 배경이 자본주의 속에 녹아 들어가는 과정에서 파시즘적인 현상을 낳을 수 있으며, 사회주의 속에 녹아 들어가는 과정에서 '스탈린 현상'과 '마오쩌둥 현상'을 낳고, 이슬람교의 보수파가 이끄는 반현대화운동에 섞여 들어가 '호메이니 현상'을 낳게 된다. 중국이 당면한 현재의 문화적 곤경을 조성한 근원은 바로 여기에 있다.

3. 도시 속의 촌락: 도시인의 농민의식

앞의 분석을 통하여 독자들은 내가 이야기하는 농민문화란 자연경제 상태의 농업사회에서 인간의 의존관계를 기반으로 삼는 종법농민의 문화임을 알 수 있을 것이다. 그것을 단지 농업에 종사하는 사람의 문화로 이해해서는 안된다. 예컨대 자본주의 정신으로 북아메리카를 개척한 청교도 농민의 문화는 이런 의미의 농민문화에 속하지 않는다. 한편 자연경제의 분위기 속에서 종법공동체는 마치 '모든 곳을 비추는 햇빛'과 같이 도시와 비농업 분야에도 향촌의 사회관계를 복제해 놓는다. 따라서 사회화된 상품경제 속에서 성숙한 시민문화(이에 상응하여 향촌에서는 농장주문화가 발육되어 나온다)가 나오기 전까지는 도시는 문화의 본질 면에서 '도시 속의 촌락'에 지나지 않으며, 시민은 심리의 본질 면에서 '도시에 거주하는 농민'에 지나지 않는다. 이런 상황에서는 농업에 종사하지 않는 주민도 농민의 인격을 지니고 있으며 농민문화의 지배를 받는다.

중국의 마르크스주의 농민학자 천한성은 1920년대 말에 "내가 말하는 도시는 그 성격이 city와 유사하지 않으며, 내가 말하는 향촌은 그 성격이 country와 같지 않다"고 지적한 바 있다. 아직도 이 주장은 유효하다.

근대의 도시가 암울한 종법농촌 속에서 흥기했다고 할 때, 도시는 어떤 개념인가? 도시는 단지 고층건물, 끊임없이 이어지는 차량행렬, 시끄럽게 울려 대는 기계소리, 책 읽는 소리만은 아니다. 본질적으로 말하면 그것은 일종의 새로운 인격, 새로운 문화의 흥기를 의미한다. 그것은 엄숙하고 느린 향촌생활과 서로 대립되는 빠른 박자의 '도시 광시곡'을 의미한다. 그것은 전원시적인 화목·평온과 서로 대립되는 진취·경쟁, 필사적인 싸움으로 승부를 가리는 '시민정신'을 의미한다. 그것은 "할일 없는 시간이 곧 자본"인 농민경제논리와 서로 대립되는, 시간은 곧 돈이고 효율이 곧 생명인 가치관념을 의미한다. 그것은 정체된 농업문명과 서로 대립되는 넘쳐흐르는 생기를 의미하며, 한 자루의 감자와 같은 협애한 인간군집과 대립되는 시민개성을 의미한다.

유감스럽게도 아주 오랫동안 중국의 도시는 결코 이런 모습이 아니었다. 도시는 향촌의 생활 리듬보다 더 느리고 엄숙했다. 도시는 향촌생활보다 진취와 경쟁, 승부를 가리는 정신이 부족했다. '8시간 노동제'는 이름뿐이었고 실제 내용은 없었다. 공장의 수많은 사람들은 아무 하는 일 없이 빈둥거렸고 기관 내의 많은 사람은 차 마시고, 담배 피우고 신문 보는 데 반나절을 허비했다.

중국의 많은 시민은 농민보다 개성이 없고 더 의존적인 인격을 지녔으며, '조직'을 떠나서는 살 수 없다. 농민은 언제 씨 뿌리고 언제 수확할 것인지 스스로 결정하는 주체성을 갖고 있지만 중국의 도시는 상부에서 내려오는 '명령서'가 없으면 거의 움직일 수 없다.

서양과 중국의 도시화과정에서 대량의 농민이 도시로 유입되었다. 그러나 서양 농민은 기회를 찾아 도시로 왔고 그 전제조건은 경쟁에 뛰어들 심리와 능력에 대한 준비였지만, 중국 농민의 도시 진입은 특수한 등급신분, 곧 도시호구*를 찾아온 것이며 그 전제조건은 반드시 '관시'가 있어야 한다는 것이다.

따라서 중국에서 항상 소생산의 병폐라고 지칭되는 수많은 것들, 가령 개인숭배와 평균주의, 그리고 눈에 핏발이 설 정도로 남의 성공을 시기하는 질투병 등은 모두가 도시에서 농촌으로 확산되었으며, 심지어 농업국가의 비극인 문화대혁명조차 주로 도시에서 상연되었고, 특히 도시의 정수인 고등교육기관에서 제일 먼저 상연되었다는 것은 전혀 이상한 일이 아니다.

개혁·개방시대인 오늘날에도, 도시 사람은 거꾸로 도시에 들어와 사업을 벌이는 '촌사람들'과 계약제 노동자들을 통해 어떻게 해서 자신이 시민이 되었는지를 발견하고 놀라지만, 이것도 전혀 이상한 일이 아니다.

이런 사실은 이론상 모순된 논의를 유발한다. 한편으로 중국은 농민의 자급자족 경제와 가부장제 정치의 역사문화배경이 인민공화국의 구모델을 형성한 중요 요인임을 통감하면서도, 다른 한편 중국의 개혁은 도시가 농촌에서 배우고 노동자가 농민에게서 배우는 형식으로 진행되었다. 중국은 집단화와 농산물

---

* 중국의 현행 호구제도는 농촌호구와 도시호구를 법률상 명확히 구별하여 진학, 입대, 결혼, 합법적 취업의 경우가 아니면 농촌에서 도시로의 전입을 금지하고 있다. 도시주민은 농촌주민이 받지 못하는 국가의 혜택을 받는다. 의료보험은 그 하나의 예이다.

강제 할당구입 등에서 농민 개조에 지나치게 조급하고 농민에게 지나치게 가혹했던 것을 반성하면서도 한편으로 '오칠도로'(五七道路)*와 빈농·중농의 재교육을 받아들이는 '농민화' 경향을 비판하고 있다. 도대체 중국에는 '농민정신'이 너무 많은가 아니면 너무 적은가? 만일 구모델이 "농촌에서 도시를 포위하는" 혁명 후에 형성된 것이라면, 개혁운동 중의 새로운 "농촌의 도시 포위"는 또 한 바퀴 빙 도는 순환을 만들어 낼 것인가?

분명히 문제의 핵심은 종법농민문화가 도시에서 통합되고 확대되어 농촌으로 피드백되는 메커니즘을 어떻게 해석하는가에 있다.

중국과 러시아는 원래 농민국가이며 이른바 '국민성'이란 기본적으로 농민성이다. 20세기 초의 러시아 노동자의 94%가 농민가정 출신으로서 스탈린 시대의 고속 공업화가 초래한 도시인구의 팽창은 시민성분의 농민화를 특징으로 한다. 중국에서는 이런 특징이 소련보다 더 명확하다. 이렇게 형성된 노동자 집단은 서양의 노동자와 같이 중세 시민계급의 하층(수공업자, 직인 등)에서 발전되어 나온 것이 아니며, 시민문화의 세례를 받은 적이 없었다. 그들이 노동자가 된 후에 직면한 사회경제 형태는 변했으나 문화심리, 특히 가치관념은 곧바로 그와 동일한 속도로 바뀔 수 없었다. 1905년 러시아 노동자가 가퐁 신부를 따라 차르에게 청원한 사건에 반영된 '황권주의'의 노동자에 대한 영향이 바로 그 예이다. 일부 학자는 서유럽 노동자와 비교하여 러시아 노동자의 장점은 비교적 사회 민주주의의 영향을 적게 받은 것이고, 단점은 비교적 많은 '길드성'을 유지한 것이라고 지적했다.[9] 러시아의 길드는 종법 농촌공동체 조직의 도시판에 지나지 않았다. 중국의 노동자는 해방 전에 십장제와 노무 공급 청부제 등 전자본주의적 관계의 억압을 러시아 노동자보다 더 보편적으로 받았으며, 고통은 더 심하고 종법요소의 잔재도 더 많았다.

그러나 이렇게 말하는 것만으로는 당연히 현재 '도시 속의 촌락'이 왜 진짜 촌락보다 더 촌락 같은가의 문제를 설명하기에 턱없이 부족하다. 왜냐하면 도시인의 농민습성은 진정한 종법농민과 비교할 때 논리상의 잔재에 지나지 않기

* 1966년 5월 7일 마오쩌둥의 이른바 '5·7 지시'. 전국의 모든 부문은 공업과 농업을 행하고, 교양과 군사력을 동시에 배양하는 혁명화된 학교로 만들고, 모든 사람이 프롤레타리아 계급의 정치적 자각을 지닌 공산주의적 새로운 인간으로 육성되어야 한다는 것.

때문이다. 문제는 이런 잔재와 도시 안의 '사회주의 자연경제' 요소가 통합효과를 일으키고 그 결과 그것을 더욱 강렬하게 확대시킨 데 있다. 중국과 러시아가 혁명 후 도시에 수립한 국가 소유제와 이른바 '생산품경제'는 순수한 경제학적 의미에서 보면 당연히 종법공동체와 자연경제가 아니다. 그러나 문화심리상의 혁명이 뒤따르지 못함으로써 사람들은 상당한 정도로 종법공동체의 시선으로 사회주의 공유제와 그 우월성을 바라본다. 농촌공동체화로 독립농장과 자작농을 소멸시키는 과정을 막 경험한 러시아 농민은 도시로 들어온 후 자연히 종법공동체의 '토지분배' 관념에 입각하여 '다궈판 공동체'의 '밥 분배'를 만들어 내며, 개인은 협애한 인간군집의 부속물이라는 관념에 입각하여 개인은 조직의 부속물이란 관념을 만들어낸다. 이런 관념은 사회주의 공유제를 개인이 전면적으로 발전한 기초 위에서 자유개성이 형성되기 위한 조건으로 간주하지 않고, 경쟁을 회피하고 개성을 소멸하는 보호처로 간주한다. 이런 보호처의 보호작용(달리 말하면 곧 속박작용)은, 당연히 토지분배만 있고 밥 분배는 없으며 이른바 비바람을 견뎌 내지 못하는 가정경제를 남겨 둔 농촌공동체로서는 도저히 따라갈 수 없는 것이었다. 사회주의 민주혁명과정에서 이런 통합효과를 타파하지 못한다면 도시는 농촌공동체보다도 농민심리·종법관념·의존관계에 더 적합한 온상이 되었다. 고대사회 말기에 국가가 모든 것을 떠맡아 빵과 오락을 제공하는 상황에서 로마 시민이 적극적인 도시국가의 시민에서 어떻게 아무 개성도 없고 진취성도 없고 오로지 권력에 복종하는 종법집단으로 변했는지, 그리고 도시가 어떻게 문명에 대한 주도권을 향촌에 넘겨주게 되었는지를 우리는 알고 있다. 불행하게도 이런 현상은 오늘날에도 일정 정도 재연되고 있다.

따라서 '사회주의 자연경제'의 구모델하에서 도시인의 평등한 경쟁에 대한 심리상의 감당능력이 농촌사람에 비해 훨씬 뒤떨어지고 대생산 중의 노동자가 소생산의 농민보다, 국유경제 노동자가 집단경제 노동자보다, 집단경제 노동자가 개체 노동자보다 더 '다궈판'에 연연해하고, 개인숭배, 불법적인 억압, 권력본위, 종법식 '관시망' 등 중세의 풍습이 문명화된 도시에서 발생하여 그 후 농촌으로 확대되는 상황이 나타난 것은 조금도 이상하지 않다. 발달된 상품경제를 기반으로 한 도시문명이 형성될 수 없는 상황에서 민족문화의 대중전파 중심인 도시는 어느 정도까지 농민문화의 중심이 될 수 있고, 심지어 도시가 전파

상의 지위에 의존하여 농민문화를 엘리트 문화로 승화시켜 광대한 농촌으로 피
드백시키거나 어떤 때는 강제적으로 피드백시킴으로써 농민을 '교육'하여 자유
개성의 맹아를 억압하고 농민문화, 곧 종법공동체의 정신으로 농민을 개조하는
책임을 담당한다.

예를 들면 1920년대 이전에 소련의 농민정책문제를 토론하는 과정에서 부하
린을 대표로 하는 일파는 농민에게 온정정책의 실행을 주장하면서 소농경제의
발전 잠재력이 크다고 생각했다. 그러나 트로츠키 반대파와 후에 스탈린을 대
표로 하는 다른 한 파는 농민에게 강경태도를 취하자고 주장하면서 당시의 농
촌공동체 농민경제에 대해 큰 불만을 갖고, "과거의 순수한 농민공동체의 부
활"은 심각한 위험을 내포하고 있다고 생각했다.[10] 표면상 부하린은 '친농민'적
이고 인민주의적 경향을 띠었다고 공격받았다. 반면 좌파(후의 스탈린도 포함하
여)는 '반농민'적이었다. 그들은 1920년대 말과 1930년대 초의 대전환 시기에
신인민주의에 반격을 가하는 운동을 일으켰으며, 심지어 인민주의적 경향을 갖
고 있는 일련의 지식분자를 '노동농민당'(조작된 '반혁명지하당')으로 엮어 제거
했다. 그러나 그들이 과거의 진짜 농민공동체를 반대한 것은 공동체의 종법성
을 반대하거나 농민의 개성과 진취성에 대한 공동체의 억압을 반대한 것이 아
니라 공동체의 자본주의 경향을 반대한 것이며, 그들은 상품경제와 농민의 진
취성에 대한 종법공동체의 억압이 아직 불충분하다는 것을 불만스럽게 여겼다.
그들은 인민주의를 종법농민문화의 현대문화에 대한 반동으로 보아 비평한 것
이 아니라 일종의 초인민주의적인 입장에 서서 인민주의의 이와 같은 종법농민
적 반자본주의 사조를 자본주의 자발세력으로 간주하여 파괴한 것이다. 분명히
이런 방식의 '반농민'은 실제로 농민의 종법성과 연합하여 농민의 사유성을 반
대함으로써 진짜 농민공동체가 그 속박-보호 기능을 더 강화하도록 하고 상품
생산자—독립농민경제—가 몸둘 곳을 찾지 못하도록 만들었을 뿐이다. 최종
적으로 그들은 이와 같은 과거의 종법공동체를 '농업사회주의 개조의 버팀목'
[11]으로 삼아 농업 집단화를 실현하고, 그에 상응하여 도시 안에서 사회주의 자
연경제 모델의 원시축적과정을 완성했다.

이상에서 알 수 있듯이 '사회주의 자연경제' 모델 위에 건립된 도시문화와 농
민문화가 충돌하면서 통합된 결과, 농민문화의 종법공동체정신이 더 강화되고

아울러 '도시 속의 촌락'이라는 현상의 문화적 기초가 형성되었다. 통합 후의 사회문화 속에서 엘리트는 '대생산 집단소유제'를 최고의 가치로 삼고 대중들은 공동체 심리를 더욱 공고히 함으로써 인간의 현대화, 개체화와 사회화, 이성과 자유개성의 발전 그리고 이 모든 것의 기초인 전면적인 교환관계는 사회의 가치목표 체계 속에서 지위를 상실하게 되었다. 그 결과 도시는 정치·경제 면에서 농촌을 정복하고, 농촌은 오히려 문화심리 면에서 도시를 정복했다. 이런 결과는 사회주의 현대화 과정에 큰 장애가 되었을 뿐만 아니라 마르크스 사회주의 이상의 최초의 지향 및 소망과도 완전히 어긋났다. 이것의 교훈은 "농민심리의 개조가 너무 철저하게 너무 빨리 진행되었다"는 문제가 결코 아니다. 당면한 개혁의 본질도 단지 '농민에 대한 양보'의 문제나 도시가 농촌으로부터 배우는 문제가 결코 아니다. 이와 반대로 당면한 개혁의 본질은 사회주의 민주혁명으로 종법농민문화의 통합 효과를 타파하는 것이다. 이 임무는 매우 어렵고 막중한 것이어서 농촌에서 상품경제를 발전시키고 그 메커니즘을 도시에 도입하는 것은 단지 서곡 중의 제1음부에 불과하다. 오직 도시가 '도시 속의 촌락'이라는 전원 분위기를 벗어나 현대화된 도시 광시곡을 연주하고 새롭게 농촌의 전진을 인도하는 문화의 주류가 되었을 때만 중국은 비로소 현대화 통합과정의 바람직한 환경에 들어섰다고 말할 수 있다.

4. 농민문화와 문화를 가진 농민: 중국 지식인의 전통심리

종법공동체의 문화통합에서 농민문화와 지식인의 관계도 상당히 흥미로운 문제이다. 논리적으로 말하면 이 문제는 단지 중국의 지식인에게만 한정된 것은 아니지만 중국 지식인이 그 전형이라는 것은 의심할 여지가 없다. 많은 봉건사회에서, 예를 들면 서유럽 중세사회에서 지식인은 주로 성직자였고, 세속인 집단에서 농민은 더 말할 것도 없고 귀족의 문화수준 역시 상당히 낮았다. 중국 봉건시대에 지식인은 세속인 집단이었을 뿐만 아니라 상당 부분 농민 출신이었는데(빈곤은 농민이 교육받을 기회를 제한했음에도 불구하고) "아침에는 농부였으나 저녁에는 관리가 되는" 일이 거의 없었던 것은 아니다. 주관적으로 말해서 적지 않은 지식인이 시골뜨기를 업신여겼음에도 불구하고, 그들의 심리와 인격에는 오히려 종법농민문화의 깊은 낙인이 찍혀 있었다. 만일 종법식의 도시가 문화 본질에서 '도시 속의 촌락'일 뿐이라고 한다면, 전통적 지식인은 문화심리 면에서 '문화를 가진 농민'이라고 말할 수 있을 것이다.

일반적으로 중국 전통사대부의 성격을 논할 때 사람들은 항상 그들이 유가의 영향을 받았음을 강조하려고 하지만, 사실 이는 매우 천박한 이해의 표상이다. 중국 지식인은 모두가 유교의 가르침을 입신의 전범으로 삼지는 않았지만 종법식 인격의 속박을 벗어나기는 어려웠다. 진시황을 도와 유가를 생매장하고, 최후에는 자기 고향 상차이(上蔡) 현의 개 한 마리도 얻을 수 없게 된 리쓰(李斯)에서부터 문화대혁명기에 유교를 비판하도록 명령을 받은 박식한 학자에 이르기까지 중국의 지식인은 비록 극단적으로 유교를 반대하고 배척하는 상황이긴 했지만 그 인격의 비극적인 색채를 경감할 방법조차 없었을까? 사실대로 말하자면 봉건 사대부가 숭배한 유교는 그들의 종법식 인격을 기반으로 하여 새로이 이해되고 해석된 것으로, 본래 의미의 공자학설과는 상당히 다르다. 따라서 유가사상이 중국 사대부의 전통적인 인격과 심리를 조성한 것인지, 아니면 이런 인격과 심리가 이른바 유가사상을 만든 것인지는 연구해 볼 만한 가치가 있는 문제라고 할 수 있다.

오늘날 중국 지식인의 인격문제를 논의할 때 항상 다음과 같은 일종의 이율배반에 직면한다. 어떤 사람은 중국 지식인은 '사명감'의 구속을 받아 독립된 인격이 부족하다고 비판하는데, 다른 어떤 사람은 오히려 중국 지식인은 스스로 고결하다고 생각하여 '참여의식'이 부족하다고 말한다. 사실 이런 지식인의 전통적인 성격은 그 기원을 연구해 보면 종법농민 성격에 내재한 이율배반이 엘리트화된 표현에 지나지 않는다. 어떤 사람은 종법농민은 비굴한 근성이 많고 청렴하고 공정한 나리만을 알 뿐 민주관념이 너무 부족하다고 하고, 어떤 사람은 오히려 종법농민은 제멋대로 하는 습관이 있어 명령과 금지가 통하지 않고 자유주의가 너무 많다고 한다. 종법공동체에서는 이런 상황을 바꾸기 어렵다. 종법공동체는 그 고유한 고립성 때문에 자연인을 사회인으로 변화시킬 수 없고 사회의 통합화와 체계화 과정을 진행할 수 없다. 종법공동체는 또한 종법공동체에 고유한 인간의 의존성으로 말미암아 의존적인 인간을 개체화된 인간으로 변화시킬 수 없고 사회의 원소화와 자유화 과정도 진행할 수 없다. 뿐만 아니라 이 두 측면은 상반되면서도 서로 잘 어울려 원인과 결과가 되고 조화·통일되어 '중용'의 원칙이 기능을 발휘할 수 없게 만든다.

그리하여 이와 같은 종법집단 속에서 일반대중은 풀어놓으면 혼란스럽고 통제하면 움직이지 않으며, 집단주의를 말하면 아무런 개성도 없는 한 웅덩이의 죽은 물이 되고, 개인주의를 말하면 혼란되어 무질서한 한줌의 모래가 되는 것을 피할 수 없다. 종법집단의 엘리트는 '참여'하면 노예와 같은 군중을 통제하는 주인이 되고, '독립'하면 세상에 쓸모없는 은사(隱士)가 되어, 이러지도 저러지도 못하는 상황에 처한다. 이른바 유가와 도가가 상호 보완하는 현상은 사실 이와 같은 것에 지나지 않는다.

종법공동체에서 보호는 속박과 대립·통일되어 있어서 보호자는 동시에 속박자일 수밖에 없다. 그래서 종법농민은 스스로 자신을 대표하지 못하고, 높은 곳에 앉아 공동체에 비와 햇빛을 내려 주는 천연수장이 그들을 대표하게 되었다. 이로 인해 중국역사에서는 농민 영수일수록 농민을 더욱 가혹하게 속박하는 현상이 자주 나타났다. 아울러 중국의 전통 지식인도 스스로 자신을 대표할 수 없다. 이것은 마치 천리마가 천리마인 것은 (말 스스로 뛰어나서가 아니라) 말 같지도 않은 것을 바이러(伯樂)*가 잘 보아 주었기 때문인 것과 같다. 실제로 종법농민집단의 농민영수의 반농민현상은 '문화를 가진 농민' 속에서 체현된 것이다.

바로 이 같은 '문화를 가진 농민'의 상황으로 인해 중국의 전통 지식인은 일반 종법농민보다 상징기호체계 의미에서의 지식을 더 많이 갖고 있음에도 불구하고, 심리상태와 사유-행위방식은 일반 종법농민과 적지 않은 내재적 유사점을 갖고 있다. 종법농민 집단 속에는 구체적 농민과 추상적 농민이라는 이중가치체계가 존재하고 구체적 농민의 극단적인 실리주의 가치관과 추상적 농민의 극단적인 반실리주의 가치관의 대립·통일이 존재한다. '문화를 가진 농민'의 신상에 반영된 것은 이른바 중국 지식인의 지식론상의 실리주의(순수사유를 반대한다)와 가치론상의 반실리주의(의리를 중시하고 이익을 경시한다)이다. 종법농민 사유방식의 비이성적인 성질이 '문화를 가진 농민' 신상에 반영된 것은 인식방

---

* 춘추시대 진(秦)나라의 유명한 말 감별사.

법론상 논리구조체계가 부족한 전통지식인의 상식적인 본체관과 직관적 경험론 경향이다. 일반 종법농민집단의 윤리관과 마찬가지로 '문화를 가진 농민'의 전통윤리도 인정을 중시하고 인성을 경시한다. 다른 점이 있다면 그들이 종법 공동체에서 인신유대를 부호화된 '예'(禮)로 승화시켜 준수하는 데 반해, 일반 종법농민이 인정을 중시하는 것은 일종의 본능에 지나지 않았다는 것뿐이다.

따라서 중국의 전통지식인과 종법농민집단의 관계는 상당히 미묘하다. 그들 중의 수많은 사람은 등급지위가 현격히 달라 생활방식과 사업상 농민군중과 격이 다르고, 계급(등급)이익 면에서는 농민과 적대했지만 종법심리 면에서는 자연적으로 종법농민과 한 무리가 된다. 따라서 우리는 농민을 도살하여 '쩡 이발사'라는 호칭을 얻은 대도살자 쩡궈판이 왜 "손발에 못이 박히도록 일하는" "아주 궁벽진 곳의 가난한 백성"을 칭찬하고, 시정의 부유층 자식을 싫어했는지 이해하기 어렵지 않다. 이와 반대로 '농민영수' 홍슈취안은 오히려 농민을 하등인으로 간주하여 『천조전무제도』 등의 문건에서 죄를 범한 천조의 각급 관원에 대한 징계 내용 가운데 "내쫓아 농민으로 삼는다"는 엄한 규정을 두었다. 역사상 농민을 혐오한 중국의 전통 지식인은 적지 않았고, 당대(唐代)의 시인 바이쥐이(白居易), 두쉰허(杜荀鶴) 등과 같이 농민을 동정하고 관심을 기울이며 심지어는 농민에 동화된 지식인도 많았지만, 진정으로 농민을 이해하고 비판적 태도로 농민을 인식한 경우는 거의 없었다.

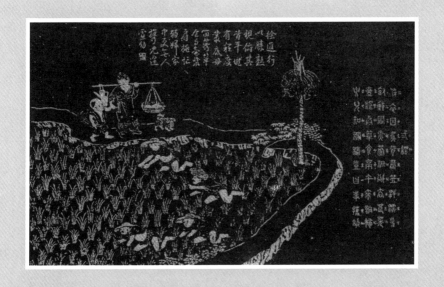

9장 구체적 농민과 추상적 농민의 이중적 가치체계

1. 종법농민사회 가치취향의 이중성

인류의 집단문화구조의 중요한 요소이며, 심지어 핵심 요소라 할 수 있는 것이 가치취향이다. 사회 속에서 사람들은 각종 행위관념에 대해 스스로 평가를 내리고 이에 근거하여 선택을 하며, 무수한 개인 또는 소집단의 가치 선택이 통합을 거친 후에 사회적 가치를 형성하고, 이것이 전사회적인 행위의 전반적인 흐름을 결정한다.

상품경제가 고도로 발달한 현대사회에서 사람들은 경제적으로 밀접하게 얽혀 있어 서로 의존하지만, 인격적으로는 상호 독립되어 교환이 인간관계의 표준형식이 되며, 따라서 합의에 기반을 둔 계약이 사회적 가치통합의 주요 수단으로 된다. 합의에 기초하여 성립된 다수결의 원칙과 소수의 사람이 자신의 독립된 가치표준을 가질 수 있다는 원칙은 상호 보완하여, 이론상 사회의 가치취향과 사회 내 다수 개인의 가치취향이 일치하는 상황을 만들어 낼 수 있다. 당연히 사유제 조건하에서 이와 같은 형식상의 일치는 경제적 이익의 대립을 은폐시킴으로써 사람들의 가치취향이 인간의 가치 그 자체를 제거해 버리는—사람들로 하여금 스스로 인간은 가치 있는 존재라고 여기지 못하게 만드는—결과를 초래한다. 이 때문에 나타난 소외현상은 사회주의운동이 극복해야 할 과제이다.

그러나 종법사회와 달리 현대사회의 가치체계는 취향의 기초 위에서 통합을 거쳐 사회적 가치의 일원화에 도달할 수 있는 특징을 갖고 있다. 그러나 종법농민집단의 상황은 완전히 다르다. 자연경제의 종법공동체는 경제적으로 사람들을 서로 고립되게 하고 인격적으로 서로 의존하게 만들어 '구체적인 농민', 곧 자연의 한 개체로서의 농민과 '추상적인 농민', 곧 종법공동체로서의 농민의 가치표준이 완전히 분리되는 상황을 만들어낸다.

자연경제하에서 사회관계의 협소성으로 말미암아 종법농민은 현대사회의 개인처럼 전면적인 관계, 다양한 요구, 온갖 이상·추구·사업·흥미·기호 등을 갖고 있지 못하다. 가령 종법농민은 현대화된 사회에서 사람들이 왜 탐험이나 무산소 등반 따위를 목숨 걸고 즐기는지 이해할 수 없다. 그들이 보기에 이런 것은 전혀 가치 없는 일이기 때문이다. 현대사회에서 종법농민의 가치취향의 다원화에 대해 말하자면, 자연의 한 개체로서 종법농민의 가치는 매우 단순하고 기본적으로 자연인의 사욕에 국한되어 있다. 종법식 소생산의 생산력이 개체경제를 공동체의 탯줄에서 완전히 벗어나 독립되게 하기에는 아직 역부족인 상태에서 이와 같은 단순한 자연인의 욕망은 공동체의 성원이 되어야만 비로소 만족될 수 있다. 그러나 인간의 의존관계를 기반으로 성립된 종법공동체는 합의를 기초로 한 사회계약이 없기 때문에 인간관계의 표준형식은 교환이 아니라 복종이다. 그 이유는 천연수장의 모종의 초인적인 매력(카리스마) 때문이기도 하고 또한 예로부터 그래 왔기(전통의 권위) 때문이다. 여기에는 계약과 통합을 통하여 개인과 사회의 가치취향을 일치시키는 메커니즘이 존재하지 않는다. 따라서 만일 구체적 농민의 가치취향이 현대사회의 개인의 가치보다 훨씬 더 단순하다면, 전체 종법공동체의 추상적 농민으로서의 가치취향은 현대사회의 가치보다 훨씬 더 복잡하다.

예컨대 사람들이 농민을 관찰할 때 항상 받게 되는 첫인상은 '농민은 이기적이다'라는 것이다. 그래서 몇십 년 동안 중국에서는 농민을 개조하기 위해서는 그들의 소사유 관념을 없애야 한다고 생각했다. 그러나 역설적으로 소사유를 반대하면 할수록 종법농민심리는 더욱더 강해져서 최후에는 소사유의 꼬리를 말끔하게 잘라 낸 시대에 농민문화의 군중성 히스테리, 문화대혁명이라는 10년 내란이 벌어졌다. 사실 역사를 한번 훑어보기만 하더라도 역대의 종법농민 집단에는 계약을 기초로 확립된 사유자권리관념이 있었던 적이 없다는 것을 금방 알 수 있다. 이와 정반대로 종법공동체, 곧 집단으로서의 추상적 농민의 가치체계는 '사욕을 억제하는' 것이고 공동체는 인적 유대로 사회를 유지하는 것이지 물질의 연계로 사회를 유지하는 것이 아니므로, 자연히 인신관계를 벗어나는 순수한 재산관계의 존재를 허락할 수 없었다.

이런 모순은 확실히 사람들을 곤혹스럽게 한다. 그것은 농민학에서 종법농민의 도덕수준에 대한 무수한 논쟁을 불러일으켰다. 자본주의 초기에 탐욕스런 사유자가 비자본주의적 수단(흑인노예, 해적행위, 식민정복, 폭력적인 토지 점거, 유혈입법 등)을 이용하여 자본주의 원시축적을 진행할 때 보인 야만스럽고 잔인한 행태들 때문에 사람들은 무의식중에 종법시대의 화목을 그리워하고 농민의 도덕을 이상화하는 경향을 보편적으로 갖게 되었으며, 가치관에 있어서 극단적인 사욕은 어디까지나 자본주의의 특징이지 자연의 개체인 종법농민은 집단이익을 개인이익보다 우선시한다고 생각했다. 물론 인민주의자는 자신의 이상 전체를 이런 견해 위에서 수립했는데 그 밖의 민주파나 마르크스주의자도 이런 견해의 영향을 받았다. 이런 전통은 현재 미국의 농민학자 J. 스콧을 대표로 하는 '농민 도덕 경제론'으로 발전했다.[1] 그러나 자본주의가 점차로 원시축적시기의 습속을 벗어나 날로 이성화되고 사유자 권리(상응하여 사유자가 다른 사유자권리를 존중하는 의무도 포함한다)가 점차 규범화됨에 따라 사람들은 사유권 존중과 도덕상의 극단적 이기주의는 별개의 것이며 자본주의 정신의 본질은 전자이지 후자가 아니라고 차츰 인식하게 되었다. 한편 근대 이후 역사와 현실의 종법경제에 대한 미시분석연구가 발전함에 따라 사람들의 종법 도덕에 대한 장밋빛 환상은 시간이 흐를수록 깨져 나갔다. 종법농민의 도덕경제설은 갈수록 비판을 받았다. 전(前) 미국 경제학회 회장 J. 슘페터는 1940년대에 "전자본주의 시대의 탐욕은 사실상 자본주의 시대의 사람에게 결코 뒤지지 않는다. 농노 또는 기사와 영주 모두가 완전히 야성적인 정력으로 그들 자신의 이익을 유지했다"고 지적했다.[2] 1960년대 이래로 도덕경제에 관한 토론에서 대다수 학자들은 슘페터와 유사한 견해를 내놓았다. 서양의 마르크스주의 농민학자도 보편적으로 '아시아 도덕경제'설에 대해 비판적이었고, 그들은 아시아의 농민(곧 종법농민)은 유럽 농민(근대 이래 유럽의 자본주의 농민)보다 훨씬 더 이기적이라고 보았다.[3]

종법농민이 더 이기적이라는 이 같은 견해는 '구체적 농민'에 관한 한 확실히 옳다. 그러나 개별 농민을 놓고 볼 때 그들이 본능적으로 집단이익을 개인의 이익보다 더 우선시했을 것으로 볼 수 있는 근거는 없다. 만약 우리가 자연인으로서의 사욕과 일종의 사회규범으로서의 사유권이라는 본질적으로 서로 다른 이 두 가지를 뒤섞어 함께 논의하지만 않는다면, 식견이 짧고 편협한 농민의 이기심(自私)은 바로 자연경제의 종법공동체가 폐쇄·고립적이고 사회적 연계가 부족해 인간의 사회성을 성숙시키지 못했기 때문에 자연인으로서의 동물적 개인주의 본능이 적나라하게 드러난 결과임을 알 수 있다. 달리 말하면 자연인의 동물적인 개인주의가, 발달된 교환경제하에서 생겨난 사회규범인 사유자권리 관념, 곧 모든 사유자권리에 대한 동등한 존중이 전체 종법집단 내에서 발생할 수 없도록 만든 것이다. 이처럼 추상적 농민공동체를 대상으로 하면 도덕경제의 표상도 확실히 존재한다. 사람의 의존관계를 보호·유지하기 위하여 추상적인 농민 공동체가 만들어낸 '사욕 억제'(抑私) 가치관은 자연의 개체인 구체적 농민이 눈앞의 사소한 사적 이익만을 중시하는 '사욕 중시'(重私) 가치관과 함께 종법농민사회 가치취향의 이중성을 만들었다.

이와 같은 가치체계의 이원적인 상태에서 농민사회에는 일련의 가치관계의 이율배반이 존재한다. 예컨대 구체적 농민은 '사욕 중시' 가치관에서 출발하여 가능하면 종법공동체의 보호를 많이 받길 바라지만, 자신의 사욕이 종법공동체의 속박을 받는 것은 원하지 않는다. 그러나 이런 보호를 바라는 심리하에서 만들어진 종법공동체는 항상 추상적 농민의 가치기준에서 출발하여 구체적 농민에게 여러 가지 속박을 가했지만 보호를 해주는 데는 늘 인색했다.

구체적 농민은 대개 자급자족적인 로빈슨 크루소식 경제를 추구하고, 명령경제를 매우 싫어했지만 무수한 로빈슨 크루소식 농가를 대표하는 추상농민은 오히려 명령경제를 중시했다. 어느 정도의 명령경제가 없다면 교환이 없는 상태에서는 어떤 종법공동체도 존재할 수 없었기 때문에 '로빈슨 크루소들'의 이익을 희생시켜서라도 그것을 실행할 수밖에 없는 것이다.

구체적 농민은 보통 온정이 넘쳐흐르는 가정의 면사포를 지키고, 인정이 넉넉한 생활을 향유하길 희망하지만 엄격한 부권을 매우 싫어했다. 그러나 추상적 농민, 곧 농민공동체는 항상 엄격한 부권의 면모를 갖고 있다. 해방을 쟁취하려는 농민은 부권을 반대하지만 해방을 획득하고 나서는 다시 부권을 세웠다. 아버지가 된 '샤오얼헤이'(小二黑)*들은 자녀의 결혼에 대해 자신의 아버지 세대보다 더 심하게 간섭하고, 학대받던 며느리는 시어머니가 되어 자신의 며느리에게 더 사납게 굴었다.

구체적 농민은 전원시와 같은 화목을 추구하고 악의 세력의 억압을 반대했지만 종법식의 화목한 악장(樂章)은 항상 압박자가 지휘했다. 따라서 추상농민의 가치관은 항상 악의 세력의 사욕에 영합했다. 전원시 같은 예전의 관중 농촌

---

* 자오수리(趙樹理)가 1943년에 발표한 단편 『샤오얼헤이의 결혼』의 주인공. 어린 농민 샤오얼헤이의 결혼을 둘러싸고 상대방 부모와의 갈등을 묘사하면서 결혼의 자유를 강조한 이 소설은 당시 수만 부가 팔려 나가는 큰 인기를 누렸다.

은 동시에 '3황5제'의 낙원이었는데, 그곳에서 '자본주의 꼬리'를 도려내고 자연경제의 화목을 지상 최고로 여기던 시대에 관중 농촌에는 또다시 새로운 토착 황제가 출현했다. 1980년에 어떤 신문은 관중 쉰이(旬邑) 현의 일부 농촌공동체 간부가 임의로 농민군중을 묶어서 매달아 놓고 때린 놀랄 만한 사실을 폭로했다.

마지막으로 구체적 농민의 가치표준은 극단적인 실리주의이다. 사회적 연계의 범위가 매우 좁았기 때문에 모든 농민은 이념을 경시하고 경험을 중시하였는데, 여기에는 논리상으로는 불가사의하지만 상호침투원칙에 따라 충분히 받아들일 수 있는 집단표상 성격의 경험이 포함된다. 그들에게는 직접 실리를 가져올 수 있는 것(상호침투법칙에 따라 실리를 가져올 수 있다고 생각되는 巫術과 같은 것을 포함)만 가치가 있는 것이다. 한편 추상적 농민의 가치기준은 극단적인 반실리주의이다. 농민공동체는 윤리적인 화목의 유지를 물질적 효과보다 훨씬 중요하게 생각했고 이른바 "부족한 것을 걱정하지 않고 균등하지 않은 것을 걱정하는" 것은 바로 이런 가치기준의 반영이었다.

분명히 이런 가치체계는 현대문명과 완전히 대립된다. 구체적인 사욕 중시는 추상적인 무사(無私) 관념과 결합하여 '농민 사회주의'를 구체적 개인으로서의 공동체 대표자인 천연수장들이 자연인의 사욕을 실현하는 도구로 만들었다. '공'(公)을 빙자하여 권력을 휘두르고 권세로 사리를 도모하는데, 이 사리는 자본주의 사유권이 아니라 특권으로서의 영주권이다. 따라서 농민 사회주의 자체는 봉건주의의 일종이지, 우리가 과거에 항상 말했던 '소부르주아 계급 민주주의' 또는 '철저한 반봉건의 평균주의'가 아니다. 그것은 자유로운 사유자의 사회계약인 자본주의와 각 개인의 자유가 모든 사람의 자유의 조건인 사회주의 자유인 연합체와는 완전히 대립되는 것이고, 비록 지주와 부호 등의 탐욕스런 사유자를 반대하는 농민 사회주의 운동일지라도 다른 계급이 이끄는 자본주의 또는 사회주의 과정에 편입된 뒤에야 비로소 객관적으로 민주주의 성질을 갖출 수 있다.

이 밖에 구체적 농민의 실리주의 가치관은 지혜를 사랑하고 진리를 추구하는 이성적 인지(認知)정신——과학정신——이 성장하는 데 방해가 되며, 추상적 농민의 반실리주의 가치관은 과학을 윤리의 노예로 만들었다. 이런 까닭에 농민문화의 가치체계에서 현대문명을 대표하는 '싸이 선생'(賽先生)*은 한문의 가치도 없는 것이다.

2. 반농민적 농민 영수 문제에 대하여

앞에서 우리는 구체적 농민과 추상적 농민의 가치상의 대립을 이야기했다. 거듭 말하건대 이른바 구체적 농민의 사욕과 현대사회에서 말하는 개인가치와 앞에서 제기한 농민의 사유자로서의 혁명성은 서로 판이하게 다르다는 점이다. 구체적 농민은 자연인의 개체이지 개성이 있는 개체는 아니며, 그의 사욕은 공동체의 보호에 의지하기 때문에 진정한 개인가치를 실현할 수 없다. 한편 이른바 추상적 농민, 곧 농민공동체의 가치기준은 객관적으로 존재하는 것으로 반드시 현실의 평가 주체가 있어야지 단순히 추상적인 논리 개념일 수만은 없다. 일반적으로 말해서 추상적 농민의 실제 체현자는 이른바 '농민 영수'이다. 이 정의에서 농민 영수는 농민공동체를 대표하는 것임을 알 수 있다. 그러면 농민영수는 일반적으로 공동체의 보호자이자 대표자인 천연수장, 곧 귀족·황제 같은 권력자와 어떻게 다른가? 차이가 있기도 하고 없기도 하다. 건설이라는 의미에서는 아무런 차이가 없지만 파괴라는 의미에서는 차이가 있다. 종법농민이 귀족·황제 등 기존 천연수장의 억압을 견디다 못해 반기를 들면 어떤 사람이 나서서 종법농민의 이익을 대표하고 그들의 추대를 받아 그들을 지도하여 기존 천연수장의 통치를 파괴하고 농민공동체의 이익에 위협이 되는 탐욕스런 사유자를 제거해 버린다. 이런 사람이 우리가 말하는 농민 영수이다.

그러나 농민 영수가 어떤 하나의 구체적 농민을 대표하는 것이 아니라 추상적 농민 또는 농민공동체의 대표인 이상, 그의 가치기준은 구체적 농민의 가치기준과 충돌하게 된다. 따라서 농민 영수일수록 농민을 더 가혹하게 속박하는 농민 영수의 반농민현상이 발생하는 것이다. 서양 중세의 농민투쟁이 저급하고 규모가 작아 이런 점이 명확하지 않았던 것에 반해 중국 역사에는 이런 현상이

---

* 서양의 '사이언스'(science), 곧 과학을 받아들여 미신을 타파하자고 주장한 5·4운동 당시의 구호 가운데 하나.

수없이 많았다.

극빈농가 출신으로 농민전쟁에서 두각을 나타내 정권을 탈취한 주위안장은 농민 본연의 모습을 적잖게 간직한 황제였다. 그의 풍모는 소박했고, 입 밖에 내든 안 내든 고생스럽고 가난한 자를 생각했으며 "종종 눈물을 흘리기도"[4] 했을 뿐만 아니라 온갖 방법으로 "부자를 억압하고" 심지어 토지는 "각기 정남(丁男) 수에 따라 경작하며" "정남 수가 적고 토지가 많으면 그대로 계속 점유할 수 없고"[5] "만일 겸병의 무리가 토지를 많이 점유하여 자신의 것으로 삼고 빈민에게 소작시키면 그를 벌한다"[6]고 선언했다. 중국 청말 이전의 역대 농민 영수 중에서 어느 누가 이처럼 명확하게 지주소작제를 부정하는 말을 발표한 적이 있었는가? 이른바 "가난한 자를 돕는" 실제상황이 어떠했든 주위안장의 부호·상인·관료·사대부에 대한 혐오감이 거의 병적일 정도로 컸던 것은 사실이다. 그는 집권기간에 핑계를 만들어 자신의 의지를 관철시키거나 억지로 생트집을 잡아 툭 하면 이들을 죽였는데, 살육의 잔혹함은 역대에 보기 드문 것이다. 그의 속마음 깊은 곳에는 분명히 상층사회를 보복하고픈 정서, 일종의 농민심리가 있었다.

그러나 강자를 제거하고 약자를 돕고, 빈자를 돕고 부자를 억압하는 이런 황제는 농민을 가장 가혹하게 속박하는 극단적인 전제(專制) 폭군이었다. 그는 대군점호·이갑제 등을 이용하여 농민을 엄격하게 통제했으며 전례 없는 많은 수의 농민을 강제로 둔전체계에 편입시켜 역사상 가장 방대한 국가 군사농노제를 만들었다. 자신의 분수에 만족하지 않는 농민에 대한 주위안장의 잔혹한 탄압은 전 왕조인 원보다 훨씬 심했으면 심했지 덜하지는 않았다. 그는 관리를 처형한 것 못지않게 엄한 법으로 말을 듣지 않는 백성을 죽였다. 그는 극단적인 전제권력으로 사람을 놀라게 할 만큼 많은 호민, 부자, 탐관오리나 봉건시대의 기준으로는 전혀 죄가 없는 적지 않은 수의 관료 사대부 등 상층분자를 제거했지만, 이 권력은 또다시 그들보다 더 많고 더 탐욕스럽고 포악한 권귀지주를 만들어 냈다. 그는 쑤쑹(蘇松) 일대 부호의 개인 토지재산을 거의 전부 국유로 귀속시켰지만 농민에게는 이것이 개인에게 소작료를 내던 것에서 관청에 세금을 내는 것으로 바뀐 것에 불과했다. 그래서 부담은 가중되기 일쑤였을 뿐만 아니라 평민지주보다 훨씬 심한 국가권력의 강제하에 놓여 인신의 지위는 실제로 하락

했다. 더 나쁜 것은 이전의 평민부호는 남의 소득을 수탈해도 수리관개공사를 일으키는 비용으로 투자하는 경우가 있어 어느 정도 축적의 효과가 있었지만, 국가가 평민부호의 재산을 거두어들인 세입은 오히려 관부의 '일상적인 성찬 비용,' '군읍의 공·사 연회와 여러 잡다한 일'의 비용으로 전부 권귀가 다 써버렸다.[7] 따라서 구체적 농민에게는 주위안장이 사실상 더 나쁜 통치자였다. 이전의 어떤 왕조의 개국 초보다도 태조 홍무제 때 농민봉기가 빈발했다는 것은 전혀 이상한 일이 아니다. 현재까지도 전해 내려오는 "주(朱) 황제가 나온 이후로 오히려 10년 중에 9년은 흉작이었다"는 펑양화고(鳳陽花鼓)는 농민의 '영수'에 대한 울분과 원한을 드러낸 것이다.

이것은 주위안장이 '변질'되었기 때문인가? 앞에서 이미 이런 견해를 부정하는 분석을 했다. 사실상 황제를 칭하기 전이든 뒤든 주위안장(그 밖의 종법농민 운동 중의 인물도 마찬가지다)은 농민 영수와 봉건수장이란 두 가지 임무를 한 몸에 맡고 있었고, '파괴'라는 점에서 농민 영수였지만 '건설'이란 점에서 그는 천연수장이었다. 파괴와 건설에 시간상의 전후를 구분할 필요는 없다. 주위안장이 칭제(稱帝) 전에는 "강자를 제거하고 약자를 돕다가" 칭제 후에는 약자를 제거하고 강자를 도운 것이 아니다. 정반대로 지고무상의 권력을 장악한 뒤에 비로소 그는 권력을 이용하여 대대적으로 "강자를 제거하고" "부자를 억눌렀으며," 그 이전에는 그에게 이런 능력이 없었다. 사실상 종법공동체의 보호와 속박이 너무나 밀접하여 분리될 수 없는 것과 마찬가지로 농민 영수의 어떤 행동이든지 파괴와 건설의 두 가지 측면에서 의미를 갖고 있다. 『수호전』의 차오가이는 량산(梁山)에 오르기 전에도 농장주로서 소작인의 보호자이자 속박자였고, 량산에 오르고 난 후에도 여전히 그들의 보호자이자 속박자였다. 만약 차오가이가 쑹장(宋江)*처럼 살아서 투항했다면 그 역시 보호자이자 속박자가 되었을 것이다. 발달된 상품경제가 새로운 교류방식과 새로운 가치취향을 만들어 내지 못한다면 영수와 그 의존자의 관계는 이전과 다른 성격을 지닐 수 없다. 이 때문에 농민 영수의 반농민현상의 근원은 농민의 문화수준이 낮고 각오가 투철하지 못하거나 어떤 사람의 영향을 받았기 때문이 아니라, 종법농민문화

---

* 북송 말의 농민 영수. 1119년 허베이에서 봉기하여 산둥으로 진출하여 유동작전을 펼치면서 10여 개 군을 장악한 후 1121년 장쑤 성으로 진격하려다 복병의 기습을 받자 투항했다.

안의 이중적 가치체계로 인해 추상적 농민의 가치취향을 대표하는 농민 영수와 구체적 농민의 가치추구가 자연히 대립한 결과이다.

우리는 더 많은 예를 들어 이것을 증명할 수 있다. 잘 알다시피 태평천국의 『천조전무제도』는 종법농민의 가치취향을 구현하고 있으나 그 정신에 근거하여 공포한 『시백성조례』(侍百姓條例)는 "모든 물건은 상주(上主)에 귀속되고 사람마다 사적으로 가질 수 없다"는 원칙에 따른 많은 조치가 농민의 강한 반대에 부딪치자 천조는 '만주족 요괴'의 전례를 좇아 (사유재산을 인정하고) "예전처럼 현물로 세금을 납부하도록" 할 수밖에 없었다. 어떤 사람은 만일 『천조전무제도』의 시행을 강행했다면 태평천국 통치구역에서 천조를 반대하는 농민봉기는 일어나지 않았을 것이라고 말했다. 이는 비록 추리이지만 결코 근거가 없는 것은 아니다. 청초의 후기대서군 정권*이 윈난 성에서 황실 직속의 전장·양곡·목초지·임야에 대해 전면적인 국유화정책을 실행할 때 농민과 지주 모두가 들고 일어나 윈난 성 전지역으로 전쟁이 확대되는 심각한 사태를 초래했다.[8] 이 정권의 농민 영수들은 어쩔 수 없이 옛 생활로 되돌아가지 않을 수 없었다. 역사의 논리는 이처럼 역설적이어서 농민 영수가 농민혁명사업을 배반할 수밖에 없었던 것은 아이러니컬하게도 농민 군중의 압력 때문이었다.

농민 영수가 농민을 배반한 가장 극단적인 예로 장셴중(張獻忠)의 쓰촨(四川) 살육보다 더한 것은 없다. 명대 300만 인구가 살고 있던 쓰촨은 청초에 안정된 후 뜻밖에도 1만여 명밖에 남지 않았고, 토지가 비옥하고 천연자원이 풍부했던 지역이 천리 황야로 변하여 도시는 초목으로 뒤덮이고 범과 표범이 사람보다 많았다. 누가 이런 영원히 잊혀지지 않을 엄청난 재난을 만들었는가? 청초 이래의 정통사서는 한결같이 장셴중에게 쓰촨 살육의 책임을 돌리고 있으며, 장셴중을 하늘에서 내려온 살인마, 사람을 죽이는 데 이골이 난 마귀로 묘사했다. 중화인민공화국 건국 이래 오랫동안 중국 사학계는 통치계급 사학을 뒤집어엎는다는 희망에서 한목소리로 이 재난을 '지주계급 반동무장과 관군'의 살육 탓으로 돌리고 '농민 영수' 장셴중의 살육 책임을 전면 부정했다. 현재 대다수의 연구자는 이런 양극단의 관점을 받아들이지 않는다. 갈수록 많은 사람

* 장셴중이 쓰촨에서 세운 대서(大西)정권이 붕괴된 후 장셴중의 양자 쑨커왕(孫可望)이 윈난·구이저우로 남하해 남명(南明) 영력제(永曆帝)를 괴뢰황제로 내세워 수립한 정권, 곧 대서군(大西軍) 잔여 세력이 수립한 정권.

들이 쓰촨 인구의 절멸에 가까운 이 재난을 전적으로 장셴중의 책임으로 돌리는 것은 역사를 왜곡하는 것이며 통치계급 역시 명청 교체기에 쓰촨의 전쟁에서 사람을 함부로 죽였으며, 그 잔혹함은 결코 장셴중에 뒤지지 않았다고 생각하고 있다. 그러나 장셴중의 쓰촨 살육 사실을 완전 부정할 수도 없다. 장셴중은 확실히 무고한 사람을 함부로 죽였을 뿐만 아니라, 살육을 더욱 확대하여 성(城) 전체를 초토화시키는 것을 의미하는 명령을 내렸고, 향촌의 거주민—대부분은 당연히 농민—을 적으로 간주하여 진압했다.

문제는 일찍이 많은 농민의 지지를 얻었던 장셴중이 왜 이처럼 살육을 자행하고 농민에게서 스스로 분리되어 나왔는가에 있다. 구시대의 정통사가들은 그것이 살인을 즐기는 그의 천성 때문이라고 하지만 이는 분명히 편견에서 나온 것이다. 그리고 오늘날의 일부 연구자는 그것을 장셴중의 '변질' 또는 일부 '지주계급 문인'의 사주를 받은 탓이라 했지만, 이것도 전혀 설득력이 없다. 그리고 농민 영수가 농민을 배반하기 위해서는 반드시 변질과정을 거칠 필요가 있는가는 잠시 접어두고, 장셴중이 이미 변질되어 봉건제왕이 되었다고 가정한다면, 봉건제왕은 청홍·흑백도 가리지 않고 멋대로 사람을 죽여야 한단 말인가? 오히려 쑨다런(孫達人)이 제시한 관점이 상당히 참신하다. 쑨다런은 쓰촨 살육이 벌어진 이유는 장셴중이 변질되었기 때문이 아니라 정반대로 그가 변질을 거부하고 "계속해서 반봉건투쟁을 견지했으며" 그래서 "후기의 초토화정책은 바로 대서정권의 반봉건성의 필연적인 산물"이라고 보았다.[9] 바꿔 말하면 장셴중이 농민과 적대한 이유는 바로 그가 시종일관 변함없이 '농민 영수'였기 때문이라는 것이다.

물론 이것은 논리적으로 약간 맞지 않는 측면이 있다. 하지만 종법농민의 사유방식은 우리가 말하는 논리로는 이해할 수 없는 경우가 있다. 이 점을 나는 다음과 같이 제시하려고 한다. 먼저 장셴중 자신은 어떻게 생각했는지를 살펴보자. 청대의 수많은 문헌은 장셴중이 쓰촨 살육을 실행한 증거로 장셴중이 쓰촨 각지에 세운 수많은 '칠살비'(七殺碑)를 들고 있다. 그 비문에는 "하늘은 사람에게 모든 것을 베풀건만 사람은 하늘에게 아무 것도 주지 않는구나. 죽여라, 죽여라, 죽여라, 죽여라, 죽여라, 죽여라, 죽여라!"고 쓰여 있다는 것이다. 현재 찾아낸 실물을 보면 위의 비문은 남을 헐뜯는 내용을 담고 있지만 결코 터무니없이 날조된 것은 아니다. 쓰촨 성 광한(廣漢)에는 현재까지 이와 같은 장셴중의 '성유'(聖諭)비가 보존되어 있는데, 그 비문에는 "하늘은 사람에게 모든 것을 베풀건만 사람은 하늘에게 아무 것도 주지 않는구나. 귀신은 모든 걸 알고 있으니 스스로 생각하여 헤아려라"라고 되어 있다. 분명히 이 '성유'에는 봉건사가들에 의해 개찬된 일곱 개의 '殺'자는 없으나 스스로 '하늘'에 머물고 있던 장셴중의 '사람'에 대한 원망을 드러내고 있으며, 장셴중이 '사람'을 적으로 삼는 살육정책 실행의 심리상태를 표현했다.

'하늘'(天)이란 무엇인가? 그 신비주의 색채를 벗겨 내면 하늘은 중국 종법농민 집단의 추상적 가치추구의 체현자이다. 이른바 "하늘은 마법의 군대를 파견하여 고르지 않은 것을 제거한다"(天遣魔軍殺不平) "하늘은 평균을 돕는다"(天補平均) "크게 평등한 하늘나라"(太平天國) 등의 언어기호에 반영된 것은 바로 이런 종법공동체의 최고 권위를 갖춘 가치관념이다. 본래 농업국가인 중국의 전통관념에서(사실 중국뿐만 아니라 아래에서 말하는 바와 같이 어느 정도 상호 침투식의 사유를 갖고 있는 다른 농업민족도 유사한 경향을 보인다) 하늘은 신비스런 관념이긴 하지만 결코 피안의 개념은 아니다. "하늘과 사람의 합일"(天人合一), "하늘은 우리 백성이 듣는 대로 듣는다"(天聽自我民聽)고 할 때의 '하늘'은 전체로서의(따라서 추상적이기도 하다)民意·心心의 체현자이고, 공동체의 가치, 곧 '덕'의 체현이기도 하다. 역대 제왕이 "천명을 받았다"고 자칭한 것은, 사실상 미신을 퍼뜨리는 것이며, '인민 지도자'의 자격을 표명하기 위한 것이다. 이른바 "탕무혁명(湯武革命)*은 하늘에 응하고 사람에 따른 것이다"(『易』「革」), "문왕과 무왕의 창업은 하늘을 따르고 사람에 응한 것이다"(陳子昂, 『諫政理書』), "자오 씨가 기왕 창도했으니 마땅히 응해야 한다"(楊梓, 『豫讓呑炭』), "하늘에 응하고 사람을 따라 대업을 정했다"(李德裕, 『項王亭賦』), "하늘에 응하고 사람을 따라 어지러운 세상을 바로잡아 다스린다"(應瑒, 『文質記』), "하늘에 응하고 사람을 따라 세상의 임금이 되어 다스린다"(『隋書』「龐晃傳」) 등등은 모두가 그 합법성이 민의와 인심에 순응한 데서 나왔고 인민을 대표하여 정치를 행한다는 것을 선언한 것이다.

---

* 은의 탕왕과 주의 무왕이 폭군을 몰아내고 왕이 된 역성혁명.

그러나 '하늘'로 '받들어진' '인민'이란 분리될 수 없는 추상적인 전체이며, 개개의 구체적인 '인' 또는 '민'은 모두 이 추상적 전체에 부속되어 그것의 보호를 받고 속박도 받으므로 인민의 구체적인 가치는 거의 없는 것이나 마찬가지이다. 따라서 추상적 '인민'이 부여한 권한을 획득한 '나'는 개개의 구체적인 '인'과 '민'에 대해 생살여탈권을 갖게 된다고 한다. 이에 "하늘을 따른 자는 살고 하늘을 거역한 자는 망한다"(『孟子』「離婁上」)는 말의 실제 의미는 "하늘을 따른 자는 번성하고 하늘을 거역한 자는 망한다"(『後漢書』「申屠剛傳」), "하늘을 따른 자는 번성하고 덕을 거역한 자는 망하니, 천하를 얻고자 한다면 마땅히 민심에 순응해야 한다"(朱鼎, 『玉鏡台記』)로부터 "나를 따르는 자는 길하고 나를 거역하는 자는 쇠락하며, 내가 하늘의 진리를 행하면 만리가 넓게 열린다"(『雲笈七籤』卷二十)로 구체화되었다.

장셴중은 바로 "내가 하늘의 진리를 행하고" "만물을 사람에게 베푸는" 지도자였다. 그는 1644년에 "하늘을 대신해서 도를 행하여 천하를 맑게 한다"는 기치를 내걸고 쓰촨에 진군하여 그곳의 '신사, 부호, 대상인'[10]을 일소함으로써 '사람'들이 이런 탐욕스런 사유자로부터 침해당하지 않도록 보호했으나 동시에 심한 군사적인 속박을 가했다. 수많은 사료가 보여주듯이 장셴중 치하의 쓰촨 사회에서는 모든 사람이 엄한 감시를 받았다. "보갑을 엄밀히 하고 문의 출입통제를 엄격히 했으며," 사람들은 함부로 말하거나 행동할 수 없고 술도 마실 수 없고 해가 지면 곧바로 "문을 닫고 자야지 초롱불을 매달 수 없었으며," 사사로이 금은을 감출 수 없고 개를 기를 수 없었다. 또 상호 고발을 장려하고 위반자는 사형, 심지어는 연좌제가 적용되기도 했다. 살벌한 병영분위기였다.[11] 장셴중의 경제사상에 관한 사료상의 기록은 없지만, 그의 부하였던 쑨커왕(孫可望), 리딩궈(李定國) 등이 윈난에 진입한 뒤에 실시한 영장(營莊)제도에서 장셴중의 경제사상은 강경한 명령경제로 기울었음을 짐작할 수 있다.

요컨대 하늘이 사람을 보호하면, 사람은 마땅히 모든 운명을 하늘에 맡기고 그 구속을 받아야 한다. 극도로 강한 보호는 극도로 강한 속박을 수반한다. 그러나 종법시대의 사람은 산만하게 흩어져 있는데 어떻게 이런 병영식 사회에 적응할 수 있겠는가? 이와 같이 마음에 의심을 품은 관신이 반란을 선동하면, 이에 부응하여 사람들이 떼지어 일어나 사회는 곧 불안정해졌다. 장셴중이 보기에 자신은 위대한 구세주로서 하늘을 대신하여 도를 행하고 사람에게 보호를 내리는데 오히려 사람은 은혜를 잊고 배반하여 자신의 속박을 받지 않으려고 하니 이것이 "하늘은 사람에게 모든 것을 베풀건만 사람은 하늘에게 아무 것도 주지 않는다"는 것이 아니겠는가? 그래서 장셴중은 "쓰촨 인민은 천명을 알지 못하여 하늘로부터 버림받았고," "지금 나를 천자로 보내 이런 백성을 소멸하게 함으로써 하늘을 거역한 죄를 징벌하도록 했다"고[12] 결론을 내려 사태를 수습할 수 없는 지경으로 몰고 갔다.

　장셴중의 비극은 농민 영수의 농민 배반이 추상적 농민과 구체적 농민의 가치대립 때문에 나타난 일종의 필연적인 추세임을 보여준다. 물론 현실 속의 농민 영수가 모두 꼭 장셴중과 같이 극단으로 치달은 것은 아니다. 현실 앞에서 농민 영수는 종법농민에 대한 속박을 완화할 수 있다. 그러나 그렇게 할 경우 그는 종법농민에 대한 보호를 방기하는 동시에 평균주의의 가치추구를 방기해야 하기 때문에 종법농민을 탐욕스런 사유자의 위협에 직면케 한다. 결국 농민 영수 스스로 여전히 농민과 대립하는 방향으로 나아가게 되는 것이다. 다만 이런 대립이 첨예화되는 데까지 이르지 않을 뿐이다.

　추상적 농민과 구체적 농민의 가치대립 때문에 농민 영수라고 해도 정서적으로 반드시 '친농민'적인 것은 아니며, 어떤 경우에는 농민을 멸시하기까지 한다. 입만 열면 "내쫓아 농민으로 만들겠다"고 떠들어 댔던 홍슈취안이 바로 그 전형적인 예이다. 중국혁명이 성공한 뒤에 중국의 수많은 사람들은 특별히 농민 소사유자를 혐오하여 신속히 그들을 개조하려 했는데, 이런 반농민 심리의 배후에 진정 농민문화의 영향이 없다고 할 수 있겠는가. 마르크스는 대단히 의미심장한 말을 한 적이 있다. 소부르주아 계급의 대표적 인물들이 모두 소상점 주인들이 숭배하는 사람들이라고 생각해서는 안된다. 그들이 받은 교육과 개인의 지위를 고려하면 그들은 소상점 주인과 전혀 어울리지 않는다. 그들이 소상점 주인의 대표자가 될 수 있는 것은 그들의 사상이 소부르주아의 생활의 한계를 넘어설 수 없기 때문이다. 농민 영수와 종법농민의 관계도 이와 마찬가지이다. 사실 파괴의 의미에서만 농민 영수라 할 수 있지, 건설의 의미에서는 농민 영수도 봉건종주(宗主) 또는 공동체의 천연수장과 다를 바 없다.

　마르크스는 농민은 스스로 자신을 대표할 수 없고 반드시 다른 사람이 그들을 대표해야 한다고 지적했다. 그들의 대표는 동시에 그들의 주재자이며 그들의 머리 위에 높이 서 있는 권위이다. 오랫동안 이 말은 계속해서 이론적 논쟁의 대상이었다. 그러나 사람들은 대부분 경험적 의미에서 이 이론을 보나파르트 시대의 프랑스 소농에게 적용할 수 있는지 없는지만을 토론했을 뿐 이 명제가 포함하고 있는 논리상의 모순에 주의를 기울이지 않았다. 농민의 대표, 곧 농민 이익의 체현자는 동시에 반드시 농민의 상전, 곧 농민이익의 침해자이다. 이런 논리적 모순의 배후에 숨겨진 것이 바로 종법농민사회에 존재하는 추상적 가치와 구체적 가치의 이율배반이라고 할 수 있다. 그것은 결코 프랑스 소농에게만 적용되는 것이 아니다.

이 점은 러시아의 봉건 농촌공동체 농민 속에서 발생한 루토르바이스키 사건에서도 볼 수 있다. 그 사건(수많은 유사한 사건 중의 하나)에서 농촌공동체 수령은 촌 회의의 집단적 결정을 조작하여 가르침에 따르지 않는 농민을 고문했다. 이치상으로 보면 고문을 당하는 자는 당연히 농촌공동체의 속박을 벗어나려고 하는 분리주의자이지 않을까? 그러나 이와 반대로 이 사건에서 고문을 당한 자는 농촌공동체가 보호기능을 강화하고 토지 재분배를 더 자주 하라고 요구하여 농촌공동체의 특권자를 화나게 했기 때문에 징벌을 받았다. 바꿔 말하면 그들은 자신을 고문할 권리를 갖고 있는 종법공동체를 공고히 할 것을 요구함으로써 공동체의 보호를 얻고자 한 것이다. 평균주의의 보호를 제공하기 위하여 농촌공동체는 공동체 내의 모든 토지를 지배할 수 있는 권한을 반드시 갖고 있어야 하며, 따라서 전체 공동체 성원에 대해 체형을 가할 정도의 인신을 지배할 권한을 갖고 있어야 했다. 일이 이처럼 비극적으로 된 원인은 바로 종법농민의 평균주의 가치를 체현하고 그들의 이익을 대표하는 농촌공동체와 그 종법 지도자가 필연적으로 그들과 대립하는 주재자라는 점에 있었다.

요컨대 농민문화의 가치취향상 이원대립으로 인해 추상적 농민은 구체적 농민을, 전체농민은 개체농민을 거부했으며, 농촌공동체는 농민을 억압했다. 이런 의미에서 농민문화는 그 자체에 '반농민'성을 갖고 있으며, 농민문화는 농민 자신에게 일종의 정신적인 족쇄이다.

3. 농민 민주주의와 근대 민주제도의 상이한 가치기반

우리는 앞에서 농민의 종법공동체 성원으로서의 속성과 공동체의 속박을 애써 벗어나려는 개성 있는 사유자로서의 속성이 서로 대립하고 있음을 보았다. 그러나 이것은 농민이 종법공동체의 성원으로서 천성적으로 남한테 속박당하기를 좋아하고 그 속박이 강할수록 더 즐거워한다는 뜻이 결코 아니다. 농민은 종법성에서 보자면 인간의 의존성을 갖고 있을 뿐만 아니라 물질의 고립성도 갖고 있다. 또한 비굴한 근성을 갖고 있을 뿐만 아니라 제멋대로 행동하는 일면도 갖고 있다. 또한 "청렴하고 공정한 나리"만 있으면 된다고 생각할 뿐 민주주의가 어떤 것인지 모르는 일면을 갖고 있을 뿐만 아니라 한줌의 모래처럼 각자 제멋대로 행동하여 조직하기 어려운 일면도 갖고 있다. 따라서 종법공동체 성원으로서의 농민은 모종의 권위의 속박을 반대하고 '농민적' 요구를 제기할 수 있다. 동시에 사유자 농민의 민주성과 종법집단의 반민주성에 대한 분석도 일종의 이성화된 논리적 논증일 따름이다. 사실 현대 사회관계가 완전히 종법관계를 청산하기 전에는 종법성이 전혀 없는 '순수한 사유자' 농민은 결코 존재할수 없다. 따라서 농민이 민주혁명에 투신하는 상황에서 그들의 민주주의 속에는 당연히 근대 민주의 가치 추구가 포함되어 있지만, 종법식 민주관의 성분을 갖는 것도 피할 수 없어서 '농민 민주주의'와 근대 민주주의의 가치론의 기초에는 명확한 거리가 존재한다.

근래에 민주문제에 관한 토론에서 사람들은 '루소식 민주'와 '몽테스키외식 민주'의 다른 점을 제시하고 루소식 민주가 추구하는 것은 인민주권이고, 몽테스키외 또는 로크식 민주가 추구하는 것은 개인의 권리라고 보았다. 루소식 민주에서 총의(總意) 또는 다수결을 기초로 수립된 인민주권은 일체의 개인을 초월한다. 그러나 몽테스키외식 민주에서 일체의 민주형식은 모두 천부인권의 목적, 신성불가침의 개인의 가치·존엄·권리를 유지하는 데 복종하며 이것은 공의에 의해서도 침범될 수 없다는 것을 포함한다. 과거의 전통관점에서 루소를 찬양하고 몽테스키외를 비난했던 것과 달리 근년의 토론에서 사람들은 대부분 몽테스키외를 찬양하고 루소를 비난했다. 루소의 인민주권론은 전제 경향을 띠고 있기 때문에 폭민정치가 폭군정치를 위한 길을 열어 "인민이여, 인민이

여, 얼마나 많은 죄악이 그대의 이름으로 행해지는가?"라는 상황을 초래하리라
고 보았던 것이다. 자코뱅파의 공포독재는 바로 이런 나쁜 결과의 체현이다.[13]
이런 논점은 시사하는 바가 많다. 그러나 내가 보기에 루소를 찬양하고 몽테스
키외를 비난하든 또는 그 반대이든 모두 단편적이라는 흠이 있다. 사실 근대 민
주정신의 형성과 발전과정에서 루소와 몽테스키외가 대표하는 두 종류의 가치
추구는 모순된다기보다는 서로를 보완한다. 루소와 몽테스키외는 종법공동체
가 상당히 농후한 준(準)근대시기 민주사상의 선구자이자 계몽가로서 그들의
학설에 종법시대의 흔적이 없을 수 없고, 전제 경향도 루소에게만 있고 몽테스
키외에게는 없는 것이 아니다. 여기서는 이 문제를 깊이 거론할 수 없지만, 한
가지 지적하고 싶은 것은 이른바 루소식 민주 속의 전제 경향은 실제로는 농민
민주주의 속의 종법식 민주 요소의 잔재이며, 그것과 근대 민주주의는 가치취
향상 질적인 차이가 있다는 점이다.

　위에서 언급했듯이 종법농민사회의 가치체계는 대립통일의 이원구조이다.
추상적 농민의 가치론과 구체적 농민의 가치론은 서로 대립하며, 이 둘은 각각
사욕의 억제와 사욕 중시, 반실리주의와 극단적인 실리주의, 속박과 보호, 명령
경제와 로빈슨 크루소식 경제, 부권(父權)과 온정, 전제와 방종, 한 웅덩이의 썩
은 물 같은 집단주의와 한줌의 흩어진 모래 같은 개인주의 따위로 나타난다. 그
러나 다른 한편으로 추상적 농민과 구체적 농민의 가치론은 통일되어 있다. 그
것들은 모두 인간의 자유개성과 개인권리를 기초로 하지 않기 때문이다. 구체
적 농민의 경우 편협한 사욕과 타인의 권리를 존중하지 않는 것은(실제로는 바
로 자신의 권리를 존중하지 않는 것) 동전의 양면과 같다. 추상적 농민의 가치는
복종을 기초로 하며, 천연수장에 복종하든 공의에 복종하든 개인의 가치를 부
정한다는 점에서는 똑같다. 개인의 이성이 집단표상 속에 속박되는 상황하에서
총의에 대한 복종은 실제로는 집단무의식에 대한 복종이며 '여태껏 그래 왔다'
는 전통에 대한 복종이고 무의식집단에 가치추구를 부여하는 카리스마적 지도
자에 대한 복종이다. 따라서 종법농민 공동체에서 총의의 통치는 천연수장의
통치와 모순되지 않는다. 이는 마치 농민문화가 크게 범람하던 시대*에 '대민

* 문화대혁명 시기를 말한다.

주'관념과 '대구세주' 관념이 결코 모순되지 않은 것과 같다.

러시아 종법농민 전통의 '농촌공동체 민주'는 바로 이런 민주의 전형적인 예이다. 인민주의파가 보기에 농민의 촌공동체는 확실히 민주의 낙원이다. 촌공동체 안에는 지고무상의 수령이 없고, 상설기관·직원·의장·회계도 없으며 단지 선거로 구성된 임기가 아주 짧은(몇 개월) 대표가 있어 촌회의 소집 책임을 맡았을 뿐이다. 회의 때 그는 집집마다 각 가정의 가장에게 회의에 참가하라고 통보했다. 촌공동체의 토지재분배, 토지구획, 농사일정, 목동(촌공동체 성원의 가축은 개인소유였지만 촌공동체의 목동이 개방경지에서 통일적으로 방목했다)의 고용에서부터 우물, 도로 보수, 세금과 성당 유지비용의 분담, 노약자와 병자 및 장애인을 위한 공동 부조 등 일체 사무는 매월 2~3차례 소집되는 회의에서 '민주적으로' 결정했다.[14]

언뜻 보기에 이런 공동체는 더없이 총의에 부합한다. 그러나 문제는 이런 총의를 구성하는 각 개인은 종법식의 폐쇄된 조건하에서 독립인격이 없고, 농촌공동체를 자유로이 탈퇴하여 분산거주할 수 없으며, 경작방식과 농사일정을 자유로이 결정할 수 없었다는 데 있다. 더구나 총의로 결정되기만 하면 촌공동체는 특정 구성원에 대해 분여지의 몰수에서 구금과 체형까지 가할 수 있다.[15] 여기서 총의는 의지의 주체를 초월하여 그들의 지배자로 소외되어 개인을 총의의 도구로 전락시키고, 독립된 가치를 상실케 함으로써 공동체 내에 진정한 개인의지가 더 이상 존재할 수 없게 만들었다. 미루어 알 수 있듯이 의존자로서 독립의지를 상실한 민이 어떻게 진정한 주인이 될 수 있겠는가? 따라서 이런 상황하에서 '촌공동체 민주'는 카리스마적인 영수가 자신의 매력을 이용하여 무의식집단을 조종하는 도구에 지나지 않는다.

사실상 대다수 농민의 분산과 권리 관념의 결여로 말미암아 전통의 촌회의는 이름만 촌민대회일 뿐 실제로는 종법식 대가정의 가장이 참가하는 것에 지나지 않고, 결단을 내릴 수 있는 사람은 대개 힘 있는 몇몇 장로일 뿐이었다. 당시의 기사는 다음과 같이 촌회의의 장면을 묘사했다. "토론 중인 문제는 크게 소리치면서 해결되었다. 회의는 항상 농촌 부농의 집안에서 거행되었고, 욕설이 난무했다. 이곳은 아주 좁아서 많은 사람이 들어갈 수는 없었으며, 실내는 자욱한 담배연기로 두 걸음만 떨어져 있어도 서로를 분간할 수 없었다. 이런 상황은 가장 판단력이 있는 사람도 회의장에서 빠져 나가게 만들었다".[16] 이런 종법식 민주에서는 농민이 촌공동체의 주인이라기보다 촌공동체가 농민의 주인이다.[17] 더 정확히 말하자면 촌공동체를 대표하고 보호하는 천연수장 또는 카리스마적인 수령이 농민의 주인이다. 따라서 촌공동체의 민주(실제적으로는 분산)와 차르 전제는, 촌공동체의 평균과 권력에 의한 착취처럼 동전의 양면이었다.

이런 종법식 민주는 중국 농민사회에서도 볼 수 있으며, 현대에까지 여전히 영향을 미치고 있다. 여기서 문제가 되는 것은 일종의 행정제도로서의 민주 또는 절차로서의 민주가 완비되었는가가 아니다. 잘 알다시피 10월혁명 후에 구소련 정부는 촌공동체의 민주화를 촉진시키기 위해 적지 않은 제도적 장치를 마련하여 다수결이 형식으로 흐르지 않도록 했다. 예컨대 촌공동체는 순수한 경제조직인 만큼 경제외적 권력, 곧 통치권력을 향유할 수 없고, 촌회는 더 이상 가장회의여서는 안되며 반드시 18세 이상 성인 남녀의 전체회의여야 한다는 것 등을 규정했다. 그러나 흥미롭게도 이런 정책의 효과는 도리어 예상과 완전히 상반되는 결과를 낳아 혁명 후에도 여전히 자연경제 조건하에 있던 미르의 경제기능과 농민의 경영행위에 대한 간섭 능력은 더 강력해졌고 농민의 촌공동체에 대한 의존을 증가시켰다. 향촌생활의 유일한 조직인 촌공동체가 향촌 정치생활에서 차지하는 역할도 제거하지 못하여 "농촌에 두 개의 정권이 출현했는데, 미르는 실질적인 우월한 효과 때문에 소비에트를 밀어 제치고 향촌의 행정사무에서 결정적인 역할을 하게" 되었다. 다른 한편으로는, 상품화폐관계의 위축이 교환관계에서 권리주체가 되려는 농민의 가치추구를 약화시키는 상황을 초래했다. 10월혁명 전에 차르 정부는 촌회의 가장적 성격을 유지하려고 애썼지만 상품경제와 자유개성의 발전으로 청년과 여성이 갈수록 적극적으로 촌회에 참여하게 되자, 차르 정부 관리는 촌공동체가 "모든 사람이 투표권을 갖고 있는 집단"으로 변하는 것에 대해 어쩌지도 못하고 원망만 했다.[18] 10월혁명 후에 소비에트 정부는 농촌의 종법성을 소멸시키기 위하여 행정입법을 하거나 선전활동을 벌였지만 촌민은 그와 반대로 갈수록 소극적이 되어 수많은 지방의 촌회는 실제로 종법 가장이 계속해서 장악했다.

당시의 구소련 정부는 이런 현상이 촌공동체 속의 자본주의, 곧 부농세력의 대두 때문이라고 생각했다. 따라서 촌공동체를 개조하고 다수의 권리를 보호하기 위해서는 소수의 권리를 박탈해야만 했다. 이에 집단화 직전인 1928년 12월 5일에 발표한 전소비에트 토지법령은 이른바 부농의 촌공동체 대회에서의 모든 권리를 박탈하고, 오래지 않아 모든 재산을 빼앗고 그들을 추방하여 소멸시켰다. 그 결과 종법가장이 촌공동체를 장악하는 현상은(촌공동체 자체도) 사라졌지만 그 후 수립된 집단농장체제의 민주정신은 오히려 더 희박해졌다. 스탈린 시대 이후의 구소련 신문이 폭로한 바와 같이 일부 농장의 서기는 "채읍을 가진 소공작(小公爵)"이 되었고 집단농장의 성원을 농노처럼 부려먹었다.

러시아 농민 '촌공동체 민주'제가 시행되던 시기의 역사는 다수결 또는 총의에 기초하기만 하면 현대적 의미에서의 민주제도를 수립할 수 있는 것이 아님을 보여준다. 인간이 여전히 공동체의 부속물일 뿐 주체의식을 가진 독립된 개인이 아니라면 이른바 총의라고 하는 것은 공동체의 의지로서 인간을 더 소외시키고 인간으로서의 능력을 더 발휘하지 못하게 할 수 있다. 총의를 기반으로 생겨난 무제한적인 권력은 다수의 이름으로서 멋대로 소수의 인권과 인격을 박탈하는 동시에 다수를 의지가 있는 개체로서 존재할 수 없게 만들어 마침내 다수결을 허구적인 것, 천연수장에게 이용될 수 있는 군중성 히스테리로 변질시켰다. 따라서 종법농민의 민주주의는 인민주의파의 사상에 반영되어 있는 바와 같이 민주 배후에 일종의 유사 전제주의의 심층심리를 감추고 있으며, 레닌이 말한 경찰 인민주의 또는 국가 사회주의 경향을 감추고 있다. 유감스러운 것은 후대의 사람들이 이런 점을 간과하는 바람에 한편으로는 인민주의파의 부르주아 민주주의를 지극히 혐오하면서도 다른 한편으로는 오히려 일정 정도로 인민주의파 사상에 포함된 종법농민 민주관의 전제적 본질을 더욱 확대시켰다는 사실이다. 사람들은 인민민주주의 국가에서 발생한 '라코시(M. Rákosi)* 폭정'을 기억하고 있는데, 그 중에서 가장 유명한 구호가 바로 인민주의파가 선언한 『청년 러시아』 중의 한 구절 "누구든 우리와 함께 하지 않는 자는 모두 우리를 반대하는 자이고, 우리를 반대하는 자는 우리의 적이니, 적은 마땅히 모든 수단을 동원하여 없애야 한다"였다.[19]

의심할 바 없이 현대 민주주의는 다수결을 필요로 하고 총의의 신장을 필요

* 헝가리 공산당 총서기로 1945~1956년에 헝가리를 통치했다. 스탈린주의와 소련의 명령에 충실했던 그의 독재는 1956년 10월 부다페스트 민중봉기로 타도되었다.

로 한다. 그러나 종법농민의 민주관은 공동체 심리에서 출발하여 총의, 곧 공동체 의지에 대한 숭배를 형성함으로써, 이것이 종법농민으로 하여금 총의 또는 다수의지를 민주의 최고가치 또는 궁극적인 가치로 여기게 하고 이 가치를 추구하기 위해서 개인의 권리와 존엄과 인격도 모두 희생시킬 수 있게 한다는 점에서 현대 민주주의와 달랐다. 인간의 개체화가 어느 정도 진행된 역사단계에서 발생한 현대 민주관념에서 다수결 또는 총의는 단지 도구로서의 가치만 있을 뿐이며, 민주의 최고가치는 인간의 자유개성을 확대하는 데 있다. 그러므로 민주정신은 총의의 신장을 자유개성을 보장하기 위한 조건으로 간주하며 총의에 복종하기 위해 개성을 소멸시키거나 총의의 이름으로 인권을 침해하는 것을 허락하지 않는다.

여기서 끌어낼 수 있는 결론은 현대 민주관념에서 '민주원칙'(곧 시행상의 다수결정원칙)과 '자유원칙'(곧 개성 또는 개인의 권리 원칙)은 분리할 수 없다는 것이다. 현재 일부 학자가 루소를 비난하고 몽테스키외를 찬양한 것은 바로 루소식 민주가 자유원칙을 소홀히 하거나 부정했기 때문이다. 그러나 역사적 관점에서 볼 때, 서유럽의 근대화 과정에서 루소식의 가치추구나 몽테스키외와 로크식의 가치추구는 상품경제가 발달한 상태에서 나타난 사회계약을 통하여 가치통합을 실현했고, 이로써 민주주의와 자유주의가 통합된 현대 민주관념을 형성했다. 근대에 프로이센식 발전의 길을 걸었던 러시아와 같은 국가는 근대화 과정의 반인민성(실은 반농민성)이 자유주의자로 하여금 천부인권을, 마치 소수가 다수를 통치할 수 있는, 하늘이 부여한 특권인 것처럼 곡해하게 만들었고, 민주주의자로 하여금 총의의 숭배라는 또 다른 극단으로 치닫게 하여 민주원칙과 자유원칙을 분리하거나 대립하게 만들었다. 이처럼 민주혁명의 승리는 민주주의가 자유주의와 맞서 싸워 이기는 방식으로 실현되었다. 따라서 이런 국가에서는 민주관념은 자유원칙을 가볍게 여기는 짙은 '농민 민주주의' 색채를 띠게 되고, 농민 민주에 남아 있는 가치론상의 종법성은 마침내 이들 국가의 민주화 과정에 수많은 왜곡과 장애를 초래했다.

10장 인성의 위축과 인정의 팽창 : 농민문화의 윤리관 분석

1. 인성과 인정

분명히 루소식 또는 자코뱅식 민주의 반인권과 비인도성에 대한 현대인의 비판은 느낀 바가 있어서 나온 것이며, '농민 민주주의' 혁명을 거쳐 현대화의 길을 걷고 있는 국가에서 구소련의 대숙청이나 중국의 문화대혁명과 유사하게 인성을 짓밟고 인격을 멋대로 유린하는 비극은 수도 없이 일어났다. 이런 비극은 현재의 반성적 사고의 물결 속에서 사람들이 인성과 휴머니즘에 관심을 갖도록 자극한다.

인성이란 무엇인가? 여기서 말하고자 하는 인성은 일반적인 의미에서 인간의 자연속성과 사회속성이 아니라, 중세 말기 이후의 휴머니즘(인문주의·인본주의·인도주의라 번역)이 환기시킨, 중세에 없었거나 중세에 억압되었던 그런 인성, 곧 휴머니즘의 핵심개념으로서의 인성이다. 그러면 휴머니즘이란 무엇인가? 일부 책에는 아주 간단하게 인간을 사랑하고 인간을 존중하는 가치라고 쓰여 있다.* 이런 광의의 개념에서 출발하여 적지 않은 사람이 이른바 휴머니즘은 죽음에 처한 사람을 구하고 부상자를 돌보고 자비를 생각하거나 포로와 같은 사람을 우대하는 것으로 인식하거나 또는 휴머니즘은 바로 인간을 이야기하되 신을 이야기하지 않으며 현세를 중시하되 내세를 중시하지 않는 세속주의라고 생각한다. 이런 인식을 토대로 현재 적지 않은 사람이 중국 전통문화(당연히 가장 중요한 부분이 농민문화이다)의 휴머니즘 정신을 강조하며 심지어 중국 전통문화는 바로 일종의 인성문화 또는 인문문화라고까지 말한다. 그 이유는 두 가지 측면을 벗어나지 못하는데, 하나는 중국문화는 세속적이고 종교적이지 않다는 것이고, 두 번째는 전통문화가 인자애인(仁者愛人)과 민본사상 등을 제창했다는 것이다.

그러나 만약 이런 말이 성립한다면 서양 중세문화든 다른 어느 민족의 봉건문화든 모두 휴머니즘이라고 부를 수 있다. 설마 중세 교회에 "사람을 사랑하라"는 강론이 적었다고 할 수 있겠는가? 고대 인도의 불교문화가 자비심과 중생제도를 설파하지 않았다고 할 수 있겠는가? 어떤 사람은 공자의 "사랑이 죄

---

* 1993~1996년 중국 지식인들 사이에 이른바 '인문정신논쟁'이 있었는데, 이에 관해서는 백원담 편역, 『인문학의 위기』(푸른숲, 1999) 참조.

인에게까지 미치는"것에 대해 크게 찬양하며 이것은 아주 훌륭한 휴머니즘이라고 말한다. 그러나 기독교는 심지어 "원수를 사랑하라"고까지 말하는데, 이것은 또 어떤 정신인가? 우리는 마르크스가 당시의 수많은 사람과 마찬가지로 서양 고전문화와 중세문화의 차이를 '로마인의 이지'와 '게르만인의 온정'으로 개괄했음을 알고 있다. 그는 자본주의는 중세의 온정이 넘쳐흐르는 면사포를 찢어 버리고 냉혹하고 무정한 현금 교환가치로 그것을 대신했으며, 인간의 존엄을 교환가치로 바꿔 버렸다고 지적했다. 그러나 과연 인애(仁愛)의 가르침이 충만한 온정이 넘쳐흐르는 중세 문화가 이지적인 고전문화나 냉혹한 자본주의 문화보다 더 휴머니즘 정신이 풍부하다고 할 수 있을까?

휴머니즘을 세속주의와 등치시킬 수는 없다. 잘 알다시피 현대사에서 가장 악랄하게 인성을 파괴하고 사람이 지켜야 할 도리를 저버린 것으로 나치의 파시스트 문화보다 더한 것이 없는데, 파시스트 문화는 바로 강렬한 반종교색채 또는 세속색채를 갖고 있다. 신(神) 중심 문화가 휴머니즘은 아니지만 그렇다고 신 중심에 반대하는 문화가 반드시 휴머니즘이라고 할 수도 없다. 하물며 중국 봉건문화는 곧 세속주의라고 말할 수 있겠는가?

사실 휴머니스트가 숭배하는 인성의 본질은 바로 인간의 자유개성이다. 르네상스 시대의 휴머니스트 중에 이론적으로 이런 점을 말한 사람은 거의 없음에도 불구하고, 그들은 예술가와 작가로서 실제로 실천을 통해 인간은 모든 쾌락을 향유할 권리와 자유롭게 창조하고 개성해방을 쟁취하여 개인의 재능과 욕망을 마음껏 펼칠 권리를 갖고 있으며, 이런 권리는 인간의 본질이지 결코 백성을 자식처럼 사랑하는 제왕이 부여하는 것이 아님을 인정했다. 그들은 어떤 지배자의 보호도 필요로 하지 않았으며, 당연히 어떤 외적인 세력의 속박도 받지 않았다. 처음부터 휴머니즘은 인간의 자유개성의 확대를 필요로 했고, 종법공동체가 인간의 자유로운 발전을 속박하고 개성을 억압하는 데 대한 항의였다.

그러나 중세의 "사람을 사랑하라"는 주장은 완전히 상반된 것이다. 그것은 결코 인간의 천부적 권리를 사랑한 것이 아니라 종법공동체가 각 개인을 위해 설정해 놓은 신분과 이들 신분 사이의 기존관계를 사랑하고 보호하는 것이다. "임금은 임금답고, 신하는 신하답고, 아버지는 아버지답고, 아들은 아들다운" 관계에서 신하와 아들은 당연히 임금과 아버지를 존경하고 사랑해야 하며, 임금과 아버지는 신하와 아들을 자비롭게 사랑해야 하지만, 이는 "임금이 신하의 죽음을 요구하면 죽지 않을 수 없고 아버지가 아들의 죽음을 필요로 하면 죽지 않을 수 없는 것"과 일치한다. 휴머니즘의 입장은 후자를 인성에 부합하지 않는 것으로 생각하지만, 중세의 입장은 이를 인정의 도리로 간주한다. 중세는 인간의 자유개성을 사랑한 것이 아니고 '사랑'을 통해(그러나 사랑만을 사용한 것은 아니다) 이런 개성을 속박하고, 종법공동체의 '보호' 유대를 이용하여 개인을 소규모 집단의 부속물로 만들어 버리려 했다. 종법시대의 인치(仁治)는 예치(禮治), 곧 등급신분제를 그 본질로 삼는데, 이른바 '인자애인'의 '인'(仁)은 글자 형태상 독립된 인간이 아니라 두 사람 사이의 종법관계로서, 곧 속박-보호가 대립·통일된 의존관계이다. 인치의 온정과 예치(또는 예를 법에 편입한 후의 刑治)의 엄격함은 사랑과 두려움의 결합을 가져왔다. 경제인류학자들이 전근대 농업사회의 습속인 명령경제를 '사랑과 두려움의 경제'[1]라고 하여 근대 인문정신이 배양한 이성경제와 구별하였듯이 우리는 이런 사회의 권력-의존형 정치를 '사랑과 두려움의 정치'라고 하여 근대 인문정신이 배양한 법리정신과 구별할 수 있다.

'사랑과 두려움'의 윤리가 바로 이른바 인정이다. 인정은 부자간의 장유(長幼)의 정으로부터 군신간의 정, 은혜를 베푸는 주인과 피보호자간의 정, 좌주와 문생간의 정, 교주와 신도간의 정, 지도자와 추종자간의 정으로까지 확장되고, 형제간의 수족(手足)의 정으로부터 고향·본가·길드·파벌·동갑나기의 정에까지 미친다. 이처럼 존재하지 않는 곳이 없는 인정문화의 아주 넓은 그물망에서 인성, 곧 자유개성은 정말로 천지간에 도망할 곳이 없었다. 이런 문화는 인간답지 못한(곧 개성이 없는) 인간에 대해서는 더 많은 애정을 베풀고 인정이 충만했지만, 일단 인간이 자신의 가치를 증명하려고 시도하면 이런 문화의 잔혹하고 무정하며 어떤 인성도 없는 일면이 곧바로 표출된다. 서양 중세의 종교재판소, 중국의 족규·종법(族規·宗法)과 국가의 형률이 자유개성을 추구하는 사람에 대해 준비한 것이 무엇인지는 굳이 설명하지 않아도 다 알 것이다.

요컨대 우리가 말하는 인성은 바로 인간의 자유개성이며 각 개인이 자신의 존엄을 유지하고 자신의 가치를 증명하는 권리와 능력이다. 휴머니즘은 바로 이런 인성주의로서 그것은 인성의 문화를 대표한다. 이와 달리 중세와 종법 농촌사회에 만연한 인정은 본질적으로 인간의 자유개성에 대한 종법공동체의 억압이다. 따라서 만일 초시대적이고 초민족적인 인류본성에 속하는 개인의 정감활동과 가족애를 빼버리면 중세문화와 현대문화, 종법문화와 자유개성의 대립은 윤리적인 관점에서 인정과 인성의 대립으로 집약되어 표현된다.

중국의 봉건문화는 그 대중형식인 종법농민문화를 포함하여, 서양 중세문화와 마찬가지로 인정문화에 속하며 결코 인성문화 또는 휴머니즘 문화가 아니다. 만약 중국의 봉건문화가 중세 서양문화의 봉건성과 어떤 차이가 있다면 그것은 전자가 세속적이고 인정미가 강하며 개인의 인격에 대한 간섭이 거의 무제한적으로 행해지기 때문에 본질적으로 중세 서양의 신(神) 중심 문화보다 인성과의 거리가 더 멀다는 데 있다. 서양의 신 중심 문화는 세속화된 후에 휴머니즘 문화를 이룩했으나, 중국의 인정문화는 통속화된 이후에 오히려 더 지독한 야만성을 갖게 되었을 뿐이다. 현재 중국 과도기의 향촌경제에는 수많은 장주(莊主)*경제의 요소가 존재하며, 그들의 생산품은 시장을 향하고 있으나 기업운영방식은 여전히 '사랑과 두려움의 경제'와 같은 식이며, 의존관계와 인정으로 공장을 운영하는 것을 특색으로 한다. 한때 이름을 날렸던 다츄(大邱) 장 '위쭤민(禹作敏)† 모델'이 그 좋은 예이다. 위쭤민의 행동에 나타난 의식형태와 신앙색채는 극도로 탈색되어 세속화되었지만 그의 사적인 고문과 형벌, 인명을 파리목숨처럼 하찮게 여기는 행동방식은 현대기업이 용납할 수 없는 것일 뿐만 아니라 예전의 '사회주의 자연경제'에서도 거의 찾아볼 수 없는 것이었다. 통속화된 후의 '사랑과 두려움'은 사랑스럽지 못하고 오히려 더욱 무서워졌다.

위쭤민 모델은 상품경제의 이행과 관련이 있지만 통속화된 인정문화와 '사랑과 두려움'의 윤리는 반드시 과도기에만 나타나는 것은 아니다. 역사상의 악질토호 현상은 바로 인정문화가 통속화되고 야만화된 표현이다. 악질토호는 군자가 아니다. 그들의 머릿속에는 군자만큼의 엘리트화된 의식형태가 없다. 또한 악질토호의 무신앙성은 서양 중세의 종교재판관과 다르지만, 그 인성의 파괴정도는 오히려 신앙으로 사람을 죽이는 종교재판관을 훨씬 뛰어넘는다.[2] 이 책

---

* 莊은 村과 같은 뜻으로 장주는 촌주이다.
† 톈진(天津) 시 징하이(靜海) 현의 大邱莊은 개혁·개방시기 중국에서 가장 먼저 부유해진 촌락인데, 이 마을의 당 지부 서기 위쭤민이 '莊主'를 자처하면서 사설 법정까지 세워 마을을 가부장제식으로 통치하던 중 주민을 때려 숨지게 한 사건이 벌어졌다. 이 때문에 그는 1993년 체포되었다.

2장에서 제기한 한귀장 등 관중 악질토호의 행위에서 그 일부를 볼 수 있다. 중요한 것은 전통신앙이 붕괴하고 현대사회의 가치가 아직 확립되지 않은 상황에서 중국 농촌에는 시장경제의 원시축적과 관련 있는 위쩌민식의 '촌주'가 존재하고 있을 뿐만 아니라 순수한 전근대식 악질토호의 행위도 증가하는 추세에 있다는 점이다. "산은 높고 황제는 멀리 있는" 외진 지역일수록 시장경제의 발전 정도는 대단히 낮지만, '사랑과 두려움'의 통속화와 야만화는 놀라울 정도며, 결국 이것이 사람을 불안하게 하는 것이다.

인성이 없는 것은 종법공동체의 속박을, 인정이 있는 것은 종법공동체의 보호를 반영한다. 수천 년 동안 봉건통치자는 백성을 널리 사랑할 것을 제창했고 평민공동체 성원 속에도 겸애의 전통이 있다. 그러나 루쉰은 『광인일기』에서 수천 년의 전통문화는 단지 '츠런'(吃人)* 두 글자일 뿐이라고 분연히 썼다. 사람을 사랑하는 문화와 사람을 잡아먹는 문화, 어떤 것이 맞는가? 당연히 둘 다 맞다. 봉건문화는 그 속에 대중문화를 포괄하고 있는데, 이는 사람을 사랑하는 인정문화이면서 동시에 사람을 잡아먹는 무인성문화로서 양자는 대립통일되어 서로 잘 어울리며 서로를 보완한다. 그래서 뜨겁게 사랑할수록 더 잔인하게 잡아먹는다.

인정문화는 현대인격과 현대윤리의 적으로서, 현재 중국 현대화과정에서 가장 심각한 윤리상의 장애가 되었다. 민주혁명이 '완벽하게 승리'한 지 40여 년이 지났지만, 인정문화의 굴레는 아직도 집요하게 중국인을 속박하고 보호하고 있다. 그다지 사랑스럽지 않고, 되레 무서운, 세속화된 인정은 최근 몇십 년 동안 더욱 사악하게 팽창했다. 시장은 왜곡되고 계획은 농락당했다. 그것은 인간의 독립된 개성을 삼켜 버리고 사람들의 현대적 단체정신을 갉아먹었다. 통속화된 '사랑과 두려움'은 결코 도덕적이지 않은 도덕경제를 유지하면서, 공동체라는 웅덩이의 썩은 물과 자연인이라는 한줌의 모래가 조성한 사회의 병을 더욱 악화시켰다. 인정으로 짜인 관시망이 없는 곳이 없으며, 어떤 경우이든 요람에서 무덤까지, 인정에 의존하지 않고 관시를 맺지 않고서는 아무 일도 할 수 없다. 인정은 사람을 천당에 오르게 할 수도 지옥에 떨어뜨릴 수도 있으며, 이성을 타

---

* 사람을 잡아먹는다는 뜻.

락시키고 인격을 추락시키며, 법제를 무용지물로 만들고, 가치법칙을 왜곡시키고, 권리와 의무를 전도시킬 수 있다. 인정으로 짜인 관시망을 떠나서는 어느누구도 현재의 중국에서 발붙일 곳이 없다. 인정의 팽창과 인성의 위축은 중국인의 인격 위기가 집약적으로 드러난 것이라고 말해도 결코 지나치지 않다.

2. 빈농의 '성 자유'와 예교의 성 속박

인정문화가 범람하여 재난이 되고 관시망이 온 나라를 뒤덮는 상황은 사람들로 하여금 자연스럽게 이런 문제의 원인이 어디에 있는지를 깊이 생각하게 만든다.

어떤 사람은 이것이 개혁의 부작용으로 상품경제가 침식한 결과라고 본다. 확실히 "세 개의 관청 직인(職印)이 한 명의 동향인만 못하고" "안면이 도장보다 더 효과가 큰" 현상은 기율을 강화하고 혁명이 모든 것을 제압하던 시대에는 상대적으로 보기 힘들었다. 그리고 생노병사가 모두 '조직'에서 안배되던 시대에는 사람들이 일의 대소에 관계 없이 관시를 끌어들여 인정을 찾아야 하는 고뇌도 적었다. 경제학자들이 보통 권력의 '쉰쭈'(尋租)*라고 일컫는 현상과 마찬가지로 관시로 임대료를 챙기고, 인정으로 임대료를 챙기는 현상은 순수한 자연경제(또는 상품경제)에서는 두드러지지 않았다. 그러나 만일 임대료를 챙기는 기회가 일정 정도 시장(비규범시장)에 의해 주어진 것이라면, 임대료를 챙기는 메커니즘은 완전히 전(前) 시장적이다. 사람들의 권력에 대한 의존이 선행해야 비로소 권력이 비규범시장에서 재산을 멋대로 농락하고 그것을 낚아채서 '임대'하는 현상이 나타날 수 있다.

그러므로 사람들의 권력에 대한 의존은 인정이나 관시에 대한 의존과 마찬가지로 그 뿌리를 캐 보면 '사랑과 두려움의 경제' 속에 있는 개인의 종법공동체에 대한 의존에서 파생한 것이다.[3] 인정을 기초로 한 관시망은 시장경제 사회가 갖고 있어야 할 윤리와 인간관계의 원칙이 아니며, 현재 시장경제가 발달

---

* 임대료를 챙기다라는 뜻.

한 국가에는 이런 현상이 없다. 지금 '인정 공해'가 범람하고 있는 것은 의심할 바 없이 사회생활에 존재하는 종법관계 요소가 사회화된 상품경제에 저항하고 그것을 왜곡시킨 결과이다.

개혁 전, 특히 문화혁명 전에는 관시망의 폐해가 지금보다 훨씬 적었던 것으로 보이는데 이것도 중국의 전통 집권체제의 운동법칙과 부합한다. 중앙집권제와 자연경제가 협조하여 운영되는 시대에는 부자간의 정으로부터 확산되어 형성된 군신간의 정이 형제간의 정으로부터 확대되어 형성된 파벌과 붕당의 정을 제약하여 종법관시망을 상명하달의 일체화된 조화상태에 있도록 만든다. 그때 중앙정부는 회피제(回避制), 유관제(流官制)*, 감찰통보제(監察擧報制) 등을 이용하여 파벌·붕당의 횡적인 관시망의 발전을 저지한다. 그러나 이것은 미봉책에 불과하며, 권력의 부패에 따라 도를 더해 가는 횡적 관시망의 만연은 피할 수 없는 대세이고, 부자에서 군신까지의 인정 관시가 이미 인성을 말살했기 때문에 모든 사람의 관시는 인신의존적인 성질을 가질 수밖에 없었다. 전제권력을 강화하기 위해 관시망을 통제하는 것은 일을 더욱 복잡하게 만들 뿐이었다.

그러나 오늘날의 '인정 공해'는 전통 윤리구조와 비교할 때 색다른 점도 갖고 있다. 첫째, 전통 윤리구조는 일종의 엘리트화된 의식(儀式)의 외피를 쓰고 있으나 현재의 인정은 상당수가 하층의 자발적 행위이다. 둘째, 전통윤리가 금욕에 기울었다면 현재의 인정은 욕망을 방임하는 경향이 있고, "천리(天理)를 보존하고 인욕(人慾)을 없애는" 것이 아니라 '인욕을 보존하고 공리(公理)를 없애는 것이다. 옛날과 지금의 인정문화는 자유로운 시민의 공정한 경쟁을 억제하지만, 예전에 주로 억제한 것은 경쟁이고 현재 주로 억제하는 것은 공정성이다. 과거와 현재의 인정문화는 모두 사람을 공동체에 의존하게 하지만, 과거의 의존이 다소 초월적인 성격이 있는 충성으로 표현되었다면 현재의 의존은 오히려 사욕의 만족을 귀착점으로 삼는다. 분명히 이런 인정문화의 근원을 추적할 때 사람들은 엘리트화된 전통의 윤리구조, 곧 이른바 봉건 예교 따위에 착안해서는 안되고, 대중화된 전통의 반윤리구조, 곧 전통사회 속의 민간의 자발적인(그러나 계약화된 것은 아닌) 관시와 욕망을 방임하는(그러나 권리규범은 없는) 인정

---

* 소수민족 지구에 그 민족 출신의 토관 대신 한족 관리를 파견하는 제도.

을 연구해야 한다. 그것은 이른바 전통문화와 완전히 배치되는 반문화적 전통을 구성하며, 그 윤리적 표현의 하나가 바로 새로운 문화 내용을 담고 있지 않은 반문화적인 반예교이다.

지난날 사람들은 항상 종법농민에 대한 예교의 강력한 영향에 대해 이야기했다. 그러나 농촌사회를 조금이라도 이해하는 사람이라면 또 다른 한 측면, 곧 종법농민의 윤리관념은 많은 경우에 항상 유가전통의 인정문화와 서로 충돌했음을 안다. 효제(孝悌) 관념과 대가족주의는 농민 내에서는 줄곧 비교적 약했다. 농민가정은 귀족의 대호(大戶)와 비교하여 규모가 작았을 뿐만 아니라 안정성도 낮았다. 부모가 살아 있는데도 형제가 호적을 달리하고 재산을 따로 관리하는 행위는, 유가의 도통이 증오할 뿐만 아니라 역대 왕조의 형률에서 범죄항목에 들어 있는 것이었지만 사실 전통농촌의 서민가정에서 상당히 일상적이었다. 이른바 "부잣집 아들이 장성하면 분가시키고 가난한 집의 자식은 장성하면 데릴사위로 보내는"[4] 것이 바로 그 예이다. 사대부들이 늘 마음에 두고 있는 예의염치가 반드시 농민에게 강한 도덕적 구속력을 갖고 있었던 것은 아니다. 농촌에서 종족조직, 사당 및 족보 등은 항상 부유한 대호의 지원에 의존했고, '지주가 없는 관중' 같은 모델에서 이런 것은 없는 듯 있는 듯해서 거의 영향이 없었다.

더욱 심한 것은 농민들 사이의 '성 자유'와 예교의 성 속박도 흔히 종법농업사회 안에서 상충되지 않고 병존했다는 사실이다. 서양의 한 인류학자는 독일의 전통농민들 사이에는 "혼전에 성 관계를 갖고 임신을 한 후에 결혼하는 준관습이 존재했다고" 지적했다.[5] 러시아, 폴란드, 프랑스 농촌에서도 전통적인 성적 낭만은 기록에서 쉽게 볼 수 있다.[6] 중국의 수많은 민족학·민속학과 문학작품에 나오는 가회(歌會)에서의 배우자 선택,* 야외 정사, 아주혼인(阿注婚姻)†과 같은 묘사들도 자주 들어서 잘 아는 일이지만 사람들은 이를 소수민족의 풍속과 문화로만 생각한다. 사실 『시경』을 주의 깊게 읽어 보면 한족에도 이와 유사한 옛 풍속이 있었음을 알 수 있다.

---

* 중국 서부농촌, 특히 소수민족 농촌의 민속. 매년 일정한 명절을 택해 사람들이 모여 노래와 춤을 즐기는데, 이때 젊은 남녀들이 교제하며 배우자를 선택한다.

† 윈난·쓰촨 나시족(納西族) 농촌의 혼인풍속. 아주(阿注)는 친구·반려자를 뜻하며 남녀 쌍방이 각기 따로 거주하면서 방문하는 식으로 느슨한 성관계를 맺는다. 이를 주혼(走婚)이라고도 한다.

  그러나 이것이 어찌 옛 풍속으로만 그쳤겠는가? 근대 중국 화북의 한족 농촌, 특히 농촌의 하층민에게도 이른바 "남편이 아닌 남자를 자기 집에 머무르게 하여 생계유지를 돕도록 하고 그 대가로 성관계를 맺는" 성 방종현상이 있었다. 남방 농민의 경우에는 마오쩌둥이 1920년대에 농민, 특히 빈농의 성 윤리 상의 혁명성을 지적했다. 마오쩌둥은 부자들이 엄격한 예교를 강조한 것과는 달리 농민은 평소에 "성적으로 비교적 자유로웠다. 농촌에서 삼각관계와 다각관계는 빈농계급에게 거의 보편적이었다"고[7] 했던 것이다. 1930년대의 토지혁명에서 이 같은 '빈농의 성 자유'는 더욱 크게 발양되었다. 마오쩌둥이 조사한 바와 같이 당시 소비에트 지구의 수많은 지방에서 농민이 해방된 후 법으로 '간통죄 폐지'를 선언하자 촌내의 청춘남녀가 "산 위에서 공공연하게 무리를 이루어 자유를 누리게" 되었다. "앞에서 말한 것 외에도 부인이 있으면서도 새로 애인을 찾는 일이 거의 모든 향촌에서 나타났다."[8] 1970년대에 상산하향운동(上山下鄕運動)*에서 지식청년들은 비교적 보수적이라고 듣던 농촌의 성 개방 정도가 도시보다 훨씬 앞서고 있음을 발견하고 놀라지 않을 수 없었다. 극도로 폐쇄적이고 가난한 간쑤(甘肅) 중부의 메마른 산지의 일부 현에는 그 곳 사람들이 "산시에 내려 가 본 적이 있다"고 지칭하는 여성이 상당수 있었는데, 이 여성들은 모두 '3년 곤궁시기'†나 다른 기근 때에 관중으로 나가 다른 사람과 동거하다가 기근이 끝난 후에 고향으로 돌아온 사람들이었다. 그러나 그들은 어떤 차별대우도 받지 않았다.

  중국의 옛 선인은 일찍이 "곳간이 그득해야 예의를 알고, 의식이 족해야 영욕을 안다"고 지적했다. 물론 이 말을 절대적인 것으로 이해할 수는 없다. 중국의 전통 중에는 부귀를 누리면서도 방탕하지 않고, 빈천해도 뜻을 바꾸지 않는 일이 있었음을 무시할 수 없기 때문이다. 그러나 지나치게 고상한 엘리트 윤리는 일반 서민대중의 이해를 얻기 어려우며 이것은 아마도 동서고금을 막론하고 별 차이가 없을 것이다. '반전통'의 제창자들은 갈수록 더 많이 생겨난 중국 고대의 '열녀전'과 정절패방(貞節牌坊)#에 대해 통렬한 비판을 가했지만, 사실 어

* 1966~1975년 중학생 이상의 도시 지식청년들이 농촌에 하방되어 농민과 함께 노동하고 생활함으로써 이를 통하여 사상성을 높이고자 한 운동. 모두 1,200만 명이 동원되었다.
† 1958~1961년 대약진 운동시기의 기근.
# 정절을 지킨 여자를 현창하고 기념하기 위해 세운 문짝 없는 문.

리석은 백성의 절대 다수는 열녀가 아니었다. 그렇지 않다면 무엇 때문에 전(傳)을 쓰고 패방을 세웠겠는가? 정자(程子)*가 "굶어 죽는 것은 작은 일이고 정조를 잃는 것은 큰일이다"라고 한 말의 해독은 1970년대까지도 사람들이 애써 제거해야 할 만큼 강력하게 남아 있었는데, 사실 종일토록 배가 불렀을 정자로서는 무심코 말한 것일 뿐 그가 진정으로 '아사'에 직면했다면 모르긴 몰라도 그렇게 말하지는 않았을 것이다. 흥미롭게도 진·한, 수·당과 성리학이 흥성했던 송·원 시기의 결혼-성 관념을 연구한 민속사나 사회사 연구자들은 하나같이 당시 사회(성현의 책 속에서가 아니라) 속에 퍼져 있던 결혼-성 관념은 실제로 역대 왕조에 비해(연구자들이 다룬 범위 이외의 왕조) 훨씬 개방적이었다고 결론지었다. 이런 글들을 읽고 나면 정절은 과연 어느 왕조에서 성행했는지 참으로 알 수가 없다.

민주혁명시대에 결혼의 자유는 농민의 열렬한 지지를 받았다. 왕구이(王貴)와 리샹샹(李香香), 류차오얼(劉巧兒), 샤오얼헤이(小二黑)식의 이야기†는 결코 작가의 상상만은 아니었으며, 당시 어느 곳에서나 볼 수 있는 현실이었다. 이 모든 것은 사람들에게 농민민주운동이 개성해방 면에서 서양의 시민운동 성격의 휴머니즘보다 더욱 급진적일지도 모른다는 낙관적 기대를 갖게 한다. 이런 운동을 한 차례 겪고 나면 인정이 인성을 억압하고 예교가 애정을 말살하는 것 때문에 또다시 고뇌할 필요가 없을 것이다. 그러나 사실은 이런 낙관이 너무나 성급했음을 보여준다. 현재 중국에서는 빈농의 '성 자유'를 널리 선양한 혁명이 승리한 후에 오히려 사랑 이야기에 안색이 변하고 아름다움을 원수같이 여기는 새로운 예교를 만들어 내며, 이런 신예교 아래에서 '조직'이 혼인을 청부하고 정치권력이 애정에 간섭함으로써 수많은 비극이 발생한다. 그뿐만 아니라 농촌에는 여전히 애정이 망각된 구석이 많이 존재하고 있으며, 아버지가 된 수많은 '샤오얼헤이'들이 자녀의 혼인문제에 대해 자신의 아버지 세대보다 더 심하게 간섭하는 것을 볼 수 있다. 이는 왜 그런가? 소설 『애정이 망각된 구석』(被愛情遺忘的角落)의 해답은 빈곤 때문이다. 이것은 물론 일리가 없는 것은 아니지만, 근

* 송대 유학자 정호와 정이 형제를 높여 부르는 말.
† 1949년 이전 중국공산당이 농촌에서 '민주혁명'을 전개하던 시기에 봉건적 혼인풍습을 비판하고 결혼의 자유를 제창한 통속문예작품 『王貴與李香香』, 『劉巧兒』, 『小二黑結婚』의 주인공 이야기.

년에 일부 지역의 농촌경제상황이 호전된 뒤에도 이런 '구석'이 아직도 소멸되지 않고 구식 매매혼, 심지어는 여성 인신매매 풍조가 오히려 갈수록 심해지는 이유는 무엇인가?[9]

이와 관련하여 나타난 일종의 문학현상도 주목된다. 근년에 '황토 위의 성(性) 문학'이 문단에서 큰 주목을 받고 있다. 예컨대 소설 『폐허도시』(廢都)*로 대표되는 시베이파(西北派) 작품은 민심이 순박하고 전통이 강한 농촌에서 동남 연해와 홍콩 사람들까지 눈만 크게 뜬 채 말을 못할 정도의 성 선풍을 일으켰다. 『폐허도시』 현상은 문학계에 한바탕 논란을 야기하여, 돈벌이를 목적으로 한 '건달문학'으로 비난하는 이가 있는가 하면, 뛰어난 사상해방으로 칭찬하는 이도 있으며, 포스트모더니즘이나 지식인의 '주변화'와 연결시키는 사람도 있다. 그러나 만일 『폐허도시』에 나타난 도시문화에 대한 명확한 적의와 그 병적 현상인 성 문란을 묘사하기보다는 동경하는 태도와 관련짓고, 다시 작가의 이전 작품에 일관된 향토본위 의식과 전통의 형상화를 연결시키면 『폐허도시』가 체현한 것은 시민화되고 상업화된 성 문화라기보다는 차라리 빈농의 성 자유라고 해야 옳다. 오직 종법농민 윤리문화의 이원성을 직시해야만 작가가 엄숙한 향토문학에서 일변하여 병적인 형태의 성 문학으로 비약한 것을 이해할 수 있다. 그리고 사람들이 『폐허도시』 현상[10]을 걱정하는 것은 아마도 개방의 큰 물결을 타고 들어온 '모던한 성 해방'의 부작용 때문이 아니라, 자연인의 야만성이 또다시 공동체의 속박을 만들어 내지나 않을까 하는 우려 때문일 것이다. '성공한 쫭즈뎨'(莊之蝶)†들은 자신의 후궁 안에 아내가 있는데도 새로 'X 애인'을 찾는 동시에 사회적으로는 신예교를 실행하여 태평천국식의 남관(男館)·여관(女館)#의 성 속박으로 추락한 '폐허도시'를 재건할지도 모른다.

현재 유행하고 있는 하나의 착각은 욕망을 방임하는 문화, 감각적인 문화는 시민의 전유물에 속하고 보수적인 향토문화는 금욕으로 기운다고 보는 것인데, 사실은 전혀 그렇지 않다. 나는 관중에서 장난의 농촌에 이르기까지 수많은 향토 '감각문학'을 수집했다. 너무나 저속하여 낯 뜨거운 것을 제외하고 하나만 예

* 산시의 작가 자평아오(賈平凹)가 1991년에 발표한 소설로 『금병매』의 재판이라는 평을 받기도 했다. 한글 번역판이 원제대로 1994년 일요신문사에서 간행되었다.
† 『폐허도시』의 주인공으로 직업이 작가인데 작가로서 명성을 얻은 후에 여러 명의 여자와 성관계를 맺는다.
# 남녀의 거처를 나누어 부부관계조차 허용하지 않고 별거시켰다.

를 들면 저장 중부 향촌에서 혼례 때 유행하는「커튼 치기 노래」(撕帳歌)라는 것이 있다. "커튼을 치네 커튼을 쳐. 동에도 치고 서에도 치고. 신랑은 꽃 따는 벌 같고, 신부는 한 송이 모란꽃 같구나. 벌은 한 점 붉은 꽃술을 따네" "한 방울 감로에 꽃술이 젖듯, 신부 몸의 황금 자물쇠, 신랑 손에 풀리고, 세 관문 무너지니, 베란다의 두 몸 구름인 듯 비인 듯 하나가 되네"로 이어지는 이 노래는 차라리 평범한 편에 속한다. 이 밖에도 훨씬 노골적인 '문학'이 많이 있다. 이런 것들을 도시의 영향으로 돌리기는 매우 어렵다. 왜냐하면 가장 외지고 가난한 시골 지역에서도 이런 향토 감각문화의 발달 정도는 도시지역에 뒤지지 않기 때문이다. 특히 문화혁명시기 도시에서 신예교와 금욕문화가 유행하던 상황하에서도 궁벽한 농촌일수록 향토의 감각문화는 더욱 두드러졌다.

요컨대 빈농의 성 자유가 종법예교의 성 속박과 병존하여 상호 인과관계를 형성한 것은 종법 농업사회의 혼인과 성 윤리 면에서의 두드러진 특징이다. 그 근원은 종법공동체 성원이 갖고 있는 물질의 고립성과 인간의 의존성이 서로 인과관계를 이루는 이원적 존재상태와 이로 인해 형성된 가치체계의 이원성이다. 물질의 고립성은 "닭과 개짓는 소리가 서로 들리고 사람들이 늙어 죽을 때까지 서로 왕래하지 않는" 경향 또는 로빈슨 크루소화 경향을 초래하고, 인간의 의존성은 설령 심산유곡이나 그보다 더욱 외진 곳이라도 요역을 피할 방도가 없는 경향, 또는 명령경제 경향을 야기한다. 앞의 경향과 상응하는 것은 자연인의 사욕이 외적인 강제력이 없을 때 비이성적으로(권리규범이 없이) 풀어지는 방임이며, 뒤의 경향과 상응하는 것은 공동체의 개인권리에 대한 박탈이다. 이것이 바로 종법 농업사회의 방종(계약문화의 현대적 단체정신의 결여)과 전제(계약의 권리주체인 독립된 인격의 결여)의 대립통일이다. 그리고 빈농의 성 자유와 예교의 성 속박은 바로 성 윤리 면에서 이런 대립통일이 체현된 것으로서 역시 '성 방종'과 '성 전제'의 결합이다.

'성 방종'은 예교가 생겨나기 이전의 원시적 성 자유와 다르며, 예교가 소멸된 이후의 성 자유와도 다르다. 그것은 모종의 반문화(反文化) 상태에서 자연인의 성욕을 풀어놓을 수는 있지만 성 관계 주체의 권리평등을 수립할 수는 없다. 성이 방종한 자는 마치 루쉰의 소설에서 훌륭한 예교가 무엇인지 모르는 아Q처럼 "중이 더듬는데 나라고 못 더듬을까?" "나는 너와 동침한다" 따위만을 알 뿐이다. 그러나 이것으로는 그가 개성 해방의 개척자가 될 수 없다. 그에게 개성은 예교보다도 훨씬 요원하기 때문이다. 자연인으로서 그는 아마도 자신의 욕망에 대한 예교의 제한에 반항할 것이며, 심지어 휴머니즘의 개성해방운동보다 더 '급진'적일 수도 있겠지만, 일단 그가 종법공동체의 인격화된 체현자가 되어 사회적 역할을 하게 되면 그는 "내 것은 내 것이고, 네 것도 내 것"인 사유방식에 따라 자기 한몸의 자연적인 욕망을 공동체의 추상가치로 전환시켜, "나의 사적인 일을 천하의 대공(大公)으로 삼고"[11] 자신의 성 자유를 천하의 성 속박으로 삼는다. 이리하여 우리는 종법농촌 내의 조야한 성 방종이 농민운동 중의 엄혹한 금욕주의적 구속(예컨대 태평천국의 남관·여관제도)과 왜 병행하는지, 도시에 들어온 후 조강지처를 버리고 새 정부(情婦)를 구하는 자가 왜 도리어 '소부르주아 계급 정서'를 소리 높여 비난하는지 이해하기 어렵지 않다.

종법식의 성 방종을 근대적인 성 자유라고 긍정적으로 평가하는 것은 종법소농의 또 다른 방종한 행위를 자유주의로 간주하여 반대하는 것과 마찬가지로 일종의 인식상의 오류이다. 정치상의 봉건전제는 자유주의와 양립할 수 없는데도 인민의 방종상태를 가중시키며, 경제상의 등급장벽은 공정한 경쟁과 양립할 수 없는데도 종법식의 평균주의를 가져온다. 또한 윤리상의 봉건 예교는 현대의 성 자유와 양립할 수 없는데도 성 방종을 간직하고 있다. 바꿔 말하면 정치적 방종은 계약성 단체주의의 형성을 방해할 수 있지만 전제권력을 약화시킬 수 없고, 공동체의 평균은 자본축적을 방해할 수 있지만 권력의 착취를 감소시킬 수 없으며, 빈농의 성 자유는 성 관계 속의 권리규칙을 교란시킬 수 있지만 예교의 속박을 벗어날 수 없다는 것이다. 만일 개성 해방의 기초 위에 성립된 현대의 성 자유가 사유제 조건하에서 소외를 일으켜 '성 고용제'라는 사회병을 낳을 수 있다면, 종법식의 성 방종은 더 낙후되고 병적인 '성 노역제'와 '성 노예제'를 초래한다. 그렇기 때문에 성 윤리의 근대화 과정은 예교 반대와 성 속박 타파투쟁을 수반할 뿐만 아니라, 반드시 성 방종 상태에서도 벗어나야 한다.

18세기 유럽 계몽사상가가 중세의 금욕주의를 비판하고, 애정을 비롯한 세속의 행복을 추구할 자연권이 있다고 강력히 주장하는 동시에 중세의 성 방종을 비판한 것은 전혀 이상할 것이 없다. 그들은 시민(부르주아 계급)의 가정관계의 안정성을 찬양하고, 이것을 귀족가정의 동요와 서로 대립시켰다. 당시의 수많은 계몽연극은 귀족가정 내부의 모습을 서로 속이고 속고, 부부가 서로에게 충실하지 않고, 자녀들은 교양이 없고 언행이 제멋대로인 것으로 묘사했다. 반대로 시민가정에 대해서는 가족 사이에 감정이 진실하고, 행복·화목하며 애정이 변하지 않는 것으로 묘사했다.[12] 이것은 현재 중국의 이른바 '시민문학'이 묘사하는 '시민'윤리상황과 거의 하늘과 땅만큼의 차이가 있다.

종법농민국가에서 현대화로 나아가는 과정에서 중국은 결혼과 성 윤리 면에서도 반드시 유사한 변화를 겪게 될 것이다. 과도기에 출현하는 신구가 뒤섞인 상황은 결코 이상한 것이 아니다. 일반적으로 말해서 새로운 문화-사회세력이 이미 등장한 상황에서 종법공동체의 비위계화는 새로운 세력에게 생존기회와 발전공간을 제공할 수 있다. 그러나 비위계화와 신문화는 결코 같은 것이 아니다. 이 점을 무시하면 파괴만 하고 건설을 하지 않거나, 심한 경우에는 더욱 나쁜 결과를 초래하기도 한다. 역사상에서 종법농민은 부도(父道)를 지키지 않는 천연수장을 반대하여 "임금이 임금답지 못하고, 신하가 신하답지 못하며, 아버지가 아버지답지 못하고, 아들이 아들답지 못한" 방종 국면을 조성함으로써 기존 전제체제의 와해를 초래할 가능성도 있지만 방종은 근본적으로 자유헌정과는 다르다. 종법농민이 권귀의 가렴주구에 반대하여 촌공동체 평균을 확대하고 기존의 등급한계를 파괴할 가능성은 있지만, 촌공동체 평균은 경쟁의 출발점인 공정성이나 공평한 규칙과는 전혀 다르다. 만일 사람들이 이 점을 인식하고 민주혁명 속에서 자아변혁을 실현한다면 전제체제의 와해는 자유헌정의 출발점이 될 수 있으며 기존의 등급한계의 철폐는 공정한 시장경쟁의 출발점이 될 수 있다. 그렇지 않다면 방종한 폭민정치 속에서 새로 재건되는 것은 아마도 더욱 잔혹한 전제일 것이며, 촌공동체의 겸병 억제과정에서 새로 재건되는 것은 더욱 엄격한 등급-신분 장벽일 것이다.

마찬가지로 종법농민이 예교의 성 속박을 반대하여 빈농의 성 자유를 조성하는 것은 전통윤리의 기존형식에 위기를 야기할 수 있다. 그러나 무지몽매한 상태에서의 성 자유와 종법농민집단의 예교에 부적합한 저속한 본능을 인성의 각성이나 개성의 해방과 동일시해서는 안된다. 성 방종은 결코 현대의 성 자유가 아니며, 반문화적인 반예교 또한 신문화의 반예교와는 다르다. 근대 이후, 특히 5·4운동 이래 신문화가 어느 정도 싹튼 상황에서 전통윤리의 기존 형식은 위기에 직면했다. 이런 상황은 혼인·가정·성 윤리의 현대화에 좋은 기회를 제공하여 수많은 왕구이와 리샹샹, 샤오얼헤이와 샤오친(小芹) 같은 사람들이 봉건예교의 속박에서 벗어나게 해주었다. 그러나 농업이 경제의 근간을 이루고 있는 중국은 여전히 자연경제(그리고 자연경제의 특수형식으로서의 명령경제) 상태에 있기 때문에 물질의 고립성과 인간의 의존성이 빠르게 소멸되기는 어려웠다. 따라서 농민운동 가운데 윤리혁명은 상당히 급진적이고 전에 없이 광범위했지만 그것이 휴머니즘 운동으로 대체되어 개성해방의 임무를 완성하지는 못했다. 특히 중국의 신문화는 주로 외래의 엘리트 문화를 들여와 전통 중국의 엘리트 문화(유가사상)에 대항하는 과정에서 형성된 것이고, 비엘리트의 '반문화전통'을 중시했기 때문에 고립성과 의존성을 청산하지 못했다. 더구나 '반문화' 전통을 '반전통'문화로 간주하여 농민 윤리혁명의 성 방종 요소를 개성해방 요소와 같은 맥락에서 논의함으로써 성 방종 속에서 예교를 재건하는 결과를 가져왔다.

현재 개혁·개방 물결이 거세짐에 따라 중국은 다시 개성해방의 과정에 직면했다. 성 방종과 성 자유라는 신구가 뒤섞인 윤리상의 위기도 다시 나타났다. 현재 중국 일부 지역의 윤리상황은 서양의 사창가 같다든지, 육조금분(六朝金粉)*, 친화이유풍(秦淮遺風)†과 같다고 할 정도는 아니다. 그러나 서양에서는 종법공동체가 해체되고 개인권리가 성장할 때 재산소유권, 참정권, 성 자주권이 함께 확대되었지만 중국에서는 재산소유권과 참정권이 발달하지 못한 시기에 윤리위기가 나타났다. 한편으로 권력이 권리를 농락하고, 다른 한편으로는 인간의 욕망이 횡행했다. 이런 상황에서는 성 방종을 현대적 성 자유로 간주하여 찬양하든, 성 방종을 '서양의 찌꺼기'로 간주하여 신예교를 부활시켜 그것을 통제하든, 둘 다 과거의 실패를 되풀이하는 것이다. 신구 예교의 속박을 벗어나는 동시에 권리규범으로 인간의 욕망을 완화시켜 이성화하는 것만이 윤리위기를 벗어나는 길이다.

---

* 육조시대 金陵(지금의 난징)의 화려하고 번화한 모습을 지칭한 말로서 나중에 여인의 화려한 용모와 치장을 비유하는 말로 쓰였다.
† 친화이(秦淮)는 난징(南京) 성안을 흐르는 작은 강을 말하는데, 예전에 이 강 일대에 기생집이 많아 환락가로 유명했다.

3. 인정 동심원과 농민사회의 정보 전파 유형

빈농의 성 자유와 예교의 성 속박은 병존하며 종법공동체 윤리체계의 이원성을 나타낸다. 인성의 문화가 반드시 욕망을 방임하는 문화가 아닌 것과 마찬가지로 인정문화 또한 반드시 금욕적인 문화는 아니다. 인성의 핵심은 인권이고 인성의 기초는 이성이다. 비이성적이며 권리규범이 없는 욕망의 방임과 비이성적이며 반인권적인 금욕은 모두 인성에 부합하지 않는다. 사실상 이런 사회에서 이 두 가지 현상은 동시에 존재하고, 욕망의 방임이든 금욕이든 사회의 어떤 일부분을 겨냥한 것으로 어떤 사람은 정이 없지만 욕망이 있고, 어떤 사람은 욕망을 없애고 정을 갖도록 요구받는다. 그러나 전체적으로 말하면 이런 사회에서 인정과 욕망은 인성과 인권에 대한 억압을 배경으로 한 것이다.

인정은 욕망과 함께 인신의존의 관시망을 엮는데, 관시망은 방종과 전제가 공존하는 이원적 특성을 갖고 있다. 어떤 관점에서 보면, 관시는 매우 산만하고 무질서하여 거의 보편적인 삼각 또는 다각관계를 형성한다. 그러나 다른 관점에서 보면, 관시는 매우 전제적이고 위계적이어서 등급이 엄격하게 나누어진다. 표면적으로 종법농민의 관시망은(다른 집단에 비해서) 가장 미발달했다. 루쉰의 소설에 등장하는 자오(趙) 영감 일가는 복잡한 관시망을 갖고 있어 혁명의 충격을 받지 않도록 자신을 보호할 수 있었으나 아Q는 거의 완전히 고립되어 있었기 때문에 상류사회에 들어갈 수 없었을 뿐만 아니라 하류사회에서도 인정이 통하지 않고 인연이 없어 모든 하층인물—왕후(王胡), 샤오디(小D), 우마(吳媽), 젊은 비구니 등—과 관계가 좋지 않았다. 결국 그는 총살되었지만, 그에게 관심을 기울이는 사람은 아무도 없었고, 따라서 한 점의 풍파도 일어나지 않았다. 루쉰은 그 예리한 필치로 종법농민 윤리 속에 내재한 고독, 냉담, 상호 무관심의 일면을 짚어 냈다. 마르크스가 하나하나의 감자 같다고 형상적으로 비유한, 이런 상태는 자연경제하의 로빈슨 크루소식 분산과 고립을 반영한다.

그러나 이것은 단지 문제의 한 측면일 뿐이다. 아Q가 총살당하는 결말은 역으로 종법농민이 만약 하나하나의 감자에 불과하다면 그들은 이 세계에서 존재할 수 없다는 것을 증명했다. 그들은 사회관계의 협소함과 빈약함 때문에 자연의 속성을 더 많이 유지했고, 따라서 종법농민이 일단 교류를 시작하면 인정은 지고무상의 지위를 갖게 되고 종법농민 자신은 소외되어 인정의 도구가 되었다. 여기에서 우리는 물질의 고립성과 인간의 의존성의 결합을 보며 종법농민의 이원적 가치체계의 대립통일이 조성한 윤리현상, 곧 가장 냉담한 고립과 가장 복잡한 인정이 농민 집단 속에 공존하는 현상을 본다.

종법농민집단 속의 인간관계는 현대사회 속의 인간관계보다 훨씬 단순하다. 그것은 경제적 연합, 정치적 계약, 법인단체, 학술교류 내지 각종 단체, 당파, 회사, 학회만큼 이성적 요소를 지니고 있지 않다. 종법농민집단의 인간관계는 간단하게 사람을 친분의 정도에 따라 등급을 나눌 뿐이다. 가까운 자는 경제와 정치, 법률과 신분, 사상과 가치관념에서 인격에 이르기까지 모든 면에서 친하지만 친하지 않은 자는 반대로 모든 면에서 소원하다. 교환가치의 힘이 고도로 발달한 사회에서 인격상 거의 아무 관련이 없는 사람들이 밀접한 경제교류를 하고, 사상감정과 가치관념이 서로 어울리지 않는 사람들 사이에 정치적 연맹을 결성하고, 정치적 태도가 유사한 사람들이 격렬한 학술논쟁을 벌이고, 혈연적으로 밀접하게 맺어져 있는 사람(예를 들면 아버지와 아들)들이 법정에서 각기 원고와 피고가 될 수 있는 복잡한 인간관계의 내용이 종법농민집단에는 없다. 어느 한 종법농민에 대해 말하자면 그 주위의 사회는 마치 그를 중심으로 한, 몇 개의 동심원같이 인정의 끌림 정도에 따라 분명하게 밖으로 뻗어나가 있다. 한가운데서 바깥쪽으로 가면서 극소수의 아주 친한 사람, 비교적 많은 그 다음으로 친한 사람, 그보다 더 많은 약간 소원한 사람의 원이 형성되어 있고, 마지막 원의 바깥은 전혀 상관하지 않는 무한대의 바다이다.

그러나 이런 인간관계는 현대사회 속의 인간관계보다 훨씬 복잡하기도 하다. 그 이유는 여기서는 어떤 관계―경제관계, 법률관계와 사상의식 관계 등등―도 모두 순수한 것이 아니라 인정의 제약을 받고 친분 정도에 따라 좌우되기 때문이다. 따라서 예컨대 경제문제는 단순히 경제관점에서만 고려할 수 없고, 법률문제도 단순히 법률 면에서만 고려할 수 없다. 바꾸어 말하면 인정도 이미 개인간의 순결한 감정이 아니라 각종 이익을 내부에 포함한 인신유대이다. 이런 인정은 실제로 자아의 상실과 주체에 대한 압박을 조성한다.

일반적으로 말해서 유럽 종법농민의 인정은 비교적 지역색채가 짙다. 예를 들면 러시아에서 "러시아인은 동일한 방식의 오락에 익숙하고, 이런 오락이 만들어 내는 일체의 감정을 이해하며, 이것이 그들 사이의 유대를 견고하게 해준다. 촌공동체의 개인에 대한 영향은 거의 저항할 수 없을 만큼 강하고, 개인의 촌공동체에 대한 사랑 역시 너무나 강하여 대부분의 경우에 부를 희생하고 빈곤을 감수할지라도 자신의 형제와 떨어지기를 원치 않는다. ……한 개인이 자신과 쾌락을 함께 하는 촌공동체와 더욱 친밀해지면 질수록 이 촌공동체의 영향은 더욱 커진다. 이런 촌공동체에는 같은 민족의 영향 아래 발전해 온 공통적인 특징말고도 같은 마을사람들이 만든 개별 특징이 존재한다. 어떤 마을에서는 모든 사람이 옷차림을 중시하는데 다른 마을에서는 모두가 가수이고, 또 다른 마을에서는 모두가 무용가와 음악가이다. 이 마을에서는 놀이와 오락을 좋아하면(비록 먹을 것이 아무 것도 없더라도 유쾌하게 지낸다), 저 마을에서는 부와 복리를 자랑한다. 이 마을의 부인은 빵을 잘 굽고, 저 마을의 부인은 삼베를 잘 짠다. 누구나 이런 점을 알게 될 정도가 되면 마을의 모든 사람이 동일한 업종에 종사하여 한 지방의 주민이 전부 제화공이고 다른 지방의 주민은 모두 야생 꾀꼬리를 잡아 생계를 도모한다."[13] 이러한 개별 특징은 도시가 번영한 후에 길드 내부의 인정관계로 전화되었다. 인민주의자가 대단히 칭송했던 "몸이 미르에 있으면 죽음도 가치가 있다"는 속담은 러시아 종법농민의 인정에 대한 추구를 여실히 보여준다.

중국의 종법농민은 인정 면에서 향토유대 못지않게 가족관계를 중시한다. 실제 가족 외에 유사혈연 집단 관념이 광범위하게 존재했고, 특히 그들의 정치운동과정에서 이런 관념은 더욱 발달했다. 인정으로 맺어진 수양아들제, 호위병제, 대형제(大哥制), 종주제(宗主制), 교주제(敎長制), 장자(掌家)*제 등의 관계는 종법농민을 조직해 내는 기본방법이다. 수·당 이전에 종주가 일족을 모아 일으킨 반란, 수·당 이후의 마니교·백련교에서 의화단에 이르는 교주제 회·도문은 차치하더라도 명말의 농민전쟁처럼 종주제 배경도 없고 종교결사의 색채도 없는 순수한 정치성의 농민운동에서도 유사 혈연집단의 인정은 여전히 주요한 윤리원칙이었다. 농민들은 서로가 가족인 양 그들의 '장자'를 추대했는데 고급 수령을 '다장자'(大掌家)라 하고 그 밑에 서열에 따라 각 급의 '샤오장자'(小掌

---

* 명·청시기 비밀결사와 반란집단은 자신의 두목을 가장(家長)을 의미하는 이 용어로 불렀다.

家) 내지 '졸개들'이 있다.

농민군에 들어갔던 적이 있는 독서인 푸디지(傅迪吉)는 자신의 경험을 묘사하여 말하기를, 입영 후에 부자(父子)의 예로서 장자를 추종했다고 한다. "장자는 손에 큰 말채찍을 들고 아래쪽의 군중을 가리키며 말하기를, '저들 모두 내 소관으로, 큰 솥이 20개가 필요한 숫자이다. 나는 새 마누라와 어린 자식에게 미안하지만, 너를 포함한 우리 네 명은 장차 함께 살아갈 것이니 마음대로 써라. 만일 지시를 듣지 않는 자가 있다면 이 채찍으로 때릴 것이다." 또 다른 한 명의 장자가 푸디지를 맘에 들어 하여, 푸디지의 장자와 교섭했는데, "'너의 저 친구를 나의 열 명과 교환하자'고 했다. 대답하기를 '그는 내 사람이다. 열 명은 말도 안되며 설사 100명을 줘도 바꿀 수 없다'고 했다." 푸디지는 장자의 말이 진실되고 인정미가 넘쳐흐른다고 생각했다.[14] 그러나 그는 "내 사람을 채찍으로 때릴" 때 인성의 결핍을 분명하게 드러냈다. 이런 상황의 슬픔은 아Q와 같이 인정의 보호를 얻지 못할 경우 자연인으로서의 생명을 보전할 수 없다는 데 있다. 푸디지와 같이 장자의 인정으로 보호를 받을 경우 그는 자연인으로서의 생존은 보장받았지만 인격과 개성은 거론조차 되지 않았다.

지연에 기초한 것이든 혈연에 기초한 것이든 인정의 동심원 구조는 모두 등급성, 획일성(현대 사회관계의 다양성과 비교해서 말하면), 복잡성(현대 사회관계의 해석 가능성과 비교해서 말하면)의 특징이 있다. 이러한 획일성과 복잡성의 흥미로운 조합은 소식이 전해지는 측면에서 잘 나타난다. 사람들은 종종 "막혀 있다"라는 한마디 말로 향촌마을을 묘사하곤 했으나, 어떤 소식에 대해 말하자면 향촌 마을은 오히려 아주 놀라울 정도의 전파가 빠르고 소식에 대한 아주 높은 개방성과 공유성을 가지고 있다. 발자크는 일찍이 서사적인 소설 『농민』에서 "어떤 과학이나 통계학도 왜 농촌에서 소식의 전파가 전보보다도 빠르고 심지어 황량하고 인적 없는 초원까지 뛰어넘는지 해석할 방도가 없다"고 감탄했다.[15] 개인 인격에 기초한 프라이버시에 대한 보호가 결여되어 있기 때문에, 개인의 소식이 향촌사회에서는 종종 신속하게 전파된다. "장씨네는 이렇고, 이씨네는 저렇다," "좋은 일은 문밖에도 안 나가지만, 나쁜 일은 천리 밖까지 전해진다" 따위의 말은 바로 이러한 상황을 묘사한 것이다. 그리고 이러한 전파는 종종 소식의 확대나 왜곡기능을 갖고 있다. "세 사람만 우겨대면 없는 호랑이도 만들어낸다"* "쩡찬(曾參)이 살인을 했다고 하자 모친이 베틀의 북을 내던지고 달려 나갔다"†는 이야기도 이런 상황을 가리킨다.

　그러나 향촌마을은 소식 전파의 또 다른 면에서는 확실히 극단적으로 막혀 있었다. 여기에는 기술적 의미의 전파 곤란도 큰 부분을 차지한다. 구소련이 1980년대 초에 바이아 철로#를 건설할 때 있었던 일이 그 단적인 예이다. 당시 소련은 동시베리아 삼림에서 세상과 격리되어 있던 취락을 발견했는데, 놀랍게도 이곳 사람들은 차르 체제가 오래 전에 전복되었다는 사실조차 모르고 있었다. 하지만 내가 '막혀 있다'고 말하는 것의 의미는 종법공동체의 등급 장벽으로 초래된 서로 다른 등급간의 소식단절 메커니즘이다. 상층의 많은 사람에게 고도로 민감한 소식은 하층에서 반응을 일으키거나 전파되는 경우가 드물었다. 이는 "육식자(肉食者)가 도모하는" 일이었기 때문이다. 그 반대의 경우도 마찬가지이다. 따라서 전통 농업사회에서 상층의 정황이 하층에 전달되거나 하층의 정황이 상층에 전달되는 것은 현대 시민사회에 비하면 상당히 드문 일이었다. 이런 소식 단절 메커니즘은 등급장벽의 결과이면서 동시에 많은 경우 거꾸로 등급장벽을 유지하는 조건이 된다. 대다수 전통 농업사회에서 공동체의 인격화된 체현자와 공동체 일반 성원간의 정황 차이는 판이하게 달라서 상하 등급 사이의 통치–복종관계로 야기된 이익분배의 불평등은 사실상 현대 시민사회의 빈부차이보다 훨씬 크지만, 전통사회가 현대사회보다 사회적 안정을 더 잘 유지할 수 있다. 개방적인 현대사회에서는 부자와 빈자가 함께 한 도시에 거주하여 그들간의 차이가 자연히 사람을 자극하는 반면, 등급제의 전통사회에서는 신분이 같지 않은 사람들은 생존환경이 서로 단절되어 있고, 심지어 시장조차도 어떤 특수한 공급 메커니즘의 힘을 빌려 등급화됨으로써 불평등의 자극성을 대폭 완화시키기 때문이다. 등급신분이 같은 사람들끼리만 대체적으로 평균적인 소식을 감지할 수 있으면, 사회는 충분히 안정될 수 있었다는 말이다.

---

* 『國策』「秦策二」에 나오는 말로, 증자(曾子)와 동명의 족인이 살인을 했는데 한 사람이 그 어미에게 쩡찬(曾參)이 살인했다고 말하자, "우리 아들은 살인할 리 없다"며 믿지 않았는데 또 다른 두 사람이 가서 똑같이 세 번 말하자 어미가 베짜던 북을 내던지고 달려 나갔다고 한다.
† 『國策』「魏策二」에 나오는 말로, 호랑이가 없는 동네에서 세 사람이 호랑이가 나타났다고 우기자 듣던 사람들이 이를 믿었다고 한다.
# 바이칼 호에서 아무르 강에 이르는 철로.

요컨대 개인권리에 대한 보호의 결핍과 등급 장벽이 조성한 소식 단절 메커니즘으로 인해 종법농민사회 내의 소식전파는 횡적으로는 잘 통하지만, 종적으로는 막혀 있는 상황을 야기하게 된 것이다. 현대사회에서는 한 직원이 자기와 업무상 빈번하게 왕래한 동료 여직원의 나이가 몇 살인지를 오랫동안 모를 수도 있지만 전통 향촌에서는 신혼부부가 신방에서 속삭이는 말도 하룻밤 사이에 마을 전체에 퍼질 수 있다. 이와 반대로 '워터게이트 사건'과 같은 상류층 인사에 관한 뉴스는 현대도시에서 사회를 뒤흔들 수 있지만, 황제의 통치가 미치지 못하는 전통농촌에서는 촉영부성(燭影斧聲)*이나 정격홍환(挺擊紅丸)†과 같은 궁중의 변괴에 대해 작은 반응조차도 나타나기 어려웠다. 이런 소식전파 방식도 원래 윤리적이다. 전통향촌의 도덕질서는 상당 부분 뒤에서 쑥덕거리는 뒷공론에 의하여 유지되며 사회는 주로 성원들간의 논의를 통하여 해당 성원의 행동을 통제한다. 실제로 미국의 사회학자 W. 토머스가 폴란드 농민에게 'okolica'(환경, 주위)가 무엇이냐고 물었을 때, 농민은 "한 개인에 대한 논의가 어디까지 전파되는지가 바로 okolica의 범위이며, 멀리 있는 지방에서 그 사람에 대해서 이야기한다면 그의 okolica도 그만큼 먼 것이다"라고 대답했다.[16] 따라서 적지 않은 사회학자와 문화인류학자, 예컨대 W. 토머스, F. 즈나니에츠키, K. 두브로프스키, T. 샤넌 등은 모두 이 견해에 동의했다. '마을'(社區)#이란 개념은 농업사회에서 "그 문화내용을 구두로 전달하는 이와 같은 몇 개의 공동체"로 이해되어야 한다. 그것은 문자나 책 등의 중개에 의존하지 않기 때문에 "이런 전파모델은 사람들간의 직접적인 접촉과 관련되어야 한다."[17] 따라서 농촌마을은 모두가 서로 만날 수 있고 서로 알고 있는 집단이다.

이런 견해는 상당히 일리 있는 것으로 보인다. 그렇다면 '농촌마을'보다 상위의 '농촌사회' 또는 '농민사회'는 어떻게 정의할 수 있는 것인지 묻지 않을 수 없다. 분명히 농촌(농민)사회는 몇 개의 농촌마을에 걸쳐 있는 관계로 논의나 구

* 송대에 태조에서 태종으로 제위가 넘어가는 과정에서 일어난 사건.
† 명말에 태자의 침실에 괴한이 침입한 사건과 환관이 준 홍환을 먹고 황제가 죽은 사건.
# 社區는 community의 번역어로 만들어진 신조어인데 이 책에서는 '마을'이라고 옮겼다. community에는 인신예속적이고 개인의 자유가 없는 전통 공동체라는 게마인샤프트의 의미와, 독립된 현대 시민의 지역적 연합으로서 개인과 전체사회를 연결하는 게젤샤프트의 의미가 동시에 들어 있다. 지은이는 전자의 경우를 共同體로, 후자의 경우를 社區로 표현했다.

두 전파나 직접적인 접촉이 가능한 범위를 벗어날 수밖에 없다. 따라서 문자·인쇄물과 기타 중개에 의존하여 간접적이고 비인신적인 커뮤니케이션과 소식전파를 실현한다. 그러나 그 사회가 여전히 전통농민(peasantry)사회이고 현대시민사회가 아니라면 앞서 제시한 인정 동심원구조와 등급성, 획일성(비다양성)과 복잡성(해석 불가능성)의 특징은 변할 수 없으며, 이로 인해 나타나는 소식전파 모델 또한 여전히 횡적으로는 소통되고(사적 권리의 보장이 없고) 종적으로는 막히는(등급 장벽) 특징을 갖고 있다. 이것이 아마도 소식전파의 관점에서 농민사회를 정의하고 그것을 현대 시민사회와 구별짓는 핵심요소일 것이다.

4. 가족 응집력의 수수께끼

앞에서 우리는 종법공동체와 자연경제(습속-명령경제) 사이의 논리적 관계를 논증했으며, 아울러 전근대 중국의 가-국 일체의 종법공동체의 몇 가지 특징에 대해서 살펴보았다. 논리상으로만 따지면 이런 공동체는 당연히 습속-명령경제가 가장 왕성할 때 가장 공고하고 시장관계가 발생한 뒤에는 해체과정에 들어서야 한다. 그러나 현실 속에서는 오히려 다음과 같은 상황이 나타났다. 1960~1970년대에 명령경제가 중국 전역을 통일했을 때 중국의 전통적 가족유대는 전에 없는 위기를 맞았다. 당시 철저한 반전통의 구호하에서 종족조직, 사당, 족보는 존재할 가치가 없었을 뿐만 아니라 가정관계조차도 "친족관계와 정치는 별개"라는 강한 충격을 받아 아들이 아버지를 반대하고 부부가 계파를 달리해서 명확히 경계를 긋고 육친*을 인정하지 않는 풍조가 유행했으며, "시아버지와 장인이 영수의 부친만 못하다"는 것이 당시를 대변하는 유행어가 되었다. 1980년대 이후 개혁의 진전에 따라 명령경제는 점차 시장경제에 의해 배제되었다. 전통적 가족유대는 이 과정에서 오히려 활기찬 생기를 회복한 것으로 보인다. 현재 농촌의 농민들 사이에서는 자발적으로 족보를 만들고 사당을 만들며, 종파 합동으로 시조를 모시고, 조상숭배로 종족을 모으는 것이 새롭게

* 부·모·형·제·처·자.

유행하고 있다. 이런 현상의 중심은 농촌시장경제가 발달한 중심과 많이 중첩된다. 가령 시장경제가 가장 발달한 동남연해 일대에서 종족 부흥의 추세가 가장 왕성한 반면(그 중에 시장성이 가장 강한 민영경제를 주체로 한 저장과 푸젠 동남부가 더욱 두드러지며, 향촌경제를 주체로 한 '쑤난〔蘇南〕 모델' 지구는 약간 뒤진다), 시장관계가 발달하지 않고 비교적 외지고 낙후된 중·서부지구에서는 종족 부흥현상이 명확하지 않다. 심지어 일부 가난한 농촌은 완전히 폐쇄적이고 방종한 상태에 처해 있어, 전통 종족의식·구체제가 배양해 온 정치의식과 현대사회의 계약성 단체의식이 이렇다 할 아무런 작용도 하지 못했다.

종족 부흥현상은 두 종류의 논의를 불러일으켰다. 어떤 사람은 봉건 종족세력의 부활에 놀라 이를 강력히 억압하자고 주장했다. 어떤 사람은 전통문화의 위대한 활력과 고유한 매력이 있는 곳이라고 생각하여 이런 전통응집력을 증대시킴으로써, 이상주의의 응집력이 점차 약해진 뒤에 출현한 의식형태의 공백을 보완하자고 주장했다. 후자의 관점은 종족부흥과 동남연해지방에서 나타난 고도 경제성장의 동시성을 강조하여 종족문화가 중국 농촌의 경제 기적에 중요한 의의를 갖는다고 생각했다. 그들이 보기에 종족문화는 개성문화보다 우월하며 동아시아 발전모델의 정신이며, 심지어 동양은 세상을 구원하고, 서양병을 극복하는 치료제이자 포스트모던으로 가는 기초였다.

이런 주장들은 모두 재검토될 필요가 있다. 사실 역사를 거슬러 올라가면, 이런 문제가 오늘날에 시작된 것이 아니라는 것을 바로 발견할 수 있다. 근세 중국사회에는 줄곧 의미심장한 현상이 존재했으니, 일반적으로 자연경제에서 탄생했고 자연경제에 적합하다고 생각되는 종족관념과 종족조직이 진한과 송·원의 두 시기에 약화된 후, 상품경제의 흥기에도 불구하고 더 이상 쇠퇴하지 않았다는 점이다. 사람들은 이를 의식형태와 가치관념의 변화가 정체된 것으로 해석하거나 당시의 상품경제가 충분히 발달하지 못하여 자연경제 국면을 전혀 변화시킬 수 없었으며, 따라서 종족조직을 와해시키지 못했다고 말한다.

그러나 진정한 문제는 종족조직이 송·원 이후에 와해되지 않았고 오히려 부분적으로 더욱 강화되는 추세를 보였을 뿐만 아니라 이런 변화가 통상적인 논리적 추론과 완전히 상반된다는 데 있는 것으로 보인다. 시간상으로 볼 때, 명청시대의 상품경제 발달은 의심할 여지없이 송·원을 앞지르며, 지리적으로 볼 때 명청시대의 상품경제 성장은 분명히 북방보다 남방에서 더욱 두드러지고, 양쯔 강 유역이 황허 유역보다 동남연해가 양쯔 강 유역보다 한층 현저했다. 그러나 종족전통의 부흥과 강화는 상품경제가 발달한 쪽이 오히려 더 심했다. 종족관념과 종족조직 및 그 표현형식으로서의 종족법규, 족장, 족권, 족산, 족묘, 사당, 족보 내지 사당 심판 등의 제도는 종합적으로 말하자면 명·청시기가 송·원보다 발달했고, 동남연해가 양쯔 강 유역보다 양쯔 강 유역이 황허 유역보다 발달했다. 경제가 낙후되고 기풍이 폐쇄적인 근대 중국의 북방 농촌에는 이미 여러 성씨들이 잡거하는 촌락이 도처에 분포하여 종족관계가 약했지만, 남방연해의 적지 않은 농촌은 오히려 단일한 성씨만이 거주하는 촌이 대다수로서, 사당이 즐비하고 족규가 엄격하고 족보가 성행했다. 이것은 단지 의식형태의 정체만으로는 해석될 수 없다.

그렇다면 상품경제가 종법공동체를 와해시키는, 각 민족에 거의 보편적으로 나타나는 발전추세(그 강약·완급과 그에 대한 사람들의 포폄에는 관계 없이)가 중국에서는 예외적으로 상반된 추세에 의해서 대체되었다는 말인가?

반드시 그렇지는 않다. 수많은 자료가 보여주듯이 시장 메커니즘의 종법관계에 대한 충격은 근세 중국에서도 똑같이 존재했다. 명대 저명한 관료인 광둥 사람 팡상펑(龐尙鵬)이 저술한 『팡씨가훈』(龐氏家訓)은 바로 원대 이전보다도 명청대에 더 많았고, 내륙보다 동남부에 더 많았던 종족법규 류의 저작 중에서 상당히 유명한 축에 속한다. 이 『가훈』에서는 다음과 같이 규정했다. 팡씨 가족은 반드시 상품경제가 활발한 시정에서 멀리 떨어져 향촌에 거주해야 하며, 그러지 않고 "성도(省都)에 3년간 거주하고 나면 농업을 모르게 되고 10년을 거주한 뒤에는 종족을 모르게 된다. 교만하고 사치스럽고 놀기 좋아하며 나태해지고, 습속이 사람을 바꾸니 스스로 헤어날 수 있는 자는 거의 없다."[18] 유사한 권고와 경고는 당시의 족규와 가훈 류의 작품에서 흔히 볼 수 있다. 그 중에서 상공업자를 "교만하고 사치스럽고 놀기 좋아하며 나태하다"고 보는 낡은 가치관은 제쳐두더라도 이런 훈계가 의미하는 사실은 종족이 부흥한 그 시대와 장소에서 상품경제는 종법관계에 충격을 주었다는 것이다. 상품경제에 편입된 사람들이 오래지 않아 "종족이 있는 것을 알지 못하게 된다"는 것은 단지 한 명의 타락이 아니라 말 그대로 보편적인 현상이었다. "습속이 사람을 바꾸어 스스로 헤어날 수 있는 자는 거의 없었다."

그렇다면 그 당시 그 곳의 종족 부흥은 어떻게 해석해야 하는가?

해답은 다층적일 것이다. 예컨대 모리스 프리드먼을 대표로 하는 서양의 기능주의 사회사가는 논농사(水稻經濟)의 특징(잉여율이 높고 노동밀집형 가족에 적합하며 수리시설의 건설은 합작을 필요로 한다는 것 등)이 밭농사(旱作農業)에 비하여 종족의 발전에 유리하다고 생각했다.[19]

또 다른 예로서 사회사의 개별연구는 중국 근세에 종족관념과 종족조직 발달 정도의 차이는 적어도 부분적으로는 토·객(土客)간, 곧 토착민과 이민촌락(남방의 많은 지방에서 '客家人'이라고 부름) 사이에서 발생했음을 보여준다. 객가세력이 근세 이후 동남에서 흥성함으로써 비로소 이런 차이가 북방인과 남방인, 내지인과 연해인, 송원인과 명청인의 차이로 나타난 것 같다. 실제로 역사상 장기간 토·객모순이 존재한 지역의 객가인[20] 사이에서 위에서 말한 종족전통의 보존과 발전의 정도가 가장 높았다. 이와 동시에 그 지역의 토착주민사회는 사회경제 발전수준이 이웃 객가와 거의 차이가 없었음에도 불구하고 오히려 명확한 종법전통이 약화되는 추세를 보였다. 여러 성씨가 잡거하는 촌락이 보편적으로 존재했고 종족조직의 해체, 사당과 족규 및 족보는 종종 중수(重修)되지 않은 채 방치되고, 족산(및 종족의 개인재산에 대한 간섭권)은 있는 듯 없는 듯하여 사회생활에서 거의 역할이 없는 것 등이 그러한 예이다. 그리고 객가인 조상의 출신지인 북방지역(이른바 '큰 홰나무'가 있는 홍퉁[洪洞] 현 등지)의 종족관계의 발달 정도도 역시 상당히 낮았다.

이런 차이는 이해하기 어렵지 않다. 객가가 남방으로 이주한 후, 그 지역 토착민의 포위와 적대시하는 태도(적어도 이상하게 여기는 태도)에 직면한 상황에서 자신의 집단 응집력을 강화하여 긴밀하게 한 무리로 뭉쳐야만 엄혹한 환경에 맞서 생존하고 경쟁할 수 있으며 발전할 수 있다.[21] 그러므로 종법관계는 당시 조건하에서 집단응집력이 찾아낼 수 있는 가장 적합한 상징적인 형식이다. 한편 객가인은 집단응집력을 이용하여 생존해 가면서 실력을 증강한 후 종족관계에 새로운 경제적 지원, 예컨대 사당의 확장, 족산의 설치, 족보의 편찬 등을 실행했다. 그러나 토착주민은 이런 환경의 압력이 없었고, 그들의 종법전통은 정상적으로 상품화폐관계의 발전에 따라 약화되었다.

사실 이민 마을의 집단주의는 초민족적인 보편현상인데, 전통이 곧 이민 집단주의의 부호특징이 되어 강조되는 예가 무수히 많다. 개인 중심의 생활을 하는 서양사회 내의 화교마을을 포함하여 해외 화교마을이 종족유대를 포함하는 전통문화를 중국 본토에서보다 더 중시하는 것은 바로 이런 까닭이다. 20세기 초 미국의 사회학자 W. 토머스와 폴란드 사회학자 F. 즈나니에츠키도 현대 폴란드 영토에서 이미 약화된 수많은 전통 관습이 구미 각국으로 이주한 폴란드 농민사회에 상당히 온존되어 있음을 발견했다.[22] 그리고 19세기 시베리아 러시아 농업이민들 사이에는 러시아의 다른 지역을 압도할 정도로 미르(전통 러시아의 촌공동체 조직)와 미르 의식이 발달되고 완전히 보존되어 있었다. 반면에 루시(Rus') 문명의 옛 터전(예컨대 서북 루시, 중러시아 비흑토지대와 서우크라이나)에서는 전통의 미르 공동체가 오히려 해체 추세에 있었다.[23] 17세기 북아메리카 대륙의 청교도 이민도 유럽보다 더 엄격한 농촌공동체 속에서 생활했으며 그 중 최초의 이민집단(예컨대 유명한 '메이플라워 협약' 체결자인 플리머스 식민지의 청교도 개척자)도 일종의 '청교도 공산주의' 생활을 했다.

중국에서 이민 집단주의가 모두 종족조직의 형식을 취한 것은 아니다. 근세에 잡성 이민과 단신 이민을 위주로 한 지역, 예를 들면 명청시기에 산시·쓰촨 동부·후난·후베이 산악지역의 개척자와 장시(江西)를 주로 한 남쪽 산악지방의 '책민'(柵民) 중에는 원래 종족관계의 기초가 존재하지 않았고, 이들 이민은 또 다른 집단주의 형식을 취했는데 그것이 종교공동체이다. 백련교나 가로회와 같은 비밀결사가 그 중에서 가장 활동적이었다. 근대에 주로 광시(廣西)의 객가인 사이에서 흥기한 배상제회(拜上帝會)도 처음에는 이와 유사한 배경을 갖고 있었다. 그러나 양쪽을 비교하면 종족유대를 특징으로 하는 이민 집단주의 쪽의 적응성과 생명력이 약간 더 두드러졌다.

종족유대를 상징기호로 하는 이민 집단주의의 역사적 기능은 정상상태의 전통 종법공동체와 다르다. 그 성질은 주로 이민 사회가 직면한 도전과 그에 대한 응전에 따라 결정된다. 예컨대 이민 사회가 자연경제(습속-명령경제)사회의 환경에서 시장 개척과 새로운 형태의 경제관계 수립으로 응전할 때는 본질적으로 '집단 자본주의'의 특성을 갖는다. 북아메리카 청교도 이민공동체가 바로 이와 같다. 반대로 이민 사회가 시장경제사회의 환경에서 폐쇄와 자급자족으로 응전한다면, 그것은 사회의 현대화를 가로막는 종법장벽이 된다.

중국 명청시기 동남지구의 종족 유대가 강한 이민마을 공동체는 당연히 무슨 '집단 자본주의'라고 말할 수 없지만 이런 마을의 상품경제 발전의 활력은 북방 또는 내지의 종족유대가 약화된 마을보다 높을 뿐만 아니라, 같은 동남지역에 있으면서도 종족 유대가 상대적으로 약화된 토착마을보다 높았음을 인정해야 한다. 이런 마을의 전체 경쟁력은 이민 집단주의와 연관되어 있다. 바꿔 말하면 이런 조건에서 형성된 종족 조직 내에는 봉건성(곧 그것은 '집단 자본주의' 조직이 되기에는 아직 멀었다)도 있지만 동시에 일종의 시장 지향적 집단 진취정신도 낳았다. 이것은 전통적 종법관계와 다른데도 흔히 연구자들의 주목을 거의 받지 못했다.

더 중요한 것은 봉건시대에, 또는 광의로 말하자면 전자본주의 시대에 인간의 개성을 억압하여 충분한 권리를 향유하는 적극적인 시민이 될 수 없게 만든 여러 질곡은 대공동체, 곧 전제국가에서 유래하기도 했고 소공동체, 곧 마을·촌 공동체 또는 종족과 같은 협애한 인간군집에서 유래하기도 했다. 이 책 앞에서는 이미 이 두 가지의 일치성, 곧 중국 유형의 종법공동체가 가진 가-국 일체의 특징을 강조했다. 과거에 사람들이 항상 제기한 4대 속박, 충효의 상호보완, 봉건종족 등의 개념도 이런 두 가지가 일치한 상태에서 만들어진 것이다. 이 모든 것은 당연히 근거가 있다. 전통 중국 종법공동체의 주된 의식형태인 유가학설은 확실히 가(家)로 국(國)을 세우고, 효로 충을 세우고, 부자로 군신을 세우는 등의 정치관계의 종법화, 종법관계의 정치화라는 특징을 갖고 있다.

그러나 다른 한편으로 의식형태는 비록 사회현실을 반영하고 있다고 하지만 똑같지는 않으며 양자 사이에는 늘 거리가 있다는 것을 기억해야 한다. 또한 전통의식 형태의 본질에 유가 한 요소만 있는 것은 아니며 반드시 유가가 주도적인 지위를 차지하는 것도 아니다. 한이 진의 제도를 계승하고 유가를 독보적으로 만든 이후 중국 역대 왕조의 통치정신은 실제로 겉으로는 유가이나 속으로는 법가가 통치하는 성격을 어느 정도 갖고 있었다. 겉으로는 왕도이나 속으로는 패도이며 명분상으로는 덕치이나 실질적으로는 형치인 것은 벼슬아치(吏)의 유가화처럼 보이지만 본질은 유가의 벼슬아치화(吏化)이다. 이것은 우연히 이렇게 된 것이 아니라 자연히 이렇게 된 것이다. 역대 통치자는 말로는 뭐라고 하든 실제로는 '법, 술, 세'를 '사유팔덕'(四維八德)*보다 훨씬 더 중시했다. 그리고 법가전통은 극단적으로 반종족적이어서 전제국가 본위로 가족 본위를 소멸시켜 군주의 최고 권력 통치가 어떤 중개도 거치지 않고 모든 백성에게 미치도록 하려고 한다. 그것은 황제권력으로 백성의 개인권리를 철저히 박탈하고 가족과 촌공동체 또는 영주가 권리를 보존하여 황제와 백성 사이에 떨어져 있는 자치마을이 형성되는 것을 절대로 용납하지 않으려 한다. 그래서 법가는 황제권 아래에서 완전히 군주의 명령을 받는 이권(吏權)만을 인정하고, 족권·종주권과 촌공동체권 등은 인정하지 않았다. 바꿔 말하면 그것은 공민의 개인권리를 소멸하려 할 뿐만 아니라 소공동체의 권리도 소멸하려 한다. 이런 상황하에서 가-국 일체는 단지 황제 한 가족의 경우에만 진실이며, 그것은 단지 황제 만세일계(萬世一系)의 가천하(家天下)를 의미할 뿐, 또 다른 세습계통의 존재를 인정하지 않는다. 특정 가장이 "세 척의 칼을 들어 가를 바탕으로 국을 세워"[24] 자신의 황권을 수립한 뒤에는 다른 사람이 이를 흉내내어 가족권리를 확대하는 것을 결코 허락하지 않는다.

그러므로 법가는 이론상 공공연히 "지아비는 처와 가깝고 자식과 친밀하여도 오히려 이들을 믿지 못하거늘, 그 나머지는 믿을 만한 자가 없다"[25]고 선언했을 뿐 아니라 실천상으로 형벌을 숭배하고 덕을 폐하며, 충을 넓히고 효를 억제하며 강제로 분가시키고 '아버지 고발'을 장려하며 "용서하여 숨겨 주는 것을" 금지한 것이 한둘이 아니다. 『진율』(秦律) 중에 "아내가 죄를 지으면 그 재산은 남편에게 주며" "남편이 지은 죄를 아내가 먼저 고발하면 아내의 재산은 몰수하지 않는다." 노비가 "주인 부모의 재산을 훔친 것은 주인의 것을 훔친 것으로 보지 않는다" 등의 조항은 부자, 부부가 각기 다른 재산을 갖고 있음을 명확히 인정한 것이다. 진나라 사람의 풍속에 이른바 "아버지에게 곰방메와 호미를 빌려 주면서 생색을 내고 어머니가 쓰레받기와 빗자루를 빌려 가면 즉시 불평하고, 며느리가 자식을 안고 젖먹일 때도 시아버지와 같이 앉으며 고부간에 서로 좋아하지 않아 침을 튀겨 가며 서로 비난한다."[26]는 것이 있다. 여기서 가족의 정은 아마도 아버지가 자식 집에 가서 밥을 먹고도 돈을 내야 한다는 현대

---

* 나라를 다스리는 근본인 예·의·염·치와 인·의·예·지·충·신·효·제를 의미한다.

서양풍속보다도 못하지 않은가 하는 생각이 든다. 이런 상황에서는 종족조직과 족권의식을 논할 여지가 없다. 그러나 진나라 사람이 이 때문에 시민의 개인권리를 획득한 것도 아니다. 오히려 '진의 가혹한 정치'에서 인성이나 인간의 존엄과 권리에 대한 박해는 가족제도가 흥성했던 명청시대보다 더 심했음은 의심할 바 없다.

한대 이후 역대 통치자는 유학으로 개종하고 예교를 확장하고, 대가족을 장려하여 대공동체*와 소공동체의 관계는 진대보다 비교적 화목해졌다. 그러나 실제로는 법가 전통이 계속 존재했고, 한에서 청에 이르는 통치정신은 여전히 대공동체 중심이었지 소공동체 중심은 아니었으며, 개인 중심은 더더욱 아니었다. 고대 그리스의 데모스, 고대 로마의 부권제 대가족, 중세 유럽의 촌공동체·길드·교구처럼 일종의 마을자치 요소를 갖춘 '비국가' 단체군이 누릴 수 있는 지위는 전통중국에서는 대단히 찾아보기 어려웠다. 서양과 비교하여 중국의 전통적 통치질서에서 가장 두드러진 특징은 가족주의라기보다는 '국가(전제왕조)주의'라고 할 수 있다. 종족조직에 대한 전제국가의 지지는 신민의 개체권리를 억압하기 위한 것이지 족권을 확장하려고 한 것은 아니며, 종족 자치를 지지한 것은 더더욱 아니었다. 종족문화에 대한 조정의 찬양은 시민의 개성을 억압하기 위한 것이지 종족집단의 정체성을 배양하려고 한 것은 결코 아니다. 따라서 통치자가 '대가족주의'를 제창했다고 해서 이 말을 액면 그대로 받아들여서는 안된다.

명초에 "푸장(浦江)의 정(鄭)씨는 9세대가 동거했는데 명 태조는 항상 그것을 칭찬했다. 황후가 곁에서 지적하기를, 이런 무리가 반란을 꾀한다면 이루지 못할 일이 무엇이겠습니까라고 말하자 황제는 두려워서 그 가장을 불러들여 죽였다."[27] 이런 심리는 결코 명 태조에게만 있었던 것은 아니다. 청대 건륭연간의 장시(江西) 관부는 "사당을 훼손하고 족보를 회수하여" 민간 가족세력을 억압하려고 했다.[28] 그리고 건륭제는 사고전서관의 신하에게 내리는 성유에서 "민간의 아무 쓸모없는 족보가 다음 세대로 전해져서는 안되므로 『사고전서』에 수록해서는 안된다"고 명확히 규정했다.[29] 이 밖에도 더 앞선 시대의 역사에서

* '국가'를 말한다.

군현이 설치되면서 종법 봉건이 폐지되고, 삼장(三長)*이 흥하면서 종주독호(宗主督護)†가 없어진 일은 대가족에 대한 예교의 찬양과 기묘한 상호 보완을 이루었다. 한편으로 역사상 수많은 농민봉기는 서진(西晉)의 을활(乙活)에서 청말의 염군(捻軍)에 이르기까지 종족의 힘센 수령들이 족인을 모아 관청에 대항하여 일어난 것이다. 관에 대한 반항이 성공하여 왕조가 바뀌면 "세 척의 칼을 들어 가를 바탕으로 국을 세우는" 이야기가 재연되지만, 동시에 이들 종족 수령들은 민간 종족세력에 대한 경계를 게을리 해서는 안되었다.

그러므로 얼마 전 유가 비판과 법가 숭배시대#에 왜 "친족관계와 정치는 별개이다," "시아버지와 장인은 영수의 부친만 못하다"라는 조류가 유행했는지를 이해하기 어렵지 않다. 사실상 아버지에 반기를 들고 부모를 부인하며 명백히 한계를 그을 것을 종용하는 행동은 이와 함께 성행한 혈통론이나 연좌제와 마찬가지로 반전통적인 행동이 아니었다. 뿐만 아니라 "마누라는 가깝고 자식은 친하다고 하나 믿기 어렵다"는 진대(秦代)와 마찬가지로 부모를 인정하지 않는 상황이 결코 공민의 개인권리와 개성의 존엄이 존중되었다는 것을 의미하지도 않는다. 실제 상황은 정반대로 개인의 존엄과 공민권리가 전에 없이 유린당하던 시대임을 직접 체험한 사람들은 모두 알고 있다.

이런 정황을 뒤집어 보면, 일정한 조건하에서 소공동체의 발전은 인간의 개성을 성장시키는 데 방해가 되지 않으며 경우에 따라서는 유리할 수도 있음을 논리적으로 알 수 있다. 근세 이래 중국의 일부 지방의 종족문화가 상품화폐관계와 동시에 번영한 현상이 바로 그 예이다. 이 같은 상황에서 가족 유대가 불러일으킨 작용은 고대 로마의 종법제와 유사한 점들이 있다.

문화유형학상으로 어떤 사람들은 중국 전통문화는 가족 중심이고 서양문화는 개인 중심이라고 생각한다. 이런 비교는 근대에는 적용할 수 있을지 모르지만 모든 역사에 적용하는 것은 적합하지 않다. 앞에서 진대에(전한도 사실은 이와 같다) 종법관계가 극도로 약화된 상황을 제시했는데, 대략 진한과 같은 시기

---

* 북위 효문제가 제정한 인보제도. 5가를 隣으로, 5隣을 里로, 5里를 黨으로 삼아 인장·이장·당장을 두었다. 이를 통해서 호구조사와 징세업무 등 마을의 공무를 집행했다.
† 선비족의 북위가 중원에 진입한 후 한족 종주로 하여금 세력범위 내의 주민을 관할하면서 국가에 부세와 역을 부담하도록 한 향촌 통치조직.
# 문화대혁명시기.

의 서양, 곧 고대 로마에서 부권제(父權制) 대가족은 오히려 극도로 발달했다. 공화정에서 제정로마의 전기와 중기에 이르기까지 로마법은 모두가 부권(父權)과 부권(夫權)을 중시했으며, 가장 중요한 물권(재산권)을 포함하여 로마 사법(私法)이 규정한 각종 민사상 권리는 모두 가부장을 대상으로 하고 있다. 로마 사회는 가족신, 가족제사와 가계(家系)를 극히 중시했으며, 심지어 시민 중에 가장 낮은 층인 '프롤레타리아'도 예외는 아니었다. 고대 라틴어의 프롤레타리우스(proletarius)라는 말은 "가진 것은 가족뿐이다"라는 뜻이다. 로마 씨족제도와 씨족 장로(이른바 귀족)는 공화정시대에 중요한 역할을 했다. 제정시대가 되면 이미 씨족관계는 약화되었음에도 불구하고 몇 대에 걸쳐 포괄하고 있는 가족조직은 여전히 매우 중요했다. 부자와 부부의 각기 다른 재산관리를 승인했던 『진율』과 좋은 대조를 이루는 것은 로마법의 경우 제정시대에 이르기까지 줄곧 가장의 자식에 대한 권리는 노예주의 노예에 대한 권리와 같았으며, 아울러 자녀와 노예 및 기타 가족 재산을 모두 가장의 재산으로 간주했다는 점이다. 그러나 바로 이런 조건하에서 로마는 당시 세계에서 가장 발달한 고전 시민사회를 형성했다. 잘 알다시피 근대 시민사회의 수많은 권리규범은 모두 로마에서 기원한 것이다.

비잔틴시대에 이르러서야 로마의 부권과 가부장제 가족의 법률상 지위는 붕괴되기 시작했다. 비잔틴 법률은 『진율』과 마찬가지로 반종법 색채를 갖고 있다. 그러나 진 왕조와 유사하게 비잔틴에서도 시민권리는 발전하지 않았고 정교(政敎)일치의 전제독재하에서 로마 시민사회의 기초는 거의 파괴되었다.

왜 이렇게 되었는가? 문제의 핵심은 전능하고 절대적이며, 어떤 자발적 조직의 형성과 존재도 인정하지 않는 대공동체의 인간 개성에 대한 억압이 소공동체의 그것보다 더 심했다는 데 있다. 로마시대에 진정으로 충분한 시민권리를 향유한 사람은 단지 소수(시민가정의 가부장)에 지나지 않았지만, 적어도 이들의 경우는 개인권리, 인격의 존엄과 능력을 존중받았다. 이런 기초 위에서 계약통합을 통하여 자치적인 시민 마을과 더 큰 시민사회(비록 단지 엘리트층의 범위 안에만 있었지만)를 탄생시킬 수 있었다. 그런데 비잔틴 제국의 전능한 대공동체는 오히려 모든 사람의 시민권리를 똑같이 박탈하고, 소공동체의 발전을 억압했을 뿐만 아니라 인간의 개성발전을 억제했다.

그러므로 중국의 경우에는 전통사회의 반근대화 메커니즘 속에서 유가적인 색채와 비유가적인 색채(또는 법가적인 색채)를 동시에 보아야 한다. 대공동체와 소공동체가 모두 개성을 억압하고, 부권제 가족과 전제국가의 질곡이 모두 자유로운 교환·경쟁과 시장관계의 발전을 저해하는 것은 전자의 일면이다. 대공동체가 개성을 억제할 뿐만 아니라 심지어 소공동체도 그것을 억제하고, 시장 지향의 개인적 진취정신을 억압할 뿐만 아니라 심지어 시장 지향의 집단적 진취정신도 억압하며, 개인 자본주의를 억압할 뿐만 아니라 심지어 '가족 자본주의', '마을 자본주의' 또는 '합작 자본주의'도 억압하는 것은 후자의 일면이다. 근세 중국의 정치 중심지였던 북방지역은 종족관계 면에서 남방 특히 동남일대의 발전에 훨씬 미치지 못하면서도 시민개성의 성장과 시장관계의 발전 면에서 남방보다 못했던 주요 원인 중의 하나는 바로 여기에 있다.

전근대사회 또는 봉건사회에서 개성발전을 속박하는 공동체의 질곡은 다종다양해서 개성발전의 과정이 한꺼번에 모든 공동체의 질곡을 벗어나 자유상태로 들어가는 것은 불가능하다. 따라서 개성발전의 일정 단계는 질곡이 비교적 적은 공동체 권리의 확장으로 나타나고, 그리하여 주된 공동체 질곡에 대해 제동과 해소의 메커니즘을 형성한다. 중세 유럽 도시의 길드는 시장관계가 발달하는 데 장애가 되지만 초기의 길드는 영주권과의 투쟁, 도시 자치를 쟁취하는 과정에서 중요한 역할을 담당했다. 나중에 출현한 시민과 왕권의 연합도 바로 이와 같은 것이다. 중앙집권적인 전제정체가 결여된 서양에서 대공동체는 장기간 힘을 발휘하지 못하는 상태에 있었고, 인간의 개성 발전을 가로막은 것은 주로 채읍, 촌공동체, 길드, 가족공동체(남유럽의 자드루가 등) 등 소공동체였다. 그래서 대공동체의 권력은 소공동체의 질곡을 타파하고 개성을 해방하는 데 적극적으로 작용했고, 시민은 왕권과 제휴하여 영주권과 촌공동체의 나쁜 관습을 반대했다. 그러다가 시민권리가 성장한 후에 비로소 방향을 바꿔 왕권과 왕권으로 대표되는 대공동체에 도전했다.

그러나 이와 반대로 전통 중국은 대공동체의 질곡이 소공동체의 그것보다 훨씬 강했다.[30] 따라서 서양의 왕권(그것은 본질적으로 시민사회의 요소가 아니다)이 일정한 발전단계에서 시민사회의 성장에 도움을 주었다고 한다면 중국에서는 가족조직도 일정한 발전단계에서 시장 메커니즘과 인간의 개성 발전을 추동하는 유리한 요소가 될 수 있을 것이다. 마을자치와 자치성 마을의 권리가 거의 발달하지 못한 전통 중국에서 상품경제의 발전과 서로 연관된 가족조직은 일정 정도 마을자치의 기능을 활성화시키고, 집단적 진취정신으로 대공동체의 속박을 극복하여 개성의 발전을 위한 돌파구를 열 수 있다. 가족조직의 이런 작용은 앞에서 말한 이민 집단주의와 통일될 수 있다. 대공동체의 속박도 마찬가지로 일종의 환경 압력에 대한 도전이었고, 그것은 토·객의 모순에서 기인한 환경압력보다 더욱 컸기 때문이다.

명청시대 동남지역에서 가족관계가 상품경제와 동시에 발전한 사실은 이런 집단적 진취정신이 확실히 응전 능력을 갖고 있음을 보여준다. 그러나 서양의 왕권이 시민을 도와 자본주의로 나아간 것처럼 그것이 마침내 '집단 자본주의'로 나아갈 수 있는지는 역사가 아직 해답을 제시하지 않았다. 근대 이후 중국 본래의 발전과정이 중단되었기 때문이다. 하지만 개혁시대 동남농촌에서 종족관계가 시장경제와 동시에 번성하는 형세가 다시 출현한 것은 사람들에게 시사하는 바가 적지 않다.

5. 인정 동심원의 해소와 혈연조직의 현대화

개혁시대에 동남지구의 시장경제 물결 속에서 출현한 가족 부흥현상은 두 가지 각도에서 이해해야 한다. 한편으로 그것은 특정한 역사조건과 특정한 발전단계에서 개성의 발전과 현대화(개성화) 과정에 대한 소공동체의 촉진작용을 체현했으며, 대공동체의 속박과 습속-명령경제 전통모델의 타파에 대한 모종의 집단적 진취정신의 적극적인 효과를 체현했다. 근대적 마을자치 메커니즘과 계약형 시민단체가 결여된 상태에서, 결국 아래로부터 생겨난 종족조직은 종법성을 갖고 있기는 하지만 일종의 향촌자치 요소로서, 적어도 구체제의 위로부터의 행정적인 사회통합 방식에 따른 획일화 국면—이런 국면이 바로 시장경제 발전의 가장 큰 장애 요인이다—을 타파한다. 이런 특정 조건하의 종족 부흥에 대해 우리는 마땅히 새로운 평가를 내려야 하며, 적어도 그것을 간단하게 봉건잔재의 흥기라고 보아 배척하는 것은 바람직하지 않다.

그러나 다른 한편으로 전통 부흥에서 새로운 유토피아를 찾거나 전통만능, 동양이 세상을 구원한다는 낭만적인 환상에 빠져서는 안된다. 시민과 왕권의 연맹은 서양 시민사회의 발전이 왕권을 귀결점으로 삼는 것을 의미하지 않는 것과 마찬가지로 중국의 농촌개혁도 결코 종법공동체의 부흥을 귀결점으로 삼을 수 없다. 사회는 영원히 통합을 필요로 하지만 영원히 왕권을 필요로 하지 않는 것과 마찬가지로 인류의 친족간의 정은 영원히 존재하지만 종법식의 족권은 영원히 존재할 수 없다. 역사상 진한·송원시대의 종족 쇠퇴, 근세 북방에서의 종족 부진과 앞에서 팡상평 등이 지적한 남방 종법제의 위기 등을 통해서 볼 때, 중국인의 민족성과 족권이 떼려야 뗄 수 없는 관계에 있다고 생각할 필요는 없다. 근세 이래의 종족부흥(바로 위에서 분석한 것)은 사람들의 종족 본위에 대한 추구를 드러냈다기보다는 사람들의 제국 본위에 대한 이반을 더 많이 체현한 것이라고 말하는 편이 낫다. 이것은 서양시민의 왕권에 대한 옹호가 제국을 추구했다기보다는 영주로부터 벗어나려 한 것과 같다. 중국의 발전과정이 적지 않은 특색을 가지고 있다고 할지라도 시장경제를 통하여 인간의 개성발전으로 향하고 의존형 사회에서 계약형 사회로 나아간다는 현대화의 보편적인 특징은 피할 수 없다. 구식 종족조직, 특히 그 족권제가 종법성의 소공동체로서 개성발전을 억압하는 일면을 갖고 있다는 것은 두말할 필요도 없는 사실이다. 나는 근래에 저장의 농촌을 고찰하는 과정에서 일부 지방의 종족활동, 예컨대 족보 편찬·사당건립 등이 이미 약간의 강제성을 띠고 있음을 알았다. 강제로 경비를 할당하여 촌민이 고발하는 일도 있었고 돈을 내지 않거나 활동에 참여하지 않는 촌민에 대한 벌로서 전선을 끊어 버리는 경우도 있었다. 이것은 의심할 바 없이 족권이 촌민의 사적 권리를 침해한 것이며 반드시 시정되어야 한다. 종족 계투(宗族械鬪)*와 기업 및 기타 정치경제조직의 종법화가 조성한 병폐에 대해서는 더 말할 필요가 없다.

앞에서 말한 인정 동심원이론대로, 종법공동체의 인간관계는 극도로 획일화된, 친분 정도에 따라 나누어진 등급 구조 속에서 친족간의 정과 각종 이익이 하나로 혼합되어 인정이 복잡해지는 경향이 있다. 그래서 오히려 단순한 인류

---

* 무장한 종족간의 전투로 납치·암살, 상대편 마을과 상대편 조상 묘의 파괴 등을 포함한다.

애는 설 자리를 찾기 어려웠다. 특히 족권의 존재와 공동체 권력 배후의 이익관계는 더 쉽게 친족간의 정을 오염시킨다. 따라서 종법공동체가 해체되고 인성이 인정에 승리하며, 인정 동심원의 등급구조가 시민사회의 공정한 원칙에 의해 해소되면, 인류의 친족간의 정은 소멸될 수 없을 뿐만 아니라 더 순수하게 체현될 것이다.

따라서 현대사회에서도 친족조직은 존재할 수 있다. 단 그것은 반드시 의존형 단체에서 계약형 단체로 발전하여, 족권이 아닌 친족간의 정에 기초하여 성립된 자유로운 친목조직이 되어야 한다. 현재의 농촌개혁에서 종족부흥은 적지않은 전통의 폐단을 보이고 있지만 한편으로는 위와 같은 바람직한 방향으로 발전할 가능성도 보여주었다. 예를 들면 족보 편찬 열기가 드높은 장시 농촌에서는 새로운 사상의 영향을 받은 '새로운 족보'가 출현했다. 그 중 일부는 책머리의 헌사에서 다음과 같이 말하고 있다.

수신(修身): 생명이 있는 것을 죽이거나 손상시키지 말고, 분수에 맞지 않는 재물을 침범하지 말고, 타인의 성취를 시기하지 말고, 다른 사람의 생활을 간섭하지 말고, 자신의 심신을 해치지 마라.

처세(處世): 공평무사하고 상호 존중하며 분담하여 협조하고 자기와 다른 것을 받아들여라. 법치를 봉행하고, 화평스럽게 단결하며 근면·검소하게 살림해라.

……

연수(硏修): 책을 많이 읽어 진리를 탐구하고, 생각을 많이 하여 관념을 개발하며, 실천을 많이 하여 경험을 쌓아라.[31]

이런 것들은 분명히 현대 시민사회의 준칙이다. 종족의 배외(排外)에서 "자기와 다른 것을 용납"하는 것으로, 족장에 대한 복종에서 '상호 존중'으로, 가족법규에서 '법치의 봉행'으로, 개인사무에 대한 종족의 간섭에서 "다른 사람의 생활에 대한 간섭 금지"로 변한 것에서 알 수 있듯이 이 족보가 널리 전하려고 한 것은 전통적인 종법사상이 아니다. 만일 이 성(姓)의 족인들이 진실로 이런 준칙을 실천할 수 있다면, 이런 종족은 현대화를 방해할 이유가 없다.

또한 1994년 겨울 저장 성 융캉(永康) 시 허터우 촌에서 편찬한 『허터우촌지』(河頭村誌)는 거의 1/3에 달하는 분량에 『허터우 촌민 세계표』(河頭村民世系表)[32]를 수록했다. 『촌지』는 기본적으로 전통족보의 양식에 따라 편성되었지만 결코 어느 한 종족, 한 성씨의 족보가 아니라 전촌 52성, 1237명의 촌민 및 외부에 거주하는 종친의 조상가계를 포괄했다. 가장 세력이 큰 뤼(呂)씨에서 단 한 가구뿐인 자(賈)씨에 이르기까지, 또한 명초에 가장 일찍 허터우에 정착하여 현재까지 23대째 이어온 뤼씨네에서 부친 대에 이 마을에 들어온 다이(戴)·판(潘)씨네까지 모두 족보에 들어갔다. 각 성씨는 대소와 귀천을 나누지 않고, 일률적으로 허터우에 처음 거주한 사람을 마을 세계(世系)의 시조로 삼았다. 전통족보에 항상 보이는 나쁜 관습, 가령 멋대로 귀족 조상과 연결시키거나 조상의 근원을 허구로 만드는 폐단, 아들은 기재하고 딸은 기재하지 않는 남녀차별, 종족의 배타성 등은 모두 사라졌다. 과거에 족보를 편찬한 것은 대부분 세력이 강하고 규모가 큰 종족이며 힘이 약하고 규모가 작은 종족이나 사회적 지위가 미천한 집안은 족보를 편찬할 만큼 충분한 재력이 없었을 뿐만 아니라 체면치레할 필요도 없었기 때문에, 족보 편찬은 흔히 종족세력을 과시하는 행동이었다. 그러나 허터우 촌의 『촌민 세계표』는 마을의 범위 안에서 종법 경계를 타파하고, 대성과 소성, 먼 친척과 가까운 친척을 가리지 않고, 모두 평등하게 기재했다. 그것은 일종의 새로운 형태의 마을 응집력으로 예전의 협소한 종족 응집력을 대체함으로써 적극적인 사회기능을 발휘했을 뿐만 아니라, '종족 실리주의'의 간섭을 배제하여 학술자료로서의 객관성과 신뢰성을 마련했다. 이는 의심할 바 없이 촌민들의 낡은 문화에 대한 성공적인 개조와 계승이고, 현대 시민사회의 가치관과 민족 및 마을의 유구한 문화전통간의 적극적인 결합이다.

흥미로운 것은 『촌지』의 출판사가 국가의 족보류 저작 출판금지령에 따라 『세계표』의 수록을 동의하지 않았기 때문에, 허터우 촌 사람들은 어쩔 수 없이 교묘한 속임수를 사용했다는 점이다. 1,500부만 인쇄한 『촌지』를 두 가지 판본으로 제본하여 『세계표』가 없는 100부는 출판사에 넘겨 대외적으로 발행하고, 나머지 1,400부는 모두 『세계표』를 넣어 제본하여 허터우 촌이 발행, 증정한 것이다. 나는 전 촌민과 외지에 거주하는 종친이 참여한 증정식을 참관했는데 분위기는 매우 열광적이었고, 특히 『세계표』에 대한 촌민의 반응은 대단했다. 이는 조상 대대로 흙과 씨름해 온 순박한 농민들이 처음으로 자신과 가족 그리고 역대 조상의 이름이 '책에 오르는' 것을 보고, 역사 속에 이름을 남기는 사람이 되었기 때문이다. 만약 이런 『세계표』를 넣지 않았다면, 짐작컨대 촌민들은 굳이 인력과 돈을 들여 『촌지』를 발간하려 하지 않았을 것이다. 그렇다면 대공동체의 족보 제작 금지령과 촌민이 자발적으로 발간한 이런 기발한 『세계표』 중에서 과연 어느 쪽이 더 개성발달의 요구를 반영할 수 있을까?

11장 비이성: 농민의 사유방식 분석

1. 중국문화는 일종의 이성문화인가

앞에서 지적했듯이 빈농 중에 널리 퍼져 있는 다각관계와 '성 자유'를 개성 해방과 동일시할 수 없다. 이것은 다음과 같은 또 하나의 문제를 제기한다. 휴머니즘의 개성 해방운동도 항상 향락을 고취하고 금욕을 반대하는 것으로 표현되지 않는가? 이것은 종법식의 '성 해방'과 어떤 차이가 있는가?

그 차이는 분명하다. 휴머니즘에서 말하는 향락의 자유 관념의 본질은 개인 권리에 대한 이성적인 자각이다. 휴머니즘은 인간의 행복권을 자연법칙에 합치하며 논리에 합치하는 것, 곧 합리적인 것이라고 본다. 따라서 휴머니즘 사조와 동시에 자연법 관념이 생겨났고, 자연법칙의 권위와 그에 대한 추구는 '이성의 법정'을 수립하게 만들었으며, 이성적인 휴머니즘, 곧 계몽사상과 과학정신을 낳았다. 이로써 휴머니즘의 본질이란 일종의 이성의 각성임을 알 수 있다. 반대로 종법농민의 조야한 풍속과 욕망의 방임은 비이성적 충동이며 동물적 본능의 발현으로서, 그것은 단지 이성이 깊이 잠들어 있음을 반영할 뿐이다.

그렇기 때문에 농민문화에서 이성이 차지하는 지위는 당연히 우리가 논의해야 할 또 하나의 중요한 논점이 된다.

이성을 논의함에 있어 현재 중국 전통문화 연구에서 유행하는 한 논점을 언급하지 않을 수 없다. 이것에 따르면 중국 전통문화는 서양 중세 기독교 문화에 견주어 일종의 이성주의적 문화라고 한다.* 어떤 사람은 이런 이성을 '경험이성'이라 부르고, 어떤 이는 '실용이성'이라고 부른다. 또 어떤 이는 심지어 서양 계몽운동 가운데 이성주의는 바로 중국에서 배워 간 것이며, 볼테르나 디드로도 중국문화를 극구 찬양하지 않았느냐고 반문한다.

중국 전통의 '인문문화'론과 비슷하게 이른바 중국문화의 '이성정신'론의 주요 근거도 중국문화는 세속적이고 경험적이어서, 신(神) 중심적이고 신앙적인 서양 중세문화와 다르다는 것이다. 그러나 '이성'이란 무엇인가? 비신비주의적 (편의상 중국 전통문화는 비신비주의적이라고 가정하자)인 것은 모두 이성이라고

---

* 이런 견해의 대표격이 리쩌허우(李澤厚)이다. 중국 문화에는 종교적인 요소가 결여되어 있어서 중국인은 이성적 사고를 모든 것에 대한 판단과 선택의 기준으로 삼았으며, 이런 실용이성이 수천 년간 중국 문화를 발전시켜 온 기본적인 힘이라고 한다. 자세한 것은 리쩌허우, 김형종 옮김, 『중국 현대사상사의 굴절』(지식산업사, 1992) 참조.

칭할 수 있는가?

이 문제 역시 대답하기 쉽지 않다. 이성의 개념은 인성 따위의 개념처럼 시대와 사람에 따라 다양한 해석이 있을 수 있고, 이성에 합당한가의 여부도 관점에 따라 달리 평가할 수 있다. 예를 들면 베버는, 자본주의는 도구이성에는 합치하지만 가치이성에는 합치하지 않거나 가치 비이성적이라고 보았다. 그러나 우리가 말하는 이성이란 분명히 계몽운동이 중세문화와 대비될 때와 같은 진보 경향을 가리키는 것으로 그 함의에는 뚜렷한 범위가 있다.

이성의 원래 의미는 매우 간단하여 '합리적'이라는 뜻인데, 그것으로 일종의 객관적 상태, 곧 사물발전의 합법칙성을 가리킨다. 우주 속의 모든 사물은 그 자체의 법칙에 따라 객관적으로 존재하고 발전한다. 이런 의미에서 말하면 순수한 객관의 세계에는 이른바 이성과 비이성이 따로 없으며, 존재하는 것이 곧 합리적인 것이어서 객관적으로 존재하는 중국 전통문화와 서양 중세문화는 모두 이런 의미에서 당연히 이성에 합당한 것이다. 이성과 비이성의 대립은 오직 객체와 주체가 인식관계를 발생시키는 상황에서만 의미가 있다.

우리가 말하는 이성주의는 바로 계몽시대 이래 사람들이 세계를 인식하는 하나의 태도이다. 나는 그것이 세 가지 의미를 갖고 있다고 생각한다. 첫째, "일체의 현상을 모두 기적이 아닌 자연에서 기인하는 것으로"[1] 파악하는 경향이다. 그것은 사물의 발전을 합리적(rational), 곧 그 내적인 논리나 자연법칙에 합당하다고(어떤 신의 뜻이나 위대한 사람의 의지 또는 우연한 사고의 조합이 아니라) 생각하는 것이며 이런 점에서 신비주의와 대립한다. 둘째, 이런 합리성, 곧 자연법칙은 주체에 의해 충분히 파악될 수 있다. 다시 말해 인간에 의해 충분히 인식될 수 있다. 이것이 바로 이성의 자기 확신이며 이것은 불가지론과 대립한다. 셋째, 이성주의는 합리성을 발견하는 과정, 곧 표상에서 사물의 본질과 관련된 곳까지 천착해 들어가는 추상적 사유과정 또는 이성적인 인식과정을 인식의 목적으로 삼는다. 이런 의미에서 이성주의는 일종의 사유방식, 곧 사유과정상 모순이 없는 상태에서 추상분석과 논리구성을 진행하는 것이다. 그것은 감정·즉흥·가상에만 의지하는 낭만주의, 직관·관조·감각에 의한 체험만을 인정하는 직관경험주의, 집단표상 위에 수립된 원논리사유 등과 대립한다. 서양 계몽시대 사상가들 사이에 비록 합리론(협의의 이성주의)과 경험론의 논쟁이 있었지만 둘 사이의 불일치는 주로 지식의 근원에 대한 관점의 차이에서 기인하고, 자연법칙을 숭상하고 이성적 사유를 통해 그것을 파악할 것을 요구한 것은 계몽사상의 공통된 특징이다. 뿐만 아니라 이것은 일정 정도 발달된 상품경제를 기초로 하여 형성된 근현대 사유방식(그 주류에 대해서 말하는 것이다)의 특징이기도 하다. 마르크스주의의 유물변증법은 비록 이성으로 경험을 배척하고 이성만을 중시하는 경향에 반대하여 이성을 실천의 기초 위에 두었지만, 인식태도와 사유방식에서 볼 때 그것도 일종의 이성주의이며 계몽사상의 각종 원칙의 진일보한, 더욱 철저한 발전에서 비롯된 것이다.

이로써 알 수 있듯이 이성적 사유방식은 결코 "괴력난신(怪力亂神)을 말하지 않는다"는 사실 때문에 직관경험주의와 대립하고, 반신비주의적 기능을 갖는다고까지 말할 수 있다. 신비주의는 경험과 완전히 분리된 적이 없기 때문에 무술(巫術)이 없이도 끝없는 일련의 실패를 견뎌 내고 여태껏 존재할 수 있었다. 문제는 이념을 배척한 원논리사유가 표상간의 상호침투를 통하여 현상 속에서(실제로는 집단표상 속에서) 그 효능을 실증하는 데 있다.

바로 이런 점에서 중국의 종법문화는 서양의 중세문화에 견주어 이성과 멀리 동떨어져 있다. 비록 서양 중세문화의 주류는 신앙에서 출발한 신비주의 문화이지만, 고전시대의 이성전통—추상분석과 논리구성의 능력—이 희미하게나마 남아 있었기 때문에, 스콜라 철학에도 여전히 이념상으로 하느님의 존재를 증명하려고 힘쓴 토마스 아퀴나스의 이성신학이 존재할 수 있었다. 중국 고대의 논리적 사유의 발전 수준은 본래 고대 그리스인보다 훨씬 뒤떨어졌고, 봉건시대에 들어선 후 묵가와 명가(名家) 학설이 거의 사라졌기 때문에 중국 봉건문화 속에 간직된 원논리사유의 색채가 서양 중세문화보다 훨씬 강했다.

중국 종법사회의 문화는 서양 중세문화와 같은 피안과 차안의 구분이 없으며, 중국의 천인합일(天人合一)·천인감응(天人感應)의 관념 속에는 만일 도덕과 물리, 주체의 궁극적 관심과 객체의 실재, 내부의 의식활동과 외부의 정보활동이 완전히 통일된 것이 아니라면, 적어도 수많은 신비의 상호침투를 간직하고 있다. 서양 중세의 귀신·영혼과 천당·지옥은 여전히 초자연의 영역에 속하는 것, 곧 피안의 세계이며 이것과 보통 지각이나 일상경험의 결과로 알게 되는 차안의 사실 사이에는 모종의 경계가 존재한다. 중세 과학은 신학의 노예였지만 과학과 신학은 동일한 것이 아니었으며, 바로 이것이 인간의 관념 속에 두 개의 실재 체계를 발전시킬 가능성을 갖고 있다. 하나는 보고 느낄 수 있으며 몇 개의 필연적인 운동법칙에 복종하는 실재 체계이고, 다른 하나는 감각기관을 넘어서는 정신적인 실재 체계이다. 중세에는 후자가 일종의 신비적 분위기로 전자를 포위했지만, 상품교환 속에서 정량사유와 논리추상 능력이 발전함에 따라 두 체계의 거리는 점점 확대되어 최종적으로 현실세계에는 이성, 곧 자연법칙의 권위를 형성해 놓았고 인간의 궁극적인 관심 속에는 종교의 지위를 남겨놓았다. 그러나 중국의 천인합일 세계에서 과학은 윤리의 노예일 뿐만 아니라 종종 윤리와 합일되었고, 음양오행이나 팔괘삼효 등은 자연질서이면서 동시에 윤리질서였다. 그것들은 주체가 객체를 자각적으로 파악하여 생성된 개념이라기보다는 인식과정 중의 주객체 분화가 불완전하여, 특히 개체로서의 주체가 형성되지 못하여 생성된 집단표상이다.

이런 직관적 체험에 의한 깨달음과 몽롱한 경지는 사유과정상의 무모순을 기초로 한 것이 아니기 때문에, 객관적 추상과 논리 연산의 재료가 될 수 없다. 따라서 중국 종법시대의 사유와 인식모델은 시종일관 감성과 신비성이 상호 결합된 일종의 혼돈상태에 처해 있고, 추상적 해석과 논리사변 능력은 느리게 발전했다. 이런 사유방식 중에 직관이 체험으로 깨달을 수 있는 모든 것은 논리적인 해석(및 이런 해석에 의거해 사람들이 조건을 설정한 통제 실험)을 통하여 증명할 필요가 없으며, 직관이 체험으로 깨달을 수 없는 모든 것은 논리와 실천을 통해서도 증명할 방도가 없다. 통제실험의 검사를 필요로 하지 않으며 논리 규칙의 제약을 받지 않는 이런 사유방식은 직관범위 내의 감지표상과 직관범위 밖의 신비주의를 일종의 강렬한 주관정서와 집단 분위기 색채를 띤 지식으로 만들고, 소식전파도 종종 분위기를 통하여 진행되어, 개인의 이지와 객관정신은 모두 분위기에 압도된다. 이처럼 중국 전통문화는 본체론상에서 비신비주의('소박한 유물주의') 경향을 갖고 있음에도 불구하고, 사유방식은 오히려 짙은 신비성을 갖고 있다. 그로 인해 중국사회는 피안세계에 대해 보편적으로 무관심한 상태에서 군중성 히스테리의 심리적 기초를 간직하고 있다.

그래서 종법시대의 중국인은 서양인과 같은 단일종교에 대한 열광적인 숭배는 없었지만 종법공동체 집단표상의 제약을 받아 원인과 앞선 사건을 혼동하고, 표상(직각적 경험)들 사이를 임의로 연관짓고 경험에 의존하여 일체의 신령, 토지, 부엌신, 옥황, 보살, 여래, 태상노군(太上老君)*, 무녀와 박수 내지 '위대한 수령'을 맹신한다. 비종교인인 종법사회 중국인의 사유방식에 들어 있는 신비주의 요소(비록 경험이란 외피를 쓰고 있음에도 불구하고)는 서양 중세 기독교인보다 결코 뒤지지 않는다. "괴력난신을 말하지 않는다"는 중국인은 오히려 항상 불가사의한 열정으로 신 만들기 운동을 벌였고, "하늘은 우리 백성이 듣는 대로 따라 듣는다"고 할 때 하늘은 우리 백성의 이성을 통해 듣는 것이 아니라, 우리 백성의 집단표상을 통해 듣는다. 따라서 인민공화국 수립 이후 몇십 년간 유물론을 말하고 무신론이 사람의 마음속에 깊이 파고들어 종교활동이 거의 존재하지 않는 상황에서, 대다수 사람이 종교 신자인 서양의 현대사회에서는 상상할 수도 없는 진정한 히스테리적인 신 만들기 운동(문화대혁명)이 발생한 것은 조금도 이상한 일이 아니다. 문화대혁명은 "모든 잡귀신을 일소한다"는 기치 아래 일체의 이성과 과학정신을 쓸어버리고, 가장 위엄 있고 가장 무서운 일신 숭배를 세웠으며, 아울러 이런 기초 위에서 일체의 이단에 대해 잔혹한 종교재판을 시행했다.

이 모든 것들은 만일 인간의 이성이 신비주의와 대립하는 경향이 있음을 가리키는 것이라고 한다면, 그것은 본체론상의 신비주의 관점과 서로 대립되는 것이 아니라 사유방식의 신비주의적 요소와 서로 대립하는 것임을 시사한다. 비이성적인 몽매주의는 우선 사람들의 사물에 대한 인식이 불충한 것으로 나타나는 것이 아니라, 사람들의 사물 인식방식이 현대인과 다른 것으로 나타난다. 따라서 비이성적인 몽매상태는 단지 전통방식 아래에서 무신론과 유물론의 선전만으로, 과학지식의 전수만으로 해소될 수 있는 것이 결코 아니다. 근본적으로 말해서 이성의 미발달은 인간 개성의 미발달에서 비롯되고, 집단표상의 개인 이지에 대한 속박과 억압에서 비롯된다. 그러므로 중국이든 서양이든 자연경제의 종법공동체 상황에서 인간의 사유방식은 비이성적일 수밖에 없으며, 단지 비이성의 형식과 정도에 차이가 있을 뿐이다. 따라서 왜 상품경제와 휴머니즘 운동과정에서 개성의 각성을 실현한 서양인이 중국 문화의 '자연주의 경향'

---

* 도교에서 노자에 대한 존칭.

에서 자극받아 계몽운동을 추진하여 이성과 과학의 권위를 만든 반면에, "괴력난신을 말하지 않는" 중국인은 오히려 종법공동체의 속박 아래서 장기간 미계몽상태에 머물게 되었는지를 이해하기 어렵지 않다. 그리고 왜 문화대혁명과 같은 신 만들기운동이 문화지식 수준이 낮고 사유자 습성이 비교적 많이 남아 있는 농촌에서 일어나지 않고 문화지식 수준이 비교적 높은 도시의 '다귀판 공동체' 속에서 일어났는지, 심지어 문화수준이 가장 높고 무신론을 가장 많이 말하는 고등교육기관에서 가장 빨리 일어났는지를 이해하기 어렵지 않다.

2. 이성적 소농과 농민의 비이성

비이성이 종법공동체에서 연유한다면 이런 공동체의 기본 성원인 농민의 사유방식은 어떠할까? 대략 19세기 말부터 시작하여 이런 문제는 수많은 논쟁을 불러일으켰다.

농민의 사유방식에 관한 연구는 농민의 경제행위 가운데 심리결정에 대한 연구에서 시작되었다. 19세기 말의 일부 학자는 이른바 고전경제학의 전통, 곧 당시 서양에서 유행한 애덤 스미스 이래의 자유주의·이성주의에 근거한 경제이론에서 출발하여 경제행위의 준칙은 합리화와 최고의 경제효율을 추구하는 것이라 생각했다. 그들은 자유경쟁과 자유분화의 법칙이 지배하는 자본주의 경제의 '경제인'을 역사상의 모든 경제행위 주체로 확장하여 종법농민까지 그 범위에 포함시켰다. 이런 관점은 후에 제2차 세계대전 이전 신고전학파 농민학자 퍼스(R. Firth), 택스(S. Tax) 등의 '페니 자본가'론과 전후 슐츠(T. Schultz), S. 폽킨 등의 '이성적 소농'론으로 발전했다. 이들이 보기에 자연경제하의 원시 소농은 냉정하고 이지적인 인간으로 그들의 행위방식은 소기업가 또는 자본가(자본이 겨우 몇 펜스에 불과하더라도)의 사유활동처럼 계량성과 논리성이 풍부했다. 이런 학자들의 설명에 따르면 만일 농민 갑이 이웃의 을에게 집짓는 일을 도와달라고 했다면, 갑은 을을 고용한 기업가로 간주되어야 한다. 이런 방식으로 그들은 농민경제를 위하여 투입과 산출의 연간 예산을 세워서 농민의 토지, 생산수단과 생활수단 및 기타 재산을 자본으로 간주하고 농민 전 가족과 친구의 경작노동을 임금으로 환산하고, 농민경제의 상품은 농민가정이 자가 소비하는 식품을 포함하여 화폐수입으로 환산했다. 이런 수입을 자본 손실, 임금, 지조 등을 포함한 생산원가와 비교해서 만일 수입이 원가보다 적다면 이 농민은 '적자기업'으로 간주되고 만일 해마다 이와 같다면 이런 농민가정은 '비경제적인 농장'으로 간주되었다. 이런 학자들은 농민의 이성이 농민으로 하여금 비경제적인 농업을 포기하게 하고 농업을 정책결정의 합리화와 효율 극대화의 방향을 좇아 적자생존의 경쟁을 통해 발전하게 만들고 그럼으로써 비경제적인 소농가가 경제적인 농장으로 교체될 것으로 보았다.[2]

이 학파의 학자들이 생각하는 농민이 자본주의 농장과 다른 점은 생산규모, 기술수준, 생산율, 상품률 등의 경제지표 면에서 비교적 낙후되어 있다는 것일 뿐 정신 면에서는 전혀 차이가 없었다. 그들은 모두가 추상사유와 논리분석에 뛰어나서 경제운동 가운데 자연법칙을 객관적으로 파악하고 독립적으로 가치판단을 내릴 수 있는 자유로운 주체이며 그 행위는 완전히 개인이성의 지배를 받는다. 그러나 이 학파의 학자가 소농의 적자기업은 최후의 심판에 직면했다고 선포한 지 이미 100여 년이 지났건만 수많은 저발전사회에서 농민은 예나 지금이나 변함없이 비경제적인 농업에 몸담고 있다. 이것이 바로 사람들에게 종법사회에서 이성적 소농의 존재 여부에 대해 갈수록 회의적인 태도를 갖게 했다.

가장 먼저 이런 이성적 소농론에 비판적 태도를 취한 사람들은 러시아의 신인민주의 농민학자, A. 푸르투나토프, A. 첼린제프, H. 마카로프, A. 차야노프 등이다. 그들은 농민문화의 비자본주의 성질, 농민 생활방식의 도덕적 가치, 소농경제 안정론과 촌공동체 사회주의 정신 등 인민주의 입장에서 출발하여 20세기 초에 고전주의 농민관을 비판했다. 그들은 농민을 경제 이성주의자가 아니라 경제 낭만주의자라고 묘사하고, 서양 농장주 연구의 일련의 이론·방법·범주·개념은 노동농민의 인민제도에 적용할 수 없으며 농민 경제행위의 목적은 효율을 추구하는 것이 아니라 생활을 영위하기 위한 것이라고 보았다. 그들의 노동은 화폐로 측정할 수 없으며, 투입·산출 류의 개념을 추상하고 이것에 근거해서 효율 분석을 진행할 수는 더더욱 없다는 것이다. 이들이 보기에 농민과 자본주의 시대의 경제인은 어떤 공통점도 없고, 농민은 아주 차디찬 이성적 동물이 아니라 "일종의 새로운 인류문화, 일종의 새로운 인류의 자각"을 대표하고 있다.[3] 러시아 신인민주의자와 동시대에 농민이성을 비판한 서양의 주요 논객은 일군의 네덜란드 학자들이었다. 이들은 네덜란드령 동인도 농촌, 특히 자바 농촌에 대한 체계적인 연구로 당시 서양의 저발전사회 농민학에서 개척자·선도자의 역할을 했다. 그 대표적인 인물은 J. 부크이다. 그는 1911년 이후 일련의 저작에서 이원사회이론을 제기하여 동인도의 농민사회와 식민자 사회는 서로 융합할 수 없는 이원사회이며, 농민은 열성적으로 자신의 특유한 가치·습속·생활방식과 사유방식을 수호한다고 보았다. 이 이론은 1940년대에 퍼니발 등에 의해 다원사회론으로 발전되어 그 응용범위도 미얀마와 그 밖의 동남아시아 지역으로 확대되었다. 1950년대 이후에 미국 농민학계의 도덕경제론과 도덕문화론도 명확하게 러시아와 네덜란드 농민학 전통의 영향을 받았다.[4] 요컨대 이 분야의 학자들은 농민문화의 역사적인 지위평가에서 상당한 차이를 보였으나[5] 농민이 낭만주의자이거나 온정주의자이지 이성주의자는 아니라고 강조한 점에서는 서로 일치했다.

그러나 이상의 두 관점에서 말하는 이성주의는 실제로는 단지 경제상의 실리주의 또는 실리적 이성주의를 가리키는 것이어서, 아직 농민사유방식의 전체특징에는 미치지 못하고 있다. 경제과정 내의 자연법칙을 자각적으로 파악하고 실리의 극대화를 추구하는 것이 일종의 이성주의적 태도라고 말할 수 있는 이상, 자각적으로 인간의 도덕가치를 보호하고 일종의 합리적 또는 논리에 합당한 인간관계를 추구하는 것이 어째서 이성주의적 태도가 아니라고 할 수 있겠는가? 베버가 말한 도구이성과 가치이성, 형식이성과 실질이성은 바로 이상의두 가지 정황과 흡사하다. 만일 종법시대의 농민이 페니 자본가가 아니라고 말한다면 이것은 그들에게 사욕이 없다고 말하는 것과 다르며, 반대로 도덕경제론이 앞서 서술한 바와 같이 단지 장밋빛 환상에 지나지 않는다고 하면, 이것 역시 그들에게 인정의 속박이 없다고 말하는 것은 아니다.

그러므로 내가 보기에 문제의 관건은 농민이 무엇—공리인가 또는 도덕인가—을 추구했느냐에 있는 것이 아니라 그들이 어떤 사유 메커니즘으로 그것을 인식하고 추구했는가에 있다. 종법식 농민은 독립된 개인으로서 자각적인 가치추구를(이 추구가 물질적이든 정신적이든, 경제적이든 도의적이든) 하고 있는가? 그들은 독립된 인식주체로서 자각적으로 대상객체(경제과정상의 객체이든 인문과정상의 객체이든)를 파악하고, 대상객체와 신비주의적 상호침투에 빠져들지 않을 수 있는가? 그들은 주객체가 분화된 상태에서 사유과정의 무모순에 도달하고, 더 나아가 개념으로서의 표상을 만들 수 있으며, 이런 개념을 재료로 하여 추상과 논리 연산을 진행함으로써 사물본질의 연관 또는 법칙에 대한 이해에 도달할 수 있는가? 이런 이해의 기초 위에서 이성의 권위를 세우고, 스스로 신의 뜻, 수장의 권위, 집단 분위기와 몽매한 충동 등의 미신으로부터 벗어날 수 있는가? 이것이 바로 우리가 토론해야 할 문제의 핵심이다.

당연히 이 모든 것은 상대적인 의미에서 이해해야 한다. 인간은 이성적인 동물이며 그런 점에서 원시인조차도 짐승과는 다르다. 따라서 위에서 제기한 문제는 현대인과 대비해서만 말할 수 있다. 이런 의미에서 종법농민의 사유방식은 분명히 비이성적이다.

이성사유는 반드시 추상과 논리분석 능력의 기초 위에서 수립되어야 하고, 이것은 바로 상품교환의 환경 속에서 배양되어 나온다. 상품경제 속에서 무수한 구체적인 물품은 정량의 가치가 부여된 가용화폐로 추상화되고 논리적 기초에서 개념화된 통약 가능성*을 보여주었다. 상품경제와 함께 발전해 온 복식부기는 인간 사유의 정확성과 혼돈된 표상 속에서 형식주의적 절차합리성을 고찰하는 능력을 더욱 단련시켰고, 권력의지와 신비충동을 배제한 광범위한 등가교환은 경제과정을 이치에 합당한 자연법칙으로 나타나게 했다. 시장법칙의 확고부동한 명확성은 인간의 심중에서 형이상학의 신앙과 온갖 낭만적 관념을 쫓아냈다. 미국의 경제학자 슘페터는 "상품경제는 모든 논리의 모체이다"라는 명언을 남겼다. 베버도 시민사회의 생활은 타인과의 합리적인 경쟁 속에서, 그리고 생산양식은 경제적 합리성이 지배하는 상태에서 진행되기 때문에 시민의 생활방식은 자발적으로 실천 면에서 이성주의로 흐르거나 이성적인 윤리생활규범의 제약을 받는다고 생각했다.[6] 이런 견해는 상당한 일리가 있다.

이와 반대로 자급자족적인 종법농민의 생활방식은 논리연산과 추상개념 능

* commensurability의 번역어. 통약(通約)이란 서로 다른 사물을 유추·계측할 수 있는 개념으로 추상해 내는 것. 가령 서로 비교할 수 없는 모피코트·자동차·토지 등 상이한 사물에서 '가치'라는 개념을 '통약'한 후에 이것들을 서로 비교할 수 있다. 따라서 '통약'은 반드시 추상적 사유를 필요로 하며 논리의 도움을 받아야 한다.

력의 형성에 대단히 불리하다. 실물경제에서 형식화된 가치 형성의 곤란은 개념의 통약과 추상을 방해하고, 사회적 교류의 빈곤은 사유의 정량화와 정확화를 방해하기 때문에 농민행위를 지배하는 것은 종종 논리가 아닌 습관과 본능이다. 따라서 상품경제의 세례가 있은 다음에야 경제행위의 계량적 특징과 확고부동한 논리 앞에서 자유로운 주체로서의 농민은 이성적 사유와 행위의 초보적 훈련을 받을 수 있고, 그 결과 이른바 이성적 소농이 만들어진다. 그 전에는 단지 비이성적인 종법농민만이 있을 뿐이다.

앞서 서술한 바와 같이 종법농민의 특징은 인신의존이다. 인간의 자연계에 대한 의존, 개인의 공동체에 대한 의존, 그리고 공동체 성원의 공동체 대표자(곧 천연수장)에 대한 의존이라는 세 개의 층차를 포함하며, 이들 각 층차는 모두 농민사유의 이성화에 대한 심각한 질곡이다.

종법농민의 생활방식과 노동방식이 모두 주위 자연환경과 밀접히 관련되어 있기 때문에 그들의 의식은 사회생활과 자연을 더욱 긴밀하게 결합시켜 자연의 힘을 지배하려는 경향을 보이며, 자연의 생성과 발전 변화를 야기하는 생명력과 결합하여 하나가 되려는 경향을 보인다. 그들은 자신이 주위의 자연계와 구별되는 주체라는 것을 완전히 인식할 수 없으며, 사회관계의 미발달은 그들이 상당한 정도로 자신을 대상세계의 일부분으로 간주하게 한다. 그래서 종법농민의 인식과정 속에는 명확한 주객체의 상호침투가 존재한다. 이것은 주체의 궁극적인 관심으로서의 신앙과 객체 파악과정에서 생성된 경험의 미분리를 돌출적으로 나타낸 것이다. 농민은 본래 경험을 중시하는 것으로 간주되었다. 그러나 종법농민이 인식한 경험은 현대인이 감성재료로 간주하는 경험과는 매우 다르다. 전자는 관찰된 일련의 현상 속에 비경험의 본원적 여러 실체 또는 여러 세력을 집어넣어 이른바 '해석의 정신착란'을 종종 만들어낸다.

이런 심리 메커니즘은 항상 경험을 미신에 유리하고 과학에 불리하도록 만들었다. 나는 인민공사시대 광시 농촌에서 이런 현상을 목격했는데, 농민은 실익을 가져올 수 있다고 생각되는 신기술에 대해 항상 시험해 보길 좋아했다. 이런 점에서 볼 때 농민은 결코 보수적이지 않다. 그러나 첫 번째 시도에서 기대한 성과를 얻지 못하면 곧바로 농민은 자기는 "그럴 팔자가 아니다"라고 생각하여 재시도를 거부하며, 객관적으로 실험과정을 분석하여 논리에 합당한 실패원인을 찾아 개선하려고 하지 않는다. 그러나 다른 경우에, 논리와 실증의 각도에서 보면 분명히 성립될 수 없는 일에 대해 농민은 오히려 조상과 신령의 보호라는 모종의 주관적 정서를 품고 끝까지 포기하지 않으며, 계속 실패해도 계속 시도하면서 실패 원인을 '경건한 정성'의 부족 탓으로 돌린다. 이런 시험의 목적은 객체의 속성을 인식하는 데 있다기보다는 상당한 정도로 주체의 운명과 정성을 검증하는 데 있다. 따라서 경험을 중시하는 농민 집단에서 미신이 동시에 성행하는 것은 전혀 이상한 일이 아니다.

농민은 주객체가 상호침투된 존재이기 때문에 종종 객체 실재의 속성에 따라 객관적 사물을 인식하고 해석하는 것이 아니라 종종 수많은 주관적인 요소를 갖고 있다. 이것이 예술 부문에 반영된 결과 이성주의에 근거한 사실적 예술은 농민문화에서 거의 발달하지 못했다. 전통의 양류칭연화(楊柳青年畵),* 근대 관중의 평상민간화(鳳翔民間畵), 산베이 부라오 호랑이(陝北布老虎)에서 오늘날 후셴(戶縣)의 농민화에 이르기까지 과장, 사의(寫意),† 색채 중시와 형식 경시 등의 특징은 바로 비사실주의를 특징으로 하는 중국 전통 조형예술 분야에서도 극히 두드러지게 나타났다. 공연예술에서도 정형화된 구식 희곡이 농민에게 주는 감화력은 오늘날의 연극 같은 예술형식보다 훨씬 크다. 전체적으로 '농민예술'은, 예술성은 상당히 높지만 그 풍격은 고전적 또는 근대적 이성주의 예술과는 전혀 다르고 오히려 비이성적인 '포스트모더니즘'과 약간 통하는 면이 있다.

요컨대 주객체의 혼동과 상호침투는 객체의 실재와 영상에 대한 의식의 확인을 근본적으로 제한하여, 사유추리와 논리연산 능력의 발전을 방해함으로써 종법농민의 대상에 대한 파악은 단지 일종의 예술적인 상상에 가까운 점유로 나타났다. 그래서 이성적 사유는 발전하기 어려웠다.

다음으로 추상과 논리분석 능력 또는 이념은 개인의 이지가 집단표상을 벗어난 산물, 곧 주체가 개체화된 산물로서, 이것이 충분히 발전하기 위해서는 반드시 독립적 개인의 종법공동체로부터의 탈피가 전제되어야 한다. 그러나 종법

---

* 톈진(天津) 서부 楊柳青鎭 농촌에서 만들어진 연화(年畵)로 명청대에 큰 명성을 날렸다. 연화는 설날 실내에 붙이는 그림이다.
† 회화에서 사물의 형식보다는 내용이나 정신에 치중하여 그리는 것.

농민집단에서 주체의 개체화는 거의 발전하지 못하고 인식활동은 상당한 정도로 공동체의 정서에 기초하고 있다. 가치판단, 곧 "그래야 하는가 그러지 말아야 하는가"라는 판단뿐만 아니라 심지어 사실판단, 곧 "이다, 아니다"라는 판단도 공동체의 제약을 받아야 했다. 농민의 심리과정 속의 집단적이고 감정적인 성질은 상당히 두드러져서, 협소하고 분화가 잘 이루어지지 않는 종법집단에서는 집단표상이 개인의 정신보다 강했으며 그 정도는 다원화된 현대사회의 경우보다 훨씬 심했다. 따라서 농민의식은 명확한 사회화의 특징을 갖고 있으며, 이런 특징은 개체 심리학의 법칙으로 해석할 수 없다. 그들은 대개 태어나서부터 자신이 어떤 협애한 인간군집에 속해 있기 때문에 반드시 전체 사회의 모든 성원을 가둬 놓고 있는 대대로 축적된 감각과 사유와 행위 방식에 적응해야 한다. 이것은 일종의 미발달한 집단의식으로서, 각종 신비요소가 가득 스며들어 어떤 '분위기'를 형성하여 개별 종법농민으로 하여금 객체세계에 대해 공동 감정의 심상을 형성하게 만든다. 이런 심상은 개체의 감성적 지각이 통합되고 추상되어 나온 산물이 아니다. 따라서 그것은 일종의 집단주체의 의식이라기보다는 차라리 집단주체의 무의식이다. 비록 종법농민의 감성적 지각이 개인화된 것이고 그 생리적인 심리과정이 현대의 정상인과 결코 다르지 않다 하더라도, 이런 감성적 지각은 오히려 상당한 정도로 집단주체의 무의식과 분리될 수 없고, 십중팔구 집단성을 띠고 있는 신비 요소에 둘러싸여 있다.

수많은 상황 아래서 집단표상과 그 상호 연관의 힘은 이처럼 커서, 감지할 수 있는 가장 명확한 증거도 그것과 대항할 수 없으며 현상 사이의 아주 비정상적인 상호관련성은 흔들릴 수 없는 신념이 된다. 이런 상황 아래서는 감정과 격정의 요소는 진정한 사유가 어떤 우세도 점하지 못하게 하며, 따라서 인간의 사유 속에 적나라한 사실과 실재의 객체는 존재하기 어렵다. 이런 사유에서는 객체의 속성이 집단표상을 결정하는 것이 아니라 집단표상이 객체의 속성을 결정한다. 만일 집단표상이 객체 속에 어떤 속성이 존재하도록 요구한다면 어떤 반증도 사람들에게 그 속에 그런 속성이 없다고 믿게 할 수 없다. 이 때문에 집단표상은 초경험적이다. 그것은 "어떤 물건을 가지고도 무엇이든지 만들어 낼 수 있다"는 신비적 인과관을 야기하며 군중성 히스테리의 심리적 근원이 된다.

나는 농촌에서 농민이 귀신과 조상의 현신을 "직접 보았다"는 진기한 이야기를 들은 적이 한두 번이 아닌데, 그 속에 사람을 속이려는 동기는 전혀 없다. 중국 역사상 농민군중 속에 모종의 사회심리의 동요가 간직되어 있을 때마다 꼭 많은 신비한 재이(災異)와 상서(祥瑞)가 출현하곤 했다. 단일 종교의 전통 아래서 무술(巫術)을 금지해 온 중세 유럽에서도 농민운동 직전에는 종종 만물도 영혼을 갖고 있다는 식의 괴이한 '견문'이 출현했다. 예컨대 유명한 16세기 독일 농민전쟁이 일어나기 3년 전에 라인 유역에서 헝가리까지, 티롤에서 작센에 이르는 광대한 지역에서 농민들은 모두 자신들이 어떤 괴이한 일들을 보았다고 믿었다. 가령 어떤 사람은 태양 주위에 세 개의 테두리가 있는데 그 중에 불타는 횃불이 있다고 했으며, 어떤 사람은 달빛에 두개의 달무리가 생겼을 때 중간에 큰 십자가가 있는 것을 보았다고 했다. 헝가리 사람들은 밤에 왕관을 쓴 두 명의 수령이 천상에서 싸우는 것을 보았다고 하며 라인 강변의 사람들은 대낮에 공중에서 엄청난 굉음과 무기 부딪치는 소리, 마치 한바탕 전쟁이 벌어진 것과 같은 소리를 들었다고 했다. 또 수많은 지방의 농민은 동물이 아주 희한한 새끼를 낳고, 까마귀와 박쥐가 격렬한 싸움을 벌였다고 했다. 또 어떤 사람은 혜성을 보았다고 했다.[7] 분명히 이런 '현상'은 기독교 신앙으로 해석할 수 없는 것이었을 뿐만 아니라, 인심이 상당히 크게 변하고 있는 상황에서 표상간에 초논리적인 임의 연관으로 형성된 집단 심상이다.

집단표상은 상호침투로 추상을 배제하고 감정으로 논리를 배척하고 심상으로 개념을 배척했기 때문에, 종법농민의 사유방식은 개념에 근거하여 감지한 재료를 정리하고 논리적 순서에 따라 해석하는 능력을 결여했다. 그들은 흔히 모순에 대해 관심이 없어서 논리적 오류를 발견하고 경험을 통하여 오류를 교정하거나 거짓을 증명하여 사유를 더 깊이 발전시킬 수 있는 추동력을 상실했다. 중국 후한 말 농민들 사이에는 상서로운 물과 주문으로 병을 치료한다는 태평도가 유행했다. 물론 상서로운 물과 주문은 수많은 환자에게 아무 효험이 없었지만 농민들은 거기에서 주문을 의심할 만한 모순을 발견하지 못했다. 집단정서로 인해 그들은, 주문을 사용한 후 죽은 사람은 신심이 경건·성실하지 않았기 때문이고 치료된 사람은 신심이 진실했기 때문이라고 굳게 믿었다. 따라서 주문의 효과를 보지 못하고 죽은 사람은 오히려 신심을 경건하고 성실하게 해야 한다는 증거였다. 20세기가 시작되면서 중국 종법농민이 일으킨 의화단은 여전히 이런 사유방식에 따라 주문이 총칼을 막아 내는 위력을 갖고 있다고 생각했다. 중국의 전통 권법으로 단련된 권민(拳民)들은 서양의 총과 대포 앞에서 목숨을 잃었음에도 불구하고, 당시 사람들이 보기에 이것은 그들의 마음이 경건하지 못했거나 금기사항을 어겼기 때문이지 '법술'의 허망함을 나타낸 것은 아니었다.

집단표상이 무술(巫術)에 대한 미신을 야기함으로써 경험이 무술의 거짓을 증명할 수 없게 만든 것과 마찬가지로 집단표상 또는 집단무의식도 어느 개인—일반적으로 공동체의 대표자인 천연수장—에 대한 맹목적·초논리적·초경험적인 숭배를 야기함으로써 경험이 우상파괴의 능력을 상실하게 만들었다. 이러한 사유에서는 천자는 현명하다는 신앙과 도처에 이재민이 가득한 현실 사이에 어떤 모순도 존재하지 않고, 현실의 고난은 간사한 소인이 천자의 총명을 가린 결과로 간주되었다. 이처럼 이성이 몰락한 상황에서의 황권 미신은 농민국가가 사회주의의 길로 들어선 뒤에도 상당한 영향을 미칠 수 있다. 그래서 일체의 큰 이변과 재난을 교활한 소인이 위대한 수령을 기만한 탓으로 돌리는 관념을 탄생시켰다. 1930년대 소련의 대흉작과 숙청의 공포시기에 바로 이런 "모든 좋은 일은 하느님의 공으로 돌리고 일체의 나쁜 일은 마귀 탓으로 돌리는" 사유방식이 스탈린에 대한 진정한 숭배와 공포와 재난이 동시에 증가하도록 만들었다.[8]

개인의 공동체에 대한 의존이 공동체 성원의 천연수장에 대한 의존의 전제인 것과 마찬가지로 개인이지(理智)의 집단표상에의 종속도 대중이지가 천연수장의 의지(意志)에 종속되는 기초이다. 후자는 종법농민 비이성의 세 번째 측면, 곧 상부에 절대 복종한다는 사유방식을 구성하는데 이때 이른바 '상부'는 당연히 당국만이 아니라 대형, 장자(掌家), 채주(寨主)*, 단주(壇主)†와 농민 영수 등을 포괄한다. 그들의 의지도 비이성적인 카리스마의 일종이며, 일종의 신비한 매력이다.

요컨대 종법공동체 성원으로서의 농민은 사유방식 면에서 주·객관의 상호침투, 집단표상과 카리스마 권위의 제약을 받아 이성이 억압된 특징을 갖고 있다.

* 외부의 침입을 막기 위해 마을·종족 단위로 설치한 작은 성채의 우두머리.
† 종교적 비밀결사의 수령.

그런데 근래 어떤 사람은 이른바 '발산식 사유'와 '수렴식 사유'라는 개념을 제시하여 전자는 개방적·선진적 사유형식이고, 후자는 폐쇄적이고 낙후된 사유형식이라고 보았다. 그렇다면 종법농민의 사유방식은 수렴식에 속하는가? 반드시 그렇지는 않다. 종법공동체 속의 전제와 방종, 속박과 보호 등의 대립 통일과 마찬가지로 종법농민의 사유방식도 발산적인 일면과 수렴적인 일면을 함께 갖고 있기 때문이다. 한편으로 종법농민의 사유는 일정 정도 논리 규칙의 제약을 받지 않고, 또 실증 경험과 개념의 통제를 받지 않아 '임의적' 표상 관련(또는 레비 브륄의 용어로 말하면 '前 관련')과 종합적이고 무궁무진하며 다종다양한 상호침투를 실현할 수 있게 하여 기상천외한 '사상해방'을 체현했다. 그러나 다른 한편으로 이런 사유는 논리 연산에 복종하지 않는다 하더라도, 보다 정확히 말하면 논리연산에 복종하지 않기 때문에 절대로 자유롭지 못하며 반드시 그것에 부합하는 사회구조와 일치해야 한다. 종법사회의 제도는 선험적으로 집단표상의 실제 가능한 조합을 고정시키고, 표상 사이의 관련 수량과 관련 방법 내지 표상 자체를 고정시킨다. 이런 사유는 본질상 정체되고 폐쇄되어 있으며 경직되어 있다. 그래서 "어떤 물건을 가지고도 무엇이든지 만들어 낼 수 있다"는 원칙하에서 현대인이 발견할 수 없는 신비한 인과를 발견할 수 있지만, 흔히 경험과 논리에 따라 현대인이 아주 쉽게 발견할 수 있는 실재 인과를 발견하지 못한다. 또 신앙충동과 정감요인의 작용하에서 종종 현대인이 깜짝 놀랄 정도의 '새로운 신발명'을 하기도 한다. 그러나 이런 정감의 성질 자체는 전통에 의해 미리 결정된 것이어서 공동체의 종법구조가 변하지 않는 한, 그 성원이 감지하고 감각하고 체험하는 대상세계 또한 미리 정해진 것이며 일단 만들어지면 변하지 않는 것이다.

따라서 종법농민의 사유방식은 항상 발산성과 수렴성을 동시에 갖고 있지만, 발산이든 수렴이든 모두 비이성적이다. 그것이 형성한 생각은 해방적인 동시에 보수적이지만 발산과 수렴 모두 종법적이다. 홍슈취안은 서양으로부터 진리를 탐구하여 정교합일의 '팔위만세'(八位萬世)*를 찾아낸 만큼 분명히 발산과 창조의 면이 꽤 있지만 그가 건설하려 한 천국은 오히려 가장 보수적이고 가

* 홍슈취안을 포함한 태평천국의 주요 지도자 8명을 왕(王)으로 봉하고, 그들의 만세를 기원한 것을 말한다.

장 수렴적인 종법모델을 지니고 있었다. 중화인민공화국에 살고 있는 우리도 한때 기상천외하게 "사람이 대담한 만큼 땅에서의 물산도 많은 법이니 빨리 공산주의로 뛰어 들어가자"고 하여 진정으로 '사상해방'을 하려고 했다. 그러나 당시 중국은 상품경제, 자유개성, 과학정신에 대해 매우 보수적이고 경직된 태도를 가지고 가장 수렴적인 정책을 취했다. 이로써 알 수 있듯이, 사상해방은 '이성의 법정'의 권위와 분리될 수 없고, 사유가 복종하는 논리 메커니즘은 사상해방의 필요조건과 진화의 도구가 된다. 농민국가에서는 이성정신이 확립되지 않으면 근본적으로 사유가 현대화되었다고 말할 수 없다.

3. 종법농민에게서 나타나는 비이성의 각종 유형

자연경제와 종법공동체 속의 농민은 동양에서든 중세 서양에서든 그 사유방식은 모두 비이성이라는 본질을 갖고 있다. 그렇다고 해서 각 민족의 종법농민 사유방식의 특징이 모두 같다는 것은 아니다. 분명히 중국 농민과 유럽 농민, 서유럽 농민과 러시아 농민은 사유방식에서 각기 고유한 전통적 특징이 있으며, 이런 특징은 앞에서 말한 봉건 종법공동체의 세 가지 형식과 밀접한 관계를 맺고 있다.

일반적으로 말해서 유럽 농민, 특히 서유럽 농민의 비이성 사유는 종교신비주의적 특징이 두드러지며 이것은 본체론적 신비주의로 직접 표현되었다. 유럽의 농민공동체 생활에서 종교생활은 상당히 중요한 지위를 차지했고 이것은 자연경제화된 지역일수록 더욱 분명했다. 가령 근대 유럽농촌의 종교 분위기는 자본주의화와 반비례하여 동유럽이 남유럽보다 심했고, 남유럽은 서·북유럽보다 심했다. 19세기 유럽 농민이 종교활동 때문에 생산을 중지한 연간 일수는 네덜란드 54일, 프로이센 60일, 덴마크 62일, 프랑스 63일, 이탈리아 67일, 스페인 75일, 영국 87일, 러시아는 96일에 달했다.[9] 그런데 같은 시기 러시아 농민의 연간 노동일수는 일반적으로 150일이었다. "사흘은 물고기를 잡고 이틀은 그물을 말린다"는 중국 속담을 적용하면, 러시아 농민은 바로 "사흘은 농사짓고 이틀은 기도했다." 그래서 러시아 농민에게는 "인생의 3대사는 농사, 제사,

죽어서 관에 들어가는 일이다"는 속담이 있다.[10] 그러나 러시아 농민의 종교관
념은 서유럽 농민과 크게 달랐다.

서유럽 농민의 종교본체론 색채는 비교적 농후하여, 일반적으로 그들은 종교
를 인생의 궁극적인 관심과 위탁으로 간주하고 현세의 생활에 상당히 냉정한
태도를 견지했다. 그래서 한편으로 대부분의 서유럽 농민운동은 특히 종교색이
짙었으며, 특정 교파의 교의와 긴밀하게 결합했다. 14세기 영국 농민의 롤라드
파 운동, 15세기 체코슬로바키아의 후스파 운동, 16세기 독일 농민의 재세례파
운동이나 영국혁명 후의 농민청교도운동 등이 모두 그렇다. 하지만 다른 한편
세속적 생활에서는 이성주의 색채를 띤 이른바 프로테스탄트 윤리를 존중하고
따르며 합리적 진취정신을 추구했다. 영국 부르주아 혁명의 주력인 부유한 자
작농은 "궁하니까 변혁을 꾀한 것"이 아니라 신앙을 위하여 싸웠고,[11] 한편으
로 일상생활에서 경제 합리화에 열중하여 자본을 축적하는 천직에 종사했다.
이런 특징은 서유럽 농민 종법공동체의 구조가 비교적 느슨했던 것과 관련이
있다.

이와 대비되는 것이 러시아 농민이다. 그들은 일상생활에서 많은 시간을 종
교활동에 사용했으니, 러시아의 역대 농민운동은 모두 어떤 종파의 기치 아래
일어난 것이 아니라 '좋은 차르'의 기치 아래 진행되었다.(20세기에 들어선 다음
에는 촌공동체의 기치 아래 진행되었다.) 러시아 농민은 피안과 차안 세계의 관념
이 상당히 약하고, 그들의 종교 심리는 원시적 자연신 숭배의 색채가 짙었다.
그래서 "하늘에서 천둥이 치지 않으면 농부는 십자가를 긋지 않았다"는 러시아
속담처럼, 적지 않은 학자가 러시아 농촌의 종교의식에서 "종교(그리스 정교를
가리킴)의 의의는 크지 않았고" 제례는 기타 의례와 마찬가지로 모두 기독교와
이교(자연신 숭배)의 혼합일 뿐만 아니라 오히려 이교에 더 가깝다고 보았다.[12]
1926년 러시아 중부의 코스트로마 주 농촌조사에서 농민 내에 거의 600종의
무술과 점복 의식, 수백 종의 신앙 및 농사활동과 관련된 금기·미신, 주문으로
병을 치료하는 수십 종의 무술이 유행하고 있었으며, 그곳의 종교 관련 종사자
는 모두 "반은 샤먼이고 반은 사제"라는 식이었다.[13] 1890년에 체호프는 러시
아 농촌에서 "성경을 이해하는 사람은 거의 없었지만 모두가 예외 없이 성경을
사랑하고 숭배했다. 그러나 그들은 성경이 없었으며 어느 누구도 성경을 읽지

않았고 성경을 설교하는 사람도 없었다"고 지적했다. 또 농촌은 "아직도 미신과 전 기독교 의식(儀式)에서 빠져 나오지 못한 문맹사회" 상태이며 종교 감정은 애매한 자연신교와 전혀 차이도 없다고 보았다.[14] 러시아 농민들은 물신(水神)·곡식건조장신·곡식창고신·우물신·길신·목재신·삼림신, 각종 동식물신 및 신매(神媒)*, 마귀 등을 숭배했으며, 신비의 상호침투는 생산과 생활 및 윤리도덕의 모든 영역에 미쳤다. 러시아 농민에게는 사실상 단일 교파의 관념이 없었고, 그리스 정교가 우세했던 이유의 상당 부분은 단지 전제 당국의 규정이라는 종교 외적 요인 때문이었다.

10월혁명으로 그리스 정교가 국교의 지위를 잃자 러시아 농촌에는 애매한 자연신 관념과 "전쟁과 혁명이 일으킨 신비주의"가 판을 치고 일시적으로 무수한 종교 파벌이 출현하여 교파의 수로는 미국에 뒤지지 않았다. 1928년에 예수만 숭배하는 몇십 종의 이교가 우크라이나, 중앙 흑토지대와 시베리아 농민 가운데 300만 명의 신도를 거느리고 있었는데, 그 중에는 침례교 등 국외에서 전래된 종파뿐만 아니라 대량의 토착 농민교파가 있었다. 예를 들면 비흑토지대의 유목농 중에 몰로칸(우유를 먹는 사람이란 뜻)교, 1921년에 기근지대에서 출현한 페드로프체이교와 승천교(升天敎), 1918년 출현한 성령 제4인터내셔널 등등이 그 예이다. 당시 이들 이교는 그리스 정교회를 부자들 편에 서 있다고 비판했기 때문에 소비에트 정부의 동정을 얻었다. 1920년 침례교 신도는 소비에트 8차 대회 연단에 올랐으며, 1924년 소련 공산당 13차 대회는 구제도의 이단신도에 대한 박해를 언급하여 그들이 소비에트 사업에 건설적으로 참가하고 있다고 했다.

1920년대 초 이단교파는 대량의 농업코뮌(農業公社)을 건설하는 바람에 농민으로부터 공산주의자로 인식되었는데, 공산주의 청년단원이 "성경은 예수 그리스도가 설파한 진정한 사회주의 저작이다"라는 이반체르교의 학설에 따라서 이 교파 교회에서 성경을 강의했던 일이 보도되기도 했다. 교파의 코뮌은 일반적으로 수백 명으로 구성되어 농기구를 구입하는 공공기금이 있고, 생산은 집단 또는 반집단적으로 했으며, 수확물은 평균분배하거나 공동 소비했다. 어떤

* 사람과 신의 중개자로 샤먼도 여기에 포함된다.

코뮌의 독신자들은 집단 숙소에 거주하며 각기 방 하나씩을 사용하면서 식당에 모여 함께 식사하고, 금연·금주의 청교도식 계율을 준수하며, 정기적으로 설교회를 열어 "예수는 빈농이며 최초의 사회주의자였다"는 등등의 강연을 들었다.[15] 분명히 이러한 유형의 농민문화는 사회관계 속의 공동체, 사유활동 중의 집단표상, 신비주의화된 이른바 사회주의윤리를 하나로 뒤섞어, 내세를 탐닉하지 않고 오히려 현세를 내세화하였다. 그것은 세속생활 속에 신비의 상호침투를 충만하게 하고 동시에 사회주의 본래 의미의 고유한 이성정신을 심하게 왜곡했다. 이러한 문화적 본질과 사유방식의 영향이 뒷날 구소련에서 발생한 이른바 개인숭배의 군중성 히스테리의 주요 배경 가운데 하나였음은 의심의 여지가 없다.

이상에서 알 수 있듯이 종법농민의 비이성 사유의 첫 번째 유형, 곧 종교신비주의는 일종의 궁극적 관심으로서의 종교에서 기인한 것이라기보다는 종법공동체에서 기인한 것이다. 러시아 농민은 단일 신앙을 고수하는 열정이 서유럽 농민보다 못하지만 러시아 농민의 종법공동체 유대는 서유럽 농민보다 더 강했기 때문에 러시아 농민의 사유과정에서 종교 신비주의라는 비이성 요소는 서유럽 농민을 훨씬 앞질렀다. 러시아 농민은 단일 종교 신앙을 견지하지 않았기 때문에 10월혁명 후 행해진 무신론의 선전은 본체론의 관점에서 볼 때 상당히 성공적이었다. 특히 전반적인 집단화 과정에서 각지의 빈농은 잇달아 궐기하여 교회의 종을 철거하는 일을 비롯하여 노동조합 결성에 착수했고,[16] 수천수만 명의 성직자를 부농으로 몰아 체포하여 유배시켜 그리스 정교는 거의 일소되었다. 뿐만 아니라 1920년대에 자주 칭찬을 받았던 각종 이단교파도 반소비에트 활동을 했다는 이유로 비난받고 단속의 대상이 되었다. 그러나 농민(과 농민이 도시로 들어와 변한 노동자)사유 중에 신비의 상호침투는 여전히 뿌리 깊었고 이것이 결국 한바탕 전례 없는 규모의 무신론적 신 만들기운동(개인숭배)을 초래했다.

신비주의 비이성은 표상 속의 임의 관련을 통하여 "모든 좋은 것은 카리스마 영수의 공이고, 모든 나쁜 것은 마귀의 화신 탓으로 돌리는" 사유양식을 형성했고, 그로 인해 권위숭배의 심리적 메커니즘을 형성했다. 일반적으로 말해 유럽 농민의 황권주의 전통은 매우 분명하다. 그러나 동유럽 농민과 서유럽 농민 사이에는 명확한 차이가 있다. 일반적으로 서유럽 농민운동은 재위 중인 국왕이나 황제를 반대하지 않았고, 심지어 농민운동 자체는 국왕에게 청원하는 형태로 진행되었다. 러시아 농민운동은 항상 '좋은 차르'와 가짜 차르로 '나쁜 차르'와 진짜 차르를 반대했다. 어떤 이는 이 때문에 서유럽 농민의 국왕에 대한 미신이 러시아 농민보다 더 심했다는 결론을 내렸다. 이는 대단히 단편적인 해석이다. 사실 이런 차이를 조성한 주요 원인은 서양 농민운동의 대다수가 교파의 기치 아래 진행된 데 있다. 이탈리아의 돌치노(Dolcino), 영국의 존 볼, 독일의 뮌처 등과 같이 지도자 자신이 신학자 또는 종교 관련 직업인이었기 때문에 교파의 권위 외에 국왕의 권위를 따로 세워야 할 필요가 없었던 것이다.

서유럽 중세 농민운동은 대부분 당시 국왕에게 청원하는 형태로 진행되었지만 황권에 반대하는 요소도 있었다. 예컨대 1476년 독일의 예언자적 선동가 한스는 성모의 이름으로 "이후 다시는 황제·제후·교황이 있어서는 안된다, 그들을 완전히 없애야 한다"고 선언하고, 자칭 성모가 보낸 사자라고 주장하며 3만여 농민을 이끌고 봉기를 일으켰다. 1514년 헝가리에서 죄르지 도자(György Dózsa)*가 이끈 농민운동도 "공화국을 수립하여, 주권을 인민에게 돌리고 국왕을 폐지하자"고 선언했다.[17] 이로써 우리는 서유럽 농민의 황권숭배가 상대적으로 매우 강한 것은 아니었음을 알 수 있다. 그러나 러시아 농민의 경우 단일 신앙이 두드러지지 않았고 원시적 자연신 숭배가 성행했으며, 농민운동에서도 교파의 권위를 내세우지 않았다. 볼로트니코프(Bolotnikow)†, 스텐카 라진, 푸가초프 등과 같은 농민지도자도 종교계 인물이 아니라 코사크 출신이었다. 따라서 그들의 왕권에 대한 요구는 서유럽 농민을 훨씬 능가했으며, 좋은 차르와 가짜 차르가 농민운동에서 매번 군중의 마음속 우상이 되었다.

종법공동체가 조성한 집단표상의 상호침투 또는 임의관련은 신비주의 외에도 두 번째의 비이성 사유, 곧 낭만주의를 조성했다.

흔히 낭만주의는 긍정적인 뜻으로 쓰이는 용어이다. 확실히 일종의 심미원칙

* 소귀족 출신으로 교황 레오 10세가 반투르크 십자군 원정을 선포했을 때 십자군 모집 책임을 맡은 그는 원정에 참가한 농노는 해방될 수 있다고 호소해 농노의 광범한 지지를 받았으나 국왕과 귀족이 반대하자 5만여 명을 이끌고 봉기를 일으켰다. 농노제 폐지, 토지 분배, 헝가리 공화국 수립 등을 제기했는데 석 달 만에 진압되었다.
† 1606~1607년 러시아 서남부에서 일어난 농민봉기의 지도자. 그는 농노출신으로 농노제 폐지와 토지 탈취 등을 구호로 내걸고 모스크바를 포위했으나 실패했다.

으로서의 낭만주의는 비난할 여지가 없는 것으로 현대인들이 추구하는 것이기도 하다. 그러나 인식원칙으로서의 낭만주의는 반과학적인 전근대사회 또는 종법사회의 사유양식이다. 낭만주의는 일종의 열광적인 집단감정으로 이성적 인식을 배척하고 종법공동체의 군중적 격정으로 엄밀한 논리사유를 압도한다. 엄밀히 말하면 모든 종교는 열광적인 격정을 간직하고 있으며 모든 낭만적인 충동도 신비색채를 띠고 있다. 우리는 신비주의 비이성과 낭만주의 비이성을 다음과 같이 구별할 수 있다. 전자는 신(神) 중심적(형이상학의 종교와 만물에 영혼이 있다는 자연신론, 곧 '전(前) 종교'를 포함)이고 후자는 세속적이다. 전자는 숭배적이고 후자는 해방적이다. 전자는 수렴식의 비이성 사유(모든 것을 신의 뜻 또는 카리스마 영수의 시비를 기준으로 일체의 시비를 가린다)이고, 후자는 발산식의 비이성 사유("사람이 대담한 정도만큼 땅에서의 물산도 많은 법이다"와 같은 류)이다. 전자는 외재적 권위에 대한 굴복을 가져오지만 후자는 하고 싶은 바를 행하는 군중성 히스테리를 초래한다. 전자의 사유방식은 "모든 좋은 것은 신(또는 카리스마 영수)의 공으로 돌리고 모든 나쁜 것은 마귀의 탓으로 돌리는" 것이고, 후자의 사유방식은 "어떤 물건을 가지고도 모든 것을 만들 수 있다"는 것이다.

낭만주의 비이성 사유는 내부의 사회적 교류가 상대적으로 활발한 종법농민 공동체에서 비교적 전형적으로 나타나는데, 그 중에 러시아 농민이 가장 대표적이다. 만일 신비주의 비이성이 유럽 종법농민의 두드러진 공통 특징이고 동유럽과 서유럽 사이에는 단지 구체적인 형식상의 차이만 있다고 한다면 러시아 농민의 낭만주의 정신은 서유럽의 종법농민에게는 거의 없는 것이다. 러시아 농민의 종법 촌공동체 미르는 서유럽 농촌의 마르크에 비하여 사회적 기능이 훨씬 발달했고, 중국 종법공동체의 가족-종족-국가의 종적인 일체화 구조에 횡적 교류가 없던 것과 상당한 차이가 있다. 만일 가족공동체가 중국 농민의 내향적이고 윤리를 중시하는 성격을 키웠다면 촌공동체 미르는 러시아 농민의 외향적이고 감정을 중시하는 성격을 배양했다. 중국 농민이 친족관계를 중시하는 것은 러시아 농민이 이웃과의 관계를 중시하는 것과 같다. 종법식의 러시아 농민은 촌 밖의 사무에 대해 세상 밖의 일처럼(미르는 촌공동체와 세계의 두 가지 뜻을 갖고 있다) 무관심하지만, 촌공동체 내부에서는 상당히 열정적이고 그들의 사교활동은 1년 중 1/4 이상의 시간을 소비한다. 이런 날들에 "오후부터 밤늦도록 거리 곳곳에서 춤을 추고 노래소리가 울려퍼졌기" 때문에 어떤 사람은 러시아 농민의 첫 번째 특징이 노래 부르기를 좋아하는 것이라고 한다.[18] 이는 종법사회조건에서 낭만주의는 넘치되 이성정신은 부족한 성격을 형성했다. 인민주의파의 경제적 낭만주의, 무정부주의, 매우 우쭐대는 필부의 용기, 공포수단으로 기적을 창조하는 일에 열중하며 한 발의 폭탄으로 사회를 바꾼다는 환상을 품고 객관적 법칙과 사회발전의 논리를 인정하지 않는 등의 특징은 바로 종법농민의 낭만주의 비이성 정신이 이들 농민문화의 엘리트 속에 반영된 것이다. 10월혁명 뒤에 구소련이 농민국가에서 사회주의로 이행하는 과정에서 격정은 지나치게 많고 이지는 지나치게 적은 농민사유방식도 많이 체현되었다. 특히 전시공산주의, 전반적인 집단화, 부농계급의 소멸, 그리고 대숙청과정에서 빈번하게 고조되었던 군중성 히스테리는 비이성적 경향을 더욱 집중적으로 드러냈다.

중국 종법농민문화의 비이성 본질은 세 번째 유형에 속한다. 표면적으로 보기에 내향적 성격의 중국 농민은 러시아 농민과 같은 넘치는 낭만주의 격정이 없었고, 실용을 중시하는 중국 농민은 서유럽 농민의 존 볼과 같은 종교 열정은 더욱 없었다. 그러나 중국 종법농민의 감각을 중시하고 논리를 경시하며 구체를 중시하고 추상을 경시하는 경험-직관주의 비이성 사유방식은 신비주의 비이성이 초래하는 권위숭배와 낭만주의 비이성이 초래하는 군중성 히스테리도 동시에 갖고 있다.

당연히 이 두 가지는 종법공동체의 보호와 속박, 방종과 전제 등과 마찬가지로 동·서양을 막론한 모든 형식의 종법농민 집단 속에서 상호 인과관계를 형성하고 대립통일의 방식으로 동시에 존재하지만, 중국 종법농민문화에서처럼 두 가지 면이 이처럼 조화롭고 강고하게 결합된 예는 매우 드물다. 이런 관점에서 말하자면 중국의 종법농민은 서유럽과 러시아의 종법농민보다 더 사유방식의 비이성에 기울어 있다고 해도 아마 지나치지 않을 것이다.

중국 전통문화 속에 있는 직관사유의 비이성 성질에 관해서는 11장의 1절에서 이미 언급했으므로 여기서는 전통 종법문화 가운데 엘리트와 대중(거의 대부분은 농민대중)의 사유방식의 상호보완에 관해 몇 가지 관점을 말하려고 한다.

중국 종법사회의 통치자와 농민대중 사이에 이해의 대립이 존재한 것은 분명한 사실이다. 그러나 양자 모두 동일한 자연경제의 종법환경에서 살아가기 때문에 그 사유방식에는 꽤 많은 공통점도 존재한다. 일반적으로 말해서 봉건 사대부의 신비주의적 내성사유방식, 곧 이른바 수신양성(修身養性), 격물(格物), 치양지(致良知)와 같은 비이성 사변[19]은 농민에게서는 거의 볼 수 없다. 반대로 농민들 사이에 자연신 숭배와 무술이 유행하는 것은 분명히 괴력난신을 말하지 않는 유가의 전통과 다르다. 그러나 사대부든 농민이든 그 기본적인 사유방식은 모두 구체적이고 종합적이되 모호한 직관경험과 그것의 외연이기 때문에 이성사유에 필수적인 추상과 분석 및 엄격한 논리구조를 결여했다. 농민의 경우에는 특히 심했다.

실리를 추구하는 중국 농민은 경건한 서유럽 농민 또는 낭만적인 러시아 농민과 비교하면 '경험주의' 경향이 훨씬 두드러진다. 그러나 이런 경험주의는 서양에서 이성론과 대립했던, 실증적인 경험주의와 완전히 다르다. 우선 이런 경험은 상당히 협소하고, 경험의 범위 바깥은 완전히 신비주의적인 영역이다. 더욱 중요한 것은 이 경험이 실증경험이 아니고 개념과 논리연산을 결여한, 말하자면 어느 것이 사실이고 어느 것이 거짓인지를 증명할 수 없는 모호한 감각이라는 점이다. 그리고 해석능력이 결여된 상황에서 사람들은 그것이 모호한 집합이라는 것을 파악하지 못하고, 단지 '모호구역 정서정위법'*을 이용하여 상호 침투하면서 그것을 일종의 전(前)개념으로 변화시킨다. 이렇게 되면 좁은 경험의 범위 안에 있다 할지라도, 주객체의 상호침투와 집단표상의 임의관련이 이성의 지위를 배척한다. 프랑스의 사회인류학자 레비 브륄은 분명하게 이런 사유를 원시사유(原始思惟)의 범주에 넣었다.[20] 우리는 물론 종족(種族) 편견을 갖고 있는 그의 견해에 동의할 수 없다. 농민을 포함하여 중국인의 사유방식이 진정으로 원시적 사유가 아닌 것은 서양 중세의 사유가 진정한 논리 사유가 아닌 것과 마찬가지이다. 그러나 어쨌든 봉건시대의 사람들은 종법공동체의 성원인 이상, 집단표상을 벗어날 방도가 없고 사유 속의 원논리 요소도 당연히 홀시할 수 없다. 중국의 가-국 일체의 종법공동체의 속박은 서유럽 중세 봉건공동체의 속박보다 더 강한 만큼, 중국 종법농민 사유방식 중의 원논리 요소가 유럽

---

* 논리연산이 결핍된 '인상(印象)'군 속에서 일종의 집단정서에 의지해 각종 '인상'에 대해 참인지 거짓인지를 증명할 수 없는 모호한 인과관계의 위치를 부여하는 것.

의 종법농민보다 더 많은 것도 이상할 것이 없다.

중국의 종법농민은 유럽의 종법농민에 견주어 외재권력의 숭배라는 면에서 '실용주의'적이었던 것 같다. 서유럽 농민은 경건한 단일 교파 신도이고, 러시아 농민은 교파 관념이 엷고 그리스 정교의 범위 내에 수많은 자연신과 귀신과 무당을 들여놓았으나, 중국 농민은 총체적으로 볼 때 어떤 형이상학적 종교관념도 거의 없었고, 단지 실리적으로 "젖을 주는 사람이 어머니이다"는 식의 숭배에 지나지 않았다. 명청시대에 중국의 수많은 지방에 유·불·도, 곧 3교의 우상을 동시에 봉양하는 삼교전(三敎殿)이 있었고, 농가의 향안(香案)*에는 종종 보살·옥황·부엌신이 평화롭게 공존했다. 서유럽 농민은 통상 집권왕조에 반대하지 않았을 뿐만 아니라 재위 중인 국왕을 옹호했고, 러시아 농민은 집권왕조를 반대하지 않고 단지 가짜 차르를 내세워 진짜 차르를 반대하려고 생각했다. 그런데 유독 중국 농민만이 매번 황제를 끌어내리고 왕조를 교체했다. 그러나 사실상 황권과 신권의 중국 농민 사유에 대한 통제는 유럽보다 더 심했고, 그것은 의식적인 권위숭배로 표현되었을 뿐만 아니라 무의식적인 심리과정으로 표현되었다.

루쉰은 일찍이 농민 비이성의 전형을 형상화했는데, 하나는 미신으로 정신이상이 된 샹린싸오(祥林嫂)이고, 또 하나는 표면상 거의 미신관념은 없으나 오히려 '해석의 정신착란'에 빠진 아Q이다. 주객체의 상호침투하에서 부권(夫權)과 예교를 대표하는 망령·염라대왕에 홀려 실성한 샹린싸오는 사람들을 비교적 이해하기 쉽다. 그러나 중국 농민에 대해 말할 경우 깊이 생각하게 하는 것은 오히려 귀신을 두려워하지 않고, 어떤 신앙을 갖고 있는지 전혀 알아볼 수 없으며, 생리상으로 보아도 줄곧 정신이 멀쩡한 아Q이다. 아Q가 자신의 노예적 지위를 위해 심리의 평형을 이루는 사유방식은 일체의 능욕과 기만을 모두 "아이가 노인을 때리는 것"으로 간주하는 '정신승리법'이다. 마치 현대인이 날이 갈수록 통감하는 것처럼 이는 실제로 단지 아Q의 개인심리일 뿐만 아니라 일종의 가련한 사회심리이다. 이런 심리가 형성된 데는 아주 심각한 사회적 원인이 있지만 사유형식에서 정신승리법은 실제로 경험-직관주의 비이성의 원논리사

* 향로·촛대·제물 등을 올려 놓는 탁자. 향안은 집안의 중앙에 설치한다.

유가 야기한 일종의 해석의 정신착란이다. 이런 사유는 우선 선험적인 집단표상에서 출발하여 사회상의 인과관계를 모두 아이와 노인의 관계 및 그 외연으로 귀결시키고, 그 후 경험 속에서 "아이가 때때로 노인을 때리려는 것을 피할 수 없다"는 감성지각을 획득한다. 사유의 모호함과 비논리성으로 말미암아 내부 의식활동과 외부 정보활동의 상호침투 속에서 '모호구역 정서정위법'을 통해 "아이가 때때로 노인을 때린다"는 감지를 "아이는 반드시 노인을 때린다"는 전개념(前槪念)으로 전화시킨다. 그러고 나서 다시 이 전개념이 현실 속의 자신에 대한 기만·압박 현상과 비논리적인 신비관련을 맺음으로써 자신을 속이고 남도 속이면서 자신이 받은 기만과 능욕은 자신이 노인의 지위에 있기 때문인데도, 남들로부터 기만과 능욕을 받는 현실이 자신의 노인 신분을 증명했다고 굳게 믿는다. 이런 중국식의 종법농민공동체가 갖고 있는 비이성 사유는 아Q와 아Q식 인간집단이 불행에 처해 있으면서도 싸우지 않고 슬픈 현실에서도 슬퍼하지 않는 몽매한 상태에 처하게 만든다.

이런 사유방식은 평상시에는 노예의 심리평형을 형성하지만 갈 곳이 없는 궁지에 다다라 반항을 강요당할 때는 종종 일종의 히스테리 정서를 초래한다. 장셴중의 비극은 바로 하나의 전형이다. 장셴중과 접촉이 비교적 많았던 두 명의 서양 선교사가 중립적인 관점에서 관찰한 바에 따르면 장셴중은 "지식이 넓고 깊으며 결단력이 뛰어나서 두 선교사 역시 은근히 칭찬했는데, 장셴중의 타고난 재질은 영민하고 지식이 풍부하고 모략이 뛰어나서 그 재능은 족히 나라를 다스릴 수 있다. 그러나 정신병이 있어 생명을 잔혹하게 살해하여 왕이 되기에는 부족하다."[21]

이 결론은 언뜻 보기에 상호 모순되는 듯하다. 타고난 자질이 영민하고 지식이 족하고 모략에 뛰어나다는 것과 정신병이 있다는 것, 그 재능은 나라를 다스릴 만하다는 것과 왕이 되기에 부족하다는 것이 어떻게 통일될 수 있는가? 확실히 적지 않은 역사기록은 장셴중의 쓰촨 살육이라는 황당하고 서글픈 일을 그의 신경 이상 탓으로 돌린다. 그러나 수많은 징조들이 이런 신경병은 생리상의 정신병이 아니라 일종의 '해석의 정신착란'일 가능성도 있음을 보여준다. 장셴중의 사유 속에는 집단표상과 관련 있는 각종 신비한 연계가 가득 차 있다. 예를 들면, 그는 "내가 하늘을 보니 활, 화살, 칼, 방패 등의 물건이 보였다. 명령에 따라 백관이 하늘을 올려다보았으나 백관들에게는 보이는 것이 전혀 없었다. 장셴중은 오늘 하늘이 맑지 않아서 너희들은 그것들을 볼 수 없을 테지만 그 속에는 역시 하늘의 뜻이 있다. 하늘이 기이한 것을 보여주되 단지 천자만 볼 수 있도록 한 것은 장래에 하늘을 대신하여 그것을 실행하도록 하기 위함이라고 말한 적이 있다."[22] 또 한번은 두 명의 선교사에 대해 의심이 생기자, 일련의 연상을 통해 다음과 같이 말했다.

"400년 전 중국의 재부를 탐하는 서양의 한 번왕이 어느 대신을 중국에 사신으로 보내 조공품을 가지고 와서 바쳤다. 조공품 중에는 큰 초가 하나 들어 있었는데, 명목상으로는 복초(福燭)이지만 그 속에는 폭탄이 숨겨져 있었고 워낙 정교하게 만들어졌기 때문에 사람들은 의심하지 않았다. 화약이 있는 곳에 불을 붙여 폭탄이 갑자기 폭발하여 황궁이 무너져 황제가 눌려 죽기를 기다렸다. 그러나 이런 간계는 중국의 현왕(賢王)을 속일 수가 없었다. 현왕은 계략을 간파하고 복초에 불이 붙기 전에 초를 부러뜨려서 조사하도록 했다. 과연 초 속에서 폭탄을 찾아내어 번왕의 간계는 실현될 수 없었다. 현왕은 분노하여 사신을 죽였다. 이전에 마테오 리치가 베이징에 있을 때 역시 번왕의 소행을 모방하여 쇠로 가장 큰 대포를 주조하고 그 속에 화약을 가득 채워 불을 붙이니 거포는 갑자기 갈라져, 폭발하여 가루가 되면서 다수의 사람이 사망했다. 그리고 마테오 리치 역시 죽었는데 폭발로 피와 살이 갈가리 찢겨 나갔다. 만력제는 그 시체를 교외의 황무지에 버려 금수의 배를 채우도록 했다."[23]

생각해 보면 이런 황당무계한 말은 유언비어를 퍼뜨려 누군가에게 해를 가하려는 술수임을 금방 알 수 있다. 그러나 사료의 기록에 따르면 이 말은 다른 사람이 장셴중에게 한 말도 아니고 장셴중이 유언비어를 퍼뜨려 사람들을 속이려한 것도 아니다. 실제로 장셴중 자신이 이렇게 느꼈던 것이다. 인용문에 나타난 것은 선험정서가 혼합된 일련의 감지표상이 구성한 일종의 초시공적·비논리적 연관이다. 두 명의 선교사는 의심스런 분자이다, 선교사는 화포와 폭약을 만들 수 있다, 마테오 리치라는 선교사가 일찍이 만력제 밑에서 복무한 적이 있다, 번왕이 중국의 재부에 대해 탐낸 것은 이미 오래 전부터의 일이다. 이상 네 가지 일의 연관은 그가 상상한 것과 일단 상상하자마자 곧바로 믿어 버린 앞일과 뒷일의 신비관련 속에 포함되어 있고, 감지주체와 감지대상도 그 속에서 상호 침투되어 있다. 장셴중-중국 현왕-만력제와 두 명의 선교사-변왕의 사신-마테오 리치의 대비. 그리고 이 두 명의 선교사에 대한 장셴중의 살의도 상상 속의 중국 현왕과 만력제가 행한 변왕의 사신과 마테오 리치에 대한 조처와 완전히 하나가 되었다.

바로 이런 사유방식이 장셴중을 일종의 히스테리적인 의심 속에 빠져 들도록 만들었다. 사료에는 그가 형세의 악화를 쓰촨인의 죄업과 관련된, 도저히 설명할 수 없는 각종 원인 탓으로 돌렸으며, 각종 신비롭고 예측할 수 없는 조짐이 그로 하여금 "하늘이 나에게 죽이도록 명령을 했으니 죽이지 않을 수 없다"고 생각하게 만들었다고 수없이 기록되어 있다. 이런 히스테리의 심리도 장셴중 개인에게만 있었던 것이 아니다. 당시의 수많은 사람들 역시 형세의 악화를 선교사가 만든 천문기구의 착오 탓으로 돌려, "황궁의 안팎에서 모두 천구(天球)의 잘못으로 인해 국가에 해가 생겼다는 이야기가 분분했다. 장셴중이 이 말을 듣고 대로하여 큰일을 벌였다"고 보았다.[24] 여기에서 장셴중은 오히려 집단정서의 영향을 받는 사람이었다.

의심할 바 없이 장셴중의 행위는 마치 예술적 전형으로서의 아Q와 마찬가지로 종법농민 비이성이 반영된 극단적인 예이다. 물론 현실 속에서는 모든 사람들이 이처럼 황당한 지경에 이르는 것은 불가능하다. 그러나 경험-직관주의 비이성 사유방식의 원시적 논리성이 야기하는 심리 메커니즘의 잠재력은 낮게 평가될 수 없다. 오늘날에도 여전히 사람들은 그 영향을 느끼고 있기 때문이다.

앞서 설명했듯이 경험-직관 비이성은 엘리트 속에서 표현되는 경우와 대중 속에서 표현되는 경우, 통치자 속에서 표현되는 경우와 농민 속에서 표현되는 경우에 서로 다른 면이 있다. 통치자가 숭배하는 것을 농민이 반드시 숭배하는 것은 아니며, 대중이 열광하는 일에 대해 통치자가 꼭 열중하는 것은 아니다. 그러나 종법농민의 비이성과 통치자의 비이성은 모종의 상호 보완 메커니즘을 형성한다. 통치자의 히스테리는 군중의 아Q식 노예근성 아래서 크게 행해질 수 있고, 통치자의 어떤 물건에 대한 숭배는 종종 군중성 히스테리를 야기한다. 역사 속의 수많은 비극은 모두 이렇게 탄생된 것이다.

요컨대 신비주의 비이성, 낭만주의 비이성, 경험-직관주의 비이성은 종법농민의 비이성 사유의 세 가지 주요 형식이다. 그것들은 상이한 유형의 종법공동체에서 각기 중요한 위치를 차지한다. 그러나 일반적으로 말해서, 그 중에 어떤 하나의 형식이라도 단독으로 존재하는 것은 불가능하다. 신비주의 분위기하에서 직관경험이 실증경험으로 대치될 수 없고, 낭만적인 정서 속에서 원시논리사유가 논리사유에 의해 배척되기 어렵다. 따라서 서유럽이든 동유럽이든 중국이든 종법농민집단의 사유방식의 차이는 상대적일 뿐이다. 바꿔 말하면 이성과 비이성, 추상과 구체, 논리사유와 원시논리사유의 차이는 서양과 동양의 사유방식의 차이라기보다는 오히려 근대사회와 종법사회의 사유방식의 차이라고 생각할 수 있다. 따라서 현재 서양의 포스트모더니즘 사조에서 일부 동양의 사유방식을 찬양하자 몇몇 사람들이 우쭐거리기도 하지만, 아직도 비이성 전통을 간직하고 있는 동양식 현대화는 단지 환상에 불과하며, 중국과 같은 농민국가는 철저한 이성 계몽운동을 경과하지 않고는 현대화에 진입할 수 없다고 우리는 생각한다.

종법농민 사유방식의 비이성은 결국 종법공동체 내에서 인간의 개성이 발달하지 못한 결과이며, 자연경제상태하에서 인간이 자연계에 종속되고 개인이 공동체에 종속되고 공동체 성원이 공동체의 천연수장에 종속된 결과이다. 따라서 이성의 각성은 사상의 진화과정일 뿐만 아니라 사회화된 상품경제의 발전, 인간의 자유개성의 발전과 떼려야 뗄 수 없는 관계에 있다. 우리는 과거에 후자를 떼어놓고 단지 유물주의와 무신론 선전에 의존하여 몽매와 미신을 극복하려고 했으나 결과는 오히려 무신론자의 신 만들기운동 속에서 역사의 조롱을 받았고, 큰 교훈을 얻었다. 이와 달리 종법공동체가 철저히 와해되고 인간의 개성이 발전한 상태에서는 일종의 궁극적 관심사로서 종교가 오히려 이성사회에서 일정한 지위를 보존할 수 있었다.

따라서 농민국가에서 이성의 해방은 결국 민주혁명이라는 거시적인 진행과정의 일부분이다. 바꿔 말하면 민주도 이성의 기초 위에 세워져야 의의가 있는 것이다. 왜냐하면 우리가 충분히 자신의 관점을 가질 수 있어야만 비로소 생각을 표현할 수 있는 권리가 진정한 가치를 지닐 수 있고, 마음속에 내재하는 심리과정이 자신의 개성을 확립할 수 있게 해야만 외재적인 권위에서 벗어나 그

개성이 오래도록 지속될 수 있기 때문이다. 그러나 이런 모든 것은 반드시 개인의 이지가 집단표상에서 벗어나는 것을 전제로 하며, 추상력과 논리분석 능력에 기초한 주체의 개체화를 전제로 한다. 만일 그렇지 않다면, 집단표상이 지배하는 상황에서의 민주는 단지 군중성 히스테리의 일종일 수밖에 없고 그것은 바로 전제주의와 상호 보완한다.

12장 농민의 과거, 현재, 미래

이 책은 주로 농민과 농민사회에 대한 통시적인 논리분석이다. 분명히 종법사회의 구조, 경제운동, 가치관념, 윤리원칙과 사유방식 등은 서로 원인과 결과가 되어 유기적인 체계를 형성하고 전원시처럼 화목하고 엄숙한 선율 속에 해를 거듭하고 세대를 거듭하며 운행되었다.

그러나 그것은 줄곧 종법양식에 따라 운행되었는가? 그것은 이처럼 영원히 운행되어 갈 것인가? 농민을 인식하는 것은 농민을 개조하기 위한 것이지만 지금까지 설명한 것과 같이 이는 주로 '농민성'에 대한 개조이지 농민직업에 대한 개조는 아니다. 일반적으로 말해서 모든 사람이 농업을 직업으로 삼는 사회는 종법습속과 농민성을 벗어나기 어렵고, 대규모 이농현상은 현대화 과정에서 피할 수 없는 일반적인 추세이다. 그러나 이것은 인구에서 차지하는 농민의 비율이 사회적 종법성과 비례하고, 사회의 현대화 정도와 반비례한다는 것을 의미하지는 않는다. 인류가 식물광합성 이외의 방식을 창조하여 자연에너지에서 인체에너지로의 전화를 실현하지 못하는 한, 다시 말해서 인공 합성식물로서 자연식물을 대체하지 못하는 한 농업은 소멸될 수 없다. 또한 농업기술의 발전이 가정경영방식의 존재기초를 소멸시키지 못하는 한 소농, 곧 농민가정생산자도 계속 존재할 것이다. 가까운 미래에 아마도 발달된 국가조차도 이 상황을 바꿀 방법은 없을 것이고 중국과 같이 가난한 국가가 그것을 바꿀 방법은 더더욱 없다. 사실 역사상의 농민이 모두 종법농민은 아닌 만큼 미래의 농민은 어떤 성격을 가져야 하는가에 관해서도 지나간 역사를 되돌아봄으로써 하나의 시사점을 얻을 수 있다.

1. 고전소농과 고전문명

기원전 6세기에서 기원 4세기의 1천 년간 지중해 유역에는 그리스-로마 문명을 대표로 하는 찬란한 서양 고전문명이 존재했다. 이 문명은 시민정신과 민주정치 그리고 공화제도를 남겼으며, 감탄을 금치 못할 정도의 경제번영을 남겼고, 그리스 철학·로마법학·인문정신이 충만한 문화예술을 남겼다. 아리스토텔레스의 도구론과 에우클레이데스의 공리체계 및 이것을 체현하고 있는 추상

사유, 이념과 지식을 사랑하고 진리를 추구하는 고도의 과학-이성정신도 이 시대의 유산이다. 이 모든 것은 중세의 침잠된 종법분위기나 평안하고 고요한 전원시 같은 생활과 선명한 대조를 이루었다.

사람들은 스탈린 시대에 형성된 관점에 따라 그리스-로마를 야만, 암흑, 피비린내 가득한 노예사회로 묘사했고, 고대 그리스-로마의 번영은 모두 가죽채찍과 족쇄와 수갑으로 유지되는 노예제 경제 위에 이룩된 것으로 생각했다. 그러나 서양이 고전문화 부흥의 기치를 내걸고 개척한 근대화의 길은 오히려 유럽인의 마음과 눈에 그리스와 로마를 현대화된 이미지로 만들어 놓았다. E. 마이어와 로스토프체프 등을 대표로 하는 '고대자본주의'론은 장기간 서양인의 고대관을 지배했고, 그것은 그리스-로마를 도시경제, 상업과 신용, 전문수공업과 농장식 농업을 기초로 한 상공업입국(商工業立國)의 문명으로 묘사했다. 이런 관점은 노예사회 이론이 쇠락한 오늘날에도 중국과 외국을 비교론적으로 연구하는 중국의 학자들이 그대로 본뜨게 되었다. 뜻밖에도 '고대자본주의'론은 현재의 서양에서 이미 시든 꽃이 되었고, 20세기 특히 전후 40년 이래 서양 고대사 학계에서 그것을 믿는 사람은 거의 없다.

그리스-로마 연구에서는 '원시주의'가 압도적인 우위를 차지했으며, 사람들은 이미 '도시국가'와 '도시'를 엄격하게 구분했다. 고대 그리스 도시국가의 본질은 시민공동체인데 그 중 상당수가 도시를 갖고 있지 않았다. 예를 들면 유명한 스파르타는 5개 촌락의 연합이었다. 아테네를 비롯하여 성벽이 있는 도시국가의 절대다수 시민은 소농이었지 상공업자가 아니었다. 로마가 농업입국이라는 것은 역대로 논쟁이 된 적이 없지만 현재 학자들은 보편적으로 과거 노예제 농장이 농업에서 차지하는 위치에 대해 지나치게 과장되었다고 생각한다.

사실상 고전 노예제 농장의 흥성은 단지 100여 년 정도에 지나지 않으며, 주로 이탈리아 중남부와 시칠리아에 한정되었다. 당시 그 곳의 700만 인구 중에 노예는 30% 정도였고, 소농농업이 많은 비중을 차지했다. 그리고 고대 로마 문명이 가장 번성한 시기는 바로 그 뒤였다. 인구가 1억에 달했던 로마 제국의 전 영토에서, 그리스-로마 문명의 대부분의 시기와 대부분의 지역에서 소농은 여전히 중요한 경제형식이었다. 1978년 제7차 국제경제사학대회 고대분과의 대다수 토론자가 확인한 바와 같이 그리스-로마 사회에서 전형적인 노동자는 소농이지 노예가 아니었다.[1] 서양의 수많은 마르크스주의 고대 사학자, 예컨대 영국의 크루아(G. E. M. Croix) 등도 그리스-로마 세계는 종합적으로 말해서 '농업사회'란 일반 정의를 만족시킨다고 보았다.[2]

그러나 고대의 그리스-로마 농민과 중세 종법농민은 본질적인 차이가 있다. 우선 그리스-로마 농민은 상품생산자였고, 외부세계와 빈번한 '물적 관계'를 가졌다. "페리클레스의 아테네 경제는 고도로 전문화되고 솔론 시대부터 아티카의 농민은 점점 더 기름과 술을 생산하는 것으로 전환했으며, 곡물은 수입에 의존했고 기름과 술은 광범위하게 밖으로 팔려 나갔다. 페리클레스의 말과 같이 "모든 좋은 물건이 세계 각지에서 우리 땅으로 운반되어 와서 우리는 그것을 마치 우리 땅의 생산품처럼 사용하게 되었다."[3] 아리스토파네스의 희곡이 묘사한 아테네 농민은 포도농장, 무화과농장과 올리브 농장을 경영하는 것이 아니라 꿀벌과 양을 키웠다. 『데메테르 여신절을 경축하는 여성』에는 농부가 포도를 팔아서 얻은 화폐로 밀가루를 사는 전형적인 장면이 묘사되어 있다. 로도스 섬 등에 보존된 수많은 토지 소작문서 명문(銘文)에서 소작농은 포도, 무화과, 올리브를 재배하고 화폐로 지조를 납부했다. 로마 농민의 경제는 "기본적으로 화폐경제이고 실물교환과 관련된 재료는 상당히 적었으며" "농민 화폐 소지자의 확대는 증명할 필요도 없는 것이다."[4] 봉건시대의 가짜 상품경제에서 상인이 관시에 의존하여 치부할 뿐 가치법칙이 작용하지 않는 상황과 달리, 고대의 경제생활에서는 가치법칙과 거기에서 파생한 평균이윤율 법칙이 어느 정도 작용했다. 그 명확한 표현이 바로 그리스-로마 경제에서 소작료율과 대부이자율 및 일반 생산이윤율 사이의 밀접한 관련이다. 고대에 토지소작이 상당히 발달하고 항상 공개입찰 방식으로 자유롭게 진행되었음에도 불구하고 소작료율은 오히려 자연히 아주 낮은 수준으로 유지되었으며, 마찬가지로 대부이자도 일반 이윤율보다 낮았다.

이런 사회 조건하의 고대 소농은 적극적인 자유시민이며 그들은 이미 초기 문명시대의 씨족공동체와 귀족 가부장의 속박을 벗어났고, 아직 중세 종법공동체와 천연수장의 질곡 속으로 떨어지지 않아서, 개성과 이성이 초보적인 발전을 할 수 있었다. "시장의 탄생과 그 속에서 생활필수품을 구입하고 자신의 생산품을 팔 수 있는 가능성은 소생산자(농민과 소수공업자)의 해방을 촉진시켜 귀족의 경제통치에서 벗어나게 했으며, 따라서 고대(아테네를 포함한) 민주주의를 형성하는 조건의 하나가 되었다."[5] 이른바 '쪽빛문명'의 중상주의 정신이라는 허구와는 상반되게 고대사회는 보편적으로 중농억상(당연히 여기서 중시하는 농민은 상품생산자 농민이지 종법농민이 아니다)이었고, 아테네를 포함한 수많은 도시국가의 시민은 주로 자작농으로 구성되었으며, 상업과 대부업은 주로 시민권이 없는 외국인의 직업이었다. 확실히 농민은 가정 일에 바빠서 자주 시민대회에 참가할 수 없었기 때문에 당시에 민주제도를 비판한 소크라테스 같은 사람들은 시민대회는 사실상 상공업자 수중에 장악되어 있다고 선언했다. 그래서 사람들은 흔히 아테네 민주주의를 허구라고 보았다. 그러나 실제로 민주적 가치는 모든 정책을 직접 전체 인민이 공동으로 결정하는 데 있는 것이 아니라 정부의 능력은 인민의 수권(授權)에 있다는 원칙을 확립한 점에 있다. 이 점에서 말하면 아테네 민주주의는 결코 허구적인 것이 아니다. 고대 경제의 교환관계 속에서 탄생한 권리의무체계, 사회계약 의식과 공평 관념은 법치의 융성과 법학의 발달을 가져왔다. 로마의 만민법은 자유에는 차별이 없다든가 법 앞에서 모든 사람은 평등하다든가 하는 여러 원칙을 확립했다. 동시에 이런 사회구조는 이성사유의 형성에도 도움을 주었다. 만일 카토(Cato)의『농업지』가 100∼200에이커를 가진 노예제 농장주의 경제합리성에 대한 추구를 반영했다면 크루멜라의『농업지』는 겨우 7에이커(약 26무)를 가진 고전 소농민의 경제합리성에 대한 열렬한 심정을 반영했다.

당연히 고대 소농은 자본주의적 가정농장주가 아니고 고대 경제의 상품교환관계는 씨족공동체의 해체 속에서 형성된 독립 소생산자—고대의 소가정이 자급자족을 할 수 없는 낮은 생산력의 기초 위에서 수립된 것—를 기반으로 성립된 것이다. 당시 자연계에 대한 인류의 의존은 상당히 심하여 인간 개성의 발전 또한 큰 제한을 받았다. 다방면의 능력체계와 능력분화가 형성되지 않은 상태에서의 교환관계의 발전은 주체로서의 인간이 자신의 속성인 노동력을 상품으로 변환시키지 못하고, 반대로 노동자 자신을 상품으로 변환시킴으로써 고대 자유경제와 인간의 비자유화 추세 사이의 모순을 날로 증대시켜 결국 고대 경제가 자신을 거스르는 쪽으로 가게 했다. 고대 상품경제의 기초로서 자급자족을 할 수 없는 독립가정경제는 수많은 의존자를 포함하게 되거나 자급자족의 종법공동체로 대체되었다. 이와 상응하여 로마법의 계약자유는 자발적으로 자신을 위탁하고 보호받는 제도의 유행을 가져왔다. 자유의 소외는 로마법의 기초인 자유로운 권리주체의 소멸, 나아가 로마법 자체의 소멸을 초래했고, 고대 자유민의 소박한 이성에 대한 추구는 신스토아주의에 이르러 절대이성(로고스)에 대한 일종의 비이성적 숭배로 발전했다. 바로 이런 이성의 소외가 중세 신학 목적론과 몽매주의의 역사적 전제이다. 이렇게 하여 고대 사회는 중세 종법사회에 의해 밀려나고 적극적인 시민으로서의 고대 자유농민도 중세의 종법 의존 농민으로 변화되었다.

고대문명은 서양의 고유한 현상인가? 이 문제는 결코 단순한 학문적인 문제만은 아니다. 근대문명은 논리적으로 고대문명이 부정을 거친 후에 재현된(순환론적 의미에서의 재현이 아니라 변증법적 발전과정이다) 것으로 이해할 수 있다. 따라서 중국·서양 고대사회의 차이를 정확하게 이해하는 것은 중국인이 현대화될 수 있는가 없는가, 중국의 현대화 과정은 외부로부터의 충격 이외에 자국의 토양에 기초한 원동력을 갖고 있는가 없는가 등의 문제를 탐구하는 데 꼭 필요하다. 비록 이 책에서는 꼼꼼히 이 문제를 거론할 수 없지만, 나는 중국·서양 사회는 중세와 마찬가지로 고대에도 나름의 뚜렷한 특징을 갖고 있었음에도 불구하고 고전화는 하나의 추세였으며 이 추세는 전국·진한시대의 중국에서도 분명히 나타났다고 생각한다. 그러나 이런 추세가 서양 고대와 같이 하나의 독립된 사회발전단계를 구성할 정도로 발전했는지 여부는 별개의 문제로서 이것이 우리의 분석에 영향을 끼치지는 않는다.

중국 초기 문명 중에서 전국·진한은 씨족공동체가 해체된 후 독립가정경제를 기초로 한 상품경제발전이 최고로 발전한 시기이다. 전한 화폐의 연평균 발행량은 중국 봉건사회 전성기인 당대의 10배에 달했고, 화폐관계와 도시·농촌 시장의 발달, 부세·지조·임금 및 국가재정 등 각종 지출의 화폐화, 자유재산권과 화폐로서 통용되는 추상적 재산관념의 보급, 경제생활에서의 전문화와 개방성의 정도는 모두 사람들에게 강렬한 인상을 주었다.[6] 만일 이 모든 것을 이후의 중국 중세시대에 때때로 번영한 가짜 상품경제 속에서도 볼 수 있다고 한다면, 당시 사람들의 이 모든 것에 대한 이해는 더욱 사람을 놀라게 한다. 가령 쓰마첸(司馬遷)에 따르면 "서민인 농공상고(農工商賈)의 수익률은 1년에 2할로

100만 전을 가진 집은 20만 전을 번다" "이자를 받기 위해 빌려 주는 돈이 1천 관이며, 수요와 공급이 시장에서 조절되므로 폭리를 노리는 탐욕스런 장사꾼은 때를 잘 맞추지 못해 3할의 이익을 얻고, 물가의 등락을 보아가며 때를 잘 맞추는 장사꾼은 5할의 이익을 얻는다……. 기타 잡업도 2할의 이익을 남기지 못하면 우리가 말하는 재물이 아니다."[7] 농공상고에서 대부자본과 여타 잡업에 이르기까지, 시세를 잘 맞추는 상인에서부터 폭리를 노리다 실기하는 상인에 이르기까지 각 행업의 자본 이윤율은 평균적으로 2할 내외였으며 100만 전을 투자하면 연 이익은 모두 20만 전 내외였다. 이것은 왜 그런가? "물건이 싸면 귀한 것을 구한다. 비싸면 싼 것을 구한다……. 마치 물이 아래로 흘러 밤낮으로 쉬지 않아 부르지 않아도 오는 것과 같으니…… 이 어찌 도에 부합되는 것으로서 자연의 증명이라고 아니할 수 있겠는가!"[8] 물가가 수요와 공급에 따라 어느 한 점을 둘러싸고 주기적으로 상하로 파동하는 것은 마치 물이 아래로 흐르는 것처럼 자발적으로 각 행업 사이의 노동과 자원의 분배를 조절하는 것으로 인간의 의지에 의해 바뀌는 것이 아니니 이것이 바로 객관적인 법칙이 아니겠는가? 실제 상황이 쓰마첸의 이론모델과 크게 다르다 하더라도 상관없다. 근대 이전의 수천 년 중국 역사상 실생활 속에서 평균이윤율이 '보이지 않는 손'의 지배 아래 자발적으로 형성되는 과정을 추상적으로 추출해 낸 사람은 쓰마첸밖에 없기 때문이다. 이런 메커니즘은 분명히 중국 봉건시대의 가짜 상품경제 속에는 존재하지 않는 현상이다.

쓰마첸이 말한 농공상고의 '농'은 주로 상품생산에 종사하는 고전식 농업을 말한 것으로, "진(陳)과 하(夏)에서는 1천 무에 옻나무를 심고, 제(齊)와 노(魯)에서는 1천 무에 뽕나무와 삼(麻)을 심고, 웨이촨에서는 1천 무에 대나무를 심으니, 각국 만가의 성은 무당 64두를 산출하는 전 1천 무를 둘러싸고 있어, 1천 무에 치자나무와 꼭두서니를 심는다면 25무 정도는 생강과 부추를 심는" 경영자였다. 물론 이런 경제유형이 한대에서 차지하는 비중을 과장할 수는 없다. 그러나 당시의 일반적인 소농이라고 할지라도 경제의 상품화 정도는 상당히 놀랄 만하다. 전국·진한은 고전 그리스-로마와 마찬가지로 중농억상의 사상이 성행했고, "백성들로 하여금 농업에 힘쓰게 하는 길은 곡식을 귀하게 하는 데 있다……. (그렇게 하면) 농민은 돈을 벌게 되고 곡식은 (필요한 사람에게) 흩어진다,"[9) "시장이 있으면 일을 열심히 하는데 열심히 일하는 것은 본업을 일으키기 위함이다." "곡식 가격을 높여 부(釜)*에 300으로 하니 들판이 개간되고 농민들은 농사를 열심히 했다." "곡물가를 10배로 하니 농부는 잠자리에서 일찍 일어나 시키기를 기다리지 않았다. 오곡이 10배로 오르니 농부는 잠자리에서 일찍 일어나 힘써 일하고 쉬지 않았다"[10)고 하여 시장과 가격 요소로 농업을 권장할 것을 강조했다. 이처럼 곡식 가격을 높이고 시장유통을 강조하는 중농사상은 그 후의 요역과 부세를 가벼이 하고 겸병을 억제하며 수리를 흥성케 하는 식의 조치와 큰 차이가 있다. 전국·양한에서 (물가의) 경중(輕重)에 관한 학문이 상당히 발달하여 "20이면 농민한테 피해를 주고 90이면 상인한테 해가 된다." "양식이 너무 비싸면 민을 해치고, 너무 싸면 농민한테 해가 된다"는 말이 있는데, 사서(史書)에서 양식 값이 너무 낮고 "농민의 이익이 적은 것"에 대한 우려를 항상 볼 수 있다.『한서』에 나온 리쿠이(李悝)의 계산에 따르면 당시 5인 100무를 표준으로 한 소농가정은 곡물만 재배하고 경제작물을 재배하지 않는 상황에서 생산물의 상품화율이 30%에 달했고 소비의 상품화율은 36.4%에 달했으니, 이는 1978년 중국의 곡물생산 상품률이 겨우 20%였던 것과 대비된다.

상품생산자로서의 중국 고대 농민사회의 문화적 면모는 중세 종법농민의 그것과도 분명한 차이가 있었다. 전국에서 후한 전기에 이르는 시기는 중국 종법제도사에서 하나의 '공백시기'로서[11) 삼대의 종법이 이미 폐지되고 중세의 족권이 아직 흥성하지 아니하여 사회에 종족조직은 거의 없었다. 가정의 규모가 작고 독립되어 있던 것은 중국 역사상 전무후무한 일이었다. 출토자료 중에 나오는 인명에는 종종 성씨가 기재되어 있지 않았다. 당시 한집에 3대가 같이 사는 일은 드물었고 촌에는 여러 성이 섞여 살았고, 장례는 짧고 간단하게 치렀으며 법은 재산의 분할을 장려했다. 심지어 "아버지에게 곰방메를 빌려 주면서 생색을 내고 모친이 비와 쓰레받기를 빌려 가면 즉시 험담하며, 자식을 안아 젖을 먹일 때 시아버지와 함께 앉고, 고부는 서로 좋아하지 않아 침을 튀기면서 서로를 비난하여" 유가의 비난을 받았다.[12) 종법질서의 유지가 아닌 재산관계의 유지를 목적으로 한 중국 고대의 법은 비록 로마처럼 이성화된 사법체계를 갖고

---

* 6두 4승에 해당하는 단위.

있지 않았지만 비윤리적 색채를 강하게 띠고 있었다.[13] 중국의 전국시대에는 서양 고대와 마찬가지로 이성의 융성, 사상해방, 백가쟁명의 활발한 국면이 출현했고, 명가(名家)학설과 묵가의 논리는 비록 동양식의 특색은 있지만 사상 발전의 총체적인 추세에서 서양의 '도구론'과 별 차이가 없었다. 철학논쟁 후에 과학 번영과 우주모델의 대논쟁이 있었는데, 이는 서양 고대의 역사과정과 유사하다.

이 시기에는 또 농민의 정치개성과 자아의식이 매우 강했다. 중국 명청시기 이전의 농민전쟁은 대부분 토호·종주가 자신의 비호를 받는 인민을 거느리고 반란을 일으킨 것으로 농민 영수의 대다수는 농민이 아니었고, 오직 진한 농민 봉기의 막을 연 천성·우광(吳廣)과 녹림·적미의 여러 수령만이 모두 고용인 출신이고 밭두둑에서 삯갈이 하는 순수한 농민이었다. 그들은 아주 넓은 뜻을 품고 큰 계획을 세우는 데 용감하여 "사람은 귀천이 없고 모두 하늘이 낳은 것이다," "만민 백성은 모두가 여러 왕의 뒤에 있으니, 흥하면 임금이 되고 쇠하면 백성이 된다."[14] "어찌 왕후장상의 씨가 따로 있겠는가!"라고 믿었다. 이것은 후세 농민전쟁 중에 나타난 "현명한 왕이 세상에 출현했다," "진정한 천자가 강림했다", "천부가 천왕을 파견하여 세상에 내려 보냈다"는 따위의 사상과 그 취지가 상당히 다르다. 진한 농민군에는 후세 농민군에서 보이는 양자제(養子制), 친병제(親兵制), '장군 어르신'과 '졸개들' 사이의 여러 종법관계를 찾아볼 수 없다. 적미군 내에는 상하의 구별이 없고 서로간에 '대인'이라고 불렀다. 황건군은 '자치'를 제창했고 중국의 절반 이상의 지역에서 "삼십육방이 같은 날에 봉기하여" 종법농민사회에서는 상상할 수도 없는 고도의 조직성을 보여주었으나 봉기 뒤는 오히려 서로 연결되지 않았다. 황건군은 새로운 통일왕조를 세우려는 기도가 전혀 없었으며 봉기자 중에 왕이라 칭한 사람도 없었고 단지 천공(天公)장군, 지공(地公)장군, 인공(人公)장군이라 칭했을 뿐이다.

그러면 황건농민은 무엇을 하려고 생각했는가? 그들이 성스러운 경전으로 받들고, 그것을 위해 싸운 『태평경』을 보자. 『태평경』은 군주전제에 강하게 반대하고, "임금은 한 사람으로 깊고 은밀한 곳에 거처하니 사방에 원한이 가득 차도 실로 가로막혀 알지 못한다……. 천지에 하고 싶은 말이 있어도 임금은 그것을 알지 못하니 큰 잘못이 여기에 있다"고 했다. 경전은 "노인과 젊은이, 남자와 여자, 아래로는 노비에 이르기까지 여러 사람이 크고 작은 일을 논의하며, 중간의 일은 중간 정도의 규모로 의논하고 작은 일은 작게 의논"함으로써 "집집마다 사람마다 스스로 명령하고 스스로 다스리는" 목적에 도달할 것을 요구했다.[15] 『태평경』은 재산평등을 포함한 평등을 상당히 강조했으나, 『천조전무제도』와 같은 종법 평균주의와는 달리 평등을 교환의 기초 위에 두어 "재화는…… 부자에게는 있고 빈자에게는 없으니 통할 수 있도록 해야 한다," "보급시켜 왕래가 이루어지게 하여…… 두루 공급되도록 하고" "무릇 전국의 재물 역시 집산지로 모여들게 해야 한다"고 주장했으며, 등급보루가 없는 자유로운 유통 속에서 이윤의 평균화를 실현하여 "농사짓는 사람과 상인이 모두 이익을 보는" 경지에 도달할 것을 주장했다. 『태평경』은 심지어 노예도 일종의 상품이며, 자신의 가치보다 더욱 높은 가치를 만들어 낼 수 있는 특수한 상품이라고 주장했다.[16] 이와 상응하여 『태평경』은 절대적 물권개념을 제시하여 "자신의 것이 아니면 강제로 취할 수 없고, 자신의 토지가 아니면 억지로 파종할 수 없다"[17]고 주장했다. 오늘날의 일부 학자는 이런 사유권 유지의 관념과 재산평등 관념은 서로 모순되는 것이라 생각했다. 사실 이것은 뒤에서 언급할 아테네식 길에서 평민운동이 갖고 있는 바로 그 특징이다. 고대 그리스-로마의 평민, 곧 농민은 한편으로 "경지를 균등하게 하고 채무 폐지"를 요구하여 귀족에게 타격을 가하는 한편으로 재산의 자유와 무역의 자유를 주장하지 않았는가?

당연히 고대문명이 이미 몰락하고 있던 시대에 황건농민이 일으킨 투쟁은 실패할 수밖에 없었고, 태평도의 조직은 이미 시작된 봉건화 과정에서 일정한 종법색채를 띠고 있다. 중국의 고대문명과 서양의 고대문명은 유형상의 차이뿐만 아니라 발전 정도에서도 대단히 큰 차이가 있음을 인정해야 한다. 그러나 어쨌든 중국의 농민은 천생적인 종법공동체 성원이 아니며, 마찬가지로 그들은 영원히 종법무리로서 존재할 수도 없다. 그들은 과거에 고전 문명의 소나타를 창작한 적이 있으니, 오늘날에도 인류 현대화의 총체적인 진행과정에서 개성발전의 참신한 악장을 창조해야만 한다.

2. 메이플라워 정신과 미국식 현대화의 길

1620년 11월, 창업을 천직으로 여기며 종법식의 구대륙에서 몸 둘 곳이 없던 농민들—청교도 식민지 개척자—은 메이플라워호 범선을 타고 온갖 고난스런 항해 끝에 북아메리카 대륙에 도착했다. 끝없이 광활하고 예측할 수 없을 정도로 신비스런 신대륙 앞에서, 장차 편안하게 생활하고 생업의 기초를 열어줄 생소한 토지 앞에서 농민들은 상륙하기 전에 협의를 거쳐 미래의 식민지 사회의 기본 규범을 결정하는 문건에 서명했다. 역사상 「메이 플라워 협약」이라고 불리는 이 문건은 간단하고 소박하기 그지없다. 다음은 그 전문(全文)의 요지이다.

> 우리는 하느님의 영광, 기독교 신앙의 증진과 우리 군주와 조국의 명예를 위하여 멀리 버지니아 북부로 배를 몰고 가서 첫 번째 식민지를 개척하기로 결정했다. 지금 여기에 있는 사람은 하느님 앞에서, 모든 사람 앞에서 엄숙하게 상호 계약을 맺고 시민적 정치단체 안에서 결합하여 우리의 보다 더 바람직한 질서를 수립하고 보존하도록 한다. 아울러 식민지의 공공복리에 가장 적합하고 가장 편리하다고 인정되는 정의롭고 공평한 법률·조례·규칙을 제정하고 조직과 기구를 설립한다. 우리는 이 모든 것을 입증하기 위해서 우리의 이름을 여기에 서명하는 바이다.[18]

이 협약은 길고 장황하게 민주, 자유, 인권 등을 논하지는 않았지만 사회계약의 형식으로 모든 식민지 주민이 자유인 다수의 의지(종법공동체의 의지가 아니다)에 복종할 것을 규정했다. 이런 기반 위에 수립된 정부는 근현대적 기준의 민주정부는 아니었다. 왜냐하면 교회 성원인 남성 가장만이 선거권을 지니고 있었기 때문이다. 그러나 이 협약은 적어도 정부의 권위가 오직 피치자(비록 전부는 아닐지라도)의 동의에서만 나오고 그 밖의 어떤 외재적 원천도 있을 수 없다는 것을 분명히 했기 때문에 민주주의의 잠재력으로 가득 차 있었다. 메이플라워 협약은 선상의 102명의 개척자로 하여금 시민단체로서 생소한 토지에서 가혹한 시련을 견뎌 내고 뿌리를 내려 플리머스 식민지(메사추세츠 주의 전신)를 건설하도록 만들었다. 이때부터 1691년까지 「메이플라워 협약」은 플리머스 헌법으로서 70여 년간 지속되었고, 이후의 메사추세츠 주 헌법과 독립전쟁 중에 탄생한 미국 헌법 또한 이것으로부터 큰 영향을 받았다. '메이플라워 정신'은 북아메리카 자본주의 개척정신과 근대 민주주의 전통의 대표가 되었다.

　메이플라워 정신의 체현자, 북아메리카 청교도는 일반적인 의미의 부르주아 계급 또는 프롤레타리아 계급이 아니다. 심지어 일반적으로 부르주아 계급과 프롤레타리아 계급의 조상으로 인식되는 시민도 아니었다. 그들은 농민, 그 중에서도 소사유자 농민이었다. 메이플라워호 사람들이 상륙하고 나서 첫 1년 동안 가혹한 환경에 대응하기 위해 취한 방법은 공동체(公社)식 생활이었다. 공동체가 모든 것을 갖고 식민자는 엄격한 조직하에서 집단노동을 하고 소비품은 수요에 따라 분배되었다. 그러나 오래지 않아 사람들은 마치 고용된 것처럼 종소리 또는 감독의 호출소리에 따라 정규적으로 땅에서 노동하는 것에 불만을 품었다. 기혼 여성은 지정된 바에 따라 그녀의 가정에 배정된 독신자를 위하여 밥을 짓고 바느질을 해야 했기 때문에 푸념을 늘어놓았고, 독신자 역시 기혼여성의 남편과 똑같이 고생스럽게 노동을 하는데도 소득이 적은 것에 불만을 품었다. 수요에 따른 분배 아래에서 가정이 있는 남자는 자연히 독신자에 비하여 더 많이 분배받던 것이다. 모든 사람이 공동생활에 불만을 품게 되었고, 1년 후에 그들은 회의의 표결을 통해 호별로 토지를 분배하여 개별적으로 생활하게 되었다.[19] 그러나 식민지에서 이들 소사유자 자발세력은 중세식의 방종으로 빠져들지 않았다. 오히려 종교개혁과 상품경제의 세례를 받은 자유농민은 분투정신이 강하고, 시민권 사상에 입각한 사회계약 의식이 상당히 확고했다. 따라서 그들은 식민지 사회에 분화와 경쟁 그리고 고도의 단체문화를 조성하며 일치단결함으로써 환경의 위협, 종주국의 압박, 프랑스·네덜란드 등 기타 이민자세력과 경쟁할 수 있었고, 인디언을 정복하고, 활기 넘치는 사회를 만들어 나갔다. 흔히 미국 독립전쟁을 시민혁명이라고 부르는데, 사회변혁의 측면에서 보면 틀린 말은 아니다. 그러나 독립 전에 북아메리카 사회의 농촌인구는 전인구의 95% 이상을 차지했으며[20] 시민계급과 농민 사이에는 엄격한 경계가 없었고, 독립전쟁의 불씨를 당긴 뉴잉글랜드 민병은 주로 마을자치 원칙에 따라 조성된 농민군이었다. 이런 의미에서 보자면 미국의 독립전쟁은 사실상 농민전쟁이다.

물론 이것은 종법농민이 종법공동체를 재건하려는 농민투쟁이 아니라 개성이
있는 농민 자산자가 기회의 땅을 만들려는 농민전쟁이다. 식민지시대에 재산권
을 제한하던 종법 잔재, 예컨대 장자상속법과 후계자 제한법 등은 이 혁명에서
폐지되어 미국 농민의 재산권 자유는 더욱 공고해졌다.

앞에서 이미 지적한 것과 같이 메이플라워 정신의 체현자는 기술적인 면에서
볼 때 선진생산력의 대표라고 부르기는 어렵다. 식민지시대 북아메리카 농민의
기술수준은 산업혁명 후의 자본주의 기업과는 비교가 안될 뿐만 아니라 유럽
봉건농민의 기준으로 보아도 극히 원시적이다. 상업의 관점에서 보아도 식민지
농민의 경제는 화폐경제라고 말하기 어렵다. 식민지에는 오늘날의 중국 같은
"온 국민이 모두 장사하는" 열기가 없었으며, 금은이 생산되지 않았고 외국무역
은 대부분 적자를 기록했다. 따라서 돈은 많이 나가고 들어오는 것은 적어 장기
간 통화가 부족했고, 연초·목판·육류·곡물 모두가 교환의 매개로 사용되었으
며, 신용·부세·임금 심지어 하버드 대학의 학비도 현물로 지불했다. 그러나 종
법공동체가 없고, 등급보루와 권력과 재산을 농단(壟斷)하는 현상이 없었기 때
문에 교환(만일 있다고 한다면)의 등가성, 가치법칙의 조절작용 내지 이윤율의
평균화는 가짜 상품경제가 기형적으로 발전한 봉건국가에 비하여 훨씬 더 잘
이루어졌다. 기회균등의 경쟁은 시대적 대세가 되었고, 독립된 농민소가정 경
제는 사실상 자급자족이 불가능한데다 '명령'의 조절이 없었으므로 자연히 시장
의 조절기능에 의존해 나갔다. 식민지 농민은 재산권과 개인의 자유에 대한 신
성불가침의 관념을 가졌고, 실제로 부자가 되는 사람은 소수였지만 대대수가
열심히 일하고 근검절약하고 사업을 성실히 하기만 하면 충분히 성공할 수 있
다고 믿었다. 그래서 북아메리카는 기회의 땅으로 간주되었고, 물자는 부족했
지만 향상을 낙관하는 정신으로 충만했다. 독립전쟁 전 한 작가는 북아메리카
를 일컬어 "세계에서 가장 좋은 가난한 국가 중의 하나"라고 했다.[21] 바로 이런
가치관념과 소질이 생산력 가운데 가장 중요한 요인—새로운 인간—을 만들
어 냈다. 일단 기술문제가 해결되자 미국 농민은 시장에서 떨쳐 일어나 상품경
제 속의 강대한 역량이 되었다.

미국의 가장 저명한 정치가 토머스 제퍼슨은 극단적으로 친농민적인 입장을
취하여 명성을 날렸는데, 그는 『버지니아 여행기』 등의 저작에서 농민을 '아메

리카 민주주의의 기초'로 찬양하고 미국은 하나의 소농사회가 되어야만 한다고
생각했다. 미국의 실제 역사에서도 농민은 확실히 민주제도의 중추였다. 일찍
이 식민지시대에 너새니얼 베이컨(Nathaniel Bacon), 레셔(Lesher) 등이 이끈
여러 차례의 농민봉기는 선거권 쟁취, 항해조례 반대, 서부 토지의 자유로운 개
척을 위해 싸운 것으로, 요약하면 정치의 민주와 경제의 자유를 요구한 것이다.
미국 건국 후에 제퍼슨을 대표로 하는 공화파와 해밀턴을 대표로 하는 연방파
는 각기 소농과 도시 상공업자를 사회기반으로 했고, 쌍방의 투쟁이 미국 다원
정치의 시초가 되었다. 유럽 역사상 루소의 민주주의와 로크의 자유주의가 후
대 사람의 칭찬과 비난의 대상이 된 것과 마찬가지로 제퍼슨과 해밀턴도 칭찬
과 비난을 동시에 받았지만 사실 그들은 상호 보완적이었다. 해밀턴의 자유주
의는 민주제도의 기초가 되는 자본주의 자유상품경제를 위한 방향을 제시하여
미국의 민주주의가 종법식의 촌공동체 민주주의에 빠지지 않도록 했다. 반면
제퍼슨의 민주주의는 자유경쟁이 평등의 기초 위에서 진행되게 하여 자본주의
의 원시적 축적이 비교적 인도적인 방식으로 완성될 수 있도록 함으로써, 미국
이 재난과 종법 정서를 수반하는 프로이센식 발전을 피할 수 있게 했다. 농민은
'제퍼슨 민주주의'의 수립에 결정적인 공헌을 했다.

　도시와 공업의 발전에 따라 미국 농민의 영향은 점차 감소했지만 농민은 줄
곧 진보적 역량을 잃지 않았다. 동부의 도시들이 흥기하여 입지가 좁아진 뒤에
도 자신의 가치취향을 고수하는 농민은 결코 도시에 대해 종법식의 적의를 나
타내지 않았다. 오히려 서부 개발의 선봉이 되어 서쪽으로 진출하는 농민들의
덜컹거리는 포장마차는 자본주의제도를 대서양 연안에서 순식간에 태평양 연
안으로 확대시켰다. 남부의 농장 노예주에 대한 투쟁에서도 농민은 큰 역할을
했다. 주로 농민 이주민에 의해 개발된 서부의 여러 주는 대부분 자유주가 되었
으며, 심지어 남북협상 때 규정한 노예제를 인정하는 주의 경계선 범위 내에 있
었던 캘리포니아와 뉴멕시코도 노예제 금지 결의를 통과시켰다. 1855년 주로
농민으로 형성된 북부의 자유로운 이주민과 남부의 노예주 사이에 캔자스 주를
쟁취하기 위해 이른바 캔자스 내전이 벌어졌고, 이것은 제2차 부르주아 혁명,
곧 남북전쟁의 서곡이 되었다.

　요컨대 미국의 역사 발전과정에서 농민은 진보적 역량이었다. 미국의 민주제

도는 바로 농민이 인구의 80% 이상을 차지하는 시대에 성립된 것이다. 이 과정에서 농민은 이른바 소사유자·소생산자 또는 소부르주아 계급의 보수성이나 반동성을 드러내지 않았다. 그들은 독립된 소사유자였지 종법공동체의 성원이 아니었으며, 소상품 생산자였지 종법식의 생산자가 아니었고, 자유로운 가정농장주였지 예속농민이 아니었다. 한마디로 말하면 종법농민이 아닌 진정한 소부르주아 계급이었기 때문에 그들은 위와 같은 진보적 역할을 할 수 있었던 것이다. 만일 미국 자본주의의 기초 위에서 사회주의혁명이 폭발했다면 아마도 농민은 소사유자의 보수성을 드러냈을 것이라고 가정할 수 있겠지만 역사는 그렇게 진행되지 않았다.

　레닌은 러시아 민주혁명을 이끌 때 미국 농민을 상당히 열정적으로 찬양하고 높게 평가했다. 레닌은 미국 농민을 러시아 농민의 미래로 간주하여, 러시아 민주혁명의 임무를 미국식 길을 쟁취하는 것이라 규정하고 프로이센식 길에 반대했다. 이른바 미국식 길은 바로 농민이 궐기하여 천연수장을 타도하고 종법공동체의 속박에서 벗어나는 방식이다. 그리고 천연수장이 농민을 착취하는 방식이 아니라 공동체의 보호를 취소하는 방식으로 자본주의 변혁을 완성하는 것이다.[22] 레닌이 이 방식을 미국식 길이라고 부른 것은 논리적 추상에서 나온 것이다. 이 길의 논리적인 결과가 바로 광대한 미국식 농장주의 조성이기 때문이다. 사실에 근거해서 말한다면 신대륙에서 자본주의 문명을 개척한 미국인이 반봉건혁명으로서의 미국식 길을 걸은 적은 없었다. 하지만 이 길을 가기 위해서는 지주를 타도하고 종법공동체를 무너뜨려야 하며, 러시아식 농민을 미국식 농민으로 개조하고, 종법공동체 성원을 자유농장주로 개조해야 한다. 그리고 미국식 길의 가치에서 보면 후자는 목적이고 전자는 단지 수단에 지나지 않는다. 중국의 신민주주의혁명을 포함한 농민 민주혁명이 구식 농민전쟁이나 통치자의 '균전'운동과 본질적으로 다른 점은 바로 여기에 있는 것이지, 지주를 얼마나 많이 타도하고 토지를 얼마나 균등하게 분배했는가에 있는 것이 아니다.

　그러나 여러 원인으로 말미암아, 이와 같은 민주혁명의 미국식 길은 중국이나 러시아 같은 국가에서 단지 제1보(지주 타도)만을 내딛은 채 중단되었다. 구소련은 촌공동체제도를 회복했고, 중국은 비록 신민주주의 질서를 공고히 하는 확고한 방침을 몇 년간 집행했음에도 불구하고, 사회주의 자연경제와 '다궈판'

공동체의 길로 뛰어들었다. 바야흐로 '다궈판' 공동체가 해체되고 있는 오늘 중국은 여전히 미국식 발전인가 아니면 프로이센식 발전인가의 선택의 기로에 서있다.

3. 광의의 민주혁명과 농민국가의 사회주의적 개조

고대 농민과 미국식 농민은 역사의 거울로서 중국 종법농민사회의 개조에 유익한 교훈을 주지만, 중국의 민주혁명이 걸어온 길이야말로 더욱 진지하게 되새겨 볼 가치가 있다.

과거에는 민주혁명이 군주제와 지주를 타도하는 것이며 이 타도를 철저하게 할수록 민주혁명의 승리는 더욱 철저해지는 것으로 생각했다. 이런 인식은 특정시기에는 합리적이다. 그러나 몇십 년이 지난 오늘날, '스탈린 현상'과 '마오쩌둥 현상'에 대해 반성할 때 다음과 같은 의문을 제기하지 않을 수 없다. 어째서 민주혁명이 어떤 자본주의 국가보다도 철저한 승리를 거둔 중국과 러시아에서 오히려 오랫동안 최소한의 민주주의조차 없었으며 지금까지도 여전히 민주주의를 위하여 최대의 노력을 기울여야 하는가?

우리는 봉건사회와 농민문제를 재검토하여 새롭게 인식해야만 이 문제에 답변할 수 있다. '민주주의'란 무엇인가? 민주주의는 단지 조작(操作)이라는 의미에서의 '다수의 통치'가 아니며 개인권리를 능가하는 '인민주권'은 더욱 아니다. 민주주의의 본질은 인간의 자유개성의 자각에 있다. 민주혁명은 봉건사회에 대한 부정이다. 봉건사회는 개인의 미성숙 또는 인간의 의존관계를 본질로 삼는다. 그것은 인류의 대자연에 대한 의존(자연경제), 개인의 협애한 인간군집에 대한 의존(종법공동체)과 공동체 일반 구성원의 천연수장에 대한 의존, 그리고 이런 의존적 사유방식에서의 체현인 개인이지(理智)의 집단표상에 대한 의존, 정치상에서의 체현인 종법전제를 포함한다. 따라서 민주혁명은 본질상 사회화된 상품경제로 종법 자연경제를 대체하고 자유인 소유제로 종법공동체를 대체하며, 독립인격으로 인신예속을 대체하고 이성과 과학으로 어리석음과 미신을 대체하며 정치적 민주주의로 종법전제를 대체하는 것이다. 요컨대 인간의 자유개성으로 인간의 의존성을 대체하는 혁명이다. 종법질서의 대표자인 봉건주를 타도하는 것은 민주혁명의 중요 단계이긴 하지만 그 전체 내용은 결코 아니다. 사회주의혁명이 자본가를 타도할 뿐만 아니라 자본주의적 토양, 곧 무정부상태하의 상품경제와 자유사유제까지 소멸해야 하는 것과 마찬가지로 민주혁명 또한 군주제 타도와 지주 타도로만 이해해서는 안된다. 인신의존관계의 토양인 자연경제와 종법공동체까지 소멸해야 하는 것이다.

서양의 선진국에서는 이런 임무가 이미 자본주의 변혁을 통하여 완성되었다. 이런 나라에서 사람들이 직면한 문제는 자유의 소외와 이성의 소외를 극복하고 인간의 회복, 곧 인간의 자유개성을 회복하는 혁명이며 이것이 바로 순수한 의미의 사회주의혁명이다. 그것은 하나의 상품경제(계획하의 상품경제)로 다른 하나의 상품경제(무정부 상태하의 상품경제)를 대체하고, 하나의 자유소유제(자유인 연합체 소유제)로 다른 하나의 자유소유제(자유사유제)를 대체하고, 하나의 민주제도(사회주의적 민주주의)로 다른 하나의 민주제도(부르주아 민주주의)를 대체할 것이다. 엄밀히 말하면 이런 혁명은 장래에 발생할 것이라고 우리가 굳게 믿고 있음에도 불구하고 지금까지 세계 어느 곳에서도 아직 발생한 적이 없다.

그리고 중국·러시아와 같은 저발전 국가의 부르주아 민주혁명 단계에서는 단지 지주만을 타도했을 뿐 자연경제, 종법공동체, 그리고 인신의 의존관계와 그 위에 세워진 모든 문화 심리구조에 맞서 싸워 이겨야 할 임무는 아직 달성되지 않았다. 이후의 혁명이 해결해야 할 과제는 자유의 소외와 이성의 소외를 극복하는 것이라기보다 자유와 이성의 탄생을 촉진하는 것이고, '인간의 회복'을 달성하는 것이라기보다 인간(사회적이며 개체적인 인간)을 실현하는 창조이다. 다시 말하면, 중국이나 러시아는 인민정권을 건립한 후에도 여전히 복잡하고 힘든 민주혁명의 시기에 처해 있다. 그러나 이전의 민주혁명과 질적으로 다른 점이 몇 가지 있다. 첫째, 그것은 여전히 상품경제로써 자연경제에 맞서 싸워 이겨야 하는데, 상품경제는 무정부상태하의 상품경제가 아니라 계획 있는 상품경제가 될 것이다. 둘째, 그것은 자유소유제로써 종법공동체와 싸워 이겨야 하되 자유소유제는 자유사유제가 아니라 자유인 연합체 소유제가 될 것이다. 셋째, 그것은 여전히 정치적 민주주의로써 종법전제를 타파해야 하며 민주주의는 형식화된(형식화는 허구적인 것과 다르다) 민주주의가 아니라 형식과 실질이 통일된 민주주의가 될 것이다. 넷째, 그것은 여전히 이성으로 어리석음을 타파해야 하지만 이성은 가치 비이성을 대가로 하는 도구이성이 아니라 가치이성과 도구이성의 통일이 될 것이다. 요컨대 그것은 여전히 민주혁명이지만 더 이상 부르주아 민주혁명이 아니라 사회주의 민주혁명이다.[23]

따라서 우리는 플레하노프처럼 자본주의가 아직 발달하지 않았다는 이유만으로 사회주의를 실행할 수 없다고 틀에 박힌 생각을 해서도 안되지만, 과거처럼 이 혁명을 자본주의를 주요 대상으로 삼아 소외의 극복을 목표로 하는 본래 의미의 사회주의혁명으로 간주해서도 안된다. 광의의 민주혁명의 일부분으로서 사회주의 민주혁명시기는 부르주아 민주혁명 시기와 마찬가지로 반봉건을 주요 임무로 하며, 국내의 주요 모순은 여전히 상품경제와 종법경제, 인간의 자유개성과 인간의 의존성, 이성과 어리석음 사이의 모순이다. 물론 이것은 국내적으로 평화로운 시기만을 대상으로 한 것이어서 만일 외국 자본주의 열강이 국내 자본주의 세력과 결합하여 전쟁을 일으키면 소련의 내전기와 같이 사회주의와 자본주의의 모순이 격화될 가능성도 있다. 그러나 일반적으로 말해서 이런 반(半)종법사회 내부의 자본주의 세력은 매우 미약하여 단독으로 어떤 위협을 가하지 못하며, 대개 사회주의 민주혁명세력에 예속되어 있다.

이런 사회 내에서 여전히 인구의 절대 다수를 차지하는 농민은 어떤 역할을 하는가?

전통이론에 따르면 사회주의는 프롤레타리아 계급이 부르주아 계급을 반대하고, 공유제가 사유제를 대체하는 혁명이다. 농민은 이런 혁명에서 당연히 소부르주아 계급의 이중성을 가질 수밖에 없다. 노동자로서의 농민은 프롤레타리아 계급과 사회주의로 기울어지고, 사유자로서의 농민은 부르주아 계급과 자본주의로 기울어진다. 종법농민의 이중성은 사회주의혁명시대에는 당연히 존재할 수 없다. 레닌의 설명처럼 이것은 민주혁명 속에서 반드시 해결되어야 할 문제이기 때문이다. 그러나 이런 순수한 후(post) 자본주의와 사회주의혁명은 중국과 러시아 등지에서는 아직 발생하지 않았고, 발생한 것은 단지 사회주의 민주혁명일 뿐이다. 이때의 농민은 소부르주아 계급의 이중성 이외에 종법농민의 이중성(민주성과 종법성)도 갖고 있다. 그리고 사회주의 민주혁명의 진행과정에서 이런 이중성의 의의는 중요하다. 농민은 부르주아 민주혁명의 주력군이 될 수 있듯이 사회주의 민주혁명의 주력군도 될 수 있다. 이는 그들이 노동자로서 사회주의의 길에 대한 희망 때문이기도 하고 어떤 조건하에서 사유자로서 종법 공동체를 벗어나 상품경제를 발전시키고자 하는 희망, 곧 자신의 종법상태를 개선하고 민주주의를 실현하려는 열망을 갖고 있기 때문이기도 하다. 구소련의 신경제정책 시기 농민 상품경제의 발전, 중국의 개혁·개방 시기에 농촌이 도시를 포위하는 형식으로 시작된 개혁은 그 분명한 예이다.

그러나 다른 한편, 농민은 사유자로서 확실히 자본주의적 경향을 갖고 있다. 또한 더욱 중요한 것은 그들이 종법공동체 성원으로서 여전히 심각한 의존성을 갖고 있다는 점이다. 구소련 혁명 후 농촌의 공동체 심리가 크게 확산되어 스톨리핀 개혁으로 매우 약화되었던 촌공동체는 되살아났다. 뿐만 아니라 역사상 이미 촌공동체가 소멸된 지역에까지 촌공동체가 확대되어 촌공동체는 전 소련 토지의 96%와 전 농가의 95%를 포괄했고, 독립소농은 종법공동체의 넓은 바다에서 사면초가에 빠졌다.[24] 수많은 빈농은 전시공산주의 시기에 의존심리를 갖게 되었다. 그들은 "국가정치보위국을 믿고 의존하며, 지도에 의존하고, 모든 것에 의존했으면서도 자신에게만은 의존하지 않았다." 따라서 신경제정책이 끝난 뒤에 그들은 염치 불구하고 고통을 호소했다.[25] 해방 초기에 수많은 중국 농민은 생산력의 발전 때문에 개체 경영을 용납할 수 없었던 것이 아니라 생산력의 극단적인 낙후로 인하여 원시적인 협동유대와 공동 경작운동에 참여하지 않을 수 없었다. 예컨대 앞에서 서술한 린퉁 현 톄루 구에서는 심지어 '3황5제'가 아직 타도되지 않은 상태에서 호조조(互助組)가 크게 보급되는 기이한 현상이 나타났다.

이처럼 농후한 자연경제 배경하에서 사회주의 사업이 직면한 주요 장애는 결코 자본주의에서 기인한 것이 아니라 종법관계에서 기인한 것이다. 경쟁과 모험정신이 풍부한 소사유자의 자발성에서 기인한 것이 아니라 종법공동체의 속박, 폐쇄, 경직화, 보수, 평균주의, 질투병(紅眼病)*과 권력 숭배 등에서 기인한 것이다. 사유자의 개인주의에서 기인한 것이 아니라 종법사회의 의존성에서 기

---

* 남의 수입이 많은 것을 눈에 핏발을 세우며 병적으로 시샘하는 마음.

인한 것이다. 이처럼 사회주의 민주혁명의 과정은 소부르주아 계급 농민을 개조하는 것이며, 중요하게는 종법농민을 개조하는 것이다. 다시 말해 농민의 사유적 속성을 개조하는 것이며, 중요하게는 농민의 종법성을 개조하는 것이다. 역사가 이미 증명했듯이 농민이 지닌 종법성의 개조는 사회주의 건설이 순조롭게 진행될 수 있는지 여부를 결정하는 관건이다.

당연히 농민국가, 특히 중국에서 이런 개조는 외부로부터 강제되어서는 안되고 농민 스스로 해야 한다. 이 역사단계에서 노·농 동맹의 본질은 노동자 계급이 소부르주아 농민과 연합하여 종법농민을 개조하거나 농민의 민주성과 결합하여 농민의 종법성을 개조하는 것이다. 또한 이런 개조의 피드백은 농민문화 분위기에 젖어 있는 도시가 '도시 속의 촌락'이라는 상황에서 벗어나도록 하고 노동자와 농민의 자유개성도 해방되도록 해야 한다. 그리하여 종법시대에 개인이 집단에 의존하던 모델에서 변형되어 나타난, 보호-속박의 색채가 강한 도시 안의 명령경제와 '다궈판' 공동체를 해체하여 계획 있는 상품경제와 자유인 연합체로 전화되도록 해야 하는 것이다.

사회주의 민주혁명이 자유개성으로 의존성을 부정하는 것인 이상 노·농 동맹 속에서 누가 누구에게 의존하고, 누가 누구를 영도하는 관계는 당연히 존재하지 않는다. 과거 도시가 농촌에 '다궈판' 공동체를 강제하던 방법은 노동자계급이 농민을 영도하는 것이라기보다 종법공동체가 무개성의 개인을 영도하는 것이라 해야 옳다. 오늘날 상품경제의 조류가 농촌에서 도시로 확대되고 있지만 이것도 농민이 노동자를 영도하는 것을 보여주는 것은 아니다. 사회주의 민주혁명이 수립하려는 노·농관계는 경제적으로 등가교환 관계이고 정치적으로는 사회계약 관계이지, 형님 아우 하는 관계가 아니다. 이런 혁명에서 '도시 속의 촌락' 안에 있는 노동자가 마땅히 해야 할 일은 자신을 지도할 줄 알고 연합체를 만들 줄 아는 자유인이 되는 것이지, 위에서 떨어뜨려 주는 '철밥통'을 받쳐 들고 희희낙락하며, 조직을 떠나서는 길을 갈 수 없는 의존자가 되는 것이 아니다. 종법농민을 개조하는 가장 좋은 방법은 싹트고 있는 그들의 자유개성을 존중하고 발달된 사회적 교환관계를 적극적으로 창조하여 개성의 맹아를 배양하는 것이지 한편으로는 속박하면서 다른 한편으로 '보호'해 주는 그런 것이 아니다. 물론 의존이라는 의미에서가 아니라 선진과 낙후의 의미에서 본다면,

사회주의 민주혁명에는 영도계층이 있다. 이 혁명의 성격상, 사회의 이성적 역량을 대표하며 자유개성과 독립인격이 가장 발달한 현대문화의 엘리트가 바로 그 영도계층이다. 영도계층은 인텔리켄치아 개념에 가깝지만, 그 범주 속에 공동체에 의존하거나 공동체 인격화된 전통 사대부, 곧 '문화를 가진 농민'은 배제되고, 농업과 공업 면에서 현대의식을 갖춘 기업가와 개척자를 포함한다. 사회주의 민주혁명은 이들 문화 엘리트를 틀림없이 사회의 중견으로 키울 것이다. 이들 엘리트의 사회적 지위가 실제로 상승하는지가 사회주의 민주혁명의 성패를 좌우하는 바로미터인 것이다.

4. 엄중한 교훈

중국과 러시아에서는 한동안 사회주의 민주혁명의 방향과 상반되는 발전 경향이 나타났다. 그렇게 된 데는 여러 가지 이유가 있다. 이론의 시대적 한계 때문이기도 했고, 외국 자본주의의 위협과 전쟁의 그림자가 일찍이 사람들의 심리에 가한 압박 때문이기도 했다. 또한 종법사회에서 혁명이 일어나서 피하기 어려웠던 비이성적인 열광과 비밀결사식 기율 및 영수 개인의 권위가 혁명 후에도 관성적으로 작용했기 때문이기도 했는데, 이 말은 근본적으로 종법농민사회의 전통적 행위, 사유방식, 전통사회 조직형식의 누적된 침전물과 관습적인 세력 때문이라는 것이다.

앞에서 말한 바와 같이 레닌은 스톨리핀 개혁 후에 인민주의파와 촌공동체 농민의 지주반대 투쟁을 지지했음에도 불구하고, 종법공동체로부터 개체농민의 해방을 민주혁명의 임무로 간주했다. 그는 독립농장제도를 상당히 높게 평가하고, 그것이 러시아 농촌을 빈곤에서 벗어나 부강으로 나아가게 만들 것으로 생각했다. 레닌은 자신의 정책과 스톨리핀의 정책의 다른 점은 스톨리핀이 독립농장을 촌공동체 농민의 폐허 위에서 건립하려 했다면 자신은 그것을 지주경제의 폐허 위에서 건립하려 한다는 데 있다고 구체적으로 지적했다.[26]

그러나 그 후의 발전은 오히려 레닌의 이런 구상과 완전히 상반되었다. 러시아 부르주아 민주혁명의 승리는 사회주의혁명의 폭발과 거의 동시에 발생했기 때문에, 사회주의혁명은 스톨리핀 개혁을 혐오하고 촌공동체의 회복을 위해 애쓰는 농민운동의 지지를 받아 승리를 획득했다. 10월혁명 중에 통과된 토지법은 사실상 인민주의파-사회혁명당원이 제정한 것으로, 농민의 사유제를 포함한 일체의 토지사유제를 폐지했을 뿐만 아니라 "노동대중에게 토지를 평분하고 정기적으로 재분배한다," "촌공동체의 탈퇴와 단독농장 등에 관한 법률을 취소한다"고 선언했다.[27] 당시 법학자의 해석에 따르면 이 법령의 본질은 전국의 촌공동체화이다.[28] 그러나 볼셰비키는 당시의 사회주의이론에 근거하여 공유제로의 이행을 서둘렀고 의식상으로도 촌공동체가 독립소농보다 더 좋다고 생각했다. 게다가 전시공산주의하에서 소비에트 정부는 소농에 대한 통제를 강화하는 데 급급하여, 구식 촌공동체제도를 이용했을 뿐만 아니라 일찍이 1903년에 폐지되었던 촌공동체 연대보증제도를 한때 부활시켰다. 종법단체와 당국의 이중압력하에서 대량의 독립농민은 자원하여 "재분배 공동체 속으로 돌아갔고, 완강하게 거부하는 자에 대해서는 강제조치가 취해졌다."[29] 이처럼 10월혁명 중의 농촌변혁은 한편으로는 농민의 토지점유제로 지주토지점유제를 소멸시키고 민주혁명의 위대한 승리를 거두었지만, 다른 한편으로는 종법 촌공동체로 독립농민을 소멸시켜, 농촌을 35만 개의 자급자족적인 촌공동체의 망망대해로 만들어 민주혁명의 사회주의적 발전에 크나큰 부담을 안겨 주었다.

신경제정책은 소련이 건국된 후 상품경제의 첫 번째 봄이었고, 사실상 사회주의 민주혁명의 첫 번째 파고였다. 종법 촌공동체는 상품경제 속에서 다시 한번 충격을 받았고, 독립농민-상품생산자가 다시 대두했다. 그러나 유감스럽게도 당시 사람들은 이런 상황을 사회주의 상품경제의 종법식 소생산에 대한 혁명으로 간주하지 않고, 오히려 '사회주의 자연경제'의 소상품생산에 대한 양보와 타협으로 간주했다. 1920년대에 격렬한 논쟁을 벌인 우파(부하린 등)와 좌파(트로츠키 반대파와 그 후의 스탈린)도 이것에 관한 한 견해 차이가 없었다. 그들이 논쟁한 것은 다만 농민 상품자본주의의 위험이 도대체 어느 정도인가, 소사유자를 점진적으로 개조할 것인가 아니면 급진적으로 개조할 것인가, 소부르주아 자발세력에 대해 어느 정도까지 어느 시점까지 양보해야 하는가 등이었고, 러시아 사회경제관계의 심층에 깔려 있는 종법공동체의 구조에 대해서는 보고도 알지 못했다. 촌공동체를 최우선으로 하는 정책은 실제로 신경제정책 시기 내내 지속되었다. 친농민적인 부하린파가 보기에 만일 소사유자가 공유제를 원하지 않는다면 어쩔 수 없이 인내심을 갖고 그들이 깨우치기를 기다려야 하지만, 만일 그들이 이미 어떤 집단조직 속에 머무르고 있다면 그들을 움직여 공유제의 속박을 깨뜨리고 사유자 자발세력을 발전시켜야 한다는 생각을 어떻게 할 수 있겠는가? 따라서 식량위기가 발생한 후에, 당 밖의 경제학자들이 독립농장을 발전시키자고 건의했을 때 부하린은 즉시 격렬한 비판을 가했고[30] 촌공동체 부활에 대해 좌파가 진행한 공격도 또 다른 우파 성원 리코프로부터 강한 반박을 받은 것은 전혀 이상한 일이 아니다.[31] 좌파가 촌공동체제도에 대해 극도의 불만을 갖고 있었던 이유는 종법성 때문이 아니라 소상품생산과 소사유를 소멸할 수 없었기 때문이다. 따라서 만일 그들이 촌공동체에 만족하지 못했다고 한다면 당연히 독립농민의 존재는 더욱 인정할 수 없었다.

그리하여 신경제정책 시기 소련은 시장을 개방하는 것과 동시에 농민이 종법공동체의 속박을 벗어나는 것을 지지하지 않았으며, 심지어 무시로 이른바 독립농장화 반대운동을 전개했다. 루토르바이스키 사건처럼 촌공동체 장로가 공동체 구성원을 기만하고 압박하는 현상과 스몰린스크 부패사건처럼 종법문화의 토양 위에서 일부 농촌간부가 권력을 이용하여 치부하는 행위는 인신의존관계가 심각한 수준에 이른 것으로 간주되지 않고 오히려 자본주의의 위험으로 간주되었다. 이런 상황에서 사회주의 민주혁명의 초기 움직임은 더욱 연약하고 무력하게 보였다. 1920년대의 촌공동체는 혁명 전과 비교하여 더욱 많아졌을 뿐 아니라 토지 재분배도 더욱 빈번해져서 토지사용이 더 불안정했고, 각 농가가 분여받은 땅뙈기는 수는 더 많지만 면적은 더 작고 땅뙈기 사이의 착종과 분산이 더욱 심해졌으며 평균거리는 더욱 멀어졌다. 촌공동체의 강제경작제하에서 농가의 경영 자주권과 시장 적응능력이 몹시 약화되고, 정상적인 사회분업과 경쟁이 진행되지 않아서, 촌공동체 심리가 조성한 인신의존·폐쇄·보수·퇴영·질투병, 인순고식적인 전통의 질곡, 도덕경제의 목가적 분위기와 복잡한 종법관계가 농민 상품생산자의 개성을 억제하여 "일부 비교적 부유한 농민을 빈농으로 끌어 내렸는데, 만일 그들이 독립경영을 한다면 중농 수준을 완전하게 유지할 수 있었다." 촌공동체가 클수록 농민이 더욱 가난하다는 것은 이미 법칙이 되었다. 통계에 따르면 촌공동체 규모가 1천 러시아 무일 경우 촌공동체 빈농이 25%를 차지했고, 1천에서 1만 러시아 무일 경우 빈농이 35.8%를 차지했으며, 1만 러시아 무 이상의 경우는 빈농이 49.8%를 차지했다.[32] 종법공동체의 속박으로 인해 시장 메커니즘이 건전하지 않았고, 가격관계가 왜곡되었으며 평등한 경쟁은 더 말할 필요도 없었다. 이때 자유방임만을 실시하고 기타 민주개혁으로 종법 장벽을 타파하지 않은 결과, 경제는 기형화되었다. 유통영역은 혼란에 빠지고 생산구조는 경직되었으며, 식량투기는 상당히 활발했지만 상품식량생산은 혁명 전보다 오히려 훨씬 적었던 것이다. 수많은 지방에서 먼저 부자가 된 사람은 경영에 뛰어난 농민 기업가가 아니라 주먹깨나 쓰는 건달 같은 인물이나, '관시'가 있고 권세가 있는 당원과 향촌 기층간부와 촌공동체 장로 등이었다.[33] 1927~1929년에 식량생산은 계속 감소하여 구소련에 극심한 식량위기가 발생했다.

신경제정책의 곤경은 좌경노선에 빌미를 제공했다. 스탈린은 식량위기의 원인이 농업의 자급자족도가 끊임없이 증가하고 이익은 갈수록 줄어들어, 산출되는 생산물이 감소하는 데 있다[34]고 지적하는 한편, 이 자급자족의 농촌 속에서 "부르주아 계급의 미친 듯한 공격"을 발견했다. 따라서 양곡 수매를 위해 대대적인 비상조치를 실시하는 외에 한걸음 더 나아가 촌공동체의 '농민 상품자본주의' 경향에 대한 억제를 강화했다. 그리하여 1927~1929년에 촌공동체가 독립농민을 소멸시키는 과정이 다시 나타났고, 식량위기는 더욱 심각해졌다. 이처럼 종법경제로 인해 고통을 받을수록 자본주의를 더욱 반대했고, 자본주의를 반대할수록 종법경제로 인한 고통은 심해졌다. 이런 악순환은 마침내 강제 집단화로 농민상품경제를 소멸시키고, 공물(貢物)과 부세(賦稅)의 수취로 상품교환을 대체하여 식량문제를 해결하는 '스탈린 모델'을 출현시켰다.

구소련의 집단화농업이 실패했다는 것은 기정사실이 되었지만 집단화 전의 반(半)종법식 촌공동체 농업과 집단화의 관계에 대해서 그다지 주목하지 않았다. 실제로 19세기 말에 이미 활력을 상실한 종법공동체는 혁명 후 예상 외로 1930년까지 지속될 수 있었는데, 이는 결코 축하할 만한 일이 아니었다. 신경제정책이 얼마 못 가 명을 다한 원인은 농민에 대한 양보가 너무 많았거나 너무 적었기 때문이 아니라 제때 종법농민이 민주화와 자기 개조를 진행하도록 지도하지 못했기 때문이라고 해야 할 것이다. 부하린이 사유제에 대해 강제하는 것을 반대한 것은 당연히 올바른 일이었지만 그는 종법농민에 대한 개조를 등한시했기 때문에 막상 위기가 닥치자 효과적인 대책을 내놓을 수 없었고, 신경제정책—사회주의 민주혁명의 제1차 파고—이 실패하지 않도록 도울 수 없었으며, 종법자연경제·사회주의 자연경제·촌공동체로부터 '다귀판' 공동체에 이르기까지의 논리적 과정을 저지할 수 없었다. 의미심장한 것은 신경제정책의 최종 몇 년간 차야노프로 대표되는 신인민주의파의 촌공동체에 대한 관심이 오히려 크게 줄었다는 사실이다. 1929년 11월의 제1차 회의에서 차야노프는 "사실상 독립농장을 건립하려 한다"는 격렬한 비판에 직면했다.[35] 바꿔 말하면 그는 인민주의파의 촌공동체 사회주의를 배반하는 착오를 범한 것이다. 차야노프 일파가 숙청됨에 따라 소부르주아의 자발적 경향으로서의 인민주의는 호되고 철저하게 비판받아 소리 없이 사라졌다. 그렇지만 현실 속에서는 현대 상품경제와 대립되는 일종의 종법농민문화로서의 인민주의가 오히려 확대되었다. 부르주아 계급 민주파로서의 인민주의자가 타도되자 당시 레닌이 경고했던 경찰인민주의, 국가사회주의가 뒷날 스탈린 모델에 깊은 낙인을 남겼다.

구소련에서 발생한 사태는 대동소이한 형태로 사회주의의 길을 가는 또 하나의 소농국가인 중국에서도 발생했다. 토지개혁 후에 지주를 타도한 기초 위에서 신민주주의 질서를 공고히 하는 짧은 기간 동안 농촌에서 상품경제의 초기 움직임이 발생하기도 했으나 그 규모와 지속된 시간은 소련의 신경제정책시기에 훨씬 못 미친 채 좌절되고 말았다.

진심으로 말하건대 중국에서 발생한 사건을 교조주의 탓으로 돌리는 것은 공정하지 않다. 중국혁명의 지도자 마오쩌둥은 매우 개성 있는 인물로 왕밍(王明)처럼 교조를 신주 모시듯이 받드는 사람이 아니었기 때문에 빛나는 업적을 남길 수 있었다. 농민 출신의 마오쩌둥은 자연경제의 영향을 상당히 깊이 받았으며, 그의 주변에서 일했던 사람의 말을 빌린다면 마오쩌둥이 "생애에 가장 혐오한 것이 바로 돈"이었다.[36] 이로 인해 그는 농민민주혁명을 완전히 비교조적으로 이해할 수 있었다. 만일 레닌이 민주혁명시기에 미국식 농민을 모범으로 삼았다고 한다면 마오쩌둥이 민주혁명시기에 모범으로 삼은 것은 소련 농민이었다. 1943년에 마오쩌둥은 「조직하라」라는 글에서 중국 농민의 미래는 "집단농장으로 불리는 소련식의 합작사에 있다"고 지적했다. 만일 레닌이 "농민의 회망은 사유자가 되는 것이고" "농민은 상품경제에 반대하지 않으므로" 반드시 "민주혁명의 필연적인 동반자"가 될 수 있다고 인식했다면, 마오쩌둥이 보기에 농민의 민주혁명 참여를 방해하는 가장 혐오스런 병폐는 바로 '돈벌이 신'에게 가장 열심히 예배드리는 것이었다. 만일 레닌이 민주혁명에서 농민이 촌공동체를 유지하려는 '반동적 요구'를 농민의 보수성의 체현으로 생각했다고 한다면³⁷⁾ 마오쩌둥은 농민이 소부르주아가 되고 싶어하는 것을 농민의 보수성으로 보았다. 만일 레닌이 민주혁명에서 농민은 전제제도의 가장 중요한 지주가 될 수 있다는 점을 염려했다면³⁸⁾ 마오쩌둥은 민주혁명에서 농민의 자유주의 때문에 골머리를 앓았다.

이 모든 것을 기반으로 마오쩌둥은 일찍이 민주혁명의 승리 직전에 "심각한 문제는 농민을 교육하는 것이다"라는 명언을 남겼다. 그러나 몇 년 후에는 또 "도시의 간부와 기타 주민은 중학교, 고등학교, 대학교를 졸업한 자녀를 농촌에 보내" 농민으로부터 '재교육'을 받도록 하라고 말했다. 나는 지난날 농촌에 하방되었을 때 어떤 호사가가 마오쩌둥의 말 중 앞부분만 흉내내어, 하방을 주관하는 간부에게 다음과 같이 말하며 맞서는 것을 본 적이 있다. "농민 자신이 모두 교육을 받아야 하는 심각한 문제를 안고 있는데 어떻게 우리를 그들한테 재교육받도록 할 수 있는가?" 지금 생각해 보면 마오쩌둥의 앞뒤 두 마디 말은 사실 하나로 통일될 수 있다. 농민의 심각한 문제는 자유주의이며 상품경제를 그리워하고 사유자가 되고 싶어하는 것인데, 도시인, 특히 지식분자의 경우 자유주의를 비롯한 다른 결점들이 농민보다 더 심각하기 때문에 농민은 의존인격, 자연경제, 공동체 의식으로 그들을 완전하게 '교육'할 수 있는 것이다. 5·7지시는 바로 이런 교육의 청사진이다. 1920년대 소련의 '사회주의 자연경제' 이론은 마오쩌둥이 더욱 구체화시킨 설계에 의해 크게 발전했다. 만일 양자간에 어떤 차이가 있다면 그것은 마오쩌둥의 5·7모델이 훨씬 더 농후한 농민문화 색채를 띠고 있다는 점이다.

중국과 러시아 양국의 집단화 경로를 비교 연구하는 서양인들은 종종 다음과 같은 사실을 이해하는 데 어려움을 겪는다. 러시아 농민은 아주 오랜 옛날부터 촌에서 집단적으로 생활했으며 토지는 공유였고 노동조합과 공동경작지도 오래 전부터 있었음에도 불구하고 스탈린의 집단화는 농민의 격렬한 저항을 받았다. 반수의 가축이 도살되고 적어도 수백만 농민이 추방되고 사기가 크게 떨어진 다음인 1936년, 곧 10월혁명 후 20년이 되어서야 겨우 집단화 사업을 완성했다. 중국 농민은 장기간 토지사유제하에서 생활했고 촌공동체조직은 없으며 소련식의 노동조합 전통도 없었으나, 마오쩌둥의 한마디 명령으로 중국 농촌에서 사회주의가 우르르 일어나서 단지 몇 년 사이에 호조조에서 초급합작사와 고급합작사로, 이어서 인민공사와 '공산풍'으로 그야말로 곧장 '공산주의'에 진입했다. 이 기간에 중국 농민이 집단화를 환영했는지 여부는 당연히 의문을 가질 수 있지만 부인할 수 없는 것은 중국의 경우 구소련 농민에게서 나타난 것 같은 집단화에 대한 반대 정서가 표출되지 않았다는 점이다. 중국에서는 농민이 재산을 파괴하는(가축을 도살하는 등) 광적인 행동이 나타나지 않았고, 대량의 체포와 농민의 유배도 없었다. 집단화는 중국과 러시아 농업에 심각한 영향을 끼쳤다. 다만 구소련의 재난은 집단화 과정 중에 발생했으나 중국의 재난은 집단화 이후에 발생했다. 어째서 중국의 사유자 농민은 러시아 촌공동체의 농민보다 더 쉽게 집단화를 받아들였는가? 이 책에서 이미 지적한 대로, 관건은 중국 종법시대의 사유권 관념이 서양 로마법의 사유권 관념과 다르다는 데 있다. 중국 농민은 러시아 촌공동체와 같은 공유권 의식은 물론 없었지만 중국 농민의 사유권 의식이 러시아 농민에 비하여 강했던 것은 아니다. 따라서 중국 농민이 자신에 대한 보호기능을 갖고 있다고 생각되는 공동체를 러시아 농민보다 더 쉽게 받아들인 것, 또는 이런 공동체에 저항하기가 더 어려웠던 것은 충분히 이해할 수 있다.

흥미롭게도 근대 이래 비종법문화의 대표자는, 어느 계급 어느 집단에서 나왔든, 흔히 종법농민의 사유자 의식에 대해 지나치게 높게 평가했다. 1907년 차르 정부는 위기를 타개하기 위하여 부르주아 계급의 도움 아래 프로이센식의 '철저한 혁명', 곧 스톨리핀 개혁을 단행하여 촌공동체를 와해시키고 농민을 해방하고 속박을 폐지하고 경쟁을 촉진했다. 이렇게 하면 농민사유자 자발세력 또는 농촌의 자유주의 세력의 지지를 얻을 수 있을 것으로 생각했기 때문이다. 당시 수많은 마르크스주의자는 이렇게 되면 농민은 자유경쟁에 빠져들어 혁명을 일으킬 수 없다고 생각했고, 레닌조차도 이런 가능성을 배제하지 않았다. 그러나 상황은 희극적으로 전개되었다. 농민은 촌공동체의 보호를 받으려 할 뿐 독립을 원하지 않았으며 자유를 피하려 할 뿐 경쟁하려 하지 않았다. 개혁의 결과는 농촌에서 차르 당국이 희망하는 자유주의 세력을 형성하지 못했을 뿐만 아니라 촌공동체 농민의 종법정서를 심하게 자극하여, 농민사유자의 지지를 획득하지도 혁명의 위기를 제거하거나 완화시키지도 못했다. 오히려 차르의 보호를 받지 못해서 반란을 일으킨 촌공동체 농민에게 기름을 끼얹고 불을 붙인 격이 되어 스톨리핀의 몰락을 재촉했다.

20년 후 스탈린은 농민사유자에 대한 강제조치를 실시하여, 1928년 7월 소련 공산당 중앙위원회 전체회의에서 부하린과 공개적으로 결별했다. 회의록에 따르면 부하린은 사유자를 개조하는 방향에 대해서는 이의가 없었으나 스탈린의 극단적 수단에 대해서는 사유자에 대한 선전포고나 마찬가지여서 농민폭동을 야기할 것이고 "잔혹한 계급전쟁이 결국 프롤레타리아 독재를 소멸시킬 것"이라고 보았다.[39] 당시 해외에 망명중이던 좌파 영수 트로츠키도 스탈린의 방법이 농민반란을 야기할 것으로 보고 자신의 지지자들에게 대국(大局)을 고려하여 스탈린을 도우라고 요구했다. 그러나 이후의 전개과정을 보면 스탈린이 트로츠키나 부하린보다 러시아 농민을 잘 이해했음을 알 수 있다. 러시아 농민은 미국 농민과 같은 사유자가 아니었으며, 스탈린의 정책은 비록 농민에게 상처를 입히긴 했지만 그들의 적극적인 반항을 불러일으키지 않았고, 더욱이 프롤레타리아 독재가 무너졌다고 말할 수도 없다.

중국 혁명과정에서 코민테른 당국은 농민을 신뢰하지 않았다. 이것은 그들이 농민 종법공동체의 보수성을 간파했기 때문이 아니라, 반대로 프롤레타리아 계급과 부르주아 계급이 민주혁명의 주도권을 쟁탈하는 과정에서 농민 사유자가 부르주아 계급 편을 들 것으로 생각했기 때문이다. 그러나 마오쩌둥은 돈 벌 희망이 끊겨 버린 중국의 농민은 온 힘을 다하여 공산당을 좇아 중국을 석권할 것이라 굳게 믿었다. 이후의 역사는 마오쩌둥의 관점이 옳았음을 증명했다.

마지막으로 앞에서 서술한 대로 마오쩌둥이 중국농촌에서 '사회주의 고양'이라는 구호를 높이 외쳤을 때, 외국의 적지 않은 연구자도 스탈린이 집단화에 성공한 것은 러시아 농민이 촌 집단주의 전통을 갖고 있기 때문이지만, 중국의 농민 사유자는 이런 전통이 없기 때문에 마오쩌둥의 집단화는 중국의 실정에 맞지 않아 반드시 완강한 저항에 직면할 것이라고 단언했다. 그러나 중국농촌은 구소련보다도 더욱 빠르고 순조롭게 집단화를 실현했다. 그리고 집단경제(여기서의 '집단'은 정사합일(政社合一)의 보호-속박형 집단이지 자유상품 생산자의 경쟁형 집단이 아니다)는 중국에서 20여 년간 운영되어 지금까지도 그 영향이 남아 있는데, 그 효율이 매우 낮았음에도 불구하고 저항에 직면하지는 않았다. 만일 1978년 이후에 위로부터의 개혁운동 없이 단지 하부의 미약한 농촌 상품경제의 충동에만 의지했다면 '대경영 집단소유'의 인민공사식 농업을 끝장내지는 못했을 것이다.

요컨대 마오쩌둥과 스탈린은 그들의 정적과 당내의 비판자들에 비해 농민을 더 잘 이해했으며, 따라서 농민국가의 인민도 더 잘 이해했다. 바로 이 점 때문에 그들은 전에 없는 성공을 거둘 수 있었다. 소련 작가 아나톨리 리바코프는 최근에 세상을 떠들썩하게 했던 명저 『아르바트의 아이들』에서 스탈린의 사상활동을 다음과 같이 묘사했다.

> "러시아 인민은 집단 속에서 생활하는 인민이다. 촌공동체는 그들의 오래된 생존방식이고, 평등(여기서는 분명히 종법식 평등을 가리키는 것이어서 천연수장의 보호하에 있는 각 등급 내부의 평등이다—인용자)은 그들의 민족성의 기초이다. 이것이 바로 그(스탈린을 가리킴)가 러시아에서 건설하고 있던 사회에 유리한 조건을 제공했다. ……신경제정책은 ……농장주에게 적합한 정책인데 농장주는 일종의 불평등한 길이고 인민의 심리상태에 반하는 길이며 ……농부에게 전혀 어울리지 않는 농장주 심리를 주입했다. 그리고 농장주는 프롤레타리아 계급 독재를 필요로 하지 않았다. 농장주, 사유자, 개체경영자는 러시아 농민의 몸에서 막 싹을 틔우고 있었지만, 곧 질식사하게 되었다."[40]

이것은 비록 소설 속의 묘사이지만 상당히 사실적이다. 중국 농민 속에 막대한 사회주의적 적극성이 잠재되어 있다는 마오쩌둥의 사상은 사실 농장주 심리와 격이 다른 공동체 심리 위에서 형성되었다. 플레하노프나 부하린같이 서구화된 이론가는 농민을 이해하지 못했고, 스탈린·마오쩌둥은 농민에 관해 충분히 이해했지만 그들의 이해 자체가 상당 부분 농민문화의 기초 위에서 이루어졌다는 것은 역사의 비극이다. 분명히 레닌은 촌공동체 농민의 탐욕스런 사유자에 대한 투쟁을 높이 평가했지만 그는 어디까지나 경제이론상으로는 착오인 것이 역사에서는 정확할 수 있다는 의미에서, 그리고 농민이 지주를 타도하여 장차 미국식 발전의 길을 열고 종법공동체를 와해시킬 것이라는 의미에서 이런 평가를 내렸다. 그러나 마오쩌둥은 애당초 미국식 길에 대한 개념 따위를 갖고 있지 않았다. 그는 실제로 '돈벌이 신'에 반대하는 농민 사회주의 사상을 혁명운동인 동시에 건설이론으로 간주했으며, 파괴와 동시에 건설의 사상적 무기로, 지주 사유제뿐만 아니라 농장주 심리도 타파하는 사상적 무기로 간주했다.[41] 따라서 레닌이 10월혁명 전후에 미국식 길을 버리고 입장을 바꿔 소상품생산을 대대적으로 반대한 것은 주로 이론의 시대적인 한계와 내전이라는 상황에서의 투쟁의 논리적인 결과였다고 할 수 있다. 반면에 마오쩌둥과 스탈린의 농민개조론은 단지 교조주의라거나 진행 속도가 너무 빠르고 시기적으로 너무 조급한 주장이라고만 말할 수 없다. 실제로 마오쩌둥은 농민의 상품경제와 자유개성 경향, 곧 민주경향을 심각한 문제로 보고 농민을 모질게 교육시키고, 자연경제 하의 공동체 심리, 곧 의존성으로 시민과 지식분자를 포함한 소부르주아 계급을 재교육시켰다. 마오쩌둥은 종법농민과 결합하여 소부르주아 계급 농민을 개조하고, 농민의 종법성과 결합하여 농민의 사유적 속성을 개조하는 길, 곧 사회주의 민주혁명과 대립되는 길로 나아갔던 것이다. 바로 이 길이 중국을 봉건주의가 크게 범람하는 문화혁명의 심연으로 몰아넣었다.

지난 몇십 년 동안 농촌사회주의 개조가 걸어온 길을 돌이켜볼 때 분명한 것은 농민에게 도대체 어느 정도의 혁명성 또는 보수성이 있는가, 농민의 문제는 정말로 그토록 심각한 것인가, 이론상으로 농민을 높이 받들 것인가 아니면 폄하할 것인가, 농민 개조의 속도가 너무 빠르고 시기적으로 너무 이른 것인가 그렇지 않은가, 농민에 대한 양보는 어느 정도가 적당한가의 차원에서만 맴돌아서는 안된다는 사실이다. 사실 추상적으로 말하면 "심각한 문제는 농민을 교육하는 데 있다"는 관점과 도시인은 농민으로부터 '재교육'을 받아야 한다는 주장을 비난할 수는 없다. 현재 '다궈판' 공동체 속의 도시인은 사실상 농촌상품경제 물결의 재교육을 받고 있지 않은가? 관건은 무엇을 가지고 농민을 교육하는가에 있다. 이것은 농민을 교육하여 개성을 해방할 것인가 아니면 농민을 교육하여 개성을 억압할 것인가의 문제이다. 과거의 농민 개조가 가장 근본적으로 실수한 점은 속도가 너무 빠르거나 시기가 너무 이른 데 있는 것이 아니라 무엇으로 농민을 개조하고 어떤 농민을 개조할 것인가 하는 데 있었다. 바꿔 말하면 사회주의 상품경제로 종법농민을 개조할 것인가 아니면 자연경제 공동체로 농민 상품생산자를 개조할 것인가에 있는 것이다.

현재 적지 않은 서양의 학자들이 종종 집단화운동을 반농민적인 운동으로 부르고 부하린 등을 친농민적이라고 하는데, 이를 근거 없는 주장이라고 말할 수는 없다. 그런데 이 반농민의 배후에 바로 종법농민문화의 범람이 있는 게 아닐까? 수많은 농민의 사망을 부른 참극은 어느 정도 종법시대 농민 영수의 반농민 현상이 재현된 것이 아닐까? 이 참극의 문화적 배경에서 우리는 추상농민이 구체농민을 반대하고 농민공동체가 농민개성을 반대한 농민사회 가치관계의 이원대립적 요소를 볼 수 있다. 구소련의 집단화시기에 일찍이 인민주의자를 숙청하는 광적인 파도가 있었으나 현재 러시아는 이 당시 숙청당한 차야노프 등에 대해 명예를 회복시켰다. 사람들은 당연히 스탈린의 신인민주의파에 대한 잔혹한 탄압을 비난할 수 있다. 그러나 보다 분명히 해야 할 것은 무엇을 가지고 탄압했으며 어떤 인민주의자를 탄압했는가 하는 점이다. 마르크스주의로 인민주의를 반대하고 사회화 상품경제와 자유인 연합체로 촌공동체 사회주의의 종법공동체를 반대했는가 아니면 경찰인민주의-국가사회주의로 자유파 인민주의를 반대하고, 종법공동체의 인민주의로 부르주아 계급 민주파의 인민주의를 반대했는가? 마오쩌둥은 문화대혁명 중에 전통과 가장 철저한 결별을 단행하자는 기치를 내걸었지만, 오늘날에는 이런 반(反)전통의 허무주의적 광기와 4대 구악을 타파하는 과정에 나타난 우매한 폭력을 비난한다. 그러나 더욱 분명히 해명해야 할 것은 무엇을 가지고 반대했으며, 어떤 전통을 반대했는가이다. 민주, 과학, 이성과 자유개성의 기초 위에 건설된 사회주의를 가지고 협애한 인간군집의 부속물인 종법전통을 반대했는가 아니면 종법공동체와 인신의존적인 전통으로 현대문명의 민주와 자유개성의 전통 또는 근대 이전의 사회에서 근대로 발전하는 추세(자유사유제가 종법공동체를 파괴하는 등등)의 전통을 반대했는가? 이런 점들을 이해했다면 우리는 스탈린 현상과 마오쩌둥 현상에 대한 반성 속에서 중·러 양국의 미래가 인민주의의 부흥 또는 유교전통문화의 부흥에 있다는 결론을 이끌어 낼 수는 없다.

　이로부터 우리는 현재의 사회주의 개혁운동의 본질이 어디에 있는지도 명확히 볼 수 있다. 농촌에서 일어난 중국의 이번 개혁은 과거에 사회주의 개조과정에서 "너무 빨리 전진했고 (거쳐야 할) 단계를 뛰어넘었기 때문에 압박을 받아 후퇴한 것"인가 아니면 이전에는 없었던, 종법상태에서 벗어나는 사회주의 민주주의의 대전진인가? 이른바 "광적인 이상으로부터 현실로 후퇴한 것"인가 아니면 자유인 연합체를 향한 이상이 '현실'에 대해 대변혁을 진행한 것인가? '농민 사유자'에 대한 양보인가 아니면 종법농민 전통에 대한 개조인가? "사회주의 대생산에서 개체소생산으로 복귀한 것"인가 아니면 종법공동체의 원시적 협동으로부터 사회화 상품경제 생산망을 향한 매진인가? 마지막으로 '일종의 임시 방편'인가 아니면 역사발전의 근본 방향인가? 후퇴는 강요된 것이고 양보는 항상 일시적인 것이며, 단계를 뛰어넘었다면 가까운 미래에 마저 갈 수 있고 너무 빨리 갔다면 쉬었다 가야 하는 것이다. 이런 관점에서 개혁을 지도한다면 개혁은 성공할 가능성이 없다. 양보론을 토대로 만들어진 구소련의 신경제정책이 실패한 이유는 상당 부분 여기에 있었다.

　신경제정책 초기의 양보는 국민경제를 붕괴상태에서 구해 내는 데 대단한 효과가 있었지만 회복기가 끝나자 농업발전의 뒷심이 부족하다는 사실이 시간이 갈수록 명확해졌다. 만일 1920년대 초에 상품경제의 잔잔한 물결이 촌공동체 농업이란 용기 안에서 여유 있게 물결칠 수 있었다면 1920년대 중반에 이르러서는 상품경제의 물결이 종법관계의 그물에 충격을 가하여, 낡은 공동체의 외피로는 그것을 감당할 방법이 없었다. 양보정책은 농민을 전시 공산주의 재난에서 벗어나게 하는 신비한 묘약에서 지속적인 개혁의 심화에 대한 심리적인 장애로 변했다. 역사는 사회주의 건설자에게, 스톨리핀 개혁이 지주에게 유리한 방식으로 완성하려 했던 임무, 곧 종법단체 속에서 개인을 해방하는 임무를 인민에게 유리한 방식으로 완성하도록 요구했다. 그러나 부하린 등은 양보론에 사로잡혀 신경제정책의 혁명적 본질을 보지 못했다. 그들은 상품경제가 지금이라도 마치 망망대해처럼 이루어질 것이라 여기고, 사회주의는 상품경제의 범람을 꺼려 할 뿐 그것이 적은 것을 걱정하지 않는다고 보고, 상품경제를 발전시키는 것은 단지 관용의 문제일 뿐 혁명의 문제가 아니며 양보를 하기만 하면 그것은 어떤 토양에서도 우후죽순처럼 솟아날 것으로 생각했던 것 같다. 그들은 소농경제의 잠재력이 아직도 상당히 크다는 것만 보았지 소농을 속박하고 있는 촌공동체 농업이 위기에 직면해 있음은 보지 못했다. 그들은 스탈린식의 '2차혁명'에 반대할 뿐 당시의 소련이 확실히 또 다른 의미에서의 혁명을 필요로 한다는 사실을 깨닫지 못했다. 따라서 상품경제를 발전시키기 위해서 꼭 필요한 개혁을 한층 심화시키는 문제를 제기할 수 없었고, 소극적으로 균형상태에서 현상을 유지하려는 환상을 가짐으로써 개혁을 정체시켰다. 그 결과 시장 메커니즘을 활성화시키지도 못하고 행정관리도 제대로 못해, 농업은 시장형 축적도 명령형 축적도 진행하지 못한 채 단순 재생산에 머무르는 곤경에 빠지고 말았다. '가짜 자본주의'의 빈부 분화만 있고 자본주의의 생산효율은 없으며, 종법농업의 자승자박만 있고 농노제의 자유로운 '명령'은 없어졌다. 결국 신경제정책은 1927~1929년 사이에 비상조치를 통하여 몇 년을 겨우 버틴 뒤에 스탈린이 '공세'제(貢稅制)라고 부르고 부하린이 '군사적 봉건착취'라고 부른 제도로 후퇴하여 종법 냄새가 물씬 풍기는 원시사회주의–스탈린 모델을 낳았다. 그리고 부하린도 이 모델의 제단에 바치는 희생물이 되어 개혁가의 비극적 삶을 마감했다.[42]

신경제정책은 우리에게, 개혁은 양보가 아니고 혁명이며 개혁의 본질은 사회주의 민주혁명을 통하여 중세와 고별하고 현대문명으로 가는 것이라는 교훈을 알려준다. 이미 공업화와 도시화를 실현한 구소련에서 신경제정책의 뒤를 이은 제2차 사회주의 민주혁명의 파고는 이 공업사회 속에 남아 있는 종법농민문화의 찌꺼기를 씻어 낼 것이다. 그러나 중국에서 사회주의 민주혁명의 대상은 종법농민문화뿐만 아니라 상당한 정도로 종법농민사회('도시 속의 촌락'까지 포함) 자체를 포함한다.

5. 포스트모더니즘 시대의 농민개조 문제와 사회주의 민주혁명의 두 가지 전망

역사는 농민사회인 중국에 대해 매우 준엄하면서도 대단히 호의적인 것 같다. 중국이 개혁—사회주의 민주혁명—을 통하여 현대화에 진입하려고 애쓰고 있을 때 서양사회는 오히려 고도로 발달한 근대문명으로 인해 괴로워하며, 탈근대의 목소리를 높였다. 민주·과학·이성 등 근대문명에서 최고의 가치로 여겨지는 것들은 각종 포스트모더니즘 사조로부터 강한 충격을 받았다. 중국의 수많은 학자가 '황색문명'을 위하여 큰 소리로 진혼가를 부르고 있을 때 서양에서는 갖가지 '동방구세론'(東方救世論)이 대두했다. 그 중에는 중국계 학자의 '유가문화부흥'설도 있는데 이것은 순수한 서양 예언가의 다음과 같은 주장과 맞물려 더욱 힘을 얻게 되었다. "중국이 만일 미래에 전 인류를 영도하지 못한다면 인류의 앞날은 비참할 것이다!"

이와 상응하여 케인스 혁명은 서양에서 완전경쟁, 시장만능, 순수 자유경제를 이상으로 하는 고전경제학의 지배를 종식시켰다. 애로우(K. J. Arrow)는 초등수학의 방법으로 민주 유토피아의 허구를 증명하고 한 시대를 들끓게 한 독재원리를 제시했다. 나날이 성장하는 녹색 평화운동의 기술문명에 대한 도전은 더욱 거세졌다. 후기 산업사회론과 새로운 물결 이론은 대량생산의 사망을 예언하면서 가정으로 돌아갈 것을 호소한다. 뉴턴과 다윈 시대 이래 근대과학을 지배해온 객관성, 정확성, 결정론, 법칙과 필연 같은 개념의 권위는 아마도 환영받지 못하는 '라플라스 마귀'*가 된 것 같다. 과학주의에 대한 휴머니즘의 비판 속에서 가치중립의 도구 이성주의 인식론은 충격을 받았고, 주객체 상호침투로부터 벗어나 세계인식 면에서 엄청난 영향력을 발휘했던 근대 사유는 현재 가치이성의 지배 아래에서 새롭게 주객체 통일로 나아가고 있다.

모방이나 묘사를 아주 사실적으로 하는 리얼리즘을 미학 원칙으로 삼았던 근대 예술은 서양에서 이미 각종 현대파(실제로는 포스트모던파) 예술형식에 의해 완전히 침몰당했고, 이념은 찾아보기 힘들고 심미 주체의 격정에 의해 깨닫는 작품, 예컨대 선율 없는 음악, 줄거리 없는 영화, 알아볼 수 없는 그림과 무슨 말인지 알 수 없는 몽롱한 시 등이 대거 등장했다. 역사학자는 진보사관, 객관주의와 역사결정론을 다시는 믿지 않는다. 사람들은 버클(H. T. Buckle)과 드레이퍼(J. W. Draper) 같은 대담한 사람들이 감히 역사를 진정한 과학으로 변화

* 프랑스의 천문학자·수학자·물리학자인 라플라스(Pierre S. Laplace)는 이성주의 기계결정론을 제창하여 어떤 사물도 일정한 원인에 의해 논리적으로 결정된다고 보았으며 이것은 마치 저승에 마귀가 있어 그렇게 통제하는 것과 같다고 했다. 후에 사람들이 이와 같은 결정론적 객관법칙에 대한 숭배를 '라플라스 마귀'라고 불렀다.

시키려고 꿈꾸는 것을 비웃었다. 마르크스주의 역사학 안에서도 역사법칙에 대한 허무주의적 태도가 이미 널리 퍼졌다. 사람들의 세계관을 가장 잘 반영하는 철학영역에서 계몽주의가 수립한 '이성의 자기 확신'은 이미 동요하고, 생의 철학·현상학·직관주의·프로이트주의·실존주의 등 비이성주의 유파가 서양의 다원화된 세계관에서 주류를 형성했다. 이런 것들이 농민문제 연구에 반영되어 1960년대 이래의 서양 농민학에서의 신인민주의의 부흥과 신인민주의의 포스트모더니즘화로 나타났다. 사람들은 소농(가정농업)의 전도에 대해 새롭게 인식했다. 가정농업의 경제적 합리성, 곧 '이성적 소농'의 기초 위에서 형성된 인식은 농민사회의 가치체계에 대한 회귀와 일정 정도의 공명 위에서 갈수록 더 확산되었다.

그렇다면 포스트모더니즘 문명의 충격을 어떻게 이해하고 대응해야 하는가? 중국에서는 흔히 두 가지 태도를 볼 수 있다. 하나는 정통 사회주의를 자처하며 서양의 비이성과 반과학 또는 관념주의의 사조를 서양의 몰락과 자본주의 부패의 체현으로 일축하는 것이며, 다른 하나는 반대로 포스트모더니즘을 시대적 대세로 여겨 종법 잔재가 충만한 농민사회에서 '철 지난' 현대문명에 대해 오만한 태도를 가지고 비이성을 최고의 경지로 간주하여 법칙·필연·객관·결정 등을 모조리 타도해야 주체의 자유가 실현되는 것으로 생각하거나 심지어 포스트모더니즘의 조류 속에서 서양과 동양의 동일시를 발견하고 전통문화 부흥의 허상 속에 도취되어 있다. 개혁과 개방의 진전에 따라 전자의 태도는 날로 쇠락하고, 후자의 태도는 날로 성해 가는 추세에 있다. 이처럼 중국 농민사회의 현대화 개조는 20세기 말의 뚜렷한 특징을 갖고 있다. 그것은 심각하게 낙후되어 있는 전근대 세력의 저항에 직면해 있는 동시에 너무 앞서가는 포스트모더니즘의 도전에 대응해야 하기 때문이다. 이런 상황하에서 진행되는 중국의 현대화는 근대 이래 서양이 걸어온 길과 다를 수밖에 없다.

현재의 비이성과 반과학 사조를 자본주의 몰락의 산물로 간주하여 부정하려는 것은 상당히 어리석은 짓이다. 서양에서 포스트모더니즘의 출현은 법칙과 진보에 합치하는 현상이다. 그것은 인간의 개성 자각, 이른바 주체의식이 진일보하여 각성한 결과이며 자본주의 현대문명이 조성한 소외에 대한 반항이다. 과학과 이성이 고도로 발달한 현대사회에서 사람들은 경전 과학에 의해 묘사되고 체계화된 세계와 얼굴을 마주하고 있음을 발견한다. 인성은 이런 방대한 자동기계 속에서 왜곡되고 법칙 숭배는 일종의 신숙명론적인 색채를 띠게 되었다. 이성의 자연관은 소외되어 '라플라스 마귀'가 되고, 이성의 역사관은 '역사 결정론의 빈곤'을 초래하고, 이성 자체도 주체성이 소외되어 주체를 노예화하는 '추상적인 외재형식'이 되고, 인간의 이지는 중세의 로고스와 유사한, 이지를 능가하고 이지를 노예화하는 권위로 변화되었다. 지나친 자유경쟁은 도구이성의 배후에서 가치 비이성을 야기했고, 수단을 가리지 않는 공리주의는 인생의 가치와 궁극적인 관심에 대한 추구를 소멸시켰으며, 사회적 지위의 극심한 변동은 인간의 상실감·방황감·고독감, 빈부격차, 세계대전, 생태위기 등의 심각한 현대병을 낳았다. 따라서 사람들은 현대사회에서 나타나는 인간의 소외나 현대화 자체의 가치에 대해 반성하지 않을 수 없게 되었다.

이처럼 서양의 발달한 국가에서는 주체의 강조를 특징으로 하는 포스트모던 문화가 형성되었다. 포스트모더니즘에서 관심을 갖는 주요 명제로는 궁극적인 주체, 곧 본체론적 의미에서의 자유의지와 자유인격을 들 수 있으며, 그 밖에 필연을 초월하는 자유, 결정을 무시하는 선택, 현실 속의 자아를 초월하여 궁극적인 관심 속의 자아를 추구하는 자아초월 등을 꼽을 수 있다. 쇼펜하우어, 니체, 사르트르의 생명 의지, 초인, 제일성(第一性)의 존재 같은 범주는 위에서 말한 명제들의 또 다른 표현형식이다. 현대문명이 자유는 필연에 대한 인식임을 강조하는 것과 달리 포스트모더니즘은 부정의 부정이란 의미에서 마치 중세 신학의 목적론으로 돌아간 것처럼 보인다.

반과학의 휴머니즘은 현대사회에서 인간의 도구화에 반대하고 인간을 소외된 이성으로부터 해방시키려 한다. 근대문명이 인간은 이성적인 동물이라고 강조하는 것과 달리 그것은 부정의 부정이란 의미에서 마치 중세의 온정주의로 돌아간 것처럼 보인다.

도구 비이성의 형식으로 나타난 가치이성은 '마땅히 어떠해야 한다'는 가치판단을 중시하고, 어느 정도 가치중립적인 사실 판단을 낮게 평가한다. 사유방식에서 가치이성은 주체와 객체가 통일된 포스트모던 사유로써 객관주의를 강조하는 논리적 사유와 대립하여, 마치 주객이 상호침투한 원시사유를 재현한 것처럼 보인다.

이런 기초에서 포스트모더니즘은 현대문명에 대해 상당히 의미 있는 비판을 진행했다. 그러나 이런 비판의 본질은 소외를 극복하여 인간의 자유개성이 더욱 확장되도록 하는 데 있지, 결코 중세로 돌아가는 데 있는 것은 아니다. 비록 포스트모던 사회는 '새로운 중세식 사회'라는 견해가 외국에서 제기되긴 했지만 말이다.[43] 그러나 포스트모더니즘은 현재까지 기본적으로 일종의 비판이론이지 건설이론이 아니라는 점에도 눈을 돌려야 한다. 사실 그것은 단지 근대에 대한 비판이지 진정한 포스트모더니즘이 아니다. 만약 과학·이성·자유·민주 같은 모더니즘의 깃발이 현실적이고 지금까지도 여전히 활력 있는 현대세계를 창조하도록 사람들을 고무시켰다고 한다면, 포스트모더니스트는 아직 포스트모던 혁명에서 어떤 실질적인 성과도 거두지 못한 셈이다. 그러므로 우리는 근시안적으로 모더니즘의 가치를 평가하거나 미래를 무시해서는 안된다.(현대사회의 위기는 분명하기 때문에 언젠가는 몰락하게 될 것이다.) 그러나 현재 포스트모더니즘만이 중국, 그것도 여전히 농민사회인 중국을 구제할 수 있다고 생각하는 것은 시기상조가 아닐 수 없다.

특히 주목할 만한 것은 인류역사상 부정의 부정이란 깃발 아래 완전히 가라앉았던 찌꺼기가 다시 일어난 적이 한두 번이 아니었고, 마치 옛것으로의 회귀처럼 보이는 가운데 그야말로 진정으로 낡은 사물이 부활하는 경우도 있었다는 사실이다. 중세에 고전문명을 부정할 때 고전시대 이전에 일찍이 진정한 야만화가 발생한 적이 있었고, 자본주의가 중세를 부정할 때 그야말로 봉건주의 이전의 노예제의 재판(再版, 예를 들면 미국 남부)이 출현한 적이 있었다. 사람들은 후기 자본주의 문명의 창조를 자신의 임무로 삼는 사회주의의 깃발이 종법전통이 강한 국가에서 어떻게 전자본주의의 봉건잔재에 의해 도용되어 비극을 연출했는지를 기억하고 있다. 현대의 어떤 사람들이 마르크스의 인간 회복에 관한 학설[44]을 왜곡하여 자본주의의 냉혹한 사적 이익 추구에 대한 비판으로 해석하거나 마르크스가 종법식 온정을 부활시키려 했다고 주장하는 것은 얼토당토않다. 우리는 포스트모더니즘의 선구자 중 한 사람인 니체가 반인류·반문명·반근대화를 주장한 히틀러에 의해 교주로 받들어진 사실을 외면해서는 안된다. 과거에는 니체 철학과 파시스트 철학을 하나로 합쳐 말하는 것이 터무니없는 일이었을지라도, 지금처럼 민주화가 철저하게 이루어지고 현대화를 실현하고서도, 현대병으로 곤란을 겪고 있는 독일에서 니체를 재평가하고 인류문화에서 당연히 누려야 할 지위를 회복한 것은 큰 진보이다. 그러나 히틀러가 왜 니체를 이용하고, 볼테르·로크·몽테스키외와 스피노자를 이용하지 않았는지를 진지하게 고민하지 않은 채 이것은 아무 의미 없는 문제라고 단순하게 생각해서는 안된다. 제1·제2·제3제국의 영혼이 아직도 배회하고 있고 야만성의 인성(人性)에 대한 통치가 아직 소멸되지 않은 상태에서, 만일 사람들이 니체와 쇼펜하우어의 주장을 받들고 볼테르와 루소를 경멸하며, 권력의지를 추종하여 이성의 법정을 부숴 버린다면 이는 결코 진보가 아니다.

따라서 중국처럼 전근대적인 농민국가에서 포스트모던 문화붐이 출현한 것은 화가 될지 복이 될지 더 두고 보아야 한다. '문화를 가진 농민'의 인격을 일정 정도 갖고 있는 중국 지식계의 포스트모더니즘에 대한 열정은 문화가 다원화된 서양을 능가할 정도이지만, 과연 그 속에 모종의 전근대적 집단무의식이 숨어 있지 않다고 자신할 수 있을지는 의문이다.

전통 중국사회에서 가치이성이 몰락한 것은 도구이성이 너무 발달했기 때문이 아니라 반대로 도구이성이 발달하지 않았기 때문이다. 따라서 서양 포스트모더니즘에서 도구 비이성을 통하여 가치이성을 확장하려는 것이 합리적이라면, 중국에서 도구이성의 제창은 가치이성의 확장과 통일되어야 하고, 심지어 전자는 후자의 전제라고 말할 수도 있다. 전통 중국인은 항상 '마땅히 어떠해야 한다'는 것을 위하여 온갖 생각을 다했으면서도 '어떠하다'라는 이성분석은 방기했다. 그 결과 '마땅히 어떠해야 한다'에 가장 큰 관심을 쏟았던 시대에 사람들은 역설적으로 가장 바람직하지 않은 현실 속으로 빠져들었다. 종법공동체의 집단표상으로 비이성적 사유가 성행한 중국에서 도구이성에 대한 폄하는 가치이성의 확장에 도움이 안될 뿐만 아니라 반대로 어리석음을 연장하고 인간의 가치를 포함한 일체의 이성정신과 인문정신을 압살할 수 있다.

전통 중국사회에는 휴머니즘과 과학주의의 대립이 존재하지 않았고, 반대로 휴머니즘과 중세 권력의지의 대립이 존재했다. 민주와 과학의 계몽이 아직 완성되지 않은 중국에서 과학의 소외와 이성의 소외에 대한 반대를 강조하는 것은 진정한 부정의 부정이라고 하기 힘들다. 또한 중국에는 서양에서 말하는 인간의 소외는 존재하지 않았는데, 이는 이른바 '사회주의 무소외'론 때문이 아니라 서양식 소외의 전제인 인간, 곧 성숙한 개인이 아직도 생겨나지 않았기 때문이다. 중국의 휴머니즘은 '인간을 만드는' 운동이지 개인의 복귀운동이 아니다. 과거에 우리는 소외된 인간에 반대했지만 실제로는 인간 자체를 반대하는 것이 되어 버렸고, 소외된 개성을 반대했지만 실제로는 개성을 억압했다. 따라서 이 것이 우리에게 주는 교훈은 대단히 크다고 할 수 있다.

현대 서양의 비이성운동의 본질은 비이성적인 것이 아니라 이성의 소외에 저항하는 '이성 재건' 운동이다. 계몽이 이루어지지 않은 상태에서 발전한 현재 중국의 비이성 조류는 이성으로 이성을 반대하는 이성비판의 정신을 결여하고 있으며, 비트겐슈타인 철학의 세밀한 분석과 포퍼의 실증주의 같은 엄격한 논리적 기초가 부족하고, 중국 민족전통의 모호한 사유, 원논리사유의 비이성 특징과 더 많이 혼재되어 있다. 중국의 사유방식이 만일 이 한계를 뛰어넘지 못한다면 중국의 앞날은 어두울 수밖에 없다.

비이성주의는 법칙을 말하는 것에 반대한다고 말하지만, 비이성운동 자체의 역사는 오히려 법칙의 제약을 받고 있다. 본래의 의미에서 말하자면, 니체의 '초인'은 극단적인 전제주의의 우상이 아니라, 극단적인 자유주의의 이상 인격이다. 그러나 이런 비이성적인 주체의 자유는 종법농민사회에서 무엇을 의미하는가? 어쨌든 부권의 심판에서 벗어나기 위하여 사람들은 이성의 법정의 심판을 받아들이지 않을 수 없고, 집단표상의 사슬에서 벗어나기 위하여 논리의 사슬을 받아들이지 않을 수 없으며, 사람들이 모두 평등하게 이성의 권위에 복종하는 것으로 권위를 갖지 못한 자가 또 다른 천연수장의 권위에 복종하는 것을 대체하지 않을 수 없다. 이 모든 것이 실현된 후에야 비로소 사람들은 이성의 재판에 불만을 품고 자아의 충동 속에 그 개성의 가치를 실현하기 위해 노력할 수 있다. 그러나 만일 불평등 사회에서 인간의 의존성이 여전히 주도적인 지위를 차지하고 있을 때 비이성의 권력의지를 주창하고 자유롭게 선택하는 초인에 영합하여, 본질상 여전히 야만적인 영웅들이 이성의 법정을 무시하고 그 주체성을 멋대로 행사하는 폭력적인 권위를 방치한다면 어떻게 될까? 천연수장들은 주체성을 발휘하여 자민(子民)의 운명을 '자유롭게 선택할' 것이고 이성의 무기를 박탈당한 종법주민은 무기력하게 복종할 수밖에 없을 것이다. 이런 상황에서 인간의 주체성이란 공중누각이나 다름없다.

　따라서 중국의 종법농민 개조가 상품경제 단계를 우회할 수 없는 것과 마찬가지로 중국의 종법농민문화 또한 현대문화를 우회하여 직접 포스트모던 문화로 진입할 수 없다. 현재 중국에서 이성, 과학, 민주, 권리의 평등, 자유경쟁, 가치법칙, 시장 메커니즘은 아무리 강조해도 지나치지 않다. 현재 공적 지위를 이용해 사리를 챙기는 '관다오'의 창궐은 시장만능론의 파산을 증명했다기보다는 관료만능론의 끔찍함을 증명했다고 해야 옳다. 현재 중앙집권제가 변하여 영주의 분립과 봉건할거제로 바뀔 위험성은 신권위주의와 초인의 출현을 부르짖는 데 있다기보다는 인신의존의 종식과 민주개혁의 도래를 갈망하는 데 있다. 어떤 사람은 서양의 발달된 국가가 계획조절로 나아가고 중국이 상품경제를 크게 진작시키고 있는 현상으로부터 이른바 '추세동일화론'을 끌어냈다. 나는 이 주장이 의심스럽기만 하고 이해가 되지 않는다. 어떻게 발달한 국가가 '후시장경제'로 달려갈 때 드러낸 계획성과 중국의 '전시장경제' 속의 경제외적 강제가 동일한 추세란 말인가? 발달한 국가의 시장-계획이 서로 결합한 체제를, 중국에서 현재 폐단이 속출하는 명령경제와 가짜 상품경제가 마구 뒤섞여 있는 국면과 똑같다고 볼 수 있단 말인가? 만일 케인스 혁명의 기초 위에서 성립된 국가의 간섭이 사회주의 자연경제에서 수장이 '명령하달서'로 경제를 지휘하는 체제를 남겨 놓아야 하는 이유가 되고, 북유럽식의 복지사회가 반(半)종법식의 '다궈판' 공동체의 우월성을 증명한다면, 부정의 부정은 묵은 찌꺼기가 솟구쳐 오르는 것과 무슨 차이가 있는가? 마찬가지로 만일 서양의 포스트모던 문화가 중국사회에 적체되어 있는 전근대의 종법문화와 '동일한 추세'로 가고 있고, 포스트모던 사유의 주객체 통일이 집단표상 중의 주객체 상호침투와 뒤섞여 이야기된다면 '회복'과 '복고'는 어떻게 구별할 수 있는가?

　당연히 중국의 근대화는 서양의 근대화에 부화뇌동할 수 없다. 중국은 사회주의 민주혁명을 통하여 근대화를 실현하기 때문에 서양이 부르주아 혁명으로 근대화를 실현한 것과는 다르며, 중국은 가치이성이 번성하는 포스트모던 세계의 문턱에서 근대화를 추진하기 때문에 서양처럼 도구이성만이 존중받던 시대에 근대화를 추진했던 것과는 다르다. 따라서 중국은 서양의 길을 다시 걸을 수는 없다. 이 점의 현실적인 의의는 자본주의가 종법농민공동체를 와해시키는 일련의 방식에 집중적으로 표현되어 있다고 나는 생각하는데 우리는 이것을 결코 채용할 수 없다. 이 점을 설명하기 위해서는 논의의 범위를 약간 넓힐 필요가 있다.

공동체에서 개인을 해방시키는 과정은 인류역사상 세 차례 출현했다. 첫째, 문명 여명기의 씨족공동체에서 고전상품경제하의 개인(고대 자유민)에 이르는 과정이다. 일반적으로 이것을 '고전혁명'이라 부르는데, 그것은 고대 그리스-로마와 중국 전국-양한의 찬란한 문화를 만드는 전제였다.

둘째, 중세 종법공동체에서 사회화된 자유상품경제하의 개인(근대 시민)에 이르는 과정이다. 일반적으로 이것을 '시민혁명'이라 부르는데, 그것은 눈부신 근대 산업문명을 탄생시키는 전제였다.

셋째, 농후한 종법색채를 띤 원시사회주의 '다궈판' 공동체에서 사회주의 상품경제 속의 자유개인—연합체적 개인—에 이르는 과정이다. 이것이 바로 우리가 말하는 '사회주의 민주혁명'인데, 그것은 장차 사회주의 각국이 본질적으로 현대화 대열에 들어가서 더욱 위대한 포스트모던 문명을 창조하는 전제가 될 것이다.

이 세 차례에 걸친 대혁명이 파괴해야 하는 공동체는 각기 그 특색을 갖고 있지만, 구조-기능의 측면에서 두 가지 공통점을 추상해 낼 수 있다. 첫째, 그것들은 모두 속박-보호의 이중 기능 또는 부권-온정의 이중 색채를 띠고 있으며, 둘째, 그것들은 모두 권력-의존체제하에서 형성된 이익집단을 갖고 있는데, 우리는 각 공동체의 차이를 생략하고 그 의존관계속의 지위만을 떼어 내서 '천연수장'과 '평민'으로 부를 수 있을 것이다. 만일 우리가 공동체 외부에서 유래하는 정복·재난 등의 요인을 사상해 버린다면 공동체의 운동과 해체는 바로 이 두 집단의 충돌 속에서 진행된다. 그러나 전통적 계급투쟁이론이 한편을 구사회의 보호자로 묘사하고 다른 한편을 파괴자로 묘사한 것과 달리, 평민은 공동체를 분쇄하려 하고 천연수장은 그것을 보호하려 한다거나 반대로 천연수장은 공동체를 반대하고 평민은 그것을 보호하려 한다고 단정지을 수는 없다. 사실 인간의 개성이 아직 미성숙하여 반드시 공동체에 의존해야 하는 시대에 벌어진, 평민이 나쁜 가장을 바꾸려는 투쟁과 천연수장이 불효 자손을 징벌하려는 투쟁은 모두 반공동체 성격을 띠지 않았다. 인간의 개성이 성숙하기 시작할 때는 이미 공동체를 유지하는 '자상한 가장'과 '효자 현손'은 모두 몰락했고 공동체는 해체되었다. 공동체의 해체에는 논리적으로 두 가지 가능성이 있다. 평민이 천연수장을 공격하여 공동체의 평민에 대한 속박(다른 방면에서 말하자면 천연수장에 대한 보호)을 타파하거나 천연수장이 평민을 공격하여 공동체의 천연수장에 대한 속박(달리 말하면 평민에 대한 보호)을 파괴하는 것이다.

고전혁명에서 이 두 가지 가능성은 각각 '아테네식 길'과 '마케도니아식 길'을 낳았다. 아테네·로마가 나아간 길은 평민혁명을 통하여 씨족귀족의 통치를 뒤엎고 낡은 혈연공동체를 와해시켰다. 마케도니아와 춘추전국시대 이후에 중국이 걸어간 길은 대추장의 개혁을 통하여 적나라한 폭력(법가정치)으로 종법 예치의 온정이란 베일을 벗기고 낡은 혈연공동체를 와해시켰다. 아테네·로마의 경우 부권은 민권으로 변했고, 장자(長者)정치는 대중정치로 변했다. 마케도니아·중국의 경우 부권은 군권으로 변했고, 장자정치는 강자정치로 변했다. 그러나 어느 경우이든 초기 문명의 씨족국가에서 독립된 사유자를 기초로 한 고전국가로 이행하고, 혈연유대가 지역유대로 대치되는 고전혁명의 성격은 똑같이 지니고 있다.

엥겔스는 여러 차례 씨족공동체를 분쇄한 아테네 솔론의 개혁과 러시아 중세 촌공동체를 와해시키는 자본주의 진행과정을 비교했다. 그리고 아테네식 길과 마케도니아식 길은 레닌이 설명한 촌공동체가 자본주의에 이르는 두 가지 길, 곧 미국식 길과 프로이센식 길과 서로 비슷하다. 미국식 길에서는 농민이 지주를 타도하고 촌공동체의 속박을 벗어나 자유농장주가 되었고, 프로이센식 길에서는 지주가 농민을 정복하여 농민에 대한 촌공동체의 보호를 제거함으로써 농민을 자유롭게 만들었다. 전자가 건설한 것은 미국식 민주이고, 후자가 건설한 것은 비스마르크·스톨리핀식의 전제이지만, 양쪽 모두 자본주의적 변혁의 성격을 갖고 있었다. 따라서 레닌은 일찍이 러시아에서 지주와 농민은 모두 토지문제에 대한 혁명적인 정책을 실행했다고 말한 바 있다. 고전혁명 속에서의 귀족과 평민도 이와 마찬가지라고 볼 수 있다.

가치중립의 순논리적인 관점, 곧 도구이성의 관점에서 볼 때 이 두 가지 길의 궁극적인 결과는 같다. 공동체의 속박-보호, 부권-온정은 둘이면서 하나가 되어 상호 의존하기 때문에, 하나를 상실하면 다른 하나도 혼자서는 존재할 수 없다. 따라서 어느 길을 통과하든지, 투쟁하는 쌍방에 대해 말하자면 최종적인 결과는 논리적으로 볼 때 모두 보호를 상실하는 동시에 속박에서도 벗어나는 것이며, 궁극적으로 자유를 얻게 된다. 마케도니아식 고전화 또는 프로이센식 자본주의 길에서 천연수장의 부권은 극도로 확대되어 온정적 유대를 깨뜨리고 공동체를 파괴하는 일종의 냉혹한 이성권력으로 소외되었다. 그러나 공동체 파괴 후에 형성된 고대 경제와 근대 상품경제 속의 개인의 독립성은 이런 권력을 저지할 수 있다. 중국의 법가는 "지아비는 처와 가깝고 자식과 친밀하여도 오히려 이들을 믿을 수가 없거늘 그 나머지는 믿을 만한 자가 없다"[45]라고 공공연하게 선언했다. 그러나 법가가 적나라한 폭력을 사용하여 종법공동체를 와해시키고 만들어낸 독립소농은 나중에 법가사상에 기초한 횡포한 진(秦)을 타도하고 그 대신 자유방임을 받드는, "청정무위하여 자연에 순응한다"는 도가사상에 기초한 전한왕조가 들어섰다. 마케도니아, 프로이센 또는 러시아의 전제도 나중에는 고대경제와 근대경제의 영향하에서 쇠락해 갔다.

한편 아테네식 또는 미국식 길이 민주방식으로 공동체를 파괴하는 과정은 종종 "공동의 사회복지에 대한 고대 연합체의 관심"[46]을 드러냈고 아울러 공평을 요구했다. 아테네·로마의 평민혁명이 토지를 균등히 하고 채무를 폐지하여 귀족에 타격을 준 것, 중국과 러시아 민주혁명의 미국식 길이 토지의 평균분배로 지주를 소멸시킨 것 등은 모두 이와 같았다. 그러나 인간의 개성 발전이 일정한 수준을 갖추기만 하면 이와 같은 평균은 평민에게 어떤 종법식 보호도 가져다 줄 수 없고, 단지 기회 균등한 경쟁에서의 평등한 출발점이 될 수 있을 뿐이다. 솔론식의 토지제한과 채무폐지 정책의 본뜻은 분화를 방지하는 데 있었다. 그러나 평민이 씨족공동체의 속박을 벗어나 진정으로 자유민이 된 결과 자유로운 분화과정은 억제될 수 없게 되었다. 인민주의파가 주장한 '토지(소유의) 민주'의 본의는 촌공동체를 유지하는 데 있었으나, 레닌의 미국식 길에 대한 구상에 따르면 토지개혁으로 지주를 타도하는 것은 농장주를 폐물 속에서 분화되어 나오게 하는 데 가장 유리한 전망을 갖게 했다. 요컨대 논리상 이 두 가지 길의 발전과정은 동일한 추세로 나아갔던 것이다. 천연수장과 평민이 각기 자기 집단의 이익을 위해 내세운 주장은 결국 모두 자신의 반대편을 향했기 때문에, 전자는 특권을 상실하고 후자는 보호를 상실했으며, 쌍방이 모두 고전적 또는 자본주의적 자유인이 되었다. 그러므로 도구이성의 의미에서 볼 때, 이 두 가지 길은 등가이다. 그리고 경험적 의미에서 볼 때 아테네식 또는 미국식 길이 마케도니아 또는 프로이센식 길보다 반드시 우월하다고 말할 수도 없다. 역사는 인간이 임으로 선택할 수 없고, 수많은 상황하에서 인간이 갈 수 있는 길은 대개 하나밖에 없다. 설령 또 다른 한 방향을 향해 노력을 한다 하더라도 그것은 종종 종법적 몽상으로 변할 뿐이기 때문이다.

그러나 인간은 로고스가 자신을 증명하는 데 사용하는 도구가 아니다. 그렇다고 단지 감각을 쫓아가는 경험적 동물도 아니다. 인간은 가치이성을 갖고 있으며, 가치이성에서 볼 때 이 두 길은 등가가 아니다. 마케도니아식 또는 프로이센식 길은 절대다수에게 심한 재난을 가져오고, 잔혹하고 폭력적이며 불공정하고 비인도적이어서 인간의 가치와 인간의 궁극적인 관심에 해가 되는 반면 아테네식 또는 미국식 길은 가치상으로 상당히 합리적이기 때문이다. 설령 인간의 가치에 대한 자각이 아직 발달하지 못한 시대라고 할지라도 이런 객관적 가치는 기능상으로나 경험상으로 의미의 차이를 직접 초래할 수도 있다. 이것은 우리가 지금까지 종법성과 개성 사이에서 사람들이 취하는 가치취향을 생략하고 논리분석을 진행했기 때문이다.

우리는 오직 인간의 개성발달을 가설의 전제로 삼은 만큼 위의 두 길 가운데 어느 길이 되었든 이 전제하에서만 비로소 고전화·자본주의화를 낳을 수 있다. 그러나 사실상 사람들이 종법성으로 기우는가 또는 개체성으로 나아가는가의 메커니즘은 매우 복잡하고 종종 가역적이다. 흔히 인간의 개성이 발달해야 비로소 어느 길로든 변혁이 일어날 수 있다고 한다. 바꿔 말하면 변혁의 길이 가치이성에 합당한가의 여부가 인간의 개성이 순조롭게 발달하는가 아닌가에, 심지어 인간의 개성이 진정으로 탄생될 수 있는가 없는가에 직접적으로 영향을 끼칠 수 있다는 것이다. 마케도니아식 또는 프로이센식 길은 한편으로 평민에게 엄청난 고통을 가하여 강한 종법정서를 불러일으킴으로써 그들의 투쟁이 종법공동체를 유지하기 위해 싸우는 반동성을 띠게 만들 수 있으며, 다른 한편으로 기득권을 갖고 있는 천연수장이 원공동체의 인격화로서, 종법식의 어제와 복잡다단한 관계를 갖고 있었던 만큼 흔쾌히 특권과 평민에 대한 속박을 방기할 수 없게 만든다. 또한 권리의 불평등 위에 재산의 불평등까지 더하여 조성된 사회정서와 동요가 권리평등으로 바뀌어 온 재산불평등보다 훨씬 더 강렬했기 때문에, 천연수장은 급격한 변동이 자신의 지위를 위태롭게 하는 것을 막기 위하여 평민에 대한 보호도 완전히 방기할 수 없었다. 예컨대 중국의 경우, 한무제와 왕망이 겸병을 억압하는 폭압적인 조류가 연이어 발생하여 고전식 자유분화가 심한 타격을 받았다. 러시아에서는 스톨리핀 개혁에 따른 촌공동체 와해가 극심한 동요를 야기한 후, 차르 정부는 분여지를 상실하고 동등한 경쟁기회를 얻지 못한 파산농민이 될 대로 되라는 식으로 행동하는 것을 두려워했기 때문에 1913년 입법에서 독립농민 토지의 매매 이전을 엄격하게 제한하고 아울러 이런 토지의 면적은 반드시 이전의 법정 분여지에 관한 법령에 준해야 한다고 규정하여 사실상 독립농민의 토지를 새롭게 분여지화했다. 이듬해에는 스톨리핀 토지법의 추진을 아예 중단함으로써 프로이센식의 철저한 혁명은 유산되었다.

따라서 이러한 두 가지 변혁의 길은 논리적으로 추세동일화 과정에 있긴 하지만 이것이 실제로 철저하게 완성되기는 어렵다. 마케도니아식 또는 프로이센식 개혁은 고통과 왜곡과 반복이 상당히 많았을 뿐만 아니라 그 결과도 대개는 아테네식 또는 미국식 길이 달성했던 고전화나 자본주의 현대화 수준에 도달하지 못했다. 앞에서 이미 중국 전국·양한시대의 고전 소농문화를 말했지만 적지 않은 사람이 이 시기의 중국은 완전한 고전사회가 아니었거나 적어도 고전화 정도가 그리스–로마에 훨씬 못 미친다는 점을 지적할 것이다. 우리 두 사람 역시 사실상 이 점을 인정한다. 그러나 그 이유는 중국인과 서양인 사이에 불과 물처럼 서로 섞일 수 없는 어떤 '본성'의 차이가 있기 때문이 아니라, 중국이 평민혁명을 거치지 않은 데 있다고 우리는 생각한다.[47] 중국의 고전화는 아테네식이 아니라 마케도니아식이었다. 설령 상대적인 의미로서 중·서 전통의 근원적 차이를 부인하지 않는다고 하여도, 그것은 숙명적인 것이 아니고 역사과정에서 여러 요소가 점차로 만들어낸 것이며, 고전화 양식의 차이는 분명히 그 핵심적 요소이다. 마찬가지로 미국 농민은 개인주의자이고 자유주의자이며, 러시아 농민은 집단주의자이고 인민주의자라는 점도 인종의 천성 탓으로만 돌릴 수는 없다.

미국 농민은 러시아 농민과 같은 프로이센식 발전의 고통을 겪지 않았다. 반면 프로이센식 발전의 고통은 반드시 종법정서를 조성하거나 적어도 종법성의 소멸을 완화시켰다. 이란에서 팔레비의 '백색혁명'이 이슬람 근본주의의 광적인 열기를 초래하고 프로이센 농민이 독일 제3제국의 제1등급이 된 것은 모두 그 예이다. 프로이센식 길을 걸어 근대로 진입한 독일, 러시아, 일본 등의 자본주의 역시 미국의 그것과 전혀 달랐다. 독일의 바이마르 공화국, 일본의 다이쇼(大正) 민주주의는 모두 두 갈래 길의 추세가 동일하다는 논리를 분명하게 보여주었다. 그러나 그것들은 모두 너무 약해 바람만 불어도 곧 쓰러질 듯했고, 우담화(優曇華)*처럼 잠깐 나타났다가 곧바로 사라져 파시스트 전제에 의해 침몰되었다. 독일과 일본은 패전 후 피점령상태에서 비로소 진정으로 민주체제를 확립하고, 미국식 길과 같은 과정을 완성했다. 이 방면의 유일한 예외는 아마도 영국일 것이다. 영국은 한편으로 신흥 귀족이 폭력으로 공동체를 파괴하고 농민을 몰아내는 인클로저 운동에 의해 극단적인 프로이센식 반(反)종법 변혁을 진행했으며, 다른 한편으로 대의제 민주주의를 비교적 순조롭게 발전시켰다. 내가 보기에 이것은 영국자본주의의 원시축적이 온전히 (일국 내에서) 농민을 희생시킨 결과는 아닌 것 같다. '해가 지지 않는 제국'이란 말처럼 주로 해외 이익에서 힘을 얻었기 때문이지, 그렇지 않았다면 절망적인 상태에 빠진 농민이 히스테리성 종법운동을 일으켜 무언가 보호자를 찾아서 근대화 과정을 방해했을지도 모른다.

따라서 우리는 가치이성의 의미에서뿐만 아니라 도구이성의 의미에서 아테네식 또는 미국식 발전에 기울고 마케도니아식 또는 프로이센식 발전을 싫어한다. 바로 이런 의미에서 우리는 비로소 농민(고전농민과 소부르주아 농민)이 아테네식 또는 미국식 발전을 실현하기 위해 수행한 공헌에 대해 매우 긍정적인 의의를 부여할 수 있다.

사회주의 민주혁명의 성격은 당연히 고전혁명이나 시민혁명과 다르지만, 구조-기능분석에서는 서로 비교될 만한 점도 있다. 사회주의 민주혁명이 파괴하려는 공동체는 속박-보호의 대립통일이기 때문에 미국식 또는 프로이센식의 두 가지 가능성을 모두 갖고 있다.[48]

일찍이 레닌이 말한 바와 같이 러시아에서는 1905~1907년 구제도의 위기

---

* 범어 '우담바라'의 음역. 3천 년에 한번씩 꽃이 핀다는 상상의 식물.

를 거친 후에 모든 사람이 변하지 않으면 안된다고 생각했고 따라서 지주와 농민 모두가 혁명의 길을 갔다. 어떤 의미에서 상층과 하층 모두에게 큰 고통을 안겼던 구체제 위기의 대폭발—문화혁명의 10년 내란—을 경과한 현재의 중국은 아마도 누가 정권을 잡든 개혁을 하지 않을 수 없을 것이다. 지금의 중국인들은 비록 문화대혁명 전의 황금시대에 대해 여전히 심리적인 향수를 느끼고 있지만 정말로 그 시대로 돌아가려고 생각하는 사람은 거의 없다. 자상한 가장 같은 지도자와 효자현손 같은 군중은 이미 갈수록 적어졌고 엄격한 의미에서의 보수파, 곧 진심으로 '다궈판' 공동체와 그 가치체계를 유지하려는 세력은 더 이상 개혁에 큰 위협을 주지 못한다. 소비주의 물결 아래에서 오늘날의 사회 각 계층은 이미 밥 분배에 만족하지 못하며 밥 분배제 당시의 종법식 화목을 재현할 수 있다고 꿈꾸지도 않는다.

그러나 '다궈판' 공동체의 붕괴에는 두 종류의 방식이 있을 수 있다. 하나는 다궈판의 주방장에게 주걱을 내려놓게 하고 모든 사람이 사회계약에 기초한 경쟁원칙에 따라 자유롭게 원가로 밥을 먹게 하는 것이다. 분명히 이런 방식의 전제는 민주개혁으로 주방장의 특권을 박탈하여 기회균등의 공평한 경쟁을 실현하는 것이다. 다른 한 가지 방식은 주방장이 공동체 전통도덕의 구속에서 벗어나 자상한 가장의 탈을 벗어 버리고 수중의 권력을 이용하여 임의로 나눠 주고 빼앗는 것이다. 다시 말하면 자신이 독점하고 있는 주걱으로 '큰 솥밥'을 자신과 자신의 의존자의 밥그릇에 임의로 나누어 줌으로써, 평민에게 분배된 밥을 빼앗고 그 철밥통을 깨부숴 평민이 보호를 상실하고 자유화되도록 하는 것이다. 분명히 이런 방식으로는 민주주의를 기대할 수 없으며 중국에 프로이센식 원시축적과정—만일 주방장이 적극적인 의지를 갖고 있다면—이 출현할 것이다. 실제로 현재 중국의 개혁은 신구체제의 투쟁에서 미국식 길과 프로이센식 길 사이의 투쟁으로 변화했다. 만약 중국의 개혁이 후퇴한다 해도 결코 다궈판 공동체로 되돌아갈 수는 없다. 다만 독일의 바이마르 공화국과 일본의 다이쇼(大正, 1912~1925) 민주주의가 붕괴될 때처럼 '프로이센화'의 재난으로 악화된 사회위기 속에서 파시스트 통치의 심연으로 빠져 들어갈 가능성이 매우 높다.

이는 결코 사람들을 위협하여 놀라게 하려는 것이 아니다. 사실 중국에서는 이미 프로이센식 개혁이 상당히 심각한 추세를 형성했다. 현재 상품경제의 흐름이 피폐되고 원활하지 않은 산시, 허난 농촌에서는 군계일학 같은 '촌장네 높은집', '향장네 높은 집', '서기네 넓은 집'을 도처에서 볼 수 있다. 자본주의 양극분화는 아주 형편없고, 권세 있는 자가 먼저 부자가 되는 것은 누구나 아는 사실이다. 단체자산(集體資産)의 전문경영은 공정한 경쟁을 통한 입찰방식으로 채택되는 경우가 거의 없고, 대부분 중국의 융커들이 한 손에 장악하여 공공연히 또는 형태를 바꿔 공유재산을 사유화하는 예가 비일비재하다. 근년에는 농촌 기층 간부가 제멋대로 공유토지를 내다 파는 과정에서 자기 배를 채우는 상황도 무시할 수 없을 정도로 늘어났다.[49]

　주방장이 주걱을 내려놓지 않으려 하고 민주화가 여의치 않은데다가 개혁의 문화적 토양마저 상당히 낙후되는 등 곳곳에서 곤경에 직면하자 근년에는 프로이센화(비록 꼭 이런 용어를 사용하는 것은 아니지만)를 공개적으로 고취하는 말들이 나타나기 시작했다. 특히 정치상의 '신권위주의'와 경제상의 '관료자본은 제1등급의 로켓'이라는 설이 전형적이다. 이런 이론은 비록 분명히 포스트모던 문화 속의 권력의지론과 불확정성 원리 등의 영향을 받았지만, 사유방식은 오히려 현대의 순수 도구이성의 특징을 갖고 있어서 실천의 결과 아마도 현대화 이전의 묵은 찌꺼기를 모두 솟구치게 만들 가능성이 매우 높다. 이는 현재 농민국가인 중국의 개혁에서 깊이 고려해야 할 현상이다.

　정말로 순수한 도구이성에서 출발한 프로이센식 발전은 감정상 사람을 유쾌하게 하지는 못하지만 만약 그 발전논리가 철저히 관철된다면 객관적으로 큰 진보이고 개혁을 하지 않는 것보다는 훨씬 낫다. 종법공동체가 어차피 '주방장'이 권력으로 사복을 채우는 것을 막을 수 없고 그들이 취한 사리가 자본축적의 기능을 발휘하게 하지 못할 바에는—이것은 중국 경제의 전자본주의적 성격이 집중적으로 드러난 것이다—그들이 자신의 이익에 근거하여 강권으로 공동체를 타파하고 자본화하도록 하는 것이 비록 인민에게 고통을 줄지라도 결국 상품경제의 발전에는 유리할 것이다. 만일 이런 메커니즘을 만들어, 주방장으로 하여금 구제도하에서 헤프게 낭비되던 자금을 다궈판 공동체에서 빼내(민주화하지 않고서는 이런 현상을 피할 수 없다) 확대재생산에 투자하도록 할 수 있다면, 비록 관료기업이라 할지라도 헛되이 쓰는 것보다는 낫다. 만일 '관다오 어른'으로 하여금 단기행위(당연히 그들이 큰 이익을 방기하게 만드는 조건이 필요하다)를 그만두고 투자욕망을 갖게 할 수 있다면, 인민은 비록 통화팽창 중에 약간의 착취를 당하더라도 자본의 원시축적을 위한 희생이었다고 생각할 수 있으며 종법시대에 간상의 가혹한 착취를 받는 것보다 가치가 있다. 예컨대 만일 하나의 생산대장이 공유재산을 사재로 삼아 생산대를 그의 개인농장으로 만들고 직원을 그의 고용노동자로 삼는다면, 이는 비록 직원에 대한 강제 착취를 의미하지만 농장의 효율은 오히려 "출근은 벌떼처럼 하지만 일은 게을리 하던" 시대보다 높일 수 있다.

만일 논리가 정말로 이처럼 철저하게 관철된다면, 오랜 고통의 과정을 겪은 후 조만간 상품경제 자체의 논리에 따라 결국 미국식 발전과 궤를 같이 하는 민주화를 이루고, 현대화를 실현할 수 있을 것이다. 비록 희생이 크고 고통도 심하겠지만, 만일 미국식 민주혁명의 길이 가능하지 않고, 평등한 경쟁이 일부 논자의 말처럼 아름다운 환상이며 구체제도 회복할 수 없다면, 이것 또한 하나의 출구가 되지 않겠는가? 이것이 바로 '신권위론' 또는 '제1등급 로켓론'자의 사유논리이다. 나는 여기에 또 하나를 보충하려고 한다. 중국이 고전시대에 이미 마케도니아식 길을 걸었던 것을 생각할 때, 중국이 상품경제 속에서 프로이센식 길을 걷는 것은 전통과 아주 잘 어울리는 것이 아닌가? 더구나 근대 중국에는 확실히 관료자본이 존재하지 않았던가라고.

그러나 이것은 사실상 논리상의 유토피아일 뿐이다. 만약 현재 중국에서 미국식 사회주의 민주혁명의 실현이 매우 곤란하다고 한다면, 프로이센식 발전의 앞길은 더욱 험난할 수밖에 없다.

'이성의 기계'의 개혁이론은 감각을 따라 가는 것, 곧 집단표상을 따라 가는 농민개혁이론보다 더 과학적인 듯하다. 그러나 20세기 말 현재, 단지 순수한 도구이성에서 출발하여 개혁을 설계하는 것은 위험한 짓이다. 포스트모더니즘이 농민국가의 개혁자에게 준 가장 큰 계시는 포스트모더니즘의 구체적인 이론과 조작 설계가 아니라 '포스트모더니즘'이 체현한 인류의 가치 이성의 각성이다. 이 점은 중국의 사회주의 민주혁명에 특히 중요하다. 마르크스가 세운 사회주의 학설은 중세의 도덕설교가 아니지만, 그렇다고 완전히 산업시대의 '논리의 기계' 이론도 아니다. 마르크스는 계몽시대 이래의 도구이성을 계승하고 발양시켰지만 산업시대의 소외와 도구화에 대한 심각한 비판 속에서 후기산업시대 가치이성의 번영을 예시했고, 인류——개인으로 구성된 인류——의 발전에 대한 궁극적인 관심을 체현했다. 마르크스가 이끈 사회주의 사업은 이성의 설계이지만 이 이성은 인간의 존엄과 전면적인 발전을 최고의 가치로 삼는 것이다. 그것은 인성을 죽이는 어떤 발전도 용납할 수 없으며, 자연히 프로이센식 발전과 서로 양립할 수 없다. 왜 그런지는 모르지만 프로이센식 길을 모색하는 현재 중국의 설계자는 언제나 '아시아의 네 마리 용'을 예로 들어, 이들의 특수한 조건인 비좁고 작은 섬이나 반도를 새로운 권위의 표본으로 삼기를 즐겨하면서도 정작 농민, 특히 종법농민의 강대한 대국이 새로운 권위에 의지하여 발전을 모색한 예, 독일·러시아·이탈리아·일본이 '아시아의 네 마리 용'보다 훨씬 전형적이었다는 사실에 대해서는 무관심하다. 이런 설계자가 위에서 설명한 갖가지 가증스런 모습의 권위에 대해 반감이 없는 것은 아닌 듯이 보이지만 그들의 도구이성은 결코 철저할 수가 없다.

사회주의 민주혁명과 부르주아 혁명은 모두 자유소유제로 종법공동체를 대체하는 것이며, 양자의 차이는 이미 지적한 대로 전자는 자유인 연합체 소유제를 실현하고 후자는 자유사유제를 실현한다는 데 있다. 그러나 이것은 어디까지나 혁명의 최종 결과에 관해서 말한 것이다. 현재 자유인 연합체는 단지 맹아일 뿐이며, 자유사유제는 많은 게 아니라 너무 적다. 그러면 사회주의 민주혁명과 부르주아 민주혁명은 당면한 현실에서 어떤 차이가 있는가? 고전혁명에 아테네식과 마케도니아식의 두 가지 길이 있는 것과 마찬가지로 부르주아 혁명에도 미국식과 프로이센식의 두 가지 길이 있을 수 있다고 생각한다. 그러나 사회주의 민주혁명은 논리상으로는 두 종류의 길이 있을 수 있음에도 불구하고, 오직 하나 미국식 발전만이 가치상으로 합리적이다. 프로이센식 발전은 사회주의 민주혁명의 완전한 패배를 의미한다. 만일 한 국가에서 한줌의 권력자들이 일체의 공동체 약속을 깨고 적나라한 전제수단으로 광대한 평민을 착취하는 길을 걷는다면, 그 국가는 사회주의 개혁에 종사하고 있다고 말할 수 있겠는가?

당연히 우리는 가치이성과 도구이성이 통일되어 있다고 본다. 우리가 프로이센식 발전을 부정하는 것은 그것이 비인도적일 뿐만 아니라 사실상 실행될 수도 없기 때문이고, 사회주의 가치원칙을 위반하기 때문일 뿐만 아니라 기술적 의미의 현대화를 비롯한 어떤 의미의 현대화도 가져오지 못하기 때문이다. 그 이유는 다음과 같다.

첫째, 엄밀히 말해서 중국의 전통관료는 서양에서 말하는 관료, 예컨대 막스 베버가 말한 법치형 통치를 하나의 특징으로 하는 관료와 질적으로 다르며, 오히려 유럽 중세 영주의 가신에 가깝다. 서양에서 발하는 관료자본은 정부관리가 주주로 되거나 또는 더 나아가 외부와의 경쟁상황에서 권력에 의존하는 점이 있지만 기업 내부의 운영 메커니즘은 보통의 자본주의 기업과 아무런 차이가 없다. 중국의 관료자본은 사실상 '권귀자본'이고 관료의 투자는 화폐말고도 권력을 포함하고 있으며, 외부경쟁에서 권력에 의존할 뿐만 아니라 기업의 내부 운행 메커니즘도 고용관계보다 인신의존관계에 기초하는 일이 많다. 이런 자본은 아무런 경쟁력이 없기 때문에 국내에서는 권세에 의존하여 민간자본을 억누르지만 국제경쟁에서는 도태될 수밖에 없다.

둘째, 프로이센식 길은 반드시 사회모순을 격화시키는데, 특히 '다궈판' 공동체하의 평균주의 생활에 익숙해진 국가에서는 더욱 그렇다. 만약 미국식의 공정한 경쟁으로 종법식 평온을 타파하는 것이 큰 난관에 봉착한다면, '밥 분배'를 방기하고 균등한 경쟁의 기회도 얻지 못하는 것은 '기회'로 '밥 분배'의 포기를 대체하는 것보다 훨씬 큰 위험을 무릅써야 한다. 등급분화 위에 다시 계급분화를 덧붙이는 것은 계급분화로 등급분화를 대체하는 것보다 사람들의 반감을 증대시키고, 귀천의 차별을 강화하여 빈부의 불균형을 확대하는 것은 단순히 공동생활을 파괴하여 능력 있는 자에게 먼저 부유해지도록 하는 것보다 더 큰 사회심리의 균형상실과 가치혼란을 조성할 수 있다. 현재 파산법, 주택 상품화와 대학졸업 후 취업배당 취소 등의 개혁은 추진하기 어려운데, 그 주된 이유는 사회가 이런 개혁 자체를 심리적으로 감당할 능력이 없기 때문이 아니라, 특권의 왜곡 아래서 출현한 이런 개혁의 프로이센 색채가 대중의 분노를 불러일으키기 쉽기 때문이다. 특히 위험한 것은 바로 독일, 이탈리아, 일본, 러시아 및 현재의 이란 등의 역사가 분명히 보여주는 것처럼 프로이센화의 재난은 대중, 특히 농민대중의 종법정서를 자극하여 파시스트 운동으로 재벌공화정(財閥共和政)을 반대하고, 이슬람 근본주의로 백색혁명을 반대하고, 경찰인민주의로 귀족자유화를 반대하는 히스테리를 야기한다. 미국식 민주혁명에서 민주주의가 전제주의를 반대한 투쟁과 비교하자면, 프로이센화가 야기한 이런 종법군중이 탐욕스런 사유자를 반대하는 히스테리는 파괴성이 훨씬 크고 전혀 건설적이지 않다. 중국 농촌의 프로이센화 경향이 야기한 농민의 중국 융커에 대한 분노는 주위 안장식의 "강자를 제거하고 부자를 억누르는 것"에 대한 전통 농민의 기대를 심층심리의 침전물에서 현실의 불안전 요인으로 발전시켰다. 만일 문제가 격화된다면, 우리는 혁명이라기보다는 역대 왕조 말기의 난세와 같은 재난에 직면하게 될 것이다. 요컨대 프로이센식 발전은 개혁 실패의 위험뿐만 아니라, 한바탕의 군중성 종법 히스테리 속에서 국가를 중세 상태로 후퇴시키는 위험을 감수해야 한다.

세 번째, 프로이센식 길이 초래한 사회모순은 미국식 길보다 훨씬 심각한 것이므로, 사회안정을 유지하기 위해서는 반드시 종법공동체에게 미국식 개혁보다 훨씬 큰 양보를 해야 한다. 특권자의 수요로 인해 공동체의 속박기능이 남아 있게 되고, 공동체의 보호기능도 완전히 폐지하기 어렵기 때문이다. 러시아의 스톨리핀 개혁이 결국 촌공동체에 굴복함으로써 종말을 고한 것이 바로 그 예이다. 또한 중국의 파산법과 주택개혁이 공개되지 못하거나 공개된 후 유산된 것도 같은 이유에서이다. 조금이라도 현명한 주방장이라면 경쟁기회를 주지 않는 상황하에서 밥 분배의 취소가 어떤 반응을 불러일으킬지 잘 알고 있을 것이다. 따라서 중국이 프로이센화를 실행하는 것으로는 관료자본을 건설하는 것도, 다궈판을 파괴하는 것도 불가능하다. 그것은 동란의 야기와 개혁의 정지 가운데 하나를 선택하는 결과만을 가져올 것이다.

요컨대 중국에서 프로이센화는 사회주의의 멸망과 모든 개혁의 실패를 의미한다. 미국식 민주혁명만이, 곧 민주주의에 의해 천연수장이 다궈판 공동체 안에서 주격을 쥐는 특권을 최소화하는 방법으로 공동체를 파괴하는 것만이 개혁의 유일한 출구이다.

미국식 길과 프로이센식 길은 본래 일종의 추상모델이다. 레닌이 지적했듯이 부르주아 계급의 한계로 말미암아 그들이 지도한 혁명을 순수한 미국식, 곧 대다수 인민에게 유리한 형식으로 완성하는 것은 불가능하다. 프롤레타리아 계급이 영도하는 민주혁명은 이것을 해낼 수 있다. 애석하게도 그의 주장은 그 후 증명되지 못했지만, 그로부터 70여 년이 지난 오늘의 사회주의 개혁가는 당연히 이것을 실증해야 한다.

사람들은 중국 전통문화의 잔재하에서 미국식 민주혁명이 실현될 수 있을지에 대해 많은 의구심을 갖는다. 이런 의심은 일리가 있다. 사실 중국이나 러시아 같은 나라는 미국식 민주혁명의 길에서 단지 첫발(지주 타도)만을 내딛고는 다시 종법공동체의 전원시적 역사를 읊조렸다. 그러므로 미국식 길은 천연수장에 대한 개조이며, 평민에 대한 개조이기도 한다. 그것은 주방장이 주걱을 내려놓게 하는 것이며, 대중이 일체의 종법환상을 방기하도록 하여 속박을 벗어나는 동시에 보호를 그리워하지 않도록 하는 것이다. 그렇지 않으면, 개혁은 이상한 방향으로 흘러 천연수장을 타도한 뒤에 또다시 온정이 넘실대는 종법공동체를 건설하는 난국에 빠질 것이다. 이는 몇십 년간 중국이 경험한 대로이다. 바꿔 말하면 미국식 길은 반드시 문화적 계몽을 필요로 하며 반드시 종법농민의 문화심리를 파괴하고 전 민족의 반성이 있어야 한다. 그러나 반성의 목적이 결코 "모든 것이 전통 탓이고, 사람마다 청결치 못하고, 너는 돈벌이에 눈먼 자오 영감이고 나는 비굴한 아Q이며, 누구도 남을 상관하지 말라"는 상황을 조성하는 것은 아니다. 고대에서 지금까지의 모든 개혁은 전 민족이 일률적으로 문을 닫아걸고 반성하는 분위기에서 수행된 것이 아니라 진보세력이 보수세력을 반대하는 실천과정에서 완성된 것이다. 과거에 미국식 민주혁명이 도중에 중단된 것은 전적으로 종법농민문화 때문이다. 이것을 역으로 말하면 중국 역사에서 종법문화가 강한 것은 중국이 고대문명시대에 아테네식 길을 가지 않고 마케도니아식 길을 간 것과 관련이 있다.(러시아 농민의 종법문화가 마치 러시아가 장기간 프로이센식 길을 간 것과도 관련이 있는 것처럼.) 현재 중국에 종법문화가 존재하는 것은 바로 민주혁명의 미완성으로 인해 종법공동체의 사회경제적 토양이 남아 있기 때문이다. 종법농민문화의 교화 아래 있는 중국이 사회주의 민주혁명을 수행하기란 보통 힘든 일이 아니다. 그러나 철저한 사회주의 민주혁명을 실행해야만 중국은 비로소 종법농민의 숨결에서 벗어나 전원시의 시대와 작별할 수 있다. 중국의 어려움과 희망은 오직 여기에 달려 있다.

결론: 전원시에서 광시곡으로

음악은 시대의 영혼이다. 중세 프로방스 농촌의 전원시는 그 몽환 같은 평온과 낭만과 현실도피적인 분위기로 르네상스 초기의 예술가들을 사로잡아 14~16세기 서유럽에 전원곡과 전원극의 전성기를 가져왔다. 그러나 썩은 나뭇가지를 잘라 버리듯이 시민문화가 이런 종법식의 안녕을 무너뜨린 후에 유럽인은 란디노(F. Landino, 1325~1397)*와 타소(T. Tasso, 1544~1595)† 등을 기억 저편으로 보내 버렸다. 19세기에 이르러 진취적이고 민족의 각성을 촉구하는 서사시적인 음악—광시곡—이 유럽 곳곳에 울려 퍼졌다. 리스트의 「포르투갈 광시곡」, 랄로(É. V. A. Lalo)의 「노르웨이 광시곡」, 라벨(M. Ravel)의 「스페인 광시곡」은 길게 울리는 기적소리처럼 그들의 국가와 인민이 근대화의 역사과정에 뛰어들도록 격려했다.

중국 민주혁명의 물결이 넘실대던 1940년대에 선원 출신의 작곡가 시싱하이(洗星海)는 현대화된 중국에 대한 동경을 품고 「중국 광시곡」을 작곡했다. 그러나 이 음악에 대한 현대 중국인의 인지도는 그의 「황허」, 「생산」, 「타이항산(太行山) 위에서」 등 신식 농민운동 속의 전쟁가요에 미치지 못한다. 그것은 유감스러운 사실을 상징하는 듯하다. 그로부터 거의 50년이 지난 뒤에도 중국 역사의 주요 선율은 여전히 종법소농의 전원시에서 현대화의 광시곡으로 전환하지 못했기 때문이다.

그러나 우리는 이제 막 이런 변화가 도래하고 있다고 믿는다.

전원시와 고별한 중국에는 다시는 8억의 농민이 존재할 수 없겠지만, 앞으로도 상당히 많은 농민이 존재할 것이라는 데는 의심의 여지가 없다. 중국의 농민은 장래에 어떤 사회생활을 하게 될까? 과학임을 내세우는 이 한 권의 농민학 책이 미래에 관해서 '자유분방한 상상'(狂想)을 할 수는 없을 것 같다. 그러나 우리가 시야를 세계로 돌리면 우리의 상상력을 뛰어넘는 노력들을 볼 수 있다.

1969년에 미국 농업협동조합 조합원은 연인원 640만 명에 달하는데, 미국 전체 농가는 200만 가구에 못 미친다. 따라서 대다수 농민은 적어도 하나 이상의 협동조합에 가입했다는 이야기다. 당시 미국 농산품의 36%가 농업협동조합에서 생산한 것인데 20년 전에 20%였던 것과 큰 차이가 있다.

* 이탈리아의 작곡가·연주가·시인.
† 이탈리아 시인으로 다수의 전원극과 서사시를 남겼다.

　서유럽과 북유럽의 농업협동조합은 미국보다 더욱 발달했다. 목축업의 현대
화로 전세계에 이름을 떨친 덴마크는 농업협동조합이 젖소의 91%, 버터의
65%, 돼지수출의 90%를 담당하고 있다.[1] 독일의 협동운동은 20세기 초에 유
럽에서 유명했고 1914년 협동조합 조합원이 이미 600만 호 이상에 달해 일부
학자는 "협동운동이 농민사회를 좌우하고" 협동조합이 농민에 미치는 영향은
"농업과 관세에 관한 모든 법률을 합친 것보다도 더 크다"고 인식했다.[2]

　큰 위성이 밝게 비추고 있는 자본주의 사회인 이스라엘은 농촌경제에서 공공
경제의 비중이 80%를 차지할 만큼 높고, 개체경제는 단지 20%이다. 이 공공경
제에는 키부츠(상품경제에 종사하는 집단농장), 모샤브(노동협동조합으로서 생산
수단의 공유, 농가의 독립경영, 집단지도를 받는 판매·신용대출과 대형기기 사용의
연합체), 그리고 이 둘 사이에 존재하는 그 밖의 집단경제형식[3]이 포함된다.

　과연 이것이 자본주의 농업인가? 중국이 20여 년의 집단화운동에서 기진맥
진할 정도로 고생을 하고서도 또 다른 출구를 찾지 않을 수 없었을 때 이런 광
경을 보고 어찌 "뜻을 갖고 꽃을 심었으나 꽃이 피지 않고, 아무 생각 없이 버드
나무를 꽂았더니 싹이 트더라"는 감탄이 절로 나오지 않겠는가.

　그러나 이런 감탄을 발하는 것은 단지 우리만이 아니다. 과거 러시아의 인민
주의파도 협동운동의 광적인 고취자였다. 그들은 러시아 농촌공동체의 집단주
의 정신이 협동운동의 천연의 토양이며, 촌공동체의 협동화가 그들의 사회주의
사업이 성공할 수 있도록 희망을 줄 것이라고 굳게 믿었다. 그러나 잘 알다시피
역사는 놀라울 정도로 풍자적인 의미를 갖고 있었다. 인민주의 활동가는 있는
힘을 다해 촌공동체 협동화를 시도했으나 효과는 미미했고, 오히려 인민주의파
가 이를 갈며 증오했던 스톨리핀 개혁은 촌공동체에 대해 대대적인 파괴를 진
행하는 동시에 거꾸로 농업협동조합을 크게 발전시켰다. 제1차 세계대전 이전
러시아 농촌의 3만 3천 개의 협동조합 중에서 83%가 스톨리핀 개혁 동안 설립
된 것이다.[4]

　정권을 장악한 볼셰비키는 1921년 전시공산주의 시기의 집단농장운동이 실
패한 후에 다시 농촌공동체 사회주의 개조의 희망을 협동화에 걸었다. 그들은
"협동제는 사회주의 사회와 분리할 수 없는 일부분"[5]이라고 선언했다. 1920년
대 내내 구소련은 협동제 추진에 전력을 쏟았다고 말할 수 있다. 그러나 결과는

어떠했는가? 당시 소련 정부의 수뇌였던 리코프는 다음과 같이 묘사했다. 신경제정책 후기에 협동화된 농가는 불과 300만 호인 반면, 제1차 세계대전 이전의 차르 시대 협동화 농가는 무려 1,200만 호에 달했다. 질적인 면에서도 마찬가지였다. 전시에 협동조합의 평균자본은 6만 루블이었지만, 신경제정책 시기의 협동조합의 평균 자본은 겨우 1만 5천 루블이었다. 게다가 이 시기 루블의 화폐가치는 전전에 비하여 훨씬 낮았다. 더욱 불행한 것은 이런 가련한 자본조차도 모두 국가가 지원한 것이고 농민의 자본과 저축은 1/25에도 미치지 못했다. 반면 전전의 협동조합 자본에서는 농민 자신의 자본축적이 8/9에 달했다. 리코프는 실망스럽게 말했다. "차르 시대 농업협동조합의 자금 대부분은 농민의 얼마 안 되는, 어떤 때는 아주 보잘 것 없는 저축액을 모은 것이다." "국가가 현재 제공한 자금은 차르 시대에 비하여 적지 않지만 농민은 거의 협동조합에 저축을 하지 않았다." 의미심장하게도 이 시기에 상품 부족 사태가 수시로 발생하여 농민은 수중의 화폐를 쓸 곳이 없었고, 농산물 수매에 악영향을 끼쳤음에도 불구하고 그들은 돈을 협동조합에 투자하지 않았다. 이런 상황에서 협동조합의 실태는 열악하기 짝이 없었다. 전소련 농업협동조합 중앙회의 통계에 따르면 1925년 전체 협동조합 중 1/4도 채 안되는 24.5%만이 흑자였고, 37%는 적자였으며, 38.5%는 겨우 현상유지하는 정도였다. 많은 지방에서 "협동조합의 위기, 어떤 때는 대단히 심각한 위기"가[6] 나타났다.

동서고금의 여러 현상은 사람들이 다음과 같은 문제를 제기하도록 했다. 왜 개인주의를 숭배하는 자본주의 농업에서는 생기발랄한 협동화나 집단화가 끊이지 않는데, 전력으로 집단주의 정신을 신장하려는 사회주의 국가와 인민주의파 '농민사회주의'자는 협동화를 종종 목구멍에 걸리는 생선가시로 만들어 사람들이 그것을 삼키고 싶어도 삼킬 수 없게 했는가? 근래에 학계에서 집단화의 교훈을 총결할 때 유행한 관점은 협동제와 공동 경작제의 구별을 주장하면서 협동제는 좋고, 공동경작제는 나쁘다는 것이었다. 이런 설명은 전혀 일리가 없는 것은 아니지만 아직도 문제의 핵심에는 접근하지 못했다. 이스라엘의 키부츠는 바로 공동교육, 공동경작, 공동분배를 완전히 실행한 집단농장이 아닌가? 그러나 소련의 전통 촌공동체는 비록 소규모 공동경작지와 더러 노동조합이 있긴 했지만 확실히 분여지별로 개체 경작을 위주로 했다. 문제의 본질은 공동 경작

여부에 있지 않음을 알 수 있다.

문제의 본질은 현대의 농업조직 형태로서 협동제는 상품생산자의 자유인 연합체이고, 상품생산자가 경쟁에서 공동이익을 얻기 위하여 생산·공급·소비 등의 영역, 또는 신용대부·과학기술·기계작업 등에서 형성한 연합경영조직이며, 그 전제조건은 상품생산자의 자유개성이 발달하고 경제이론이 성숙해야 하며 발달한 사회교환관계가 있어야 한다는 것이다. 그리고 종법공동체로서의 농촌공동체와 종법성이 짙은 '다궈판' 집단은 일종의 인신의존 형식이고 일종의 속박-보호 유대이며, 인간 개성에 대한 자각의 결핍과 사회적 교환의 빈곤을 조건으로 한다. 인민주의파가 촌공동체의 집단주의정신으로 협동화를 추진할 때 일부 부르주아 계급 협동제 이론가는 "미르와 협동제도는 서로 양립할 수 없다." "한편으로는 미르 제도를 유지하려고 하면서 다른 한편으로는 협동제의 발전을 도모하는 것은 사실상 불가능한 일이다"라고 지적했다.[7] 상황은 확실히 그러했다. 러시아 혁명 후 독립농민의 협동화 정도는 여전히 촌공동체 농민보다 높았다. 1927년 스몰렌스크 주에서 촌공동체 농민의 34%가 협동화했고 독립농민은 58%에 달했다. 모스크바 주에서 양자의 비율은 각각 48%와 59%였으며 거의 모든 독립농민이 협동조합에 가입했다.[8] 그러나 당시의 소련은 한편으로 협동조합을 고취하면서도 다른 한편으로는 대대적으로 독립농장화에 반대하면서 종법공동체 속에서 자유인의 연합을 모색했다. 결과는 연목구어(緣木求魚)나 다름없었다. 농민이 각기 미르에 속박되어 있어 협동조합 정신이 발전할 수 없었던 것은 전혀 이상한 일이 아니었다.

자유인 연합체를 건설하려면 먼저 발달된 개성을 갖춘 노동자가 형성되어야 하는데, 이것은 종법공동체의 질곡을 철저히 파괴하고, 민주혁명을 철저히 완성해야만 가능하다. 현재 개혁이 비교적 심도 있게 진행되고 상품경제의 발전 수준이 비교적 높은 일부 농촌지역에서 이미 새로운 형태의 각종 농민경제 연합체와 연합경영조직이 인민공사의 폐허 위에서 출현하기 시작했고, 이들의 앞날은 사회주의 민주혁명의 진전에 따라 더욱 밝아질 것이다.

현대화된 농민은 개체 경영을 할 수 있지만 결코 고립될 수 없고, 연합할 수 있지만 결코 의존적일 수 없다. 현재 발달한 국가의 농민경제가 사회화된 상품경제 시스템 속에서 하나의 유기적 구성을 이루는 방식은 주로 농가-회사 종합체, 개별 농가간의 협동 네트워크, 그리고 경제합리성과 성원 개인의 이익 및 관심의 토대 위에 설립된 집단농장이다.

미래의 중국 농민은 이 중에서 어떤 방식을 채택할 것인가? 그들은 또 어떤 새로운 방식을 창출할 것인가? 이것은 내가 대답할 수 있는 문제가 아니다. 현대화된 농업의 광시곡은 농민 자신이 작곡해야 한다. 그들은 그들의 선조와 마찬가지로 근면하고 용감하고 슬기롭지만 앞으로는 조상들이 갖고 있지 않았던 품성, 곧 자유로운 개성을 갖게 될 것이다.

지은이 주

서론: 농민, 농민학과 농민사회의 현대화

1) 『中國農村統計年鑑』, 中國統計出版社, 1988, p. 339; 胡煥庸 等, 『中國人口地理』上冊(華東師範大學出版社, 1984), p. 272.

2) 『列寧選集』 제4권, p. 691.

3) Ben Kiernan & C. Boua ed., *Peasants and Politics in Kampuchea*, 1942~1980(London, 1982).

4) Louis Putterman, *Peasants, Collectives and Choice : Economic Theory amd Tanzania's Villages*(Greenwich: JAI Press, 1986).

5) 約翰・希克斯, 『經濟史理論』(商務印書館, 1987), p. 23.

6) Thomas Childers ed., *The Formation of the Nazi Constituency, 1919-1933*(London, 1986), pp. 37~68.

7) B. 莫爾, 『民主和專制的社會起源』(華夏出版社, 1987), pp. 364~366.

8) J. 貝特蘭, 『不可征服的人們』(求實出版社, 1988), p. 26.

9) N. 크렘네프, 『나의 형제 알렉세이의 농민유토피아 국가 여행』(모스크바, 1920), p. 5. 크렘네프는 차야노프의 필명이다.

10) A. 차야노프, 「사회농학의 기본사상과 공작방법」, 『차야노프선집』 제4권(헤이그, 1967), pp. 20~21.

11) 『인류진보 기금회 1992~1995년 강령』(파리, 1992), p. 24.

12) D. Thorner, *Peasant, International Encyclopedia of Social Science*, Vol. 11(New York, 1968), pp. 503~511.

13) R. Hilton, "Medieval Peasants: Any Lessons?," *The Journal of Peasant Studies*, Vol. 1, No. 2, 1974.

14) T. Shanine ed., *Peasants and Peasant Societies: Selected Readings*(Oxford, 1987), p. 1.

15) E. R. Wolf, *Peasants*(New York, 1966); Theodore W. Schultz, *Transforming Traditional Agriculture*(Yale Univ. Press, 1964); T. Shanin ed., *Peasants and Peasant Societies: Selected Readings*(Oxford, 1971); T. Shanin, *The Awkward Class: Political Sociology of Peasatry in a Developing Society, Russia 1910~1925*(Oxford, 1972); B. 莫爾, 『民主與專制的社會基源』(北京: 華夏出版社, 1987); J. S.Migdal, *Peasants, Politics and Revolution: Pressure Toward Political and Social Change in the Third World*(Princeton Univ. Press, 1974); R. Redfield, *Peasant Society and Culture*

(Cambridge, 1961); W. J. Hobsbawm, W. Kule, A. Mitra, K. N. Raj and I. Sachs eds., *Peasants in History*(Oxford Univ. Press, 1980); E. Le Roy Ladurie, *The Peasants of Languedoc*(Urbana, 1974) 등을 참조할 것.

16) 사실 이 책은 차야노프의 2부작, 곧 『비자본주의 경제제도 이론』(1923)과 『농민농장 조직』(1925)을 모은 것이다.

17) 莫里斯·布洛克, 『馬克思主義與人類學』(北京: 華夏出版社, 1988), p. 125.

18) T. Shanin ed., *Peasants and Peasant Societies: Selected Readings*(London, 1971), pp. 99~105, 150~60, 240~55, 322~25; T. Shanin. *Defining Peasants: Essays Concerning Rural Societies, Expolary Economics and Learning from Them in the Contemporary World*(Oxford, 1990)을 참조할 것.

19) W. J. Hobsbawm, W. Kule, A. Mitra, K. N. Raj and I. Sachs eds., 앞의 책, p. 223; D. Thorner, *Peasant, International Encyclopedia of Social Science*, Vol. 11, pp. 504~09.

20) R. H. Hilton, *The English Peasantry in the Later Middle Ages*(Oxford, 1975), p. 12.

21) E. 弗洛姆, 『逃避自由』(北京: 工人出版社, 1987), pp. 111~137.

22) 『馬克思恩格斯選集』第4卷, p. 330.

23) 陳獨秀, 「實庵自說」(四), 『東方雜誌』 34卷 10號, p. 73.

24) 예컨대 고대 로마의 작가 키케로(M. T. Cicero)가 남긴 명언 "Populi Romani Est Propria Libertas"(자유는 로마인의 개성이다. 여기서 Propria는 Privatus의 변형임)와 "Privato (Viro) dare"(평민에게 주다)에서 privat의 파생어를 중국어 '私'로 대체하면 말이 전혀 안 통한다.

25) 가령 『晉書』 「祖納傳」에 이런 말이 있다. "그때 왕이 물러나자 인이 말하기를 『상서』에는 삼년마다 관리의 성적을 평가하며 (9년간) 세 번을 평가하여 성적 좋은 이를 승진시키고 공적이 없는 이를 내쫓는다고 했는데 어찌 한 달 만에 포폄을 할 수 있습니까? 했다. 도가 말하기를 이것은 관법이고 매월 하는 월평은 사법이다라고 했다."(時王隱在坐, 因曰, 尙書稱三載考積, 三考黜陟幽明, 何得一月便行襃貶? 陶曰, 此官法也. 月旦, 私法也.)

1장 여산의 진면목: 봉건사회란 무엇인가

1) 董仲舒, 『春秋繁露』卷十三.

2) ferme는 영어의 rent와 마찬가지로 소작을 주는 쪽과 소작하는 쪽을 구분하지 않으며, 소작을 주다와 소작하다를 모두 ferme라 하고 소작을 주는 자와 소작하는 자 모두를 renter로 부를 수 있어서 그들의 신분등급은 완전히 별개의 문제이다. 따라서 농노처럼 인신예속관계로 인해 주인에게 의무를 이행하는 따위의 일은 rent(ferme)와 관계 없다.

3) landlord는 lord에 원래 들어 있던 신분적 함의를 여전히 갖고 있으며, 단지 토지를 가진 주인을 특별히 지칭할 뿐이므로 중국어의 地主와는 역시 다른 면이 있다. 가령 우리가 항상 말하는 '평민지주' '서민지주'는 영문으로 직역할 경우 사람들이 이해하기 어려운데 그 이유는 이미 lord인 이상 '평민'일 수가 없기 때문이다. 이런 단어들은 plebeian land proprietor(평민 토지소유자), plebeian land renter(평민 토지임대자)나 plebeian land manager(평민 토지경영자) 등으로 번역하는 수밖에 없을 듯하다. 하지만 이런 단어들, 특히 뒤의 것은 어감상 landlord에 가깝다기보다는 차라리 farmer에 가깝다.

4) C. M. Cipolla, ed., *The Fontana Economic History of Europe*, Vol. 1, p. 81.

5) *Oxford English Dictionary*, vol. 7, 1933, p. 594.

6) T. Shanine ed., *Peasants and Peasant Societies: Selected Readings*(Oxford, 1987), p. 467.

7) *Encyclopaedia Britannica* vol. 9, 1985(제15판), p. 229; 중문판『簡明不列顚百科全書』第8卷, p. 586에 *peasantry*를 '소농계급'으로 번역한 것은 정확하다고 보기 어렵다.

8) '현대'와 '근대'는 원래 동일한 외래어(modern)의 두 가지 번역어인데 이런 번역이 약간의 혼란을 불러일으킨다. 우리가 '근대'라고 말할 때는 쉽게 비현대적이란 뜻으로 이해되지만 우리가 '전현대'라고 말할 때는 근대까지 포함하는 것으로 이해될 수도 있어서 이 책에서는 '현대'와 '전근대'란 용어만 사용했다. 이런 표현은 비록 논리상으로 볼 때 결점이 없지 않지만 오해를 줄일 수 있기 때문이다.

9) 黃宗智,「中國經濟史硏究中的悖論現象與當前的規範認識危機」,『史學理論硏究』1993年 1期, pp. 42~60.

10) 중국의 몇몇 서적에서는 종종 서방 자본주의 원시축적기의 인클로저 운동을 중국 고대의 권귀와 토호들이 "말을 달려 울타리를 치고" 토지를 강점한 행위와 유사한 것으로 묘사했다. 그러나 인클로저 운동은 실질적으로 '자유롭게 소작농을 선택하는' 운동이며 봉건주가 그 영지에서 소작료를 상대적으로 적게 내는 소작농을 쫓아내고 더 많은 소작료를 내겠다는 차지농업가(양 사육업자)로 대치한 것이다. 그것은 '대사유'로 '소사유'를 대신하는 운동이라기보다 차라리 자유로운 사유권으로 영주권을 대신하는 운동이다.

11) 이 용어를 사용한 것은 '유가문화 부흥론'자들이 일본과 '네 마리 작은 용'의 성공요인을 유가문화로 돌리는 관점에 동의한다는 것을 의미하지 않으며 단지 다음과 같은 하나의 간단한 사실을 지적하고 싶을 뿐이다. 이들 국가의 봉건주의 소멸과정은 확실히 '철저한 반전통'의 격렬한 문화운동을 수반하지 않았다. 비록 이에 대한 사람들의 가치평가는 각기 다르지만.

12)『列寧全集』第2版 25卷, p. 232.

13)『馬克思恩格斯全集』第3卷, pp. 23, 29~81, 77.

14) 같은 책, 第46卷 上冊, p. 21.

15) 마르크스는 일찍이 원시시대를 사회계약하의 민주시대로 본 루소의 관점을 비판했다. 같은 책, p. 18 참조.

16) 같은 책, p. 496.

17)『馬克思恩格斯全集』, 第23卷, p. 87.

18) 馬克思,『資本論』(人民出版社, 1953), 第1卷, p. 53.

19)『列寧全集』第2版 2卷, pp. 383, 208~09.

20) 普列漢諾夫,『我們的意見分歧』.

21)『俄國民粹派文選』(人民出版社, 1983), pp. 8, 410, 435, 591, 1010.

22)『列寧全集』第2版 第16卷, p. 242; 第6卷, pp. 316~17; 第17卷, pp. 141, 106; 第6卷, p. 384; 第3卷, pp. 176, 162; 第1卷, p. 376; 第16卷, pp. 242~43, 245; 第21卷, p. 388; 第22卷, p. 22; 第24卷, p. 7.

23)『列寧全集』, 第2卷, pp. 409~11; 第6卷, p. 384; 第2卷, pp. 208~09.

24) 金雁,「論警察民粹主義: 民粹主義新論之一」,『蘇聯歷史問題』, 1990年 3~4 合期.

25) T. Shanin, *Russia, 1905~1907: Revolution as a Moment of Truth*(New Haven: Yale Univ. Press), 1986.

26) 金雁,「農村公社與十月革命」,『蘇聯歷史問題』,1987年 4期.

27) 『列寧全集』第2版, 第3卷, p. 113; 第16卷, pp. 232~33, 253, 424; 第19卷, p. 82; 第21
卷, p. 390; 第22卷, p. 23.

28) 『列寧全集』第2版, 43卷, p. 371.

29) 斯大林,『列寧主義問題』, 人民出版社, pp. 650~51.

30) 斯大林,『蘇聯社會主義經濟問題』, 人民出版社, p. 32.

31) 吳偉業,『綏寇紀略』卷八.

2장 관중 농민사회 분석

1) A. Chayanov, *On the Theory of Peasant Economy*(Homewood, 1960); E. Le Roy
Ladurie, *The Peasants of Languedoc*(Urbana, 1974); 弗爾昆,『中世紀領主制與封建制』
(런던, 1976) 참조.

2) 吉田浤一,「20世紀前半 華北穀作地帶における農民層分解の動向」,『東洋史研究』45卷 1號,
1986.

3) 黃宗智,『華北的小農經濟與社會變遷』(中華書局, 1986), p. 27.

4) 陳翰笙,「30年來的中國農村」,『中國農村』7卷 3期, 1941.

5) 명대의 세금은 기본적으로 토지세이며 따라서 고농은 세금을 내지 않았다. 이는 자작농이
소작료를 내지 않는 것과 같다.

6) 여기서 말하는 '전근대'는 시간개념이 아니라 사회개념이다. '관중'은 산난(陝南), 산베이(陝
北)와 나란히 산시 성 3대 지리구역의 하나인데 자연지리상으로는 친링산맥 이북, 황토고원
이남의 관중분지를 가리키며, 행정상으로는 산시 성의 웨이난(渭南), 셴양(咸陽), 바오지(寶
鷄) 등 3개 지구와 시안(西安)시 및 그 근교를 가리킨다.(단, 앞의 행정구역 주변에서 深山區에
이르는 부분은 포함하지 않는다.) 역사상으로는 대략 '삼보'(三輔, 京兆·左馮翊·右扶風)나
'관중 삼부'(關中三府, 西安·西府 風翔·東府 同州)에 해당한다.

7) 『白孔六貼』卷八十.

8) 『舊唐書』「元載傳」.

9) 『冊府元龜』卷三三八.

10) 『白孔六貼』卷 八十.

11) 『新唐書』「宦者傳」.

12) 梁方仲,『中國歷代人口, 田地, 田賦統計』(上海人民出版社, 1980), pp. 132~43.

13) 渭南市檔案館, 土地改革檔案, 第91卷.

14) 陝西省土地改革委員會編,『陝西省土地改革資料匯編』,第一集, 1951年 10月, pp. 4, 11, 170.

15) 같은 책.

16) 渭南市檔案館, 土地改革檔案, 第96卷, pp. 21~22.

17) 渭南市檔案館, 土地改革檔案, 第91卷. 1기 토지개혁구의 고농은 인구의 5.44%, 토지의
1.76%를 차지했으며, 2, 3기 토지개혁구의 이 비율은 각각 4.66%와 2.1%였다.

18) 渭南地區檔案, 地委全宗, 第96卷, p. 7.

19) 寶鷄市檔案館, 專區土改委, 第13全宗, 1目, 1卷, p. 80; 4卷 p. 19.

20) 『鳳翔縣陳村區第三鄉土地改革試点總結』, 1950年 7月 15日.

21) 寶鷄市檔案館, 專區土改委, 第13全宗, 1目, 1卷, pp. 65~66.

22) 中共渭南地委,「渭南專區土地改革運動基本總結」,『陝西省土地改革資料匯編』第一集, pp. 66, 63.

23) 같은 책.

24)「寶鷄專區十四縣土改分配統計表」, 渭南市檔案館, 土地改革檔案, 第3卷, p. 1.

25)『陝西省土地改革資料匯編』第一集, p. 23.

26)『鳳翔縣陳村區第三鄕土地改革試点總結』, 1950年 7月 15日.

27) 당안자료에 근거해 볼 때 관중 몇몇 지구가 획정한 '지주'성분의 표준은 사실 상당히 낮다. 가령 허양 현 제 2구 제 1향 토지개혁에서 획정한 지주호 인구는 향 전체인구의 6.1%를 차지했으나 그들이 토지개혁 전에 갖고 있던 토지는 향 전체 토지의 7.5%이며 토지점유 수준도 향 전체 평균치보다 약간 높을 뿐이다. 合陽縣檔案館,〔永久〕20-173卷, 縣土改委,『合陽二區一鄕地富材料』참조.

28) 표2와 그림 1은 다음 자료에 근거하여 추산되었다. 渭南地區檔案館, 地委全宗 96卷, pp. 21～22, 32～38; 寶鷄市檔案館, 專區土改委, 第13全宗, 1目, 1卷, p. 80; 같은 자료 4卷, pp. 19～29.

29)『理論信息報』157號, 1988년 6월 27일 참조. 지니계수 값의 범위는 0(절대 평등)에서 1(절대 불평등) 사이인데 0에 가까울수록 분배가 평등하고 1에 가까울수록 그 반대임을 나타낸다.

30) 渭南地區檔案館, 地委全宗 96卷, pp. 32～38.

31) 渭南地委關于土改問題至省委的匯報信, 1950年 4月 9日.

32) 嚴克倫·白治民,『咸陽專區土地改革基本總結』, 1950年 5月 31日.

33) 中共黃龍地委,『合陽縣東北區社會調査』, 1948.

34) 大荔縣檔案館, 大荔縣土改委, 1950年長期卷 8號, p. 4.

35) 合陽縣檔案館, (永) 17-19卷, 17-12卷.

36)『陝西省土地改革資料匯編』第1集, p. 54.

37) 中共中央,『關于抗日根據地土地政策的決定』, 1942.

38) 같은 책.

39) (乾隆)『寶鷄縣志』卷十二 風俗.

40) 寶鷄地委研究室編,『土改簡報』4號, 1950年 11月 28日.

41) 渭南地區檔案館, 地委全宗 93卷,「渭南豊原孟家鄕調査」.

42) 黃宗智,『華北的小農經濟與社會變遷』(中華書局, 1986), pp. 67～68.

43) 같은 책, pp. 161～176.

44) 渭南市檔案館, (永) 土改委全宗 28卷.

45) 앞의「渭南豊原孟家鄕調査」참조.

46) 예컨대 핑허 향에서 오랫동안 부향장을 지낸 류징화(劉景華)는 자영지가 122.5무인데 3명의 고공을 고용했다. 또 허양 현 링촨 촌의 관료호 당전칭(黨振淸)은 자영지가 150무였으나 고공은 겨우 2명을 고용했다.(合陽縣檔案館, (永) 20-148卷, 土改委.)

47) 合陽縣檔案館, (永) 20-149卷, pp. 12.

48) 渭南市檔案館, (永) 土改委全宗 28卷, p. 57.

49) 寶鷄市檔案館, 第13全宗, 1目 1卷, pp. 65～66.

50) 渭南地區檔案館, 地委 (永) 8卷, 鐵爐區惡覇材料.

51) 渭南地區檔案館, 地委 (永) 96卷, p. 30.

52) 寶鷄市檔案館, 地區土改委, 第13全宗, 2目 4卷.

53) 같은 자료, 1目 1卷, pp. 97~118; 2目 4卷, pp. 1~11; 5卷, pp. 20~24.

54) 같은 자료, 1目 1卷, pp. 96~97.

55) 같은 자료, pp. 65~66.

56) 『陝西省土地改革資料匯編』第1集, pp. 67, 81~82, 23~24. 토지를 분배받은 농민의 비율은 제 1장을 참조하라.

57) x계수 및 그 의의에 관해서는 이 책 제4장 3절을 보라.

58) 『合陽縣東北區社會調査』.

59) 寶鷄市檔案館, 地區土改委, 第13全宗, 1目 1卷, pp. 89~93, 97~118.

60) 같은 자료, 2目 5卷.

61) 合陽縣檔案館, 土改委, 『地富成分單行資料』, (永) 第20全宗, 140-150卷 및 172-180卷.

62) 渭南市檔案館, 土改委, 『地富成分單行資料』, (永) 27-40卷.

63) 合陽縣檔案館, (永) 20-148卷.

64) 『合陽縣東北區社會調査』.

65) 『眉縣齊鎭區第三鄕土地調査總結』, 1950年 4月 20日.

66) 같은 책.

67) 渭南地區檔案館, 地委, (永) 8卷, 『關于鐵爐區五鄕群運試点總結報告』.

68) 寶鷄地委研究室, 『土改簡報』第12期, 1950. 12.

69) 寶鷄市檔案館, 土改委 第13全宗, 2目 3卷.

70) 合陽縣檔案館, (永) 20-148卷, pp. 4~5.

71) 관중 각 현에 남아 있는 적지 않은 점포의 장부에서 이런 기장방식을 볼 수 있는데 여기에 일일이 제시하지는 않겠다.

3장 관중 모델의 사회역사적 기원과 종법농민 연구에서의 이성의 재건

1) D. 帕金斯, 『中國農業的發展』(上海譯文出版社, 1984), pp. 119~121.

2) 合陽縣檔案館, (永) 74-97卷.

3) 合陽縣檔案館, (永) 75-81卷.

4) 이 表는 馬玉麟, 『武功縣土地問題之硏究』(中國地政叢書 68)(臺北, 1983), pp. 35471~35480에 근거하여 약간 바꾼 것이며, 그 중 지니계수는 내가 계산했다.

5) 馬玉麟, 앞의 책, pp. 35456~35459, 35464, 35484, 35503~35505.

6) 같은 책, p. 35494.

7) 같은 책, pp. 35437~35438, 35517.

8) 의심할 여지없이 민국시기 몇몇 정파와 학파는 국민당 주류파를 포함하여 '토지문제'를 강조하는 것을 좋아하지 않았으며 그것을 희석시키려 했다. 그러나 마위린이 소속된, 샤오정(蕭錚)을 위시한 지정학원-지정연구소는 오히려 국민당 내에서 가장 적극적으로 '토지개혁'을 고취하는 데 일익을 담당했고 그들의 각종 보고와 연구논저는 일반적으로 모두 토지문제의 심각성을 강조했다. 따라서 우리는 마위린이 이 방면에서 의도적으로 '분식'했을 것으로 의심할 필요는 없을 듯하다.

9) 馬玉麟, 앞의 책, pp. 35487, 35496~35500.

10) 『申報月刊』1卷 6號, 1932月 12日.

11)『東方雜誌』30卷 1號, 1933年. 1月.

12) 丘秀瑞,『丁役議』, 陸耀,『切問齋文 』卷十五,「財賦」에서 재인용.

13) (康熙)『涇陽縣前誌』卷三,「貢賦誌」.

14) (民國)『續修陝西通誌稿』卷二六,「田賦一」.

15) (康熙)『涇陽縣前志』卷三,「貢賦志」; (道光)『涇陽縣志』卷十五,「食貨略」.

16) (乾隆)『三原縣(劉)誌』卷一,「地理誌」.

17) (光緒)『三原縣新誌』卷八,「雜記」.

18) (乾隆)『三原縣(張)誌』卷八,「風俗」; (乾隆)『三原縣(劉)誌』卷一,「地理誌」.

19) 같은 책; (康熙)『三原縣誌』卷一,「地理誌」.

20) (萬曆)『富平縣誌』卷九,「習俗誌」.

21)『咸寧縣誌』, (乾隆)『西安府誌』卷十九,「學校誌」에서 재인용.

22) 肖鍾秀,『合陽縣鄕土誌』,「物産」.

23) 명청시대 관중의 평민(평민일 가능성이 있는 자 포함) 중 '대토지 소유'의 대표적인 사례는 내가 아는 바로는 본문에 인용한 양슈위안(楊秀元)의 '반반산장'(半半山莊, 토지면적 불명)말고도 가령 300여 무를 가진 푸핑 현 한원싱(韓文星)과 700~800 무를 가진 차오이현 류다서우(劉大受) 등이 있다. 그러나 한원싱은 '12세대가 동거'하며 가족을 모두 합치면 100명이나 되므로 1인 평균 토지는 많지 않고, 류다서우가 '특수한 토지소유자'인지 여부는 좀 더 고찰할 필요가 있다.『富平縣誌』卷八,「藝文誌」;(咸豊)『朝邑縣誌』卷中,「人物誌」.

24)「표4」참조. 계산은 다음과 같다. 0.2256/0.3842＝58.7%, 0.3842-0.2256＝0.1586, 0.3073/0.4498＝68.32%, 0.4498-0.3073＝0.1425.

25) 渭南地區檔案館地委全宗 96 : 21卷의 수치에 근거하여 계산하면 위이난 13개 현의 지니계수는 0.1924(인구별)와 0.3221(호구별)이다.

26) 차오이셴은 가경 14년『加里庄畛丈冊』의 통계자료에 따라 그렸고 창저우우선은『中國經濟史研究』1988年 4期, p. 94에 수록된 '三冊魚鱗簿統計表'에 의거하여 그렸다.

27) 章有義,「康熙初年江蘇長洲三冊魚鱗簿所見」,『中國經濟史研究』1988年 4期, pp. 91~95.

28) 淸 嘉慶 14年『加里庄畛丈冊』; 光緒 16年『下魯坡村魚鱗正冊』; 1942年『平民縣地籍原圖』(平民縣 土地測量隊 淸丈組) 참조.

29) 光緒 16年『下魯坡村魚鱗正冊』. 이 책 田塊編號는 1102~1501이며 그 표제는 一套數冊中之一冊으로 되어 있다.

30) 馬玉麟, 앞의 책, pp. 35464~35465.

31) 이 章程은 霍勤勛,『朝邑縣幅員地粮總說』, 光緒 19年刊本에 실려 있다.

32) 이 책적상의 서명이 가장 늦은 것은 1234호의 땅으로 "李經訓이 민국 20년에 사다"라고 되어 있으나 다수의 서명에 연대가 표기되어 있지 않아서 그 중에 민국 21년 이후 것이 없다고는 아직 단언할 수 없다.

33) 霍勤勛,『朝邑縣幅員地粮總說』,「霍序」.

34) (光緒)『三原縣新誌』卷八,「雜記」.

35) (乾隆)『寶鷄縣誌』卷十二,「風俗」에 인용된『舊誌』.

36) 楊屾,『知本提綱』,「農則前論」.

37) 같은 책,「農則耕稼一條」.

38) 같은 책,「桑蠶一則」.

39) 같은 책,「農則樹藝一條」.

40) 같은 책,「農則畜牧一條」.

41) 같은 책,「農則耕稼一條」.

42) 楊屾, 修齊直指, 王毓瑚輯,『九種十種』(財經出版社, 1955), pp. 80~82 참조.

43) 王心敬,『區田法』,『九種十種』, p. 57 참조.

44) 楊屾,『修齊直指』, 王毓瑚輯,『九種十種』(財經出版社, 1955), pp. 80~82 참조.

45) 足立啓二,「淸代華北の農業經營と社會構造」,『史林』64卷 4號, 1981, pp. 66~93.

46) S. Popkin, *The Rational Peasant: The Political Economy of Rural Society in Vietnam*, Berkeley, 1979.

47)『農言著實』,「楊士果跋」.

48) 黃宗智,『華北的小農經濟與社會變遷』(中華書局, 1986), pp. 67~68, 161~176.

49) J. C. Scott, *The Moral Economy of the Peasant: Rebellion and Subsistence in Southeast Asia*(New Haven, 1976).

50) J. 希克斯,『經濟史理論』(商務印書館, 1987).

51) A. Chayanov, *On the Theory of Peasant Economy*(Homewood, 1966).

52) 楊屾,『知本提綱』,「農則前論」와「農則耕稼一條」.

53) 黨丕祿,「胡孝廉浙江金華府東陽縣楊公墓誌銘」,『合陽文徵』(手稿本).

54) (萬歷)『岐山縣誌』卷一,「風俗」.

55) (乾隆)『寶鷄縣誌』卷十二,「風俗」.

56) (民國)『合陽新誌材料』(手稿本),「慣習」,「實業」.

57) (乾隆)『西安府誌』卷二十,「學校誌」에 인용된『富平誌』와『同官誌』.

58) 위와 같음.

59) (順治)『寶鷄縣誌』,「土産」.

60) (民國)『合陽縣鄉土誌』,「物産」.

61) (正德)『朝邑縣誌』卷一,「貢賦」.

62) (民國)『合陽縣鄉土誌』,「物産」.

63) (康熙)『涇陽縣前誌』卷三,「貢賦」.

64) 曉鴻,「陝商消費行爲初探」(中國經濟史會 第二屆年會論文, 油印本) 참조.

65) 楊屾,『風廣義』.

66) (道光)『大荔縣誌』卷六,「風俗」.

67) (道光)『大荔縣誌』卷六,「物産」.

68)『合陽縣鄉土誌』,「物産」.

69) (嘉慶十四年)『加里庄畛丈冊』.

70) 寶鷄市公安局 案室, "僞財政科"第35卷, pp. 53~57; "淸政府"第7卷, 道光-光緒年刊 地契.

71) (萬歷)『岐山縣誌』卷一,「風俗」.

72) 范淸丞,『合陽賦役沿革略』.

73) 方孝標,『純齋文選』卷一,「實迹紀略序」.

74) (萬歷)『陝西通誌』卷十一,「水利」.

75) (順治)『渭南縣誌』에 수록된『舊誌 序』.

76) (萬歷)『合陽縣誌』卷三; (順治)『合陽縣誌』卷三; 范淸丞,『合陽賦役沿革略』; 肖鍾秀,『合陽縣鄉土誌』.

77) (順治)『合陽縣誌』卷二,「廟祠」.

78) (咸豊)『朝邑縣誌』卷 上,「建置」.

79) 陳正祥,『中國文化地理』(三聯書店, 1983), p. 48.

80) (順治)『渭南縣誌』에 수록된「舊誌 序」.

81) (康熙)『涇陽縣前誌』,「貢賦器」.

82) 康海,『康對山先生全集』卷四一,「咸寧李處士墓碑銘」.

83) 같은 책 卷三四,「封承德郎吏部文選淸吏司主事馬公墓碑」.

84) 馬理,『奚谷田文集續』補遺,「來槐亭封君墓地銘」.

85) 康海,『康對山先生全集』卷三六,「封承德郎刑部主事張公墓地銘」.

86)『古今圖書集成』職方典』卷五〇三,「西安府部」.

87) (萬歷)『富平縣誌』卷九,「習俗」.

88) (康熙)『涇陽縣前誌』卷一,「地理」.

89) 康海,『康對山先生全集』卷十九,「風俗論」.

90) 秦暉,「古典租佃制初探」,『中國經濟史研究』1992年 4期 참조.

91) 馬玉麟,『武功縣土地問題之研究』.

92) (順治)『合陽縣誌』卷三,「殖貨」에 인용된 知縣 葉夢熊의 말.

93) (順治)『麟游縣誌』卷三 上,「田賦器」.

94) 蘭草編,『歷代名人祭黃陵』(陝西人民美術出版社, 1987), p. 52.

95) 顧炎武,『日知錄』卷十.

96) 樊樹志,「關于地權分配與地租率統計失實問題」(上海, 1990), 사회과학계량연구방법토론회 발표요지.

97) 方回,『續古今考』.

98) 송대 호구통계의 폐단 중에는 객호비율을 끌어내리는 요인(가령 재산세를 내지 않는 호)이 있지만 객호비율을 끌어 올리는 요인(가령 이름을 속여 전호틈에 끼여들기)도 있다. 과거의 어떤 저술은 송대 객호가 많았음을 강조하기 위해 앞의 요인만을 지적하고 뒤의 요인을 모른 척했는데 이런 태도는 합당하지 않다.

99) (民國)『什邡縣誌』卷五,「食貨 · 戶口」에 인용된 史誌.

100) 李景漢,『定縣社會調査槪況』(北京大學出版社, 1933).

101) 中國第二歷史檔案館, 全宗 236, 案卷 42,「考察四川各縣報告」.

102) 근래 중국 경제사가의 화북농촌에 대한 재검토는 이미 상당한 정도로 당시 그들이 지적한 사실로 돌아가서 화북지역에는 자작농이 절대 우세를 차지했음을 긍정했다. 史建雲,「近代華北平原自耕農初探」,『中國經濟史研究』1994年 1期 참조.

103) 王毓銓,『萊蕪集』(中華書局, 1983), p. 363.

104) 胡如雷,「唐代均田制研究」,『歷史研究』1955年 5期.

105) 鄧廣銘,「唐代租庸調法的研究」,『歷史研究』1954年 4期; 譚惠中,「關于北魏均田制的實質」,『歷史研究』1963年 5期.

4장 속박과 보호의 협주곡: 봉건관계의 세요소

1) 秦暉,「漢代五銖錢的流通數額問題」,『陝西師範大學學報』1988年 2期 참조.

2) B. G. Trigger ed., *Ancient Egypt: a Social History*(Cambridge, 1983), pp. 248~49, 226~30.

3) O. 菲格斯,「集體耕作與19世紀中國土地公社」, *Soviet Studies*(1986) 38卷 1號.

4) A. 차야노프,『차야노프 선집』제4권(헤이그, 1967), p. 21; vol. 3, pp. 163~72.

5)『馬克思恩格斯選集』3卷, p. 143.

6) 勒內·達維德,『當代主要法律體系』(上海譯文出版社, 1984), pp. 36~38.

7) 王安石,『王臨川集』卷八二,「度支副使廳壁題名記」.

8)『馬克思恩格斯全集』一卷, p. 381.

9)『馬克思恩格斯全集』一卷, p. 146.

10) 保爾·拉法格,『財産及其起源』(三聯書店, 1962), pp. 115, 114.

11) 考茨基,『土地問題』(三聯書店, 1955), pp. 40, 42.

12) P. 布瓦松納,『中世紀歐洲生活與勞動』(商務印書館, 1958), p. 20.

13) 馬克垚,「西歐封建社會研究近況」,『世界古代史論叢』(三聯書店, 1982), 2輯, pp. 134~39 참조. 현재 서양학자는 거의 일반적으로 마르크를 봉건화 이후인 12세기 이후에 차츰 출현한 것으로 본다.

14) J. 아라예프,「농촌공동체와 계급사회」,『역사문제』(소련, 1977) 2기; 曹維安,「關于俄國農村公社重分土地問題」,『陝西師範大學學報』1987年 3期.

15) M. Bloch, *The Feudal Society*(London, 1962), p. 441.

16) B. 일류세치킨,『경제외적 강제제도와 사회진화의 두 번째 기본계급 문제』(모스크바, 1970). 이와 유사한 관점을 제기한 또 다른 사람으로 다닐로바, 구례비치, 크비샤노프 등이 있다.

17)『俄國民粹主義派文選』(人民出版社, 1983), pp. 38, 408.

18)『列寧全集』2版 16卷, p. 296.

5장 빈곤 속의 평균: 종법시대의 사회계층

1)『布哈林文選』(人民出版社, 1981) 中冊, p. 33.

2) 姚先國,『兩極分化: 福音還是災難』(學苑出版社, 1989), p. 39.

3) 같은 책, p. 39.

4) 許滌新主編,『政治經濟學辭典』(人民出版社, 1980), 上冊, p. 118.

5) 徐禾·衛興華,『資本主義前的各社會形態』(人民出版社, 1980), p. 47.

6) M. Bloch, *The Feudal Society*, p. 443. 서유럽 봉건주의 운행 메커니즘에 관해서는 J. Goody, J. Thirsk and A. P. Thompson eds., *Family and Inheritance: Rural Society in Western Europe, 1200~ 1800*(Cambridge, 1976), pp. 192~328을 참조할 수 있다.

7)『馬克思恩格斯全集』46卷 上冊, p. 105.

8)『馬克思恩格斯全集』23卷 p. 730.

9)『晉書』「庾袞傳」.

10) 考茨基,『土地問題』, pp. 62~163.

11) 대니얼 소너,「신인민주의 농민경제이론: 차야노프학파」,『경제·사회·문화 아날』(프랑스, 1966年 11~12月) 21권 6호, pp. 1232~1244; W. J. Hobsbawm, W. Kula, A. Mitra, K. N. Raj and I. Sachs eds., *Peasants in History*(Oxford Univ., 1980), pp. 242, 223.

12) A. Chayanov, *On the Theory of Peasant Economy*(Homewood, 1966), pp. 58~59.

13) 같은 책, p. 67.

14) A. 차야노프, 『차야노프 선집』 제3권(헤이그, 1967), pp. 163~172.

15) 『李可夫文選』(人民出版社, 1986), p. 113.

16) 謝逸, 『溪堂集』卷九, 「黃君墓地銘」.

17) B. 다닐로프, 「집단화 이전 소련농촌의 토지관계」, 『소련역사』(소련, 1958) 3기, pp. 97~102.

18) 『列寧全集』 2版 40卷, pp. 181~182.

19) 자료 근거: 미국과 탄자니아는 G. 阿爾蒙德, 『比較政治學: 體系, 過程和政策』(上海譯文出版社, 1987), pp. 383, 450 참조. 후자는 원래 이산성(離散性) 꺾은 선인데, 나는 비선성(非線性) 회귀를 곡선으로 교정했다. 린퉁 뱌루 구는 渭南地區檔案館, 地委檔案 (永) 第八卷 참조. 이 당안에 나오는 관련 숫자를 비선성 회귀법으로 그렸다.

20) 이른바 '준직선'은 논리상 우리가 직선으로 간주하여 분석을 간략화했다. 당연히 이것은 현실 속에서 로렌츠 곡선의 요철점을 연결한 선이 일반적으로 비직선이라는 것을 배척하지 않는다. 아래의 '준정태 분포', '준지수 분포'도 유사한 의미에서 정확하다.

21) 논리개념으로서의 '최초 상태'는 기존의 자유 자본주의 메커니즘하의 자본형성 기점을 가리키는 것이어서 역사개념으로서의 자본주의 메커니즘 자체가 건립되기 이전에 자본주의 수단으로 진행된 '자본의 원시적 축적'과 다르다.

6장 자유봉건주의론에 대한 질의: 중국 봉건사회의 특질문제

1) 『滿漢六部成語』「吏部成語」, 道光 二十二年, 文英堂本.

2) 『馬克思恩格斯選集』第三卷, p. 40.

3) 胡如雷, 『中國封建社會形態研究』(三聯書店, 1979), pp. 47, 46, 2, 20.

4) 같은 책, p. 25.

5) 『禮記』「內則」.

6) 『唐律疏義』卷十二.

7) 馮和法, 『中國農村經濟資料續編』(上海開明書局, 1935), pp. 66~67, 57~58.

8) 『毛澤東農村調查文集』(人民出版社, 1982), p. 105.

9) 顧誠, 「明前期耕地數新探」, 『中國社會科學』1986年 4期.

10) 『明史』卷七八, 「食貨志」.

11) 顧炎武, 『日知錄』卷十.

12) 『明史』卷三, 「太祖本紀」.

13) 『元史』卷九三, 「食貨志」.

14) 張履祥, 『補農書』卷下, 「策鄔氏庄業」.

15) (康熙) 『三水縣志』卷四.

16) 王鐸, 『擬山園集』卷十三.

17) 張萱, 『西園聞見錄』賦役前, 袁表語.

18) 王夫之, 『噩夢』.

19) (康熙) 『三水縣志』卷四, 「藝文」.

20) R. Duncan, Jones, *The Economy of the Roman Empire; Quantitative Studies* (Cambridge, 1974), 174~180.

21) 王士性, 『廣志繹』卷三.

22) 陸世儀, 『復社紀略』.

23) 『顧亭林詩文集』(中華書局, 1959), pp. 22~24.

24) 『醉醒石』第八回.

25) 恒寬, 『鹽鐵論』「刺權 九」.

26) 胡如雷, 『中國封建社會形態硏究』, p. 376.

27) 馬克垚, 『西歐封建經濟形態硏究』(人民出版社, 1983), p. 353.

28) 顧炎武, 『天下君國利病書』第八冊「風寧徵」.

29) 『列寧全集』第二版, 第10卷, p. 310.

30) 秦暉, 「古典租佃制初探」, 『中國經濟史硏究』(1992) 4期.

31) 梅因, 『古代法』(商務印書館, 1959), p. 205.

32) M. Bloch, *The Feudal Society*, pp. 123, 443, 445.

33) 『馬克思恩格斯選集』第三卷, p. 40.

34) 『左傳』定公 4年.

35) 『昭代經濟言』卷一, 王叔英, 『資治第疏』.

36) 陸贄, 『陸宣公集』卷二二.

37) 『列寧全集』第2版, 第23卷, p. 55.

38) 謝·尤·維特, 『俄國末代沙皇尼古拉二世』(新華出版社, 1983), p. 392.

39) B. 알렉산드로프, 『17~19세기 러시아 농촌 공동체』(모스크바, 1976), p. 238.

40) 『王臨川集』卷四.

41) 崔寔, 「政論」『漢書』卷八四, 「賈誼傳」; 『通典』卷 一에서 재인용.

42) 『管子』「國蓄」.

43) 『商君書』「說民」, 「弱民」.

44) 『鹽鐵論』, 輕重十四.

45) 『宋史紀事本末』卷三七.

46) 『明史』卷七七, 「食貨志」.

47) (康熙) 『河南通志』卷四十.

48) (順治) 『陵縣志』.

49) 吳寬, 『匏翁家藏集』卷五八, 「莫處士傳」.

50) 談遷, 『國榷』卷八.

51) 『皇朝經世文編』卷三四, 張宸, 「商屯議」.

7장 농민의 세번과 농민의 방데: 봉건사회에서의 농민의 위치

1) 謝天佑·簡修葦, 『中國農民戰爭簡史』(上海人民出版社, 1981), p. 4.

2) 孫祚民, 『中國農民戰爭問題探索』(新知識出版社, 1956), p. 24.

3) 謝天佑, 「對歷史上農民階級必須作階層分析」, 『學術月刊』1964年 1期.

4) 세번(Severn)은 영국의 세번 현(county)을 말한다. 17세기에 세번 농민은 적극적으로 영국의 부르주아 혁명에 참여했다. 방데(Vendée)는 프랑스 방데 현을 가리키며 18세기의 프랑스 대혁명 때 그 곳의 농민들은 반동적인 왕당파를 지지하여 공화정부를 반대하는 반란을 일으켰다.

5) F. 基佐, 『1640年英國革命史』(商務印書館, 1968), p. 209.

6) 같은 책, p. 216.

7) A. Soboul, *Problems Paysans de la Revolution 1789~1849*(Paris, 1976), p. 96.

8) A. 馬迪厄, 『法國革命史』(商務印書館, 1973), pp. 371~373.

9) 秦暉, 「甲申前後北方平民地主的政治動向」, 『陝西師範大學學報』1986年 3期.

10) 『明史』卷226, 「丘橓傳」.

11) R. Brenner, *The Agrarian Roots of European Capitalism, Past and Present* vol. 97(1982), pp. 16~113.

12) 侯建新, 「中世紀英國農民個人力量的增長與自然經濟的解體」, 『歷史研究』1987年 第3期.

13) 『馬克思恩格斯選集』第3卷, p. 202.

14) 『列寧全集』第2版 第29卷, p. 417.

15) 『列寧全集』第2版 第12卷, p. 39.

16) 『冊府元龜』卷468.

17) 『全唐文』卷246.

18) 李之檀, 「方臘故鄕訪問記」, 何竹淇, 『兩宋農民戰爭史料匯編』(中華書局, 1976), p. 577.

19) G. 菲特. J. 里斯, 『美國經濟史』(遼寧人民出版社, 1981), p. 91.

20) E. Hobsbawm, *Primitive Rebels : Studies in archaic forms of social movement in the nineteenth and twentieth centuries*(New York: 1963).

21) 『列寧全集』第2版 第3卷, p. 345.

22) 弗. 達里 編, 『大俄羅斯語詳解辭典』, 1852年 初版.

23) H. 弗列羅夫斯基, 『俄國工人階級狀況』(商務印書館, 1984), p. 226.

24) 考茨基, 『土地問題』, p. 40.

25) 같은 책, p. 40.

26) M. Lewin, *Russian Peasants and Soviet Power*(London, 1968), p. 86.

27) 『列寧全集』第2版 第1卷, p. 253; 第23卷, p. 42.

28) 『列寧全集』第2版 第1卷, p. 253; 第23卷, p. 56.

29) 第一歷史檔案館, 順治題本 144, 1號.

30) 佚名, 『南外史』.

31) (康熙) 『雲南府志』卷五 「沿革」; (康熙) 『澂江府志』卷3 「沿革」.

32) 『元史』 「兵志」 통계에 의거.

33) 『元史』卷20, 「成宗本紀」.

34) 『馬克思恩格斯選集』第3卷, p. 139.

35) 『列寧全集』第2版 第7卷, p. 116; 第22卷, p. 57.

36) 『列寧全集』第2版 第7卷, p. 116; 第22卷, p. 57.

37) 어떤 이는 劉辰의 『國初事迹』에 나온, 태조가 "民에게 토지를 나누어 주었으나 후에 그것을 환수했다"는 이 말에 대해 수많은 문장을 써서, 주위안장은 "농민이 지주의 토지를 탈취하는 것을 지지했으나" 후에 변질되어 토지를 다시 빼앗아 돌려주었다는 등등의 말을 했다. 이는 아무런 근거도 없이 임의로 설명한 것이다. 실제로 주위안장은 일찍이 지칭(集慶)을 공격하여 함락시킬 때 인민이 "각기 생업을 준수하도록"(談遷, 『國榷』卷一) 선언했고, 그가 농민이 토지를 탈취하도록 호소했다고 말한 자료는 전혀 없다. 그리고 홍무연간에는 오히려

여러 차례 조서를 내려 농민이 황무지를 개간하는 것을 지지했으며, 아울러 원래의 토지 주인이 "예전대로 점유하는 것을 허락하지 않는다"고 규정했다(『明會要』卷17). 주위안장이 황제가 되고 난 이후에야 비로소 "예전의 토지재산은 계속해서 전주인 것으로 한다"는 원칙을 부정했고 이런 원칙이 그가 '변질'된 결과라고 말하는 것은 황당하기가 그지없다.

38) 『太平天國文書匯編』(中華書局, 1979), p. 136.

39) 『馬克思恩格斯選集』第1卷, p. 118.

40) 물론 그것의 "혁명색채는 농후하지 않고" "『천조전무제도』만큼 진보적이지 못하다"고 생각하는 사람도 있다. 李競能, 「論洪仁玕的『資政新編』」, 『歷史研究』1959年 12期, p. 111.

41) 『太平天國』第2卷, p. 845; 第6卷, p. 956.

8장 다루기 힘든 계급과 그 심리: 종법농민 문화의 사회통합

1) A. Chayanov, 「사회농학의 기본사상과 공작방법」, 『차야노프선집』제7권, p. 109; 「토지문제란 무엇인가」, 선집 제3권, p. 37.

2) 크렘네프, 『나의 형제 알렉세이의 농민유토피아 국가 여행』(모스크바, 1920), p. 5.

3) T. Shanin, *The Awkward Class : Political Sociology of Peasantry in a Developing Society, Russia 1910~ 1925*(Oxford, 1922).

4) 가령 『復旦學報』1988년 3기 謝遐齡의 글이 그러한 예이다.

5) 列維-布留爾, 『原始思惟』(商務印書館, 1981), p. 20.

6) 『馬克思恩格斯全集』第46卷 上册, pp. 108~09.

7) 斯蒂爾與托馬斯, 『加爾文主義五特點』(臺北: 1974), p. 8.

8) 히틀러의 말은 關友三, 『法西斯運動問題』(商務印書館, 1937), pp. 99, 81~82; 威廉 · 夏伊勒, 『第三帝國的興亡』(世界知識出版社, 1979), pp. 128~29에서 재인용.

9) 葉書宗, 「略論斯大林的歷史地位」, 『蘇聯歷史問題』(1986) 第1期.

10) 『李可夫文選』(人民出版社, 1986), p. 212.

11) 『아프리카 촌공동체: 유형학 문제』(논문집, 모스크바, 1978), p. 50.

9장 구체적 농민과 추상적 농민의 이중적 가치체계

1) J. C. Scott, *The Moral Economy of the Peasant: Rebellion and Subsistence in Southeast Asia*(New Haven, 1976). 도덕경제설의 대표자로는 R. 색스턴 등이 있다.

2) J. 熊彼特, 『資本主義, 社會主義和民主主義』(商務印書館, 1979), p. 154.

3) 네덜란드 마르크스주의 학자 디크만이 1988년 7월에 옌타이(烟台)에서 열린 사회형태문제 학술토론에서 한 발언에 의거.

4) 鄧元錫, 『皇明書』卷一.

5) 朱健, 『古今治平略』卷四, 「國朝農政」.

6) 『明典章』第二册, 「洪武五年五月詔」.

7) 顧炎武, 『天下郡國利病書』卷二五, 「江南」一三에 인용된 「鎭江府志」.

8) 秦暉, 「後期大西軍營莊制度初探」, 『中國農民戰爭史論叢』第5輯, pp. 311~357 참조.

9) 孫達人, 「張獻忠 '屠蜀'的眞相」, 『張獻忠在四川』(論文集, 成都, 1980), pp. 94~95.

10) 『蜀難敍略』, 順治元年條.

11) 戴笠, 『懷陵流寇始終錄』卷十八; 馮甦, 『劫灰錄』; 葉夢珠, 『續綏寇紀略』卷一.

12) 古洛東,『聖敎入川記』(四川人民出版社, 1984).

13) 陳維剛,「評盧梭人民主權的專制主義傾向」,『讀書』1987年 12期, pp. 31~32.

14) N. Werth, *La vie Quotidienne des Paysans Russer de la Révolution à la Collectivisation, 1917~1939*(Paris, 1984), p. 47.

15) 10월을 전후해서 소련에는 이에 대해 가령 1920년대에 발표된 루토르바이스키 사건, 유시키 사건과 루구 사건 등 많은 보도가 있었다. 루토르바이스키에서 부농이 촌 회의를 장악하고, 이른바 '집단적 결정'에 근거하여 '촌회 의지'를 위반한 300명의 농민을 심하게 때렸고, 매질을 당한 자는 촌민대회에서 그들에게 형벌을 가하도록 결의한 '판결서'에 '자원하여' 서명했다. 구소련의 당시 보도는 이런 사정을 모두 '자본주의'의 도전으로 돌렸다. 사실 인간이 인간답게 될 수 없도록 하는 이런 공동체의 중세 풍습에 자본주의적 성격이 조금도 없는 것은 분명하다. B. タニーロフ,『ロシアにおける共同體と集團化』(東京: 御茶の水書房, 1977), pp. 249~250.

16) 레즈노프,『촌 소비에트와 토지협회』(모스크바, 1928), p. 40.

17) "미르는 어떤 사람의 심판도 받지 않는다." "미르가 결정하면 돌멩이도 갈라진다." "몸이 미르에 있다면 죽음도 가치가 있다." "누가 감히 미르를 반대하는가!" 등의 러시아 농민에게서 유행한 속어는 모두가 이 점을 반영했다.『俄國民粹派文選』(人民出版社, 1983), pp. 34, 317.

18) A. 안피모프(외),「개혁 후(1861~1914) 러시아 농촌공동체 변천의 몇 가지 특징」,『소련역사』(소련) 1980년 4기, p. 33.

19)『인민주의파 경제문헌』(모스크바, 1958), p. 107.

10장 인성의 위축과 인정의 팽창: 농민문화의 윤리관 분석

1) K. E. Boulding, *The Economy of Love and Fear*(California, 1973).

2) 유럽에서도 가장 잔혹한 종교재판소는 세속권력의 통제를 받는 종교재판소였지 '순수한 종교' 재판소는 아니었다는 사실에 주목할 필요가 있다. 토마스 드 토퀘마다를 대표로 하는 스페인 종교재판소가 전자의 전형이었다. 秦暉,「烏托邦新論: 兩個托馬斯給後人的啓示」(근간).

3) 이 때문에 나는 "임대료를 받는다"(尋租)는 설명방식 그 자체는 정확하지 않다고 생각한다. "임대료를 받는다"기보다는 "세금을 받는다"(尋稅)라고 하는 편이 낫다. 권력, '인정,' '관시'가 규범시장에서 약탈한 것은 자본이 이자를 낳는 형식의 하나인 '임대'가 아니라 통치관계, 인신관계의 물화된 형식으로서의 공부(貢賦)와 같은 것이다.

4)『漢書』卷四八,「賈誼傳」.

5) W. 托馬斯 等,『不適應的少女』(山東人民出版社, 1988), p. 130.

6) 弗列羅夫斯基,『俄國工人階級狀況』; N. Werth, *La vie Quotidienne des Paysans Russer de la Révolution à la Collectivisation, 1917~1939*; W. Thomas and F. Znaniecki, *The Polish Peasant in Europe and America*; E. Le Roy Ladurie, *The Peasants of Languedoc* 등을 참조.

7)『毛澤東選集』1卷(東京: 北望社, 1972), p. 237. 이 말은 초판의「湖南農民運動考察報告」에 보이는데, 人民出版社판의『毛澤東選集』을 편집할 때 삭제된 듯하다.

8)『毛澤東農村調査文選』(人民出版社, 1982), pp. 178~179.

9) 보도에 따르면, 이런 풍조는 주로 허베이, 산둥, 허난 등 북방의 일부 농촌에서 성행했다. 이들 지방이 근년에 빈곤을 벗어난 것은 기본적으로 여전히 자연경제하의 소농이 융성한 결과로서, 계약화된 사회의 윤리원칙은 부족하다. 그러나 교환가치의 힘이 강한 쑤난, 원저우, 주장 삼각주 등지 농촌에서는 이런 현상이 거의 보이지 않는다. 주장 삼각주와 같은 지방에서 비슷한 '성 고용제'는 이미 사회문제가 되었지만 조야한 '성 노예제'는 대체로 이미 지난 일이 되었다.

10) 여기에서 평한 것은 『폐허도시』현상'이지 『폐허도시』라는 소설 자체는 아니다.

11) 黃宗羲, 『明夷待訪錄』.

12) 普列漢諾夫, 『俄國社會思想史』第3卷(商務印書館, 1990), pp. 13, 44.

13) 弗列羅夫斯基, 『俄國工人階級狀況』(商務印書館, 1984), pp. 222~223.

14) 傅迪吉, 『五馬先生紀年』, 中國社會科學院歷史硏究所藏 復印 抄本.

15) 巴爾扎克, 『農民』(人民文學出版社, 1991), p. 223.

16) W. 托馬斯 等, 『不適應的少女』(山東人民出版社, 1988), p. 39.

17) K. Dobrowolski, "Peasant Traditional Culture," T. Shanin ed., *Peasants and Peasant Societies*를 보라.

18) 龐尙鵬, 『龐氏家訓』, 『嶺南遺書』三集本.

19) M. Freedman, *Lineage Organization in Southeastern China*, University of London, 1958; M. Freedman, *Chinese Lineage and Society: Fukien and Kwangtung*(N. Y.: The Atholone Press, 1966).

20) 여기서 객가인(客家人)은 넓은 의미에서 송원시대 이래 남쪽으로 이주하여 한 지방에 정착한 북방 이민 후예의 취락을 범칭하는 것이어서 언어상에서 정의하는 객가인(객가어를 사용하는 자)에 비하여 범주가 훨씬 넓다.

21) 대다수의 객가 족보에 나타난 바에 따르면, 그들의 먼 조상이 남하한 시기는 비교적 이르지만(일반적으로 모두가 송 이전) 종족의 기초를 닦은 자가 정착한 시기는 대체로 송 이후였고, 특히 원초와 명초에 집중되어 있다. 이것은 객가인이 종족을 형성하기 전에 발붙일 곳을 찾지 못한 일단의 시기가 있었음을 보여준다.

22) W. Thomas and F. Znaniecki, *The Polish Peasant in Europe and America* 을 참조.

23) A. 카우프만, 『1886~1892 시베리아 농민공동체』(모스크바, 1987) 참조.

24) (前蜀)王建, 「誡自元膺文」, (康熙十一年)『四川總誌』卷三六, 「藝文志」를 보라.

25) 『韓非子』「備內」.

26) 『漢書』「賈誼傳」. 이 책은 賈誼 『新書』의 글과 약간 다르다.

27) 方孝標, 『鈍齋文選』卷六, 「雜說」.

28) 梁洪生, 「誰在修譜?」, 『東方』1995年 3期, p. 41 참조.

29) 『四庫全書總目』卷首, 「聖諭」.

30) 전통 중국의 '사유제' 발달을 강조하는 적잖은 사람들은 모두 중국에 농촌공동체가 없었다고 지적하는데, 이것이 거짓은 아니다. 그러나 촌공동체가 없었던(또는 촌공동체가 약했던) 것은 단지 중국의 촌공동체 권리가 극히 발달하지 못한 것을 나타낼 뿐, 개인의 권리(사유자 권리)가 매우 발달했음을 나타내지는 않는다. 실제로 '대공동체'의 억압하에서 촌공동체 권리의 발달은 있을 수 없으며, 개인권리의 발달은 더 말할 필요도 없다.

31) 梁洪生, 앞의 글, p. 40에서 재인용.

32) 『河頭村誌』(黃山書社, 1994) 河頭村 發行本 附錄.

11장 비이성: 농민의 사유방식 분석

1) 漢默頓, 『西方名著提要(哲學・社會科學部分)』(中國青年出版社, 1957), p. 394.

2) R. Firth, *The Economy of Primitive Polynesia*(Conhecticut Hartford, 1965); Firth, B. S. Yamey ed, *Capital, Saving and Credit in Peasnat Societies*(London, 1964); T. W. Schultz, *Transforming traditional agriculture*(Yale Univ. Press, 1964); S. Popkin, *The Rational Peasant: The Political Economy of Rural Society in Vietnam* (Berkeley, 1979).

3) A. 차야노프, 「사회농학의 기본사상과 공작방법」, 『차야노프 선집』 제4권(헤이그: 1967), p. 21.

4) J. H. Boeke, *Economics and Economic Policy of Dual Societies*(Haarlem, 1953); J. Vniel, *Studies of Dual Economy: Dutch Indonesia*(Cambridge, 1944); R. Redfield, *Peasnat Society and Culture*(University of Chicago, 1956); J. Scott, *The Moral Economy of the Peasant*(New Haven, 1976).

5) 신인민주의파는 그것을 미래의 희망이라고 보았으나, 도덕경제설은 그것을 몰락하고 있는 것이라고 보았다.

6) 蘇國勛, 『理性化及其限制-韋伯思想引論』(上海人民出版社, 1988), p. 101.

7) W. 戚美爾曼, 『偉大的德國農民戰爭』(商務印書館, 1982), p. 265.

8) 羅・麥德維杰夫, 『讓歷史來審判』(人民出版社, 1983), pp. 597, 594~95.

9) N. Werth, *La vie Quotidienne des Paysans Russer de la Révolution à la Collectivisation, 1917~1939*(Paris, 1984), p. 133.

10) 같은 책. p. 133.

11) F. 基佐, 『1640年英國革命史』(商務印書館, 1986), p. 209.

12) N. Werth, 앞의 책, p. 133.

13) B. 스미르로프, 『코스트로마지역 민간 무술』(코스트로마, 1927), pp. 13~15.

14) A. 체호프, 『백성들』(파리, 1970), p. 65.

15) N. Werth, 앞의 책, pp. 179~82, 235~43.

16) 『斯大林選集』 下冊, p. 243.

17) W. 戚美爾曼, 『偉大的德國農民戰爭』(商務印書館, 1982), pp. 12, 140.

18) 앞의 『俄國工人階級狀況』, p. 222.

19) 송명시대에 유학의 각파가 창도한 이런 사변은 일찍이 일부 사람에 의해서 중국의 '전통이성'으로 일컬어졌다. 그러나 내가 보기에 그것은 바로 극단적인 반이성인데, 왜냐하면 그것은 비논리적인 도덕적 자성일 뿐만 아니라 선학(禪學)에서 흡수한 신비주의 요소가 뒤섞여 있었기 때문이다. 이런 사변과 이념은 데카르트가 말한 "나는 생각한다. 고로 나는 존재한다"는 식의 사유와 전혀 다르다. 오히려 청대에 '송학과 대립한 '한학', 곧 고증학이 실증이성의 정신을 체현했으나, 애석하게도 고증학은 전제법규가 미치지 않는 구석에 한정되었을 뿐이고 인식과 세계 개조의 '새로운 도구'로 발전하지도 못했다.

20) 레비 브륄은 『사기』를 읽고 나서 '원시사유'의 개념을 싹틔웠다고 한다. 또한 그는 중국인(대부분은 중국 농민)의 사유방식에 대한 방대한 자료를 수집해서 이를 자주 '원시사유'의 표본

으로 인용했다. 『原始思惟』(中譯本), pp. 33, 37, 38, 46, 47, 206, 212, 241, 248~49, 291, 296~97을 보라. 이들 자료는 한두 가지의 왜곡을 제외하면 모두 믿을 만하다. 그 가운데 일부 현상은 지금도 일부 농촌지역에서 볼 수 있으며, 나는 그것을 체험으로 알고 있다.

21) 古洛東, 『聖敎入川記』(四川人民出版社, 1981), p. 22.

22) 같은 책, pp. 46, 47.

23) 같은 책, pp. 46, 47.

24) 같은 책, p. 50.

12장 농민의 과거, 현재, 미래

1) P. Garnsey ed., *Non-Slave Labour in the Greco-Roman World*(Cambridge, 1980).

2) G. E. M. de Ste. Croix, *The Class Struggle in the Greek World: From the Archaic Age to the Arab Conquests*(London, 1981), pp. 208~209.

3) C. Starr, *A History of Ancient World*(London, 1977), p. 313.

4) R. Duncan-Jones, *The Economy of the Roman Empire; Quantitative Studies* (Cambridge, 1974), pp. 6, 7.

5) 『古代帝國城邦問題譯文集』(時事出版社, 1985), pp. 28, 29.

6) 秦暉, 「關于西漢五銖殿的流通數額問題」, 『陝西師範大學學報』1988年 第2期를 보라.

7) 『史記』「貨殖列傳」.

8) 같은 책.

9) 『漢書』「食貨志」.

10) 『管子』, 「輕重」乙·「山至數」「侈靡」諸編.

11) 郭政凱, 「家長制的興衰」手稿.

12) 『漢書·賈誼傳』.

13) 瞿同祖, 『中國法律與中國社會』(中華書局, 1981), pp. 328~346.

14) 『太平經合校』(中華書局, 1960), pp. 576, 275.

15) 같은 책, pp. 151, 323~327, 409.

16) 같은 책, pp. 89, 246~247, 269, 625.

17) 같은 책, pp. 210.

18) J. Conlin, *The American Past : A Survey of American History*(Hbj College & School Div., 1984), pp. 35, 36.

19) 같은 책, pp. 34, 35.

20) G. 菲特, J. 里斯, 『美國經濟史』(遼寧人民出版社, 1981), p. 52.

21) 같은 책, p. 56.

22) 『列寧全集』第2版 第13卷, pp. 218~27, 255~70; 第16卷, pp. 80~88; 第18卷, pp. 133~134; 第20卷, 90, 91, 378~79; 第22卷, pp. 90, 91.

23) 당연히 여기에서 '혁명'은 단지 사회변혁이라는 의미에서만 사용하며, "개혁은 하나의 혁명이다"라고 할 때의 '혁명'이 바로 이런 의미로서, 여기서는 개량과 상대되는 폭력 또는 격변의 의미는 포함하지 않는다.

24) 金雁, 「農村公社與十月革命」, 『蘇聯歷史問題』1987年 第3期, pp. 18~27.

25) 『斯大林全集』第7卷, p. 274.

26) 『列寧全集』第2版 第22卷, pp. 19~23.

27) 같은 책, 第32卷, p. 110.

28) D. 羅森波略姆, 『소련 토지법』(모스크바, 1925), pp. 42, 54~56.

29) 풀랴코프, 『신경제정책으로의 이행과 소련농민』(모스크바, 1967), p. 84.

30) 『布哈林文選』(人民出版社, 1986), 中冊, p. 227.

31) 『李可夫文選』(人民出版社, 1986), p. 221.

32) B. 다닐로프, 「집단화 이전 소련 농촌의 토지관계」, 『소련 역사』(소련) 1958년 제6기, pp. 100~08.

33) B. ダニーロフ, 荒田洋 譯, 『ロシアにおける共同體と集團化』(東京: 御茶の水書房, 1977), pp. 195~97.

34) 『斯大林全集』第11卷, pp. 156~79.

35) G. Yaney, *The Urge to Mobilize: Agrarian Reform in Russia, 1861~1930* (Urbana, 1982), p. 542.

36) 『文摘報』第610期, 第7版.

37) 『列寧全集』第2版 第1卷, p. 252.

38) 『列寧全集』第2版 第4卷, p. 200.

39) 『布哈林文選』中冊, p. 268.

40) 阿. 雷巴科夫, 范國思 等譯, 『阿爾巴特街的兒女們』(中國文聯出版公司, 1987), pp. 251~252.

41) 해방 전야에 마오쩌둥은 일찍이 '농업사회주의'를 반대하는 투쟁을 전개하여 토지개혁 운동 중의 좌경오류를 바로잡는 데 큰 공헌을 했다. 그러나 그가 말하는 '농업사회주의'는 단지 '평균' 획일적인 소사유제를 가리키는 것이지 종법공동체를 지칭한 것이 아니었으며 따라서 그가 자연경제하의 '대경영 집단소유'와 인신의존이 '농업사회주의'의 범주에 속하지 않는다고 본 것은 이해하기 어렵지 않다.

42) 金雁, 「論布哈林悲劇的理論根源」, 『蘇聯歷史問題』1989年 第1期.

43) 堺屋太一, 『知識價値革命』(東方出版社, 1986), p. 312.

44) 마르크스주의의 많은 부분, 예컨대 과학과 이성에 대한 숭배, 역사와 논리의 통일 추구, 그리고 인류사회의 변화를 하나의 '자연사적 과정'으로 보는 것 등등은 분명히 현대문명에 속하는 것이다. 그러나 다른 한편으로 특히 인간의 소외이론은 분명히 현대사회 속의 자유의 소외, 이성의 소외, 과학의 소외 등의 문제를 언급하고 있다. 이것은 현재 서양에서 포스트모더니즘의 중요한 사상적 원천이 되었다.

45) 『韓非子』「備內」.

46) 『馬克思恩格斯全集』第21卷, p. 447.

47) 앞의 『태평경』에 대한 분석에서 우리는 이런 혁명의 요인이 중국에 근본적으로 존재하지 않았던 것은 아니라는 것을 보았다.

48) 우리가 이 두 용어를 사용하는 것은 단지 현실 속의 사회주의 각국의 개혁이 진행 중이어서 가장 합당한 용어를 선택하기 어렵기 때문이다. 우리는 단지 개혁이 대다수 인민에게 유리한 방식으로 진행되는가 아니면 소수 권귀와 그 '관시'호에게 유리한 방식으로 진행되는가라는 의미에서 '미국식'과 '프로이센식'이라는 개념을 사용했을 뿐, 개혁이 미국·독일과 같은 사회로 귀결될 것이라는 의미는 전혀 없다.

49)『光明日報』1988년 8월 11일.

결론: 전원시에서 광시곡으로

1) E. 羅吉斯, R. 伯德格, 『鄕村社會變遷』(浙江人民出版社, 1988), pp. 47, 48.
2) J. 克拉潘, 『1815~1914年法國與德國的經濟發展』(商務印書館, 1965), pp. 253, 256, 259.
3) 巫繼學, 「聖地內的公共經濟」, 『世界經濟導報』1989年 3月 13日.
4) 澤村康, 『蘇俄合作制度』(商務印書館, 1935), p. 5.
5) 『李可夫文選』(人民出版社, 1986), p. 165.
6) 같은 책, pp. 144, 37, 63~64, 160.
7) 澤村康, 『蘇俄合作制度』, p. 4.
8) M. 우스티노프, 「토지사용의 형식문제에 관하여」, 『볼셰비키』(소련) 제19, 20기, 1927년, p. 147.

참고문헌

* 이 목록에는 본문에 활용된 문헌 중 전문연구서와 농민학 관련 전문 문집·정기간행물·자료집 등만을 수록했으며, 그 밖의 개별 논문과 연구성과나 각종 자료는 제외했다. 여기서 제외된 목록은 저자가 따로 낸 『농민학연구수책』 (農民學研究手冊)을 참고하기 바란다.

중국어 문헌

『全國土地調查報告綱要』, 南京, 國民政府地土委員會, 1937.

『華北典型村調查』, 北京, 中央人民政府農業部, 1950.

行政院農村復興委員會, 『河南省農村調查』, 上海商務印書館, 1934.

行政院農村復興委員會, 『陝西省農村調查』, 上海商務印書館, 1934.

李景漢, 『定縣社會調查槪況』, 北京大學出版社, 1933.

張世文, 『農村社會調查方法』, 重慶商務印書館, 1944.

柴樹藩, 于光遠, 彭平, 『綏德, 米脂土地問題初步硏究』, 人民出版社, 1979.

『毛澤東農村調查文集』, 人民出版社, 1982.

馮和法編, 『中國農村經濟資料』, 黎明書店, 1933.

馮和法編, 『中國農村經濟資料續編』, 黎明書店, 1935.

陳翰笙, 王寅生, 『黑龍江流域的農民與地主』, 上海, 1929.

陳翰笙, 『廣東農村生産關係與生産力』, 上海, 1934.

『陝西省土地改革資料匯編』第一集, 陝西省土地改革委員會, 1951.

馬玉麟, 『武功縣土地問題硏究』, 中國地政硏究所 總刊, 臺北, 1977.

呂平登, 『四川農村經濟』, 上海商務印書館, 1936.

『華東農村經濟資料』, 華東軍政委員會 土地改革委員會, 1952.

    第一分冊 『江蘇省農村調查』, 第四分冊 『安徽省農村調查』,

    第五分冊 『山東省農村調查』, 第六分冊 『華東各大中城市郊區農村調查』

王效文, 陳傳鋼, 『中國土地問題』上·下, 上海商務印書館, 1936.

費孝通, 『鄕土重建』, 觀察社, 1948.

費孝通, 『鄕土中國』, 三聯書店, 1985.

黃宗智, 『華北的小農經濟與社會變遷』, 中華書局, 1986.

黃宗智, 『1368-1988年間長江三角洲小農家庭與鄕村發展』, 中華書局, 1992.

李文治, 章有義編, 『中國近代農業史資料』1-3卷, 三聯書店, 1957.

梁方仲, 『中國歷代戶口, 田地, 田賦統計』, 上海人民出版社, 1980.

章有義, 『明淸徽州土地關係硏究』, 中國社會科學出版社, 1984.

傅衣凌, 『明淸農村社會經濟』, 三聯書店, 1961.

『陳翰笙文集』, 復旦大學出版社, 1985.

張永泉, 趙泉鈞, 『中國土地改革史』, 武漢大學出版社, 1985.

上海市委黨史資料徵集委員會, 『三十年代中國社會性質論戰』, 知識出版社, 1986.

梁漱溟, 『鄕村建設理論』, 鄒平鄕村書店, 1937.

中國農村經濟研究會主編, 『中國農村社會性質論戰』, 新知書店, 1935.

胡如雷, 『中國封建社會形態研究』, 三聯書店, 1979.

馬克垚, 『西歐封建經濟形態研究』, 人民出版社, 1985.

波爾什涅夫, 『封建主義政治經濟學槪論』, 三聯書店, 1957.

布瓦松納, 『中世紀歐洲生活與勞動』, 商務印書館, 1985.

考茨基, 『土地問題』, 三聯書店, 1955.

『俄國民粹主義派文選』, 人民出版社, 1986.

羅吉斯, 伯德格, 『鄕村社會變遷』, 浙江人民出版社, 1988.

布洛克, 『法國農村史』, 商務印書館, 1991.

弗列羅夫斯基, 『俄國工人階級狀況』, 商務印書館, 1984.

戚美爾曼, 『偉大的德國農民戰爭』 上·下, 商務印書館, 1982.

珀金斯, 『中國農業的發展, 1368-1968』, 上海譯文出版社, 1984.

魏特夫, 『東方專制主義』, 中國社會科學出版社, 1989.

貝克爾, 『家庭經濟分析』, 華夏出版社, 1987.

加塔克, 英格森特, 『農業與經濟發展』, 華夏出版社, 1987.

舒爾茨, 『論人力資本投資』, 北京經濟學院出版社, 1989.

莫爾, 『民主與專制的社會起源』, 華夏出版社, 1987.

沈志華, 『歷史的啓示: 蘇聯新經濟政策時期農村經濟, 1921-1930』, 華夏出版社, 1987.

舒爾茨, 『改造傳統農業』, 商務印書館, 1987.

瓦德欽, 『歐洲共產主義土地政策』, 農村讀物出版社, 1986.

古洛東, 『聖敎入川記』, 四川人民出版社, 1984.

列維-布留爾, 『原始思惟』, 商務印書館, 1987.

北京大中文系研究生資料組, 『中國歷代農民問題文學資料』, 中華書局, 1959.

『中國農村統計年鑑』, 統計出版社, 1986-1990.

『中國農民戰爭史論叢』 1~5輯, 中國社會科學出版社.

『中國農民戰爭史研究集刊』 1~4輯, 上海人民出版社.

『中國農史』 雜誌, 南京.

蘇聯科學院西伯利亞分院工業生産經濟和組織研究所 編, 『鄕村系統研究的方法論問題』, 上海未來
    研究會 刊 「未來研究資料」 第八卷.

馮銳等, 『鄕村社會調查大綱』, 北平, 中華平民敎育促進總會, 1929.

일본어 문헌

澤村康, 『中國諸國の土地制度及び土地政策』, 改造社, 1930.

櫛田民藏, 『農業問題』, 改造社, 1935.

『支那農業構造統計資料』, 東亞研究社, 1943.

仁井田陞, 『中國の農村家族』, 東京大學出版會, 1952.

天野元之助, 『中國農業史研究』, 御茶の水書房, 1962.

旗田巍, 『中國の村落と共同體理論』, 岩波書店, 1973.

ダニロフ,『ロシアにおける共同體集と集團化』, 御茶の水書房, 1977.

増田富壽,『ロシア農村社會の近代化過程』, 岩波書店, 1980.

阪本楠彦,『中國農民の挑戰, 民營社會主義の芽ば元』, サイスル出版會, 1985.

러시아어 문헌

I. Kremnev, *Puteshestvie moeg brata Alekseia stranu krest'ianskoi utopii*, Moskva, 1920〔I. 크렘네프,『나의 형제 알렉세이의 농민 유토피아 국가 여행』, 모스크바, 1920〕.

V. Chernov Zapiski, *sotsialista revoliutsionera*, Berlin, 1922〔V. 체르노프,『사회혁명당 노트』, 베를린, 1922〕.

A. I. Khriashcheva, *Gruppy: klassy v krest'ianstve*, Moskva, 1926〔A. I. 흐랴시체바,『농민 속의 집단과 계급』, 모스크바, 1926〕.

S. P. Trapeznikov, *Leninizm i agrarno-krest'ianskii vopros* Vol. 1-2, Moskva, 1974〔S. P. 트라페즈니코프,『레닌주의와 농촌농민문제』Vol. 1-2, 모스크바, 1974〕.

L. I. Emeliakh, *Krest'iane i tserkov' nakanune Oktiabria*, Moskva, 1976〔L. I. 에멜랴흐, 『10월혁명 이전의 농민과 교회』, 모스크바, 1976〕.

V. P. Danilov, *Soveskaia dokolkhoznaia derevnia: naselenie, Zemlepol'zovanie, khoziaisvo*, Moskva, 1977〔V. P. 다닐로프,『농민집산화 전 소련의 촌락: 주민, 토지 사용, 경제』, 모스크바, 1977〕.

V. P. Danilov, *Soveskaia dokolkhoznaia derevnia: sotsial'naia struktura, sotsial'nye otnosheniia*, Moskva, 1979〔V. P. 다닐로프,『농민집산화 전 소련의 촌락: 사회구조와 사회관계』, 모스크바, 1979〕.

Problemy istorii sovetskogo krest'ianstva, Moskva, 1981〔『소련 농민역사의 문제들』, 모스크바, 1981〕.

Osobennosti psikhologii krest'ianstva proshloe i nastoiashchee, Moskva, 1983〔『과거와 현재의 농민심리 특징』, 모스크바, 1983〕.

I. E. Zelenin, *Istoriia krest'ianskogo klassa*, Moskva, 1986〔I. E. 젤레닌,『농민계급사』, 모스크바, 1986〕.

Russkie: Semeinyi i obshchestvennyi byt, Moskva, 1989〔『러시아인들: 가족과 사회생활양식』, 모스크바, 1989〕.

서구권 문헌

H. Alavi and T. Shanin, eds., *Introduction to the Sociology of Developing Societies*, Macmillan, 1982.

A. Atkinson, *The Economics of Inequality*, Oxford, 1975.

D. Atkinson, *The End of the Russian Land-Commune*, Stanford, 1983.

J. M. Bak and G. Benecke, *Religion and Rural Revolt*, Manchester Univ., 1984.

E. C. Banfield, *The Moral Basis of a Backward Society*, Free Press, 1958.

H. Bebel, *Peasant Classes: The Bureaucratisation of Property and Family Relations Under Early Hapsburg Absolutism, 1511~1636*, Princeton Univ., 1983.

G. S. Becker, *Human Capital*, Columbia Univ., 1964.

J. D. Bell, *Peasants in Power: Alexander Stamboliski and the Bulgarian Agrarian National Union, 1899~1923*, Princeton Univ., 1977.

P. D. Bell, *Peasant in Socialist Transition: Life in a Collectivized Hungarian Village*, California, 1984.

A. Beteille, *Studies in Agrarian Social Structure*, Oxford, 1975.

A. Bhaduri, *The Economic Structure of Agricultural Backwardness*, Academic Press, 1984.

H. P. Bix, *Peasant Protest in Japan, 1590~1884*, Yale Univ., 1986.

J. Blum, *The End of the Old Order in Rural Europe*, Princeton Univ., 1978.

P. K. Bock, ed., *Peasants in the Modern World*, New Mexico Univ., 1969.

J. H. Boeke, *Economics and Economic Policy of Dual Societies*, Haarlem, 1953.

K. Border, *Village Life Under the Soviet*, New York, 1927.

E. Boserup, *The Conditions of Agricultural Growth: The Economics of Agrarian Change Under Population Pressure*, Chicago, 1965.

H. T. Bossert, *Peasant Art of Europe and Asia*, New York, 1959.

K. E. Boulding, *The Economy of Love and Fear*, Belmont, Califonia, 1973.

J. L. Buck, *Land Utilization in China: Statistics*, Shanghai, 1937.

C. Bundy, *The Rise and Fall of the South African Peasantry*, Heinemann, 1979.

A. Chayanov, *On the Theory of Peasant Economy*, Homewood, 1966.

A. Chayanov, *Oeuvres choisies de A. V. Cajanov*[차야노프 선집], 8 vols, The Hague, 1967.

S. Cook, *Peasant Capitalist Industry: Piece—Work and Enterprise in Southern Mexican Brickyards*, Princeton Univ., 1984.

T. Cox, Peasants, *Class and Capitalism: The Rural Research of L. N. Kritsman and His School*, Oxford, 1986.

J. S. Critchley, *Feudalism*, London, 1978.

G. Dallas, *The Imperfect Peasant Economy: The Loire Country, 1800~1914*, Cambridge, 1982.

G. Dalton, ed., *Tribol and Peasant Economics*, Natural History Press, 1967.

A. Dejene, *Peasant, Agrarian Socialism, and Rural Development in Ethiopia*, Boulder of Colorado St. 1987.

R. M. Dorson, ed., *Peasant Customs and Savage Myths*, Vol. 1, Chicago, 1968.

G. Duby, *Rural Economy and Country Life in the Medieval West*, London, 1968.

P. Durrenberg, ed., *Chayanov, Peasants and Economic Anthropology*, Academic Press, 1984.

F. Ellis, *Peasant Economics: Farm Household and Agrarian Development*, Cambridge, 1988.

M. Elvin, *The Pattern of the Chinese Past*, Stanford, 1973.

E. Fel and T. Hofor, *Proper Peasants: Tradition Life in a Hungarian Village*, New York, 1969.

R. Firth and B. S. Yamey, ed., *Capital, Saving and Credit in Peasant Societies*, London, 1964.

M. Von Freyhold, *Ujamaa Villages in Tanzania*, Heineman, 1979.

H. Friedmann, *The Political Economy of Food*, Verso, 1987.

B. Galeski, *Basic Concepts in Rural Sociology*, Manchester Univ., 1972.

P. Garnsey, ed., *Non-Slave Labour in the Greco-Roman World*, Cambridge, 1980.

C. Geertz, *Agricultural Involution: The Process of Ecological Change in Indonesia*, Berkeley, 1963.

M. T. Ghiselin, *The Economy of Nature and the Evolution of Sex*, Berkeley, 1974.

J. Gjerde, *From Peasants to Farmers: The Migration from Barestrad Norway to the Upper Middle West*, Cambridge Univ., 1985.

D. Goodman and M. R. Redclift, *From Peasant to Proletarian: Capitalist Development and Agrarian Transitions*, St. Martin, 1982.

J. Goody, J. Thirsk and A. P. Thompson, eds., *Family and Inheritance: Rural Society in Western Europe 1200~1800*, Cambridge, 1976.

K. Griffin, *The Political Economy of Agrarian Change*, London, 1979.

J. Hariss, ed., *Rural Development: Theories of Peasant Economy and Agrarian Change*, Hutchinson Univ., 1982.

P. D. A. Harvey, *The Peasant Land Market in Medieval England*, London, 1985.

R. H. Hilton, *The English Peasantry in the Later Middle Ages*, Oxford, 1975.

W. J. Hobsbawm, W. Kula, A. Mitra, K. N. Raj and I. Sachs, eds., *Peasants in History*, Oxford Univ., 1980.

W. G. Hoskins, *The Midland Peasant: The Economic and Social History of a Leicestershire Village*, Macmillan, 1957.

P. C. C. Huang, L. S. Bell, and K. L. Walker, *Chinese Communists and Rural Society, 1927~1934*, Berkeley, 1978.

A. Hussain and K. Tribe, *Marxism and the Agarian Question*, Macmillan, 1981.

C. A. Johnson, *Peasant Nationalism and Communist Power, The Emergence of Revolutionary China, 1937~1945*, Stanford, 1962.

R. E. Johnson, *Peasant and Proletarian: The Working Class of Moscow in the Late Nineteenth Century*, New Brunswick, 1979.

P. Kriedte, *Peasants, Landlords and Merchant Capitalists, Europe and World Economy, 1500~1800*, Cambridge, 1983.

W. Kula, *An Economic Theory of the Feudal System*, London, 1976.

G. Lamb, *Peasant Politics*, Julian Friedman Pub., 1974.

A. K. S. Lambton, *The Persian Land Reform, 1962~1966*, London, 1969.

G. Lefebvre, *Les Paysans du Nord Pendant la Revolution Française*, Paris, 1959.

E. Le Roy Ladurie, *The Peasants of Languedoc*, Urbana, 1974.

D. Levine, *Family Formation in an Age of Nascent Capitalism*, New York, 1977.

M. Lewin, *Russian Peasants and Soviet Power*, London, 1968.

M. Long, *Family and Work in Rural Societies*, Tavistock, 1984.

A. Macfarlane, *The Origins of English Individualism: The Family, Property and Social Transition*, Cambridge, 1978.

D. J. Male, *Russian Peasant Organization Before Collectivisation*, Cambridge, 1971.

H. H. Mann, *The Social Framework of Agriculture: India, the Middle East and England*, Verry, 1967.

M. Marriot, ed., *Village India: Studies in the Little Community*, Chicago, 1955.

J. Maynard, *The Russian Peasant: and Other Studies*, London, 1942.

H. Medick, "The Proto-Industrial Family Economy: The Structural Function of Household and Family During the Transition from Peasant Society to Industrial Capitalism," *Social History*, 1. 3: 291~315, 1976.

MERIP Reports No. 87, (May, 1980), *Iran's Revolution: The Rural Dimension*.

J. S. Migdal, *Peasants, Politics and Revolution: Pressure Toward Political and Social Change in the Third World*, Princeton Univ., 1974.

D. B. Miller, *Peasant and Politics: Grass Roots Reaction to Change in Asia*, St. Martin, 1979.

E. Miller and J. Hatcher, *Medieval England: Rural Society and Economic Changes, 1086~1348*, London, 1980.

D. Mitrany, *Marx against the Peasant*, Collier, 1961.

R. G. Moeller, ed., *Peasants and Lords in Modern Germany*, Boston, 1986.

J. S. Nalson, *Mobility of Farm Families*, Manchester, 1968.

M. Nash, *Primitive and Peasant Economic Systems*, Scranton, 1966.

J. M. Paige, *Agrarian Revolution: Social Movements and Export Agriculture in the Underdeveloped World*, New York, 1975.

S. Piker, *A Peasant Community in Changing Thailand*, Ariz Univ., 1983.

A. N. Pliak, *Feudalism in Egypt, Syria, Palestine and the Lebanon, 1250~1900*, London, 1939.

S. Popkin, *The Rational Peasant: The Political Economy of Rural Society in Vietnam*, Berkeley 1979.

J. M. Potter, M. N. Diaz and G. M. Foster, eds., *Peasant Society: A Reader*, Boston, 1967.

T. Ranger, *Peasant Consciousness and Guerrilla War in Zimbabwe*, James Currey, 1985.

R. Redfield, *The Little Community*, Chicago, 1955.

R. Redfield, *Peasant Society and Culture*, Chicago Univ., 1956.

G. T. Robinson, *Rural Russia Under the Old Regime: A History of Landlord-Peasant World and a Prologue to the Peasant Revolution of 1907*, California Univ., 1949.

G. Rosen, *Peasant Society in a Changing Economy: Comparative Development in Southeast Asia and India*, Urbana, 1975.

J. C. Scott, *Weapons of the Weak: Everyday Forms of Peasant Resistance*, Yale Univ.

1986.

J. C. Scott, *The Moral Economy of the Peasant: Rebellion and Subsistence In Southeast Asia*, New Haven 1976.

S. W. Schmidt, J. C. Scott, C. Lande and L. Guesti, eds., *Friends, Followers and Factions*, Univ. of Calif., 1977.

A. N. Seth, *Peasant Organization in India*, Delhi, 1984.

T. Shanin, *The Awkward Class: Political Sociology of Peasantry in a Developing Society, Russia 1910~1925*, Oxford, 1972.

T. Shanin, *Defining Peasants: Essays Concerning Rural Societies, Expolary Economies, and Learning from Them in the Contemporary World*, Oxford, 1990.

T. Shanin, ed., *Peasants and Peasant Societies: Selected Readings*, Oxford, 1987.

T. Shanin, *Late Marx and the Russian Road: Marx and the 'Peripheries of Capitalism'*, London, 1984.

T. Shanin, *Russia as a Developing Society*, Macmillan, 1986.

T. Smith, *The Agrarian Origins of Modern Japan*, Stanford, 1959.

R. E. F. Smith ed., *The Russian Peasant, 1920 and 1984*, London, 1977.

P. A. Sorokin, F. F. Zimerman and C. J. Golpin, eds., *Systematic Books in Rural Sociology*, Russell & Russell, 1965.

H. H. Stahl, *Traditional Romanian Village Communities: The Transition from the Communal to the Capitalist Mode of Production in the Danube Region*, Cambridge Univ., 1980.

R. D. Stevens, ed., *Tradition and Dynamics in Small-Farm Agriculture*, Iowa State Univ., 1977.

S. G. Tarrow, *Peasant Communism in Southern Italy*, Yale Univ., 1967.

S. Tax, *Penny Capitalism: A Guatemalan Indian Economy*, New York, 1953.

W. I. Thomas and F. Znaniecki, *The Polish Peasant in Europe and America*, Dover, 1958.

C. Tilly, *The Vendee*, Harvard Univ. 1964.

L. A. Tilly and C. Tilly, eds., *Class Conflict and Collective Action*, Beverly Hills, 1981.

T. A. Tilton, *Nazism, Neo-Nazism and the Peasantry*, Bloomington, 1975.

J. Z. Titow, *English Rural Society, 1200~1350*, London, 1969.

A. Turton and S. Tanabe, eds., *History and Peasant Consciousness in Southeast Asia*, Osaka, 1984.

I. Wallerstein, *The Modern World-System: Capitalist Agriculture and the Origins of the European World-Economy in the Sixteenth Century*, New York, 1974.

D. Warriner, *Economics of Peasant Farming*, Oxford, 1939.

D. Warriner, *Land Reform in Principle and Practice*, London, 1969.

R. P. Weller and S. E. Guggenheim, eds., *Power and Protest in the Countryside*, Duke Univ., 1982.

N. Werth, *La vie Quotidienne des Paysans Russer de la Révolution à la Collectivisation*,

1917~1939, Paris, 1984.

J. R. Willar, *The Soviet Rural Community*, Chicago, 1971

E. R. Wolf, *Peasant War of the 20th Century*, New York, 1969.

E. R. Wolf, *Peasants*, Englewood Cliffs, 1966.

P. Worsley, *Two Blades of Grass: Rural Cooperatives in Agricultural Modernization Societies*, Manchester Univ., 1971.

G. Yaney, *The Urge to Mobilize: Agrarian Reform in Russia, 1861~1930*, Urbana, 1982.

G. S. Becker, *The Economics of Discrimination*, Chicago, 1971.

학술잡지

Sociologia Ruralis, Pub. in Assen(계간).

Agriculture and Human Values, Pub. at Univ. of Florida(계간).

Peasant Studies, Pub. at Univ. of Utah(계간).

The Journal of Peasant Studies, Pub. in London.

World Agricultural Economics and Rural Sociology Abstracts, Pub. in Oxford(월간).

Peasant Studies Newsletter, 1972~1975, Pub. at Pittsburgh Univ.

옮긴이의 말

1

20세기를 마감하면서 여기저기서 금세기의 역사적 대사건들을 꼽아 회고했다. 그 사건들 중에 중국혁명은 늘 끼여 있었다. 이제 중국혁명이 일어난 지 반세기가 지났고, 그것과 상반되는 듯한 '또 하나의 혁명' 또는 '제2혁명'으로도 일컬어지는 개혁·개방을 추진한 지도 20년이 되었다. 농민을 주력으로 한 항일전쟁과 신민주주의 혁명의 승리로 새로운 중국이 수립되고 농민은 이 과정에서 가장 큰 역할을 담당한 것으로 인정되었다. 그런데 생산력 증대를 최우선으로 추구하는 제2혁명에서는 농민이 어떤 주된 역할도 담당할 수 없다는 현실인식이 자리잡으면서 역사상의 농민과 농민운동에 대한 해석도 판이하게 달라지고 있다. 예를 들어 역대 모든 농민반란은 생산력을 파괴하여 중국사의 정체(停滯)를 가져온 주범이라 하거나 당대 중국사회 봉건주의의 근원으로 농민 소생산자의 이데올로기와 심리구조를 지목하는 견해가 큰 반향을 불러일으킨 것이 그 예이다.

현실의 필요에 따라 역사해석이 달라지는 것은 흔한 일인데 중국인이 농민을 어떻게 보든 그게 우리와 무슨 상관이고 우리에게 무슨 의미가 있는가. 그러나 이것은 현대 중국 50년의 문제일 뿐만 아니라, 러시아·중국을 포함하여 농민을 주력으로 노농동맹에 의해 진행된 20세기의 여러 혁명과 사회주의의 문제로 직결된다. 그래서 이것은 이 모델을 따른 북한 사회주의의 문제이기도 하다. 또한 형식상 이와는 정반대의 모델을 따라 자본주의를 추진하긴 했지만 우리로서도 결코 무시할 수 없는 중요한 문제이다. 과거는 물론 지금도 우리는 중국과 너무나 밀접한 관계를 맺고 있고 서로에게 많은 영향을 주고 있기 때문이다.

중국처럼 농민과 농업을 기초로 한 국가에서 제기되는 농민문제라면 그것은 더 이상 농민의 문제가 아니라 기본적으로 사회 전체의 문제이다. 만약 중국에 관한 체계적인 연구를 '중국학'이라고 한다면, 중국학의 핵심은 사실상 '농민학'이라 해도 과언이 아니다. 그런 점에서 정체와 봉건주의의 책임을 농민반란이나 농민 소생산자의 탓으로 돌리기보다는 농업사회와 이에 기초한 사회정치체제의 산물이라는 관점에서 새롭게 분석할 필요성이 제기되는 것이다.

『전원시와 광시곡』은 이런 문제의식에 충실한 중국인 자신의 연구서인 秦暉·蘇文, 『田園詩與狂想曲—關中模式與前近代社會的再認識』(北京: 中央編譯出版社, 1996)을 완역한 것이다.

2

이 책은 15세의 중학생이 문화대혁명 때 농촌에 하방되어 9년간 농민이 되었던 체험을 바탕으로 문화혁명과 중국혁명의 사회역사적 원인을 중국사회 내면으로부터 찾아보려는 치열한 자기성찰적 연구라 할 수 있다. 나는 난징 대학에서 박사 후 연구를 하던 1997년 가을 어느 서점에서 이 책을 구입해 읽었는데, 처음에는 부제에 보이듯 '전근대 사회'(사실상 농민사회)에 대한 새로운 해석이 대단히 인상적이었지만 책장을 넘길수록 점차 이 책이 중국 현실사회의 운행 메커니즘을 해명하기 위한 연구임을 깨달았고, 자신의 체험을 바탕으로 한 문제의식을 이처럼 냉정하게 이론적 실증적 연구로 승화시킬 수 있는가 하는 생각에 놀라지 않을 수 없었다. 문화혁명을 일으켜 자신의 청춘을 앗아간 권력자들에게 분석의 칼을 겨누기는커녕 손톱만큼의 반감도 드러내지 않는 냉정함 속에, 중국의 농민학 이론체계를 세우려는 지은이의 학문적 열정이 뚜렷하게 느껴졌기 때문이다.

지은이는 문화혁명을 정책결정자의 좌경 탓으로 돌리지 않고 전근대사회의 운행 메커니즘이 극복되지 않은 결과로 이해한다. 그의 이런 견해는 고도의 이론적 추상분석과 역사적 실증분석에 의해 뒷받침되고 있다. 그의 이론 도구는 사회주의 원전에서부터 차야노프 등 인민주의 문헌은 물론 마르크 블로크의 아날역사학, 레비 브륄의 문화인류학, 테오도르 샤닌 등의 농민학을 비롯한 20세기 서양 사회과학이론을 아우르며, 그의 역사자료는 경전, 각 시기의 토지대장,

지방지, 비문, 구전 민요, 민간속어, 소설, 토지혁명 당안 등 외국인이 충분히 구사하기 어려운 것들을 두루 포괄한다. 분석시야도 매우 넓어서 시간적으로 고대부터 근현대를 거쳐 당대의 개혁·개방 시기를 아우르고, 공간적으로 중국의 농민문제에 중심을 두되 각 시기의 서양사회(러시아와 구소련, 동·서 유럽, 미국 등)를 비교하는 방식으로 넘나든다. '농민학'(peasantology)이란 공학적 관점에서 농민을 연구하는 농학과 달리 인문학적 관점에서 농민사회를 연구하는 학문을 가리킨다. 따라서 이 책은 흔히 전문분야 별로 진행된 기존의 혁명사나 경제사·문화사 연구와 달리 각종 인접 학문을 가능한 한 폭넓게 종합한 농민사회의 전체사를 추구한다. 분석에 동원된 이론과 자료가 광범한 까닭도 여기에 있다.

이 책은 먼저 '농민'의 어원과 그 의미를 확인하는 것에서 시작하여 농민의 생존배경으로 거론되는 봉건사회의 개념과 사회관계를 재검토한다. 그리하여 봉건사회의 본질은 토지소유관계나 군사적 충성관계가 아니라 인신의존관계이며 이것을 체현한 사회형태가 '종법공동체'(여기서 '종법'은 '가부장적'을 뜻한다)라고 주장한다. 또 개인에 대한 공동체의 속박-보호 유대가 봉건사회 인신예속의 근원임을 밝힌 다음, 중국 봉건사회를 실증분석하여 자작농 위주의 '관중 모델'과 소작농 위주의 '타이후 모델'로 나누고 어느 모델이든 종법공동체의 인신의존 관계를 본질로 했음을 실증한다. 이를 바탕으로 종법사회의 구조와 유형, 경제운용, 가치관념, 윤리원칙, 사유방식 등이 서로 어떻게 유기적인 체계를 형성하고 전원시처럼 화목하고 엄숙한 선율 속에 운행되었는지를 깊이 있고 흥미롭게 보여준다.

전근대사에 대한 이런 이해를 전제로 했을 때 20세기 사회주의는 어떤 모습으로 비쳐질까? 우선 러시아혁명이든 중국혁명이든 모두 지주소작제를 봉건제로 간주하여 지주 타도, 곧 공동체 수장의 교체에 그쳤을 뿐 종법공동체 자체를 타파하는 데까지 나아가지 못한 한계가 분명히 드러난다. 당시 대중은 공동체 수장들의 사욕 추구로 인해 약화된 공동체 성원에 대한 보호기능을 회복·강화하려는 목적에서 혁명에 참가했고, 상품경제가 미숙한 조건에서 혁명 지도부도 종법공동체의 엘리트 문화를 체현했기 때문에 그 대중문화를 체현한 농민의 한계를 근본적으로 넘어설 수 없었다는 것이다. 따라서 소비에트식 전체주의나

인민공사식 평균주의는 모두 정책결정자의 교조주의 탓이라기보다는 종법공동
체의 산물로 이해된다.

결국 지은이가 볼 때 '20세기 사회주의'는 사회주의가 아니라 농민사회주의
(인민주의)이며 그 본질은 봉건주의이다. 러시아도 중국도 종법공동체 봉건주
의를 타파하는 사회주의 민주혁명의 1단계에 머물렀으므로 당면한 중국의 과
제는 이 혁명의 2단계를 완성하는 것, 곧 이런 토양과 문화를 철저하게 혁명하
는 것이며 중국의 고난과 희망이 여기에 달려 있다고 결론짓는다. 이를 문학적
으로 응축한 표현이 '전원시와 광시곡'인데, '전원시'는 종법공동체 성원의 목가
적 분위기를 상징하며 '광시곡'은 그 속박-보호 관계를 타파하고 독립된 자유
인의 활력 넘치는 생활을 상징한다.

3

지은이는 종법공동체를 타파하고 독립된 자유인의 성장을 가능하게 하는 혁
명적 동력으로 가치법칙에 따라 등가교환되는 상품경제의 발전에 주목한다. 따
라서 지은이가 상품경제의 혁명성에만 주목할 경우 시장경제 만능론에 빠질 위
험성도 없지 않고 전근대 중국사를 종법공동체와 인신예속의 강화과정으로 서
술한 점에서 중국판 '정체성론' 같다는 인상을 줄 수도 있다. 그래서 지은이를
현재 진행 중인 이른바 '신좌파'와 '자유주의파' 논쟁에서 후자 쪽의 주요 논객
으로 보는 연구자도 있으나 그렇게 단정할 수 있는지는 의문이다. 왜냐하면 지
은이는 부르주아 민주혁명이 종법공동체를 타파하고 자유사유제를 확립했지만
개인의 사유권을 극단적으로 추구한 결과 인간의 소외를 초래했다면서 사회주
의 민주혁명은 종법공동체를 타파하고 '자유인 연합체소유'를 확립하는 과정이
며 이를 통해 인간의 소외를 극복할 수 있다고 주장하기 때문이다.

이처럼 중국사회가 근대를 성취하면서 동시에 근대를 극복할 수 있는 사회관
계의 핵심으로 '사회주의 자유인 연합체소유'에 주목한다는 점에서 저자가 말하
는 '사회주의 현대화'는 신좌파가 비판하는 '근대주의'와 분명 다르다. 신좌파는
대부분 근대 극복에만 관심을 둘 뿐 근대 성취의 문제에는 소홀한데, 지은이는
역사학자의 안목으로 20세기 중국사회가 아직 성취하지 못한 근대성, 바꿔 말
하면 지금 극복해야 할 '전근대성'의 문제를 천착한다.

중국 봉건사회의 운행 메커니즘을 이처럼 논리적·실증적으로 깊이 있게 분석하고 이를 기초로 당대 중국사회를 설명한 연구는 흔치 않다. 나는 이 책의 시각과 접근방법이 한국사와 한국사회를 이해하는 데도 시사하는 바가 크다고 생각하며, 최소한 이 책이 독자들에게 연고주의와 지역주의, 그리고 권력지향의 늪에서 헤어나지 못하는 우리 자신의 내면을 비춰 보는 거울이 되었으면 하는 작은 기대를 해본다.

이 책은 최근 국내외 학계의 몇 가지 논쟁과 관련해서도 읽어 볼 만하다. 우선 중국사나 한국사에서의 봉건사회 존재 여부에 관한 논쟁, 농민의 경제행위나 집단행위를 둘러싼 도덕경제론과 이성적 소농론간의 논쟁, 사회과학계에서 공동체를 둘러싸고 벌어진 자유주의자와 공동체주의자간의 논쟁, 이 공동체주의에 주목하면서 사회과학계뿐만 아니라 인문학자들도 폭넓게 참여하는 이른바 '아시아적 가치' 내지 유교 자본주의론을 둘러싼 논쟁에 좋은 참고자료가 될 수 있을 것이다.

번역과정에서 많은 분들에게 물어서 배우고 도움을 받았다. 위로는 러시아사의 정확한 표기를 확인해 준 한정숙 교수로부터 아래로는 내가 손으로 쓴 원고를 가지런히 타자해 준 신민철 군에 이르기까지 선후배·동학·학생들의 도움이 없었으면 이 책의 출간은 훨씬 늦어졌을 것이다. 마지막에 몇몇 용어와 구절은 지은이에게 물어 해결할 수밖에 없었다. 그럼에도 번역의 모든 책임은 나에게 있다는 자명한 사실을 사족으로 덧붙이며 이 분들께 감사한다. 나의 질문에 대한 답까지 겸해 한국어판 서문을 써준 친후이 교수와, 어려운 여건에서도 이 책의 출판을 맡아 준 도서출판 이산에 특별히 감사해야겠다.

2000년 2월 학마을에서
유용태